Familles Des Plantes

Michel Adanson

62 - 9₂ ᵒᵧ 8 ᵧ ᵧ ᵧ —

73ᵃ 5

FAMILLES
DES
PLANTES.

Par M. *Adanson*, de l'Académie des Sciences, de la Société Roiale de Londres, Cenfeur Roial.

I. PARTIE.

Contenant une Préface Iftorike fur l'état ancien & actuel de la Botanike, & une Téorie de cette Science.

Tot generibus Erbarum, utilitatibus hominum aut voluptatibus genitis recenfitis, quantò plura reftant, quantò que mirabiliora inventu ! PLIN. Hift. nat. Lib. 22 Procem.

A PARIS,

Chez VINCENT, Imprimeur-Libraire de Mgr le Comte de PROVENCE, rue S. Severin.

M DCC LXIII.

AVEC APPROBATION, ET PRIVILEGE DU ROI.

AVERTISSEMANT.

ON auroit defiré pouvoir publier après la Table Chronologike de la page 1 , une autre Table Chronologike qu'on a comencé, du nombre des Figures & efpèces nouveles, que chake Auteur a publié de plus que fes Prédéceffeurs ; mais cete recherche & confrontation font d'une longeur fi extrème , qu'on n'a encore pu l'achever en entier. Cete Table feroit néceffaire dans l'Iftoire de la Botanike , pour faire voir d'un coup d'œil ce que chacun a donné de neuf,

---

Il ne fera pas hors de propos de citer ici 2 faits nouveaux , qui n'ont eu lieu que depuis l'impreffion de cet Ouvraje , & qui doivent intéreffer les Botaniftès & les Cultivateurs.

Le 1er de ces faits , eft que le Chionante gréfé fur le Frêne , depuis près de 2 ans à Trianon , a fort bien réuffi , & fuporté les 8 dégrés de froid de l'Iver dernier , qui a été des plus longs : fi cete grèfe fe foutient , & fi ele n'eft pas dans le cas de celes qui , faites fur des Arbres trop peu analoges , réfiftent quelkefois 2 à 3 ans , & meurent enfuite , ele confirmera le raport que nous avions foupçoné entre ces 2 Plantes.

Le 2d , c'eft que la Linère anuele , apelée *Linaria tenuifolia æruginei coloris* , femée de graines au Jardin du Roi , a doné cet Eté des piés , dont toutes les fleurs font devenues femblables à celes du *Pelora* ; mais aucune d'eles n'a doné de graines mûres , non plus que le *Pelora* vivace de la Linère comune , envoiée en pié , par M. Linnæus , depuis plufieurs anées.

PLAN DE LA PRÉFACE ISTORIKE
DE LA BOTANIKE.

PRÉFACE

P RÉFACE.*

AVANT que de rendre compte du plan de mon Ouvraje, il ne fera pas inutile de dire 2 mots fur la manière de travailler en Botanike.

Toutes les manières de travailler en Hiftoire naturele, foit qu'on la traite en général, foit qu'on n'en traite qu'une partie, telle que la Botanike, fe réduifent à 6, favoir, à publier :

1º Sur un plan nouveau, toutes conoiffances nouveles.
2 ————— ——— quelques ——— —————.
3 ————— ——— —— des conoiffances ancienes.
4 Sur un plan conu, toutes conoiffances nouveles.
5 ————— ——— quelques ——— —————.
6 ————— ——— des conoiffances ancienes.

Prefque tous les Ouvrajes d'Hift. nat. qu'on nous doné aujourd'hui, fur-tout les Catalogues, font dans ce 6e & dernier cas ; beaucoup font dans le 5e & le 3e ; quelques-uns font dans le 4e, & cela ne regarde guère que les Ouvrajes particuliers des Voyajeurs ; il y en a encore moins dans le 2e, & nous n'en conoiffons pas qui foient dans le 1er, à moins qu'on ne mette dans ce nombre ceux de Téofrafte ou de Dioskoride.

Ce font ces 6 points qui doivent nous fervir d'échele de comparaifon pour juger les Ouvrajes d'Hift. nat.

Les Auteurs, dont les productions font dans la 1re claffe, n'ont aucun compte à rendre, finon du plan & de la diftribution de leur Ouvraje. C'eft un devoir effentiel pour ceux qui font dans la 2e claffe, de rendre compte & de ce qui a été fait avant eux, & de ce qu'ils ajoutent aux

---

* Cete Préface a été lue dans la féance publike de l'Académie à fa rentrée de la S. Martin, le 14 Novembre 1759, & les Familles des Plantes ont été confiées auffi-tôt après à l'impreffion. On ne fera point furpris que cet Ouvraje ait refté 3 ans fous preffe, lorfqu'on verra la dificulté qu'ont dû caufer les colones qui en compofent prefque toutes les pajes. C'eft cette longueur qui a donée lieu à l'Apendix qui eft à la fin.

conoiſſances ancienes ; de faire conoître les métodes ou ſyſtêmes qui ont été publiés , de les comparer enſemble ; d'établir leurs divers degrés de certitude ; d'expoſer en quoi difère la nouvele métode ou le nouveau plan qu'ils propoſent ; pourquoi ils le propoſent , & de prouver ſes avantajes , ſon dégré de ſupériorité ſur les ancienes, du côté de l'utilité , de la certitude, de la facilité , ou de l'exécution. Les Auteurs qui ſont dans la 3ᵉ claſſe , ſont tenus à rendre compte de leur plan , & de tous les ſyſtêmes qui les ont précédés. Ceux qui ſont dans la 4ᵉ , doivent ſeulement faire valoir les avantajes de la métode à laquele ils donent la préférence. Ceux qui ſont dans la 5ᵉ , ſont tenus au même devoir , & à rendre compte de ce qui a été publié avant eux & de ce qu'ils ajoutent aux conoiſſances ancienes. Enfin les Auteurs qui ſont dans la 6ᵉ & dernière claſſe , n'ont aucun compte à rendre ; tels ſont les Auteurs, faiſeurs de catalogues, qui pour le malheur de l'Hiſt. nat. ne ſont que trop multipliés aujourd'hui , ainſi que ceux de la 3ᵉ claſſe , qui ne s'ocupent qu'à ranjer les conoiſſances ancienes ſur de nouveles metodes.

On ſent facilement par cet expoſé que de toutes ces manières de travailler la 2ᵉ & la 4ᵉ ſont les plus utiles.

Il ſeroit à ſouhaiter que tous les Auteurs rendiſſent compte de cette manière de leurs travaux au public, & le miſſent en état de les aprécier, & que leurs Préfaces, au lieu de porter ſur des idées giganteskes ou chimérikes , qui le plus ſouvent, n'ont aucun raport direct à la matière qu'ils traitent, euſſent pour objet de tracer l'hiſtoire de leur ſcience , de ce que leurs prédéceſſeurs ont fait & de ce qu'ils y ajoutent : on verroit ſans doute éclore moins d'écrits. Le public & les Auteurs mêmes y trouveroient un grand avantaje. On auroit par ce moyen un Ouvraje extrêmement util, qui n'a encore été exécuté dans aucune partie ; je veux dire l'hiſtoire de chaque ſience , ſes progrès , ſon état actuel, à quel endroit on en eſt reſté , & ce qui reſte encore à faire. Alors le Public ſe trouveroit en état de porter un jujement ſain & facil ſur les Ouvrajes qui paroiſſent , & les ſavans qui viſent aux découvertes, ſauroient ſur quoi dirijer leurs vues, ce qu'il faut négliger, & ce qu'il faut obſerver.

C'eſt pour me conformer à ce plan, que mon ouvraje, ſe trouvant dans la 2ᵉ claſſe, c. à d. , ajoutant aux conoiſſances ancienes, nombre de conoiſſances nouveles, diſtribuées ſur un plan nouveau, je diviſerai cette Préface en 4 parties.

Dans la 1ere, je parlerai des Ouvrajes de Botanike qui ont eu pour objet de jeter les fondemens & les préceptes de la fience, & d'en tracer les distributions métodikes ; j'affignerai à chacun de ces fyſtêmes leur place, en faiſant conoître leurs divers degrés de certitude, d'utilité, ou de facilité.

Dans la 2e, je ferai conoître à quel point en eſt reſté la fience, & ſon état actuel par les travaux des anciens & des modernes, tant dans la partie filoſofike ou dogmatike, que dans la partie métodike ou diſtributive des Plantes, en claſſes, genres, eſpèces & variétés.

Dans la 3e partie, je ferai voir ce que je crois avoir ajouté à cette fience ; les moiens que j'emploie, tant par mon nouveau plan pour en aſſurer & étendre les conoiſſances, que par mes dénominations pour en éclaircir, abréjer & faciliter l'étude.

Dans la 4e, j'indiquerai ce qui reſte encor à faire pour la perfectioner.

PREMIERE PARTIE.

LES MÉTODES ou SYSTEMES,

Ou Plan & comparaiſon des Ouvrajes de Botanike.

JE n'entreprends pas ici une Hiſtoire Cronologike * de la Botanike. L'illuſtre Tournefort a éxécuté cette partie dans ſon Introduction (*Iſagoge*) avec une nobleſſe, une dignité, une érudition, une énergie que beaucoup de Botaniſtes ont imitée, qu'aucun n'a égalé, & qu'on tenteroit en vain de ſurpaſſer. Mon objet eſt de traiter la partie que ce ſavant Botaniſte a laiſſé intacte, ç. à d., de tracer le plan de tous les Ouvrajes de Botanike qui ont eu en vue de doner une conoiſſance générale de cette fience, ſoit en dévelopant les fondemens, ſoit en établiſſant des métodes ſyſtêmatikes ; & de ceux qui en ont traité quelque partie avec ſuccès, & d'une manière qui peut ſervir de modèle : de faire la comparaiſon de ces ſyſtêmes & de mettre par-là le Public en état de jujer par lui-même leurs divers degrés de bonté, de certitude, d'utilité & de facilité, pour éviter l'in-

* On trouvera après cette Préface une Table Cronolojike des Ouvrajes de Botanike.

convénient qui réfulte du jugement que quelques Auteurs
en ont porté , ou avec partialité , ou avec trop peu de lumières en Botanike. M. Linnæus a publié en 1738 , dans fon
Claffes Plantarum , 16 Métodes générales , & 13 partiéles
qu'il croit n'être fondées que fur la fruͨtification. Mais mon
travail en cette partie, difère du fien, en ce que je cite
toutes celles qui ont paru depuis Téofrafte jufqu'à ce jour,
foit qu'elles fo'ent fondées fur la fruͨtification, foit qu'elles
portent fur d'autres parties ; & en ce que je préfente fous
une autre face nombre de ces métodes, qui n'ont été ni
affez bien entendues, ni expofées avec affez de fidélité, telles que celles de Céfalpin, Morifon, Rai, Criftofe Knaut,
Hermann, Boerhaave, qu'on a dit n'être fondées que fur
la feule confidération du fruit, pendant qu'elles font vifi-
blement, fur-tout celles de Morifon, Rai, Knaut, Boerhaave, fondées fur la confidération de prefque toutes les
autres parties des plantes. On peut dire à-peu-près la même
chofe de plufieurs autres.

Le jujemant que je porte de ces Métodes , n'eft pas
l'éfet d'une prévention due au hazard , ni puifée dans le
jujemant de mes prédéceffeurs, mais le réfultat de la lecture
ou d'un examen fufifant de plufieurs milliers de volumes écrits
fur la Botanike. D'où il fuit que fans être Copifte de Tournefort ni de tout autre , j'ai du préfenter ces Métodes
d'une façon plus utile & neuve en même tems, en leur
donant plus d'extenfion que Tournefort, & plus d'exactitude & de précifion que les fucceffeurs.

Parmi les Métodes qui ont été faites fur les Plantes, il
faut diftinguer celles qui font univerfeles, c. à d., qui em-
braffoient toutes les Plantes conues lors de leur établiffement, des Métodes générales qui ne s'étendent que fur un
petit nombre de plantes qui croiffent dans un païs borné.
On fent bien qu'il eft plus facile de ranjer quelques Plantes choifies que de placer convenablement toutes celles qui
font conues ; & à cet égard les anciens, quoiqu'ils conuf-
fent moins de Plantes que les modernes, devoient trouver
autant de dificultés à les claffer, parce qu'ils avoient moins
de détails fur cete fience. Ainfi lorfqu'il s'agira de jujer de
la valeur intrinfèke des Métodes univerfeles , ou poura
comparer & examiner, fur le même pié, les anciennes & les
modernes ; & il y auroit de l'injuftice à metre dans la
même balance les Métodes générales des Modernes, qui
fauvent toutes les dificultés en faifant choix de leurs pièces
de comparaifon, & fe bornant à un petit nombre de Plan-

tes, avec les Métodes univerſeles qui embraſſent toutes les
difficultés en s'étendant ſur tous les genres conus. Cete conſidération done naturelement lieu à 3 divisions de cete
1ere partie, ſavoir 1° les Métodes *univerſeles*, 2° les *géné-*
rales que nous réunirons enſemble ſous le même article,
en faiſant remarquer les diférences de chacune en particulier, 3° les *particulieres*, qui ſe bornent à l'examen d'1 ſeule
claſſe.

Comme tous les Auteurs, qu'il eſt utile de conoître,
n'ont pas ranjé les Plantes dont ils parlent, ſuivant un ordre
métodike raiſoné, on a cru devoir citer à la fin de cete
1ere partie, dans une table cronologike ceux qui ont ſuivi
l'ordre alfabétike, & dans un autre ceux qui ont traité des
Plantes hiſtorikement ou ſans ordre.

Métodes univerſeles & générales.

Le 1er qui, de mémoire d'home, ait parlé de Botanike,
ou au moins de quelques Plantes, eſt Orfée, Muſa, enſuite
Salomon, au raport de Moïſe, Eſiode, Omère, Pittagore,
Metrodore, Ippokrate, qui regardoit Kratéias comme le
premier Botaniſte de ſon temps. Ariſtote, le prince des
filoſofes, dont les Ouvrajes ont fait, font, & feront l'admiration de tous les ſiècles auſſi éclairés que le nôtre, cite
en pluſieurs endroits 2 de ſes livres ſur les Plantes : mais
il ne nous en reſte que quelques morceaux deshonorés par
l'inepte rempliſſaje d'un Auteur Arabe, trop peu verſé dans
la Botanike. Pline nous aprend (Hiſt. nat. l. 25, c. 2.)
» que Cratevas *, Denis & Métrodore, publioient des figu-
» res de Plantes, au-deſſous deſqueles ils décrivoient leurs
» vertus ; mais la peinture, ajoute-t-il, eſt trompeuſe &
» ſujete à chanjer l'intenſité & l'expreſſion des couleurs natu-
» reles : c'eſt encor peu de peindre chake Plante dans tous
» ſes âjes, puiſqu'elles chanjent de face à chake ſaiſon de
» l'anée. Ces dificultés ont oblijé les Auteurs qui ont ſui-
» vi ceux-ci, d'abandoner les figures, & de s'en tenir à
» des deſcriptions.

Parmi les Auteurs dont nous avons conſervé les Ouvrajes, Téofraſte, Dioskoride & Pline, ſont les ſeuls qui ayent
traité de toutes les Plantes conues de leur tems, ce qui ſe

---

* Il paroît par ce Paſſaje de Pline, que ce Cratevas, qui attribue
à une Plante Liliacée, le nom *Mitridation*, du Roi Mitridate, étoit
diférent & poſtériéur à Kratéias, qu'Ippokrate cite comme ſon com-
temporain.

réduifoit à environ ς à 600 Plantes emploiées en médecine ou dans les arts ; car il paroit qu'on fe bornoit alors à la conoiffance de celles qui font utiles, dont on décrivoit les vertus & les ufajes. Començons par l'examen des Métodes · de ces Auteurs.

Teofrafte. Il y a eu de tout tems des Métodes en Botanike, & les Auteurs qui ont paru en avoir le moins, Téofrafte lui-même, difciple d'Ariftote, en avoit une. Dans fon Hiftoire des Plantes en 9 livres, il les divife dès le 3ᵉ livre en 7 claffes, en ayant égard à leurs qualités, telles que

1ᵉ Leur génération.
2 Leur lieu natal.
3 Leur grandeur confidérée come Arbres.
4   Arbriffeaux.
5 Leur ufaje come Erbes potajères.
6 Les fromentacées ou celles dont les graines fe manjent.
7 Celles qui donent des fucs.

Quoique ces 7 claffes ne foient pas natureles, elles renferment 48 fections ou chap. où les plantes font raprochées, & dont il y en a 7 ou ι feptieme de natureles.

Cet Ouvraje, tout hiftorike qu'il eft, & fans defcriptions fuivies, renferme plufieurs conoiffances qui paroiffent ignorées aujourd'hui. La diction en eft fi belle & fi facile à entendre, qu'on ne fauroit trop en recomander la lecture aux Botaniftes qui entendent la Langue Grèke ; ils reconoîtront nombre de fautes, même dans les meilleurs Traducteurs, par cela feul qu'ils n'étoient pas Botaniftes.

Dioskoride. Dioskoride dans un ftile très-fimple, trivial même, & bien déjénéré de celui du temps de Téofrafte, qui a paffé, avec raifon, de fon vivant, pour avoir la plus belle diction de la Grèce, divife les plantes en 4 claffes, diftribuées en 5 livres, où elles font ranjées fuivant leurs qualités, favoir :

1ᵉ Les Aromatikes.
2 Les Alimenteufes.
3 & 4 Les Médicinales.
5 Les Vineufes.

Aucune de ces claffes n'eft naturele ; mais Dioskoride a un avantaje fur Téofrafte, en ce que ne traitant pas fa matière en Orateur, il a raffemblé un plus grand nombre de caractères fous chaque Plante qu'il décrit, & qu'il s'eft ataché à recueillir tous les noms fous lefquels elles étoient conues de fon temps, foit dans la Grèce, foit dans les païs voifins, recherche d'une très-grande utilité pour la dénomination des Plantes.

Caffiodore & Saumaife confirment le Paffaje de Pline que
j'ai cité ci-devant , au fujet des figures ; Saumaife fur-tout
affure avoir vu un cayer grec de Dioskoride , fait depuis
plus de 1000 ans , dans lequel les Plantes étoient figurées
avec beaucoup d'élégance , mais avec peu d'exactitude &
de vérité.

Pline, cet infatigable compilateur, a publié en 15 livres
tout ce que Teofrafte , Dioskoride & leurs prédécesseurs ont
dit des plantes. Mais il traite cete matière fi hiftorikement ,
quoiqu'en langaje fleuri , qu'on peut dire que tout y eft
dans un beau défordre.   *Pline.*

Depuis Pline , le dernier des Auteurs Romains célébres,
c. à d. , depuis les fondemens de la Religion crétiène , jufqu'à Cuba , dans un efpace de plus de 1400 ans , la Botanike
n'a été traitée que relativement à la Médecine , & confondue
avec elle. Cuba a comencé en 1486 , à publier 509 figures de Plantes , & autant de descriptions , à la vérité fort
mauvaifes & fans aucun ordre.   *1486. Cuba.*

Mais Bock ou Le Bouc (*Tragus*) eft le 1er des modernes qui ait diftribué métodikement les Plantes. Il divife les
567 efpèces dont il parle, en 3 claffes, relativement à
leurs qualités , leur enfemble , leur figure & grandeur ,
favoir :   *1532. Le Bouc. Tragus.*

1e Erbes fauvages à fleurs odoriférantes.
2 Trefles , Gramens , Erbes potajères & ranpantes.
3 Arbres & Arbriffeaux.

Ces claffes font auffi peu natureles que celles de Diof-
koride.

Les descriptions en font trop courtes & fouvent obf-
cures.

Lonicer (Adam) divife les 879 Plantes dont il parle
en 2 claffes peu natureles , en aiant égard à leur grandeur
& leurs qualités , favoir :   *1551. Lonicer.*
1e Arbres & Arbriffeaux.
2 Plantes Médicinales.

J. Bauhin lui reproche d'avoir été plajiaire de *Tragus.*
Ses figures font celles de fon prédécesseur Roeflin , qu'il
avoit d'abord publiées fous le nom de *Rodion* , & auxquelles
il remit enfuite fon nom de Lonicer.

Dodoens, *Dodoneus*, a diftribué les 840 plantes dont il
parle , en 6 pemptades , qui font 30 livres ou 29 claffes,
en les confidérant par leurs qualités , quelques-unes de leurs
parties , leur grandeur , & leur enfemble.   *1552. Dodoens.*

a. iv

1ere Pemptade. Le 1er Livre est de définitions.
Les 4 autres traitent des Plantes selon l'ordre alfabétike.

2 Pemptade. 1 Liv. Fleurs violetes.
2   bulbifères,
3   Sauvajes.
4   Erbes odoriférantes & à boukets.
5   Ombellifères.

3 Pemptade. 1 Liv. Racines médicinales.
2   Plantes purgatives.
3   grimpantes.
4   venimeuses.
5   Foujères , Mousses & Champignons.

4 Pemptade. 1 Liv. Fromens.
2   Légumes.
3   Fourajes des bestiaux.
4   Id.
5   Aquatikes.

5 Pemptade. 1 Liv. Erbes potajères.
2   Fruits potajers.
3   Racines & bulbes potajères.
4   Assaisonemens & épices des alimens.
5   Chardons.

6 Pemptade. 1 Liv. Arbrisseaux épineux.
2   sans épines.
3   Arbres fruitiers.
4   sauvajes.
5   toujours verds.

De ces 29 classes, pas une n'est naturele. Dodoens avoue dans sa Préface, qu'outre les figures nouveles qu'il done des Fromens, des Fleurs, des Boukets & des Plantes purgatives, il en a tiré plusieurs du Libraire Jean Loë, d'autres de l'Ecluse, & d'autres de l'Obel, qui lui avoit comuniqué ses planches à charje de revanche, d'où naît la ressemblance qu'on aperçoit entre la plûpart des figures de ces 3 Auteurs, que leur Libraire comun emploioit à sa volonté.

1570. l'Obel.   l'Obel, dans son Livre intitulé : *Adversaria observationes & illustrationes stirpium*, divise les 2191 Plantes dont il done les figures, en 7 classes, en ayant égard à leur ensemble, leur grandeur & qualités.

1º Gramens.
2 Orchis.
3 Potajères.
4 Légumes.
5 Arbres & Arbrisseaux.
6 Palmiers.
7 Mousses.

De ces 7 classes, il y en a 2, ou presque ⅓ de natureles, savoir la 2e & la 6e.

Cete Métode étoit excellente pour le tems où vivoit l'Obel. Ses descriptions sont trop courtes & d'un stil dur. Il doit ce qu'il y a de mieux dans ses Ouvrajes au savant Pena, Provençal, qui l'aida, sur-tout à l'égard des Plantes de la Gaule Narbonoise.

L'Ecluse, *Clusius*, dans son Ouvrage divisé en 2 volumes intitulés : *Rariores & exoticæ Plantæ*, décrit & done la figure de 1385 Plantes, distribuées en 10 Livres ou 7 classes, en les considérant relativement à leur grandeur, leurs qualités, quelques-unes de leurs parties, & leur ensemble.

1576.
L'Ecluse.

1ᵉʳ volume. *Rariores.*

	figures.
Livre 1 Arbres, Arbrisseaux & sous-Arbrisseaux.	211
2 Bulbeuses.	255
3 Fleurs odoriférantes.	148
4 sans odeurs ou puantes.	152
5 Plantes venimeuses, narkotikes & âcres.	185
6 Laiteuses, Ombellifères, Foujères, Gramens, Légumineuses, &c.	152
Champignons.	43

2ᵉ volume. *Exoticæ.*

Livre 1 Arbres & Arbrisseaux.	16
2 Fruits étranjers.	104
3 Siliktes étrangères.	20
4 Bois, écorces, racines, sucs.	13
Aromates de *Garcias ab orto* & *Acosta*.	37
Plantes indienes.	7
Plantes de Monard.	14
Apendix.	21
	38

De toutes ces classes, pas une n'est naturelle ; mais ses descriptions sont fort bones, & infiniment supérieures à celles de Dodoens & de l'Obel.

Césalpin distribue les 840 Plantes qu'il décrit, en 15 classes, sur la considération

1° De leur durée come Arbres ou Erbes.
2 De la situation de la radicule dans la graine.
3 Du nombre des graines, des fruits ou de leur lojes.
4 Des racines.
5 De l'absence des fleurs ou du fruit.

1ᵉʳᵉ Partie. *Les Arbres & Arbrisseaux.*

Classe 1ᵉʳᵉ à radicule sortant du somet de la graine.
2   de la base.

2ᵉ Partie. *Les Erbes & sous-Arbrisseaux.*

3 à 1 seule graine.
4 à fruit charnu contenant plusieurs graines.
5   sec ou en capsule, id.
6 à 2 graines. Les Ombellifères.

Claſſe 7 à 2 lojes.

     8 à 3 lojes, non bulbeuſes,

     9   bulbeuſes.

     10 à 4 graines.

     11 à pluſieurs graines nues, dont chacune ſuporte ſa fleur.

     12 id.

     13 à pluſieurs graines nues dans chaque fleur.

     14 à plus de 3 lojes, chacune polyſperme.

     15 Sans fleurs & ſans fruit.

De ces 15 claſſes, il n'y en a que 1, c'eſt la 6e où les Plantes ſoient aſſorties ; les autres contienent des Plantes qui n'ont pas tous les raports néceſſaires pour établir des claſſes naturelles. Elles ſont ſous-diviſées relativement à la diſpoſition, ſituation & figure des fleurs, au fruit ou à l'envelope des graines, à la ſituation de la radicule, au nombre des cotylédons, à leur ſuc comme laiteuſes, à la couleur des fleurs, aux feuilles & racines en 47 ſections, dont il n'y en a que 9 ou ⅕ à peine de natureles.

La Métode de Céſalpin n'eſt donc pas fondée uniquement ſur le fruit, comme on le dit communément. Il n'établit aucun genre, & décrit ſeulement des eſpèces ſous le nom de genres.

1587.
Daléchamp. Daléchamp conſidère les 2731 Plantes dont il done les figures, relativement à leur grandeur, leur figure, leurs qualités, & leur enſemble, pour les diviſer en 18 claſſes, ſavoir :

		Figures.
1°	Arbres des forêts.	87
2	Arbriſſeaux, id.	200
3	Arbres des verjers.	50
4	Blés, Légumes.	200
5	Plantes potajères & des jardins.	261
6	Ombelliſères.	157
7	Plantes à belles fleurs.	151
8	odorantes & à boukets.	158
9	marécajeuſes.	206
10	des lieux piereux & ſabloneux.	237
11	ombrajés & marécajeux.	279
12	marines.	81
13	rampantes.	28
14	épineuſes & Chardons.	85
15	bulbeuſes & racines charnues,	236
16	purgatives.	94
17	venimeuſes.	53
18	étranjères.	168
		2731

De ces 18 claſſes, il n'y en a pas une de naturelle. Daléchamp a fait travailler ſous lui à cette Hiſtoire générale des Plantes apelée *Lugdunenſis hiſtoria,* leſ Médecin Deſmoulins, diſciple & ami de Rondelet. Ses figures ſont aſſez

mauvaifes, la plûpart copiées de Lobel, & 400 font ré-
pétées 2 ou 3 fois felon C. Bauhin ; mais cet Ouvraje eft
moins défectueux que ne le dit C. Bauhin : on y reconoit
une érudition profonde, & on doit cette juftice à Daléchamp, qu'il a mieux déterminé que perfone les Plantes
décrites par les anciens.

Porta, dans un Ouvraje intitulé, *Phytognomica feu Metodus*
nova facillima que, quâ Plantarum ac rerum omnium vires
ex 1ᵃ faciei infpectione affequantur, divife les Plantes en 7
claffes, en les confidérant felon leur lieu natal, & les raports qu'elles ont avec les hommes ou les animaux, foit
par la figure de certaines parties, foit par leurs mœurs, &
enfin par les raport qu'elles ont avec les aftres.

1588.
Porta.

1ᵉʳᵉ claffe. *Plantes confidérées felon leur lieu natal.*

1ᵉʳᵉ Section.	Plantes aquatikes.	
2	terreftres.	
3	des 3 climats, le froid, le tempéré & le chaud.	
4	montagnardes.	
5	cultivées & fauvajes.	

2ᵉ claffe. *Plantes qui ont des parties femblables à celles*
des hommes.

1 Sect.	Plantes femblables à des cheveux.	Les Capillaires.
2	ieux.	Le Buftalmum.
3	dents.	La dentaire, le Pin.
4	mains ou doigts.	Orchis, Ermodate.
5	tefticules.	Orchis.
6	cœurs.	Antora, Valériane, Perféa.
7	poumons.	Pulmenaire, *Fuma-ria radice cava.*
8	Fœtus.	Noix, Cocos, Aron, Ail.
9	veffies.	Alkekanje, Corin-don, Colutea.

3ᵉ claffe. *Plantes qui ont des parties femblables à celles*
des animaux.

1 Sect.	Racines	la queue de Scorpion.	*Doronikon - Par-dalianches.*
2	Fleurs	des mouches & papillons.	Orchis, Légumi-neufes.
3	Tijes	des Serpens.	*Dracunculus, Ari-faron.*
4	Fruits	des cornes.	Aron, *Scorpioides*, Fénugrec.
5	Fleurs	une crête.	Ormin, *Fumaria-Korudalis.*
6	Fleurs	une bouche.	Acante, Antirinon, *Dracunculus.*

7 Sect. Feuilles		une langue.	Cynoglose, Buglose, Ofioglose.
8	Epines	des épines.	Ronce , Smilax , Epinar.
9	Racines	des testicules.	Orchis.
10	Fruits & fleurs	sembla- bles à	la queue de scorpion.	Upekooe, Coronile, Eliotrope.
11	Racines, Epis, Tiges		la queue de cheval.	Panès, *Alopecuros*, Prêle.
12	Feuilles		un pié de cheval, d'oi- seau , &c.	Tussilaje, *Chenopo- dion*, Figuier.

4e classe. *Plantes qui ont des parties semblables aux maladies de l'homme.*

1 Sect. Feuilles Tiges		taches, les taches de la peau. Aron, Arisa- ron , *Dracunculus*.
2	Fruits , Racines	imitans par leurs	écailles, les vérues de la peau. *Pinaster*, Scabieuses, Lis.
3	Racines		Grumeaux, les varices. *Ficaria, Kirsion*, Scrofulère.

5e classe. *Plantes dont les qualités font relatives à celles des animaux.*

1 Sect. Plantes belles	rendent les homes beaux.
2	féçondes	féçonds.
3	stériles	stériles.
4	de chake saison font plus convenables à l'home dans ces saisons.

6e classe. *Plantes dont les mœurs font analogues à celles de l'homme.*

| 1 Sect. Plantes gaies ou tristes, rendent les homes gais ou tristes. |
| 2 | sympatikes ou antipatikes avec l'home. |

7e classe. *Plantes qui ont du raport avec les astres.*

1 Sect. Les dorées		le Soleil.
2	jaunes	Jupiter.
3	blanches	la Lune.
4	Roujes	Mars.
5	incarnates	Venus , & favorisent les plaisirs.
6	livides , verdes , pourpres ou bleues	ont du raport avec	Saturne , & guérisent la rate.
7	couleurs variées & mélanjées des fleurs		Mercure.
8	Les Plantes qui se tournent du côté du Soleil , ont raport au Soleil.
9	de la Lune,	à la Lune.
10	ont la forme du Soleil,	au Soleil.
11	de la Lune,	à la Lune.
	Telles que la Lunaire , l'Osmunda lunaria, fe Séné , le Fer à cheval.
12	croissent sous la Zone torride , ont raport au Soleil.

De ces 7 claſſes, pas une n'eſt naturelle, elles ſont diviſées en 47 ſections, dont 2 ſont natureles.

Suivant Porta les Plantes dont quelque partie repréſente un foie, ſont bones aux maladies du foie; celles qui repréſentent des ieux, ſont bones aux ieux; celles qui ont la forme des teſticules, ſont bones aux maladies des teſticules; celles qui repréſentent des doigts, ſont bones à la goute, & ainſi des autres. Cette idée & la Métode qu'il a fondée deſſus, eſt très-ingénieuſe, & contient au moins autant de vérités que de fauſſetés.

Zaluzian diviſe les 674 Plantes, dont il parle, en 22 claſſes, en les conſidérant par leurs qualités, & leur enſemble.

1591.
Zaluzian.

	Eſpéces.
1° Les Champignons.	10
2 Les Mouſſes, Fucus, Lichen, Biſſus.	12
3 Les Gramens, Joncs, Lis, Orchis.	68
4 Les Légumes.	54
5 Les Férulacées, Foujères, Compoſées, Ombelles.	70
6 Laitues, Scabieuſes, Chardons.	45
7 Joubarbes, Aloë.	21
8 Les Uperikon, Lins, Linaires.	6
9 Les Tirimales.	1
10 Les Plantens, Nerveuſes, Luchnis, Potamogeton.	21
11 Les Velues, Immortelles, Bouraches, Aparines.	52
12 Les Mentes, Véronikes, Vervènes.	38
13 Les Potajères.	40
14 Les Pavots, Solanons, Anémones.	22
15 Les Renoncules, Arons, Quinte-feuilles, Ricins, Fumeterres.	32
16 Les Mauves.	7
17 Les Satmenteuſes, Violetes, Smilax, Liere, Liſeron, Pervanches.	35
18 Les Concombres.	10
19 Les Palmiers, Euforbes.	4
20 Les Conifères, Bruières, Tamaris.	17
21 Les Oliviers, Roſiers, Jujubiers, Pruniers.	77
22 Les Chênes, Lentiskes, Houx, Caſſes, Tilleuls.	32
	674

De ces 22 claſſes, il n'y en a que 3 de naturelles, ſavoir la 1e, la 16e & 18e. Cette Métode étoit fort bone pour le tems où vivoit Zaluzian.

Caſpar Bauhin diviſe les 6000 Plantes, dont il ne raporte que les citations dans ſon Pinax, relativement à leurs qualités & leur enſemble, en 12 livres ou claſſes dont aucune n'eſt naturele, & chacune de ces claſſes eſt partajée en

1596.
C. Bauhin.

6 Sections. qui font en tout 72, dont 17 ou ¼ font natureles.

Claſſe 1 Gramens. Joncs. Roſeaux. Fromens Asfodeles. Iris.
   2 Bulbeuſes. Lis. Orchis. Orobanche.
   3 Potajères. Raiponſes Crucifères. Perſicaires. Pimens.
   4 Ombellifères. Tanéſie. Abſinte. Nielles. Fumeterres.
   5 Solanons. Pavots. Renoncules. Arons. Tuſſilaje. Potamogetons.
   6 Violetes. Jiroflées. Luchnis. Linaire. Verticillées.
   7 Veronike. Germandrée. Anagallis. Bourache. Coniſe. Centaurée. Sedon. Aloë. Titimales.
   8 Liſerons. Briones. Vignes. Clematite. Apocins. Cyclamen. Quinte-feuille. Trefles.
   9 Aparines. Rue. Légumes.
   10 Foujères. Roſſolis. Mouſſes. Fucus. Lentilles d'eau. Chardons.
   11 Légumineuſes. Jaſmins. Lentiskes. Aromates. Châténiers. Erables. Fuſens. Pomifères.
   12 Neſliers. Figuiers. Garou. Ciſtes. Mirtes. Troêne. Ronſe. Capriers. Roſiers. Pins. Aſperjes.

Cet Ouvraje, fruit d'un travail de 40 ans, & imenſe par la confrontation que C. Bauhin a faite avec beaucoup d'exactitude de toutes les dénominations ou fraſes latines apliquées aux Plantes depuis *Tragus*, mérite toute notre reconoiſſance.

1597.
Gerard.

Gerard diviſe les 2842 Plantes dont il done les figures, en 2 claſſes feulement, ſavoir les Arbres & les Erbes. On ſent bien qu'il n'y a guère de diviſion moins naturele que celle-là.

Cette même diviſion a été ſuivie en 1690 par Théodore Zwinger, dans ſon *Theatrum Botanicum.*

1607.
Dupas.

Dupas, *Paſſæus*, a diſtribué les 325 Plantes dont il done la figure, ſelon les 4 ſaiſons de l'anée, où elles fleuriſſent & par leur grandeur & durée.

	Figures.
1° Printanières.	102
2 Eſtivales.	54
3° Automnales.	41
4 Plantes d'hiver.	25
5 Arbres, Arbriſſeaux, &c.	120
	314

Aucune de ces claſſes n'eſt naturele.

1616.
Lauremberg.

Guillaume Lauremberg diviſe les Plantes en 12 claſſes, en les conſidérant relativement

1° à leur grandeur & durée.
2 A quelques-unes de leurs parties.
3 A leurs qualités.
4   lieu natal.
5   figure & ensemble.

De ces 12 claſſes, il n'y en a que 1, c'eſt la 10e, de naturele. Elles contienent 38 ſections, dont il n'y en a que 4, c. à d., $\frac{1}{9}$ de natureles.

hErmandes diviſe en 7 livres ou claſſes, les 691 Plantes du Mexike dont il done les figures. Il anonce qu'il ſuit à-peu-près l'ordre de Dioskoride dans ſa diſtribution ; mais il confidère les Plantes,

   1° par leurs qualités.
   2   grandeur & durée.

1628.
hErmandes.

Aucune de ces 7 claſſes n'eſt naturele.

Jean Bauhin, dans ſon Hiſtoire univerſele des Plantes en 3 volumes *in-folio*, done les figures de 3428, & la deſcription de 5266 Plantes, diſtribuées en 40 livres ou claſſes, en les confidérant relativement,

   1° à quelques-unes de leurs parties.
   2 A leur durée & grandeur.
   3 A leurs qualités.

1650.
J. Bauhin.

Tome I.

De ces 40 claffes, il n'y en a que 2 de natureles ; favoir la

la 16e, des Grimpantes Baccifères , qui répond à notre
15e Famille des Briones , & la 40e des Champignons.

Cette Métode étoit fort bone pour ce tems-là. Il y a dans
le cours de l'Ouvraje plusieurs fautes & transpositions de
figures.

Chabré, en 1666, a extrait & réduit ces 3 volumes en
1 seul vol. *in-fol.* assez mince , où sont toutes les figures de
J. Bauhin.

Jonston , dans son Ouvraje intitulé , *Notitia regni vege-*   1661.
tabilis , divise les Plantes en 30 classes , relativement,   Jonston.

    1° à leur durée & grandeur.
    2 A quelques-unes de leurs parties.
    3 A leurs qualités.

1ere Partie. *Les Arbres.*

Classe   1 Pomifères à pepins. Pomier. Oranjer. Grenadier.
       2   à osselets. Prunier. Jujubier. Cornouiller.
       3 Nucifères. Noier. Amandier. Pistachier. Erable. Palmier.
       4 Aromatikes. Muscadier. Laurier. Géroflier.
       5 Glandifères. Chêne. Etre.
       6 Baccifères. Tilleul. Groselier. Mirte. Caprier. Sabine. If. Frêne.
       7 Lacrimifères. Lentiske. Pin.
       8 Silikés (*Siliquata.*) Citise. Tamarin. Nerion.
       9 Rodoflores. Rosier. Ciste.
    10 Melanjes. Ebene. Jasmin. Aune. Saule. Tamaris. Santal.

2e Partie. *Les Erbes.*

    11 Bulbeuses. Iris. Narcisse. Safran. Ognon. Lis. Orchis.
    12 Fromens. Blé. Segle. Panis. Sésame.
    13 Graminées. Chiendant. Jonc. Roseau. Asfodele. Iris.
    14 à feuilles nerveuses. (*Nervifolia.*) Elleborine. Gentiane. Mu-
                                       get.
    15   rondes. Pirole. Aristoloche.
    16   épaisses. (*Crassifolia.*) Aloé. Pourpié.
    17   rudes. (*Asperifolia.* Bouraches. Pilosele.
    18   molles. (*Mollifolia.*) Mauves. Quintefeuilles.
    19 Etoilées. (*Stellata.*) Aparines. Rue.
    20 Capillaires. Rossolis. Foujères. Lemma. Fucus.
    21 Corymbifères. Tanésie. Absinte. Conise. Anemone.
    22 à boukets. (*Coronaria.*) Violete. Oeillets. Linaire. Tlm. Se-
                                 rette. Primevere.
    23 Ombellifères. Cumin. Filipendule. Valériane. Milfeuille.
    24 à fleurs en tête. (*Capitata.*) Scabieuse. Chardons.
    25 Silikés. Vesses. Lupins. Erse. Sainfoin. Fumetere.
    26 Laiteuses. (*Lactaria.*) Titimale. Ippofaé.
    27 Grimpantes. Liseron. Apocin. Liere. Briones.
    28 Dangereuses. (*Noxia.*) Solanons. Akonit.
    29 Potajères. (*Oleracea.*) Campanule. Cresson. Chou. Oseille.
                         Bliton. Laitue.
    30 Mélanjées. Véronike. Coris. Champignons.

De ces 30 classes, il n'y en a pas 1 de naturele. Elles

font divifées en 90 fections, dont 13 , c. à d. $\frac{1}{7}$ & plus font natureles.

Il y a peu de diférence entre ces claffes & celles de J. Bauhin, que l'Auteur a rectifiées.

1678.
Rheede. Rheede, Gouverneur du Malabar, publia dès l'anée 1678, fous le Titre de *Hortus malabaricus*, 12 volumes *in-fol.* dont le dernier parut en 1693, contenant 794 figures de Plantes indienes, diftribuées en 8 calffes, relativement à leur grandeur & à leur fruit.

Claffe		Tom.
1	Arbres.	1. 3.
2	Arbres fructifères.	4.
3	Arbres & Arbriff. bacciferes.	5.
4	filikés.	6.
5	Arbriffeaux.	2.
6	Arbriffeaux grimpans.	7.
7	Erbes.	9. 10. 11. 12.
8	Erbes pomifères & légumineufes.	8.

De ces 8 claffes, aucune n'eft naturele ; mais cela n'empêche pas que cet Ouvraje ne foit le plus parfait de tous ceux qui avoient paru jufqu'alors, & quant aux defcriptions qui font en général bien faites & affez étendues, & quant aux figures auxquelles il manque quelquefois des détails fur les étamines & le fruit.

1680.
Morifon. Morifon, dans l'Ouvraje intitulé, *Plantarum Hiftoria univerfalis, feu Herbarum diftributio nova per tabulas cognationis & affinitatis, ex libro naturæ obfervata & detecta,* en 3 vol. *in-folio,* dont il publia les 2 1ers en 1680, & dont le 3e ne parut qu'après fa mort en 1699, par les foins de Bobart, done les figures, la defcription & les fynonimes de 3505 Plantes, qu'il divife en 18 claffes, en confidérant,

1° Leur fubftance ou confiftance, ligneufe ou erbacée.

2. Leur grandeur & durée. Arbres, Arbriffeaux & fous-Arbriffeaux.

3. Leur figure ou leur port.

4. Quelques-unes de leurs parties.

Les Ligneufes donent les Claffes	1 *Arbores.*
	2 *Frutices.*
	3 *Suffrutices.*
Les Erbacées confiderées quant à leur figure totale donent les Claffes	4 *Scandentes.*
	11 *Culmiferæ.*
	17 *Capillares.*
Par la figure & fubftance du fruit.	5 *Leguminofæ.*
	6 *Siliquofæ.*
	16 *Bacciferæ.*
Par le nombre des capfules & des pétales.	7 *Tricapfulares 6 petalæ.*
	8, 1 à 5 *capfulares, 1 à 5 petalæ.*

Par la difpofition des fleurs. 9 *Corymbiferæ.*
                       11 *Umbelliferæ.*
                       14 *Galeatæ & verticillatæ.*
Par leur fuc & aigretes. 10 *Lactefcentes S. pappofæ.*
Par le nombre des capfules. 13 *Tricoccæ.*
                       15 *Multifiliqua & Multicapfulares.*

Les Plantes dificiles à raporter forment
la 18 *Eteroklita.*

De ces 18 Claffes il n'y en a que 2 de natureles, favoir les 13e & 17e, encore la 13e n'eft-elle compofée que de 2 genres. Elles font fubdivifées en 108 Sections, relativement,

1° à la figure & fubftance de leur fruit.
2 au nombre de leurs graines.
3   feuilles.
4   pétales.
5 à leurs racines.
6 à leur lieu natal.
7 à leurs vertus.

De ces 108 Sections, il y en a 32, c'eft le ¼ de natureles.

Cette Métode n'eft donc pas fondée fur le fruit feul. Elle eft peu travaillée, très-dificile dans la pratique, & n'a été fuivie que par Bobart, qui en publia la 3e partie en 1699, *in-fol.* à Oxford; & par un anonyme dont l'Ouvraje parut en 1720, fous le titre de *Hiftoriæ nat. fciagraphiæ,* Oxonii. 8°.

Rai & Tournefort ont reproché à Morifon trop de vanité & de fufifance, *Laudibus excipiendus majoribus fi à fuis abftinuiffet,* Tour. Ifag. 53. Combien de nos modernes mériteroient plus juftement encore ce reproche, pour avoir voulu fe louer, & même fe mettre, eux & leurs Ouvrajes, au-deffus de ceux de ces 2 grands homes?

Dès l'an 1682, Rai publia, fous le titre de *Metodus naturalis Plantarum,* 8°. *Londini,* fa Métode, dont il dona l'exécution en 1686 dans fon Hiftoire générale des Plantes en 3 vol. *in-fol.*

Dans cet Ouvraje immenfe, il cite environ 18655 efpèces ou variétés de Plantes qu'il divife en 33 claffes en les confidérant relativement.

1° à leur port ou enfemble de toutes leurs parties.
2 à leur grandeur & durée, comè Erbès & Arbres.
3 à leur degré plus ou moins grand de perfection.
4 au lieu où elles croiffent.
5 au nombre de leurs cotylédons, des pétales, des capfules & des graines.
6 à la fituation & difpofition des fleurs, du calice ou des feuilles.

b ij

1682.
Rai.

7º à l'abfence ou préfence du calice & de la corole.
8 à la fubftance des feuilles & du fruit.
9 à la dificulté de claffer certaines plantes.

1ere Partie. *Les Erbes.*

Les imparfaites, confidérées relativement au lieu où elles croiffent donent la claffe à leur enfemble,	1 *Submarinæ.*
	2 *Fungi.*
	3 *Mufci.*
	4 *Capillares.*
Les dicotylédones confidérées relativement à l'abfence de la corole,	5 *Apetalæ.*
à la difpofition des fleurs,	6 *Planipetalæ.*
	7 *Difcoideæ.*
	8 *Corymbiferæ.*
	9 *Capitatæ.*
	11 *Umbelliferæ.*
	14 *Verticillatæ.*
à l'aparence des fleurs,	24 *Floriferæ.*
au nombre des pétales,	19 *Monopetalæ.*
	20 2 à 3 *petala.*
	23 5 *petala.*
à la difpofition & fubftance des feuilles.	12 *Stellatæ.*
	13 *Afperifoliæ.*
à la fubftance & figure du fruit,	16 *Pomiferæ.*
	17 *Bacciferæ.*
	21 *Siliquofæ.*
	22 *Leguminofæ.*
au nombre des graines ou des capfules,	10 *Monofperma.*
	15 *Polyfpermæ.*
	18 *Multifiliquæ.*
Les monocotylédones confidérées par les étamines,	25 *Stamineæ.*
Erbes qui font dificiles à claffer,	26 *Anomalæ.*

2e Partie. *Les Arbres.*

Les monocotylédons,	27 *Arundinaceæ.*
Les dicotylédons confidérés par l'abfence de la corole,	28 *Apetalæ.*
par la fituation du calice,	29 *Fructu umbilicata.*
	30 *Fruc. non umbilicato.*
par la fubftance & figure du fruit.	31 *Fructu ficco.*
	32 *Siliquofæ.*
Arbres dificiles à claffer,	33 *Anomalæ.*

De ces 33 claffes, il y en a 6 ou près de $\frac{1}{5}$ de natureles, favoir les 1, 6, 11, 12, 13, 22. Elles font divifées relativement au lieu de leur naiffance, à la figure des tijes, à leurs qualités, fucs, au nombre fituation fubftance & divifion des feuilles, à la fituation & difpofition des fleurs & du calice, au nombre & à la régularité des pétales, à la fubftance & figure du fruit, en 125 fections, dont 43, c. à d., près de $\frac{1}{3}$, font natureles.

Cette Métode n'est donc pas fondée sur la seule considération du fruit. Elle est des plus dificiles dans la pratique, & on ne pouroit y fondre les Arbres avec les Erbes, sans augmenter le nombre des classes des Erbacées. L'idée en étoit très-bone & elle eût mieux réussi, si Rai eût été aussi grand Botaniste qu'il étoit savant Ecrivain & judicieux Compilateur.

Persone n'a autant travaillé ou recueilli en Botanike. Il cite ou décrit, sans aucune figure, dans son Hist. générale, enron 18655 espèces ou variétés de Plantes (qui ne comprennent pas, à beaucoup près, toutes les variétés conues des fleurs) dont 3560 dans le 1er volume, 3320 dans le 2e, & 11775 dans le 3e volume, qui ne parut qu'en 1704. Ce volume n'est qu'un suplément aux 2 1ers, & contient les additions des Plantes découvertes par Tournefort dans le Levant, & par Camelli, à Luzon, l'une des Iles Filipines. Ce seroit un travail immense que de démêler les répétitions qui doivent se trouver dans toutes ces additions ; & c'est ce qui rend cet Ouvraje dificile, quoique nécessaire, comme le plus complet qui ait paru en ce genre.

En 1700 Rai publia sa Métode, *Metodus Plantarum emendata & aucta*, corijée & augmentée d'après la Métode de Tournefort, qui avoit paru dès l'an 1694, & dont il admit les caractères générikes. Quelques Zoïles, peu versés dans la Botanike, entr'autres un certain Colet, tâchèrent de brouiller ces 2 grands hommes qui s'estimoient réciprokement, comme on en peut jujer par les éloges que Tournefort fait de Rai, & par le jugement que Rai porte sur les Ouvrajes de Tournefort.

La Métode de Rai a été suivie

En 1707, par Sloane, dans son Hist. de la Jamaïke.

En 1713, par Petiver, dans son *Herbarium Britannicum.*

En 1724, par Dillen, dans son *Synopsis stirpium Britannicarum*, 8°. *Londini.*

En 1727, par Martyn, dans son *Metodus Plantarum circa Cantabrigam*, 8°. *Londini.*

Cristofe Knaut, dans son *Enumeratio Plantarum circa Halam Saxonum &c. sponte provenientium*, 8°. *Lipsiæ*, divise le petit nombre de Plantes qui croissent aux environs de hAll, en 17 classes, considérées relativement,

1° à leur grandeur & durée, come Erbes ou Arbres.
2 à la présence ou absence de la corole.
3 à la disposition des fleurs.
4 à la substance du fruit.

1687.
Knaut.

5° au nombre des capfules ou des graines.
6 au nombre & figure des pétales de la corole.
7 à la préfence, abfence ou figure du calice.
8 au défaut des fleurs.

1ere Partie. *Les Erbes.*

Confidérées come aiant une corole, des fleurs
     fimples & un fruit charnu, donent la claffe   1 *Bacciferæ.*
         & une capfule, & felon le nombre   2 *Monopetalæ.*
         & la régularité des pétales de la   3 *Tetrapetalæ regulares.*
         corole,   4 *4 petalæ irregul.*
                 5 *5 petalæ.*
                 6 *6 petalæ.*
                 7 *Polypetalæ.*
         & par le nombre des capfules ou des   8 *Multicapfulares.*
         graines,   9 *Gymnodifperma.*
Confidérées come aiant une corole, des fleurs
     compofées & point de de calice,   10 *Solidæ.*
         & avec 1 calice aigreté,   11 *Pappofæ.*
Confidérées relativ. à l'abfence de la corole,   12 *Apetalæ.*
                 13 *Stamineæ.*
     à l'abfence du calice & de la corole,   14 *Inconfpicua.*
                 15 *Imperfecta.*

2e Partie. *Les Arbres.*

Rélativement à leur grandeur, donent les   16 *Arbores.*
    claffes   17 *Frutices.*

De ces 17 claffes, il n'y en a que 2 de natureles, favoir
là 4e & la 11e. Elles font fubdivifées relativement au nombre des fruits ou de leurs lojes, ou de leur figure, ou au
nombre des graines & des feuilles, à la figure des pétales
ou des tijes, & à la fituation des fleurs en 62 fections,
dont 21, c. à d., ½ & plus, font natureles.

Cette Métode générale, mais non pas univerfele, n'eft
donc pas fondée fur la confidération du fruit. Elle eft des
plus compofée & des plus difficile.

1689.
Magnol. Il eft fort étonant que depuis Tournefort, qui n'a écrit fon
Ifagoge qu'en 1694, jufqu'à M. Linnæus, qui a publié en 1738,
un Précis des Métodes de Botanike qu'il réduit au petit
nombre de 16, perfone n'ait cité celle de Magnol imprimée en 1689 dans fon *Prodromus Hiftoriæ generalis Plantarum*, fous le titre de *Familiæ Plantarum per tabulas dif-
pofitæ*, 8°. *Monfpelii.* Cette Métode très-judicieufe, excellente même quant au fond de l'idée qui en fait la bafe,
quoique moins heureufe dans l'exécution qui l'a fans doute
fait tomber dans le mépris, étant entièrement ignorée, je
vais en extraire mot pour mot l'efprit, pour mettre le public en état de juger de fa valeur. Je crois devoir à la

mémoire d'un Botaniste célebre une justice que lui ont re-
fufée tous mes prédéceffeurs.

»Après avoir (dit Magnol dans fa Préface) examiné les
»Métodes les plus ufitées, & trouvé celle de Morifon infu-
»fifante & très-défectueufe, celle de Rai trop dificile ; j'ai
»cru apercevoir dans les Plantes, 1° une afinité, fui-
»vant les degrés de laquelle on pouroit les ranjer en di-
»verfes Familles, comme on ranje les animaux : ces Famil-
»les ont des fignes diftinctifs certains : telles font les Bul-
»biferes, les Culmiferes, les Plantes à fleur monopétale.
»2° Chakel Famille de Plantes a des efpèces fubalternes
»qui fe peuvent fous-divifer encore ; par ex. la Famille des
»Culmiferes peut fe diftinguer en Fromens & en Gramens:
»celles des Papilionacées peut être divifée, ou relativement
»au nombre des feuilles, celles qui ont une feuille, celles
»qui en ont 3, & celles qui en ont 5 ; ou par égard à
»la figure du fruit, en Siliculeufes, Silikées, Véficuleufes
»& Cokillées (*Cochleatæ.*) Il y a auffi des Plantes qui font
»voifines de certaines Familles ; telles font celles qui ont
»de l'afinité avec les Bulbeufes, & quelques autres. 3° Il
»y a dans ces Familles des Plantes illégitimes, telles que
»le Nenufar dans la Famille des Pavots. Enfin il paroit des
»monftres qui ont les caractères de plufieurs Familles, &
»des Plantes qui paroiffent naître fans femence, & ne pro-
»duifent aucune graine fenfible, telles que la plûpart des
»Mouffes & les Foujères.

»De même donc qu'on reconoit des Familles dans les
»Animaux, de même auffi nous en propofons dans les Plan-
»tes : nous penfons qu'on pouroit en établir davantaje que
»nous n'avons fait ; & fi nous avons réuni nombre de
»Plantes qui auroient pu à jufte titre former de nouveles
»Familles, ce n'a été que pour diminuer le nombre de ces
»Familles. . . . .

»Cette relation entre les Animaux & les Véjétaux, m'a
»doné ocafion de réduire les Plantes en certaines Familles,
»par comparaifon aux Familles des homes ; & come il m'a
»paru impoffible de tirer les caractères de ces Familles de
»la feule fructification, j'ai choifi les parties des Plantes où
»fe rencontrent les principales notes caractériftikes, telles
»que les racines, les tijes, les fleurs & les graines. Il y
»a même dans nombre de Plantes une certaine fimilitude,
»une afinité qui ne confifte pas dans les parties confidé-
»rées féparément, mais en total ; afinité fenfible, mais qui
»ne peut s'exprimer, come on voit dans les Familles des

»Aigremoines & des Quinte-feuilles, que tout Botaniſte
»jujera conjenères, quoiqu'elles diſèrent par les racines, les
»feuilles, les fleurs & les graines ; & je ne doute pas que
»les caraĉtères des Familles ne puiſſent être tirés auſſi des
» 1res feuilles du germe au ſortir de la graine.

»Je ne puis non plus adhérer au ſentiment de ceux qui
»regardent les feuilles come des parties accidenteles. Car
»enfin que deviendroient pluſieurs Mouſſes où l'on ne trouve
»que des feuilles, & la plûpart des Foujères, dont la beauté
»& l'élegance conſiſte dans les feuilles. Auſſi avons-nous
»tiré de la conſidération des feuilles le caraĉtère de la
»Famille des Mouſſes, ſans avoir égard à la fruĉtification
»qui eſt manifeſte dans quelques-unes, telles que le *Luko-*
»*podion*, & le Perce-mouſſe. Nous établiſſons auſſi come
»Rai, la Fam. des Culmifères, en aiant égard à leurs tijes.
»Enfin nous penſons que toutes les parties qui ne ſervent
»pas à la fruĉtification, ne ſont pas plus accidenteles que
»les bras & les jambes ne ſont des parties accidenteles dans
»les animaux.

»Nous ne nions cependant pas que l'on peut tirer les
»principales diférences des Plantes, de leur fleur & de leurs
»graines, puiſque ces parties conſtituent le plus grand nom-
»bre des Familles ; mais ſans néglijer les autres parties qui nous
»ont doné une grande facilité pour tracer cet Ouvraje.

»J'ai donc ſuivi l'ordre que gardent les parties des Plan-
»tes dans leſqueles ſe trouvent les notes principales & diſ-
»tinĉtives des Familles ; & ſans me borner à 1 ſeule par-
»tie, j'en ai ſouvent conſidéré pluſieurs enſemble. C'eſt ainſi
»que j'ai établi 10 Seĉtions, dont les 9 premieres compré-
»nent les Erbes, & la 10e les Arbres & Arbriſſeaux.

La 1re ⎫ ⎧ racines.
La 2 ⎪ ⎪ tijes.
La 3 ⎪ ⎪ feuilles.
La 4 ⎪ Seĉtion ⎪ fleurs come imparfaites, c. à d. ſans corole, ou à éta-
       conſide-   mines.
La 5 ⎬ re les ⎬ dont quelques-unes ne portent ni les fruits ni
       Erbes   les graines.
La 6 ⎪ par ⎪ come monopétales.
La 7 ⎪ leurs ⎪ aiant 4 pétales.
La 8 ⎪ ⎪ étant polypétales ou aiant plus de 4 pé-
       tales.
La 9 ⎭ ⎩ monopétales raſſemblées en tête.
La 10 Seĉtion conſidère les Arbres & Arbriſſeaux.

Voilà tout ce que dit Magnol dans ſa Préface ſur le plan
& la diſtribution de ces Familles, auxquelles il done le
nom de *Tabulæ cognitionis & affinitatis Plantarum*, comme

avoit fait Morifon ; fuivons-en tous les détails, afin de pouvoir en porter un jujement.

1e Partie. *Les Erbes.*

1ere Section. *Confidérées par leurs racines.*

Table 1 *Bulbofæ.* Lis. Orchis.
2 *Bulbofis affines.* Iris. Jinjambre.

2e Sect. *Confidérées par leurs tijes.*

3 *Culmiferæ.* Fromens. Gramens.
4 *Culmiferis affines.* Tufa. Acorus. Sparganion. Rofeau. Jonc.

3e Sect. *Confidérées par leurs feuilles.*

5 *Fungi.* Champignon. Trufe. Éponje. Alcion.
6 *Mufci.* Mouffe. Lichen. Lentille d'eau.
7 *Capillares.* Foujères. Prêle.
8 *Fuci.* Fucus. Corallines animales.
9 *Corallia.* Les Coraux. Pores. Madrepores. Corallines.

4e Sect. *Confidérées par leurs fleurs come imparfaites, fans corole, c. à d., à étamines.*

10 *Floribus feminibus adhærentibus.* à calice permanant avec les graines. Bliton. Circæa. Etnière. Potamogeton.
11 *Racemofæ.* à fleurs en grape. Ortie. Mercuriale. Ofioglofle.
12 *Spicatæ.* à fleurs en epi. Les Plantens.
13 *Flore femini triquetro adherente.* Les Perficaires.
14 *Flore anomalo filiculofæ.* Refeda. Gaude.

5e Sect. *Confidérées par leurs fleurs, dont quelques-unes ne portent ni fruits ni graines, c. à d., font mâles.*

15 *Lactefcentes.* Les Titimales.
16 *Non lactefcentes.* Ricin. Ambrofie. Xantion.

6e Sect. *Confidérées par leurs fleurs come monopétales.*

17 *Folio capillari.* Cufcute.
18 *Stellares.* à feuilles raionantes en étoile. Aparine. Afperje.
19 *Afperifoliæ.* à feuilles rudes. Les Bouraches.
20 *Acaules.* fans tijes. Primevere. Roffolis.
21 *Floribus campanulatis.* Campanule. Lizeron. Jalap.
22 *Floribus galeatis.* à fleur en cafque. Les Labiées à 2 levres.
23 *Floribus labiatis.* Les Labiées à 1 levre.
24 *Floribus umbellatis.* Valériane, Limonium.
25 *Siliculofæ.* à fruit en filike courte. Tabac. Gratiole. Gentiane.
26 *Capfulares.* à fruit en capfule. Verbafcum. Anagallis. Véronike. Violete.
27 *Siliquofæ.* à filike. Apocin. Lufimachia.
28 *Floribus difformibus, fructifera, radice tuberofâ.* Ariftoloche. Cyclamen. Aron.
29 *Floribus campaniformibus baccifera.* Convallaria. Polugonaton.
30 *Floribus monopetalis baccifera fcandentes.* Brionia. Tamnus. Smilax.
31 *Pomiferæ.* Melon. Calebaffe.
32 *Pomiferæ femine compreffo.* Solanon. Paris.

Table 64 *Flore polypetalo bacciferæ.* Bourdène. Ronce. Sumak.
66 *Flore Erbaceo capfulares.* Fufen. Fuftet. Buis.
67 *Flore monopetalo capfulares & filiculofi,* Lilac. Viburnum. Vj-
tex. Paliurus. Spirea.

71 *Lanigeri.* Ceiba. Goffupion.
72 *Flore papilionaceo.* Caffia. Stafulodendron.
73 *Flore compofito filiquofæ.* Acacia. Senfitive.
75 *Refiniferæ bacciferæ.* Sabine. Terebinte.
76 *Refiniferis affines.* If. Bruière. Tamaris.
Confidérés come Arbriffeaux.
65 *Flore polypetalo pomiferi.* Rofier.
68 *Flore polypetalo capfulares.* Cifte. Syringa. Caprier.

De ces 76 Familles ou Tables, il n'y en a que 11 ou $\frac{1}{7}$ &
plus de naturelles, favoir les 3, 12, 13, 14, 19, 31, 44,
47, 56, 61, 74. Elles font fubdivifées relativement à diverfes parties, en 285 fections, dont 100, c. à d. $\frac{1}{3}$ &
plus, font natureles.

L'exécution de cette Métode ne répond, comme l'on voit,
nullement au plan que l'Auteur s'en étoit formé, & le
plus grand nombre de fes Familles ne font que des démem-
bremens ou des fections les unes des autres.

Rumfe dans fon *Herbarium amboinicum*, fini dès l'an
1690, & imprimé après fa mort en 1741 par les foins de
M. Jean Burmann, diftribue environ 774 Plantes indiènes
en 13 Livres, qui forment 11 claffes, dont aucune n'eft
naturele. Il les confidère par raport à leur durée, leur
grandeur & leurs ufajes.

Livre 1 Arbres & Arbriffeaux qui fe manjent.
2   aromatikes.
3   réfineux on laiteux.
4   à bois de charpente.
5   fauvajes.
6 Arbriffeaux domeftikes & fauvajes.
7 Lianes & Arbriffeaux grimpans
8 Plantes médicinales, potajères ou d'ornement.
9 Erbes grimpantes.
10 & 11 Erbes fauvajes.
12 Plantes marines.
13 *Auctuarium*, ou fuplément.

Les defcriptions de cet Ouvraje font en général affez
bien faites & très-détaillées, mais elles taifent ce qui regarde
les fleurs & le fruit d'un grand nombre de Plantes qu'il
feroit important de conoître.

La Métode de Paul hErmann a été publiée d'abord par
Zumbach, fous le titre de *Floræ Lugduno Batavæ flores.*
Lugd. Bat. 1690. 8°. Il y divife les 5600 Plantes conues
alors en 25 claffes, en les confidérant relativement,

1690.
Rumfe.

1690.
hErmann.

1° à leur grandeur & durée , come Erbes & Arbres.
2 à la préfence ou abfence de la corole & du calice.
3 au nombre des graines , des lojes, du fruit ou des capfules.
4 à la fubftance des feuilles & du fruit.
5 à la fituation & difpofition des fleurs , du calice & des feuilles.
6 à la figure du fruit.

1ere Partie. *Les Erbes.*   Claffes.

		Claffes.
Celles qui ont une corolle.	plufieurs graines nues & des fleurs fimples.	1 *Gymno polyfpermæ.*
	2 graines nues & des fleurs en ombelle.	2 *Gymno difpermæ umbellatæ.*
	1 graine nue & des fleurs folitaires.	3 *Gymno monofpermæ fimplices.*
	1 graine nue & des fleurs compofées.	4 *Gymno monofpermæ compofitæ.*
	2 graines nues & des feuilles verticillées.	5 *Gymno difpermæ ftellatæ.*
	4 graines nues & les feuilles rudes.	6 *Gymno tetrafpermæ afperifoliæ.*
	4 graines nues & les fleurs verticillées.	7 *Gymno tetrafpermæ verticillatæ.*
	1 capfule à 1 loje.	8 *Univafculares.*
	2 lojes.	9 *Bivafculares.*
	3 lojes.	10 *Trivafculares.*
	4 lojes.	11 *Quadrivafculares.*
	5 lojes.	12 *Quinquevafculares.*
	& plufieurs capfules.	13 *Multicapfulares.*
	& 1 filike.	14 *Siliquofæ.*
	& 1 gouffe.	15 *Leguminofæ.*
	& 3 capfules.	16 *Tricapfulares.*
	& un fruit en baie.	17 *Baccifera.*
	& un fruit en pome.	18 *Pomiferæ.*
Celles qui n'ont pas de corole.	mais un calice.	19 *Apetalæ.*
	ni de calice.	20 *Mufcofæ.*
	mais des bales	21 *Staminea.*

2e Partie. *Les Arbres.*

	Ceux qui n'ont point de corole.	22 *Iulifera.*
Ceux qui ont une corole.	& un fruit charnu fous le calice.	23 *Umbilicata.*
	fur le calice.	24 *Non umbilicatæ.*
	& un fruit fec.	25 *Fructu ficco.*

De ces 25 claffes, il n'y en a que 4, favoir les 2, 5, 6, 7, de natureles.

Elles font fubdivifées relativement au nombre des pétales, des graines, des capfules & des lojes, à la figure des graines & de la corole, & à la difpofition des fleurs, en 82 fections, dont 22 ou $\frac{1}{4}$ font natureles.

Cette Métode ne roule donc pas uniquement fur la confidération du fruit ; elle eft très-complikée.

Zumbach a publié le 1er en 1690, fous le titre de *Floræ*

Lugduno Batava Flores, 8°, Lugd. Bat. cette Métode d'hErmann, dont l'Auteur n'avoit encor corijé que jufqu'à la 13e claffe, dans fon *Flora altera, Lugd. Bat.* 8°, qui parut l'anée de fa mort en 1695.

En 1690, Rudbek a fuivi cette Métode dans fon Ouvraje intitulé : *Differtatio de fundamentali Plantarum notitia,* 4°. Trajecti.

Rivin, dans fon Ouvraje intitulé : *Ordines Plantarum,* dont il ne publia que 3 claffes, favoir la 1ere *Flore monopetalo irregulari* en 1690, la 2e *Flore tetrapetalo irregulari* en 1691, & la 3e *Flore pentapetalo irregulari* en 1699, divife le petit nombre de Plantes qu'il conoiffoit en 18 ordres ou claffes relativement,

1690.
Rivin.

1° à la figure parfaite ou imparfaite des fleurs.
2 à la difpofition des fleurs.
3 à la régularité ou irrégularité de la corole.
4 au nombre des pétales.

Les fleurs parfaites fimples, régulières, confidérées relativement au nombre des pétales, donent les claffes	1 *Monopetali.*
	2 *Dipetali.*
	3 *Tripetali.*
	4 *Tetrapetali.*
	5 *Pentapetali.*
	6 *Exapetali.*
	7 *Polypetali.*
irrégulières, id.	11 *Monopetali.*
	12 *Dipetali.*
	13 *Tripetali.*
	14 *Tetrapetali.*
	15 *Pentapetali.*
	16 *Exapetali.*
	17 *Polypetali.*
compofées, confidérées relativement à leur régularité & irrégularité, donent les claffes	8 *Compofiti regulares.*
	9 *Regulares & irregulares.*
	10 *Irregulares.*
Les fleurs imparfaites forment la claffe	18 *Imperfecta.*

De ces 18 claffes, il n'y en a pas une de naturele. Elles font fous-divifées relativement au nombre des graines, des capfules, des lojes ; à la fubftance du fruit ; au nombre des pétales ; à la figure de la corole & du calice ; à la fituation, difpofition, & abfence des fleurs, en 91 fections, dont il n'y en a que 15 ou $\frac{1}{6}$ de natureles.

Rivin cherchoit plutôt une Métode facile que naturele ; auffi fon fiftême eft-il dans fa marche le plus régulier que nous conoiffions, c'eft-à-dire, qui s'éloigne le moins de fon principe, quoiqu'il s'en écarte en 2 points, en joignant à la confidération de la régularité de la corole, celle de fa perfection ou imperfection ; & celle de fa difpofition.

Les Auteurs qui ont fuivi cette Métode font :

Koenig, Allemand , en 1696, dans fon *Regni vegeta-tabilis pars altera ,* 4°. *Bafileæ.*

Welfch , en 1697, dans fon *Bafis Botanica ,* 8°. *Lipfiæ.*

Heucher eft le 1er qui ait publié cete Métode en entier dans fon *Hortus Wittembergenfis,* 1711 , 4°. *Wittembergæ.*

Gemeinhart, Allemand , en 1725, dans fon *Catalogus Plantarum circa Laubam ,* 8°. *Laubæ.*

Kramer, Allemand , en 1728, dans fon *Tentamen Botanicum S. Metodus Rivino-Tournefortiana ,* 8°. *Drefdæ.* réimprimé en 1744, fous le titre de *Tentamen Botanicum emendatum & auctum, fol. Viennæ Auftriæ.*

Hebenftreit, Allemand , en 1731, dans fon Ouvraje intitulé : *Differtationes ac definitiones Plantarum ,* 4°. *Lipfiæ.*

Hecker , Allemand , en 1734, dans l'Ouvraje intitulé : *Einleitung in die Botanic.* 8°. *Halle.*

1694.
Tournefort. De l'aveu de tous les Botaniftes, Tournefort a introduit dans la Botanike l'ordre, la pureté & la précifion , en donant les principes les plus fages & les plus certains pour l'établiffement des genres & des efpèces, & en fondant fur ces principes la Métode la plus facile & la plus exacte qui ait paru jufqu'à ce jour. Son objet, comme il le dit, page 59 de fon *Ifagoge,* Ouvraje rempli de la plus profonde érudition, & qui n'eft cité prefque nulle part, n'eft pas de faire une Métode univerfelle, chofe qu'il regardoit avec raifon comme impoffible à tout ce qui s'apele Métode fyftêma-tique , mais de tracer celle qui lui avoit paru la plus comode , en fe prêtant, autant qu'il étoit poffible, à la marche de la nature. Pour cela il diftribue les 10146 efpèces ou variétés de Plantes qu'il cite, en 698 genres & 22 claffes ; en les confidérant relativement,

1° à leur grandeur & durée come Erbes & Arbres.

2 à la préfence ou abfence de la corole & de la fleur.

3 à la difpofition des fleurs , come fimples ou compoffées.

4 au nombre des pétales de la corole.

5 à la figure régulière ou irrégulière de ces mêmes pétales.

1ere Partie. *Les Erbes & fous-Arbriffeaux.*

		Claffe.
A corole fimple , monopétale , régulière.		1 En cloche.
		2 En entonoir.
	irrégulière.	3 Perfonée.
		4 Labiée.
	polypétale , régulière.	5 En croix.
		6 En rofe.
		7 En ombelle.

	Claſſes.
A corole ſimple, polypétale, régulière,	8 En œillet.
	9 En lis.
irrégulière.	10 En papillon.
	11 Anomale.
compoſée.	12 A fleurons.
	13 A demi fleurons.
	14 Radiée.
Sans corole.	15 Apétale.
Sans corole & ſans calice.	16 Sans fleur.
& ſans fruit.	17 Sans fleur & ſans fruit.

2e Partie. *Les Arbres & Arbriſſeaux.*

Sans corole.	18 Apétales.
& ſans calice ou à écailles.	19 En chaton.
A corole.	20 Monopétale.
polypétale régulière.	21 En roſe.
irrégulière.	22 En papillon.

De ces 22 claſſes, il y en a ſix, c. à d., près de ⅓ de natureles, ſavoir les 4, 7, 9, 10, 13, 14. Elles ſont ſubdiviſées relativement à la ſituation du fruit & des fleurs, au nombre des lojes & des feuilles, à la ſubſtance du fruit, à la figure de la corole & des graines, & à la préſence ou abſence du calice en 122 ſections, dont il y en a 48, c. à d., ⅓ & plus de natureles.

Il eſt facile de voir que ces 22 claſſes peuvent ſe réduire à 17, en fondant les Arbres avec les Erbes ; & il n'eſt pas douteux que Tournefort, s'il eût vécu davantaje, n'eût fait ces changemens, en refondant, comme je l'ai fait autrefois pour mon uſaje, ſes 18e & 19e claſſes dans la 15e & 16e ; la 20e dans les 4 1res ; la 21e dans la 6e, & la 22e dans la 10e : de ſorte que ſa Métode, quoique la plus facile & la plus parfaite de toutes celles qui ont paru juſqu'à ce jour, eût acquis, par ce moien, un degré de plus de perfection, en conſervant plus du tiers des claſſes natureles.

Les Botaniſtes qui ont ſuivi Tournefort ſont :

En 1689, Sherard, Anglois, qui publia la 1ere ébauche de la Métode de Tournefort ſous le titre de *Schola Botanices, ſeu Catalogus Plantarum quas in horto Pariſino demonſtrat Tourneſortius*, in-12. *Amſtelædami*, où les Plantes ſont ranjées ſuivant l'ordre du Jardin Roial de Paris, en començant par les Foujères.

En 1703, Plumier dans ſon *Nova genera Plantarum Americanarum*, 4°. Paris.

En 1705, Falugi, Italien, dans un Ouvraje intitulé, *Proſopopœiæ Botanicæ*, in-12 *Florentiæ*, où il décrit tous les genres de Tournefort en vers latins aſſez élégans.

Marchant, Dodart, Niſſole, Juſſieu, Vaillant dans le Mémoires de l'Académie, 1700 à 1740.

Pierre Petit en 1710.

En 1710, Johren, Allemand, dans ſon *Vade mecum Bo tanicum, S. Odegus Botanicus, in-12. Colbergæ.*

En 1714, Barrelier & Feuillé.

En 1715, Criſtofe Valentin, Allemand, dans ſon *Tour nefortius contractus, in-fol. Francofurti.*

En 1718, Ripa, Italien, dans l'Ouvraje intitulé, *Hiſto riæ univerſalis Plantarum conſcribendi propoſitum*, 4°. *Pa tavii.*

En 1718 à 1721, Vaillant dans les Mémoires de l'Académie Royale des Sciences de Paris, 4°. Paris.

En 1719, Michel Valentin, Allemand, dans ſon *Virida darium reformatum, in-fol. Francofurti.*

En 1719, Dillen dans ſon *Flora Giſſenſis.*

En 1720, Pontedera.

En 1724, Monti, dans l'Ouvraje qui a pour titre, *Indices Plantarum varii*, 4°. *Bononiæ.*

En 1728, Lindern.

En 1729, Micheli.

En 1730, Elvebemes, Suedois, dans l'Ouvraje intitulé, *Grundvahl till. in-12. Upſal.*

En 1743, Fabricius, Allemand, dans l'Ouvraje intitulé, *Primitiæ floræ Butisbacenſis, ſeu 6 decades Plantarum ra riorum*, 8°. *Wetzlariæ.*

En 1745, Sabbati, dans ſon Catalogue intitulé, *Synop ſis Plantarum circa Romam naſcentium.*

En 1753, Alſton, Ecoſſois, dans ſon *Tirocinium Edin burgenſe*, 8°. *Edinburgi*, où il parle de 601 Plantes médicinales. Cet Ouvraje eſt précédé d'une Diſſertation ſavante & ſaje, ſur les principes les plus purs de la Botanike.

En 1762, M. Quer, dans ſon *Flora Eſpañola.*

1710. Boerhaave. Boerhaave diviſe les 6000 Plantes qu'il cite, en 34 claſſes, en les conſidérant relativement,

1° à leur grandeur come Erbes & Arbres.
2 à leur degré plus ou moins grand de perfection.
3 à leur port ou enſemble de toutes les parties.
4 au lieu de leur naiſſance.
5 au nombre de leur cotylédons, des pétales, des capſules & des graines.
6 à la ſubſtance du fruit & des feuilles.
7 à la préſence ou abſence de la corole.
8 à la figure des fleurs & du fruit.

1ere Partie. *Les Erbes.*

Les Imparfaites confidérées relativement au lieu où elles croiffent, donent les claffes	1 *Submarinæ.*
	2 *Terreftres.*
à leur enfemble,	3 *Capillares.*
Les Dicotylédones, confidérées relativement au nombre des graines, & à la difpofition des feuilles,	4 *Gymno polyfpermæ.*
	6 *Gymno monofpermæ.*
	11 *Gymno difp. ftellatæ.*
au nombre des graines & à la fubftance des feuilles,	13 *Gymno tetrafp. Afperifolia.*
au nombre des graines & des pétales,	14 *Tetrapetalæ.*
au nombre des graines & à la difpofition des fleurs,	12 *Verticillatæ.*
	5 *Gymno difp. Umbellifer.*
	7 *Gymno monofp. planipetala.*
	8 *radiatæ.*
	9 *nudæ.*
	10 *capitatæ.*
au nombres des lojes ou des capfules,	15 *Monangia.*
	16 *Diangiæ.*
	17 *Triangiæ.*
	18 *Tetrangiæ.*
	19 *Pentangiæ.*
	20 *Polyangiæ.*
	21 *Multifiliquæ.*
au nombre & figure des pétales,	23 *Tetrapetalæ cruciformes.*
à la figure & fubftance du fruit,	22 *Siliquofæ.*
	24 *Leguminofæ.*
	25 *Bacciferæ.*
	26 *Pomiferæ.*
à l'abfence de la corole,	27 *Apetalæ.*
Les Monocotylédones confidérées relativemant à la préfence de la corole,	28 *Bracteatæ.*
à l'abfence de la corole,	29 *Apetalæ.*

2e Partie. *Les Arbres.*

Les Monocotylédons,	30 *Monocotyledones.*
Les Dicotylédons confidérés relativement à l'abfence de la corole,	31 *Apetalæ.*
à la difpofition du calice,	32 *Amentaceæ.*
à la préfence de la corole & au nombre de fes pétales,	33 *Monopetalæ.*
	34 *Polypet. Rofaceæ.*

De ces 34 claffes, il y en a 8 ou prefque ¼ de natureles, favoir les 3, 5, 7, 11, 13, 14, 23, 24. Elles font fubdivifées relativement à la fubftance des feuilles, à la figure des feuilles, du calice, des graines, de la corole, des tiges ; au nombre des pétales, des graines, des capfules ; à la fituation des fleurs & de l'ovaire ; & à leur fexe, en 104 fections, dont 28 ou ¼ & plus font natureles.

Il eft facile de voir que cete Métode, très-compliquée & très dificile, n'eft qu'une combinaifon de la Métode de Hermann avec une partie de celle de Rai & Tournefort, & qu'elle ne roule pas entièrement fur l'examen du fruit. Elle a eu pour fectateurs :

En 1748, M. Ernfting, dans fon *Prima principia Botanica*, 8°. *Wolfenbutel.*

1716.
Knaut. Knaut (Crétien) dans fon *Metodus Plantarum genuina*, 8°. *Halæ*, divife les Plantes en 17 claffes, en les confidérant relativement,

   1° au nombre des pétales de la corole,
   2 à la difpofition des fleurs,
   3 à la régularité ou irrégularité des pétales.

Les Monopétales folitaires, régulières ou irrégulières
                donent les claffes   1 *uniformes.*
                                  2 *difformes.*

        raffemblées, id.   3 *uniformes.*
                                 4 *difformes.*
                                 5 *uni-difformes.*

Les Polypétales à 2 pétales, id.   6 *uniformes.*
                                 7 *difformes.*

          à 3 pét.   id.   8 *uniformes.*
                                 9 *difformes.*

          à 4 pét.   id.   10 *uniformes.*
                                11 *difformes.*

          à 5 pét.   id.   12 *uniformes.*
                                13 *difformes.*

          à 6 pét.   id.   14 *uniformes.*
                                15 *difformes.*

         à plus de 6 pét. id.   16 *uniformes.*
                                17 *difformes.*

C'eft, comme l'on voit, le fyftême de Rivin retourné & rendu plus facile & plus correct ; mais il eft tronké & moins complet, parce qu'il en a fuprimé les Plantes à fleurs imparfaites, qui forment la 18e claffe de Rivin.

De ces 17 claffes, il n'y en a pas une de naturele. Elles font fubdivifées relativement au nombre des lojes du fruit & des graines, & à la figure du calice, en 122 Sections, dont 22, ou à peine ⅙ font natureles.

1718.
Ruppius. Ruppius, dans fon *Flora jenenfis*, diftribue les 1200 Plantes dont il parle, en 17 claffes, en ayant égard,

   1° à la figure parfaite ou imparfaite des fleurs,
   2 à la régularité ou irrégularité de la corole,
   3 à la difpofition des fleurs.

Les fleurs parfaites, régulières, fimples,

	donent les claffes	1 *Monopetali.*
		2 *Dipetali.*
		3 *Tripetali.*
		4 *Tetrapetali.*
		5 *Pentapetali.*
		6 *Exapetali.*
		7 *Polypetali.*
	compoffes,	8 *Compofiti.*
	irrégulières, donent les claffes	9 *Monopetali.*
		10 *Dipetali.*
		11 *Tripetali.*
		12 *Tetrapetali.*
		13 *Pentapetali.*
		14 *Exapetali.*
Les fleurs imparfaites donent les claffes		15 *Staminei.*
		16 *Conglomerati.*
		17 *Flore carentes.*

De ces 17 claffes, il n'y en a que 1, c'eft la 8e, de naturele. Elles font fubdivifées, comme celles de Rivin, en 90 Sections, dont il n'y en a que 17 ou $\frac{1}{5}$ de natureles.

Ce fiftême n'eft donc que celui de Rivin, un peu moins retourné que n'a fait Crétien Knaut, un peu abréjé, & fort peu perfectioné.

Pontedera, dans fes 11 Differtations, où il décrit 272 efpèces nouveles de Plantes en niant le fexe des Plantes en général, a cherché à coriger les imperfections de la Métode de Tournefort, en augmentant fes 22 claffes jufqu'au nombre de 27, & en confidérant les Plantes de même & de plus fous une nouvele face par l'abfence ou la préfence des bourjons.

1720.
Pontedera.

1ere Partie. *Les Erbes, ou Plantes fans bourjons.*

		Claffes.
Sans fleurs & fans fruit,		1 *Incertæ.*
Sans fleurs,		2 *Floribus carentes.*
Sans corole ou fans calice,		3 *Imperfecti.*
A corole monopétale, fimple, confidérée relati-		4 *Anomali.*
vement à fa figure,		5 *Labiati.*
		6 *Campaniformes.*
		7 *Hypocrateriformes.*
		8 *Rotati.*
		9 *Infundibuliformes.*
	compofte, id.	10 *Flofculofi.*
		11 *Lingulati.*
		11 *Radiati.*
	polypétale, fimple, id.	13 *Anomali.*
		14 *Papilionacei.*
		15 *Liliacei.*
		16 *Caryophyllei.*
		17 *Cruciformes.*

c ij

Claſſes.

A corole polypétale, ſimple, conſidérée relati- 18 *Roſacei.*
vement à ſa figure,   19 *Roſacei umbellat.*

2e Partie. *Les Arbres, ou Plantes gemmipares.*

Sans fleur,   20 *Filamentoſi.*
Sans corole,   21 *Apetali.*
A corole monopétale, conſidérée relativement à   22 *Anomali.*
ſa figure,   23 *Campaniformes.*
  24 *Rotati.*
  25 *Infundibuliformes.*
  26 *Papilionacei.*
polypétale,   id.   27 *Roſacei.*

Cette Métode n'eſt que celle de Tournefort retournée, un peu plus ſubdiviſée, & rendue par là moins facile. Elle eſt auſſi moins parfaite, parce que Pontedera a regardé come abſolus les principes ſur leſquels il l'a fondée, au lieu que Tournefort ſe prêtoit en tout à la marche de la nature. Pontedera s'eſt contenté de propoſer le plan de cette Métode, ſans la metre en exécution, & ſans en faire l'aplication ſur les divers genres de Plantes, d'où il ſuit que nous ne pouvons en porter aucun jujement.

1720.
Magnol.

Nous avons dans un Ouvraje de Magnol, imprimé 5 ans après ſa mort, ſous le titre de *Caracter Plantarum novus*, une Métode où les Plantes ſont diſtribuées en 15 claſſes, relativement,

1º à leur grandeur & durée, come Erbes & Arbres,
2 à la préſence du calice externe ou interne, ou de tous deux enſemble.
3 à la ſituation de ce calice à l'égard de la fleur,
4 à l'abſence ou préſence de la corole,
5 au nombre des pétales de la corole.

Il faut faire attention que l'Auteur nome calice interne, le fruit ou l'envelope des graines.

1ere Partie. *Les Erbes.*

Claſſes.

A calice externe qui environe une fleur,   1 inconue.
  2. à étamines.
  3 monopétale.
  4 polypétale.
  5 compoſée.
  6 monopétale.
qui eſt deſſous une fleur,   7 polypétale.
  8.
A calice interne ſeulement,   9 monopétale.
A calice externe & interne, & à fleur,   10. à 2 ou 3 pétales
  11. à 4 pétales.
  12 polypétale.

2ᵉ Partie. *Les Arbres.*

	Claſſes.
A calice externe ſeulement ,	13.
interne ,	14.
externe & interne ,	15.

De ces 15 claſſes , pas une n'eſt naturele. Elles ſont ſub-diviſées relativement au lieu où elles croiſſent , à leur ſexe , à la figure du calice , de la corole & des graines , à la diſpoſition des fleurs , à la ſubſtance du fruit , & au nombre des pétales , en 55 Sections , dont 19, c. à d. $\frac{1}{3}$ & plus , ſont natureles.

Il paroîtra ſans doute extraordinaire , que Magnol , qui avoit imaginé ſa Métode raiſonable des Familles des Plantes , ait , 31 ans après , compoſé celle-ci , qui lui eſt ſi inférieure , & où il ſemble même vouloir éviter les claſſes natureles , en cherchant un calice partout , & prenant pour lui , lorſqu'il manque , l'envelope des graines. Les feuilles , dans ce cas , pouroient auſſi être regardées , dans nombre de Plantes , come le calice de la fleur entière. Quelque déférence que j'aie pour le jugement de M. Linnæus , je ne penſe pas que ce ſyſtême de Magnol mérite les élojes qu'il lui done , ſur - tout en qualifiant ſes claſſes du nom de claſſes natureles.

Buxbaum dans l'Ouvraje intitulé , *Plantarum minus cognitarum circa Biſantium & in Oriente obſervatarum , centuriæ 5* , partaje les 578 Plantes dont il done les figures , en 3 claſſes , ſavoir :   1718. Buxbaum.

1° Les Plantes ni nomées , ni décrites , ni figurées.
2   nomées ou décrites aſſez bien , mais ſans figures.
3   ou figurées d'une manière incertaine.

On ſent bien que cette manière de claſſer les Plantes , n'eſt guère naturele , mais elle a ſa comodité , & mérite d'être citée pour cela , & parce qu'elle fournit un exemple d'une Métode peu ordinaire.

M. Ludwig dans ſes *Definitiones Plantarum* , a retourné le ſyſtême de Rivin , en ajoutant une 5ᵉ conſidération , ſavoir la préſence ou l'abſence de la corole ; conſidération qui lui done 2 claſſes de plus pour diviſer ſes 855 genres , ſavoir :   1737. Ludwig.

Les fleurs parfaites , à corole, régulières , ſimples , conſidérées relativement au nombre des pétales , forment les claſſes.	1 *monopetali.*
	2 *dipetali.*
	3 *tripetali.*
	4 *tetrapetali.*
	5 *pentapetali.*
	6 *exapetali.*
	7 *polypetali.*

Les fleurs parfaites, à corole régulières compofées,

confidérées par leur	8 *regulares.*
régularité ou irrég.	9 *regul. & irregul.*
donent les claffes	10 *irregulares.*
irrégulières,	11 *monopétali.*
confidérées relative-	12 *dipetali.*
ment au nombre des	13 *tripetali.*
pétales, donent les	14 *tetrapetali.*
claffes	15 *pentapetali.*
	16 *exapetali.*
fans corole, mais avec calice,	17 *dubii.*
Les fleurs imparfaites, donent les claffes	18 *ftaminei.*
	19 *amentacei.*
	20 *pulverulenti.*

De ces 20 claffes, il n'y en a pas une de naturele. Elles font divifées d'après les mêmes confidérations que Rivin, & 1 de plus, favoir leur lieu natal, en 82 Sections, dont il y en a 18, c. à d. ¼, de natureles.

Ce n'eft donc que le fyftême de Rivin un peu plus retourné compliké & alonjé que n'avoient fait Crétien Knaut & Ruppius, avec une legère perfection de plus que Knaut, & de moins que Ruppius.

Cette Métode a été fuivie par M. Wedel dans fon *Tentamen Botanicum cum præfatione Hambergeri. Ienæ,* 4°. 1747.

En 1750 par M. Boehmer dans fon *Flora Lipfiæ indigena,* 8°. *Lipfiæ.*

1737. Siegesbek. Siegesbek dans fon *Botanofofiæ verioris fciagraphia,* 4° *Petropoli,* a retourné les 18 claffes de la Métode de Rivin d'une façon encore diférente de celles de Crétien Knaut, Ruppius & Ludwig, en fuivant les mêmes confidérations.

Les fleurs parfaites fimples, régulières ou irrégulières,

confidérées relative-	1 *monopétali.*
ment au nombre des	2 *dipetali.*
pétales, donent les	3 *tripetali.*
claffes	4 *tetrapetali.*
	5 *pentapetali.*
	6 *exapetali.*
	7 *polypetali.*
compofées	8 *Flofculis regularibus unius generis.*
confidérées par leur	9 *diverfi generis.*
régularité & irrégu-	10 *irregul. unius generis.*
larité,	11 *diverfi gen.*
	12 *regul. in medio, irregul. in ambitu.*
	13 *irregul. regul. in ambitu.*
imparfaites, confi-	14 *Flofculis amentaceis longioribus.*
dérées par la difpofition &	15 *globofis.*
fituation des fleurs,	16 *mufcofis conglomeratis.*

Les fleurs imparfaites, confidérées par la difpofition & fituation des fleurs, donent les claffes	17	*Flofculis filamentofis feu cirrofis.*
	18	*granulatis & averfis foliorum lateribus afperfis.*

Comme cette Métode n'a pas eu d'exécution, & que l'Auteur n'en a expofé que le plan, nous ne pouvons juger de fa perfection ni en faire aucune comparaifon.

Dans le même Ouvraje, cité ci-deffus, Siegesbek a doné le plan d'une 2e Métode, où il divife les Plantes en 17 claffes, confidérées relativement,

   1° à l'abfence ou préfence d'une envelope ou fruit autour des graines,
   2 au nombre des graines,
   3 à la fubftance du fruit.
   4 au nombre des lojes du fruit.

Les graines nues, confidérées relativement à leur nombre, donent les claffes	1 *monofperma.*
	2 *difperma.*
	3 *trifperma.*
	4 *tetrafperma.*
	5 *polyfperma.*
Les graines envelopées d'un fruit membraneux, confidéré relativement au nombres de fes lojes, donent les claffes	6 *unicapfulares.*
	7 *bicapfulares.*
	8 *tricapfulares.*
	9 *quadricapfulares.*
	10 *quinquecapfulares.*
	11 *fexcapfulares.*
	12 *multicapfulares.*
Les graines envelopées d'un fruit charnu, confidéérées par le nombre de fes lojes, donent les claffes	13 *monopyrena.*
	14 *dipyrena.*
	15 *tripyrena.*
	16 *tetrapyrena.*
	17 *polypyrena.*

Cette Métode n'a pas eu d'exécution; elle peut être apelée Métode tirée de la confidération du fruit, à plus jufte titre que toutes celles auxquelles on a doné ce nom.

M. Linnæus, dans un de fes Ouvrajes intitulé, *Metodus fexualis S. Syftema à ftaminibus & piftillis*, 8°. *Lugd. Bat.* divife les 7000 Plantes dont il parle (en fuprimant les variétés) en 1174 genres & 24 claffes, par la confidération des étamines relativement,

1737. Linnæus.

   1° à leur nombre,
   2 proportion refpective,
   3 réunion ou figure,
   4 fituation,
   5 occultation, ou abfence.

Le nombre des étamines done les claffes	1 *monandria.*
	2 *diandria.*
	3 *triandria.*
	4 *tetrandria.*
	5 *pentandria.*

Le nombre des étamines donc les classes	6 *exandria.*
	7 *eptandria.*
	8 *octandria.*
	9 *enneandria.*
	10 *decandria*
	11 *dodecandria.*
	12 *icosandria.*
	13 *polyandria.*
Leur proportion,	14 *didynamia.*
	15 *tetradynamia.*
Leur figure ou réunion,	16 *monadelfia.*
	17 *diadelfia.*
	18 *polyadelfia.*
	19 *syngenesia.*
Leur situation,	20 *gynandria.*
	21 *monœcia.*
	22 *diœcia.*
	23 *polygamia.*
Leur occultation ou absence,	24 *cryptogamia.*

Il est donc évident que tous ceux qui ont dit que ce système ne rouloit que sur le nombre des étamines, ne l'ont pas entendu.

Le jujement que M. Linnæus porte de sa propre Métode, ne nous paroît pas tout-à-fait exact, lorsqu'il dit qu'elle conserva autant de classes natureles qu'aucune autre Métode. »*Classes vel ordines naturales admisit tot quot ulla Metodus alia. Class. Plant. p. 440, §. 3.* Il en est de même du jujement de M. Browal, qui dit, pag. 27 de son *Examen Epicriseos Sigesbekianæ.* »*Systema sexualis tot si non plures habet classes naturales quot ulla alia Metodus, ut ex generibus Linnæi abunde patet ; imò vel ipsam Rajanam, quæ tamen solo classium naturalium numero autoritatem sibi conciliavit, hoc in puncto superat.*» Mais on peut dire avec fondement qu'à peine dans ses 24 classes y en a-t-il 2 de natureles, savoir les 15 & 16. Elles sont subdivisées relativement au nombre des ovaires, ou des styles & stigmates, à la figure du fruit, au sexe des fleurs, au nombre, à la réunion & situation des étamines, à la figure totale ou au port des Plantes, en 164 Sections, dont 18 ou presque ⅛ sont natureles.

Quoique la découverte du sexe des Plantes soit due aux Grecs, & peut-être plus anciene que Téofraste de qui nous la tenons, qu'elle ait été citée par Pline, reconue en 1592 par Zaluzianski, en 1650 par J. Bauhin, prouvée en 1676 par par Grew & Malpighi, par Rai en 1682, par Camerarius en 1694, par Waldschmid en 1705, par Gakenholtz en 1706, par Vaillant en 1717. Quoique Boerhaave ait emploié dès l'an 1710, la confidération des étamines & des piftils pour caractériſer ſes genres, comme M. Linnæus en convient (*Claſſ. Plant.* p. 158) ; quoique l'idée d'une Métode fondée ſur le ſexe des Plantes ſoit due à Burkard, qui diſoit en 1702, dans ſa Lettre à Leibnitz, (que hEiſter a fait réimprimer en 1750 ſous le titre de *Epiſtola ad D. Leibnitium à D. Burckard*, 8°. *Helmſtadii* :) *Hic diffe- rere conſtitui an, ex partibus iſtis, quas ab officio genitales dicturus ſum, Plantarum comparationes inſtitui poſſint ;* néan- moins l'exécution de cette Métode eſt neuve & due à M. Linnæus. C'eſt même de toutes les Métodes que nous co- noiſſons, celle qui mérite le plus le nom de ſyſtême, parce qu'elle ſuit plus ſon objet, ne portant, dans la diſtribu- tion des claſſes, que ſur une ſeule partie, les étamines.

Ce ſyſtême, extrêmement facile dans ſes 10 1eres claſ- ſes, (mais ſujet à induire en erreur, parce que nombre de genres peuvent ſe raporter également à la 1ere, 2e & 3e claſſe, à la 4e & 5e, à la 7e & 8e, à la 5e & 10e,) eſt des plus difi- cile dans les autres claſſes, au point de devoir rebuter les étu- dians en Botanike, même ceux qui l'entendent le mieux.

Il a eu ſes partiſans & ſes critikes ; nous alons rapeler en peu de mots ce qui a été dit pour & contre, & ce que nous croions qu'on doit en penſer.

M. Royen, dans ſa Préface du *Flora Leidenſis*, dit, dans une eſpèce d'extaſe : *Syſtema à ſexu Plantarum con- didit Linnæus omnium ſæculi ſui Botanicorum princeps : hic enim non omnibus impar, univerſam Botanices doctrinam re- formavit..... ita..... ut nec purior nec pulcrior unquam extiterit, imo.*

Si quid habent veri, vatis præſagia, floræ
    Structa ſuper lapidem, non ruet hæc domus.

& peu après cet entouſiaſme il ajoute : *Alter à Tornefor- tii qui in generibus aliquid præſtitit fuit Linnæus. Hic ſerior accedens, ſed doctior.*

Nous acordons avec plaiſir, & même avec complaiſan- ce, toute la juſtice due à la célebrité des Ouvrajes de M. Linnæus ; mais la vérité nous oblije de dire que le ſyſtême ſexuel en queſtion, eſt fort au-deſſous de ce qu'en dit M. Royen, & nous conoiſſons trop la ſupériorité de l'illuſtre Tournefort, pour ne pas déſaprouver & le jujement de M. Royen, qui eſt ſi juſte en toute autre occaſion, & les élo- jes outrés qu'il prodigue à M. Linnæus, aux dépens du plus grand Botaniſte qui ait encore paru.

On trouve le contre-poifon de ces élojes dans une favante Critike de Sigesbek, intitulée *Epicrifis in clariffimi Linnæi fyftema Plantarum fexuale.... adjecta Botanofofiæ verioris brevi fciagrafia. Petropoli*, 1737, 4°, & dans fon *Vani-loquentiæ Botanicæ fpecimen, à D. Gleditfch in confideratione Epicrifeos Sigesbekianæ in fcripta Botanica Linnæi, pro rite obtinendo fexualiftæ titulo nuper evulgatum, jure verò retorfionis refutatum & elufum, Petropoli*, 1741, 4°.

M. Browal en 1739, & Gleditfch en 1741, ont tâché de défendre M. Linnæus; mais on ne trouve dans leur défenfe que des invectives & aucune réponfe directe & folide aux preuves bien fondées du favant Sigesbek.

Un Botanifte moderne, ataché avec raifon aux fajes principes de Tournefort, qu'il a developés & étendus avec beaucoup de jujement dans un excellent Ouvraje intitulé : *D. Alfton Tirocinium Edinburgenfe*, 1753, 4°. *Edinburgi*, fait une comparaifon du fyftême fexuel de M. Linnæus avec celui de Tournefort. *Metodus Plantarum fexualis*, dit-il, *omnium quotquot funt eft maximè involuta ac non naturalis : nullum enim fyftema datur, ortodoxon fit an eterodoxon, in quo planè diffimilia conjunguntur, & fimilia feparantur ; & cujus notitia, ob introductam dialectum Græcis æquè ac Latinis ignotam, ob mutatas folutè vocum nominumque familiares ideas, difficiliùs acquiritur. Auxilio enim Tournefortii inftitutionum, & horti Plantis Metodo fuâ digeftis bene inftructi, earum cognitionem multò citiùs & faciliùs, imo fine præceptore acquiret tiro, quam nomenclaturam Linnæanam vel mediocriter intelligat, adjutus etfi Cel. Gefneri explicationibus, fponfalibus Plantarum & philofophia Botanica, &c. p. 41.* A cette comparaifon de M. Alfton, on peut ajouter fans crainte d'être contredit, que le fyftême de M. Linnæus cede en tous points à celui de Tournefort, favoir en bonté, en certitude & en facilité.

1° En bonté, puifqu'il a moins de claffes natureles.

2° En certitude ; un grand nombre de genres pouvant fe raporter également à la 1ere, 2e & 3e claffe, à la 4e & 5e, à la 4e & 8e, à la 5e & 10e, à la 21e, 22e & 23e.

3° En facilité, comme le prouvent fa Syngénéfie, fa Monœcie, fa Diœcie, fa Polygamie, &c. M. Linnæus a fenti ces inconvéniens, par l'aveu qu'il en fait, en difant qu'il y a été forcé par les principes de fa Métode, *Metodo meâ coactus, fecundùm affumpta principia fyftematica, &c.*

Si ce fyftême ne facilite pas l'étude de la Botanike, il a du moins procuré à plufieurs Auteurs le moien de faire à peu de frais, des Ouvrajes, fous les noms de *Flora* &

d'*Hortus*, qui ne font que des catalogues, des répétitions de frafes de M. Linnæus, & qui ne concourent en rien aux progrès de la Botanike.

Les Ouvrajes de M. Linnæus, ranjés felon ce fyftême, font:

En 1737, *Flora Lapponica*, 8°. *Amftelodami.*

En 1737, *Viridarium Cliffortianum*, 8°. *Amftelod.*

En 1737, *Hortus Cliffortianus*, in-fol. *Amftelod.*

En 1745, *Flora Suecica*, 8°. *Holmiæ.* (Stokolm.)

En 1747, *Flora Zeylanica*, 8°. *Holmiæ.*

En 1748, *Hortus Upfalienfis*, 8°. *Holmiæ.*

En 1749, *Materia medica*, 8°. *Holmiæ.*

En 1753, *Species Plantarum*, 8°. *Holmiæ.* 2 vol.

En 1754, *Genera Plantarum*, edit. 5, 8°. *Holmiæ.* 1105 genres.

En 1759, *Syftema naturæ*, edit. 2ᵉ 8°, *Holmiæ.* 3 vol.

Les Auteurs, qui ont fuivi ce fyftême, font:

En 1739, M Jean Gronovius. *Flora Virginica*, 8°. *Leidæ.*

En 1755, M. J. Gronovius. *Flora Orientalis Rauwolfii*, 8°. *Lugd. Bat.* 338 Plantes.

En 1756, M. Browne, dans fon Hift. Nat. de la Jamaïke.

En 1762, M. Jacquin: *Enumeratio Plantarum Americanarum*, in-12. *Lugduni Batavorum.*

Les Auteurs, qui n'ont fait que copier fimplement les frafes de ce fyftême, font:

En 1749, M. Dalibard. *Flora Parifienfis*, in-12. Paris.

En 1761, MM. Krafcheninnikow & de Gorter dans le *Flora Ingrica ex Schedis Stefani Krafcheninnikow confecta & aucta à Davide de Gorter*, 8°. *Petropoli.* 506 Plantes.

En 1762, M. Gouan. *Hortus Regius Monfpelienfis.* L'Auteur done à la plûpart de fes genres des caractères qu'il apele fecondaires, pour fervir come d'aditions à ceux de M. Linnæus. Ces caractères font tirés des diverfes parties de la Plante, qui ne fervent point à la fructification, telles que les racines, la tije, les feuilles, &c. Mais ils font le plus fouvent trop généraux, & indikés de manière qu'ils peuvent s'apliker à nombre d'autres Plantes que celles qui en font l'objet.

M. Linnæus a publié, dans fon *Claffes Plantarum*, 8°. *Lugd. Bat.* une 2ᵉ Métode, fous le titre de *Metodus calicina.* Il y partaje les Plantes en 18 claffes, en confidérant,

1738. Linnæus.

1ᵉ La préfence ou abfence du calice,

2 fa figure,

3 fa fituation,

4 fon nombre, ou quantité,

5° fa durée,

6 fa régularité,

7 le nombre des fleurs qu'il porte,

8 la préfence ou abfence de la corole,

9 la figure de la corole.

Le calice quant à fa figure en fpate, done la claffe	1 *fpatacei.*
bàle,	2 *glumofi.*
chaton,	3 *amentacei.*
envelope,	4 *umbellati.*
Le calice multiflore, ou contenant plufieurs fleurs,	5 *communes.*
uniflore ou à 1 fleur, & qui eft double,	6 *duplicati.*
fimple uniflore, qui porte la corole fur fes parois,	7 *floribundi.*
qui courone l'ovaire,	8 *coronatrices.*
diférant en nombre & en figure des pétales de la corole,	9 *anomali.*
d'une figure diférente dans 2 individus.	10 *difformes.*
qui tombe avant ou avec la corole,	11 *caduci.*
permanent, avec une corole régulière mono-pétale.	12 *æquales monopetali.*
poly-pétale.	13 *æq. polypetali.*
irrégulière mono-pétale.	14 *inæq. monopetali.*
poly-pétale.	15 *inæq. polypetali.*
Le calice fans corole, ou la corole fans calice, qui tombe avant le fruit,	16 *incompleti.*
qui refte avec le fruit,	17 *apetali.*
L'abfence du calice, quoiqu'il fe rencontre quelquefois une coëfe, (*calyptra*) done la claffe	18 *nudi.*

De ces 18 claffes, il y en a à peine 1 de naturele, favoir la 2e. Elles font foudivifées relativement au nombre des divifions du calice & de la corole, à la fituation du calice, à la difpofition des fleurs, à la figure du fruit, & au port des Plantes, en 89 Sections, dont 25, c. à d. près de ⅓, font natureles.

La 3e Métode que M. Linnæus ait publiée, parut d'abord en 1738 dans fon *Claffes Plantarum*, fous le titre de *Fragmenta Metodi naturalis* ; alors il partajoit fes 746 genres en 65 Sections, qu'il apeloit des ordres naturels, auxquels il ne donoit aucun nom. Mais en 1751, dans fon *Philofofia Botanica*, il augmenta fes genres au nombre de 1026, & fes ordres au nombre de 68, auxquels il dona des noms. Il avertit, à la page 1 de fon *Claffes Plantarum*, que ces

ordres font pris de la confidération de la fructification entière, c. à d. de la fleur & du fruit. Pour abréjer, nous ne
citerons que les genres les plus remarkables de chacun de
ces ordres.

Ordres.

  1 *Piperitæ.* Aron. Saururus. Piper. Futelacca, &c.
  2 *Palmæ.* Cocos. Coix, &c.
* 3 *Scitamina.* Les Jinjambres.
* 4 *Orchideæ.* Les Orchis.
  5 *Enfatæ.* Les Iris. Commelina. Eriocaulon. Afullantes.
  6 *Tripetalodeæ.* Butomus. Alifma. Sagittaria.
  7 *Denudata.* Crocus. Abapus. Colchicum. Ilmu.
* 8 *Spataceæ.* Acrocorion. Narkiffos. Pancration. Hæmantus, &c.
  9 *Coronariæ.* Antericon. Scilla. Asfodelus. Uakintos. Poliantes, &c.
* 10 *Lilïaceæ.* Lilium. Fritillaria. Tulipa. Mitridation.
  11 *Muricata.* Bromelia. Caraguata. Burmannia.
  12 *Coadunatæ.* Anona. Magnolia. Champaca. Tfia, &c.
  13 *Calamaria.* Scirpus. Linagroftis. Juncus, &c.
* 14 *Gramina.* Les Gramens.
* 15 *Coniferæ.* Les Pins.
  16 *Amentaceæ.* Piftacia. Gale. Caftanea. Nux, &c.
  17 *Nucamentaceæ.* Les Ambrofies. Artemifia. Ufteroforos. Denira.
  18 *Aggregatæ.* Statice. Scabiofa. Cefalantus. Circæa. Boeravia, &c.
  19 *Dumofæ.* Les Chevrefeuilles. Maurocena. Rus. Aquifolium. Cal-
      licarpa. Lawfonia, &c.
  20 *Scabridæ.* Ficus. Urtica. Parietaria. Acnida, &c.
* 21 *Compofti.* Les Compofées.
* 22 *Umbellatæ.* Les Ombellifères.
  23 *Multifiliquæ.* Les Renoncules. Nigella. Garidella.
  24 *Bicornes.* Les Aireles. Valikaa. Santalum. Melaftoma.
  25 *Sepiariæ.* Les Jafmins. Brunsfelfia. Fraxinus.
  26 *Culminiæ.* Les Tilleuls. Cacao. Clufia. Sialita.
  27 *Vaginales.* Les Perficaires. Laurus.
  28 *Corydales.* Les Pavots. Meliantus. Orobanchoïdes. Lentibularia.
      Cardamindon.
* 29 *Contorti.* Les Apocins.
* 30 *Rhoeades.* Les Pavots.
* 31 *Putaminea.* Les Capriers.
  32 *Campanacei.* Les Campanules Convolvulus. Polemonion. Viola.
  33 *Luridæ.* Les Solanons. Uoskuamos. Nicotiana. Verbafcum. Cel-
      fia. Digitalis.
  34 *Columniferi.* Les Mauves. Melochia. hErmannia. Ifora. Turnera.
* 35 *Senticofæ.* Les Rofiers.
* 36 *Comofa.* Les Rofiers. Filipendula. Aruncus. Spiræa.
  37 *Pomaceæ.* Les Rofiers. Punica. Groffularia.
* 38 *Drupaceæ* Les Jujubiers. Prunus. Amygdalus. Cerafus.
  39 *Arbuftiva.* Les Mirtes. Suringa.
  40 *Calycantemi.* Les Onagres. Gleux. Dantia. Alifanus. Salicaria.
      Ammannia. Chabrea.
  41 *hEfperideæ.* Citrus. Sturax. Magoftan.
  43 *Caryophyllei.* Les Alfines. Spergula.

* .43 *Asperifoliæ.* Les Bouraches.

.44 *Stellatæ.* Les Aparines. hOuſtonia. Arapabaca. Lippia. Cornus.

.45 *Cucurbitaceæ.* Les Briones. Gronovia. Granadilla.

.46 *Succulentæ.* Les Pourpiers. Sedons. Geranions. Linum. Fabago. Neuras , &c.

.47 *Tricocca.* Les Titimales. Koddompulli. Oſuris. Chamelæa. Cliſortia.

48 *Inundata.* Les Arons. Limnopeuce. Potamopitus. Trixis. Tuſa.

.49 *Sarmentaceæ.* Vitis. Edera. Aſparagus. Janraia. Meniſpermon. Caapeba. Koa.

.50 *Trihilatæ.* Les Geranions. Corindon. Acer. Ippocaſtanon. Sapindus. Stafulea. Begonia. Berberis.

.51 *Preciæ.* Quelques Anagallis. Rembertia.

.52 *Rotaceæ.* Quelques Anagallis. Samolus. Gentiana. Exacon. Chironia. Swertia.

.53 *Oleraceæ.* Les Blitons. Les Amarantes. Les Eſpargoutes. Ceratocarpus. Callitriche.

.54 *Vepreculæ.* Les Jujubiers. Sideroxulon. Cainito. Lukion. Cateſbæa. Tumelaia.

* .55 *Papilionaceæ.* Les Légumineuſes.

* .56 *Lomentaceæ.* Les Caſſes.

* .57 *Siliquoſæ.* Les Cruciferes.

* .58 *Verticillatæ.* Les Labiées.

.59 *Perſonatæ.* Les Perſonées. Les Vervènes. Geſnera. Ovieda. Kreidek.

60 *Perforata.* Les Ciſtes. Telephium.

61 *Staminaceæ.* Ulmus. Celtis. Boſea.

62 *Candelares.* Tupelo. Mangle. Elengi.

63 *Cynoſæ.* Les Aparines. Les Chevrefeuilles.

* 64 *Filices.* Les Foujères.

65 *Muſci.* Les Mouſſes,

66 *Algæ.* Les Fucus. Les Epatikes. Conſerva. Lichen. Chara,

67 *Fungi.* Les Champignons. Biſſus.

68 *Vagæ & etiamnum incertæ ſedis.*

Pinguicula.	Trilopus.	Parnaſſia.	Moſle.
Collinſonia.	Cuſcuta.	Suriana.	Udrangea.
Buffonia.	Coldenia.	Narukila.	Chetleria.
hIrtella.	Menuantes.	Tradeſcantia.	Nagatampo.
Montia.	Udrofullon.	Iuca.	Mamei.
Farnakeon.	Genipa.	Emierocallis.	Calaba.
Sifonantus.	Teofraſta.	Ricardia.	Perinkara.
Pavate.	Patagonula.	Sebeſten.	Saſali.
Upata.	Plumbago.	Triglochin.	Jabotapita.
Sarcocolla.	Fonna.	Dodonea.	Sauvagea.
Cleyera.	Rudbekia.	Griſlea.	Panoe.
Budleia.	Jalapa.	Jambolana.	Icaco.
Plantago.	Coris.	Moſcatella.	Plinia.
Kreidek.	Cupania.	Guaiacum.	Numfaia.
Belluccia.	Diconangia.	Iripa.	Calligonon.
Trapa.	Creſſa.	Acajou.	Tetracera.
Elæagnus.	Nama.	Fraxinella.	Loeſelia.
Brabeium.	Baſella.	Azedarac.	Limoſella.

Valdia.	Fluvialis.	Empetrum.	Sanguiforba.
Micambe.	Osuris.	Lenticula.	Pimpinella.
Hugonia.	Viscum.	Marfilea.	Reseda.
Tapomana.	Ippofae.	Ifoetes.	Datifca.
Velaga.	Beftratu.	Udrocharis.	Keratia.
Polugula.	Pifonia.	Stratiotes.	Gleditfia.
Bandura.	Penarvalli.	Vallifneria.	Selago.
Koddapail.	Coriaria.	Ruta.	Vormia.
Kunomorion.	Veratrum.	Armala.	Mungos.
Liquidambar.			

De ces 68 ordres ou Sections, il n'y en a que 20, c. à d. à peine ⅓ de naturels ; ce font ceux qui font précédés d'une étoile *.

M. Linnæus étoit très-perfuadé, dès l'an 1738, de la néceffité de découvrir une Métode naturele, come il le dit dans fon *Claffes Plantarum primum & ultimum, in parte fyftematicâ Botanices quæfitum eft Metodus naturalis ..... à Botanicis tanti æftimata licet nondum detecta :* mais nous ne penfons pas qu'il ait mieux réuffi que fes prédéceffeurs, quoiqu'il le faffe entendre par ces mots : *Collectis omnibus, ex omnibus datis fyftematibus, ordinibus naturalibus certe in pauciorem rediguntur numerum Plantæ quarum ordines detecti funt, quam quis facile crederet. licet tot proclamata fint Metodi naturaliffimæ. Diu & ego circa Metodum naturalem inveniendam laboravi, bene multa quæ addideram obtinui, perficere non potui, continuaturus dum vixero ; interim quæ novi proponam : qui paucas quæ reftant, bene abfolvet Plantas, omnibus magnus erit Apollo.* Nous fommes au contraire fort étonés que depuis l'an 1738, jufqu'en 1751, ce qui fait un efpace de 13 ans, que M. Linnæus travaille à la perfection de ces Sections ou Ordres naturels, ils foient encore inférieurs à ceux de l'illuftre Tournefort, qui, quoique gêné par fa Métode, a confervé, come l'on a vu, prefque ⅓ de claffes natureles, & plus de ¼ de fes Sections ou ordres naturels.

Les 76 Tables ou Ordres ou Familles de Magnol paroiffent avoir doné lieu aux 68 Ordres de M. Linnæus, quoiqu'aucun ne leur reffemble ; mais il y en 20 qui paroiffent tirés de divers Auteurs : tels font le 2 *Palmæ*, qui forme dans Boerave la claffe 30. Le 4 *Orchidea.* Voyez Rai, Claffe 24, Section 7 ; 8 *Spatacea*, V. Boerav. claff. 28, fect. 5 ; 14 *Gramina*, V. Tournefort, claff. 15, fect. 3 ; 17 *Nucamentacea*, V. Tournef. claff. 12, fect. 1 ; 21 *Compofiti*, V. Tournef. claff. 12, 13, 14 ; 22 *Umbellata*, V. Cefalpin, claff. 6 ; 27 *Vaginales*, V. Morif, claff. 8, fect. 8 ;

29 *Contorti* , V. Rivin, claſſ. 1 , ſect. 6 ; 34 *Columniferi,* V. Tournef. claſſ. 1 , ſect. 6 ; *Aſperifoliæ* , V. Ceſalpin , claſſ. 10 , ſect. 1 ; 44 *Stellatæ* , V. Moriſ. claſſ. 12 , ſ. 10 ; 45 *Cucurbitaceæ* , V. Rai , claſſ. 16 ; 47 *Tricocca* , V. Boerav. claſſ. 17 , ſect. 2 ; 55 *Leguminoſæ* , V. Cæſalp. claſſ. 5 , ſect. 1 ; 57 *Siliquoſæ* , V. Tournef. claſſ. 4 ; 58 *Verti-cillatæ* , V. Ceſalp. claſſ. 10 , ſect. 2 ; 59 *Perſonatæ* , V. Tour. claſſ. 3 , ſect. 3 , 4 ; 64 *Filices* , V. Moriſ. claſſ. 17 ; 67 *Fungi* , V. Rai , claſſ. 1.

Les Auteurs qui ont ſuivi ces ordres , ſoi-diſans naturels , de M. Linnæus , avec de lejers chanjemens , en en ſuprimant une partie , & ne conſervant que ceux qui ſe raportent au petit nombre de Plantes dont ils ont parlé , ſont :

En 1747, M. Guettard , dans ſon Catalogue des Plantes des environs d'Etampes , intitulé : *Obſervations ſur les Plantes* , 2 vol. *in-12* , Paris , où , ne parlant que de 1131 Plantes , il n'emploie que 41 ordres , dont 16 , c. à d. ⅖ & plus , ſont naturels. Ces ordres ſont ſubdiviſés en 92 ſections , dont 23 , c. à. d. ¼ , ſont naturels : l'objet principal de l'Auteur , dans cet Ouvraje , paroit avoir été de doner la conoiſſance des diverſes eſpèces de poils qui ſe remarquent ſur les Plantes de nos campagnes , & de faire voir que les Plantes de même ordre , ont des poils ſemblables , & que des poils ſemblables ſont une indication d'affinité dans les Plantes ; ce qui eſt le plus ſouvent vrai , mais non pas toujours. M. Guettard a étendu , plus que perſonne n'avoit fait avant lui , ſes obſervations ſur ces poils qu'il apele glandes.

En 1760, M. Scopoli , dans un Ouvraje intitulé : *Flora Carniolica, exhibens Plantas diſtributas in claſſes naturales* ; 8°. *Viennæ* , n'emploie que 33 ordres de M. Linnæus , pour ranjer les 1200 Plantes dont il parle. De ces 33 ordres il en conſerve 15 , c. à d. près de la ½ , de naturels , ſavoir les 1 , 3 , 7 , 9 , 14 , 17 , 18 , 20 , 21 , 22 , 24 , 25 , 28 , 29 , 32 , & done un caractère très-court de chake ordre.

En 1761 , M. Gerard , dans ſon Catalogue des Plantes de la Provence , intitulé : *Flora Gallo-provincialis* , n'emploie que 63 de çes ordres de M. Linnæus , qu'il aplique à 1700 Plantes. De ces 63 ordres , il s'en trouve 24 , c. à d. un peu plus de ⅓ de naturels.

1740.
Royen. M. Adrien Royen , dans ſon *Floræ Leidenſis Prodromus.* 8°. *Leidæ* , a tracé le plan d'une Métode , à laquelle il done le nom de *Metodi naturalis Præludium.* Il y diviſe les 2700 Plantes qu'il cite , en 20 claſſes , en les conſidérant relativement ,

1° au nombre de leur cotylédons ,

2 à l'abfence ou préfence du calice , de la corole ou de la fleur ,

3 à la figure du calice ,

4 à la fituation du calice , de la corole & des étamines ,

5 au nombre des étamines & des lojes du fruit ,

6 à la proportion refpective des étamines ,

7 à la réunion des étamines ,

8 à la difpofition des fleurs ,

9 à la fubftance de la Plante ,

Les monocotylédones à calice en fpate , donent la claffe	1 *palmæ.*
fans calice ,	2 *lilia.*
à calice en bâles ,	3 *gramina.*
Les polycotylédones , à calice comun , à fleurs en chaton,	4 *amentaceæ.*
en envelope, à ombelle ,	5 *umbelliferæ.*
à antères réunies ,	6 *compofitæ.*
diftinctes,	7 *aggregatæ.*
à calice particulier , à fruit à 3 lojes ,	8 *tricoccæ.*
fans calice , ou fans corole ,	9 *incompletæ.*
à calice, corole & étam. fur le fruit,	10 *fructiflora.*
le calice,	11 *caliciflora.*
à étamines inég. dont 2 plus longues ,	12 *ringentes.*
4 plus long.	13 *filiquofa.*
réunies en 1 colone,	14 *columniferæ.*
2 faifceaux,	15 *leguminofæ.*
en nombre moindre	16 *oliganteræ.*
ou égal aux divifions de la corole ,	
en nombre double de la corole ,	17 *diplofanteræ.*
plufque double de la la corole ,	18 *poluanteræ.*
A fleur invifible , fubftance erbacée ,	19 *eruptanteræ.*
piéreufe ,	20 *Litofuta.*

M. Royen porte un jujement de cete Métode dans fa Préface du *Flora Leidenfis.* « *Hinc patet* (dit-il) *cur nullis à quocunque demum autore datis principiis adhæferim , fed folis naturæ legibus adftrictus ..... unde factum eft ut claffes , quas ante me pauci dederant , naturales fervaverim , plures introduxerim , & reliquas feorfim exhibuerim* » ; mais il ne paroît pas qu'il ait confervé ni introduit plus de claffes naturelles que fes prédéceffeurs , puifque dans fes 20 claffes il y en a à peine 4 , ou ⅕ de naturelles , favoir les 3 , 6 , 13 , 14. A la tête de chake claffe font énoncés les caractères qui lui font propres , mais fouvent trop courts.

Ces 20 claffes font fubdivifées relativement à la confidération de la fubftance des feuilles ; de l'imperfection des fleurs ; de la difpofition des feuilles & des fleurs ; de leur

d

fexe ; de l'abfence ou préfence du calice, de la corole, de
l'envelope des graines ; du nombre des divifions du calice,
de la corole, des ovaires, des lojes du fruit ; de la figure
dé la corole, des antères ; de la fituation, réunion ou diftinction des étamines, en 77 ordres ou fections, dont 16,
ou $\frac{1}{5}$ & plus, font naturels.

Le nombre de 2700 Plantes que cite M. Royen dans fon
Fl ra Leydenfis, ne répond guère à l'entoufiafme avec lequel il dit dans fa Préface : *Nullis enim, quod præfifcine
dixerim, laboribus, nullis unquam fumptibus peperci, quo
minus hortus nofter Academicus, quo cùm fruftra dum vi-
xerim certabunt reliqui, principatum teneat ;* tous ceux qui
ont fuivi le Jardin Roial des Plantes de Paris, loin de convenir de cete affertion, penferont fans doute que M. Royen
ignoroit alors le Catalogue des Plantes qui s'y démontrent
annuellement.

Les Auteurs qui ont fuivi cete Métode font :

En 1747, Jean Gmelin dans fon *Flora Sibirica.*

En 1760, M. Philipe Gmelin dans un Ouvraje intitulé :
Otia Botanica, 4°. *Tubingæ,* où en traitant de naturele la
Métode de M. Royen, il done une explication de chacune
de fes claffes & fections, mais fans aucuns caractères. Il a
trouvé fi beau le paffaje de la Préface, où M. Royen éleve
M. Linnæus aux dépens de Tournefort, qu'il l'a raporté en
entier avec complaifance, *Hic ferior accedens fed doctior,
&c.* Les manès pacifikes du prince des Botaniftes fe réveil-
leront fans doute un jour à l'injuftice de tant d'écrits.

1-42.
hAller.

M. hAller dans fon *Enumeratio Methodica ftirpium hEl-
vetiæ indigenarum,* in-fol 2 vol. *Gottingæ,* & dans fon *Enumeratio Plantarum horti Regii & agri Gottingenfis,* 1753,
8°. *Gottingæ,* a divifé les 2000 Plantes qu'il décrit, en 13
claffes, confidérées relativement,

1° à l'abfence ou préfence des étamines, du calice, de la corole
& des graines.

2 au nombre des étamines, relativement au nombre des pétales de
la corole,

3 au nombre des cotylédons,

4 au nombre & à la nudité des graines.

Claffes.

1 *Staminibus carentes & flore.* Fucus. Conferva. Biffus. Champignons.

2   id.   *fed quibus corpufcula funt florum
& feminum analoga.* Noftoc. Li-
chen. *Upoxulon.*

3   id.   *fed quibus corpufcula funt ftaminum & feminum analoga.* Mouf-

ses. Epatikés. *Lenticula.* Pilu-
laire.

4 *Staminibus carentes & flore ,* seminiferæ. Epifullosperma. Foujères. Prêle.

5 *Staminea , seminifera , calicata , apetalæ , dicotuledones & monocotuledones.* Pins. Chateniers. Gra-
mens. Arons.

6   Id.   *petalodea , monocotuledones.* Orchis. Liliacées.

7 *Poluftemones dicotuledones , quarum stamina ter superant numerum petalorum. Veratrum.* Pavots.
Renoncules. Rosiers. Cerifiers. Mauves.

8 *Diploftemones , quarum stamina duplo sunt numero petalorum.*
Geranions. Alsines. Airèles.

9 *Isoftemones , quarum stamina numerum petalorum æquant.* Jujubiers. Ombellifères. *Circæa.* Aparines. Chevrefeuilles. Cuscute. Anagallis. Campanules. Briones. Solanons. Bouraches. Apocins.

10 *Meioftemones , quarum stamina pauciora numero quàm corolla
segmenta.* Troène Véronike.

11 *Meizoftemones , staminibus ad petala sesqui alteris vel duplo ses-
quitertiis id est pluribus quàm petala , & quorum
4 vel 5 reliquis longiora.* Crucifères Légumineuses. Fumetere. *Polugala.*

11 *Dimeizones , staminibus 4 quorum 2 longiora. Montia.* Personées.
Labiées.

13 *Gumnomonospermæ , flore semini insidente.* Globulère. Scabieuse.
Chardons. Corymbifères. Radiées. Chico-
racées.

Il eſt extrêmement dificile de décider le nombre des Claſſes de cet Ouvraje , parce que M. hAller a voulu metre
une liaiſon entre les Ordres ou Sections de chake Claſſe qui
enjambent les unes ſur les autres , de manière qu'il n'eſt
guère poſſible de les démêler. « *Potuiſſem* (dit - il dans ſa
» Préface) *alfabetice diftribuère, potuiſſem sequi præceptorem*
» *Boeravium , aut .... Linnæum. Viſum tamen eſt has om-*
» *nes Metodos à naturali paulò longiùs secedere, ubique Claſ-*
» *ſes naturales divelli, ubique Claſſes non naturales confti-*
» *tui. Ego, qui non univerſalem ſtirpium hiſtoriam molior,*
» *non tenebar perfectam dare generum diftributionem. Suffi-*
» *cere credidi, si quamlibet familiam inter duas familias dis-*
» *ponerem, à quibus proxime diftat, & dificiliùs diftingui-*
» *tur. Detegent forte hoc meum ſtudium rerum gnari, in gra-*
» *minibus, in tranſitionibus, quibus Claſſes conjunguntur,*
» *&c.... id ubique non obtinui, neque forte licet, cum affi-*
» *nitates naturales mihi non simplices eſſe videantur, ſed ab*
» *uno genere ad alia multa ex diverſis notis perinde poſſit legi-*

» *time tranfire.* » De-là vient que M. Linnæus a trouvé dans
cete Métode 15 Claffes, tandis que je n'y en ai pu démêler que 13.

En fupofant ces 13 Claffes, telles qu'elles m'ont paru
indikées, il n'y en a pas une de naturele. Elles font divifées relativement à leur lieu natal ; à la figure des feuilles,
de la corole & des graines ; au nombre des feuilles du ca-
-lice, des pétales, des étamines, des capfules des lojes du
fruit & des graines ; à la fituation des fleurs & de la corole ; au ftile du piftil, & aux écailles du calice comun,
en 42 Ordres, dont 14 ou ⅓ font naturels ; & ces Oreres
font foudivifées en 90 petites Sections, dont 35 ou ⅓ font
naturelles.

Cete Métode eft très - dificile dans la pratique ; au refte
elle paroît bien travaillée ; chake Plante y eft acompagnée
de fa defcription, & chake Claffe ou Ordre principal a fon
caractère diftinctif.

1743.
Sauvages. M. Sauvages publia, en 1743, une Métode intitulée :
Projet d'une Métode fur les feuilles des Plantes, 4°. *Mont-
pellier,* où il divifoit les Plantes en 12 Claffes, en confidérant leurs feuilles relativement.

1° à leur défaut, Claffe 12.
2 à leur fituation, Claffes 1 à 6.
3 à leur figure, Claffes 7, 9, 10, 11.
4 à leur nombre, Claffe 8.

1ᵉʳᵉ Partie. *Plantes à feuilles fimples.*

1ᵉʳᵉ Claffe. *A feuilles opofées 2 à 2.*

1 Section, à tije ronde. Les Apocins. Gentianes. Alfines. Véro-
nikes, &c.
2   à tije anguleufe, le plus fouvent quarée ou parallélé-
pipede. Les Labiées. Quelques Perfonées.

2ᵉ Claffe. *A feuilles verticillées 3 à 3, ou en plus grand
nombre autour des tijes & rameaux, come les
bobeches autour d'un luftre.*

Les Aparines. Le Martagon. La Prêle. Le Luftre d'eau, &c.

3ᵉ Claffe. *A feuilles raffemblées en gazon autour de la tije,
& qui n'ont pas d'autres feuilles.*

1 Sect. dicotylédones. Les Renoncules. Les Plantens. Le Limonion.
La Mandragore, &c.
2   monocotylédones. Les Narciffes. Tulipes. Colchike. Safran, &c.

4ᵉ Claffe. *A feuilles alternes, monocotylédones.*

1 Sect. Les Graminées ou Céréales.
2   Les Lis. Iris, &c.

5e Claſſe. *A feuilles alternes, dicotylédones.*

1 Sect. Les Boraginées.
2   Chicoracées.
3   Carduacées.
4   Baccifères, &c.

6e Claſſe. *A feuilles éparſes ſans aucun ordre conſtant.*

1 Sect. dont les nerfs du diske ſont diſpoſées en raious. Les Malvacées. Les Cucurbitacées.
2 dont les nerfs ſont ailés ou diſpoſés come les barbes d'une plume.

2e Partie. *Plantes à feuilles compoſées.*

7e Claſſe. *Feuilles en éventail ou en main ouverte.*

1 Sect. Simples, diviſées profondément. Figuier. Ricin. Alcea. Palmier à balais. Granadile.
2 Compoſées Chanvre. Maronier d'Inde. Vigne vierje, &c.

8e Claſſe. *Feuilles 3 à 3.*

1 Sect. A pédicules nuds. Trefle. Melilot. Luſerne. Fraiſier. Alleluia. Fagonia, &c.
2 A pédicule avec 2 oreilletes. Lotier. Trefle de montagne, &c.

9e Claſſe. *Feuilles pinnées ſur 1 rang de chake côté.*

Pois. Acacia. Pimprenele. Roſier. Sorbier. Frêne, &c.

10e Claſſe. *Feuilles pinnées ſur 2 rangs.*

Senſitive. Né coupé. Bignonia. Azedarac. Anjélike. Chervi, & quelques autres Ombellifères.

11e Claſſe. *Feuilles déchiktées, à pédicules diviſés plus de 2 fois, & à diskes ſouvent déchiktés.*

La Cigue. Le Cerfeuil, & la plûpart des Ombellifères; l'Armoiſe. La Matricaire. La Milfeuille, & pluſieurs Compoſées.

3e Partie. *Plantes qui n'ont des feuilles en aucun tems.*

12e Claſſe. *Plantes qui n'ont pas de feuilles mais :*

1 Sect. Des articles aplatis ou anguleux. Les Plantes graiſes. Cierges, &c.
2 Des écailles ſeches. Orobanche. Clandeſtine.
3 Des jets konikes ou cilindrikes ſemblables aux tijes qui portent les fleurs. Les Joncs. Aphyllantes, &c.

De ces 12 Claſſés, pas une n'eſt naturele, & les 4, 5, 6, n'en devroient faire qu'une, en ſuivant le plan de l'Auteur. Elles ſont ſubdiviſées en 23 Sections, dont 5 ou un peu moins du quart ſont naturelles.

Cete Métode étoit ſuſceptible de perfection ; auſſi M. Sauvages lui dona-t-il une autre forme en 1751, ſous le titre de *Métode pour conoître les Plantes par les feuilles*, 8°. *A Leide.* Il y diviſe les Plantes en 11 Claſſes, en conſidérant leurs feuilles relativement,

1751.

d üj

1ᵉ à leur défaut, Claſſe 1.
2　　　ſituation & diſpoſition, Claſſes 1, 5, 6.
3　　　forme, Claſſes 7, 8, 9, 10, 11.
4　　　forme & ſituation enſemble, Claſſe 3, 4.

Feuilles conſidérées par leur défaut.
1ᵉʳᵉ Claſſe. *Eſeuillées.* Aſullæ.

Ordre 1 Champignons. Biſſus.
　　　2 Hypociſte. Clandeſtine. Orobanche, *Squamaria. Neottia.*
　　　3 Salicor. Cierje.
　　　4 Joncs. Ail. *Aſullantes.*
　　　5 *Conferva.* Cuſcute.

Feuilles conſidérées par leur ſituation & diſpoſition.
2ᵉ Claſſe. *Les Gaꝫons à feuilles radicales.* Ceſpititiæ.

Ordre 1 Primevere. Doronic.
　　　2 Pakete. Roſſolis. *Statice.*
　　　3 Planten. Aloë. Ail.
　　　4 Jacinte. Fritilère. Narciſſe.
　　　5 Souchet. Tufa. Jonc.
　　　6 Langue de cerf. *Sagitta. Conferva.*
　　　7 Planten. *Statice.*
　　　8 Rubarbe. Cyclamen. Aron.
　　　9 Nenufar. Cotyledon. *Udrokotule.*
　　10 Epatikes. Lichens. L'entille d'eau.

5ᵉ Claſſe. *Opoſées 2 à 2.* Adverſifoliæ.

Ordre 1 *Coriſpermon.* Moeringia. Fluvialis.
　　　2 Troêne. Valériane.
　　　3 Chevrefeuille. Gratiole. Valériane.
　　　4 Les Labiées.
　　　5 Salicaire. *Chamainerion.* B[...]fonia.
　　　6 *Laturos.*
　　　7 *Bidens. Dipſacus.*

6ᵉ Claſſe. *Verticillées, ou opoſées 3 à 3 ou davantaje.*

Ordre 1 Prêle. Lemma. h*Ottonia.*
　　　2 Les Aparines. Véronike. *Potamopitus. Antullis.*
　　　3 Scrofulère. *Antirrinon.*
　　　4 Ellébore. Paris. Lis. Eſpargoute.
　　　5 Bruiere. Jenèvrier. *Nobula. Nerion.*

Feuilles conſidérées par leur forme.
7ᵉ Claſſe. *Digitées en éventail ou en griffes.*

Ordre 1 Chanvre. Piſtachier. Saule.
　　　2 Alleluia. Meniante.
　　　3 *Vitex. Teukrion.*
　　　4 Ronce. *Fabago.* Ciſte.
　　　5 Trefle. Fumeterre. Reſeda.
　　　6 Eupatoire. *Ceropſis. Bidens,* & quelques Compoſées.

8ᵉ Claſſe. *Palmées en main ouverte.* Palmatæ.

Ordre 1 Alchimile. h*Oublon.* Figuier. Aron.
　　　2 Brione. Mauve. Coniſe.
　　　3 Agripaume. *Molucca.* Teukrion.

Ordre 4 Renoncule. Geranion.

    5 Aconit. Lupin. Trefle.

    6 *Xantion.*

    9e Claſſe. *Pinnées ou conjugées ſur 2 rangs opoſés.*

Ordre 1 *Jungermania.*

    2 Ceterac. Polypode. *Salvinia.*

    3 Frêne. Piſtachier. Sapin.

    4 Solanon. Valériane. Jaſmin.

    5 Scrofulère. *Bignonia. Lentibularia.*

    6 Caſſe , *Molle.* Ronce. Sorbier.

    7 Chanvre. Chiche.

    8 Articho. Scabieuſe.

    10e Claſſe. *Ailées ſur plus de 2 rangs.* Decompoſitæ.

Ordre 1 Oſmonde. *Telupteris.*

    2 Frêne.

    3 Solanon.

    4 Pediculère. *Bignonia.*

    5 Vervêne. *Teucrion.*

    6 Poincillade. Azedarac. Clematite.

    7 Fumetère. Quelkes Ombellifères.

    8 Articho. Matrikère.

     11e Claſſe. *Déchikées.* Laciniatæ.

Ordre 1 Cetérac. Lichen. Fucus.

    2 Chêne. *Chenopodion.*

    3 Lizeron. Valériane. *Coronopus.*

    4 Acante. Vervène. *Teucrion.*

    5 Tlaſpi. Pavot. Geranion.

    6 Séneçon. Armoiſe. Cnicus.

    7 Laitue. *Scolumos.*

    8 Séneçon. Souci.

Feuilles conſidérées par leur forme & ſituation
en même tems.

    3e Claſſe. *Alternes ou éparſes, étroites.*

Ordre 1 Mouſſes. *Jungermania.*

    2 Gramens. *Sparganion.*

    3 Iris. Fritillère. Lis. Asfodele.

    4 Pin. Aſperje. Quelques eſpèces de Ciſte.

    5 Tlaſpi. Lin.

    4e Claſſe. *Alternes , larjes.*

Ordre 1 Mouſſes. *Anagallidaſtrum.*

    2 Genèr. Lin.

    3 Mauve. Peuplier.

    4 Tilleul. *Populago. Parnaſſia.*

    5 Titimale. Joubarbe.

    6 Tlaſpi. Oſeille. Aron.

Aucune de ces 11 Claſſes n'eſt naturele. Elles ſont diviſées relativement à la figure des feuilles , à leur pédicule ,
à leurs diviſions, au nombre des cotylédons, & le plus ſouvent relativemant à la figure des fleurs, en 74 Ordres ou
Sections , dont à peine 8 ou $\frac{1}{9}$ ſont naturels.

Ainſi cete Métode, quoique ſupérieure à la 1ᵉʳᵉ dans la diviſion des Claſſes, lui eſt inférieure dans celles des Ordres, & elle pèche en 3 points ; 1° en ce que ce n'eſt plus une Métode ſur les feuilles, dès que les Ordres ſont tirés de la conſidération des fleurs, come ſont ceux des Claſſes 5 , 6 , 7 ; 2° en ce qu'elle n'eſt pas régulière & uniforme dans ſa marche, en combinant leur forme avec leur ſituation, come dans les claſſes 3 & 4, qui n'en doivent faire qu'une ; 3° en ce que les exemples des genres ou eſpèces ne ſont pas toujours exactement cités dans les Claſſes qui leur conviènent.

1744. M. Morandi, dans ſon *Hiſtoria Botanica practica*, di-
Morandi. viſe les 538 Plantes médicinales, dont il done les deſcriptions & les figures, en 35 claſſes, en les conſidérant relativement,

1° au lieu où elles croiſſent,
2 à leur figure,
3 au nombre des pétales des graines, des capſules, & des lojes du fruit.
4 à la ſubſtance du fruit & des feuilles,
5 à l'abſence ou préſence de la corole,
6 à la figure de la corole & du fruit,
7 à la diſpoſition des fleurs & des feuilles.

Claſſe 1 *Submarinæ.* Les Coraux.
2 *Terreſtres ſimpliciſſimæ.* Champignons. *Kunomorion.*
3 *Terreſtres ſimpliciores.* Lichens. Mouſſes. Lentille d'eau.
4 *Capillares.* Foujères.
5 *Gumnopoluſpermæ.* Renoncules. Frèſiers.
6 *Gumnodiſpermæ umbelliferæ.* Les Ombellifères.
13   *ſtellatæ.* Les Aparines.
7 *Gumnomonoſpermæ flore ſimplici.* Valériane. *Plumbago.*
8   *compoſito.* Les Laitues.
9   *radiatæ & diſciflora.*
10   *corumbiferæ.*
11   *capitata non ſquamoſæ.* Scabieuſe. Panicot.
12   *ſquamoſæ.* Chardons.
14 *Gumnotetraſpermæ verticillatæ.* Labiées. Vervène.
15   *aſperifoliæ.* Bouraches.
16   *tetrapetalæ.* Potamogeton.
17 *Monangioſpermæ.* Anagallis. Gentiane. *Leontopetalon.*
18 *Diangiæ poluſpermæ.* Salicaire. Saxifraje. Véronike.
19 *Triangiæ poluſpermæ.* Violete. Campanule. Reſeda. *Upericon.*
20   *tricoccæ.* Titimales.
21 *Tetrangiæ poluſpermæ.* Rue. Armala. Stramonion.
22 *Pentangiæ pentatoccæ.* Geranion.
23 *Poluangiæ poluſpermæ.* Mauves. Pirole. Ariſtoloche. Lin.
24 *Multiſiliquæ poluſpermæ.* Joubarbes. Pione. Verère. *Ulmaria.*
25 *Siliquoſæ.* Apocin. Seſame. Alleluia. Corcorus. Fumetère. Balſamine.

Classe 26. *Tetrapetalæ cruciformes.* Les Crucifères.

27 *Papilionaceæ leguminosæ trifullæ.* Aricots. Lotier.

28   *polufullæ.* Vesses. Astragales.

29 *Bacciferæ.* Brione. Solanon. Caprier. Aron. *Smilax.*

30 *Pomiferæ.* Concombre. Granadile. Ananas.

31 *Apetalæ flore fructui contiguo, gumnospermæ.* Persicaires. Blitons. Alchimile.

32   *enangiospermæ.* Bete. Amarante. Planten. *Asaron.*

33   *à fructu remoto.* Ambrosie. *Xantion.*

34   *Dioicæ.* Epinar. hOublon. Mercuriale. Prêle.

35 *Monocotuledones.* Liliacées. Orchis. Cyclamen.

Cete Métode est celle de Boerave avec quelques chanjemans, en fondant les Arbres avec les Erbes, & y ajoutant une Classe de plus. De ces 35 Classes, il y en a 8 ou presque ¼ de natureles, savoir les 4, 6, 8, 12, 13, 15, 20, 26. L'Auteur ne les a pas subdivisées en Sections.

M. Seguier, dans l'Ouvraje intitulé, *Plantæ Veronenses*, 3 vol. in-12. *Veronæ*, 1745 & 1754, où il cite 1200 Plantes, les divise en 21 Classes, en les considérant relativement,

1° à leur grandeur, come Erbes, Arbres, Arbrisseaux & sous-Arbriss.

2 à l'absence ou présence de la corole,

3 au nombre des pétales de la corole,

4 à la figure de la corole,

5 à la disposition des fleurs.

         1ere Partie. *Erbes & sous-Arbrisseaux.*

Classe 1 D'une nature moiene entre les corolées & les apétales. Champignons. Mousses. Foujères.

2 Sans corole. Souchets. *Asaron. Bliton. Muriofullon*, &c.

3 A corole monopétale, en cloche, en entonoir, ou en roue. Belladone. Meniante. Bourache, &c.

4   anomale. Aron. Aristoloche. Digitale, &c.

5   labiée. Les Labiées.

6   à 2 pétales. *Circeq. Stellaria.* Les Gramens.

7   3 pétales. *Udrocharis. Alisma. Sagitta.*

8   4 pétales. Les Crucifères. Chelidoine. Potamogeton. Paris. Clematite. Tormentile. *Chamainerion.*

9   5 pétales. Pourpier. Sedon. Alsine. Pavot. Eliantème. Pirole. Geranion. Renoncule, &c.

10   5 pétales, fleur en parasol. Les Ombelliferes.

11 A fleur en lis. Les Lis. Les Iris.

12   légumineuse. Les Légumineuses.

13   polypétale anomale. Balsamine. Fumetère. Violete. Aconit. Orchis.

1745.
Seguier.

Claſſe 14 A fleur fleuronée. Chardons. Scabieuſes. Globulère;
15   demi fleuronée. Les Laitues.
16   radiée. Carline. Imortele. After , &c.
     2ᵉ Partie. *Arbres & Arbriſſeaux.*
17 Sans corole. Buis. Térébinte. *Caprificus.*
18 A fleurs en chaton. Chaténiers. Pins.
19 A corole monopétale. Chevrefeuilles. Aireles. Troêne. Ga-
         rou. Orme.
20   à 4 & 5 pétales. Frêne. Micacoulier. Cornouil-
         ler. Fuſen. Fuſtet. Tilleul.
         Lière. Vigne. Erable. Juju-
         bier. Roſiers , &c.
21 A fleur légumineuſe. Roſiers. Genêt. Citiſe. Coronile , &c.

De ces 21 Claſſes, il y en a 5 ou preſque ¼ de natureles , ſavoir les 5 , 10 , 12 , 15 , 21 , encore la 21ᵉ doit-
elle être fondue dans la 12ᵉ. Elles ſont ſubdiviſées relativement à leur enſemble, à la figure de la corole , & au nombre
des pétales, en 10 Sections, dont 3 ou preſque ⅓ ſont natureles.
Cete Métode tient beaucoup de celle de Tournefort.

1747.   M. Ludwig , dans ſes *Definitiones generum aucta & emen-*
Ludwig.   *datæ,* 8°. *Lipſiæ ,* & dans ſes *Inſtitutiones Hiſtorico-phy-*
ſicæ regni vegetabilis. Edit. Alt. 8°. *Lipſiæ ,* a retouché une
2ᵉ fois le Syſtême de Rivin , en y joignant une 6ᵉ conſidération de plus qu'il n'avoit fait en 1737 , ſavoir celle du
ſexe des fleurs , ſelon que les mâles ou à étamines ſe trouvent ſur le même pié avec les femelles , ou ſur diférens
piés. Il apele fleurs envelopées , celles qui ont calice & corole en même tems , ou l'un ou l'autre ſeulement ; & fleurs
nues , celles qui n'ont que l'ovaire & les étamines ſans envelope , ne comprenant pas ſous ce nom la membrane qui environe l'origine du pédicule des antères de certaines Mouſſes
épatikes , & autres Plantes ſemblables. Sa Métode com-
prend 1068 Genres , diviſés en 18 Claſſes come celle de
Rivin , ſavoir

		Claſſes.
Fleurs à envelope, parfaites, à corole		1 *Monopetalæ regulares.*
monopétale régulière ,		
	irrégulière ,	2 *Monopetalæ irregulares.*
	compoſée ,	3 *Compoſitæ tubuloſæ.*
		4 *lingulatæ.*
		5 *mixtæ.*
	à 2 pétales ,	6 *Dipetalæ.*
	à 3 pétales ,	7 *Tripetalæ.*
	à 4 pétales régulières ,	8 *Tetrapetalæ regulares.*
	irrégulières ,	9 *irregulares.*
	à 5 pétales régulières ,	10 *Pentapetalæ regulares.*
	irrégulières , 11	*irregulares.*
	en paraſol , 12	*umbelatæ.*

Classes.

Fleurs à envelope, parfaites, à corole 13 *Exapetalæ.*
à 6 pétales,
à plus de 6 pétales, 14 *Polupetalæ.*
sans corole, 15 *Apetalæ.*
dont le sexe est séparé 16 *Relativæ monofutæ.*
sur le même pié.
sur diférens piés, 17 *difutæ.*
Fleurs sans envelope, ou nues sans ca- 18 *Nudæ.*
lice ni corole,

De ces 18 Classes, il y en a 2 de natureles, savoir la
4e & la 12e. Elles sont divisées relativement à leur port
ou ensemble, au nombre des feuilles du calice, des pétales & des étamines ; à la figure des étamines & des graines ; à la réunion ou liberté des étamines, en 70 Sections,
dont 8, c. à d. près de $\frac{1}{8}$, sont natureles. D'où il suit que
le Systême de Rivin est plus perfectioné dans cette Métode
qu'il ne l'avoit été auparavant par Crétien Knaut, par Ruppius, & par M. Ludwig même.

M. Wachendorf, dans son Catalogue intitulé : *Horti*
Ultrajettini index, 8°. *Trajetti ad Rhenum*, cite environ
4000 espèces de Plantes, avec les frases simplement de M.
Linnæus, raprochées en 1047 Genres, qu'il divise en 16
Classes, en les considérant relativement,

1° à l'aparence ou occultation des fleurs,
2 au nombre des cotylédons, des coroles dans chake calice, des
étamines relativement aux pétales ou divisions de la corole,
& des antères relativement aux filets,
3 à la perfection des fleurs plus ou moins complètes,
4 à la présence ou absence du calice & de la corole,
5 à la réunion ou liberté des étamines,
6 à la proportion respective des étamines,
7 à la situation respective des fleurs mâles & femeles,
8 à la figure du calice.

1747.
Wachendorf.

1e Partie. *Fanerantæ, Polucotulédones, Te-leiantæ, diperiantæ, monantæ.* A fleurs visibles, polycotylédones, parfaites, avec étamines, pistil, calice & corole, & 1 seule corole dans chake calice.

Schiseostemonopetalæ. A étamines considérées relativement au nombre des pétales ou des divisions de la corole.

1ere Classe. *Isostemonopetalæ.* A étamines égales au nombre des pétales.

1 Section. *Gumnospermæ.* A graines nues,

1*º. Epicarpantæ.* A fleurs deſſus le fruit. Ombelliferes. *Nobu-la.* Aſperula. Pittonia. *Sibaldïa.*

2° *Upocarpantæ.* A fleurs deſſous le fruit. Jalap. Bouracher.

2 Section. *Angioſpermæ.* A graines enfermées dans un fruit.

1° *Omoio diperiantæ.* A nombre égal de diviſions au calice & à la corole. *Cirċæa. Tillea.* Aparines. Planten. Anagallis. Solanons. Sedons, &c.

2° *Anomoiodíperiantæ.* A diviſions diférentes en nombre dans le calice & la corole. Tamarin. *San-guiſorba.* Meliante. Café. Coris. *Me-ſembruon,* &c.

2e Claſſe. *Pollaploſtemonopetalæ.* A étamines ſimples, plus nombreuſes que les pétales de la corole, en nombre pair avec eux.

1 Sect. *Diploſtemones.* Etamines 2 fois auſſi nombreuſes que les pétales. Lapaton. Onagre. Bruiere. Corindon. Paris. Caſſes. Alſines, &c.

2 *Triploſtemones.* Etamines 3 fois auſſi nombreuſes que les pétales. *Teſis.* Manglier. *Armala.*

3 *Tetraploſtemones.* Etamines 4 fois auſſi nombreuſes que les pétales. *Tapia.* Magoſtan. *Eliocarpos.* Tormentile. Potentile. Pomier. Aliſier, &c.

4 *Pentaploſtemones.* Etamines 5 fois plus nombreuſes que les pétales. *Suringa.*

3e Claſſe. *Aniſoſtemonopetalæ.* A étamines en nombre impair avec les pétales de la corole.

1 Sect. *Pleoſtemones.* Etamines plus nombreuſes que les pétales. Pourpier. Mirtes. Ceriſiers. Titimales. Renoncules. Ciſtes. Tilleul. Anones. Pavots, &c.

2 *Oligoſtemones.* Etamines moins nombreuſes que les pétales. Jaſmins. *Montia.* Valériane. Cainito.

Scheſeoſtemones. A étamines conſidérées relativement à elles-mêmes.

4e Claſſe. *Cylindrobaſioſtemones.* A étamines réunies par les filets en un cilindre.

1 Sect. *Calice ſimplici.* Walteria. hErmannia. Melochia. *Geranion. Abutilon.*

2 *Calice duplici.* Les Mauves.

3 *Calice multiplici. Tſubaki.*

5e Claſſe. *Eleuteromacroſtemones.* A étamines libres, dont quelques-unes ſont plus longues que les autres.

1 Sect. *Dimacroſtemones.* A 2 étamines plus longues. Labiées. Vervènes. Perſonées.

2 *Tetramacroſtemones.* A 4 étamines plus longues. Cruciferes.

Schefanteroftemones. A antères confidérées relativement au nombre des filets.

6ᵉ Claffe. *Diftemonopleanteræ.* A antères plus nombreufes
que les filets qui font au nombre de 2 pour l'ordinaire.

1 Sect. *Exanteræ.* Fumetère.
2 *Octanteræ.* Polugala. hEifteria.
3 *Decanteræ.* Légumineufes.

2ᵉ Partie. *Faneranta , polucotuledones , teleianta ,
diperianta , poluanta.* A fleurs vifibles, polycotylédones, parfaites, avec étamines, piftil, calice
& corole, & plufieurs coroles dans le même calice.

7ᵉ Claffe. *Eleuteranteræ.* A antères diftinctes.

1 Sect. *Epicarpanta.* A fleur deffus le fruit. Scabieufes. Cefalante.
Lagacia. Echinofora. Ovilla , &c.
2 *Upocarpanta.* A fleur deffous le fruit. *Eriocaulon.* Globulère. Conocarpus. Brunia. Statice.

8ᵉ *Cylindranteræ* A antères réunies en cilindre.

1 Sect. *Dipetalæ.* Lepidocarpos.
2 *Monopetalæ.* Fleuronées. Radiées. Demi-fleuronées.

3ᵉ Partie. *Faneranta , polucotuledones , teleianta ,
monoperianta.* A fleurs vifibles, polycotylédones,
parfaites avec étamines & piftil, & le calice ou
la corole feulement.

9ᵉ Claffe. *Monoperianta.* Qui n'ont que le calice ou la
corole feulement.

1 Sect. *Monoftemones.* Limnopeuke. Corifpermon. Morokarpus. Ce-
falpina.
2 *Diftemones.* Salicor.
3 *Triftemones.* Trixis. Antullis.
4 *Tetroftemones.* Dorftenia. Eleagnus. Rivina. Alchimilla.
Potamogeton.
5 *Pentaftemones.* Rudbekia. Chenopodion. Ulmus. Beta. Farnakeon , &c.
6 *Exaftemones.* Petiveria. Medeola. Ariftoloche. Koddapail.
7 *Octoftemones.* Triopteris. Garou. Chrufofplenion. Galenia.
Perficaire , &c.
8 *Enneaftemones.* Laurier. Rubarbe.
9 *Decaftemones.* Knavel. Banifteria. Garidella. Penthoron.
Futolacca , Orobanchoides , &c.
10 *Dodecaftemones.* Afaron.
11 *Poluftemones.* Ludolfia. Triumfetta. Delfinion. Nigella.
Ellébore. Talictron. Anemone , &c.

4ᵉ Partie. *Faneranta , polucotuledones , ellipanta.*
À fleurs vifibles, polycotylédones, défectueufes,
c. à d. mâles féparées des femelles.

10ᵉ Claffe. *Monofutanta.* À étamines féparées des piftils
fur le même pié.

1 Sect. *Monanta. Sagitta.* Buis. Briones. Ricins. Ortie. Mutier.
Ceratofullon , &c.

2   *Poluanta.* Ambrofies. Figuier. *Liquidambar.* Platane. Noier.
Chaténiers. Pins. Micacoulier. Pariétaire. Aro-
che. *Begonia* , &c.

11ᵉ Claffe. *Difutanta.* À étamines féparées des piftils fur
2 piés diférens.

1 Sect. *Monanta. Ofuris. Ippofae.* Gui. Epinar. Chanvre. hOublon.
Smilax. Mercuriale. *Pifonia.* Tupelo. Papaier.
Bonduc , &c.

2   *Poluanta.* Saule. Gale. Gleditfia. Genevrier. Piftachier. Frêne.
Empetron , &c.

5ᵉ Partie. *Faneranta , monocotuledones.* À fleurs
vifibles, & 1 feul cotylédon, confidérées
relativement au calice.

12ᵉ Claffe. *Acalices.* Sans calice.

1 Sect. *Monopetala.* Potos. Asfodèle. Jacinte. Aloë. Iuca. *Acorus ,*
&c.

2   *Exapetala.* Tulipe. Afperje. Lis. Scille. *Butomus. Veratrum* , &c.

13ᵉ Claffe. *Calicina.* Avec calice.

1 Sect. *Apetala.* Linagroftis. *Scheuzeria.* Poivre. Jonc. *Kunomorion. Fluvialis* , &c.

2   *Petalodea.* Aimantos. *Bromelia. Alifma. Renealmia.* Triglochin. Tangekolli , &c.

14ᵉ Claffe. *Spatacea.* À calice en fpate ou écaille.

1 Sect. *Epicarpanta.* Jinjambres. Orchis. Iris. Narcilles Stratiotes. *Vallifneria* , &c.

2   *Upocarpanta.* Comelina. Ognons. *Narukila. Afullantes.*
Arons. Palmiers , &c.

15ᵉ Claffe. *Glumofa.* À calice en bâles.

1 Sect. *Univalves.* Souchets.
2   *Bivalves. Scirpus. Kotffiletti.* Gramens. *Carex.*

6ᵉ Partie. *Cruptanta.* À fleurs cachées ou invifibles.

16ᵉ Claffe. *Cruptanta.*

1 Sect. Foujères.
2   Moulles.
3   Alges. Epatikes. Lichens. Chara. Lemma. Fucus. *Conferva.*
4   Champignons. *Mucor.* Biffus.
5   Litofites. Eponjes. Madrepores. Coralline , &c.

De ces 16 Claffes, il y en a à peine 1 de naturele,
favoir la 4ᵉ. Elles font divifées relativement à la nudité

des graines, au fruit, au nombre des étamines, des calices, des pétales, des fleurs, des divifions du calice, à la proportion des étamines, à la fituation des fleurs, à la préfence ou abfence de la corole, & à leur figure totale, en 48 Ordres, dont 9, ou $\frac{1}{5}$ & moins, font natureles.

Ces Ordres font encore divifés & fous-divifés relativement au nombre des envelopes, des graines, des lojes, du fruit, des ftiles *aftilæ, ftilodeæ, monoftilæ, amfiboloftilæ,*
   à la figure des graines, de la corole, du fruit,
   à la fituation du calice, *calicipetalæ, thalamopetalæ,*
   à la fubftance du fruit,
   à la difpofition des fleurs,
   à la préfence ou abfence des étamines, *ftemonodeæ, aftemones,* en 250 Sections, dont 50 ou $\frac{1}{5}$ font natureles.

Cete Métode n'eft ni praticable ni facile à entendre, comme on en peut jujer par la façon dont M. Linnæus l'a rendue dans fon *Filofofia Botanica,* où il lui done 19 Claffes.

hEifter, dans l'Ouvraje intitulé, *Syftema Plantarum generale ex fructificatione,* 8°. *hElmftadii,* divife les Plantes en 35 Claffes, en les confidérant relativement,   **1748.'**
                                             hEifter.

1° à leur grandeur come Erbes ou Arbres,
2 au nombre de leurs cotylédons,
3 à leur fructification come inconue,
4 à la fubftance du fruit,
5 au nombre des graines,
6 à la figure ou abfence de la corole,
7 à la difpofition des feuilles & des fleurs,
8 à leur port ou enfemble.

              1ere Partie. *Les Erbes.*

Claffes.

1	*Monocotuledones*	*vafculiferæ.* A capfules.
2		*bacciferæ.*
3	*Polucotuledones*	*gumnomonofpermæ.* A une graine nue.
4		*gumnodifpermæ ftellatæ.* A feuilles verticilléæ.
5		*umbellatæ.*
6		*gumnotrifpermæ.*
7		*gumnotetrafpermæ. corolla regulari.*
8		*labiatæ.*
9		*polupetalæ.*
10		*gumnopolufpermæ.*
11		*Monofpermæ flofculofæ.*
12		*radiatæ.*
13		*femiflofculofæ.*
14		*capitatæ.*
15		*angiofpermæ.* A capfules.
16		*leguminofæ.*
17		*bacciferæ.*

Claſſes.

18 *Polucotuledones pomiferæ.*
19   *cucumeraceæ.*
20   *apetalæ.*
21 *Monocotuledones apetalæ.* Graminées.
22 *Fructu occulto. filices.*
23   *muſci.*
24   *algæ.*
25   *fungi.*
26   *litoſuta.*

2ᵉ Partie. *Les Arbres.*

27 *Monocotuledones palmatæ.* Palmiers.
28 *Polucotuledones bacciferæ.*
29   *pomiferæ.*
30   *vaſculiferæ.* A capſule.
31   *apetalæ.*
32   *iuliferæ.* A chaton.
33   *ſtamineæ coniferæ.*
34   *non coniferæ.*
35 *Fructu occulto.*

De ces 35 Claſſes, il i en a 10, ou preſque $\frac{1}{3}$, de natureles, ſavoir les 4, 5, 7, 8, 11, 12, 13, 16, 19, 25. Elles ſont diviſées relativement au ſexe des fleurs, à leur diſpoſition & celle des feuilles, au nombre des pétales & des graines, en 93 Ordres ou Sections, dont 21 ou preſque $\frac{1}{4}$ ſont naturels.

Cete Métode paroît avoir été tirée de celle de Rai. Elle n'eſt pas des plus dificiles ; on auroit pu y fondre les Arbres avec les Erbes.

Elle a été ſuivie en 1759, par M. Fabricius dans ſon *Enumeratio Metodica Horti Medici, hElmſtadienſis, 8°. hElmſtadii.*

1749.
Gleditſch.

M. Gleditſch a doné dans l'Hiſtoire de l'Académie Roiale des ſciences de Berlin, 4°, pag. 109 & ſuiv. le plan d'un Syſtême où il partaje en 7 Claſſes les 1066 genres de Plantes qu'il cite, en les conſidérant relativement,

1° à la préſence ou occultation des fleurs,
2 à la ſituation des étamines,
3 à la dificulté de fixer & claſſer certains genres.

Claſſes.

Fleurs aparentes, étamines atachées au réceptacle,	1 *Thalamoſtemones.*
à la corole,	2 *Petaloſtemones.*
au calice,	3 *Calycoſtemones.*
au ſtil du piſtil.	4 *Styloſtemones.*
Fleurs cachées,	5 *Flores latentes.*
Fleurs inviſibles par leur petiteſſe,	6 *Flores inviſibiles.*
Genres de Plantes dificiles à claſſer,	7 *Anomalæ.*

De ces 7 Claſſes, pas une n'eſt naturele. Elles ſont diviſées & ſous-diviſées 4 fois de ſuite.

La 1ᵉ diviſion porte ſur la réunion ou liberté des ſtamines, & ſur la figure ou l'enſemble de la Plante, & forme 14 Ordres, dont 1 ſeul eſt naturel.

La 2ᵉ diviſion conſidere l'abſence ou la préſence de la corole, le nombre des fleurs, leur régularité, & forme 20 Sections, dont il n'y en a que 1 de naturele.

La 3ᵉ diviſion porte ſur la ſituation de la fleur deſſus ou deſſous le fruit, & forme 31 Sections, dont 3 ſont naturelles.

La 4ᵉ diviſion forme du tout 205 Sections fort courtes, dont 49 ou ¼, ſont naturelles.

Il n'y a guère de ſyſtême plus ſimple & plus aiſé dans l'ordre des diviſions & ſubdiviſions des Claſſes, & il y en a peu de plus dificile pour étudier la Botanique.

M. de Bergen, dans ſon *Flora Francofurtana*, 8°. *Francofurti*, a ſuivi la Métode de Tournefort, mais en fondant les Arbres dans les Erbes, & en chanjant ſes 8 dernières Claſſes. Nous ne répéterons point ici les 14 premières qu'il a conſervées.

1750.
de Bergen.

Claſſes.	Arbores.
15 *Apetala ſtaminea.*	*Arbores.*
16 *iulifera.*	(C'eſt la 19. *Amentacea.* Tour.)
17 *conifera.*	
18 *Graminea.*	

	Erbæ.
19 *Epiphylloſpérma.*	(C'eſt la 26. *Flore carentes.* Tour.)
20 {*Muſci.*	
21 {*Alga.*	(C'eſt la 27. *Flore fructuque carentes.* Tour.)
22 {*Fungi.*	

De ces 22 Claſſes, il y en a 6, c. à d. ¼ & plus, de naturelles. Elles ſont diviſées relativement au nombre des pétales, à la figure de la corole, au ſexe, à la ſituation & diſpoſition des fleurs & du fruit, au nombre des étamines, des lojes & des graines, & à la ſubſtance du fruit, en 124 Ordres ou Sections, dont 33, c. à d. ¼ & plus ſont naturelles.

Quoique cet Ouvraje ne ſoit que la réimpreſſion du *Vade mecum Botanicum S. Odegus Botanicus* de Johren, ſur les Plantes des environs de Francfort, il y a des additions, & il mérite d'être lu, à cauſe des caractères que M. Bergen a mis à la tête de chake Claſſe.

M. Duhamel, dans un Ouvraje intitulé : *Traité des Arbres & Arbuſtes qui ſe cultivent en France en pleine terre*, 2 *vol. in-4°. Paris*, diviſe les 1000 éſpèces ou les 190 genres de Plantes dont il parle, en 3 Claſſes, en les conſidérant relativement,

1755.
Duhamel.

res d'Arbres ou Arbriffeaux dont il parle ; en 7 Familles , en les confidérant relativement ,

    1° à la fubftance & figure du fruit ,
    2 à la fubftance , figure & nudité des graines.

1ᵉʳᵉ **Famille.** *A fruits fecs écailleux , à capfules ou à alvéoles ;
ou à graines nues raffemblées en maffe.*

1 Section.	Écailleux en cônes. Pin. Sapin. Mélèfe. *Tua.* Ciprès. Anne. Bouleau.
2	A capfules raffemblées en cône. *Magnolia.*
3	A alvéoles contenant les graines. *Liquidambar.*
4	A femences nues comme des écailles raffemblées en cône. *Tulipifera.*
5	A femences raffemblées en tête. Platane. *Céfalante.*

2ᵉ **Famille.** *A fruits plus ou moins charnus contenant
des pepins.*

1 Sect.	A pepins envelopés de beaucoup de chair. Poirier.
2	brou. Chaténier. Mar- ron-d'Inde.
3	enchaffés dans le brou. Chêne.
4	renfermés en grand nombre dans une ou plufieurs cavités. Granadile. Grenadier. Figuier.

3ᵉ **Famille.** *A fruits en noiau.*

1 Sect.	Noyau à 1 loje dans un fruit charnu. Prunier. Cerifier. Pêcher.
2	2 lojes dans un fruit charnu. Olivier. Eleagnus. Jujubier. Cornoulier. Micacoulier. Laurier.
3	Noyau recouvert d'un brou. Noier. Amandier.
4	enchaffé dans un brou. Coudrier.

4ᵉ **Famille.** *A fruits en baie.*

1 Sect.	Baie fuculente à 1 graine. Gui. *Ippofae.* Viorne. *Sideroxu- lon.* Chionante. *Fullirea.* Garou. Fuftet. *Oxuacanta. Menifpermon.*
2	à 1 noiau enchaffé dans la chair. If.
3	à 5 lojes. Azedarac.
4	Baie feche ou peu charnue , à 1 femence. Sumac. *Molle. Toxicodendron.* Piftachier. *Gale. Dirca. Pafferina.*
5	Baie charnue ou feche , à 2 graines. Afperje. *Smilax.* Che- vrefeuille. *Xuloftcon. Ifica. Stirax.* Jafmin. Bourgène. Vinetier. *Efedra.*
6	Baie charnue ou feche à 3 femences. *Rufcus. Ramnus.* Ala- terne. Suro. Genévrier.
7	à 4 femences. hOux. Troêne. *Calli- carpa. Vitex.*
8	à 5 femences. *Arctoftafulos. Aralia.* Lière. Vigne. Néflier.
9	à plus de 5 femences. Airele. Arbou- fier. *Diofpuros.* Mirte. *Butneria.* Solanon. *Lukion.* Belladone. Grofei- lier. Rofier. Captier.

5ᵉ Famille. *A fruits en capsules.*

1 Seĉt. 1 capsule à 1 loje & 1 semence. Charme.
2   membraneuse à 1 loje & 1 semence. Orme. *Bel-luccia.* Renouée. Aroche.
3   à 1 loje & plusieurs semences. *Diconangia.*
4   2 capsules réunies, chacune à 1 loje & 1 semence. *Fagara.* Erable.
*5   & plusieurs semences. *Tamaris.* Saule. Peuplier.
**6   2 capsules à 2 lojes, & 2 semences. Lilac. *Trilopus.*
7   1 capsule à 3 lojes, & 3 graines. *Paliurus. Chamelæa.*
8   6   Buis.
9   & plus de 6 graines. *Junia.* Iuca. *Ce-lastrus. Titimale. Uperikon. Andro-saimon.*
10   4 à 5 lojes, & 4 à 5 graines. Fusen. *Gre-via.*
11   4 lojes, & plus de 5 graines. *Diervilla.* Bruière. *Suringa.* Rue.
12   5 lojes, & 1 graine; les 4 autres avortant. Tilleul.
13   & 5 graines. *Stewartia.*
14   & plus de 5 graines. *Tsutsusi. Rho-dodendros. Gaultiera. Spiræa. Keb-mia. Askuron.*
15   à plus de 5 lojes & plus de 5 graines. *Ciste.*

6ᵉ Famille. *A fruits en silikes.*

1 Seĉt. A 1 loje, & 1 semence. *Amorfa. Lugos. Barbajovis.*
2   3 ou 4 graines. Ulex. *Tragacanta.*
3 Sans cloison, comprimée entre chake semence. *Coronille. Emerus.*
4   & sans pulpe. Pervanche. *Siliquastrum. Ana-guris. Genista. Sparzium. Cytisus. Robinia.* Anonis.
5 Sans cloison, & pulpeuses. Acacia. *Ceratia.* Bonduc.
6 Avec 1 cloison longitudinale qui forme 2 loges. *Bradlea. Bignonia.*
7 Fruits en silikes, mais qui n'en ont pas le caractère. *Nerion. Periploca. Stafulea. Anona. Colutea.*

7ᵉ Famille. *A semences nues.*

1 Seĉt. Sans envelope. Clematite. *Bupleuron.*
2   1 graine dans un calice. *Chenopodion.*
3   4   *Teukrion.* Romarin. Stécas. Lavande. Sauje. Flomis. Issope. Tin.
4   5   Redou.
5 Plus de 5 graines dans chake calice. Santoline. Absinte. Aurone. *Marse. Aristotela.* Globulaire. *Pentafulloidés.*

* C'est une capsule à une loje.
** C'est une capsule à 2 lojes, contenant chacune 1 graine; ainsi cete Seĉtion ne difère pas de la 4ᵉ.

De ces 7 Familles , aucune n'eſt naturele. Elles ſont diviſées en 49 Sections , dont 2 ſont natur.eles.

M. Duhamel avertit « qu'il ne préſente pas ces Tables
» comme une Métode exacte , le nombre des ſemences
» étant ſujet à trop de variations ; mais comme des notes ,
» des indications qui , dans certains cas , pourroient être uti-
» les à ceux qui ſe trouveroient embaraſſés dans l'uſaje de
» ſa 1ᵉʳᵉ Métode ; & que c'eſt pour cete raiſon qu'il s'eſt
» contenté de préſenter les fruits par Familles.

C'eſt dans des vues ſemblables que le même Auteur a
doné , dans le même Ouvraje une 3ᵉ Métode ſur les feuilles , afin , dit-il , de ſupléer au défaut des 2 Métodes ou
des Tables précédentes , qui devienent inutiles dans le tems
où les Arbres n'ont ni fleurs ni fruits. Cete Métode eſt
d'autant plus néceſſaire , que nombre de Plantes conſervent
leurs feuilles toute l'année ; que les autres les montrent bien
avant les fleurs & les fruits , & les conſervent ſouvent bien
longtems après leur chute : & quoiqu'il ne ne la regarde
pas comme bien exacte , elle eſt néanmoins d'un grand ſecours pour aider à diſtinguer certains Arbres les uns des
des autres. Il diviſe les 190 Genres d'Arbres de ſon Traité
en 4 Claſſes , en les conſidérant relativement ,

1° à la figure des feuilles ,
2 à leur durée. Cete conſidération done lieu aux 2 colones qu'on
    remarke dans chake Claſſe , dont la 1ᵉ eſt pour les feuilles
    toujours vertes ou toujours ſubſiſtantes , & la 2e pour celles
    qui tombent tons les ans.

      1ᵉʳᵉ Claſſe. *A feuilles ſimples & entieres.*

Feuilles toujours vertes.	*Feuilles cadukes.*
1 Section. Très-étoiſes	
1° Longues. Pin. Sapin. Mélèſe Orien-	Melèſe Occid.
tal: If. Romarin. Stécas. Lavande.	
Ciſte à feuilles de Romarin.	
2 Courtes , pikantes ou non: Corruda.	
Genievre. Bruière. Cedre.	
3 Très-peu aparantes. Ciprès. Tuэ. Sa-	
bine. Cedre. Tamaris. Santoline.	
2 Sect. Ovales fort longues.	
1° Opoſées non dentées. *Kalmia. Rodo-*	
dendros. Nerion. Pervinca anguſ-	
tif. Gui. Olivier. Troêne. *Fullirea*	
anguſtif.	
2 Alternes non dentées. *Oſuris. Tume-*	*Eleagnus. Ippoſae. Lukion.*
laia ſemp. vir. Ariſtotela. Chame-	*Tumelaia fol. decid.* Genêt.
laia.	
3 Opoſées dentées. *Tſutſuſ.*	Amandier. Pêcher. Micacou-
4 Alternes dentées.	lier. Saule. *Spirea ſaliciſol.*

Feuilles toujours vertes.

3 Section. Ovales affez larjes.
1° Opofées non dentées *Capri-folium femp. vir. Tinus. Fullirea lævis. Pervinca la-tif. Buis. Cifte. Flomis. Teucrion Bæt.* Tym.
2 Alternes non dentées. Mirte. Aitele. *Arctoftafulos.* Ben-join. *Laurocerafus. Buple-ron. Magnolia.* Titimale.
3 Opofées dentées. *Fullirea. Chamaidrus.*
4 Alternes dentées. Liège. Ieufe. *Dicomangia.* hOux. *Caffine aquifol.* Alaterne. *Gualtie-ra.* Arboufier. *Grewia.* Lau-rier. Gale.

4 Sect. Arondies, come en cœur à la bafe.
1° Opofées non dentées. *Askuron.*
2 Alternes non dentées. *Ruscus.*
3 Alternes dentées. *Smilax.*

Feuilles cadukes.

Grenadier. Cefalanto. Cornoulier. Periclumenon. Sumforicarpos. Xu-lofteon. Chamæcerafus. Viburnum. Lilac liguftrifol. Butneria.

· Stirax. *Diofpuros. Dirca.* Side-roxulon. *Belladona. Dulcamara. Frangula. Chenopodion. Anona.* Co-lonafter. Caprier. *Spirea upericifol. Diervilla. Suringa. Callicarpa. Ramnus. Euonumos. Udrangea. Junid. Palizrus. Ceanotus.* Juju-bier. Prunier. Cerifier. Orme. *Tri-lopus.* Poirier. Pomier. Coignier. *Cratægus arbutif. Spirea fol. cren. Mespilus laurifo.* Aune. Coudrier. Chaténier. Etre. Charme. Tacama-ca. Vinetier.

Lilac. *Periploca. Coriaria. Upe-rikon. Androfaimon.*
Gainier. *Menifpermon.*
Celaftrus. Abricotier. Peuplier. Tilleul.

2e Claffe. *A feuilles fimples & découpées affez profondémens.*

1 Sect. Opofées non dentées. *Acer cretica.*
2 Alternes non dentées. Liere. Aroche. Saffafras. Granadile.
3 Opofées dentées.
4 Alternes dentées.

Acer.

Baccharis. Alifier. Chêne. Plata-ne. *Liquidambar.* Figuier.

Opulus. Acer.

Grofelier. Néflier. *Spirea opulif.* Vigne. *Kermia.*

3e Claffe. *A feuilles compofées, empanées ou conjugées.*

1 Sect. Opofées non dentées.
2 Alternes non dentées. *Ceratia. Tragacanta.* Lentiske.
3 Opofées dentées.
4 Alternes dentées. Molle.

Lilac lacin. Iafmin.

Terebinte. *Toxicodendron.* Brad-lea. *Robinia.* Bonduc.

Bignonia. Stafulea. Acertrifida. Frêne.

No r. Suro, *Fagara.* Sumac. Azedarac. Rofier. Framboifier. Sor-bier.

4ᵉ Classe. *A feuilles composées, palmées ou en éventail.*

Feuilles toujours vertes.	Feuilles caduckes.
1 Section. Oposées non dentées.	*Vitex.*
2 Alternes non dentées.	*Toxicodendron glab. Belluccia. Bignonia capreol. Anaguris. Kuti-sos. Spartion.*
3 Oposées dentées.	*Agnus negundo. Toxicodendron pubesc. Stafulea ; fulla.*
4 Alternes dentées.	*Ronce. Anonis. Ippocastanon. Pavia.*
5 Laciniées assez irrégulières.	*Sambucus lacin. Absinte. Aurone. Ulex. Rue. Pentafulloides. Vitis petrofelinif.*

De ces 4 Classes, pas une n'est naturele. Elles sont divisées relativement à la figure des feuilles, à leur situation, leurs dentelures & découpures, en 17 Sections, dont 1 seule est naturele. La 1ᵉʳᵉ Classe a encore ses Sections subdivisées relativement aux mêmes considérations.

On pouroit rendre cete Métode plus exacte, en fondant les Classes sur la disposition & situation des feuilles, & les Sections sur leur figure, stipules, &c.

M. Allioni a doné, dans son *Synopsis Metodica horti Taurinensis*, 4ᵒ. *Taurini*, une Métode où il divise les Plantes en 13 Classes, en les considérant relativement,

1ᵒ à la perfection ou imperfection des fleurs ;
2 à la présence ou absence de la corole,
3 au nombre des pétales de la corole,
4 à la disposition des fleurs,
5 à la figure de la corole & de la Plante,
6 à l'envelope ou nudité des graines.

Classes.

1 *Monopetalæ simplices.*
1 Section. *Monostemones.*
2 *Distemones.*
3 *Tristemones.*
4 *Tetrastemones.*
5 *Pentastemones.*
6 *Exastemones.*
7 *Octostemones.*
8 *Enneastemones.*
9 *Decastemones.*
10 *Polystemones.*

1762.
Allioni.

Claſſes.

2 *Monopetalæ compoſitæ.*
   1 Section. *Anteris ſolutis.*
   2   *coalitis.*

3 *Dipetala.*
4 *Tripetala.*
5 *Tetrapetala.*
   1 Sect. *Tetraſtemones.*
   2   *Exaſtemones.*
   3   *Octoſtemones.*
   4   *Poluſtemones.*

6. 4 à 5 *Petala , Papilionaceæ.*
   1 Sect. *Tetrapetala.*
   2   *Pentapetala.*

7 *Pentapetala gumnodiſperma.*
   1 Sect. 1 *ſeminibus placenta juſtis.*
   2   *placenta carentibus.*

8 *Pentapetala angioſperma.*
   1 Sect. *Monadelfa.*
   2   *Filamentis baſi coalitis.*
   3   *Staminibus liberis.*

9 *Exapetala.*
   1 Sect. *Diantera.*
   2   *Triantera.*
   3   *Exaſtemones.*
   4   *Enneaſtemones.*

10 *Polupetalæ.*
11 *Apetalæ non graminea.*
   1 Sect. *Monadelfa.*
   2   *Staminibus liberis.*

12 *Apetalæ gramineæ.*
   1 Sect. *Diſtemones.*
   2   *Triſtemones.*
   3   *Exaſtemones.*

13 *Flore imperfecto.*
   Foujeres. Prêle , &c.

De ces 13 claſſes, il n'y en a pas une de naturele. Elles ſont diviſées, eu égard au nombre des étamines & des pétales, à la réunion ou liberté des étamines, au placenta des des graines, en 32 ſections, dont 1 ſeule eſt naturele. Cette Métode ne diſère preſque de celle de Rivin, quant aux claſſes, qu'en ce qu'elle ne conſidère pas la régularité & l'irrégularité de la corole, & les ſections ſont tirées du ſyſtême ſexuel de M. Linnæus.

On peut encore ranjer parmi les Métodes univerſeles &   *Métode ſur* générales, celles qui ont été faites ſur la conſidération des ver- *les vertus.* tus médicinales des Plantes. Pour mettre ce ſujet dans tout ſon jour, explikons ce qu'on entend par leurs vertus ou action, leurs qualités ou principes, & leurs uſajes.

Les Plantes ont d'abord été mifes en ufaje pour la nourriture, enfuite pour les arts, enfin pour la guérifon des maladies, qui eft l'objet de la médecine, le feul dont il foit ici queftion.

Quant à leurs vertus, on a remarké qu'en général chake faifon produit celles qui font le plus convenables aux maladies particulières à ces faifons : ainfi le printems produit des Erbes anti-fcorbutiques ; l'été des fruits acides, anti-flogiftikes, c. à d. opofés aux maladies aigues & inflamatoires; l'automne fournit des Erbes aromatikes capables d'entretenir, pendant l'iver, une chaleur fufifante dans notre corps, & d'en écarter les efets du grand froid. Ces vertus diverfes des Plantes dépendent de la diférence de leur action. Les unes fe portent fur certaines parties, fans avoir aucune action fur les autres. Il y en a qui agiffent fur les os; d'autres fur les nerfs ; d'autres fur les mufcles & les chairs ; d'autres fur le fang; d'autres fur la limfe, &c. Il y a même plus, c'eft que certaines Plantes n'agiffent que fur certaines de ces parties, foit offeufes, foit charnues, foit nerveufes, &c. C'eft ainfi que les diurétikes agiffent particulièrement fur les reins, en les iritant, de forte qu'il fort du fang artériel une plus grande quantité de férofité qui paffe dans les vaiffeaux fécretoires des reins, à peu-près come une iritation fur les inteftins, caufe la diarée, come l'iritation dans la bouche caufe le crachemant, come l'iritation fur les ieux caufe les pleurs. Cete vertu iritante des drogues, ou toute autre qualité femblable qui échape au gout, n'eft pas pour cela une qualité occulte; mais elle depend non-feulement du poids & de la figure des molécules actives, mais encore de la ftructure & de la réaction du viffère paffif, come les couleurs dépendent de la denfité des particules qui forment les raions de la lumiere & de la denfité du corps qui renvoie ces molécules. En éfet le venin de la vipere n'ajit pas fur le ventricule, & n'a aucun éfet lorfqu'on l'avale ; au lieu que lorfqu'on l'aplike fur un endroit de la peau tant foit peu écorchée, il y caufe une inflamation, une jaunilfe & l'idropifie. L'arfenic dont le goût eft très-doux & come fucré fur la langue, caufe de crueles douleurs, une inflamation & la gangrène dans le ventricule & les inteftins. C'eft de cette manière que les Diurétikes n'agiffent que fur les reins en les irritant, en augmentant les ofcillations des fibres qui déterminent les fluides à defcendre dans les ureteres & la veffie.

Les qualités colorantes, âcres, amères, &c. des Plantes dépendent de leurs principes conftitutifs. Les unes contiènent des principes aqueux, d'autres des principes huileux, d'autres des principes falins, &c. Toutes les Plantes donent un fel nitreux, quoiqu'on les ait élevé avec du fel marin ; mais la bafe du fel marin y refte toujours : cela femble prouver que le fel marin, ou du moins fon acide chanje de nature en paffant dans les Plantes ; mais coment fe fait ce chanjemant ? On fait que le feu altere confidérablement & chanje même les principes des Plantes, qu'il les alcalife : ainfi c'eft plus à l'expérience & à l'analojie botanike qu'à la Chimie, qu'on doit la vraie analife de leurs vertus & qualités.

Voici ce qu'il y a de plus avéré fur ces qualités.

L'amer, le falé, l'âcre & l'aromatike échaufent en général.

L'amer feul ou joint à l'aromatike, picote.

Le falé féche en abforbant.

L'âcre brûle & corode.

L'acide & l'acerbe rafrèchiffent.

L'acerbe eft aftrinjant & acide, come la rafe de rèfin.

L'auftère eft aftrinjant & amer, come le pepin de rèfin.

C'eft d'après ces confidérations, fur-tout de l'action des Plantes qui eft une fuite de leurs qualités ou principes conftituans, que l'on a fait diverfes Métodes. Nombre d'Auteurs, même célèbres en Médecine, fe font ocupés de ce travail ; ils fe font bornés d'abord à 500 Plantes ; il les ont porté enfuite jufqu'à 1200, qu'ils ont divifés depuis 10 jufqu'à 21 claffes, dont voici le réfultat le plus général.

1ere Partie. *Plantes évacuantes.*

1ere Claffe. *Purgatives & émétikes.*

Agaric. Iéble.
Ellebore blanc. Gratiole.
Colchike. Liferon.
Aloë. Scamoné.
Flambe. Mechoacan.
Iris de Florence. Turbit.
Afaron. Soldanele.
Tapfie. Pain de pourceau.
Cartame. Jalap.
Rapontic. Lin fauvaje.
Coleuvrée. Rubarbe.
Colokinte. Garou.
Concombre fauvaje. Laureole.
Buro. Rofe pâle.
Rofe mufcade.
Prunelier.
Damas noir.
Nerprun.
Bourjène.
Pècher.
Cafle.
Tamarin.
Sené.
Titimale.
Pignon d'Inde.
Gome gute.
Ipecacuana.
Manne.
Mirobolan.
Ellébore noir.
Larix.

2e Claffe. *Apéritives & Défobftructives.*

Chiendant.
Larme de Job.
Afperje.
Petit houx.
Ognon.
Poiro.
Chervi.
Ache.
Celeri.
Perfi.
Maferon.
Fenouil.
Paffe-pière.
Chicorée fauvaje.

Piſſanlit.
Chardon rolan.
Chardon étoilé.
Articho.
Bardane.
Xantion.
Garanſe.
Grateron.
Grémil.
Alkekanje.
Saxifraje.
Camfrée.
Tamaris.
Erniole.
Oſeille.
Parianſe.

Fréſier.
Filipandule.
Arete-beuf.
Pois chiche.
Jenêt.
Térébinte.
Bouleau.
Caprier.
Rèfort.
Pavot cornu.
Frêne.
Té.
Ancolie.
Nièle.
Sapin.

Armoiſe.
Matricaire.
Souſi.
Valériane.
Meliſſe.
Marube.
Erbe à chat.
Mente.

Agnus caſtus.
Botris.
Aroche puante.
Rue.
Giroflée jaune.
Camfre.
Sabine.

3e Claſſe. *Diaforétikes , Sudorifikes.*

Salſeparele.
Zédoère.
Noier.
Anjélike.
Impétatoère.
Chardon béni.
Chardon marie.
Salſifi.
Petaſite.
Scabieuſe.

Scordion.
Reine des prés.
Gaiac.
Skine.
Ricin.
Saſſafras.
Janièvre.
Oliban.
Perſe-mouſſe.

5e Claſſe. *Béchikes ou Pectorales.*

Capilaire.
Politric.
Ceterae.
Ruta muraria.
Pulmonère.
Dates.
Sucre.
Aunée.
Pas d'âne.
Pié de chat.
Erbe à coton.
Bourache.
Bugloſe.
Viperine.
Sebeſtes.

Lière téreſtre.
Roſſolis.
Amandier.
Jujubier.
Régliſſe.
Pome de renette.
Piſtache.
Figue.
Coton.
Raiſin.
Velar.
Navet.
Chou rouje.
Cokliko.
Benjoin.

4e Claſſe. *Emménagogues , Uſtérikes.*

Souchet.
Acorus.
Glaïeul puant.
Safran.
Ariſtoloche.

Meon.
Galbanon.
Aſafetida.
Sagapenon.
Opopanax.

6e Claſſe. *Errines ou ſternutatoires.*

Jinjambre.
Piretre.
Erbe à éternuer.
Nicotiane.
Poivre de Guinée.
Poivre.
Laurier roſe.

Maſtic.
Euforbe.
Maron d'Inde.
Moutarde.
Stafis aigre.
Coklourde.

2e Partie. *Plantes altérantes.*

7e Claſſe. *Cordiales , Alexiteres.*

Réſin de Renard. Antora.

8e Claſſe. *Stomachikes.*

Ail.
Rocambole.
Skille.
Schenante.
Amome.
Cardamome.
Saturion.
Feuille d'Inde.
Carline.
Doronic.
Spic-nar.
Dompte venin.
Viperine.

Agripome.
Oeillet.
Galega.
Sanral.
Anacarde.
Citron.
Limon.
Oranje.
Frazinele.
Kermes.
Contraierva.
Alleluia.
Taraſpic.

Cachou.
Abſinte.
Aurone.
Eupatoire de Meſué.

Tanéſie.
Eſtragon.
Café.
Chocola.

9e Claſſe. *Céfalikes.*

Muget.
Galanga.
Gui de chêne.
Jérofle.
Caille-lait.
Storax.
Bétoine.

Potiron.
Baſilic.
Calamant.
Poulie-tim.
Tim.
Serpolet.
Romarin.

Saufe.
Lavande.
Sariete.
Hope.
Marum.
Origau.
Dictam de Crête.
Dijitale.
Primevere.

Mouron.
Merisier.
Tilleul.
Laurier.
Canele.
Canele jéroflée.
Muscade.
Pivoine.

10e Classe. *Epatikes. Splénikes.*

Ipatike.
Foujère.
Scolopandre.
Polipode.
Cerfeuil.
Eupatoire d'Avicène.
Grande Centaurée.

Cuscute.
Epitim.
Aigremoine.
Chanvre.
Oublon.
Fumetere.
Pié de veau.
Serpentère.

11e Classe. *Carminatives.*

Anis.
Coriandre.
Carvi.
Ammi.
Anet.
Carote.

Panès.
Livèche.
Seseli.
Sison.
Camomile.
Mélilot.

12e Classe. *Ofialmikes.*

Bluet.
Dipsacus.
Bruiere.
Orvale.
Vervène.

Eufrèse.
Trèfle.
Chelidoine.
Sarcocole.
Pié de lion.

13e Classe. *Febrifujes.*

Kinkina.
Gentiane.
Petite Centaurée.
Germandrée.

Lusimachia.
Benoite.
Argentine.
Boursete.

14e Classe. *Antiscorbutikes.*

Curcuma.
Costus indicus.
Berle.
Trefle d'eau.
Becabunga.
Nummulaire.
Patianse aquatike.
Canele Blanche.

Gome lake.
Capusine.
Coclearia.
Cresson.
Rokete.
Refort sauvaje.
Passeraje.

15e Classe. *Vulnérères astrinjantes.*

Vesse de loup.
Sceau de Salomon.

Sang dragon.
Upociste.

Macre.
Mirte.
Grenadier.
Sanicle.
Perse feuille.
Pilosele.
Milfeuille.
Pakete.
Cornouiller.
Airele.
Pirole.
Pervanche.
Grande Consoude.
Bugle.
Brunele.
Planten.
Orpen.
Amarante.
Renouée.
Bistorte.
Patianse rouje.
Quintefeuille.

Tormantile.
Pié de lion.
Coignassier.
Eglantier.
Sorbier.
Neslier.
Acacia.
Gome caragne.
Baume.
Sumac.
Chêne.
Liéje.
Ortie.
Noisetier.
Tacamaca.
Geranion.
Epine vinete.
Ladanum.
Talictron.
Ciprès.
Prêle.

16e Classe. *Vulnérères détersives.*

Ofioglosse.
Ofrus.
Lière.
Lapsane.
Jacobée.
Momordica.
Viorne.
Chevrefeuille.
Eliotrope.
Troène.

Savonière.
Soude.
Persicaire.
Ronce.
Gome animé.
Gome élemi.
Baume du Pérou.
Bdellion.
Erbe sainte Barbe.

17e Classe. *Vulnérères apéritives.*

Verje d'or.
Buftalmon.
Ivete.
Melisse.
Vetonike.

Velvote.
Pimprenele.
Milpertuis.
Colofone.
Brai-sec.

18e Classe. *Emoliantes.*

Lis.
Berse.
Seneson.
Acante.
Bouillon blan.
Linère.
Olivier.
Poirée.
Aroche.
Epinard.

Bon henri.
Lin.
Pariétaire.
Mercuriale.
Peuplier.
hOux.
Violete.
Mauve.
Guimauve.

la conéffance des Plantes , & qu'on voulût leur fubftituer la Métode que j'indike & dont je donerai ailleurs l'exécution.

Métodes al-fabétikes. L'ordre alfabétike eft encore une efpèce de Métode : nous allons citer fimplement le nom des Auteurs qui ont travaillé fur ce plan , & l'anée de la 1ere édition de leurs Ouvrajes.

1508. Villanova.	1682. Mentzel. (Crétien)
1531. Fuchs. *Fuchfius.*	1684. Sibbald.
1535. Egenolf.	1685. Amman. (Paul)
1536. De Dondis.	1691. Pluknet.
1538. Crefcentius.	1697. Commelin. (Jean)
1540. Dorften.	1700. Volkamer. (Georje)
1541. Gefner. (Conrad)	1701. Commelin. (Cafpar)
1551. Turner.	1711. Zannichelli.
1557. Jarava.	1715. Garidel.
1562. Sanfovino.	1718. Vaillant.
1584. Durantes.	1719. Dillen.
1586. Camerarius.	1720. Buchwald.
1588. Thalius.	1721. Buxbaum.
1598. Richier de Belleval.	1723. Tilli.
1601. Swenkfeld.	1726. hElving.
1631. Donati. (Antoine)	1728. Lindern.
1643. Olhaf.	1730. Erndtel.
1645. Loefel.	1731. Miller.
1647. Paulli.	1731. Burmann. (Jean)
1652. Zanoni.	1733. Lemeri.
1652. Chemnitz.	1735. Walther.
1656. Ambrofinus. (Hyacinte)	1738. Shaw.
1673. Tillands.	1741. Mappi.
1674. Breyn. (Jaques)	1748. Micheli , par Targioni.
1676. Dodart.	

Ouvrajes hiftorikes ou fans ordre. Afin que rien ne manke à cete partie qui expofe le plan de tous les Ouvrajes généraux de Botanike , il eft néceffaire d'y joindre une indication de ceux qui ont été faits iftorikement ou fans ordre , foit que leurs Auteurs aient parlé de toutes les Plantes conues de leurs tems , foit qu'ils n'en aient cité qu'un petit nombre.

Avant Jefus-Chrift.

1	Orfée.	1000. Salomon.
	Mufa , *Moufaios.*	Moyfe , *Monfès.*
1030. Efiode.	350. Ippokrate.
1000. Omère.	322. Ariftote.

Après Jefus-Chrift.

70. Pline 2.	1546. hErnandez de Oviedo.
1481. Corbichon.	1552. Bok. *Tragus.*
1486. Cuba.	1553. Belon.
1491. Leonicenus.	1554. Thevet.
1517. Gueroult , *Gueroaldus.*	1555. Du Gort.
1530. Brunsfels.	1558. Pictor.
1536. Ruelle.	1561. Cordus , (Valère)

1561.

2561. Du Pin , *Pinæus.*	1655. Toulouse.
2561. Anguillara.	1656. Moscardi.
2561. Tatti.	1658. Bontius.
1582. Rauvolf.	1661. Flacourt.
1582. Acosta.	1667. Ursinus.
1588. Tabernæmontanus.	1667. Rochefort.
1592. Alpin. (Prosper)	1668. Aldrovande.
1592. Columna. (Fabius)	1668. Boccone.
1595. Pona.	1672. Munting. (Abraam)
1599. Imperati.	1672. Josselin.
1599. Linschot.	1685. Triumfetti.
1600. De Bry.	1700. Robert. (Nicolas)
1601. Robin.	1705. Merian.
1605. Duret.	1708. Volkamer. (Cristofe
1609. Boet de Boot.	1712. Kempfer.
1611. Reneaume. (Paul)	1714. Feuillé.
1611. Swert.	1714. Marsili.
1618. Margrave & Pison.	1716. Valentin. (Bernard)
1610. Langlois & le Clerc	1716. Bradley.
1612. Fitens.	1718. Blair.
1623. Vallet.	1719. hElving.
1625. Aldinus.	1711. Labat.
1618. De la Brosse. (Gui)	1718. Martin.
1629. Parkinson.	1731. Catesbi.
1631. Lauremberg. (Pierre)	1733. hOuston.
1633. Ferrarius.	1737. Weinmann.
1635. Cornuti.	1739. Ammann. (Jean)
1638. Vesling.	1748. Ehret.
1654. Sterbek.	1750. Trew.
1655. Worm.	1756. Russel.

Métodes particulieres.

Le plus ancien des Auteurs qui ont publié des Métodes particulières de quelke Classe de Plantes isolée, & qui ne fait corps avec aucune autre Métode universele ou générale, est Vaillant. Il inséra dans les Mémoires de l'Académie, pour les anées 1718 jusqu'en 1722 , sa Métode sur la Classe des Plantes composées, qu'il divise, relativement à la disposition de leurs fleurs, en 4 Sections, savoir :

1718.
Vaillant.
Les Compo-
sées.

Sections.

1 Cinarocéfales. *Echinops.* Chardons. *Xerantemon* , &c.

1 Corimbiferes. *Sferantus.* Tanésie. Conise. Jacobée. Sousi. *Bidens* , &c.

3 Chicoracées. Les Laitues.

4 Dipsacées. *Caruofullon.* Céfalante. Scabieuse. *Viburnum.* Olivier. Jalap. Colupa. Cornutia. Frêne. Calaba , &c.

Cete Classe, telle que l'a composée Vaillant, n'est pas naturele, puisqu'aucune des Plantes de sa 4e Section ne doit i être comprise ; & de ses 4 Sections il n i a que la 3e de naturele. Ces Sections sont encore subdivisées relativement

f

à la figure du calice comun, du calice particulier de chake fleur, de leur réceptacle comun ; à la division des tijes ; au nombre, à la figure régulière & irrégulière des pétales, & à la substance du fruit ; en 23 autres Sections subalternes, qui ne sont pas plus natureles que les 1eres : d'où il suit que cete Métode ne mérite guère les élojes qu'on en a fait.

La lecture de tous les Ouvrajes de Vaillant fait jujer facilemant qu'il n'eût eu qu'une très-foible existanse en Botanike, si Tournefort, contre lequel on avoit excité ses Critikes aussi indécentes que mal fondées, n'eût eu des envieux de sa gloire. Ce que Vaillant a fait de mieux, est son *Botanikon Parienfe*, dont les figures, dessinées par Aubriet, font excellentes ; mais leurs explications sont si souvent transposées, que cet Ouvraje mériteroit une 2e édition plus corecte : les descriptions en sont assez exactes. C'est à-peu-près tout ce qu'on peut dire à la louanje de cet Auteur. Son mérite réel se réduisoit à avoir un esprit fin, un coup d'œil assez juste ; d'ailleurs on voit dans ses distributions générikes & dans ses descriptions spécifikes, qu'il n'avoit ni les conèssances générales des Plantes, ni cete espèce de génie de comparaison qui fait saisir les raports des Plantes, & qui caractérise le Botaniste.

Dillen publia d'abord en 1719, dans son *Catalogus Plantarum circa Gissam*, 8°. *Francoforti*, ensuite en 1741 dans son *hIstoria Muscorum*, 4°. *Oxonii*, la Classe des Mousses, qu'il divisa en 16 Genres. Mais cete Classe n'est point naturele, parce que l'auteur i fait entrer les Bissus, les Lichens, quelques Fucus, & quelques Epatikes, qui apartienent à des Familles très-diférentes ; ses Genres même pouroient être mieux distingués, come on peut s'en assurer en consultant nos Familles des Bissus, des Champignons, des Fucus, des Epatikes & des Mousses. Néanmoins nous devons cete justice à la mémoire de Dillen, que cet Ouvraje nous a procuré la conèssance de plus de 200 Plantes inconues avant lui ; qu'il est de tous les Ouvrajes de ce genre, le mieux exécuté, tant pour les figures que pour les descriptions, & qu'il doit servir de modèle aux Auteurs qui veulent publier en détail tout ce qui regarde l'istorike de quelke Famille de Plante.

Le même Auteur dona encore, dans son *Catalogus Plantarum circa Gissam*, la Classe naturele des Champignons, qu'il divisa relativement à la figure de leur pédicule, de leur chapiteau, de ses lames, de ses trous & cavités, en

10 Genres, qui pouroient être encore fubdivifés. Ces 10 Genres comprenent environ 200 efpèces, & nous en conoiffons aujourdui plus de 500.

M. Monti, dans fon *Catalogus ftirpium agri Bononienfis gramina ac hujufmodi affinia complectens*, 4°. *Bononiæ*, divife la Claffe des Gramens, come les anciens, Teofrafte & Rai, avoient fait avant lui, en 3 Sections, relativemant à la difpofition de leurs fleurs.

1° Fleurs en épi.
2 Fleurs en panicule.
3 Plantes voifines des Gramens.

Cete Claffe feroit naturele, s'il ne faifoit entrer dans la 3e Section le Jonc, l'Acorus & le Triglochin. Il cite 306 efpèfes de Gramens, qu'il raporte aux Genres de Tournefort, auxquels il ajoûte 3 Genres nouveaux.

Jean Scheuzer, dans fon *Agroftografia feu graminum juncorum, Cyperorum, & cyperoidum iifque affinium hIftoria*, 4°. *Tiguri*, divife la Claffe des Gramens en 5 Sections peu natureles, en confidérant la difpofition de leurs fleurs.

Sections.
1 En épi. Falaris. Antoxanton. Cynofurus. Panis. Froment, &c.
2 Anomales. Cornucopiæ. Schœnantus.
3 En panicule fimple. Calamagroftis. Arundo. Milium, &c.
4 En panicule compofée. Avena. Poa, &c.
5 Plantes voifines des Gramens. Cyperus. Scirpus. Linagroftis. Juncus. Scheuzeria.

Cete Claffe n'eft pas naturele, parce que le Jonc & le Scheuzeria apartienent à la Famille des Liliafées. L'Auteur i raporte environ 400 efpèfes, qu'il décrit avec une exactitude qui a peu d'exemple; & cet excellent Ouvraje iroit de pair avec celui de Dillen, fi Scheuzer y avoit joins les figures entières de tous les Gramens dont il parle.

Pontedera, dans la 5e de fes Differtations, intitulées *Differtationes II Botanicæ*, 4°. *Patavii*, divife, come Tournefort, la Famille des Compofées, qu'il apèle Conglobées, en 3 Claffes, les demi-fleuronées, les fleuronées & les radiées, qu'il fubdivife relativement à la figure du calice particulier de chake fleur, & à leur réceptacle comun, en 24 Sections, dont 11, c. à d. près de la $\frac{1}{2}$, font natureles; ce qui prouve la bonté de la Métode de Tournefort, & la fupériorité du travail de Pontedera fur celui de Vaillant en cete partie. Ses 3 Claffes ou 1eres divifions feroient natureles, s'il n'avoit introduit dans la 2e la Scabieufe, le Dipfacus & la Globulaire, qui font étranjers à cete Famille.

1719.
Monti.
Les Gramens.

1719.
Scheuzer.
Les Gramens.

1720.
Pontedera.
Les Compofées.

f ij

1729.
Micheli.

Les Cham-
pignons.

Micheli, dans l'Ouvraje intitulé, *Nova Plantarum gene-*
ra, in-fol. Florentiæ, divife la Claffe des Champignons en
4 Sections, en les confidérant relativemant à la figure de
leurs fleurs, & à la fituation des étamines & des graines.
Sections.

1 Irrégulières à un filet féparé de la fleur. **Agaric. Ceratofpermon.**
Noftoc.

2 Régulières, id. **Suillus. Polyporus. Fungus.**
Fallus. Falloboletus. Boletus.

3 A graines à leur furface. **Clavaria. Manina. Puccinia, Biffus. Bo-**
tritis. Afpergillus.

4 A graines enfermées dans leur fubftanfe. **Clatrus. Clatroides. Cla-**
troidaftron. Mucor. Lukogala. Lukoper-
don. Carpobolus. Tuber. Cyata.

Cete Claffe n'eft point naturele, à caufe du mélanje du
Noftoc, du Biffus, du Botrite, & de l'Afpergillus, qui
lui font étranjers. Il n'y a de même aucune de fes 4 Sections de naturele. Elles comprenent environ 800 efpèfes,
dont la $\frac{1}{2}$ font bien figurées, & réduites fous 30 Genres,
dont les détails font excellens. Cet Auteur eft le 1er qui ait
découvert, par le moien du microfcope, des étamines dans
les Champignons, & qui ait prouvé que ces Plantes fe reproduifent de graine.

Les Mouffes.

Micheli a doné dans le même Livre une Métode fur
les Mouffes, dont il divife la Claffe en 2 Sections, eu
égard à la figure & fituation de leurs fleurs. Ces Sections
comprenent 16 Genres.
Sections.

1 A fleurs en cloche féparée du fruit. *Marchantia. Epatica. Lunu-*
laria. Marfilea. Jungermania. Targionia. Sferocarpos. Anto-
ceros. Blafia.

2 A fleur nue fans pétale, féparée du fruit. *Riccia. Salvinia. Li-*
chen. Korkir. Valfa. Mufcus.

Cete Claffe n'eft point naturele, come l'on voit, étant
compofée de la Famille des Epatikes, mélanjée avec les
Mouffes proprement dites, & avec les Lichens, qui apartienent à la Famille des Champignons. Il cite environ 200
efpèfes de Mouffes, 100 Lichens & autant d'Epatikes.

Les Gra-
mens.

La 3e Métode partiele que Micheli ait doné ou feulement
indiké dans le même Ouvraje, eft celle des Gramens qu'il
divife en 44 Genres & 6 Sections, confidérées relativemant
à la fituation & au nombre de leurs fleurs.
Sections.

1 Fleurs compofées ermafrodites. *Triticum. Zea. Agroftarium. Pfeu-*
dotriticum. Lolium. Gramen. Feftuca. Bromos. Arundo. Avena.

2 Fleurs fimples ermafrodites. *Ordeum. Foinix. Falaris. Spartion.*
Oriza. Poludaétulon. Ifchaimon. Panikon. Milium.

Sections.

3 Fleurs simples, mâles séparées des ermafrodites sur le même pié.
Aigilops. Sorgum. Schoinantos.

4 Fleurs simples, mâles séparées des femelles sur le même pié.
Aigilopoïdes.

5 Fleurs composées, mâles séparées des femeles sur le même pié.
Sesamum. Sesamastrum. Lacrima Job. Maïs.

6 Plantes apétales, voisines des Gramens. *Panicastrella. Juncus. Juncoïdes. Acorus. Juncago. Kuperos. Melanoschoinos. Scirpo-kuperos. Scirpus. Scirpoïdes. Kuperella. Linagrostis. Pseudo-kuperos. Kuperoïdes. Carex. Zannichellia. Buccaferrea.*

Cete Classe n'est point naturele, à cause de quelques Genres, tels que le *Juncus, Juncoïdes, Juncago, Acorus, Zannichellia, Bucca ferrea,* introduits dans la 6e Section, & cete Section est la seule dont Micheli cite les espèses au nombre de 200 environ.

Ces 3 Parties de l'excellent Ouvraje de Micheli, qui comprenent 27 Genres nouveaux & 1400 espèses de Plantes observées pour la 1ère fois au microscope avec une finesse & une sagacité qu'aucun Botaniste n'a encore égalée, doivent nous faire regreter le 2e volume qu'il avoit promis sur les Foujères, les Fucus & autres Plantes marines, avec de plus grands détails sur les Mousses & les Gramens qu'il n'avoit fait qu'ébaucher dans son 1er volume.

Artedi avoit tracé un Plan de division de la Classe des Ombellifères dès l'an 1735 où il mourut. M. Linnæus a publié ce plan en 1738 : il consiste en 3 Sections peu natureles, fondées sur la considération de l'absanse & du nombre des envelopes de l'Ombelle des fleurs.

1738.
Artedi.
Les Ombelliferes.

Sections.

1 Ombellifères, qui ont 2 envelopes, l'une inférieure & l'autre supérieure.

2 Ombellifères, qui n'ont que l'envelope supérieure.

3 Ombellifères, qui n'ont aucune envelope.

Klein, dans un Ouvraje allemand intitulé, *Versuche und Abhandlungen, &c. Danzig. 1747,* pag. 346 & suiv. a doné une division métodike des Fucus ou Plantes Marines, en considérant leur port ou forme extérieure.

1747.
Klein.
Les Fucus.

M. Donati examine les mêmes Plantes dans l'Ouvraje intitulé, *Della Storia naturale marina dell Adriatico Saggio,* 4°. *in Venezia.* Il y établit 6 Ordres de divisions & de soudivisions subalternes, en les considérant relativemant à l'absence ou présence de la fructification, la nudité des graines, la substance des fruits, leur nombre & situation.

1750.
Donati.
Les Fucus.

1ère Partie. *A fructification inconue.*

Elles sont distribuées selon leurs loix de conservation, & suivant leur figure externe & interne.

f iij

2ᵉ Partie. *A fructification conue.*

1 Classe. A semences nues.

1 Genre. Dans des sillons circulaires au dos de la Plante. *Pterugos-
permon.* (C'est notre Padina.)

2   Dans de petits vases fermés sur le dos de la Plante. *Tala-
todes.*

3   Sur la circonféranse d'un aneau circulaire qui borde le somet
de la feuille. *Rodopetalon.*

2 Classe. A fruit qui contient les graines.

1 Légion. A fruit sec ou en capsule.

1 Coorte. A capsules sessiles sur les tijes ou branches.

1 Ordre. A capsules solitaires.

1 Genre. A capsules alternes latérales. *Keraulotos.*

2   sur 2 rangs du même côté. *Angistrelica.*

3   1   & tije articulée. *Poluos-
teon.*

4   A capsules portées l'une sur le bord de l'autre. *Epikiliko-
dion.*

2 Ordre. A capsules réunies à leur orijine.

1 Genre. En cloches réunies en boukets. *Siringia.*

2 Coorte. A capsules, dont les unes ont un pédicule qui leur
sert de calice, & les autres n'en ont pas.

1 Genre. Calices sessiles au bout des branches. D'autres calices pédi-
culés le long des branches. *Anisocalix.* (C'est le *Muris-
fullon pelagicum.* Zannichelli.)

3 Coorte. A capsules emboîtées dans des calices.

1 Genre. En cloche sur 1 rang, dentelées. *Ittiacanta.*

2 Légion. A fruits en baie.

1 Coorte. A baies sessiles sur la tije.

1 Genre. Ranjées 2 à 2 ou 3 à 3 autour de la tije. *Virsoides.*

2   Réunies sur toute la Plante. *Onichia.*

2 Coorte. A baies portées sur un pédicule.

1 Genre. Baies disposées sur un rang. *Caprochetta.*

2   entre 2 feuilles qui servent de calice. *Kitera.*

3 Légion. A fruits umides.

1 Centurie. Ataché à la surface de la tije sans l'entamer.

1 Coorte. Solitaire.

1 Genre. En cupule. *Keramiantemon.* (C'est notre *Keramion.*)

2   Ovoïde ataché par le côté. *Ootokon.*

2 Coorte. Réunis plusieurs ensemble.

1 Genre. En grape. *Sukokefaloforos.*

2 Centurie. Terminant les extrémités de la Plante.

1 Coorte. Solitaires.

1 Genre. En cupule. *Craterantemon.*

2 Coorte. Rassemblés.

1 Genre. Silikes raionantes raprochées en cône. *Callopiloforos.* (C'est
une Coralline animale, apelée *Androsace* par Mattiole.

3 Centurie. A fruit caché dans la substance de la Plante.

1 Coorte. A fleurs femeles seulemant.

1 Ordre. Solitaires.

1 Genre. Conike surmonté de filets. *Kuparissoides.* (C'est le *Fucus
kupressinus* d'Imperato.)

4 Ordre. Raſſemblées

1 Genre. Fruit ſférike. *Arokarpos.*

    1 Coorte. A fleurs mâles ſeulement, ou à fleurs mâles & fe-
meles ſéparées ſur la même Plante.

  2 Ordre. Femeles au bout des branches renflées, & mâles au-deſſous.

1 Genre. Fruit rond d'ou ſortent des filets. *Virſoides.* (N². Ce nom
eſt déja cité plus haut.)

  2 Ordre. Mâles ſur des tumeurs au milieu des branches, femeles
ſur les autres parties non tuméfiées de la Plante.

2 Genre. Fleur & fruit du Virſoides. *Futokomos.* (C'eſt le *Gongolara*
Imper. ou le *Abies marina.* Teofr.)

  3 Ordre. Femeles ſur les branches rondes ſupérieures, mâles ſur les
branches plates inférieures. Ces Plantes ont auſſi des veſ-
ſies ſans fleurs ni fruits.

1 Genre. Fruit ſférike couroné de filets. *Acinaria.*

Cete Claſſe, à l'exception peut-être de l'*Androſace* de
Mattiole, qui paroît être une coralline animale, eſt très-
naturele ; & l'exactitude de ſes ſubdiviſions nous fait regreter que M. Donati ſe ſoit borné à publier ſeulement 5 figures de ces Plantes, au lieu de doner celles de tous les
Genres & eſpèſes dont il parle.

M. Gleditſch, dans l'Ouvraje intitulé, *Metodus fungorum*, 8°. *Berolini*, diviſe la Claſſe des Champignons en 4
Sections, en les conſidérant relativemant au lieu où ſont
placées les graines.

Sections:

  1 A graines diſperſées à la ſurface extérieure de la Plante. *Biſſus.
Botritis. Clavaria. Pezica.*

  2 A graines ſur un rézeau, dans des tuiaux, ou ſur des lames.
Fallus. Agaricus. Fungus, &c.

  3 A graines reçues dans une cavité.

  4 A graines enfermées dans la ſubſtance même de la Plante. *Luko-
perdon.*

Il eſt facile de voir que cete diſtribution ne difère guère
de celle de Micheli. De ces 4 Sections, il n'y a que la 4e de
naturele, & les Biſſus, inſérés dans la 1ere, apartienent à
une autre Famille. L'Auteur décrit avec attention environ
1000 eſpèſes ou variétés de ces Plantes, & done des figures de chacun de ſes Genres, copiées d'après celles de Micheli.

M. Battarra, dans ſon *Fungorum agri Ariminenſis hIſto-
toria*, 4°. *Faventiæ*, done une diſtribution un peu moins
métodike, avec les figures & deſcriptions des 260 eſpèces
de Champignons qu'il a obſervés aux environs de Rimini.
Il les diviſe en 18 Sections en les conſidérant relativemant,

  1 à leur forme ramifiée. *Coralloides.*

  2   en maſſue. *Clavaria.*

1753.
Gleditſch.
*Les Cham-
pignons.*

1755.
Battarra.
*Les Cham-
pignons.*

ſ iv

3° aux trous dont ils font percés ou à jour. *Boletus. Clatrus* , &c.

4 à leur fubftance membraneufe. *Pezica. Ciata* , &c.

5 à leur chapeau filloné fortant d'une envelope. *Volva. Leuko-*
    mukes , &c.

6 à leur colet ou aneau. *Fungus* , &c.

7 au voile qui borde & ferme le chapeau en-deffous. *Gomfos.*
    Chamaimukes. Galerikula.

8 à leur nombre. *Polumukes.*

9 au nombril du chapeau. *Omfalomukes.*

10 au nombril & à leur nombre.

11 à leur folitude. *Monomukes.*

12 à leur nombre fortant d'une feule fouche. *Polumukes fimples.*

13 à leur chapeau filloné. *Udroforus.*

14 au chapeau en forme de clou. *Bulla.*

15 au chapeau poreux. *Tuberafter.*

16 à chapeau à grandes mailles en cellules. *Keriomukes.*

17 Lukoperdons.

18 Agarics.

On pouroit réduire ces 18 Sections à 7, come nous avons fait.

L'Auteur prouve très-bien dans cet Ouvraje, 1° que les Champignons doivent leur naiffance non à la pourriture, mais à des efpèfes de graines. 2° Que ceux qui croiffent fur les véjétaux, ont leurs fibres contigues feulement & non pas continues avec ces Plantes, & qu'ils ont leurs racines particulières. 3° Que ce ne font pas des jeux de la nature, mais que leurs efpèfes font conftantes & fe reproduifent par des loix uniformes ; puifque nombre d'efpèfes qui croiffent en Italie, croiffent pareillement en France, en Allemagne, en Angleterre, en Turkie ; que les mêmes croiffent fouvant fur des Arbres diférans, & que fes expériences, pour avoir des Champignons femblables à ceux qu'il avoit femés, lui ont réuffi come à Micheli & à M. Gleditfch.

Après avoir expofé le plan de toutes les Métodes conues, dont 55 univerfeles ou générales, & 14 particulières ; après avoir porté un jujèmant fur l'exécution de chacune en particulier, en fixant leur degré de bonté, il nous refte à en faire la comparaifon, & à porter un jujèmant fur la fupériorité des unes à l'égard des autres.

Pour jujer les Syftêmes & les Métodes avec équité, il faut les examiner fous 3 faces, 1° relativémant à l'objet que leurs Auteurs fe font propofés : ainfi les Métodes qui ont été publiées come plus faciles que les autres, doivent être jujées relativémant à cet objet & par comparaifon aux autres Métodes ; celles qu'on a doné come natureles ou come plus aprochantes de la Métode naturele, doivent être péſées ſur ce principe, & conformément à l'idée qu'on peut ſe faire d'une Métode parfaite. 2° Celles qui ont été pu-bliées ſimplement come de nouveles façons de conſidérer les Plantes ſans autre prétenſion, doivent être jujées relati-vemant à l'exécution de leur plan. 3° Enfin toutes ces Mé-todes doivent être comparées enſemble, come faiſant par-tie de la ſiance, indépendamant de l'idée qu'ont eue leurs Auteurs en les imajinant, & placées ſuivant l'ordre de leur plus grand degré de bonté & de perfection; c'eſt par où nous alons comencer.

Comparaiſon des Métodes univerſeles & générales.

Pour faciliter la comparaiſon de ces Métodes, il ſufira de les préſenter dans une Table ſuivant l'ordre de leurs divers degré de bontés qui a été établi dans leur examen.

Come les Ordres ou Sections ne ſont que des ſubdivi-ſions de Claſſes, nous ne les citerons qu'après les Claſſes dans cete table, parce qu'il eſt plus facil de trouver dès Sections natureles que des Claſſes natureles; & nous me-trons à la fin les 3 Métodes de Pontedera & Siegesbek, parce que n'aiant pas eu d'exécution, & ces Auteurs n'aiant cité aucun Genre de chacune de leurs Claſſes, il étoit impoſſible de les jujer & comparer pour leur aſſigner une place.

Table des Métodes univerſeles ou générales de Botanike, ranjées ſelon leur divers degrés de bonté.

Noms des Auteurs.	Anées de l'édition de leurs Ouvrajes.	Fondemens de leurs Métodes ou Syſtèmes.	Nombre de leurs Claſſes.	Nombre de leurs Sections.	Nombre des Claſſes natureles qu'ils ont conſervées.	Nombre des Sections natureles qu'ils ont conſervées.
Tourne-fort.	1694.	Grandeur, diſpo-ſition des fleurs, corole, calice, éta-mines & fruit.	22 ou 17.	122.	6, ou $\frac{1}{4}$ & plus.	48, ou $\frac{1}{3}$ & plus.
Bergen.	1750.	Id.	22.	124.	Id.	33, ou $\frac{1}{4}$ & plus.
hEiſter.	1748.	Enſemble, gran-deur, feuilles, diſ-poſition des fleurs, ſexe, cotylédons, corole, fruit.	35.	93.	10, id.	21, ou $\frac{1}{5}$ & plus.
l'Obel.	1570.	Enſemble, gran-deur & uſajes.	7.	0.	2, id.	0.

Noms des Auteurs.	Anées de l'édition de leurs Ouvrajes.	Fondemens de leurs Métodes ou Systême.	Nombre de leurs Clasfes.	Nombre de leurs Sections.	Nombre des Clasfes natureles qu'ils ont confervées.	Nombre des Sections natureles qu'ils ont conservées.
Boeraave.	1710.	Ensemble, lieu natal, grandeur, feuilles, parties de la fructification.	34.	104.	8, ou $\frac{1}{5}$ & plus.	28, ou $\frac{1}{2}$ & plus.
Seguier.	1745.	Grandeur, corole, disposition des fleurs.	21.	10.	5, id.	3, id.
Royen. (Adrien)	1740.	Cotylédons, calice, corole, étamines, disposition des fleurs, substance.	20.	77.	4, ou $\frac{1}{5}$.	16, ou $\frac{1}{5}$ & plus.
Morandi.	1744.	Lieu natal, figure, feuilles, corole, fruit, disposit. des fleurs.	35.	0.	9, ou $\frac{1}{5}$ & plus.	0.
Rai.	1682.	Ensemble, feuilles, corole, fruit, graines.	33.	125.	6, ou $\frac{1}{6}$ & plus.	43, ou $\frac{1}{7}$ & plus.
Magnol.	1689.	Id. & racines, tijes, étamines & grandeur.	76.	285.	11, ou $\frac{1}{7}$ & plus.	100, ou $\frac{1}{7}$ & plus.
hErmann.	1687.	Grandeur, corole, calice, fruit & graines.	25.	82.	4, id.	22, ou $\frac{1}{4}$ & plus.
Zaluzian.	1592.	Qualités, usajes & ensemble.	22.	0.	3, ou $\frac{1}{8}$ & plus.	0.
Knaut. (Criftofe)	1687.	Corole, calice, fruit & graines.	17.	62.	2, ou $\frac{1}{9}$ & plus.	21, ou $\frac{1}{1}$ & plus.
Morifon.	1680.	Ensemble, grandeur, corole & fruit.	18.	108.	2, ou $\frac{1}{9}$.	32, ou $\frac{1}{4}$ & plus.
Ludwig.	1747 & 1757.	Disposition des fleurs, sexe, corole, calice.	18.	70.	Id.	8, ou $\frac{1}{8}$ & plus.
Linnæus.	1737.	Etamines.	24.	104.	2, ou $\frac{1}{12}$.	18, ou $\frac{1}{7}$ & plus.
Lauremberg (Pierre)	1626.	Ensemble, qualités, usajes, lieu natal, parties.	12.	38.	1, ou $\frac{1}{13}$.	4, ou $\frac{1}{10}$ & plus.

Z

Noms des Auteurs.	Anées de l'édition de leurs ouvrajes.	Fondemens de leurs Métodes ou Sytêmes.	Nombre de leurs Classes.	Nombre de leurs Sections.	Nombre des Classes natureles qu'ils ont conservées.	Nombre des Sections natureles qu'ils ont conservées.
Cesalpin.	1583.	Grandeur, racines, fleurs, fruit & graines.	15.	47.	1, ou $\frac{1}{15}$.	9, ou $\frac{1}{5}$ & plus.
Wachendorf.	1747.	Cotylédons, fleurs, sexe, calice, corole, étamines.	16.	48.	1, ou $\frac{1}{16}$.	9, id.
Ruppius.	1718.	Calice, corole, & disposition des fleurs.	17.	90.	1, ou $\frac{1}{17}$.	17, ou $\frac{1}{5}$ & plus.
Linnæus.	1738.	Id.	18.	89.	1, ou $\frac{1}{18}$.	25, ou $\frac{1}{4}$ & plus.
J. Bauhin.	1650.	Ensemble, qualités, usajes, lieu natal, quelques parties.	40.	0.	2, ou $\frac{1}{20}$.	
Magnol.	1720.	Grandeur, calice, corole.	15.	55.	0.	19, ou $\frac{1}{3}$ & plus.
hAller. (Albert)	1742.	Cotylédons, calice, corole, étamines, graines.	13.	42.	0.	14, ou $\frac{1}{3}$
Linnæus.	1738.	Calice, corole, étamines, pistil, fruit & graines.	0.	68.	0.	20, ou $\frac{1}{4}$ & plus.
C. Bauhin.	1596.	Ensemble, qualités & usajes.	12.	72.	0.	17, ou $\frac{1}{5}$ & plus.
Gleditsch.	1749.	Fleurs, situation des étamines.	7.	205.	0.	49, ou $\frac{1}{5}$ & plus.
Ludwig.	1737.	Calice, corole, & disposition des fleurs.	20.	82.	0.	18, id.
Sauvage.	1743.	Feuilles par leur défaut, situation, figure, nombre.	12.	23.	•.	5, id.
Knaut. (Crétien)	1716.	Corole & disposition des fleurs.	17.	122.	0.	22, ou $\frac{1}{5}$ & plus.
Téofraste.	Avant J. C. 319.	Qualités, usajes & grandeur.	7.	48.	0.	7, ou $\frac{1}{5}$ & plus.

Noms des Auteurs.	Anées de l'édition de leurs Ouvrajes.	Fondemens de leurs Métodes ou Syftêmes.	Nombre de leurs Claffes.	Nombre de leurs Sections.	Nombre des Claffes natureles qu'ils ont confervées.	Nombre des Sections natureles qu'ils ont confervées.
Jonfton.	1661.	Enfemble, qualités, ufajes, quelques parties.	30.	90.	o.	13, ou. & plus.
Rivin.	1690.	Calice, corole, & difpofition des fleurs.	18.	91.	o.	15, id.
Sauvage.	1751.	Feuilles par leur défaut, fituation, & figure.	11.	74.	o.	8, ou $\frac{1}{10}$ & plus.
Duhamel.	1755.	Figure des feuilles, & leur durée.	4.	17.	o.	1, ou $\frac{1}{17}$.
Porta.	1588.	Lieu natal, reffemblance aux animaux & aux aftres.	7.	47.	o.	2, ou $\frac{1}{24}$ & plus.
Duhamel.	1755.	Subftance du fruit & graines.	7.	49.	o.	2, ou $\frac{1}{25}$ & plus. 1, ou $\frac{1}{32}$.
Allioni.	1762.	Difpofition des fleurs, corole, graines.	13.	32.	o.	
Duhamel.	1755.	Sexe, nombre des pétales.	3.	8.	o.	
Diofcoride.	50.	Qualités & ufajes.	4.	o.	o.	
Le Bouc. Tragus.	1532.	Id. enfemble & grandeur.	3.	o.	o.	
Lonicer.	1551.	Grandeur & qualités.	2.	o.	o.	
Dodoens.	1552.	Qualités, ufajes, enfemble & parties.	29.	o.	o.	
L'Eclufe. Clufius.	1576.	Id. & grandeur.	7.	o.	o.	
Dalechamp.	1587.	Id.	18.	o.	o.	
Gerard.	1597.	Grandeur & durée.	2.	o.	o.	

Noms des Auteurs,	Anées de l'édition de leurs Ouvrajes.	Fondemens de leurs Métodes ou Systêmes.	Nombre de leurs Clasfes.	Nombre de leurs Sections.	Nombre des Clasfes natureles qu'ils ont confervées.	Nombre des Sections natureles qu'ils ont confervées.
Dupas. Passæus.	1607.	Les 4 faifons & leur grandeur.	5.	0.	0.	
Befler.	1613.	Id.	4.	0.	0.	
hErnandez.	1628.	Qualités & grandeur.	7.	0.	0.	
Rheede.	1678.	Grandeur & fruit.	8.	0.	0.	
Rumfe.	1690.	Grandeur, ufajes, & lieu natal	11.	0.	0.	
Pauli.	1708.	Les 4 faifons.	4.	0.	0.	
Buxbaum.	1728.	Selon que les Plantes font plus ou moins conues.	3.	0.	0.	
Pontedera.	1720.	Grandeur, corole, calice, étamines, fruit, difpofition des fleurs.	27.			
Siegesbek.	1737.	Calice, corole, & difpofition des fleurs.	18.			
Siegesbek.	1737.	Fruit & graines.	17.			

Il fuit de l'expofé de cette table, qui n'eft que le réfultat d'un examen fufifamant réfléchi fur ces Métodes, que celle de Tournefort eft la plus conforme à la marche de la nature, & par confékant la plus corecte, la plus favante & la mieux entendue, puifqu'ele conferve plus de Clasfes natureles qu'aucune autre ; que celles de Bergen & hEifter, qui ont fuivi à-peu-près les mêmes principes, vienent enfuite ; que celle de Boeraave vient la 5° ; celle de M. Royen la 7ᵉ ; celle de M. Linnæus, fur les étamines, la 16ᵉ ; que fa Métode fur le calice n'eft que la 21ᵉ ; enfin fa Métode naturele feulement la 25ᵉ, & ainfi des autres.

Jujemant des Métodes ou Systêmes.

On ne peut guère porter de jujemant fur les Métodes ou Systêmes, fi l'on ne fait auparavant ce qu'on entend par ces mots.

Fère un Systême, c'eft fère un Plan rèfoné d'un objet, un tout des parties conues qui le compofent ; ou bien, un Systême eft un aranjemant qui réduit nombre de notions

Systême; ce que c'eft,

éparfes ou complikées à une feule notion fimple & générale, fondée fur des principes qui ne font pas démontrés
abfolus ni vrais, & qui ne peuvent l'être, mais qu'on fupofe tels pour parvenir, par leur moien, à la conêfance de
ce qu'on ignore, & qu'il importe de conètre. Cete maniere
de travailler s'apele Syntèfe ou Métode de compofition.
Décompofer au contraire un tout en fes parties les plus
fimples, eft ce qu'on apele analyfe ; la définition eft l'explication ou defcription de ces parties fimples. Ce qu'eft la
regle de fauffe pofition dans le calcul, une fupofition apelée autrement hYpotèfe ou Syftême, l'eft en fifike ; elle
nous découvre quelquefois le vrai ou quelque circonftance
qui s'y raporte, & qui peut nous aider un jour à le découvrir ; & c'eft en cela feul qu'on peut dire que fes Syftêmes nous font utiles : car pour l'ordinaire ils ne nous con-
duifent qu'à des conjectures, à des paradoxes & des ana-
lojies démenties par les fens.

Métode ;
ce que c'eft.
    Une Métode eft un aranjemant quelkonke d'objets ou de
faits, raprochés par des convenanfes ou des reffemblances
quelkonkes, que l'on exprime par une notion générale &
aplikable à tous ces objets, fans cependant regarder cete
notion fondamentale ou ce principe come abfolu ni invariable ni fi général, qu'il ne puiffe fouffrir d'exception.

    Ainfi la Métode ne difère du Syftême que par l'idée que
l'Auteur atache à fes principes, en les regatdant come variables dans la Métode, & come abfolus dans le Syftême.

Métode na-
turele.
    Les Botaniftes ont diftingué 2 efpèfes de Métodes, la
naturele & l'artificiele. La naturele eft cele qui conferve,
dans fa diftribution, toutes les Claffes natureles, c. à. d. des
Claffes où il n'entre aucunes Plantes qui ne convienent entr'eles. C'eft la nature qui prefcrit ici à l'Auteur métodifte
la marche qu'il doit fuivre, & d'après ce guide fûr, l'analojie le conduit à jujer de la poffibilité de l'exiftanfe de certaines Plantes, & de l'impoffibilité de l'exiftanfe de quelkes autres, & par-là à difcerner fûrement le vrai d'avec
le faux.

Métode ar-
tificiele.
    La Métode artificiele eft celle dont les Claffes ne font
pas natureles, parcé qu'eles raffemblent des Genres de Plantes très-éloignées, & qui n'ont pas le plus grand nombre
des raports néceffaires pour les raprocher, quoiqu'ils convienent enfemble par la note ou les notes caractériftikes
affignées à chake Claffe. Une Métode artificiele eft plus
facile que la naturele, parce que c'eft l'Auteur qui prefcrit aux Plantes la reglé & l'ordre qu'il veut fuivre dans

leur diſtribution ; auſſi ne peut-il exiſter qu'une ſeule Métode naturele, au lieu que le nombre des Métodes artificieles eſt preſqu'inépuiſable, pouvant porter ſur la combinaiſon de plus d'une trentaine de parties toutes diférentes.

La ſeule définition d'un Syſtême ſufit pour prouver qu'aucun Syſtême ne peut ètre qu'artificiel, puiſqu'il ſupoſe vraies des choſes qui ne ſont pas démontrées telles ; mais ces ſupoſitions peuvent quelquefois ète démontrées vraies par la ſuite & ſe réaliſer ; alors elles ceſſent d'être Syſtême & rentrent dans l'ordre naturel des choſes, c. à d. dans les loix harmonikes de la nature ; c'eſt ce qui ariva au Syſtême de Copernic, dès que un nombre ſufiſant d'obſervations eut confirmé la diſpoſition relative qu'il avoit ſupoſée dans les orbes des Planètes ſolaires. On ſent bien qu'aucune Métode artificiele de Botanike ne peut, par ſa nature, ſe trouver jamais dans ce cas ; cependant, en général, elle eſt préférable au Syſtême.

Tout Syſtême eſt artificiel.

Tout Syſtême eſt compoſé de Claſſes qui ſont ſes 1ᵉʳᵉˢ diviſions. Les anciens Botaniſtes ne conoiſſoient ni le terme de Métode ou de Syſtême, ni celui de Claſſes ; ils raprochoient par Chapitres ou par Livres les Plantes qui leur paroiſſoient convenir enſemble par le plus grand nombre de raports : c'eſt ainſi que Téofraſte, Dioskoride & les autres Auteurs, qu'on regarde come Métodiſtes, ont rànjé les Plantes, juſqu'à Tournefort, qui a établi le 1ᵉʳ des Claſſes, compoſées de genres & d'eſpèſes. Une Claſſe eſt, ſelon Tournefort & les autres Botaniſtes modernes, un amas de pluſieurs genres de Plantes, qui convienent enſemble par une ſeule & même note caractériſtike, tirée de telle partie de la fructification qu'il plait aux Métodiſtes. Ils ſubdiviſent ces Claſſes en Sections ou Ordres, & ils en diſtinguent de natureles & d'artificieles come les Métodes. Les Familles des Ombellifères, des Compoſées, des Labiées, des Légumineuſes, des Crucifères, ſemblent prouver qu'il i a des Claſſes natureles, (*Lin. Phil. Bot.* p. 100,) come les Sections des Fromens, des Avènes, des Souchets, des Joncs, des Aſperjes, des Jacintes, des Narciſſes, des Iris, des Laitues, des Chardons, des Bidens, des Genêts, des Aricots, des Veſſes, &c. ſemblent prouver qu'il y a des Sections ou Ordres naturels ; de ſorte qu'ils font ſubir aux Ordres les mêmes loix que ſuivent les Claſſes.

Claſſes ; ce que c'eſt.

Il y a des Métodes artificieles qui ne conſervent aucune Claſſe naturele, & il i en a d'autres qui en conſervent quelles-unes. Dès que 1 Partie ou Claſſe d'une Métode eſt démontrée fauffe, la Métode ne peut être naturele ; elle eft donc artificiele. On ne doit pas non plus regarder come naturele une Claffe qu'on fubdivife pour former 2 ou plufieurs Claffes natureles ; par ex. celle des Compofées ne peut former 3 Claffes natureles, favoir les Radiées, les Fleuronées & les Demi-fleuronées, puifqu'il y a fouvent des Radiées qui perdent leurs demi-fleuronées & paroiffent fleuronées. Il en eft de même des Sections natureles qui, divifées en 2, ne peuvent paffer pour natureles, & des Claffes ou Sections qui ne citent que 1 genre ou 1 efpèfe, ou qui contienent 1 ou 2 genres qui ne doivent pas y entrer.

Fondemens des Métodes. L'axiome précédent étant bien établi, que les caractères claffikes ne devoient fe tirer que d'une feule des 6 parties de la fructification, les Métodiftes choifirent, pour fondemant de leur Syftême, celle de ces parties qui leur parut la plus générale, ou la plus conftante, ou la plus comode. C'eft ainfi que Tournefort préféra la corole, Magnol le calice, Boeraave le fruit, Siegesbek les graines ; enfin M. Linnæus fut pour les étamines : le piftil, quoique plus univerfel que les 5 autres parties, a été come oublié. Ceux qui fubdivifoient leurs Claffes en Sections emploioient 2 parties de la fructification ; ainfi Tournefort, confidérant pour fes Claffes la corole, prenoit le fruit pour fes Sections, parce qu'il paroît comunément après la corole. M. Linnæus a emploié les étamines pour fes Claffes, & le piftil pour fes Ordres.

On abufe prefque toujours des meilleurs principes ; on les rend mauvais & même danjereux, lorfqu'on veut rafiner en les rendant trop abfolus. Cela eft fur-tout remarkable dans la Botanike, & c'eft un grand malheur qu'il femble qu'a entraîné la Métode de Tournefort mal entendue, en limitant les caractères claffikes à un petit nombre de parties de la fructification, qu'on a regardé mal-à-propos come effentieles exclufivement à toutes les autres. Tournefort étoit trop faje, & conoiffoit ttop bien ce que comporte le fond de la Botanike, pour pofer ce principe, évidamant faux & trop abfolu : il a démontré le 1er, que les parties de la fructification des Plantes étoient préférables à toutes les autres parties, pour établir les Claffes ; mais il n'en a pas exclu ces dernières : il les a admis dans le befoin ; & il a même emploié dans fa Métode, outre la confidération de la corole des Plantes, celle de leur grandeur ou durée, & celle de la difpofition de leurs fleurs. M. Linnæus a pris ce principe dans toute fa rigueur : il a prétendu que

que les caractères claſſikes ne doivent être tirés que de la fructification ; de cet axiome abſolu, combien ne ſont pas ſortis de Syſtêmes éronés ? C'eſt auſſi par une raiſon contraire que Tournefort, ſe prêtant davantaje à la marche de la nature, a plus conſervé de Claſſes natureles, ainſi que Bergen, hEiſter & ſes autres ſectateurs.

De cete diverſité d'opinions ſur les parties les plus eſſentieles de la Plante ou de la fructification pout ſonder un Syſtême, vinrent les diſſenſions des Métodiſtes, chacun vantant la bonté de ſa Métode, & la regardant come la plus univerſele ou la plus facile, ou la plus aprochante de la naturele, ou même come la ſeule naturele. La queſtion n'étoit pas dificile à décider. Les Claſſes fondées ſur ce principe n'étant pas toutes natureles, les Métodes ne pouvoient être natureles, & ce principe lui-même devoit paſſer pour arbitrère & hypotetique ; & coment l'ordre qu'on croit voir, & exiſter dans la nature ne ſeroit-il pas hypotétique, puiſqu'il ſe perd & s'anéantit inſenſiblemant avec la partie qui en fait le fondemant & qui nous abandone tout-à-coup. En éfet l'expérianſe ne nous aprend-elle pas que le calice manque dans certaines Plantes, la corole dans d'autres, les étamines, le piſtil, le fruit & les graines dans d'autres ; de ſorte qu'il ne nous leſſe que le moien d'excluſion ou de négation pour rendre ſenſible la diféranſe établie dans nos Métodes. Il eſt donc fort étonant qu'on ne ſe ſoit pas aperçu que toutes les exceptions que ſouffrent les 6 parties de la fructification priſes ſéparémant, metent toutes les coneſſanſes de la Botanike en exceptions ; d'où il faut conclure que les Auteurs ſe ſont trompés en établiſſant cet axiome abſolu, qu'il ne faut conſidérer que les parties de la fructification pour fonder les Claſſes d'une Métode naturele, tandis que la ſaine raiſon ſe joint à l'expérianſe, pour nous montrer qu'elles dépendent de la conſidération de toutes les parties de la Plante, come il ſera prouvé dans la 3ᵉ Partie de cete Préface.

Au reſte, ſoit que les Syſtêmes ne portent que ſur une ſeule partie, ſoit qu'ils portent ſur 2 ou pluſieurs parties, come les Métodes artificieles, il i a beaucoup plus de Syſtêmes que de Métodes, & la Métode naturele, qui doit porter ſur toutes les parties, n'eſt pas encore trouvée.

Les Métodes dont le plan aproche le plus de celui d'une Métode naturele, ſont celles de Magnol en 1689, de Rai en 1682, de Moriſon en 1680, de l'Obel en 1570, de Zaluzian en 1592, de C. Bauhin en 1596, & de J. Bau-

Diſſenſion des Métodiſtes.

La Métode naturele n'eſt pas trouvée.

Métodes aprochantes de la naturele.

g

hiæ en 1650. Celles dont l'exécution aproche le plus de la perfection ou d'une Métode naturele, font indiquées dans la table des Métodes fuivant l'ordre de leur bonté, relativement à ce point de vue ; & l'on voit dans cete même table le rang de celles qui ont confideré les Plantes par leur enfemble, ou par le plus grand nombre de leurs parties.

Syftêmes.　Parmi les Syftêmes qui fupofent leurs principes come abfolus, on peut compter celui de Rivin, celui de Pontedera, celui de M. Linnæus fur les étamines, & ceux de la plûpart des modernes qui ont fuivi fes principes.

Métodes donées come natureles.　Les Auteurs qui ont doné des Métodes come plus natureles ou plus aprochantes de la marche de la nature que les autres, ou qui ont prétendu avoir trouvé le fecret de la nature, font Morifon en 1680, Rai en 1682, Magnol dans fes Familles en 1689, Crétien Knaut en 1716, M. Linnæus dans fes *Fragmenta Metodi naturalis* en 1738, M. David Royen en 1740, M. Albert hAller en 1742, & M. Wachendorf en 1747.

Métodes donées come plus faciles.　. Ceux qui ont publié leur Métode come plus facile que les autres, font Rivin en 1690, Tournefort en 1694, Krétien Knaut en 1716, Ruppius en 1718, Pontedera en 1720, M. Ludwig en 1737 ; M. Linnæus, fur les étamines, en 1737 ; & en général les plus faciles ont été celles qui ont eu un plus grand nombre de Claffes, parce que le nombre des Genres a été moindre dans chaque Claffe ; & celles qui ont confidéré la corole ont un avantaje, parce qu'ele paroit avant les autres parties.

Métodes fans prétenfions.　Nous fuprimons ici, pour abréjer, les autres Métodiftes cités dans la Table des Métodes, qui ont publié les leurs come des aranjemans utiles & comodes, fans autres prétenfions.

Préféranfe nationale.　La préféranfe que l'on a donée aux Métodes, dans le choix des études, n'a pas toujours été en raifon de leur bonté ; l'efprit national i a fouvant eu plus de part que le defir de trouver la vérité ; c'eft ainfi que la Métode de Rai a été fuivie par des Anglois célebres, Sloane, Petiver, Martyn, & en parti par Dillen ; le Syftême de Rivin a été embraffé par les Allemans les plus diftingués en Botanike, Krétien Knaut, Ruppius, M. Ludwig, Siegesbek, &c. Celui de M. Linnæus n'a guère eu pour fectateurs que fes difciples. Mais ce qui parle en faveur de la Métode de Tournefort, c'eft qu'indépendamant des François célebres, Plumier, Marchant, Dodart, Niffole, MM. de Juffieu,

Vaillant qui le fuivirent, elle fut adoptée par les étranjers qui tenoient le 1er rang en Botanike ; en Italie par par Pontedera, M. Monti, Micheli ; en Allemagne, en Angleterre & en Ecoffe par pluſieurs ſavans diſtingués : & ce qui ajoute encore au mérite de cete Métode, & qui fait en même tems l'éloje de nos Botaniſtes François, c'eſt que malgré l'accueil que la frivolité ſemble faire à la nouveauté, le Syſtême de Monſieur Linnæus ne lui a rien ni fait perdre de ſon éclat, & que Monſieur de Juffieu, dont les vaſtes conèſanſes en Botanike, ne laiffent pas ſentir à la France la perte du grand Tournefort, en a toujours conſervé les ſajes principes que nous nous faiſons gloire d'adopter. Enfin nous voions avec ſatisfaction que ces principes ſe répandent juſqu'en Eſpagne, come le témoigne l'Ouvraje tout récent du célebre M. Quer, qui a cru très-judicieuſement ne pouvoir rien faire de plus utile au renouvellemant de la Botanike dans ſon païs, que de traduire en ſa langue la Métode de Tournefort, pour l'inſtruction de ſes diſciples ; de ſorte qu'on peut dire qu'elle a été adoptée par les Nations les plus ſavantes de l'Europe.

Au reſte ce que nous diſons de la Métode de Tournefort, établit ſeulement ſa ſupériorité ſur toutes celles qui ont paru juſqu'ici, mais non ſa perfection ; & l'on auroit tort de nous taxer ou d'une adulation juſtement répréhenſible, ou d'être imbus d'un préjujé national qui s'opoſeroit à ce qu'on adoptât d'autres Syſtêmes. Nous ne ſomes d'aucun païs, quand il s'ajit de décider en matière de ſience. Nous balançons le mérite ſans conſidérer les perſones, le rang, la réputation ou la patrie ; *Tros Rutuluſve fuant nullo diſcrimine ſunto.* C'eſt-là notre règle ; ceux qui nous jujeront autremant ne nous auront pas entendu, & vraiſemblablemant n'auront pas entendu la matière. Ainſi quoique nous donions à Tournefort la 1ere place parmi les Métodiſtes en Botanike, il ne faut pas croire pour cela que nous mépriſions les travaux des autres ; nous rendons toute la juſtice qui eſt dûe à leurs Métodes, même à celles qui tienent le dernier rang après celle de Tournefort.

Nous ne diſconvenons pas de l'utilité des Métodes en général ; il eſt certain qu'elles facilitent la conèſanſe des Plantes, en i metant un certain ordre qui ſoulaje la mémoire, & que lorſqu'eles ſont ſimples & non complikées, elles nous fourniffent de nouveles conſidérations ſur ces parties dont la combinaiſon & l'enſemble peut conduire à trouver la Métode naturele.

Utilité des Métodes.

Défauts des
Métodes.
Mais nous ne devons pas cacher que toutes ces Métodes, fans en excepter celle de Tournefort, ont des défauts
eſſentiels & inſéparables. 1º Il n'en eſt pas une qui ne renferme plus de Claſſes contre nature que de Claſſes natureles. 2º On voit clairemant par les Syſtêmes de Rivin, Krétien Knaut, Ruppius, de MM. Ludwig, Linnæus, &c. que
plus une Métode eſt ſyſtêmatike, moins elle contient de
Claſſes natureles. 3º Toutes ces Métodes n'étant fondées
que ſur la conſidération de 1 ou 2 parties, ſont abſtracti-
ves, puiſqu'elles metent à l'écart toutes les autres parties,
& par conſéquant elles ne peuvent jamais être générales ni
natureles. 4º Les parties qui leur ſervent de fondemánt,
ſoufrent toutes des exceptions, come nous l'avons dit, ce qui
ne ſe doit point trouver dans une Métode naturele qui doit
être générale. 5º Enfin on doit auſſi convenir que toutes
ces Métodes s'opoſent aux progrès de la ſcience, en y portant le trouble & la confuſion toutes les fois qu'elles raſſem-
blent, contre nature, des Genres tout diférens, ou qu'eles
en ſéparent d'autres qui doivent viſiblement ſe trouver enſemble : le plus grand nombre de leurs Claſſes eſt dans ce
cas ; c'eſt ainſi qu'en ſuivant le nombre des étamines, M.
Linnæus ranje dans ſa 1ere Claſſe des Plantes à 1 étamine,
le Jinjambre avec le Boeravia, le Limnopeuke, le Salicor, le Morocarpus, & l'Abola, qui eſt ſon Cinna, eſpèce
de Gramen, toutes Plantes qui n'ont d'autre raport naturel, ſi ç'en eſt un que celui de n'avoir que 1 ſeule étamine,
& qui apartienent chacune à des Familles diférentes.

Il faut une
Métode.
Malgré l'irrégularité des Métodes artificieles, il en faut
cependant une, au défaut de la Métode naturele ; & celle
qui ſera la plus facile & en même tems la plus parfaite,
ſera, ſans contredit, préférable aux autres. Il paroîtra ſans
doute étonant que la 1ere Métode de Botanike qui ait été
imaginée & exécutée ſur ce plan & ſous ces 2 points de
vue, ſe ſoit conſervée ſa ſupériorité ſur 20 autres qui ont
été publiées depuis. C'eſt cependant ce que l'événement a
juſtifié à l'égard de celle de Tournefort. L'invention d'une
pareille Métode, dans un tems où la Botanike étoit encore
dans l'enfance, ne pouvoit être que l'efort d'une génie vaſte
& créateur, & il ne s'eſt encore trouvé perſone qui ait
refuſé ces 2 grandes qualités à l'illuſtre Tournefort, qui
s'eſt acquis aux plus juſtes titres le nom de Pere des Botaniſtes. Mais cete route des Métodes fondées ſur la conſidération de 1 ou 2 parties de la fructification des Plantes
étant une fois tracée, une 2e, une 3e, une 20e Métode,

éxécutée sur le même plan, c. à d. sur la considération des autres parties de la fructification rejetées & mises à l'écart par Tournefort come moins générales ou moins comodes, n'étoit plus un éfort de l'imagination, & n'exijoit pas beaucoup de dépense de génie. Il n'est donc pas étonant qu'on ait vu paroître 28 Métodes de Botanike depuis Tournefort jusqu'à ce jour dans l'espace de près d'un siécle ; rien de si facile : moi-même, en cherchant la Métode naturele, dès l'an 1747, aiant à peine 20 ans, j'en avois imaginé & exécuté 23, qui ne le cédoient peut-être point à celles qu'on nous vante come les meilleures. Je les ai augmenté & rectifié depuis, & on les trouvera raportées dans la 3e Partie de cete Préface, parmi les 40 que j'ai faites sur toutes les parties des Plantes, dont les raports simples nous donent des conèsances plus utiles & plus nécessaires que celle des raports confus & compliqués de toutes les Métodes & Systêmes conus.

Une Métode une fois établie & reconue pour la plus simple, la plus facile, la plus comode & la plus univer- *Une seule suffit.* selle, telle que celle de Tournefort, il est inutile & même superflu & contraire au bon ordre des conèsances, d'en fère de semblables sur chacune des parties des Plantes, parce qu'elles ne font que charjer la mémoire par un nombre de combinaisons de raports fondés sur des parties trop isolées.

Si l'on convient qu'il ne faut qu'une Métode pour metre *Celle de* de l'ordre dans nos conèsances en étudiant la Botanike, *Tournefort* & que de 2 ou plusieurs Métodes égalemant bones, il faut *est préférable.* choisir la plus facile & la plus comode, il n'est pas douteux que celle de Tournefort, aiant ces qualités, & étant d'ailleurs plus parfaite que toutes les autres, ne mérite la préférance sur elles. Elle est plus parfaite si elle est plus conforme à la nature en conservant plus de Classes natureles, & c'est ce qu'on a sufisamant démontré. Du degré de bonté d'une Métode ne s'en suit pas pour cela un égal degré de facilité ; cela dépend moins de sa perfection que de sa simplicité : celle de Rivin est beaucoup plus facile que 20 autres, parce qu'elle est plus simple dans son principe. On peut dire la même chose de celle de Tournefort ; elle peut se passer plus aisément que toute autre de l'usaje du microscope, & elle n'exije que la conoissance de 14 figures de coroles pour la distinction de ses 22 Classes, qu'on peut réduire à 17, come je l'ai fait autrefois pour mon usaje. Il n'apartient pas tant au raisonement de prouver la bonté d'une Métode, qu'à la comodité, à la clarté, & peut-être aussi à un certain agrémant qu'on y trouve ; & c'est sur ces principes que le public peut jujer de celle de Tournefort. Il est vrai qu'elle n'est pas universele, il i a des Plantes qui n'ont ni fleurs ni fruits, ou qui les ont invisibles ; & come dans une Métode il faut des marques sensibles & manifestes aux ieux, il désigne les Classes de ces Plantes par l'absence de ces parties ; mais ces Plantes sont en petit nombre, & ne font qu'une petite brêche à l'universalité de sa Métode, qui se trouve encore plus universele qu'aucune autre n'eût été, parce que, come nous l'avons dit, toutes soufrent des exceptions semblables, qui ne diferent que du plus au moins. Tournefort n'a pas prétendu suivre ou imiter la nature, qui ne paroît pas trop s'être mise en peine d'un Système, car un Système naturel auroit des regles sans exceptions : il s'est contenté d'un Système artificiel, & d'établir un ordre arbitrère le moins défectueux qu'il fût possible.

Tous ces motifs pesés & balancés avec équité, la Métode de Tournefort nous paroît mériter la préférence pour l'étude de la Botanike ; & ce qui doit nous inspirer plus d'estime & de confiance, c'est de voir que depuis près d'un siécle, elle ait conservé une supériorité singulière sur toutes celles qui ont paru depuis : d'où il est aisé de jujer combien ce grand home avoit devancé & laissé derrière lui les 1ers Botanistes de son tems, & qu'il n'y avoit qu'un Botaniste aussi consomé & aussi pénétrant qui pût présenter une science très-vaste & très-confuse dans un tableau aussi clair & aussi abrejé qu'il a fait.

II. PARTIE.

Etat actuel de la Botanike.

LEs diverses Métodes dont nous avons exposé le Plan dans la 1ere Partie, ne font pas, à proprement parler, des conèsanses réeles, ni des découvertes en Botanike ; ce ne font que des moiens plus ou moins bons & faciles de parvenir aux conèsanses de cete siance, imajinés pour soulajer la mémoire. Entrons actuellemant dans le détail abrejé de ce qui a été fait pour ses progrès depuis l'antiquité la plus reculée jusqu'à nous ; & pour procéder avec ordre & clarté, dans un champ auſſi vaſte & auſſi embrouillé par la confuſion des principes établis par les modernes, diviſons cete 2ᵉ Partie en 6 Sections, dans leſqueles nous parlerons.

1° des Genres, Eſpèſes, Individus & Variétés,
2 des caractères diſtinctifs des Plantes,
3 de leurs noms,
4 des découvertes qui ont été faites ſur les Plantes,
5 des Ouvrajes de Botanike,
6 des cauſes qui ont favoriſé les progrès de cete ſcience,
7 des cauſes qui ont areté ſes progrès.

Genres, Eſpèces, Individus, Variétés.

Les Ouvrajes de Teofraſte, de Dioskoride, de Pline & de Galien marquent aſſez que les anciens ont eu quelque conèſanſe des Plantes, mais peu étendue & aſſez ſuperficiele. Les ſiécles qui ſuivirent celui de Pline, n'enrichirent guère la Botanike. Enfin toutes les ſianſes s'éclipſerent, & elles ne reparurent qu'au 15ᵉ ſiécle. Alors on ne ſonja qu'à entendre les anciens, pour en tirer les lumières qui avoient été ſi longtems enſevelies ; les Botaniſtes ne chercherent les Plantes que dans les Livres des Grecs & des Latins. Enſuite on ſe mit à étudier la nature auſſi-bien que les Livres ; on chercha les Plantes à la Campagne. Auſſi-tôt la Botanike devint plus étendue, & l'immenſe quantité de Plantes comença à acabler les Botaniſtes. Quelle mémoire pourroit ſufire à tant de noms ? Ils imaginerent donc, pour la ſoulajer, les Métodes dont nous avons parlé. Les Métodes étoient ſubdiviſées en Claſſes, les Claſſes en Genres, & les Genres en Eſpèces ; ainſi les Genres & les Eſpèces ſont encore come des aranjemans métodikes, fondés ſur les mêmes principes que les Claſſes des Métodes.

Les Genres n'étoient pas plus conus aux anciens que les Metodes, de la manière dont l'entendent les modernes ; ils en faiſoient autant que d'Eſpèſes, & c'eſt dans ce ſens qu'il faut entendre ce que diſoit Céſalpin en 1683 : *Confuſis generibus omnia confundi neceſſe eſt …. ignoto genere proprio nulla deſcriptio,* &c.

Conrad Geſner eſt le 1ᵉʳ qui ait indiké, en 1559, une diſtiction des Plantes en Genres & en Eſpèces ; en liſant toutes ſes Lettres, j'ai trouvé 3 Paſſajes très-clairs à ce ſujet dans 3 de celles qu'il écrivoit à Fabricius, & qui ſont inſérées dans le 3ᵉ Livre de ſon Recueil. Dans la premiere il dit, p. 93 : *Generis unius Polii ſpecies duæ ſunt … Novi & alias duas Oreoſelini ſpecies. Exiſtimandum eſt autem nullas propemodum Erbas eſſe quæ non genus aliquod conſtituant, im*

Conoiſſances des anciens.

Origine des Métodes.

Genres inconus aux anciens.

Indikés par Geſner.

duas aut plures species diversas dividendum. Gentianam unam prisci describunt, mihi decem aut plures species notæ sunt. Dans la 2e, datée de 1559, il écrit au même : *Montana verò illa Erba, flore quidem Doronici, sed foliis Plantaginis, radice aromaticá, sui omninò generis est. .... Oblectavit me etiam rarum illud Pilosellæ genus.* Enfin dans la 3e Lettre, p. 94, il dit : *Rara mihi est etiam Artriticæ illa species. .... Misisti cum reliquis speciem aquifoliæ nullis per marginem foliorum spinis præterquam in mucrone. ... Lunariam græcam quam Flitteren apellant multam jam hîc habemus, sed floribus inodoris : quibus odoratis genus alterum reperiri audio hactenus mihi non visum.* Columna a eu la même idée en 1616. Jungius, qui mourut en 1657, disoit, come on le voit dans ses Ouvrajes postumes, imprimés en 1679 sous le titre d'*Isagoge Phytoscopica : Plantæ nisi certo in genera & species constanti ratione, non pro lubitu hujus vel illius redigantur, infinitum quasi reddetur Phytoscopiæ studium ; intellectus autem humanus infinitum fugit. .... ordo autem Classium generum specierum, terminum infinitis ponit.*

Tous les Botanistes, depuis l'Ecluse en 1557, jusqu'à J. Bauhin en 1650, suivirent cete Doctrine de Conrad Gesner & de Columna ; ils ranjoient plusiers espèses de Plantes sous un même nom générique, par ex. sous ceux d'Iris, de Narcisse, de Saule, &c. mais sans déterminer les Genres & sans prendre aucune règle pour les limiter.

Morison tenta, en 1655, d'établir des Genres que Rai travailla aussi en 1682 d'après les préceptes de Jungius ; mais Rai ne se sentant pas assez fort, adopta depuis les Genres de Tournefort. Rivin dona encore, en 1690, quelques caractères génériques, mais insufisans, pour distinguer

Etablis p:r
Tournefort. les fleurs irégulières ; de sorte que Tournefort est le 1er qui ait assigné, en 1694, des caractères génériques satisfaisans comuns à plusieurs espèces de Plantes, fondés sur les parties de la fructification, & qui ait doné des règles (constantes selon la pensée des Métodistes) pour en fixer les limites. Les Genres sont donc un Ouvraje des modernes, &, pour ainsi dire, de notre siécle. L'objet de l'établissement des Genres & Espèces étoit de rendre la conèsanse des Plantes plus facile, en les présentant dans des tableaux plus raprochés.

Genrè ; ce
que c'est. Un Genre de Plantes est un assemblaje de plusieurs espèces qui convienent ensemble par la ressemblance de toutes les parties de la fructification ou seulement des plus essentieles selon Tournefort, & par toutes les 6 parties de la fructification, selon M. Linnæus.

Outre ces Genres que Tournefort apeloit Genres du 1er ordre, il en distinguoit aussi d'autres qu'il apeloit Genres du 2e ordre, mais qu'il emploioit rarement. Il définissoit ceux-ci un amas de plusieurs Espèces qui se ressemblent non-seulement par les parties de la fructification, mais encore par quelqu'une des autres parties, telles que les racines, les feuilles, &c. & par leurs qualités.

Tournefort, ne regardant point sa Métode come naturele, mais come artificiele, metoit ses Genres dans le même rang. M. Linnæus a porté plus loin ses prétensions : lui & ses sectateurs, sur-tout M. Adrien Royen, admettent des Genres naturels. *Omnia genera & species*, dit-il, *Phil. Bot. p. 100, naturales esse, confirmant revelata, inventa, observata. Genus omne est naturale, in primordio tale creatum, hinc pro lubitu & secundùm cujusque theoriam non protervè discindendum aut conglutinandum.* Je ne sai coment ni eux ni aucun Botaniste poura soutenir une Tèse aussi générale ; ce qu'il i a de certain, c'est que jusqu'à présent persone n'a pu la prouver, ni doner une définition juste du Genre naturel, mais seulement de l'artificiel.

Genres naturels selon M. Linnæus.

Ce qui semble parler en faveur de cete assertion, ce sont les Genres de la Renoncule, de l'Aconit, de la Niele, du Claytonia, du Ketmia, de la Granadile, & plusieurs autres qui ont des caractères saillans & uniques, qui leur font doner, au 1er abord, le nom de Genres naturels. Mais à cete Preuve unique, on en peut oposer 3 des plus fortes. 1° Pour un petit nombre de Genres qui ont des caractères saillans, combien n'y en a-t-il pas, sur-tout dans certaines Familles natureles, telles que les Ombellifères, les Labiées, les Légumineuses, les Crucifères, &c. où ces caractères sont si peu sensibles, nuancés si foiblemant, si fondus dans toutes les parties de la Plante, qu'on est souvent tenté de ne faire qu'un seule Genre de chacune de ces Familles ? 2° Un genre naturel doit être constant & invariable ; & s'il est sujet à chanjer come les Métodes, dès-lors il est artificiel : or les Genres varient come les Métodes selon l'ordre des divisions adopté dans chacune, & selon le nombre & les espèces de parties dont on est convenu de tirer les caractères de chaque ordre de divisions. Dévelopons & exposons clairement cete idée ; c'est une des plus essentieles à saisir, parce qu'elle est la base de toutes les erreurs qui,

Preuves du contraire.

faute de cet éclaircissemant, se cometent tous les ·jours
dans l'établissemant des Genres en Botanike. Plus une Métode a de Classes, moins elle a d'Ordres, de Sections ou
de subdivisions; elle n'en a comunément que de 3 sortes ,
savoir des Classes, des Genres & des Espèces ; & moins
elle en a, plus elle est parfaite & facile. Moins au contraire ·
une Métode a de Classes, plus elle a d'Ordres de divisions subalternes, qui vont quelquefois jusqu'au nombre de
8, savoir, 1º Classes ou Parties, 2º Légions, 3º Falanjes, 4º Centuries, 5º Cohortes, 6º Ordres ou Sections,
7º Genres, 8º Espéces. De sorte que chaque Métodiste,
prenant pour principe que le caractère distinctif de tel Ordre
de division doit être tiré de telle ou telles parties, come
nous avons dit que Tournefort & M. Linnæus ont fait
pour leurs Classes, Ordres, Genres & Espèces, il doit ari-
ver que ceux qui ont 1, 2, 3, 4 ou 5 subdivisions de plus
que Tournefort & M. Linnæus apelent Espèces ce que ces
Auteurs apeloient Variétés, Genres ce qu'ils apeloient Es-
pefes, Ordres ce qu'ils apeloient Genres, Cohortes ce qu'ils
apeloient Ordres ou Sections, Centuries ce qu'ils apeloient
Classes, & qu'ils fassent un choix & une combinèson toute
diférante des parties qui doivent leur servir pour caractériser leurs Classes, Légions, Falanjes, &c. C'est sur-tout la
diférence du nombre & des especes de parties qu'on choisit pour tirer le caractere de chaque Ordre de division des
Métodes, qui fait que les Genres ne sont pas les mêmes
dans 2 Métodes diférantes, & que les uns font des Genres de certaines Plantes dont d'autres font des Especes ;
le *Pedicularis*, le *Rinanius*, l'*Eufrasia*, l'*Odontites*, la Li-
nere, l'Antirrinon font dans ce cas. C'est ainsi que les Genres de Tournefort ont été diférens de ceux de Rivin ; &
plusieurs de ceux de M. Linnæus font diférens de ceux de
Tournefort, & sur-tout dans les Classes les plus reconues
natureles, où les Genres se confondent, pour ainsi dire, parce
qu'ils faisoient tomber leurs caracteres principaux sur des parties toutes diférentes. Par exemple, la Métode de Tournefort,
en considérant la substance du fruit dans ses Sections, a exigé
qu'il fit 3 Genres distincts du *Caprifolium*, du *Periclime-
num* & du *Chamæcerasus* ; & celle de M. Linnæus, à cause
de la division de ses Ordres par les stiles, a exigé qu'il
ne fit de ces 3 Genres qu'un seul, qu'il apele *Lonicera*.
Coment ranjer la Valériane dans les Systêmes sur la corole
ou sur les étamines, tant ces 2 parties varient par la figure

& par le nombre ? MM. Albert hAller , Wachendorf & nombre d'autres Botaniftes ont de même chanjé plufieurs Genres de M. Linnæus, toujours relativement à leur Métode , come il arrivera aux Genres de ces derniers , placés dans d'autres Métodes. 3° Enfin les Genres ne peuvent être conftans fi les Efpeces chanjent ; or il i a plufieurs obfervations qui femblent le prouver ; nous difcuterons cet article ci-après.

Il eft donc évident par les faits , que les Genres en général ne peuvent être tous naturels dans aucune Métode artificiele ou arbitrère ; & tous les axiomes qui ont été fondés pour l'établiffement des Genres naturels , font fenfiblement faux , parce que leurs Auteurs n'aiant point une idée jufte de la Métode naturele , les rendoient relatifs aux principes abftractifs des Métodes artificieles. C'eft ainfi que Tournefort & la plûpart des modernes ont établi que les Efpèces qui fe reffemblent par les parties de fructification font de même genre , & que celles qui diférent par quelqu'une de ces parties, diférent auffi en Genres ; cependant Tournefort ne regarde pas ce principe come abfolu. M. Linnæus dit , Phil. Bot. p. 123 : *Si flores conveniunt , fructus autem differunt , cæteris paribus conjungenda funt genera.* M. Adrien Royen regarde come un paradoxe infoutenable de féparer de Genre 2 Plantes, parce que l'une aûra un plus grand nombre de pétales que l'autre, fondé fur ce que l'on voit des coroles monopétales & polypétales dans la même Efpèfe naturele , par ex. dans le *Saponaria concava Anglica.* Ces axiomes & nombre d'autres femblables, qui font vrais à l'égard de quelques Plantes, ou même à l'égard de quelques Familles de Plantes, ne le font pas pour les autres, come cela fera prouvé dans la 3e Partie. C'eft pour cela que les Botaniftes , malgré tous leurs travaux, malgré la torture qu'ils ont doné à leur imagination, n'ont encore pu parvenir à doner des regles fûres & inébranlables pour fixer des Genres conftans & invariables, c. à d. des Genres naturels ; & ces Genres naturels, s'il en exifte, ne peuvent être tels que dans la Métode naturele, en confidérant toutes les parties de la Plante, & non dans aucune des Métodes artificieles, qui fe bornent à la confidération de quelques-unes de ces parties.

De ces axiomes, fondés d'abord par Tournefort, parurent un grand nombre de Genres qui furent augmentés peu-à-peu par fes fucceffeurs ; en voici la progreffion :

Nombre des Genres publiés.

Tournefort, en 1694, en a établi 698.
Plumier,   1703,   ajouté 96. Total. 794.
Boeraave,   1710,   17.   811.
Vaillant,   1718,   30.   841.
Dillen,   1719,   67.   908.
Micheli,   1729,   27.   935.
Houston,   1733,   15.   950.

Petit, MM. de Juſſieu, Niſſol, Marchant, Danti, Reneaume, Ruppius, Pontedera, Scheuzer, Buxbaum, Amman, M. hAller, Gmelin, M. Monti, Gronovius, Mitchell, Catesbi, Kempfer, &c. en ont publié entre tous   50.   1000.
    M. Linnæus, en 1738 juſqu'en 1759, 174.   1174.

Eſpèces ; ce que c'eſt.   Les anciens conoiſſoient & décrivoient les Eſpèces de Plantes ſous le nom de Genres. Les modernes définiſſent une Eſpèſe de Plantes, un amas de pluſieurs Individus qui ſe reſſemblent parfaitement, non pas en tout, mais dans les parties & qualités les plus eſſentieles, ſans cependant faire atention aux diférences cauſées dans ces Individus, ſoit par le ſexe, ſoit par des variétés accidenteles ; c'eſt ainſi que pluſieurs Chous, pluſieurs Tulipes, qui ſont des individus, forment l'eſpèſe du Chou & l'eſpèſe de la Tulipe, & que 2 piés de Chanvre, dont l'un eſt mâle & l'autre femele, ne forment que 2 Individus de la même eſpèſe, diférans ſeulement par le ſexe, come 2 Tulipes, dont l'une eſt jaune & l'autre rouje, ſont 2 Individus de la même Eſpèſe, qui ne diférent que come variétés par la couleur de leur fleur, & qui ſe reſſemblent parfaitemant d'ailleurs dans toutes leurs autres parties.

Rai regardoit come diféranſe ſpécifike dans les Plantes celles qui ſont aſſez notables & fixes, qui ne ſont pas dûes à la culture, & que la culture ne chanje pas. Le moien de s'en aſſurer eſt la propagation par les graines : car toutes les diféranſes qui ſe rencontrent dans les Plantes diverſes, provenues d'une même Eſpèſe de graine, ſont accidenteles & non ſpécifikes, & les diféranſes qui ne provienent pas de la même Eſpèſe de graines, doivent être régardées come ſpécifikes. Rai ne ſuit pas toujours exactemant cete regle.

Tournefort avoue qu'il s'embaraſſe fort pèu ſi les Plantes qu'il cite, ſont des Eſpèſes ou des Variétés, pourvu qu'elles diférent par des qualités remarquables & ſenſibles, ce qui nous paroît ſufiſant & très-raiſonable. Cela revient à cete idée vraie, qu'il exiſte autant d'Eſpèſes qu'il y a de formes diférentes de Plantes.

Suivant M. Linnæus, Phil. Bot. p. 99, les Eſpèſes de Plantes ſont natureles & conſtantes, parce que leur propagation, ſoit par graines, ſoit par bourjons, n'eſt qu'une continuation de la même Eſpèce de Plante ; car qu'une graine ou un bourjon ſoient mis en terre, ils produiront chacun une Plante ſemblable à la mere, dont ils ne ſont qu'une continuation. De-là on a conclu que les Individus meurent, mais que l'Eſpèſe ne meurt pas.

Eſpèſes conſtantes ſelon M. Linnæus.

Mais nous croions devoir faire ici une diſtinction entre la reproduction qui ſe fait par graines, & celle qui ſe fait par bourjons, ou, ce qui revient au même, par caïeux, par bouture ou par greffe. La reproduction par bourjons ne produit point de Variété, elle ne fait que continuer l'Individu dont ils ont été tirés, & par-là elle ſemble s'opoſer à la production de nouveles Eſpèſes dans les Plantes ; au lieu que les graines ſont la ſource d'un nombre prodigieux de Variétés, ſouvent ſi chanjées, qu'elle peuvent paſſer pour de nouveles Eſpèſes, ſur-tout lorſqu'elles ſe multiplient par la même voie des graines, come on en a pluſieurs exemples : on en peut citer 8, dont 3 ſur-tout bien remarquables, bien aférés, & vus par des ieux botaniſtes acoutumés à bien voir.

Preuves du contraire.

Le 1er exemple & le plus ancien ſe trouve dans les Mémoires de l'Académie pour l'anée 1719, où l'Hiſtorien de l'Académie dit, p. 57 : « Au mois de Juillet 1715, M. » Marchant aperçut dans ſon Jardin une Plante qu'il ne co- » noiſſoit pas, & qui s'éleva juſqu'à 5 ou 6 pouces. Elle » ſubſiſta juſqu'à la fin de Décembre, où elle ſe deſſécha & » périt. Il crut ne la pouvoir raporter qu'aú Genre de la » Mercuriale ; & come elle étoit toute nouvele, & n'avoit » point encore été décrite par les Auteurs, il la noma *Mer-* » *curialis foliis capillaceis.*

» L'anée ſuivante 1716, au mois d'Avril, dans le même » endroit où avoit été cete Plante, il en vit paroître 6 au- » tres, dont 4 étoient toutes ſemblables à l'anciene, & 2 » autres aſſez diférentes pour faire une autre eſpèſe de Mer- » curiale, qu'il noma *Mercurialis foliis in varias & inæqua-* » *les lacinias quaſi dilaceratis.* Elle ſubſiſta auſſi juſqu'à la » fin de Décembre, en quoi ces 2 Eſpèces ſont diférantes » de la Mercuriale vulgaire qui, quoiqu'annuele auſſi-bien » qu'elles, ne dure pas auſſi longtems. Ces 2 Plantes nou- » velles ſe ſont multipliées depuis dans l'eſpace de 7 ou 8 » piés de terrain ; &, ce qui eſt étonant, jamais M. Mar- » chant ne leur a pu découvrir aucune aparance de graine.

» Cependant la petite étendue où elles renaiffent tous les ans,
» prouve affez qu'elles doivent être venues de femences qui
» i feront tombées des Plantes précédentes. Come on a dé-
» couvert les fecrets dont plufieurs Plantes fe fervent pour
» cacher leurs graines, il eft plus merveilleux qu'il i en ait
» encor qui puiffent réuffir à les dérober.

Le 3ᵉ exemple d'une production de nouvelles efpèfes de
Plantes fut fourni en 1744 par M. Linnæus. La *Peloria*,
c'eft ainfi qu'il nome cete nouvele Efpèce, fut découverte
pour la 1ᵉʳᵉ fois en 1742 par M. Zioberg, dans une Ifle
fituée en mer, à environ 7 milles d'Upfal, vers la Province de Roflagne, fur un terrein graveleux tout couvert
de Linaires, au milieu defquelles elle étoit en moindre quantité. On en a trouvé depuis dans plufieurs endroits de la
Suede felon M. Linnæus, & aux environs de Berlin, au
raport de M. Ludolfe. Cete Plante reffemble tellement à
la *Linaria vulgaris lutea flore majore C. B.* avant l'épanouiffemant de fes fleurs, qu'on n'i peut voir aucune diférence.
Elle en a le port, la grandeur, l'odeur, la couleur, les
feuilles, le calice, les étamines, le piftil, le fruit & les
graines ; mais fa corole eft fort diférente. Au lieu du tube
court de la Linaire, terminé par 2 levres irrégulières, à 4
crénelures & armé en bas d'un éperon, la corole du *Peloria* a un tube fort long, terminé par un pavillon prefque
régulier à 5 crenélures & entouré en bas de 5 éperons. Outre cete reffemblance parfaite qu'a le *Peloria* avec la Linère
dans toutes fes autres parties, on a trouvé quelquefois fur
une même tije des fleurs de la Linère comune, ce qui
prouve inconteftablement que cete Plante provient d'une
Linère par une fécondation étranjere, fon ftigmate aiant reçu
la pouffiere d'une autre Plante de la même Famille, qu'on
pouroit foupçoner être la Juskiame ou le Tabac, dont la
corole a à-peu-près la forme de celle du *Peloria*. Enfin ce
qui établit cete Plante pour une nouvele Efpèfe, c'eft qu'elle
done des graines parfaites, par lefquelles elle fe reproduit
depuis plufieurs générations, ce qui fait penfer à M. Linnæus qu'elle fera une Efpèfe conftante.

Les autres exemples que je vais citer peuvent fervir de
confirmation aux 3 précédens, dont il n'eft guère permis
de douter. M. Linnæus cite encore 2 métamorfofes femblables ; il affure que tous les ans, dans le Jardin d'Upfal,
les graines du *Carduus capite rotundo tomentofo, C. B.* déjénéré, lui donent le *Carduus tomentofus pyrenaicus, floribus purpureis glomeratis.* Tour. Il ignore fi c'eft des femen-

ces du diske ou de la courone, ou de ces semences fécondées par la poussiere d'une autre Plante.

A l'égard de l'autre Espèce de transmutation, voici ce
qu'il écrivoit en 1748 à Gmelin : « J'ai aujourd'hui une Es-
» pèse mulâtre née de la *Verbena Americana altissima, urti-*
» *ca foliis angustis floribus cæruleis.* Herm. *Par.* t. 242, &
» de la *Verbena humilior, foliis incisis.* Clayt. *Virg.* 8, que
» j'éleve depuis longtems. Il en a paru cete anée (1748)
» une nouvele Espèse, qui a exactement les feuilles du *Ver-*
» *béna comunis cæruleo flore.* C. B. & toutes les autres par-
» ties du *Verbena Americana,* cité ci-devant. Ces 2 Plan-
» tes en question ont eu la même couche, & je vous jure
» que je vois cete 3ᵉ pour la 1ᵉʳᵉ fois, que persone ne me
» l'a donée, & qu'on n'a semé dans cete couche aucune
» autre Plante.

Le 6ᵉ exemple de chanjemans semblables est cité par Gmelin, qui dit, en 1749, que M. hAlle: lui a écrit que l'on a
trouvé près de Nuremberg une Plante pareille au *Linaria*
segetum nummulariæ folio aurito & villoso, Tour. mais avec
une fleur toute semblable à celle du *Peloria,* & qui paroît
s'être transformée de même.

Le même Gmelin cite encore un 7ᵉ exemple en 1749 :
» J'ai, dit-il, fourni à M. Linnæus l'exemple du Pié d'a-
» louete de Sibérie, *Delfinion,* dont je n'ai observé dans
» ce païs-là que 2 Espèses distinctes, & dont j'ai compté,
» dans mon Jardin de Pétersbourg, jusqu'à 6 Espèses, Les prin-
» cipales diféranses consistoient dans les feuilles découpées
» plus ou moins profondément, plus ou moins fermes,
» droites ou pendantes, de couleur plus ou moins foncée ;
» les fleurs étoient aussi plus ou moins grandes. Ces difé-
» rences laissoient l'Observateur incertain sur l'Espèce à la-
» quelle il faloit raporter ces Plantes : je pense qu'eles pro-
» venoient du mélanje des 2 Espèses dont je viens de pàr-
» ler ; cela est d'autant plus probable que ces 2 Espèses,
» réelemant distinctes, étoient plantées l'une près de l'autre.

En 1751, M. Linnæus (*Dissert. de Plantis hybridis*)
a cru pouvoir prouver, par des Observations sûres, que
la *Pimpinella Agrimonoides,* Mor. qui s'est reproduite de
graines pendant plusieur anées à Upsal, est une nouvele espèse
de Plante, née de la Pimprenele comune, *Pimpinella san-*
guisorba minor lævis, C. B. fécondée par la poussiere de
l'Aigremoine, *Agrimonia officinarum,* C. B. Et il ajoûte
qu'il est probable, quoiqu'on ne soit point apuié d'Observations là-dessus, que plusieurs Plantes ont été formées ainsi ;

le *Nymfoides*, T. paroît reconoître pour pere le **Ményante**,
& pour mere le *Nymfæa* ; le *Datifca* a eu de même pour
pere le Chanvre, & pour mere le *Refeda* ; le *Tragopogon
gramineis foliis hirfutis* a eu pour pere le *Lapfana* ; l'*Hyof-
cyamus Phyfalodes*, Lin. a eu pour pere l'Alkékanje ; la
Saxifraga, Fl. Suec. 358, reconoît pour pere le *Parnaffia*,
come le *Cataria* eft le pere du *Moldavica Betonicæ folio,
floribus minimis pallidè cæruleis*, Amm. & come le *Cor-
tufa*, Matt. eft le pere du *Primula 7 Cornufoides*, Lin. Sp.

Enfin M. Linnæus patoît plus perfuadé que jamais de la
production de nouveles Efpèfes de Plante dans fa Differtation *De fexu Plantarum*, 1760, 4°. *Petropoli*, où il dit,
page 28 & 29, *Dubitari nequit quin Veronica fpuria, Delfinion hybridum, Hieracium hybridum, Tragopogon hybridum, fint novæ fpecies generatione hybridâ productæ.....
& Gerania Botanicos facilè adducent ut credant fpecies ejufdem generis in vegetabilibus effe diverfas Plantas, quot in
unâ fpecfe florum commixtiones factæ funt, & viciffim genera
nil aliud effe quam Plantas eâdem matre at diverfis patri-
bus ortas.*

*Novus hic aperitur campus Botanicis, in quo diverfarum
Plantarum polline diverfis fœminis viduis factis infternendo,
novas tentent efficere fpecies vegetabilium.*

Ces exemples de chanjemans, caufés par des féconda-
tions étranjeres, fe multiplieront fans doute, à mefure qu'on
fera plus atentif à les obferver, ou qu'on voudra fe les procurer, en fécondant une Plante femelle par une mâle d'Efpèfe diférente, par ex. le Chanvre par le hOublon, l'Ortie
par le Murier, le Saule par le Peuplier, le Ricin par le
Titimale, pour favoir ce qui proviendroit de ces mélanjes.
L'obfervation & l'expérience peuvent feules nous inftruire
là-deffus.

Mais il fe fait, fans le fecours de la fécondation étran-
gère, dans les Plantes qui fe reproduifent de graines, des
chanjemans femblables, procurés, foit par la fécondation réciproke de 2 Individus diférens en quelque chofe, quoique
de même Efpèfes, foit par la culture, le terrein, le climat, la fécherefle, l'umidité, l'ombre, le foleil, &c. Ces
chanjemans font plus ou moins prompts, plus ou moins
durables, difparoiffant à chake génération, ou fe perpétuant
pendant plufieurs générations, felon le nombre, la force,
la durée des caufes qui fe réuniront pour les former, &
felon la nature, la difpofition & les mœurs, pour ainfi
dire, de chake Plante ; car il eft de remarke que telle Famille

mille de Plantes ne varie que par les racines, telle autre
par les feuilles, d'autres par la grandeur, le velouté, la couleur, pendant que d'autres chanjeront plus facilement par
leurs fleurs & leurs fruits. Enfin ces chanjemans ne se font
guère qu'entre les Individus de même Espèse, ou entre 2
Espèses très-voisines, telles que le Chou & le Navet. Il
n'est persone qui ignore qu'en coupant toutes les étamines
d'une Tulipe rouje avant l'émission de leur poussière, &
qu'en poudrant le stigmate de cete même Plante avec les étamines d'une autre Tulipe blanche, les graines de cete Tulipe
rouje produisent des Tulipes, dont les unes sont roujes, les
autres blanches, d'autres blanches & roujes, de même que
2 animaux de même espèse transmetent leurs couleurs diférentes aux animaux qu'ils engendrent. Morison a prouvé,
par nombre d'exemples, que toutes les Variétés de Chou,
étant semées, déjénèrent les unes dans les autres, & passent
successivemant dans divers états. Rai en cite beaucoup d'autres que nous suprimons pour abréjer. On sait jusqu'où peuvent aler ces chanjemans, par la culture, dans les Plantes
potajères & les Fromens; telles Plantes transportées dans
les Jardins ou d'un climat à l'autre, sont si diférentes des
sylvestres, que le Botaniste le plus exercé a peine à les reconoître; c'est ainsi que le Tabac & le Ricin, qui forment des
Arbrisseaux vivaces en Afrike, ne sont qu'erbacés & annuels
en Europe, il en est de même de beaucoup d'autres.

Il paroît donc sufisamant prouvé, par les faits cités ci-
dessus, que l'art, la culture & encore plus le hazard, c. à d. certaines circonstances inconues, font naître, non-
seulemant tous les jours, des variétés dans les fleurs curieu-
ses, telles que les Tulipes, les Anemones, les Renoncules, &c. qui ne méritent pas de chanjer les Espèses, mais
même quelquefois des Espèses nouveles; au moins i en a-t-il
3 ou 4 de telles qui ont été découvertes depuis 50 ans, &
qui certainemant n'auroient pas échapé aux recherches de
tous les Botanistes, sans compter nombre d'autres Plantes
qui passent pour des Variétés nouveles, & qui se perpétuent peut-être & forment autant d'Espèses. Pourquoi la
nature seroit-elle incapable de nouveautés qui allassent jus-
ques-là? Il paroît qu'elle est moins constante & plus diverse
dans les Plantes que dans les animaux; & qui conoît les
bornes de cete diversité? Il i a des quadrupèdes & des oi-
seaux où l'accouplement de 2 Espèses diférentes ne produit
rien, il i en a d'autres où il done une Espèce bâtarde, qui
ne peut se reproduire & périt dès la 1ere génération; les

Les Espèses chanjent de nature.

h

végétaux franchiſſent le pas, & forment, au lieu de mulets, des Eſpèces vraies & franches, qui ſe reproduiſent ſuivant les loix ordinaires à leur génération, juſqu'à ce que de nouvelles cauſes les faſſent ou rentrer dans leur 1ᵉʳ état ou paſſer dans un 3ᵉ état, diférent des 2 premiers, ce qui paroît plus vraiſemblable.

De-là la dificulté de définir quels ſont les corps primitifs de la création, quels ſont ceux qui, par la ſucceſſion de la reproduction, ont pu être chanjés ou même produits de nouveau par des cauſes accidanteles. C'eſt ſans doute pour cela qu'on ne retrouve plus aujourd'hui nombre de Plantes décrites par les anciens Botaniſtes; elles auront diſparu, ſoit en rentrant dans leur état primitif, ſoit en chanjant de forme pour multiplier les Eſpèſes A ce compte les anciens n'auroient pas eu tort de décrire ſi peu d'Eſpèſes d'un même Genre; ils n'en conoiſſoient pas davantaje, & c'eſt le tems quiena amené de nouveles. Par la même raiſon les Botaniſtes futurs ſeroient accablés & oblijés à la fin d'abandoner les Eſpèſes, pour ſe réduire aux Genres ſeuls. Mais avant que de prévoir ce qui ſera, il faut ſe bien aſſurer de ce qui eſt.

Eſpèſes chanjent ſuivant les Métodes.

Non-ſeulement les Eſpèſes chanjent de forme; mais s'il eſt vrai, come l'expérianſe le prouve, & come nous l'avons démontré plus haut, que les Genres varient come les Métodes, c. à d. ſuivant les principes des diverſes Métodes, il n'eſt pas douteux que les Eſpèſes qui dépandent de ces Genres, ou qui les forment, doivent être ſujetes aux mêmes chanjemans. Car ſi 2 Genres ſont réunis dans une Métode, ou ſi un ſeul eſt diviſé en 2, alors les Eſpèſes chanjent d'ordre, d'aranjemant & de Genre; par exemple, ſi l'on réunit, come j'ai fait, le *Melongena* & le *Mandragora* avec le Solanon, cela chanje néceſſairement la diſpoſition des Eſpèſes dans ce Genre; ſi au contraire on diſtingue, avec moi, le *Scilla* de l'*Ornitogalon*, nombre d'Eſpèſes auront chanjé de Genre. De ſorte que, come il n'a paru juſqu'ici aucune Métode naturele, & par conſèkant fixe, on peut dire que les Claſſes, les Genres & les Eſpèſes n'ont pas encore la ſtabilité qu'exige cete Science bien épurée, quoique les Botaniſtes modernes ne ceſſent de ſe flater de l'avoir porté à un plus haut point de perfection que les autres parties de l'Hiſtoire naturele.

Les Botaniſtes, depuis Moriſon juſqu'à M. Linnæus, paroiſſent s'être atachés particulièrement à établir des Genres de Plantes; ils ont beaucoup moins travaillé ſur les Eſpèſes. Tournefort avoit dreſſé un plan de travail ſur cete par-

tié, come il avoit fait pour les Genres ; mais il mourût trop
jeune pour metre ce projet en exécution : M. Linnæus est
le 1er qui ait voulu les caractérifer plus particulièrement &
i porter la même atention que Tournefort avoit doné à
l'établiffemant de fes Genres. Son travail a des parties utiles, & il en eût eu davantajé, fi toutes fes frafes ou définitions
euffent été fondées fur des comparaifons & fur l'examen d'un
plus grand nombre de parties de chake Efpèfe.

On apele Variété la diférence qui fe trouve entre les individus de même Efpèfe, diférence accidentèle & peu durá-
ble : telle eft celle des Tulipes roujés, jaunes, blanches,
marbrées, &c. Quoique 2 individus de même Efpèfe doivent fe reffembler en tout parfaitemant, pour ne pas paffer pour Variétés l'un de l'autre, cete reffemblance fifike
n'exifte cependant pas ; il n'i a pas même 2 Rofes fi parfaitemant femblables fur le même pié, c. à d. fur le même individu,
qu'on n'i remarke quelque diférence , foit dans la grandeur,
foit dans la couleur, le nombre, la proportion refpective de
toutes les parties qui les compofent ; il en eft de même de 2
Bafilics, de 2 Chênes & de toute autre Plante dont on voudra confronter fcrupuleufement 2 individus : auffi a-t-on toujours regardé come très-dificile de conftater ce qui eft Variété
& Efpèfe dans les Plantes ; & c'eft un champ où chacun erre
en pleine liberté.

Les anciens nous ont confervé, dans leurs écrits, au moins
nne notice abréjée de toutes les Variétés de Plantes qu'ils
conoiffoient ; C. Bauhin fur-tout les a citées très-fcrupuleu-
fement dans fon Pinax, Tournefort a continué cet Ouvrajé,
qu'il auroit pouffé très-loin, fi une mort prématurée ne l'eût
enlevé trop tôt pour le bien de la Botanike ; & Rai femble i avoir mis la derniere main en en raffemblant plus que
perfone n'avoit fait avant lui & n'a fait depuis, quoiqu'il
ait laiffé à l'écart les variétés de couleurs de nombre de Plantes qui vont à l'infini, telles que les Tulipes, Jacintes, Anemones, Renoncules, Oreilles d'ours, &c. M. Linnæus, par
un zele très-condamnable, quoiqu'il eût en vue d'abréjer
l'étude de la Botanike, a voulu, en 1735, fuprimer toutes
les Variétés en les confondant avec leurs Efpèfes ; mais il
eft tombé dans le défaut opofé de diminuer trop le nombre
des Efpèfes, en les prenant fouvant pour des Variétés ; telles
font :

1° toutes les Efpèfes de *Pæonia* de Tournefort,
2 les *Scorpioides*,
3 les *Medicago*,

Variétés ; ce que c'eft.

Ne font pas fixées.

Suprimées par M. Linnæus.

4° les *Polupremon* ou *Valerianella* ,
5 le *Convolvulus maj. albus* , C. B. & le *Scamonia Syriaca* , C. B.
6 l'*Evonymus vulg.* C. B. & l'*Evonymus latifolia.* C. B.
7 le *Cerafus fylv. fructu nigro* , C. B. & le *Cerafa acida nigri-
　　cantia folidiora* , *tardius maturefcentia* , C. B.
8 le *Rabarbarum* , Tour. & le *Lapaton folio rot. Alpinum* , C. B.
9 le *Lapaton folio acuto rub.* C. B. & le *Lapaton aquaticum folio
　　cubitali* , C. B.
10 le *Sorbus fativa* , C. B. & le *Sorbus aucuparia* , J. B. & tant
　　d'autres dont les exemples font multipliés dans fon *Species
　　Plantarum.*

Nombre des Efpèfes co- nues.

Les travaux des Botaniftes modernes & leurs recherches , foit dans l'Europe , foit dans les autres parties du monde , ont augmenté de beaucoup le nombre des Efpèfes ou Varié- tés de Plantes conues par les anciens : nous alons en citer la progreffion par ordre cronolojike , & nous citerons à part le nombre de celles que les voiajeurs ont découvertes.

Teofrafte ,	500	Efpèfes ou Variétés.
Dioskoride ,	600	
Pline ,	800	
En 1546 , Lonicer ,	879	
1552 , Dodoens ,	884	
1570 , l'Obel ,	2191	
1587 , Dalechamp ,	2731	
1596 , C. Bauhin ,	6000	
1694 , Tournefort ,	10146	
1704 , Rai ,	18655	
1761 , M. Linnæus les a réduites à environ 7000 Efpèfes.		

Quoique le nombre des Plantes nouveles , découvertes par les voiajeurs , fe trouvent comprifes dans la table précé- dente , il ne fera pas inutile de raporter féparément ce que chacun d'eux en a découvert , en fuivant le même ordre de l'ancieneté.

En 1592 , P. Alpin ,	184 Efpèfes d'Egipte.
1618 , Margrave & Pifon ,	200 du Bréfil.
1628 , hErnandes ,	600 du Méxike.
1635 , Cornuti ,	60 du Canada.
1678 , Reede ,	800 du Malabar.
1680 , Plumier ,	1000 d'Amérike.
1687 , hErmann ,	200 de l'Ile Zeilan.
1700 , Tournefort ,	1350 du Levant.
1707 , Sloane ,	800 de la Jamaike.
1712 , Kempfer ,	30 du Japon.
1714 , Feuillé ,	140 du Pérou.
1731 , Catesbi ,	60 de la Caroline.
1731 , J. Burmann ,	200 du Cap B. Efpérance.
1747 , J. Gmelin ,	100 de Sibérie.
1756 , Browne ,	100 de la Jamaïke.
1757 , Adanfon ,	500 du Sénégal.

Caractères distinctifs des Plantes.

Avant que les Botanistes eussent fait des Métodes systématikes, fondées sur des regles de conventions, ils tiroient leurs caractères distinctifs des Plantes indiféramant de toutes les parties qui s'ofroient à eux ; mais depuis l'invention des Métodes divisées en Classes, Genres & Espèses, dont Tournefort dona, en 1694, le 1ᵉʳ & le plus parfait modèle, on fut oblijé d'établir des regles arbitraires, pour fixer quelles seroient les parties qu'il faloit préférer pour caractériser, sans confusion, les Classes, les Genres & les Espèses de Plantes, afin que les Espèses ne fussent pas de même nature que les Genres, & les Genres de même nature que les Classes. Nous avons expliké ci-dessus ce qu'on entend par Classe, Genre, Espèse ; il s'agit actuellement de savoir ce que c'est que c'est que Caractère.

Un Caractère en général, selon l'idée des Métodistes, est une note simple ou composée, par laquele plusieurs Plantes se ressemblent. Tournefort & ses successeurs n'en faisoient aucune distinction. M. Linnæus est le 1ᵉʳ qui en ait distingué de 4 sortes ; savoir, le factice ou accidentel ou artificiel, l'essentiel, le naturel & l'habituel. Ils sont tous également aplikables aux Classes, aux Genres & aux Espèses. Caractère, ce que c'est.

Le Caractère factice, autremant apelé accidentel ou artificiel, est celui qui se tire indiféramant de telle ou telles parties de la Plante, & qui indike plus ou moins de notes caractéristikes qu'il n'en faut pour distinguer les Classes, les Genres & les Espèces. Tels sont, selon M. Linnæus, *Phil. Bot.* p. 130, les Caractères générikes de toutes les Métodes artificieles, de Tournefort, Rai, Rivin, Boeraave, & de ses autres prédécesseurs ; à ce compte les siens sont dans le même cas. Il est arbitraire, puisqu'on le tire de telles parties que l'on veut. 1°. Caractère factice.

Le Caractère essentiel indike une seule note si remarkable, si particuliére à une Plante, qu'elle la distingue de toute autre au 1ᵉʳ coup d'œil : ainsi il exprime la diférence d'une Plante à une autre. Il est trompeur & sujet à chanjer, lorsqu'on vient à découvrir de nouveaux Genres ou de nouveles Espèses. 2°. Caractère essentiel.

On est convenu que le Caractere essentiel des Classes & des Genres se tireroit d'une des 6 parties de la fructification, & celui des Espèses de toutes les autres parties qui ne sont pas celles de la fructification. Il y a cependant des Auteurs qui tirent quelquefois leurs Caracteres essentiels spé-

cifikes de la fructification. Tels font ceux-ci de M. Linnæus :
Tamarix pentandra ; tamarix decandra. Salix 2 andra ; fa-
lix 3 andra ; Salix pentandra. Valeriana 1 andra ; 2 an -
dra ; 3 andra ; 4 andra. Verbena 2 andra ; 4 andra. Drias
5 petala ; 8 petala. Tilia nectarifera ; tilia nectario carens.
Delfinion nectario 1 ; nectariis 2. Delfinion 1 capfulare ;
3 capfulare. Nigella 5. gyna ; 10 gyna. Uperikon 2 gynum ;
3 gynum ; 5 gynum, &c. On fent bien qu'en prenant ainfi
les mêmes parties pour caractérifer les Claffes, les Genres
& les Efpèfes, on tombe dans le défaut que Tournefort
& M. Linnæus lui-même confeille d'éviter, qui eft de ne
pas metre les Efpèfes dans le même rang que les Genres
& les Claffes, afin que les Efpèfes ne paffent pas pour des
Genres.

Le Caractere naturel eft, felon M. Linnæus, celui qui
préfente toutes les notes poffibles des Plantes : il renferme
donc le caractere factice & l'effentiel.

Le plus grand embaras des Botaniftes a été de fixer
quelles font les parties dont on doit tirer ces Caracteres,
pour défigner les Claffes, les Genres & les Efpèfes. Quoiqu'aucun Botanifte depuis Gefner, qui le 1er a diftingué des
Genres, jufqu'à M. Linnæus, n'ait fait la diftinction du Caractere, en naturel, effentiel, &c. come les modernes, on
peut cependant raporter, fans erreur, au Caractere naturel des modernes, ce qu'ils ont dit du Caractere en général.

Le Caractere naturel claffike fe doit tirer des mêmes parties que celui des Genres, c. à d. de celles de la fructification, felon M. Linnæus. *Quod valet de caractere generico*
valet etiam de Claffico licet in hoc latius fumantur omnia.
Phil Bot. p. 136.

Gefner a dit le 1er, en 1560, dans une de fes Lettres à
Zwinger, p. 113, qu'il faloit confidérer la fleur, le fruit
& les graines des Plantes, pour les diftinguer en Genres.
Ex his enim, (fructu femine & flore) potius quàm foliis,
ftirpium natura & cognationes apparent. His notis Stafis agriam
& Confolidam regalem, vulgo dictam Aconito συμφύλυς πάντη
λὸ πᾶσιν facilè deprehendi. Et dans une autre Lettre à Occon,
p. 65 : *Meliffa Conftantinopolitana ad Lamium vel Urticam*
mortuam quodammodo videtur ascedere, feminis tamen, unde
ego cognationes ftirpium indicare foleo, figura differt.

Tournefort a établi, en 1694, qu'il faloit tirer les Caracteres générikes de toutes les parties de la fructification dont
le nombre varie depuis 1 jufqu'à 6, ou feulement des plus

eſſentieles ; & que lorſque toutes ces parties ne ſuſiſoient
pas , il faloit emploier quelques-unes des autres parties &
même leurs qualités ; les Genres ainſi formés étoient apelés Genres du 2ᵉ ordre, come on l'a dit ci-deſſus à l'article
des Genres.

C'eſt ſur le même principe que Rai a dit, en 1700 : *Notas
generum caracteriſticas non ſine neceſſitate multiplicandas eſſe ,
nec plures quàm quibus opus eſt , ad genus certo determinan-
dum , coacervandas.*

hEiſter a dit, dans ſa Diſſertation *de foliorum utilitate ,*
imprimée en 1731 à Elmſtad, que les feuilles devoient ſervir come partie eſſentiele pour caractériſer les Genres de
Plantes. C'eſt ce qu'avoit dit Tournefort, *Iſagog.* pag. 60 :
*Situs numeruſque foliorum plurimum faciunt ad generum diſ-
tinctionem , Fragariæ folia terna ,* &c.

M. Linnæus a prétendu, en 1735, qu'il faloit tirer ces
Caracteres de toutes les parties de la fructification ni plus
ni moins ; & d'après cela il a avancé que ſes Caracteres générikes étoient naturels. *Ego primus ,* dit-il, Phil. Bot. p. 130,
*hos Caracteres compoſui genera mea promunt Caracteres natu-
rales.* Et dans ſa Préface du *Genera plantarum ,* §. 18 : *Naturales itaque hic trado Caracteres qui notas omnes in fructificatione obvias & communes exhibent ; tales ante me quan-
tum novi dedit nullus.*

*Applicabilis eſt ejuſmodi Caracter Metodis omnibus datis &
dandis , & fundamentum præbet antiquis & novis ex fructificationis partibus deſumptis , ſcilicet calice, corollâ, ſtaminibus,
piſtillis vel fructu ; & idem nobis erit Caracter naturalis ubi
idem genus. Si vel mille detegerentur nova genera non unicam
notam ideò generi naturali proximio vel addere vel auferre neceſſe eſt uti in aliis inevitabile fuit. Diſtinctè poteſt tradi
abſque Metodo hic Caracter ſeu generis hæc definitio in quo-
cumque libro placeret æquè perfectè teneri & intelligi ac dùm
ſub ſuâ militabat Claſſe. Exprimit eamdem ideam ſi vel nomina millies mutarentur. Plures vides notas quam quibus ne-
ceſſario ab aliis diſtingui debet ſubjectum genus , hæc confirmant
te certum habere genus nec aliud : an nota aliqua ſuper-
flua ſint ſi omnia detecta eſſent genera ſerus determinabit
dies.*

*Antea neceſſe fuit tot componere Caracteres omnium gene-
rum quot prodiere ſyſtemata ; hocce autem dato non item.*

Ces prérogatives du Caractere naturel ſont vraies , &
telles, à-peu-près, que les décrit M. Linnæus ; mais il ſe
flate de 3 choſes qu'on ne peut lui acorder 1° Il ſe dit être

le 1ᵉʳ qui ait doné de ces Caracteres qu'il apele naturels, parce qu'ils portent fur toutes les parties de la fructification : or on demande s'il a ajoûté quelque chofe à ceux de Tournefort fur la Granadile, la Pulfatile, la Pimprenele, le Saule, le Peuplier, & tant d'autres dont Tournefort a décrit ou figuré toutes les parties générales de la fructification, en s'arêtant, il eſt vrai, moins que M. Linnæus fur certaines parties, lorfqu'il voioit, en confomé Botaniste, qu'elles étoient moins effentieles & même fuperflües pour le Caractere générike, telles que le nombre des étamines dans ces Plantes, le calice, les graines, &c. dans d'autres ; aiant toujours pour objet d'abréjer les Caracteres pour rendre fa Métode plus facile. Boerave, après Tournefort, a fait, bien avant M. Linnæus, des Genres femblables, dont les Caracteres étoient tirés de toutes les parties de la fructification, même des étamines. 2° Quoique M. Linnæus ait décrit, dans tous fes Genres, toutes les parties de la fructification, fur-tout le détail du nombre des étamines, des ſtiles & de quelques autres parties, ce que perfone n'avoit fait avant lui, d'une façon auffi générale & qui eſt fouvent utile & même néceffaire ; néanmoins on peut nier que fes Caracteres générikes foient tous naturels come il le prétend : les chanjemens qu'il i fait tous les jours en font une preuve auffi forte que celle qui a été alléguée ci-deſſus du chanjement des Genres felon les Métodes, ce qui ne fera jamais autremant, tant qu'on ne confidérera pas toutes les parties des Plantes. 3° Enfin fes Caractères ne font aplicables qu'aux Métodes artificieles, & feulement à celles qui portent fur la confidération des parties de la fructification, mais non à celles qui portent fur d'autres parties, ni à la Métode naturele dont les Caracteres doivent porter fur toutes les parties, puifqu'il i en a qui font plus effentieles que celles de la fructification pour fournir les Caracteres générikes dans certaines familles, telles font les feuilles dans la Famille des Aparines & des Légumineufes, & la difpofition des fleurs dans les Labiées, &c.

Ainfi, quoique M. hAller dife, fur la parole de M. Linnæus, dans la Préface de fon *Enumeratio ſtirpium helveticarum*, pag. 30 : *Caracteres hiulcos Tournefortii, laxos Raii, nimis partiales Rivini, non femper fideles Magnolii, ita uberrimos ita ex ipfâ naturâ erutos reddidit (Linnæus) ut perindè cuivis fyftemati condendo fidi fint duces futuri* ; on peut encore dire de M. Linnæus ce que M. Linnæus dit de Tournefort dans fa Préface du *Genera Plantarum, edit. Pa.*

rif. 1743 : *Tournefortianis nihil detraho meritis optimis ;
nego tamen ejus Caraǎeres perfeǎos eſſe, nego ex iis diſtingui poſſe genera :* ſur quoi il faut remarker que M. Linnæus
entend ici parler des Genres natureles, come le témoigne
la ſuite de cete même Préface, tandis que Tournefort dit
clairement qu'il étoit très-éloigné de penſer que ſes Genres puſſent être naturels dans ſa Métode qu'il ſavoit bien
ne l'être pas. Tournefort a même procuré à ſa Métode en
abréjant & ſuprimant avec coneſance de cauſe, le ſuperflu
des Caraǎeres, un avantaje dont M. Linnæus a cru lui devoir
faire un crime, dans la même Préface, où il dit expreſſément, que ſi les Caraǎeres de Tournefort ſont préférables,
cete préféranſe n'eſt dûe qu'au deſſinateur qui a plus inſtruit, & qu'aux figures qui en ſont le plus grand mérite ;
*Neque ejus (Tournefortii) Caraǎeres aliis præferrem, niſi
figuras ſeu icones addidiſſet fruǎificationum quæ ejus genera
magis intelligibilia reddidere, & ſi non plura in his detexiſſet piǎor quàm autor in definitione, longè pauciores habuſſet aſſeclas. In figuris ejus plurimis elucent plures partes,
plures notæ, figura floris, &c. quàm ex deſcriptione.* Qui le
croiroit ? & qui croira qu'un Artiſte, travaillant ſous les
ieux de Tournefort, ait mieux vu, ait plus vu de choſes
que lui, parce que ſes Caraǎeres ne comprenent pas des
détails qu'il jujoit inutiles. Enfin les Caraǎeres générikes,
tirés de la ſeule fruǎification, ſont ſi peu ſufiſans, qu'il m'eſt
arrivé dans mes voiajes de raporter le *Dodonea* au *Ptelea*,
le *Triumfetta* au *Bartramia*, le *Mendoni* ou ſon *Glorioſa* à
l'*Erythronium*, &c. & ce n'eſt que par hazard que j'ai pu
deviner le Manglier. Tous les Voiajeurs ont éprouvé le
même embarras dans les Syſtêmes fondés ſur ce ſeul principe, toutes les fois que pluſieurs Genres ſe reſſembloient
tellement par les parties de la fruǎification, que leur principale diférence dépendoit des feuilles, de la diſpoſition
de leurs fleurs ou de toute autre partie que M. Linnæus
recuſe pour les Caraǎeres générikes.

Le Caraǎere naturel ſpécifike des Plantes doit ſe tirer, Pour les
ſelon Tournefort, de toutes les parties qui ne ſont pas cel- Eſpèces.
les de la fruǎification, telles que les racines, les tijes, feuilles & de toutes les qualités ſenſibles, come ſont la couleur,
l'odeur, la ſaveur, &c. mais non des 6 parties de la fruǎification, ſavoir le calice, la corole, les étamines, le
piſtil, le fruit & les graines.

M. Linnæus établit que ce Caraǎere doit ſe tirer, non
pas des qualités ou vertus des Plantes, telles que leur du-

rée, couleur, lieu natal, le tems de leur fleuraison, & autres qualités femblables qui ne font pas palpables, & qui
ne fe montrent pas fur la Plante, &c. mais de toutes leurs
parties quelkonkes, même celles de la fructification, pourvu
qu'on fuprime, dans le Caractere fpécifike, tous ceux qui
font emploiés dans le Caractere générike & claffike. Il eft
certain que les qualités font fouvent auffi effentieles que
les autres parties pour caractérifer les Efpéfes ; c'eft ainfi
que le tems de la fleuraifon & la couleur des fleurs fourniffent un moien de diftinguer 2 Efpéfes de Safran qu'on
ne diftingueroit pas facilement fans cela ; plufieurs Efpéfes
de Fromens n'ont guere de diférence notable que par leur
vie ou durée plus ou moins longue, & ainfi de nombre d'autres. D'où il fuit que ces qualités doivent auffi faire partie des Caracteres fpécifikes, lorfqu'elles font durables pendant plufieurs générations, & qu'elles n'établiffent que des
Variétés lorfqu'elles fe perdent pour faire place à d'autres
à chake génération.

4.
Caractère
habituel.

Le Caractere habituel eft, felon Tournefort, celui qui
exprime la figure totale, ou cete conformation générale,
l'enfemble qui réfulte du 1ᵉʳ coup d'œil d'une Plante, & qui
dépend de fa façon de croître, de la difpofition de fes branches, feuilles & autres parties, c'eft ce qu'on apele le Port
des Plantes. Il eft extrêmement dificile & prefqu'impoffible
à rendre en abréjé dans une defcription. Les plus grands
Botaniftes, le Bouk, Dodoens, l'Obel, l'Eclufe, Dalechamp, les Bauhin, Zaluzian, Pierre Lauremberg, Morifon, Rai l'emploioient très-fouvent, Tournefort quelquefois, & on l'a abandonné depuis l'établiffement des Métodes fyftematikes. Nous en faifons ufaje par-tout où il fe
préfente d'une maniere fenfible.

Conclufion.
Ces Caracte-
res font arbi-
trères.

Il eft facile de voir par tout ce qui vient d'être dit des
Caracteres claffikes, générikes & fpécifikes, qu'ils font arbitrères & variables, puifqu'ils dépendent du choix & du nombre des parties d'où les Métodiftes veulent les tirer, & que
chacun d'eux les a fixés à fa façon, les uns regardant come
accidenteles ou arbritrères ceux que les autres regardoient
come effentiels ou naturels. Auffi les axiomes fondés fur
ces opinions fe font-ils détruits come ceux qu'on avoit fait
fur les Genres & les Efpéfes, parce qu'on n'a pas affez
réfléchi que ce qui fufit pour conftituer les Genres de
certaines Familles, ne fufit pas pour d'autres Familles,
& que ce n'eft pas toujours ni les mêmes parties ni le
même nombre de ces parties qui doit fournir ces Caracte-

res dans chake Famille. Les Métodistes regardent come une chose praticable, quoique tres-dificile, de réduire les Classes natureles aux regles des Systêmes, de maniere que la clé dépende d'un seul & même principe. Il est certain que s'il i avoit dans les Plantes une partie si générale qu'elle se trouvât dans toutes, elle pouroit servir de base à un pareil Systême; mais aucune n'est dans ce cas, pas même les graines, qui sont la partie la plus universele. Ainsi un semblable Systême est aussi impossible que de trouver la Métode naturele, en suivant les principes de convention les plus arbitraires des modernes, qui établissent qu'il faut tirer

Les Caracteres des Classes de 1 partie de la fructification.

Ceux des Genres de toutes ou des plus essentieles de ces parties de la fructification;

Ceux des Espèses de toutes les autres parties qui ne sont pas celles de la fructification,

principes évidament faux, à moins qu'on ne les étende sur les autres parties pour les Genres, come Tournefort faisoit quelquefois, & en emploiant aussi pour les Espèses les parties de la fructification, come a fait quelquefois M. Linnæus; car 1° il i a des Plantes, telles que certains *Bissus*, qui n'ont aucune espèse de fructification; par consékant point de Classe ni de Genre pour elles. 2° Il i en a qui n'ont ni racines, ni tijes, ni feuilles, mais seulement les parties de la fructification, come certains Lichens de la Famille des Champignons; donc point d'Espèses pour ces Plantes, ce qui seroit un paradoxe aussi insoutenable que de vouloir reléguer ces productions du regne végétal, parce qu'elles ne se ranjent pas sous nos principes & axiomes arbitraires. Il paroît donc démontré que, come il n'i a pas de Plante qui ne manque de quelqu'une des parties qui servent de fondement aux Caracteres classikes, générikes & spécifikes, il faut considérer l'ensemble de toutes les parties pour en tirer ces divers Caracteres.

Noms des Plantes, frases & descriptions.

La dénomination des Plantes a été, come l'établissement des Caracteres, une suite nécessaire de leur division métodike en Classes, Genres & Espèses. Les Plantes, come tous les autres objets naturels, peuvent se désigner de 3 manieres, savoir, 1° par un Nom, 2° par une Définition, 3° par une Description.

Un nom est un signe simple ou composé, choisi arbitrairement par l'home de chake societé ou païs, pour représ- Nom; ce que c'est.

fenter, foit par un fon qui frape les oreilles, foit par un Caractere qui peint aux ieux, & rapeler à l'efprit l'idée ou le fouvenir d'une chofe ou d'une fenfation paffée. Ainfi les noms rapelent & défignent en général, foit par la voix, foit par l'écriture, les chofes, fans en faire aucune comparaifon & fans en exprimer la nature, ni même la qualité la plus effentiele, enfin fans être fignificatifs; c'eft ce qu'on apele comunément noms populaires ou noms primitifs. Il i en a cependant qui, par la voix ou le fon dans la prononciation, expriment certains objets; ce font ceux qui ont à défigner des qualités ou des êtres dont l'effence confifte dans le fon : telles font les noms de fiflet *fibilus*, tonerre, *tonitru*, & les mots fifler, cracher, toner, &c. Mais ces noms font en petit nombre & auffi bornés que les divers fons. Il i a pareillement des Noms qui, par l'écriture, rendent la reffemblance des objets auxquels ils font apliqués; telles font les Caracteres iéroglifikes de quelques peuples de l'antiquité, dont l'écriture étoit une efpèfe de deffein qui, par un fimple trait, rendoit l'enfemble de l'objet à peindre aux ieux; cete écriture étoit fans doute la plus favante & la plus dificile, & par-là praticable pour peu de perfones; aujourd'hui toutes les nations diftinguent l'écriture du deffein.

Les noms fimples en général ne fignifient rien par euxmêmes, ils tirent leur autorité & leur autenticité de l'ufaje & de leur ancieneté feulement, & ne dépendent d'aucune regle générale; ce qui le prouve inconteftablement, c'eft qu'ils font diférens chez les diverfes Nations, & qu'il s'en trouve de femblables pour défigner des chofes diférentes : d'ailleurs ces noms chanjent tous les jours dans une même langue; on abolit les anciens, on en voit naitre de nouveaux : de-là la néceffité d'établir une langue univerfele. Nous développerons nos idées fur cet objet utile & intéreffant dans la 3e partie de cet Ouvraje.

Définition;
ce que c'eft.   La Définition eft un récit court, un tableau abréjé des principaux Caracteres d'une chofe comparée ou non à une autre. Elle renferme donc le nom primitif, & exprime de plus quelque partie ou qualité d'un objet. Telles font les frafes des Botaniftes modernes.

Defcription;
ce que c'eft.   Une Defcription eft un détail de toutes les parties & qualités quelconques d'un objet comparé ou non à un autre. Elle contient donc le nom primitif, la définition, & de plus, tout ce qui peut fervir à caractérifer & diftinguer un objet.

Les 3 manières de défigner les objets étant ainfi bien entendues, examinons les divers principes de dénominations données aux Claffes, aux Genres & aux Efpèfes des Plantes.

Les anciens Botaniftes métodiques donoient des noms primitifs, c. à d. fans fignification, à quelques-unes de leurs Noms claffikes. Claffes ; Téofrafte apeloit Fromentacés les Gramens ; Le Bouc, en 1532, diftinguoit auffi les Gramens ; Dodoens, en 1552, les Foujères, les Mouffes, les Champignons, les Chardons ; l'Obel, en 1570, les Orchis, les Palmiers ; Zaluzian, en 1592, les Laitues, les Mauves, les Concombres ; C. Bauhin, en 1596, les Solanons, les Pavots, les Aparines, les Briones ; J. Bauhin, en 1650, les Campanules, les Bouraches ; Magnol, en 1689, les Fraifiers ; M. Linnæus, en 1738, les Liliacées, les Alges. M. Adrien Royen eft le 1er, que je fache, des modernes qui ait dit, & avec raifon, en 1740, à la tête de la 1ere Claffe de fon Syftême, que le nom de chaque Claffe devoit être fimple & tiré du nom de quelque Genre de ces Claffes. *Plurimis, at præcipuè in Metodo naturali minus verfatis, paradoxon forte videbitur hoc nomen clafficum (Palmæ) uni tantum generi, cùm à veteris omnibus tùm à plerifque recentioribus affignatum ; in primis cùm plures diverfæ adeò fructificationis Plantæ fub hoc figno militent ; verum qui illud libero præjudiciis ànimo confiderabit, nifi me fallant omnia, comperiet hac ratione verùm Claffe quadam contentorum generum naturam paucis duntaxat litteris meliùs exprimi, quàm fefquipedalibus clafficorum nominum defcriptionibus.*

Les Métodiftes modernes, qui avoient pour principe d'abréjer l'étude de la Botanike, en fuprimant tous les Caractères qui leur paroiffoient fuperflus, pour fe borner à 1 feul ou à un petit nombre, ont cru qu'il faloit que le nom claffike exprimât le Caractère ou les Caractères affignés à chake Claffe dans chake Métode, & par confékant qu'il fût une vraie définition : de-là les noms claffikes *Leguminofæ, Siliquofæ, Bacciferæ, Corumbiferæ, Umbelliferæ, Galeatæ, tricoccæ, Lactefcentes, Multifiliquæ, &c.* de Morifon ; les *Difcoideæ, Capitatæ, Verticillatæ, Stellatæ, Afperifoliæ, Monofpermæ, &c.* de Rai, qui, défignant ces Claffes tantôt par les feuilles, tantôt par les fleurs, les fruits ou les graines, métoient de la confufion dans les idées. Les Définitions claffikes de Rivin, de Tournefort, &c. avoient un autre défaut, en ce que, au lieu d'un feul nom, elles répétoient la clé entière de leur Syftême ; telle eft la Définiton de la 1ere Claffe de Rivin, Fleurs parfaites, fimples,

régulieres, monopétales, & celle de la 1ᵉʳᵉ Claſſe de Tournefort, Corole ſimple, monopétale, réguliere, en cloche ; qui
toutes 2 ſont compoſées de 5 termes. M. Linnæus a voulu
remédier à ces longueurs en établiſſant pour principe que
ce nom fût ſimple & exprimât la diférenſe eſſentiele de
chaque Claſſe & de chaque Ordre. *Nomina Claſſium & Ordinum* (dit-il , Phil. Bot. p. 201.) *unico vocabulo conſtabunt ;* (& paje 200): *Nomina Claſſium & Ordinum notam eſſen-
tialem & caractériſticam includant.* Mais de ces 2 principes,
il s'enſuivit 2 inconvéniens ; le 1ᵉʳ c'eſt qu'en ſe bornant à
une ſeule note caractériſtike , cete note prétendue eſſentiele
ne pouvoit être eſſentiele dans toutes les Claſſes , ce que
prouve ſufiſament le nom caractériſtike eſſentiel de la 1ᵉʳᵉ
Claſſe *Monandria* du Syſtème de M. Linnæus ſur les étamines , puiſque nombre de Genres de cete Claſſe peuvent
ſe raporter également à ſa 2ᵉ ou à ſa 3ᵉ Claſſe *Diandria ,
Triandria* ; on pouroit citer pareillement ſes Claſſes 21 ,
22 , 23 , *Monæcia , Diæcia , Polugamia ,* & celles de nombre de Syſtêmes. On tombe dans le 2ᵉ inconvénient lorſqu'on veut éviter le 1ᵉʳ, en emploiant pluſieurs notes carac-
tériſtikes dans un ſeul & même nom , qui alors devienent
trop compoſés , trop longs , & par-là inintelligibles ; tels
ſont ſur-tout ceux-ci de M. Wachendorf, *Pollaploſtemonopetalæ , Eleuteromacroſtemones , Diſtemonopleanteræ ,* &c.

**Noms géné-
rikes.** L'uſaje comun a fait de hui-même les noms générikes
dans quelques Plantes , par exemple dans les Renoncules ,
dont C. Bauhin, en 1596 , caractériſoit les diverſes Eſpèſes , ſous le nom comun de *Ranunculus ,* quoiqu'il ne conût
point encore les Genres. Mais la dificulté étoit plus grande
ſur une infinité de Plantes , dont les diverſes Eſpèſes ne
préſentent pas ſi aiſément aux ieux ce qu'elles ont de comun
& ce qui peut ſervir à établir leur Genre. Moriſon, en 1680,
& Rai en 1682 , raportoient les Eſpèſes ſous leurs Genres ,
mais ſans leur doner de nom générike comun. Tournefort
eſt le 1ᵉʳ qui , en 1684 , ait pris le nom de l'Eſpèſe la plus
comune d'un Genre pour en faire le nom générike.

M. Linnæus a prétendu , en 1735 , d'après Vaillant, que
les noms générikes devoient , come ceux des Claſſes &
des Ordres ou Sections , être ſimples non primitifs, c. à d.
exprimer la diférence eſſentiele de chake Genre. *Nominum
Claſſium & Ordinum* (dit-il , Phil. Bot. p. 199.) *cum gene-
ricis par eſt ratio. Conſtabunt verbo unico non primitivo.*

**Noms ſpéci-
fikes.** Les 1ᵉʳˢ Botaniſtes ont emploié d'abord les noms des
Plantes , tels qu'ils les ont trouvés , c. à d. ſimples & pri-

mitifs fans fignification , tels que ceux de Dioskoride , *Abfin-
tion* , *Abrotanon* , *Chamaileon* , &c. tant qu'ils n'eurent à
parler que des Plantes les plus conues & nomées par le peuple ; car c'eft en général au peuple & non aux Botaniftes
que nous devons les 1ers noms des Plantes.

Mais dès que les Botaniftes eurent à traiter de Plantes
non nomées ou inconues au peuple , ils voulurent les défigner , les uns par un nom propre & primitif fans fignification , tel que ceux du vulgère ; les autres pour s'éviter ,
fans doute , la peine de forjer un nom , ou pour défigner
par voie de comparaifon , préférèrent de donèr à la nouvele Plante le nom d'une Plante déja conue qui hui ref-
bloit le plus , en ajoûtant à l'une & à l'autre de ces Plantes une épitète tirée de leurs qualités ; c'eft ainfi que le
Chamaileon d'Ipokrate , qui eft notre Carline , fut apelée ,
par Dioskoride , *Chamaileon albus* , pour la diftinguer de
l'*Echinopus* , qu'il noma *Chamaileon niger* , & ainfi de quelques autres.

Les modernes qui eurent plus de Plantes à nomer que
Dioskoride , usèrent de la même Métode fans diftinguer les
Genres , mais feulement les Efpèfes , en apliquant aux noms
conus & anciens 1 ou plufieurs épitètes , tirées des qualités
ou parties quelconques des Plantes. Tels furent d'abord
les noms de Le Bouc , Lonicer , Dodoens , l'Obel , l'E-
clufe , Dalechamp. *Ranunculus aquatilis. Dod. Pedicularis
Danica maxima Lob. Ledon* 1 , 2 , 3 , &c. *Cluf. Efula
major. Dalech.* Tous ces Auteurs femblent n'avoir eu d'autre deffein que de défigner les diverfes Efpèfes de Plantes
par ces noms compofés come par autant de titres : car ils
en faifoient , outre cela , une defcription auffi longue que
l'exijoient & les conèfanfes & la façon de travailler & d'obferver de ces tems-là.

C. Bauhin eft le 1er qui , en 1696 , ait eu en vue , par
ces noms compofés , de défigner & diftinguer les diverfes
Efpèfes de Plantes les unes des autres : car il n'en faifoit
pas d'autre defcription , ou au moins très-rarement , come
le témoigne fon *Pinax* , où il avoit raffemblé toutes les citations des noms femblables , mais un peu moins compofés ,
de tous les Botaniftes depuis Téofrafte. Ces définitions ou
courtes defcriptions de C. Bauhin , ont été apelées du nom
de Frafes , & imitées par tous les Botaniftes qui ont paru
depuis hui jufqu'à ce jour. Les 1eres de ces frafes n'ont pas
été d'abord toutes bien exactes , n'étant pas fondées fur des
comparèfons ni fur l'examen des parties les plus effentieles

à obferver, parce qu'on n'avoit pas encore une idée exacte des Genres. Mais dès que la divifion des Plantes prit, par les foins de Tournefort, une forme métodike afujétie à des regles, & qu'elles furent diftribuées en Claffes, Genres & Efpèfe, alors ces Frafes furent fondées fur l'examen de certaines parties, reconues & admifes pour effentieles, dont elles tirèrent les Caractères diftinctifs des Plantes, & elles devinrent de vraies définitions, & fouvent des defcriptions avec comparaifon, témoin les fuivantes : *Hyffopi folia major, latioribus foliis* ; C. B. *Hyffopi folia minor, anguftioribus foliis* ; C. B. *Salicaria Hyffopi folio latiore* ; Tour. *Salicaria Hyffopi folio anguftiore* ; T. De-là l'abus que les Botaniftes firent du terme de nom fpécifike, en le tranfportant à leurs définitions ou frafes, & en donant au nom une extenfion qui ne lui convient pas.

Pour rendre ces frafes plus courtes & plus caractériftikes, M. Linnæus crut devoir affujétir les noms fpécifiques aux mêmes regles qu'il avoit établi pour les noms claffiques & génériques, en voulant qu'ils fuffent fimples & qu'ils exprimaffent chacun la diférence effentiele de l'Efpèfe qu'ils défignoient. *Nomen fpecificum* (dit-il, Phil. Bot. p. 227.) *effentiale, abfolvitur unico alterove vocabulo, feu unica ideâ. Nomen fpecificum Plantam ab omnibus congeneribus diftinguat, eft itaque diferentia effentialis ; primo intuitu Plantam fuam manifeftabit, cum diferentiam ipfi Plantæ infcriptam contineat. Nomen fpecificum effentiale notam diferentiæ fingularem, fuæ ve fpeciei tantùm modo propriam, exhibet. Primus incepi* (dit-il encore, p. 203.) *nomina fpecifica effentialia condere, ante me nulla diferentia digna extitit. Mea nomina fpecifica è defcriptione extraxére diferentias ; ex diferentiis felectiffimum inveftigarunt caracterem effentialem quo conftant.* Voici quelques-uns des exemples qu'il cite de fes noms apelés effentiels fpécifiques, (Phil. Bot. p. 227.) *Plantago fcapo unifloro. Menuantes foliis ternatis. Pyrola fcapo unifloro.* Mais ici il emploie 3 mots pour fon nom fpécifique, y compris le nom générique, au lieu d'un ou 2 auxquels il prefcrit de fe borner, & rentre toûjours dans le cas des frafes ; d'ailleurs ces noms, qu'il prétend effentiels, ne paroiffent guère tels, car qui peut affurer qu'on ne découvrira pas un jour quelqu'autre Efpèfe de Plantain à 1 feule fleur, par la même raifon qu'il i en a beaucoup à plufieurs fleurs fur la même tije ? Il eft tout auffi probable qu'on trouvera plus d'une Efpèfe de Meniante à 3 feuilles, de Pirole à 1 fleur, &c. Dès-lors ces noms, felon les définitions

même

même de M. Linnæus, ne seroient plus essentiels; & conséquamant le principe de M. hAller, qui est le même que celui de M. Linnæus, seroit faux, qui dit : *Specificum nomen decet esse definitionem brevem & notarum discriminis proximi compendium. Præf. p.* 14.

M. Linnæus voiant que ses noms spécifiques essentiels n'étoient praticables que dans un très-petit nombre de Plantes qui avoient des Caractères saillans & uniques, revint à ses frases anciennes qui lui tinrent lieu de description, & qu'il fit précéder d'un nom simple, qu'il apele trivial, & Nom trivial. qu'il n'assujetit pas à des regles aussi séveres que les noms classiques ou génériques, primitifs ou significatifs. Noms de Province, ou tirés des qualités les moins palpables de ces Plantes : tous sont également bons. *Nomen specificum triviale* (dit-il, Phil. Bot. p. 202) *constabit vocabulo unico libere undequaque desumpto.* Tels sont ceux-ci qu'il cite : *Pyrola irregula, halleriana, secunda, umbellata, uniflora. Convulvulus arvensis, sepium, ederaceus, batatas, tomentosus, paniculatus, alsinoides, tridentatus, repens, spatamæus, pes capræ.* Ces noms triviaux revienent, come l'on voit, à ceux des Botanistes les plus anciens, Dioskoride, le Bouk, Dodoëns, Dalechamp, &c. tels que *Chamæleon albus.* Diosk. *Ranunculus aquatilis.* Dod. *Esula major.* Dalech. &c. qui ne sont que des espèses de titres & non des définitions spécifikes ; ainsi ces noms triviaux de M. Linnæus ne sont pas une nouveauté ni une chose bien utile en Botanike. Quant à ses frases ou courtes descriptions, elles ne sont pas beaucoup meilleures que celles de C. Bauhin, de Tournefort & des autres ; car elles ont les mêmes défauts, seulement moins frékament, savoir de n'être pas comparatives, d'être trop succintes, & même incertaines & sujetes à tromper. 1.º Elles ne sont pas comparatives, c. à d. que la même idée ne règne pas dans l'établissement de ses diférentes Espèses & que leurs Caractères ne sont pas relatifs ni tirés toujours des mêmes parties. Cela se voit sensiblement dans les frases suivantes :

Lytrum foliis alternis linearibus, floribus 6 andris.
Lytrum foliis alternis linearibus, floribus 4 petalis.
Rosa caule aculeato, foliis 5 glabris perennantibus.
Rosa fructibus oblongis pendulis.
Rosa foliis serratis medio tenus integerrimis.
Cucubalus foliis obovatis carnosis.
    caule dichotomo, petalis 4 fidis.
    foliis 4 nis.

Il paroît même que M. Linnæus rejete par-tout la voie de comparaison dans l'étude des Plantes, quand il dit, Crit.

Bot. p. 156 : *Addifcere unicam Plantam ab alterâ non eft fapientis ftudium* ; & p. 163 , *Notæ collatitiæ cum aliis fpeciebus ejufdem generis malæ funt* ; de forte qu'il tourne en ridicule cete defcription comparative de Rai , *Vicia flore Viciæ fepium* , & nombre d'autres de C. Bauhin & de Tournefort , telles que les fuivantes : *Jacobæa Senecionis folio ; Geranium folio Malvæ ; Campanula Lini-folia ; Ranunculus Ellebori nigri radice* , &c. come s'il ignoroit que des Plantes , quoique de diverfe Famille , peuvent avoir de la reffemblance dans quelques-unes de leurs parties. On fent affez combien ce principe eft erroné & éloigné de la faine filofofie , de la droite raifon & de l'expérience , qui nous aprend que nous ne conoiffons les chofes que par leurs qualités , que ces qualités font relatives ou entr'elles ou avec nous , & que les relations ne peuvent être conues que par des comparaifons , & que par conféquant la voie de comparèfon eft la plus fûre & la plus courte pour tranfmetre la conoiffance des Plantes. 2° Ses frafes font trop fuccintes , & ne confidèrent fouvent pas affez de parties de chaque Plante pour en diftinguer fufifamant les Efpèfes , come le témoignent celles des Rofiers & des Cucubalus cités ci-deffus , & tant d'autres , qu'il borne à 12 mots : *Numerus vocabulorum* (dit - il , Phil Bot. p. 228) *quæ in differentia adhibentur , nunquam ultrâ 12 vocabula admittat ; quemadmodum nomina generica 12 ad fummum litteris conftabunt , ut limites tandem ftabiliantur.* 3° Enfin elles font fouvent trompeufes & incertaines , pouvant s'apliquer à d'autres Plautes qu'à celles pour lefqueles elles ont été faites.

Noms fignificatifs.

Il fuit de ce que nous venons de dire , que tous les noms , excepté le trivial , doivent être fignificatifs felon M. Linnæus & fes Sectateurs , c. à d. qu'ils doivent exprimer la ditérenfe effentiele claffique , générique & fpécifique ; il a même porté ce préjujé au point de vouloir qu'on trouvât quelque reffemblance allégorique entre les Botaniftes & les Plantes auxqueles on attribuoit leur nom. C'eft fur ce principe qu'ont été faits les noms génériques fuivans : *Linnæa, cuò flores* , parce que M. Linnæus a produit , dès l'âje de 30 ans , fon 1er Ouvraje ; *Bauhinia, folia bijuga* , parce que les Bauhins étoient 2 freres , *Banifteria , Planta fcandens* , parce que Banifter graviffoit facilement fur les rochers. (Linn. Critica Bot. p. 79.)

En général on s'eft trop étudié à faire des noms fignificatifs & étymolojiques , & pas affez à conoître les fynoῆymes des anciens, à les emploier à propos, à les rendre plus courts & plus faciles à prononcer fans en altérer le fond. Et quels ont été les avantajes de ces noms fignifi‑catifs ? Pas un de réel ; ils ont été fujets aux inconvéniens d'être ou trop compofés, & par‑là confus & inintelligibles, ou peu juftes & équivoques, & par conféquant fujets à chanjer.

1° Ils font fujets à être trop compofés ; car ils ne peu‑vent être fignificatifs que lorfqu'ils font dérivés, & les déri‑vés ne peuvent être courts lorfqu'on les compofe trop de fois, & l'on eft oblijé de les compofer à proportion qu'on a plus à défigner de Plantes qui fe reffemblent beaucoup, ce qui les rend confus, fouvent inintellijibles ou trop difi‑ciles à retenir ou à prononcer ; tels font ceux‑ci : *Mono‑tropa*. Linn. *Adenanthera*. Linn. *Hypophyllocarpolendrun*, Boer. *Tetragonocarpos*, Boer. *Coriotragematodendros*, Pluk. *Antanifophyllum*, Vaill. *Stachyarpogofora*, Vaill.

Trop com‑pofés.

2° Il eft prefqu'impoffible de rendre juftes & exacts ces noms fignificatifs tant que nous ne conètrons pas toutes les Efpèfes de Plante. C'eft ce que remarque très‑judicieufe‑ment M. hAller dans fa Préface, où il dit, p. 14 : *Gene‑ricum nomen arbitrarium eft, & vix unquam tale parari poteft, ut aliquid contineat ex quo Plantæ dignofcantur: fpecificorum longitudinem accufo, fed meliora dare non potui, neque finit multitudo fpecierum, quæ cogunt multiplicare notas differen‑tiæ.* Auffi font‑ils fouvent équivoques, & donent une idée diférente de ce qui s'obferve dans la Plante ; par ex. *So‑landra*, quoiqu'il foit le nom d'un Botanifte, M. Solan‑der, paroît défigner au 1ᵉʳ abord une Plante à 1 feule fleur mâle ou à 1 feule étamine, pendant que cete Plante a dans la même ombele 5 fleurs mâles autour d'une fleur femele. Ils font encore aplicables à diverfes Plantes qui participeroient aux mêmes Caractères ; les noms compofés de M. Linnæus *Erio‑cefalus*, Tête laineufe, *Eriocaulon*, Tije velue, *Calophyl‑lum*, Bellefeuille, &c. en font des exemples ; car combien de Plantes qui ont des têtes laineufes, la tije velue, de bel‑les feuilles, &c. Mais quand on accorderoit à M. Linnæus que les noms doivent être fignificatifs, on lui reprochera toujours avec raifon la Critique qu'il a faite des noms déri‑vés de Tournefort, *Alyffoides*, *Alaternoides*, *Aftragoloi‑des*, *Cyperoides* (qui ne font que des imitations du *Sefa‑moides* d'Ipocrate, du *Fakoides* d'Oribafe, de l'*Okumoides*, *Skorpioides*, &c. de Dioskoride) *Fraxinella*, *Siliquaftrum*, *Rafaniftrum*, *Linaria*, *Polugonaton*, *Erucage* ; ou des Com‑

Equivoques.

pofés *Lilio-asfodelus* , *Lilio-narciſſus* , *Cytiſo-geniſta* , &c
qui expriment le raport de ces Plantes par des comparèſons
qui font , ſans contredit, le meilleur moien qu'on puiſſe
emploier, dans toute ſorte de deſcription ou de dénomination, pour faire conètre une Plante ; il eſt même étonant
que , convaincu come il l'étoit de la néceſſité des noms
claſſiques , génériques & ſpécifiques ſignificatifs , M. Linnæus n'ait pas emploié ces noms dérivés de Tournefort,
qui n'étoient pas auſſi vagues & plus comparatifs que les
ſiens, *Eriocaulon* , *Calophyllum* , &c.

Sujets à chanjer.

Le 3ᵉ inconvénient des noms ſignificatifs, claſſiques, génériques & ſpécifiques, c'eſt qu'ils font néceſſairement chan-
jans, come nous avons dit que les Claſſes , les Genres &
les Eſpèces chanjent ſelon le nombre & le choix des parties que chaque Métode prend pour tirer ſes Caractères diſtinctifs ; voilà pourquoi on voit peu de noms génériques,
moins de claſſiques , & encore moins de ſpécifiques, qui
ſe reſſemblent dans 2 Métodes diférentes.

Chanjemans de M. Lin-næus.

Avant que M. Linnæus eût établi pour principe , que tous
les noms , tant claſſiques, que génériques & ſpécifiques des
Plantes, devoient être ſignificatifs, il n'y avoit guère ,
come l'on a vu , que les noms claſſiques de ſignificatifs ;
les Botaniſtes s'étoient reſervé le droit de doner aux Genres & aux Eſpèces le nom qu'ils jujoient à propos ; les
uns, come Tournefort, conſervoient les noms anciens ſpécifiques, dont ils trioient & choiſiſſoient le plus comun pour
ſervir de nom générique ; les autres donoient à leurs Genres de nouveaux noms ; c'eſt ainſi que le *Craſſa* de Rivin
fut apelé *Aizoon* par Kramer & *Stiſſeria* par hEiſter, que
le *Caryophyllus* de Tournefort fut apelé *Tunica* par Ruppius & *Dianthus* par M. Linnæus, &c. Mais le principe
de M. Linnæus , une fois avancé come vrai, il faloit néceſſairement chanjer tous les noms claſſiques, génériques &
ſpécifiques qui n'étoient pas ſignificatifs ; on comença l'Ouvraje, on chanja le nom primitif de *Morina* en *Diatoteka* ,
le *Rojok* en *Morinda*, *Kainito* en celui de *Chryſophyllum* ,
celui de *Mangle* en *Rizophora*, celui de *Fabago* en *Zygo-
phyllum*, &c. La dificulté qu'il i eut de doner des noms
ſemblables ſignificatifs à nombre de Plantes, eût dû , en
aparence, opoſer un obſtacle invincible à ces chanjemans ;
mais non : lorſqu'on eut épuiſé le petit nombre de Genres
plus faciles à déſigner par des noms ſignificatifs, on poſa
pour principes d'autres motifs pour chanjer la plûpart des
autres noms antiens ; on trouva mauvais ceux de Tourne-

fort, Rivin, Boeraave, &c. on apela *Eriophorum* leur *Li-nagroftis*, *Phaca* leur *Aftragaloides*, *Anthyllis* leur *Vulne-raria*, *Bunium* leur *Bulbocaftanon*, *Bunias* leur *Erucago*, *Atropa* leur *Belladona*, *Calendula* leur *Caltha*, &c. On rejeta de même come barbares les noms primitifs de païs emploiés par Plumier & par d'autres, en fubftituant à leur place des noms grecs fynonymes de Plantes très-co-nues ; le *Sapota* fut chanjé en *Achras*, l'*Ikako* en *Chry-fobalanus*, le *Caapeba* en *Ciffampelos*, le *Monbin* en *Spon-dias*, le *Ceiba* en *Xylon*, le *Ketmia* en *Hibifcus* ; le nom de *Sida*, fynonyme du Nenufar, fut mis à la place de celui d'*Abutilon* ; celui de *Schinos*, qui eft fynonyme du *Lentif-cus*, chaffa l'ancien nom de *Molle* : les noms les plus reçus en Medecine fubirent le même fort, le *Criftoforiana* fut méta-morfofé en *Aftea* ; le *Jalap* reçut le beau nom de *Mirabilis* ; enfin par 14 axiomes, peu fondés, (Phil. Bot. p. 160) M. Linnæus a trouvé le fecret de bouleverfer & de chan-jer la plûpart des noms les plus reçus en Botanike & en Medecine, ce qui auroit fait un tort infini à ces 2 fcien-ces ; car coment reconoitre la Ciguë dans les anciens, fi nous tranfportons fon nom latin *Cicuta* à des Plantes de Canada, ou leur Bouleau, fi nous donons fon nom grec *Samyda*, ou plutôt *Semudè*, à une Plante des Ifles d'Amé-rique ? Coment entendre les comparaifons que les Botanif-tes font de diverfes Plantes par les feuilles, par exemple, foliis *Ketmiæ*, foliis *Belladonæ*, foliis *Fagopuri*, &c. fi nous chanjons leurs noms de *Ketmia* en *Hibifcus*, celui de *Bel-ladona* en *Atropa* & celui de *Fagopyrum* en *Helxine* ?

S'il n'eft pas pardonable de chanjer des noms fort bons ou au moins paffables, autorifés par l'ufaje, reçus en Méde-cine, & confacrés par les Botaniftes, pour leur en fubfti-tuer d'autres fouvent moins bons ou déja emploiés par les Grecs come fynonymes, il l'eft encore moins de défigurer les Ouvrajes poftumes des Auteurs, en les publiant avec ces noms impropres, come a fait M. Burmann (Auteur d'ail-leurs fort célèbre & très-eftimable par nombre de bonnes figures qu'il a procurées aux Botaniftes) en metant à la tête des figures & defcriptions de Plumier le fynonyme grec du *Pirafter* (*Achras*) au lieu du *Sapota*, celui du Prunier (*Spon-dias* au lieu du *Monbin*, &c. Heureufement, pour la fta-bilité de la Botanike & pour la fûreté de la Médecine, les Botaniftes les plus fenfés & les plus habiles fe font opofés à ces innovations ; hEifter les a combatu avec avantaje dans l'Ou-vraje intitulé : *De ftudio rei Erbariæ emendando*, 1730, 4°.

hElmstadii, dans sa *Dissertatio de Systemate Linnæi*, & dans ses *Regulæ Botanicæ de nominibus Plantarum*, 1748, 8°. *hElmstadii*. Le savant M. Ludwig s'y est oposé de même dans ses *Institutiones historico-physicæ regni vegetabilis*, 8°. *Lipsiæ*, 1757, où il dit formellement, au páragrafe 219, *Nomina barbara si idonea sunt & facilè pronuntianda, non rejiciantur; non tantùm enim græca & latina nomina, si certas Plantas designant, sed Arabica quoque & alia assumimus. v. g. Marrubium, Armala, Henna, Adatoda. Si vocabula non flecti possunt, indeclinabia maneant. v. g. Bonduc, Kali, Cheiri, Lilac; si verò minùs apta & pronunciatu difficilima sunt, tunc rejiciantur ut Mail-anschi, Japarandiba & varia nomina ex Horto Malabarico.* Enfin ni la France, ni l'Angleterre, ni aucune nation savante de l'Europe n'a reconu ces chanjemens de M. Linnæus; ils n'ont été adoptés que par un petit nombre de ses disciples, & notamant par ceux qui ont fait des catalogues copiés de ses Ouvrajes.

Découvertes qui ont été faites sur les Plantes.

Nous alons raporter ici, suivant l'ordre des parties des Plantes, les découvertes qui y sont relatives, en citant l'ancieneté de leur date.

Arbres & Erbes. La distinction des Plantes en Arbres, Arbrisseaux & Erbes, a été d'abord emploiée par les anciens, Aristote, Teofraste, &c. ensuite par Le Bouc en 1532; l'Ecluse, en 1576, les a encore divisés en sous-Arbrisseaux.

Bourjons. Pline conoissoit les bourjons des Plantes qu'il apelloit *Germen*. Il paroît qu'il pensoit que les bourjons se dévelopent come les graines, au moins come les monocotylédones; & il avertit qu'il ne faut pas confondre avec eux les boutons à fleurs qu'il apelle *Gemma*. *Germen autem, dit-il, est id quod ex ipsis Arborum surculis primo vere exit, ex quo deinde folium producitur: nam gemma propriè floris est quanquàm ut umque confundatur.* Malgré cete remarke de Pline, Rai, en 1682, est tombé dans cete confusion qui a été suivie jusqu'à ce jour, & il a cru pouvoir distinguer les Arbres d'avec les Erbes par le moien des bourjons; il apeloit les 1ers *Gemmiparæ*, & les dernières *Gemmis carentes*. On voit par le Passaje de Pline, que le terme de *Gemma* est impropre ici. Pontedera a suivi la même idée; mais cete marque n'est plus distinctive, depuis qu'on a reconu que les jeunes pousses (*Germina*) de la plûpart des Arbres des païs très-chauds, ne sont pas plus couverts d'écailles que celles des Plantes erbacées & de quelques Arbres toujours verts.

Malpighi, dans fon *Anatome Plantarum, fol. Londini*, 1686, *fig.* 68 *à* 76, a obfervé le 1ᵉʳ la manière dont les feuilles des Plantes font pliées ou roulées dans les bourjons avant leur dévelopement ; & M. Linnæus a étendu les mêmes recherches fur environ 170 efpèces de Plantes en 1751, dans fon Phil. Bot. p. 105, où il dit avoir traité le 1ᵉʳ ce fujet ; *Hæc prætervifa antecefforibus.* **Feuilles.**

Il a de même fuivi, dès l'an 1737, fes remarques fur les ftipules, qui avoient été bien examinées par Malpighi, fig. 50 à 67. **Stipules.**

Les divers fortes de poils qui forment le duvet ou la pouf-fière répandue fur les Plantes, furent d'abord obfervées par Grew en 1682, par Malpighi en 1686 ; & M. Guettard, en 1747, en augmenta le nombre, en leur donnant le nom de glandes. **Poils.**

Les boutons à fleur ou ieux, ont été conus de Pline qui les apeloit *Gemma*. **Boutons.**

La fituation de la fleur deffus ou deffous l'ovaire, ne paroit pas avoir été obfervée avant Cefalpin en 1583, & Tournefort en 1694. **Fleur.**

Colomna eft le 1ᵉʳ qui, en 1651, dans fes Notes fur hErnandes, ait apelé du nom de pétale *Petalon*, la partie colorée de la fleur, que M. Linnæus a apelé depuis Corole. **Corole.**

Les anciens n'ignoroient pas la fécondation & par con-féquent le fexe des Plantes. L'exemple des Palmiers femel-les fécondés par les fleurs des mâles, cité par Téofrafte & Pline, prouve qu'elle étoit conue bien avant eux. Cepen-dant ces Auteurs apeloient mâles, dans les Erbes, les fe-melles qui avoient les ovaires, & femelles au contraire les piés mâles qui portoient les étamines ; mais c'étoit relati-vemant à leur vertu médicinale ou à leur grandeur, les piés femeles étant, come dans le chanvre, comunément plus grands que les piés mâles. **Sexe.**

Zaluzianski, en 1592, a diftingué très-bien le fexe des Plantes : il a dit que les unes avoient les 2 fexes réunis, que dans les autres les 2 fexes étoient diftinéts fur z indi-vidus, & que la plûpart étoient androgynes ; & il expli-quoit coment l'ovaire du Palmier femele étoit fécondé par la pouffière du mâle qui fe répandoit deffus.

J. Bauhin cite en 1650 les paffajes de Zaluzianski fur le fexe.

Camerarius dit, dans fon *Epiftola de fexu Plantarum*, 8°. *Tubingæ*, 1694, avoir éprouvé que les graines du Mu-rier, de la Mercuriale & du Maïs, ne mûriffoient pas lorfqu'on en avoit enlevé foigneufement toutes les étamines ; mais que cete expérience ne lui avoit pas réuffi fur le Chanvre. Il parle du nombre des étamines dans les fleurs , de manière qu'on i reconoit prefque les 1ers principes de la Métode fexuele de M. Linnæus.

Ainfi c'eft bien à tort que Vaillant s'eft attribué en **1717**, & qu'on lui a acordé long-tems la découverte du fexe des Plantes , renouvelée des Grecs.

Les étamines ont été conues, mais d'une façon bien confufe , par les anciens.

Grew eft le 1er qui ait examiné au microfcope la figure de leur pouffière fécondante , dans l'Ouvraje intitulé : *Idea of a Philological Hiftori of Plants, &c.* 1682 , *fol. London.*

Malpighi examina auffi cette pouffière avec les ftiles de l'ovaire & la façon de s'ouvrir des antères au fomet en 1686 dans fon *Anatome Plantarum, fol. Londini.*

En **1711** Geofroi , dans les Mémoires de l'Académie , traite de la figure & de la nature de cete pouffière.

En **1717** Vaillant obferva encore la manière dont s'ouvrent les anteres.

En **1739** M. de Juffieu, dans les Mémoires de l'Académie , examina l'explofion & la façon de s'ouvrir des grains de pouffière des anteres mis fur l'eau.

En **1747**, M. Needham traita le même fujet dans l'Ouvrage intitulé : *Nouvelles découvertes microscopikes, in-12.* Leide.

Quoique l'on eût reconu de tout tems des étamines ou parties mâles dans les Plantes parfaites, on n'en avoit pas même foupçonné dans les Plantes apelées imparfaites ; & Micheli eft le 1er qui, en **1729**, en ait indiqué & reconu dans les Champignons ; mais la plûpart des parties qu'il regarde come telles, paroiffent être des rejetons.

Les étamines des Foujères ont été découvertes en **1739** par M. de Juffieu, dans les Mémoires de l'Académie fur le *Pilularia* & le *Lemma* ; M. Maratti les a indikés en **1760**, dans beaucoup d'autres Genres ; mais il nous paroît être dans l'erreur au fujet du *Druopteris*, en prenant pour fes étamines 2 tubercules qu'il dit avoir aperçu fur la convexité extérieure de l'envelope de fes fleurs.

Reaumur a découvert, en **1711**, les étamines des Fucus , & M. Grifelini les a confirmé en **1750**.

Nectères.   M. Linnæus fe dit , Phil. Bot. p. **125**, le 1er Obfervateur des Nectères, *Nectarium maximi fecit natura. Nectarium ne nomine notum erat, antequam idem determinavimus.* Mais Tournefort les avoit remarqués dès l'an **1694** dans les Efpèfes

d'Afclepias qu'il joint aux Apocins, dans la Granadile & dans
d'autres Plantes. Vaillant, en 1718, les regardoit come des
parties dépendantes de la corole, & qui ne méritoient pas de
nom particulier : M. Linnæus, en 1735, a cru devoir apeler
de ce nom indiférament toutes les fingularités qui fe remarquent dans les diverfes parties des fleurs ; de-là la fource
de nombre d'abus & d'erreurs dont il fera parlé à l'article
des paradoxes qui ont arêté les progrès de la Botanike.

Les lojes des fruits & les cloifons des filikes furent d'a-
bord diftinguées par Cefalpin en 1583.

Fruits ; leurs
lojes.

Cefalpin obferva encore le 1er la fituation de la radicule
ou racine dans les graines.

Radicule des
graines.

Le même auteur indiqua encore le 1er le nombre des
cotylédons de l'embrion des graines. Il diftinguoit les monocotylédones & les dicotylédones fous le nom de *Semina
univalvia & bivalvia.*

Cotylédons.

Les graines des Fucus furent découvertes en 1711 par
M. de Reaumur. (V. les Mémoires de l'Académie.)

Graines.

Celles des Moufles par Dillen en 1719 & 1741. M. Linnæus s'en dit inventeur, Phil. Bot. p. 88, *Semina mufco-
rum ego detexi.*

Micheli eft le 1er qui ait découvert, en 1729, les graines des Champignons, & qui ait prouvé, par des expériences fines, que ces Plantes fe reproduifent de graines.
MM. Gleditfch en 1753, & Battarra en 1775, ont confirmé fes curieufes découvertes.

Celles de quelques Foujères furent découvertes, en 1739,
par M. de Juffieu, & de plufieurs autres par M. Maratti
en 1760.

Une découverte des plus intéreffantes en Botanike, eft
celle de M. de Juffieu fur les Corallines & plufieurs Zoo-
fites. Il prouva dans les Mémoires de l'Académie, en 1741,
que ces productions marines qui avoient été ranjées jufqu'alors parmi les Plantes, n'étoient, ainfi que les Coraux,
les Madrépores, les Litofites, Ceratofites, &c. que des
productions animales, & qu'elles faifoient partie d'êtres ani-
més qu'il apela Polipes, dont le corps fe ramifioit & por-
toit à chaque extrémité ou à fa furface de petits animaux
analogues aux bourjons ou aux fleurs des Plantes, parce qu'ils
avoient la faculté de fe reproduire de boutures & d'œufs
femblables à des graines. L'idée de l'animalité de ces prétendues Plantes avoit été éfleurée par Imperati en 1599,
renouvelée, en 1727, par Peyffonel, mais fans preuves con-
vaincantes, & fans aucun des détails décififs que nous venons

Corallines.

de citer ; de forte qu'on doit proprement à M. de Juffieu la découverte d'un fait auffi intéreffant , qui fait rentrer dans le regne animal une Claffe d'êtres dont on avoit furcharjé mal-à-propos le regne végétal.

Termes nouveaux. Les termes nouveaux & néceffaires en Botanike font encore une efpèce de découverte ; nous en devons beaucoup à M. Linnæus : *Auxi* (dit-il , Phil. Bot. p. 135.) *Botanicem plurimis terminis ; è gr. involucrum , fpata , corolla , antera , pollen , germen , ftigma , legumen , drupa , cyma , arillus , ftipula , fcapus , bractea , pedunculus , glandula ;* mais plufieurs de ces termes ont été emploiés avant lui , fouvent même pour défigner d'autres parties des Plantes auxqueles il faloit les laiffer , par ex. *Involucrum* avoit été emploié par Artédi avant l'anée 1735 , *Spata* , ou plus exactement *Spate* , par Téofrafte ; Pline avertit expreffément que le mot *Germen* apartient proprement aux bourjons des feuilles : *Germen autem eft id quod ex ipfis Arborum furculis primo vere exit ex quo deinde folium producitur* , & néanmoins M. Linnæus l'aplique à l'ovaire ; le mot *Legumen* a été emploié de tout tems , celui de *Drupa* fe trouve dans le Lexicon de *Kyber* , 8°. Strasbourg , 1553. *Cyma* , *Bractea* , *Glandula* font encore anciens ; *Arillus* & *Bractea* font très-impropres , & on peut fe paffer de ceux de *Scapus* & *Pedunculus* ; de forte que de ces 16 termes , cités par M. Linnæus , come nouveaux & néceffaires , il n'y en a guère que 5 de tels , favoir *Corolla* , *Antera* , *Pollen* , *Stigma* , *Stipula.*

Ouvrajes de Botanike.

Nombre des volumes. Depuis Orfée jufqu'à ce jour , on compte près de 2000 Auteurs de Botanike , & environ 4000 volumes , dont 1000 fur les Plantes confidérées relativement à la Médecine , autant fur l'Agriculture , & 2000 fur la Botanike proprement dite , de forte que fi fur 18 mille efpèces ou variétés de Plantes citées dans ces Ouvrajes , on fait un choix de celles qui font fufifamant conues , ce qui ira à peiné à 4 mille , ce feroit un volume pour 2 Plantes.

Tous les Ouvrajes de Botanike peuvent fe réduire à 7 Efpèces fuivant leur objet , favoir :

1° Les Ouvrajes des anciens , leurs Traducteurs & Comentateurs.
2. Les Métodes.
3. Les Defcriptions.
4. Les Synonymes.
5. Les Catalogues.
6. Les Figures.
7. Les Dogmes ou principes filofofikes.

Nous ne parlerons ici que des Ouvrajes qui tienent le 1er rang dans la Botanike, ceux qui font faits pour doner la loi, & qu'il faut conoître pour étudier cete ſcience avec fruit.

1°. Ouvrajes des anciens.

Quoique Téofraſte & Dioskoride, qui s'eſt ataché le plus particulièrement aux Plantes, & qui s'eſt fait le plus grand nom ſur cete matière, n'aient parlé que d'environ 5 à 600 Plantes, & les aient décrit de manière qu'il eſt ſouvent dificile & quelquefois impoſſible de les reconoître ; on voit néanmoins dans nombre d'endroits de leurs Ouvrajes, ſurtout de ceux d'Ariſtote & de Teofraſte, des traits de lumière & des coneſſances ſi profondes, dont quelques-unes même paroiſſent ignorées aujourd'hui, & pouroient être apelées des découvertes renouvelées des Grecs, qu'on ne peut s'empêcher de convenir, malgré le mépris que quelques Métodiſtes modernes afeſtent de répandre ſur eux, que ces grands homes, quoiqu'ils n'aient pas fait de Métodes ſyſtématiques, qu'ils ne regardoient que come des Dictionaires trop ſuperficiels, avoient come nous des coneſſances de détails dont les tems ne nous ont conſervé que les réſultats généraux. Il eſt certain, autant qu'on en peut jujer par ce qui nous reſte des Ouvrajes d'Ariſtote, de Teofraſte & de Pline, qu'ils ignoroient entièrement des parties que nous coneſſons & que nous avons aprofondi ; mais il eſt plus que probable que leurs réſultats généraux dépendoient de coneſſances de détails dont ces divins Auteurs laiſſoient échaper par intervalles de léjères traces. Ce ſont de ces faits dont ne peut guère douter tout home qui a étudié aſſez à fond les ſciences naturèles ; & au lieu de croire que les anciens n'ont adopté telle ou telle opinion que parce qu'ils n'avoient pas été auſſi loin que nous, nous devrions peut-être plutôt penſer que c'eſt parce qu'ils avoient été plus loin ; & que des expériences, que nous n'avons pas encore faites, leur avoit fait ſentir l'inſufiſance des Syſtêmes dont nous nous contentons.

Ces excellens Ouvrajes ont été traduits & commentés par les homes les plus diſtingués dans les Belles-Lettres & les Sciences naturèles. Ariſtote fut traduit en latin, vers l'an 1450, par Gaza, Grec d'origine, né à Teſſalonike, d'où les guerres des Turcs l'oblijèrent de ſe retirer à Rome où il mourut en 1478.

Leurs Traducteurs & Commentateurs.

Le même Gaza traduiſit Téofraſte, qui fut commenté par Scaliger en 1566, & par Stapel en 1644.

Les plus ſavans Traducteurs de Dioskoride ont été Ruelle

en 1516, Cornar en 1557 , & Sarrafin en 1598 ; & le plus fameux de fes Commentateurs a été Mathiole en 1554 : on lui reproche de n'avoir pas comparé les Plantes que la nature a produites, avec les defcriptions de Dioskoride, mais d'avoir, fur ces defcriptions, imajiné des Plantes que la nature avoit dû produire, ou qu'elle avoit eu tort de ne produire pas. Les chanjemans que les Plantes peuvent foufrir par un laps de tems de plus de 2000 ans, n'auroient-ils pas quelque part à la diférence que nous remarquons entre quelques-unes des figures de Mattiole, qui rendent les Plantes de Dioskoride, & entre les Plantes qui en aprochent le plus & que nous croions que ce Commentateur a voulu défigner ?

Les Commentateurs les plus diftingués de Pline, font Dalechamp en 1604, Saumaife en 1689, & Harduin, dont la nouvelle édition de 1741, *fol.* imprimée à Bâle, & foi-difant à Paris, paffe pour la meilleure.

En général ces favans Traducteurs & Commentateurs ont rendu de grands fervices à la Botanike ; mais ils en euffent rendu davantaje, s'ils euffent eu toutes les coneffances qu'on a aujourd'hui fur les Plantes ; & je puis affurer par expérience, qu'un Botanifte, qui entend fufifamant la Langue gréque, gagne beaucoup à lire le Texte d'Ariftote & de Téofrafte, plutôt que leurs Traducteurs, qui fouvent rendent les termes & non le fens de leurs Auteurs.

2°. Métodes.   Nous avons dit ci-devant, en parlant des Ouvrajes métodikes des Botaniftes, que la Métode de Tournefort méritoit, à tous égards, la préférence fur les autres ; il nous refte à dire ici que les Ouvrajes les meilleurs pour les Genres font ceux de Tournefort, de MM. Linnæus & hAller. Voici ce que M. Linnæus dit des fiens, Phil. Bot. p. 140 : *Ego omnia autorum examinavi genera ad leges artis, Caracteres reformavi, & tanquam nova condidi.*

3°. Defcriptions.   Les defcriptions fpécifikes les plus completes font celles de l'Eclufe en 1576, Columna en 1592, J. Bauhin en 1650, Rheede en 1678, Rai en 1682, Rumfe en 1690, Plumier en 1703, Jean Scheuzer en 1708, Dillen en 1719, Vaillant en 1727 ; M. Linnæus en 1737, dans fon *Hortus Cliffortianus*, & M. hAller en 1742.

4°. Synonymes.   C. Bauhin eft le 1er qui, en 1596, ait recueilli dans fon *Pinax* & concilié la fynonymie des Plantes nomées par les Botaniftes, ouvraje de 40 ans, que Mentzel augmenta confidérablemant en 1682, & mit fous la forme la plus comode de Dictionaire fous le titre de *Index nominum Plantarum multilinguis*, fol. *Berolini.* M. hAller a travaillé avec fuccès la même partie en 1742, & M. Linnæus, en 1753, dans fon *Species Plantarum* ; mais ils n'ont pas par-tout la même exactitude, & nous i avons remarqué nombre de fautes.

L'Auteur qui travailleroit aujourd'hui à la fynonymie de tous les Ouvrajes qui ont paru depuis C. Bauhin, auroit un Ouvraje auffi immenfe & auffi dificile à débrouiller, qu'il feroit inutile & fuperflu : nous ne confeillons à perfone de l'entreprendre ; de bones figures doivent i fupléer.

Les Biblioteques de Botanike regorjent de Catalogues apelés *Flora*, *Hortus*, *Botanicon*, &c. qui font l'énumération des Plantes qui croiffent dans chaque Province ou dans chaque Jardin. Encore ces derniers font-ils utiles en ce qu'ils font conoitre l'état actuel de la Botanide dans chaque Etat : on peut citer pour modele de ces Catalogues celui de Simon Pauli, publié en 1652, fous le titre de *Viridarium*, in-12. *Haffniæ* ; il contient tous les Jardins publics de Botanike de fon tems, au nombre de 13, & eft remarquable par fa briéveté. C'eft un grand abus que la multiplicité de ces Catalogues ; abus qu'entraîna le *Pinax* de C. Bauhin, en faifant des Nomeurs de Plantes ; qu'on me paffe ce terme, qui me paroît meilleur que ceux de Nomenclateur, Nominateur ou Dénominateur. Cet Ouvraje dona lieu à 300 volumes de Catalogues qui parurent depuis l'an 1596 jufqu'en 1753, dans un efpace d'environ 150 ans. Cete pernicieufe Métode de frafes qui font de la Botanike une fcience vaine de noms, au lieu d'en faire une fcience folide de faits, reprend une nouvele faveur à l'apui du *Species Plantarum* de M. Linnæus. Dès que cet Ouvraje parut, les gens les moins verfés dans la Botanike fe crurent Botaniftes, avant même de favoir les principes de cete fience ; chacun dans fa Province voulut faire le Catalogue des Plantes qui s'y trouvent ; & quels Catalogues ! Les uns en copiant mot pour mot les frafes de M. Linnæus, les autres en y faifant de léjers chanjemens, fondés fur des remarques minutieufes qui les rendoient encore moins exactes ; de forte qu'on vit paroître en moins de 10 ans une centaine de Catalogues, qui ne font que des copies des frafes de M. Linnæus, & des citations toutes auffi inutiles & foûvent entaffées fans choix & fans coneffances, tant il étoit facile de trier 12 ou 1500 frafes, dont on avoit befoin pour chaque Province, d'un Livre qui contenoit celles de 6 à 7 mille Efpèces. Cete manie des Catalogues gagne encore au point de faire craindre que la Botanike ne foit enfin

5°.
Catalogues.

acablée fous le poids inutile de ces frafes, qui ne font que come une écorce gangrénée de la fcience ; mais il faut efpérer que le nombre des Provinces de l'Europe n'étant pas inépuifable, la fource des Catalogues tarira lorfqu'on en aura fait 1 ou 2 mille.

C°. Figures. Sur environ 70 mille figures de Plantes que nous poffédons depuis Corbichon en 1482 jufqu'à ce jour, ce qui fait un efpace de près de 300 ans, on compte à peine 10 mille Efpèces diférentes, tout le refte n'eft que répétition des mêmes Plantes ; & fur ces 10 mille figures, il n'i en a guère que 1500 ou 2000 au plus de parfaites ou completes, auxqueles il n'y ait rien à defirer pour les détails ; telles que la plûpart de celles de Dodart de l'Académie, de Tournefort, Plumier, Vaillant, Dillen, Micheli, MM. Ehret & Trew ; car je ne crois pas qu'on puiffe citer, come elle le mérite, cete collection unique de 5000 Plantes que Gafton d'Orléans, retiré à Blois, fit peindre dès l'an 1653 fur velin, _in-folio_, avec toute la magnificence poffible, par N. Robert, peintre, graveur & deffinateur le plus habile de fon tems ; collection que nos Rois ont fait continuer depuis par les peintres & deffinateurs les plus fameux en cete partie, Joubert, Aubriet, Mademoifelle Baffeporte, & dont il i a actuelement 50 volumes au Cabinet roial des Eftampes, chaque volume contenant environ 100 Plantes. Il eft fâcheux que cete riche & précieufe collection de figures de Plantes ne foit pas confiée à la gravure & mife en la poffeffion du public, fuivant le plan qui avoit été comencé par l'Académie, & dont les 319 Planches exécutées _in-folio_ font & feront toujours l'admiration de tous les conoiffeurs & fur-tout des Botaniftes.

On remarque, en général, que ceux qui ont doné les meilleures figures étoient des Botaniftes qui deffinoient & gravoient eux-mêmes leurs Plantes, tels que Columna en 1592, & Dillen en 1719 ; ou bien des deffinateurs par état, qui par goût & par un long ufaje, font devenus Botaniftes, tels qu'Aubriet, Ehret, &c.

Les meilleures figures en bois fans ombre, ont été celles de Brunsfels en 1530, Fuchs en 1542, l'Eclufe en 1576 ; & avec des ombres celles du Mattiole de Valgrife en 1548, de Bok en 1552, Dodoens en 1552, Lobel en 1570.

Les meilleures figures en étain ombrées font celles de Dillen.

Les meilleures figures en cuivre fans ombres, font celles de Plumier en 1693 ; & avec des ombres, celles de Columna

en 1592; Dodart en 1676 ; l'Académie dès l'an 1676 ;
Rhéede en 1678 ; Tournefort en 1694 ; Vaillant en 1718 ;
Micheli en 1729 ; M. hAller en 1742.

Les meilleures figures enluminées font celles de Martyn
en 1728, Catesbi en 1731, M. Ehret en 1748, M. Trew
en 1750.

Les Filofofes Botaniftes qui ont doné des règles pour l'établiffemant des Métodes ou Syftêmes, des Genres & Efpèces de Plantes , & de leur dénomination, font :

7°.
Dogmes de
Botanike.

Jungius, qui mourut en 1657, & dont les Ouvrajes furent imprimés en 1679 fous le titre de *Ifagoge Phytofco-
pica* , 4°. *Hamburgi.* M. hAller fait voir, en homme véri-
dike & plein de fon objet, que cet Auteur qu'aucun Botanifte ne cite, excepté Rai, a fourni à M. Linnæus la plûpart de fes principes. Voici ce qu'il en dit , p. 21 de fa Préface : *Poftumæ fchedæ funt (Jungii) cùm autor anno 1657
obierit. Habentur hoc libro de Plantis fragmenta fatis lucu-
lenta , ubi paffim leges fancit Linnæanis fimillimas , deindè
ftirpes ad genera naturalia revocat , & à confuetis familiis
feparat , fuas etiam obfervationes interponit , fæpe tamen ab ico-
nibus defumptas , plerumque à foliis .... incredibile eft , quàm
profundè in minutias ftaminum , tubarum florumque introfpexe-
rit, quantâ etiam perfpicacitate & ingenii metodica indole
definitiones primus fixerit.*

Rai avoit beaucoup plus de bonne foi , il citoit tous les
Paffajes qu'il raportoit de Jungius en 1682, & un trait pareil fait toujours beaucoup d'honeur à un favant de fon
ordre , & prouve qu'il fe coneffoit & qu'il avoit affez de
quoi fe faire honeur dans fes propres lumières, fans fe parer
du bien d'autrui.

Paul Amman , dans fon *Caraƈer Plantarum naturalis* ,
S. Metodus genuina cognofcendi Plantas, in - 12. Lipfiæ ,
1685 ; réimprimé en 1700, *in - 12* , Francfort, avec les
Notes de Nebel, done une Filofofie botanike très - judi-
cieufe.

L'Introduction à la Botanike de Tournefort , publiée en
1694, contient les principes les plus fûrs & les plus fajes
que nous aions fur cete fcience. Ce morceau, rempli d'é-
rudition, eft le mieux touché & le plus éloquent que la
Botanike anciene & moderne ait encore produit.

hEifter, dans l'Ouvraje intitulé , *De ftudio rei Erbariæ
emendando,* 4°. *Elmftadii ;* 1730 ; & hEbenftreit dans fes
Definitiones Plantarum, 4°. *Lipfiæ,* 1731, ont doné des
regles pour établir les Genres de Plantes.

M. Linnæus, en 1735, dans fes *Fundamenta Botanica*, & en 1751 dans fon *Filofofia Botanica*, a étendu les dogmes de Botanike plus qu'aucun de fes prédéceffeurs ; & même l'on peut dire qu'il les a porté fur prefque tous les objets de Botanike qui en font fufceptibles ; mais ce qu'il i a de meilleur dans fes principes eft tiré de Jungius & de Tournefort, & on lui a fait le jufte reproche de ne les pas fuivre toujours, d'être fouvent en contradiction avec lui-même, & d'avoir rempli fes axiomes de paradoxes ; c'eft ce que dit clairement M. hAller dans fa Préface, p. 14 : *Non ubique tamen (Linnæum) fequendum duxi, cùm fpeci-fica quidem nomina mutandum videatur, generica mutare & tædiofum fit & plerumque inutile ;* & à la page 30 : *Videas & volupe eft videre declinantem à rigore legum fuarum artifi-cialium & ad genera naturalia redeuntem.*

M. Ludwig, en 1737 & en 1757, dans fes *Inftitutiones regni vegetabilis* ; Siegesbek, en 1737, dans fon *Epicrifis* ; & M. Alfton, dans fon *Tirocinium Edinburgenfe*, en 1753, ont doné des regles auffi fajes & auffi pures que celles de Tournefort, en condamnant la plûpart des principes faux de M. Linnæus.

Conclufion fur les Ouvrajes de Botanike.

De tous les Botaniftes cités jufqu'ici, Gefner & Rai ont publié un plus grand nombre des meilleurs Ouvrajes. On n'ignore pas que plufieurs autres Auteurs ont travaillé prefqu'autant que M. Rai, par ex. M. Linnæus, en donant environ 20 volumes fur cete fcience ; mais il n'a pas jujé que tous fes Ouvrajes fuffent de nouveles découvertes, il a cru les rendre plus utiles en les préfentant fous diférentes faces, & il i en a même plufieurs qui ne font que des réformes des volumes précédens.

Quoique tous les Ouvrajes de Gefner ne foient pas fur la Botanike feule, ils méritent néanmoins d'être cités ici, come un fait des plus finguliers, qu'un homme feul ait pû, à l'âje de 49 ans, avoir compofé tant de bons Ouvrajes & en fi grande quantité. Gefner lui-même ne roujit pas de dire dans fa Bibfioteque, qu'il étoit oblijé de faire des Livres pour gagner fa vie. De faire de bons & de méchans Livres pour du pain, cela n'eft pas extraordinaire ; mais d'en faire près de 100 tous bons & utiles, c'eft ce qu'on n'avoit jamais vu & qu'on ne verra peut-être jamais.

Au refte fi nous regardons les Ouvrajes des Botaniftes modernes avec les mêmes ieux que les regarderont nos defcendans, c. à d. avec les mêmes ieux que nous regardons les Ouvrajes des anciens, nous conviendrons que, comme
nous

nous citons avec éloje ceux d'Ariſtote, de Téofraſte, de
Dioskoride & de Pline, on citera de même la Métode de
Tournefort come la plus parfaite & la plus facile de celles qui ont paru ; ſes Genres & ceux de MM. Linnæus &
hAller ; les deſcriptions ſpécifiques de Columna, de Rai,
de Plumier, de Jean Scheuzer, de M. hAller, & quelques-unes de celles de M. Linnæus ; la ſynonymie de C.
Bauhin, les figures de Dodart, Tournefort, Aubriet, Dillen, MM. Ehret & Trew ; enfin la filoſofie de Jungius &
de Tournefort come les plus ſajes.

Cauſes qui ont favoriſé les progrès de la Botanike.

Parmi les cauſes qui ont concouru aux progrès de la Botanike, on peut en citer 4 principales, ſavoir :

1° La protection des Souverains & des Grands.
2 Les Voiajes favoriſés.
3 L'établiſſement des Jardins de Botanike.
4 Les Erbiers.

Rien ne prouve plus l'éclat de la grandeur & la puiſſance
des Rois, que la magnificence avec laquele ils ont favoriſé
les ſciences utiles, ſur-tout l'Hiſtoire naturele & la Botanike.

On ſait ce que Filipe Roi de Macédoine fit pour elles,
lorſqu'après avoir réuni la Grèce à ſes Etats, il en tira Ariſtote de ſa petite ville de Stagire, pour le charjer de l'édu-
cation de ſon fils Alexandre, qui, après avoir conquis l'A-
ſie, conſigna, par reconeſſance, à ce grand Filoſofe, une
ſomme immenſe pour écrire ſon Hiſtoire naturele, en co-
mandant à pluſieurs milliers d'hommes de diverſes conditions
relatives à la chaſſe & à la pêche, d'obéir à ſes ordres &
de lui aporter toutes ſortes d'animaux, quadrupedes, oiſeaux,
poiſſons, inſectes, Plantes, enfin tout ce qui pouroit favo-
riſer la production de cette grande & belle Hiſtoire, dont
les tems nous ont conſervé 2 grands volumes *in-folio*, en
nous laiſſant regreter la perte de la plus grande partie de
ſes 2 excellens Livres ſur les Plantes.

Pluſieurs Monarques de nos tems ont ſuivi de ſi nobles
exemples ; mais aucun n'a égalé la magnificence avec laquele
Filipe II, Roi d'Eſpagne, envoia ſon 1er Medecin hErnandez au Méxique : ce Voiaje, pour lequel il lui fit compter
60 mille ducats, qui revienent à 600,000 livres de notre mo-
noie, nous a valu l'Hiſtoire de près de 700 Plantes, que
Columna publia à Rome en 1628, long-tems après la mort
d'Ernandez.

Louis XIV, au milieu de ſes conquêtes, crut ajoûter en-

1°.
Protection
des Souve-
rains.

En Aſie.

2°.
Voiajes fa-
voriſés.
En Eſpagne.

En France.

k

core à fa glóire, en ordonant des Voiajes dans les diverfes
partias du monde ; à Plumier aux îles de l'Amérique, en
1689 ; à Tournefort dans le Levant, en 1700, accompa-
gné d'un autre Botanifte Gundelsheimer, & du plus fameux
deffinateur & peintre en cete partie, Aubriet ; à Feuillé
au Pérou en 1709: ce grand Monarke, non content de
fournir en Roi aux dépenfes de ces voiajes, voulut que le
monde favant profitât des découvertes de ces grands hommes, & fit imprimer, à cet efet, leurs Ouvrajes au
Louvre.

M. Jofef de Juffieu, frere cadet du célèbre M. Bernard
de Juffieu, fut du nombre des 4 Académiciens qui partirent
en 1735, par ordre du Roi régnant Louis XV, pour mefurer un degré du Méridien au Pérou ; fa miffion avoit pour
objet des recherches Botanikes, qui nous ont valu nombre
de Plantes nouvelles, qu'on cultive dans divers Jardins de
l'Europe ; & fon retour, qu'on nous fait efpérer comme
prochain, nous doit procurer beaucoup de conoiffances
échapées au P. Feuillé.

En Allema-   L'Empereur envoia, il y a quelques anées, aux îles An-
gne.   tilles de l'Amérique, M. Jacquin, qui, à fon retour à
Viënne en 1762, publia le Catalógue des Plantes obfervées dans fon Voiaje, fous le titre de *Enumeratio Planta-*
rum Americanarum, in-12. *Lugd. Batav.*

En Sárdai-   Le Roi de Sardaigne a envoié, il n'i a pas long-tems, en
gne.   Egipte, M. Donati, Profeffeur de fon Jardin de Turin,
pour i faire des découvertes & fur les Plantes & fur les productions marines analogues au corail, dont la Mer rouje
eft fi abondamant fournie.

En Dane-   Enfin le Roi de Danemark a envöié, en 1761, 9 favans
mark.   en Egipte ; M. Forskholl pour des recherches Botanikes,
& les autres pour ce qui regarde la Fifique, l'Aftronomie,
les Antiquités & l'Hiftoire.

Voiajes des Peu de Botaniftes ont voiajé à leurs frais, & par zèle.
particuliers. Je n'ofe prefque me citer : je partis, à la fin de 1748,
pour le Sénégal, ou je demeurai jufqu'en 1754. Les conel-
fances nouvelles & utiles, aquifes dans un païs ignoré, n'ont
pas été, jufqu'à préfent, avantajeufes à ma fortune. Je
n'y aurai point de regret fi le public en retire l'avantaje qui
peut réfulter de l'Hiftoire naturele de ce païs, dont j'ai publié le 1er volume en 1757, & dont la fuite n'a été fuf-
pendue que faute de fecours.

M. Browne, Anglois, a voiajé de même à la Jamaïque
en 17   , & a recomencé un 2e voiaje dans la même île

en 1760, après avoir rendu compte du 1ᵉʳ en 1756.

Les Jardins de Botanike, fondés succeſſivement par diverſes puiſſances de l'Europe, ont auſſi contribué aux progrès de cete ſcience, ſoit en procurant l'inſtruction des jeunes étudians en Médecine & en Botanike par des démonſtrations qui s'y font annuelemant, ſoit en favoriſant aux Botaniſtes conſomés l'étude des Plantes, dont la comparéſon fait le principal mérite de leurs Ouvrajes.

Le Catalogue des anciens Profeſſeurs & Démonſtrateurs de ces Jardins ſe trouve preſque par-tout ; ainſi nous nous contenterons de nomer ici ceux qui ſont actuelement en place, & dont le comerce réciproque peut étendre la conéſſance des Plantes, par la comunication des graines de celles qui ſont cultivées dans chacun de ces Jardins.

Profeſſeurs de Botanike dans les Jardins d'Univerſités
ou Académies de l'Europe, où ſe font
les Leçons publikes.

En France.

Paris. Fondé en 1616.	Profeſſeur , MM.	Le Monniet en 1758.
	Démonſtrat.	De Juſſieu, en 1722
Monpelier. 1598.	Démonſtr.	Imbert.
Toulouſe.		Du Bernar.
Bordeaux.		Caſtet ?
Beſançon.		Rognon. (par intérim.)
Pontamouſſon.		
Nantes.		Bonami.
Anjers.		Bettelo du Pati.
Kaen.		De Moueux.
Rouen.		Pinat.
Reims.		Joſſet.
Nanci. (Loraine.)		Bagard.
Strasbourg. (Alſace.)		Spilmann.

En Eſpagne.

Madrid.	{ Quer.
	{ Mihuart.
Cadiz.	

En Savoie. *Sabaudia.*

Turin. *Hort. Taurinenſis.*	Donati.
	Allioni. (par intérim.)

En Italie.

Padoue, 1540.	Marſili.
Florence.	Manetti.
Boulogne, 1547.	Monti.
Rome.	Maratti.
Milan.	
Meſſine. (Sicile.)	

En Allemagne. *Germania.*

Pise. Fondé en 1547. (Toscane. Prof. MM. Tilli.
                                                    Dém.

Vienne. (Autriche.)   Laugier.
Ausbourg. *Augusta Vindelicorum.*   Jacquin ?
Prague. (Boème.)   Boadsch ?
Carniol.   Scopoli.
Leipsik. (Saxe.)   Ludwig.
Wittemberg. Id.   Boehmer.
Nuremberg. (Franconie.) *Norimbergensis.*   Trew.
Erlang. Id.   Casimir Schmiedel.
Altorf. Id.
Helmstad. (Brunsvik.)
Hessem. Id.
Iène (Turinge.)
Tubinge.   Filipe Gmelin.
Ratisbone. (Baviere.)   Scheffer.
Gissen.   Voigt.
Hall. (Madbourg)
Erford. *Erfurtum.*   Kniphof.
Francfort sur l'Oder.   Cartheuser.
Wurtzbourg. *Wiceburgensis.*   Dercum.
Ulme. (Suabe.) *Suevia.*
Heidelborg. (Palatinat.)

En Angletere.

Oxford, 1683. *Oxoniensis.*   Sibthorp, 1748.
Chelsea.   Watson.
Edinbourg. (Ecosse.)   Hoppe.

En Prusse.

Berlin.   Gleditsch.
Goetting.   Buttner.
Breslaw. (Silésie.) *Urauslaviensis.*
Konisberg. Id. *Regiomontanus.*

En Hollande. *Batavia.*

Leide. 1677.   David Royen, 1761.
Amsterdam. 1686.   Jean Burmann, 1718.
Utrecht. 1638. *Ultrajectinus.*   Wachendorf.
La Haie.   Schwenke.
Groning.
Harlem.
Harderovich.
Breda. (Brabant.)

En Danemark. *Dania.*

Kopenhague. (Séeland.) *Hafniensis.*   Oeder.
                                                 Rotboll.

En Suede. *Suecia.*

Upsal. 1657. (Uplande.)   Linnæus, 1730.
Lund. (Scanie.) *Lundensis.*   Liedbek.
Abo. *Aboensis.*   Kalm.

En Pologne.

Warfovie. Fondé en	Profeff. MM.
	Démonftr.

En Ruffie. *Rutenia.*

Petersbourg. (Ingrie.) *Petropolitanus.*	Solander.

Outre ces Jardins de Botanike, fondés pour l'inftruction du public, il i en a de particuliers, tels que celui de Trianon, conftruit par la magnificence de Louis XV; ceux de Carlfruh dans la Marche de Bade-Urlac, & de Clifford près de Harlèm.

On démontre tous les ans au Jardin roial de Paris, environ 3500 Efpèces ou Variétés de Plantes.

Dans celui de Leide,	2700.
Amfterdam,	2000.
Utrecht,	2000.
Padoue,	2000.
Kaen,	1500.
Berlin,	1200.
Kopenhague,	1000.
Vienne,	1000.
Upfal,	1000.
Leipfik,	900.
Monpelier,	700.

Les Erbiers fourniffent encore un moien très-comode d'étudier la Botanike, ou de fe rapeler d'ancienes conoiffances; ce font des Jardins vivans même pendant l'hyver, qu'on peut confulter à toute heure, & qui facilitent la comparèfon du plus grand nombre de Plantes qu'il eft poffible.

Les Erbiers les plus conus & les plus confidérables font en France ceux de

Tournefort,	4,000 Efpèces.		} Au Jardin du
Vaillant,	9,000	ou 12,000 Variétés.	} Roi.
De Juffieu,	8,000	10,000	
Adanfon,	8,000	10,000	

En Angleterre ceux de

Sloane,	8,000
Sherard,	12,000.

Caufes qui ont arêté les progrès de la Botanike.

Trois caufes principales fe font opofées aux progrès de Botanike, favoir:

1° La vanité des Botaniftes,
2 Leurs paradoxes,
3 Leur façon de travailler.

L'efprit de vanité a fait un grand tort à la fcience, en divifant les Botaniftes, les uns voulant célébrer leurs dé-

k.iij

(marginal notes: 4°. Erbiers. — 1°. Vanité des Botaniftes.)

couvertes au-deſſus de celles des autres, ou même s'apro⸗ prier les leurs. Les exemples n'en ſont que trop fréquans ; on voit ſi peu de perſones du même talent s'alier pour tra⸗ vailler de concert, que leurs travaux n'ont ſouvent pour ob⸗ jet que la critique.

Autant les Critiques ſont utiles, lorſqu'eles ont pour but l'éclairciſſement de certains faits ou la confirmation des au⸗ tres, & qu'elles ſont ménajées avec l'équité, la bone foi, la modération & une eſtime réciproque des perſones, telles que celle de Rai contre Tournefort ; autant elles ſont per⸗ nicieuſes lorſqu'elles ſont dictées par l'amour-propre, la jalouſie ou les préjujés, & qu'elles tombent ſur la perſone des Auteurs & non ſur leurs écrits, qui en devroient être le ſeul objet. C'eſt ce qu'ont malheureuſement éprouvé les plus grands Botaniſtes.

Lorſque la Métode de Tournefort parut, combien ne s'élevèrent pas de diſputes & de critiques, pluſieurs conteſ⸗ tant la poſſibilité ou l'utilité d'une Métode, tant il eſt natu⸗ rel que les progrès des ſciences ſoient lents & traverſés par les ſavans mêmes. Vaillant, ſon éleve & ſon ſucceſſeur, fut un de ceux qui ſe livrèrent à cete baſſe jalouſie ; il en critiqua auſſi les Ouvrajes, & s'il le fit avec tant de ſufi⸗ ſance & ſi peu de fondemant, ce ne fut que 8 ans après la mort de ce grand home.

Rivin répondit avec colere & ſans réflexion, en 1720, à la tête de ſon *Introductio generalis ad rem Erbariam, in-12. Lipſiæ*, à la ſaje Critique que Dillen fit de ſa Mé⸗ tode dans ſon *Catalogus Plant. Giſſæ, in-12. Francofurti*, & il le traita come un jeune homme ; mais il ignoroit qu'il avoit afaire à un jeune homme très-ſavant & peut-être plus profond Botaniſte que lui, come ſemblent le prouver ſes excellens Ouvrajes.

On ſait aſſez, ſans que je les nome, quels ſont les Bota⸗ niſtes vivans auxquels on peut reprocher de ſemblables du⸗ retés, ou même encore plus de vanité & de ſufiſance.

2°. Paradoxes. Si la Botaniſe a eu de tems en tems des traits de lumière qui ont hâté ſes progrès, elle a auſſi ſouvent eſſuié des para⸗ doxes qui les ont beaucoup ralenti ; il n'eſt preſque pas d'Au⸗ teur, même célebre, qui n'en ait avancé quelqu'un. Parmi ces paradoxes, outre ceux que nous avons cités ſur les Claſ⸗ ſes, les Genres, les Eſpèces & les Noms, on peut encore citer les ſuivans ſur les autres parties de la Botanike.

ſur les Gé⸗ ices. Krétien Knaut, en 1716, reconeſſoit autant de Genres de Plantes qu'il i avoit d'Eſpèces qui diféroient même par

la plus petite partie , telle que le nombre des pétales , des
loges , du fruit , &c.

M. Linnæus dit , en 1751 , contre le sentiment de Rai ,
Tournefort , Rivin , Boeraave , Heucher , Knaut , Kramer , que la situation & disposition des fleurs sur la Plante ,
ne peut fournir une note caractéristique générique. *Inflo-*
rescentia notam caractéristicam non dabit, Phil. Bot. p. 131.

En 1720 Pontedera nia le sexe des Plantes & la fécondation des ovaires par les étamines , malgré les preuves évidentes fournies par Grew & Malpighi dans l'anatomie de
ces parties , & par les expérianses de Camérarius & de
Vaillant.

M. Linnæus a publié , en 1751 dans son *Philosophiæ*
Botanica, un paradoxe au moins aussi singulier en disant ,
p, 86 : *Initio rerum ex omni specie viventium unicum sexûs*
par creatum fuisse contendimus. Ce n'est certainement pas
le Polipe parmi les Animaux , ce ne sont pas les Bissus ,
les Champignons & tant d'autres Plantes qui lui fourniront des preuves pour soutenir cet axiome trop général.
Il en est de même de cet autre axiome qu'il établit pour
doner du poids à son Systême sur les étamines , en disant
que toute génération des Plantes ne se fait que par les étamines & les pistils , & que sans eux point de fruit. *Omnis*
species vegetabilium flore & fructu instruitur, etiam ubi visus eos-
dem non assequitur, Phil. Bot. p. 89. *Flos nil est nisi actus*
generationis Plantarum : generatio hæc absolvitur solis sta-
minum anteris , pistillorumque stigmatibus : adeoque sine his
nullus fructus. Classs. Plant. p. 42. Mais M. Linnæus igno-
re-t-il qu'il i a dans certaines Plantes , comme dans les Animaux , des Familles entières où il n'i a point de sexe dis-
tinct ni sensible , où tous les individus se multiplient ou
se perpétuent de graines , ou de bourjons , ou de rejetons sans
aucune fécondation. Toutes les conséquances qu'il tire de
cet axiome faux sont nécessairement fausses , par ex. que la
conessance des étamines est si essentielemant nécessaire , que
sans elle , on ne peut déterminer sûrement aucun Genre de
Plante. *Tanti est staminum notitia in generibus determinan-*
dis, ut eâ destitutus nullus certo & tuto genera designare
queat, licet planè nihilo antehabita. Classs. Plant. p. 442.

Krétien Knaut , en 1716 , ne reconessoit que la corole
pour partie essentiele de la fleur , ne voulant pas reconètre pour teles le calice , les étamines & le pistil.

M. Linnæus a apelé indistinctement du nom de Nectère

toutes les irrégularités qui fe remarquent dans les diverſes parties des fleurs, telles que

Le calice de l'Orchis, la Capuſine, la Balſamine.

La corole de la Linère, du Lis, du Luchnis, de l'Ancolie, l'Aconit, l'Ellébore, la Renoncule, &c.

Les filets des étamines de l'Aſclépias, du Jalap, &c.

Le réceptacle qui ſuporte, ſous la forme d'un diſque, les étamines ou l'ovaire, come dans la Fraxinele, le *Fabago*, le Reſeda, le Grevia, les Labiées, &c.

Mais un nom ſi général, pour déſigner tant de choſes diférentes, entraîne nombre d'abus & une confuſion, en donant une idée de raport entre des choſes qui n'en ont aucun réel.

Krétien Knaut prétendoit encore qu'il n'y avoit point de ſemences nues ſans capſule ou envelope quelconque.

Un mépris ſingulier de M. Linnæus pour les figures, lui a fait imprimer un paradoxe remarquable dans la Préface de ſon *Genera Plantarum*, édit. Paris 1743, où il dit : *Icones pro determinandis generibus non commendo ſed abſolutè rejicio, licet fatear has magis gratas eſſe pueris, iiſque qui plus habent capitis quam cerebri ; fateor has idiotis aliquid imponere.... ab icone enim quis poteſt unquam aliquod argumentum fixum deſumere, ſed à ſcriptis facillimè.* Nous conſentons volontiers à être des idiots à ce prix ; mais quelques Botaniſtes de bon ſens nous ont fait remarquer que M. Linnæus n'a encore publié aucune Plante nouvele qu'il n'en ait joint la figure à ſa deſcription.

M. Rai a prétendu qu'il ne faloit, dans les Métodes, indiquer aucune des Parties qui exijent l'uſaje du microſcope. *Nota obviæ ſint, manifeſtæ, & cuilibet facilè obſervabiles ; nam cùm metodi uſus præcipuus ſit rudes & tirones in ſtirpium cognitionem compendio abſque tædio & difficultate inducere, non oportet ejuſmodi notas proponere quæ attentum & ſollicitum requirunt ſpectatorem, cuique ut microſcopium ſecum ſerat neceſſe eſt.* Mais on eſt revenu de cete erreur aujourd'hui que l'on ſait par expérienſe, qu'il i a dans les Plantes come dans les Animaux, preſqu'autant, & peut-être plus de Parties inſenſibles, qu'il n'i en a de grandes ou de remarquables.

La Méthode pernicieuſe des Botaniſtes modernes, de faire chacun ſon Syſtème, dont aucun ne prétend le céder à un autre, met un grand obſtacle à l'avancement de cete ſcience. On eſt rebuté d'avoir à ſe charjer la mémoire d'un grand nombre de noms & de fraſes d'une même Plante, que cha-

Sur les graines.

Sur les figures.

Sur le microſcope.

1°.
Manière de travailler.

que Auteur a nomée à fa fantaifie : on la prend quelquefois
pour diférentes Plantes, & quelquefois au contraire, on prend
diférentes Plantes pour la même. On ne fait pas atention
que ces Métodes ne font pas la fcience, mais des efpèces
de Dictionaires, des échafaudajes pour parvenir à la fcience,
qu'elles la bornent, en chanjant feulement les défauts des
ancienes, & en la rendant plus volumineufe, & par-là plus
confufe.

L'étude de la Botanike, come celle de l'Hiftoire naturelle, autrefois bornée à un petit nombre de perfones nées
pour en foutenir l'éclat, & pour en étendre les progrès ; je
veux dire, de ces génies créateurs, dont les fiécles font fi
avares, eft aujourd'hui devenue familiere, par le moien
de ces Métodes artificieles, au point qu'elle s'eft répandue
dans tous les efprits & dans tous les états ; mais a-t-elle
beaucoup gagné à cete propagation ? Je crois pouvoir affurer que non ; qu'au contraire ce goût général a gâté les
génies faits pour aprofondir, & les a entrainé au penchant
le plus comun, qui porte à n'éfleurer que la furface des
chofes ; enforte qu'à peine peut-on diftinguer aujourdui
l'home profond, l'home favant, de celui qui n'en a que
l'écorce & l'aparance. Oui, difons la vérité ; quoique l'on
compte, depuis M. Linnæus, plus d'Ouvrajes en Botanike,
qu'il n'en a paru, depuis Tournefort jufqu'à lui, il ne faut
pas croire qu'il ait fait plus de Botaniftes, pour avoir doné
lieu à des. Catalogues qui ont été faits fur fes principes.
M. Ludwig l'avoit panfé, Inftitut. p. 87. *Linnæus, ut vera*
fateamur, nimium proceffit, & nonnullis locum inter Bota-
niços conceffit, quem ex merito nondum occuparunt.

Conclufion générale fur cete 2e Partie.

Si l'on fait un réfumé de tout ce qui a été dit dans cete
2e Partie, on conclura facilement par le tableau fincère &
fidèle, que nous i avons fait de l'état actuel de la Botanike,
que fes principes fur les Méthodes, les Claffes, les Genres
& les Efpèces, ne font que conjecturals & arbitrères, puifqu'on les a vu fe détruire fucceffivement ; ceux de Morifon
& Rai ont été détruits par ceux de Tournefort ; les fiens
l'ont été par ceux de Crétien Knaut ; ceux de Knaut, par
ceux de Magnol ; ceux-ci, par ceux de M. Linnæus ; ceux
de M. Linnæus, par ceux de M. Adrien, Royen ; ceux
de M. Royen, par ceux de M. hAller ; ainfi chaque Syftême moderne a détruit les anciens, précifémant come la
filofofie de Putagore a fait place à celle de Socrate ; celle-ci,

à celle de Platon ; celle de Platon , à celle d'Ariftote : celle
d'Ariftote a difparu devant celle de Defcartes , fur laquele
celle de Newton a aujourd'hui la préférance. Le peu de fondement , l'incertitude & le chanjemant . de ces opinions lité-
raires , vient de ce que chacun des Filofofes & des Botaniftes cités ci-deffus , a voulu raporter toutes les coneffances à un principe fimple , ou à un très-petit nombre de
principes : par ex. Newton a voulu rapeler toute la fifike
à l'atraction ; M. Linnæus , toutes les Plantes à la coneffance
des étamines ou de la fructification feule , tandis qu'il faut
confidérer l'enfemble de toutes les Parties en Botanike ,
pour avoir les vrais Principes ou le vrai Syftême de cete
fcience ; de même qu'il faut confidérer , non une feule qualité , telle que l'atraction ou la pefanteur , come la bafe de
tout , en Fifique , mais l'enfemble des Principes mécaniques.
Cete réflexion me perfuade que , lorfqu'on aura un jour
reconu l'abus du Syftême ¡partiel , on reviendra à celui qui
eft univerfel ; & j'ai lieu de croire , par la même raifon ,
qu'on adoptera les Familles que je propofe fur les Plantes ,
come renfermant l'enfemble de toutes les coneffances aquifes ,
fur cete fcience , & qui vont faire le fujet de la 3e Partie de
cete Préface.

J'ai perdu beaucoup de tems à étudier à fond , & à comparer les divers Syftêmes de Botanike , pour conoître par
moi-même , & non par le raport d'autrui , le mérite de chacune en particulier : je ne le régreterai point , fi , en mon-
trant toutes les routes qu'ont fuivies les Botaniftes dans leurs
travaux , j'ai réuffi à faire abadoner les mauvaifes , à indiquer les meilleures , enfin à montrer , & par la téorie & par
l'expérience , celle qu'il faut fuivre pour parvenir , par la
voie la plus courte , à la vérité que l'on cherche.

I I I. P A R T I E.

Nouveau plan de travail ; mes Familles & mes Additions.

J'A I expofé dans les 2 1eres Parties , l'état & les progrès
de la Botanike , lorfque j'ai entrepris cet Ouvraje. On
a vu ,

1° (paje xcvij) que toutes les Métodes publiées font défectueufes , & ne peuvent être natureles , parce qu'eles ne font fondées que
fur la confidération de 1 partie ou d un petit nombre des parties de
la Plante.

2° (paj. cv & cxiv) que les Genres de Plantes ne son pas encore fixés , non plus que leurs Espèces.

3° (paj. cxxij) que ce qu'on a doné pour Caractères naturels ne l'étoit point.

4° (paj. cv.) que les Noms ne doivent pas être significatifs.

5° (paj. cxliij & cliij) que les Figures sont nécessaires.

Il nous reste à dire coment on doit traiter ces 5 articles que nous allons détailler.

Nous exposerons ensuite le Plan de nos Familles , & nous i joindrons nos découvertes ou additions.

Ier Article. *Moien de trouver la Métode naturele.*

Puisque les Métodes de Botanike qui ne considèrent que 1 Partie , ou seulement un petit nombre de parties des Plantes , sont arbitrères, hypotétiques & abstractives , & ne peuvent être natureles , come il a été prouvé , pag. xcvij ; puisque la Métode naturele doit être unique, universele ou générale ; c. à. d. ne soufrir aucune exception , & être indépendante de notre volonté , mais se régler sur la nature des êtres , qui consiste dans l'ensemble de leurs Parties & de leurs qualités ; il n'est pas douteux qu'il ne peut i avoir de Métode naturele en Botanike, que celle qui considère l'ensemble de toutes les parties des Plantes. Il faut donc considérer les racines , les tijes, les feuilles , les fleurs & les fruits, enfin toutes les parties & qualités , ou propriétés & facultés des Plantes. C'est du nombre de la figure , situation & Proportion respective de ces parties , c'est de leur symétrie, c'est de la comparaison de leurs raports ou ressemblance, & de leurs diférenses, & de celle de leurs qualités ; c'est de cet ensemble que nait la convenance, cete afinité qui raproche les Plantes & les distingue en Classes ou Familles.

La vraie fisique des Plantes est donc celle qui considère les raports de toutes leurs parties & qualités, sans en excepter une seule ; elle réunit toutes les Plantes en Familles naturels & invariables, fondées sur tous les raports possibles, & elle facilite l'étude de la Botanike, en présentant les conessances sous des points de vue plus généraux, sans les borner. Telle est l'idée qu'on doit se faire de la Métode naturele ; il n'i en a & ne peut i en avoir d'autre, puisqu'ele renferme tous les objets sur lesquels on peut porter son atention.

Persone, que je sache, n'a dit, avant M. de Buffon, que c'étoit de la considération de l'ensemble des parties des êtres, qu'il faloit déduire les Familles , ou, ce qui est la même chose,

[marginalia:] Métode naturele ; en quoi consiste.

[marginalia:] Moien de la trouver.

[marginalia:] Indiké d'abord par M. de Bufon.

la Métode naturele. « Il me paroît , (dit-il , en 1750,) ' que
» le feul moien de faire une Métode inftructive & naturele,
» c'eft de mettre enfemble les chofes qui fe reffemblent, &
» de féparer celles qui difèrent les unes des autres. . . . . .
» Voilà l'ordre métodique qu'on doit fuivre dans l'aranje-
» ment des productions natureles, bien entendu que les
» reffamblances & les diférences feront prifes, non feulement
» d'une partie, mais du tout enfemble, & que cete Métode
» d'infpection fe portera fur la forme, fur la grandeur, fur
» le port extérieur, fur les diférentes parties, fur leur nom-
» bre, fur leur pofition, fur la fubftance même de la cho-
» fe, & qu'on fe fervira de ces élémens en petit ou en
» grand nombre, à mefure qu'on en aura befoin. » Magnol a
dit, en 1689, qu'il faloit confidérer l'enfemble des parties,
mais il n'avoit point d'idée de la Métode naturele. M. Linnæus [dit, en 1738, à la tête de fes *Fragmenta Metodi
naturalis*, que pour trouver la Métode naturele, il faloit
confidérer toutes les parties de la fructification ; mais il en
excluoit toutes les autres : *Nulla* , (dit-il ,) *hic valet regula
à priori, nec una vel altera pars fructificationis, fed folùm
fimplex fymmetria omnium partium (fructificationis,) quam
notæ fæpè propriæ indicant.* M. hAller ne confidéroit pareillement que les parties de la fructification, lorfqu'il dit, en
1742, à la pag. xiv de fa Préface : *Id tamen fundamentum
jeci cui foli Metodus naturalis poteft fuperftrui, ut vicinæ
fint ftirpes quæ notis plurimis fibi fimiles funt, etiamfi aliquâ
quàm longiffimè diferant, eæ Plantæ fint diffimiles quæ plurimis notis diverfæ funt, etiamfi unâ notâ quàm viciniffimæ
fuerint : neglectus hujus axiomatis omnes metodos non naturales genuit. Inter notas habitum pofui quem excludit quidem
ex legibus Linnæus , in praxi verò ubique revocat fuifque legibus præfert, exemplo Convallariæ, Tuffilaginis ,* &c. M. Ludwig
dit , en 1757 , en même tems que moi , ** la même chofe ,
mais dans un fens un peu diférant, au Paragraf 190 de fes
Inftituts. *Naturalem & perfectiffimam Metodum in quâ nulla
anomaliæ occurrunt , deprehendi vix poffe opinamur , cùm
varietas caracterum nimia fit, & ex confenfu omnium figno-
rum caracteres verò naturales exfurgant , hinc uno figno
variante vera difpofitionis ratio turbatur.*

Infufifance
des Métodes
artificieles.
    Ce fut au Sénégal, en 1750, que, pénétré de cete idée,
& convaincu de l'infufifance des Syftêmes de Tournefort &

* Hift. natur. générale , Tom. I , pag. 21.

** Voyez ma Préface de l'Hift. natur. des Cokillajes du Sénégal ,
pag. xj.

de Monſieur Linnæus, les ſeuls que j'euſſe emporté avec
moi dans ce voiaje qui m'embaraſſoient fort , quand
il s'agiſſoit d'i ranjer la plûpart des Plantes particulieres à
ce climat brûlant qui ne pouvoient ſe raporter à aucune
de leurs Claſſes , & qu'auſſi peu content de plus de 25 Syſtêmes que j'avois imaginé ſur le même plan , je començai à
abandoner cete fauſſe route capable de rebuter les voiajeurs
même les plus inſtruits. En efet, la Botanike ſemble chanjer
entièrement de face, dès qu'on quite nos païs tempérés pour
entrer dans la Zone torride : ce ſont toujours des Plantes ;
mais elles ſont ſi ſingulieres dans leur forme, elles ont des
atributs ſi nouveaux, qu'ils éludent la plûpart de nos Syſtêmes, dont les limites ne s'étendent guère au-delà des Plantes de nos climats. Pour en convaincre ceux qui en pouroient douter, il ſuffira de leur faire remarquer, qu'il i a
entre les tropiques des païs immanſes, où l'on ne trouve
aucune Plante de certaines Familles qui ſemblent réſervées
à l'Europe; & qu'au contrère, il i a, dans ces mêmes païs,
des Familles entières, dont l'Europe n'a pas un ſeul individu. C'eſt ainſi, qu'en parcourant l'Afrique, je n'ai pu
trouver une ſeule Ombellifère. Plumier , dans tous ſes
voiajes de l'Amérique chaude ; Sloane & beaucoup d'autres
Botaniſtes n'en ont découvert que 2 Eſpèces ; ſavoir, 1
Udrokotule & un *Erungion*. Je n'ai rencontré, au Sénégal, aucune Mouſſe, aucune Plante de la Famille des Renoncules ni de celle des Orchis; pas une Eſpèce de *Geranion*, dont le nombre eſt ſi conſidérable dans l'Afrique
ſituée au-delà des Tropiques : je n'i ai rencontré que 1
Crucifère, 2 demi-Fleuronées & 2 Foujeres. En Europe,
nous n'avons pas une Plante de la Famille des Acacias,
pas un Palmier; car les 2 Eſpèces qui ſemblent aujourd'hui
natureles à l'Eſpagne & à l'Italie, i ont été aportées ancie-
nement de l'Afrique ; auſſi cete Famille n'eſt-elle pas bien
conue aux Botaniſtes de l'Europe. Il en eſt de même de
pluſieurs autres Familles étranjères, que j'ai eu lieu de
découvrir au Sénégal.

Ces diverſes remarques, en me démontrant l'utilité des
voiajes, me prouvoient de plus en plus la néceſſité de conſidérer les Plantes d'une façon toute nouvele. Je crus donc
qu'il faloit me dépouiller de l'ancien préjujé en faveur des
ſyſtêmes & des idées qui en font la baſe & qui bornent nos
coneſſances, & qu'il faloit chercher dans la nature elle-
même ſon Syſtême, s'il étoit vrai qu'ele en eût un; dans cete
vue, j'examinai les Plantes dans toutes leurs parties, ſans

Coment j'ai cherché la Métode naturele.

en excepter aucune, depuis les racines juſqu'à l'embrion,
le roulement des feuilles dans le bourjon, leur manière de
s'engainer, leur dévelopement, la ſituation & l'enroule-
ment de l'embrion & de ſa radicule dans la graine, relativement au fruit; enfin nombre de particularités auxquèles
peu de Botaniſtes font atention. Je faiſois d'abord une deſcription entière de chaque Plante, en metant dans autant
d'articles ſéparés, chacune de ſes parties, dans tous ſes
détails; & à meſure qu'il ſe préſentoit de nouveles Eſpèces
qui avoient du raport à celles déja décrites, je les décri-
vois à côté, en ſuprimant toutes les reſſemblances, & en
Naiſſance des
Familles. notant ſeulement leurs diférences. Ce fut par l'enſemble de
ces deſcriptions comparées, que je m'aperçus que les Plan-
tes ſe ranjoient naturelement d'elles-mêmes ſous des Claſſes
ou Familles, qui ne pouvoient être ſyſtématiques ni arbitrères, n'étant pas fondées ſur 1 ou quelques parties qui
duſſent chanjer à de certaines limites, mais ſur toutes les
parties; de ſorte que la diſparate d'une de ces parties étoit
remplacée & balancée par l'adition d'une autre partie qui
Et du plan
de cet Ou-
vraje. rétabliſſoit l'équilibre. Ce plan ainſi conçu, & qui s'apli-
quoit avec les mêmes avantajes aux autres branches de
l'Hiſt. nat. me rendoit ſi familières un nombre prodigieux
de coneſſances en cete partie, &, en les généraliſant, les
abréjoit, ſi multipliées qu'eles fuſſent, qu'il me fut facile,
à mon retour du Sénégal en France en 1754, d'i ajoûter
celles qui me manquoient ſur les Plantes d'Europe & des
Païs étranjers, dont le Jardin du Roi eſt ſi bien meublé,
& d'i raporter encor celles qui ſont répandües dans nombre d'excellens Ouvrajes des Voiajeurs, tels que Kempfer,
Plumier, l'*Hortus Malabaricus*, &c. De-là, s'acrurent conſidérablement les Familles dont je donerai le Plan ci-
après, article 6.

2ᵉ Article. *Moien de fixer les Claſſes, Genres, Eſpèces,*
Individus & Variétés.

Nous voici à la quèſtion la plus dificile & la plus importante de la Botanike & de l'Hiſt. nat. ſavoir ce qu'on doit
entendre par Claſſe ou Famille, Genre, Eſpèce, Individu,
Variétés; quèſtion que leurs Auteurs ont traitée ſur des
principes arbitraires, & non fondés ſur la nature des êtres.
Avant que d'établir des axiomes ſur ces Genres, Eſpèces,
&c. ils auroient dû, ce me ſemble, prouver qu'il en exiſte
dans la nature; c'eſt ce qui, je crois, n'a pas encor été
fait, quoique nous aions en Hiſt. naturele plus de 2 mille

volumes traités suivant ce principe. Nous alons tâcher de développer cete idée, de l'expofer dans tout fon jour, de montrer la route & les moiens qu'il faut fuivre pour fixer enfin ce qu'on doit entendre déformais fur cet article. Ce principe fondamental une fois fixé, nous pourrons marcher dans l'ordre le plus convenable en Hiftoire naturele & nos coneffances en auront plus de certitude & de clarté.

Tout corps naturel confidéré en lui-même, fans aucun *Etre; ce que* raport, fans aucune comparaifon avec les autres corps, *c'eft.* s'apele un être en général; tel eft un Chien, une Rofe, un Diamant.

Nous avons défini dans la 2e Partie, pajes xcv, civ, cviij, *Exifte-t-il* ce qu'on entend par Claffes, Genres & Efpèces. Il s'agit *des Efpèces?* actuelemant d'examiner s'il en exifte; & pour s'en affurer pleinemant, començons par les Efpèces; elles fufiront pour décider la queftion.

Les définitions les plus autentiques de l'Efpèce en général, fe réduifent à ce qui fuit. Tous les Botaniftes prétendent que ce qui conftitue une Efpèce, eft la reffemblance de *Ce qui conf-* plufieurs Individus dans les parties jujées les plus effen- *titue l'Efpèce* tieles. M. de Buffon a cru devoir reftreindre cete défini- *felon M. de* tion. « Un Individu, dit-il (Hift. nat. gén. vol. 4, p. 385) *Buffon.* »eft un être à part, ifolé, détaché, qui n'a rien de co-»mun avec les autres êtres, finon qu'il leur reffemble ou bien »qu'il en difère. Tous les Individus femblables qui exif-»tent fur la furface de la terre, font regardés comme com-»pofant l'efpèce de ces Individus. Cependant ce n'eft, 1º ni »le nombre ni la collection des Individus qui conftitue »l'Efpèce, 2º mais la fucceffion conftante & non inter-»rompue des Individus qui fe reproduifent ; 3º car un Etre »qui dureroit toujours ne feroit pas une Efpèce, 4º non »plus qu'un milion d'êtres qui dureroient toujours. 5º L'Ef-»pèce eft donc un mot abftrait & général, dont la chofe »n'exifte qu'en confidérant la nature dans la fucceffion des »tems, 6º & dans la deftruction conftante & le renou-»vellemant tout auffi conftant des Etres. 7º C'eft en com-»parant la nature d'aujourd'ui à celle des autres tems, & »les Individus actuels aux Individus paffés, que nous avons »pris une idée nete de ce qu'on apele Efpèce ; 8º & la »comparéfon du nombre ou de la reffemblance des Indi-»vidus, n'eft qu'une idée acceffoire & fouvent indépen-»dante de la 1ere ; (c. à d. de la fucceffion des généra-»tions) car l'Ane reffemble au Cheval plus que le Bar-

» bet au Levrier, & cependant le Barbet & le Levrit,
» ne font qu'une même Efpèce, puifqu'ils produifent des
» Individus qui peuvent eux-mêmes en produire d'autres,
» au lieu que le Cheval & l'Ane font certainemant de difé-
» rantes Efpèces, puifqu'ils ne produifent enfamble que des
» Individus viciés & inféconds. 9° De la (faculté qu'ont de
» fe reproduire les Individus nés d'Animaux de même Ef-
» pèce) dépand la divifion exacte des Efpèces. . . . . Ce
» Caractère feul conftitue la réalité & l'unité de ce qu'on
» doit apeler Efpèce, tant dans les Animaux que dans les
» Végétaux. 10° Il eft clair que c'eft par un abus des ter-
» mes ou des idées, que les Nomenclateurs ont emploié cete
» idée, pour défigner les diférantes fortes de Minéraux :
» on ne doit donc pas regarder le Fer come une Efpèce &
» le Plomb come une autre Efpèce, mais feulemant come
» 2 Métaux diférans.

Ces 10 parties de la défipition de l'Efpèce en général,
foit des animaux, foit des végétaux ou des minéraux, renferment 6 idées générales, favoir :

1° Que ce qui conftitue l'Efpèce, c'eft la fucceffion des Individus,
par la deftruction & le renouvellement, 5, 7.

2° Succeffion conftante & non interrompue, 2, 6.

3° Opérée par la génération, au moien du concours des 2 fexes, 9.

4° Que l'Efpèce ne confifte pas dans la comparéfon du nombre des
Individus, 1, 8.

5° Ni de leur reffemblance, 2.

6° Ni de leur durée, 3, 4, 10.

D'où il fuit que les 3 1eres idées renfermées dans les parties
2, 5, 6, 7, 9 de cete définition des Efpèces, ne regardent
abfolumant que les animaux qui ont les 2 fexes partajés entre
2 Individus, en établiffant que l'*Efpèce confifte dans une
fucceffion conftante & non interompue d'Individus, par la génération opérée au moien du concours de 2 fexes ;* & que les 3
dernieres idées contenues dans les parties 1, 3,, 4, 8, 10,
en excluent la comparaifon du nombre, de la reffemblance
& de la durée des Individus.

Examen de
cete défini-
sion,　　J'étois tenté de penfer come M. de Buffon, & d'adopter
cete définition ; mais, en examinant à fond cet objet, &
voulant faire concourir mes obfervations à fes principes, j'ai
eu lieu de remarquer qu'elles ne s'i acordoient pas univer-
felcment ; & que par confékant fa définition n'étoit pas affez
générale. Je vais expofer les réflexions que l'obfervation m'a
fournies fur les 3 idées qui la compofent.

1° *L'Efpece eft une fucceffion de deftruction & de renouvele-
ment d'Individus.* Cela eft vrai à l'égard des animaux & des
végétaux

végétaux qui fe renouvelent tous les jours fous nos ieux ; mais ce moien de comparèfon n'a plus lieu à l'égard de nombre d'êtres naturels, tels que les pieres ou minéraux, dont la durée furpaffe nombre de générations d'homes qui, par conféquent, ne péuvent voir leurs chanjemans qui n'en font pas moins réels pour avoir des périodes plus éloignés. M. de Buffon élude cete dificulté, en n'admetant point d'Efpèce dans les minéraux ; mais il eft bien dificile de chanjer les idées reçues que 2 Criftaux, par ex, 2 Amiantes, 2 Amétiftes, &c. qui fe reffemblent, font 2 Individus de la même Efpèce, quoiqu'il n'i ait dans ces êtres ni fexe ni génération analogue à celle des animaux.

2° *Cete fucceffion eft conftante, & non intérompue* ; mais elle n'eft pas conftante fi les Efpèces chanjent : or nous en avons nombre d'exemples dans les Plantes, come il a été dit, p. cix ; & les animaux nous en fourniffent quelques-uns. Plufieurs Obfervateurs, entr'autres, M. Sprengel, qui a fuivi foigneufement, & dans ces vues, la multiplication des bâtards nés de l'acouplemant des Serins avec les Chardonerets, affure que les Mulets provenus de ces oifeaux, ont multiplié entr'eux, & avec leurs races paterneles & materneles ; & fes obfervations font acompagnées de remarques qui ne laiffent aucun doute fur leur certitude. Ces fortes d'exemples font plus rares dans les animaux plus compofés, apelés animaux plus parfaits, parce qu'ils font plus lents, & qu'ils ne s'opèrent que dans des efpaces de fiècles plus éloignés que ceux dont l'Hiftoire fait mention ; fera-ce une raifon de les rejeter pour cela feul ? Ariftote nous aprend, (*Hift. anim. l. 6, c. 23,*) qu'il i avoit, de fon tems, en Syrie, des Mulets provenus du Cheval avec l'Aneffe, qui tous engendroient leurs femblables, & par confékant formoient une Efpèce bien bien diftincte, fuivant les principes reçus. Ce grand Filofofe feroit-il moins croiable que nous, fur des faits auffi notoires de fon tems, & dans un païs fi voifin du fien ? Coment, parce que l'Ane acouplé avec la Jumant, ou le Taureau avec l'Aneffe, n'ont encor produit, de mémoire d'home, c. à. d. depuis 3 fiècles au plus, que nous obfervons plus atentivement la nature, que des Mulets ou des Jumars ftérils, nous en conclurons qu'il n'en proviendra jamais de féçons, tandis que nous avons devant les ieux des exemples d'autres animaux, dont les bâtards font féçons, tels que ceux provenus du Serin avec le Chardoneret ; & come il arive dans les Chiens dont plufieurs plus diférans entr'eux, que l'Ane ne l'eft du

l

Cheval, s'acouplent cependant, & font des Mulets fpéci-
fiquement fécons en eux-mêmes, & dans leur poftérité ?
On pouroit peut-être étendre encor ces exemples fur nombre d'Infectes, de Cokillajes & de Vers, qui ferviroient
de preuves à la poffibilité de ces mutations ou de ces créa-
tions de nouveles Efpèces dans les animaux, come il femble prouvé qu'il s'en forme dans les Plantes, dont l'Efpèce n'eft pas imuable. Il eft donc conforme à l'expérianze
& à la raifon, de penfer que l'Efpèce de Mulet fécond
conu & cité par Ariftote, a exifté réelement ; qu'ele s'ef
perdue auffi facilement peut-être qu'ele s'étoit formée, &
que le nombre des combinèfons qui doivent la faire repa-
roître, ne s'eft pas encor rencontré, depuis le tems où
vivoit Ariftote ; c. à. d. depuis 20 fiècles environ, parce
qu'il exije probablement un laps de tems plus long.

Les gens à Syftêmes & à Regles générales, fur-tout les
Botaniftes modernes, ne conviennent pas de ces chanjemans,
qui cependant ne font, à proprement parler, que des variétés
feulement plus marquées, quoique fouvant auffi peu conftantes que celles qu'ils admetent ; ils jujent de la totalité
des êtres par un petit nombre d'Individus ; ils tirent des
conclufions générales, de cas particuliers ; ils établiffent des
Régles générales, avant que d'avoit étudié tous les êtres,
qu'ils fupofent gratuitement leur être foumis, fans admetre
aucunes exceptions ; mais ils ne font pas affez d'atention,
que l'Hift. nat. n'eft encor que dans l'enfance ; que fur des
milions de faits qu'il faut conoître pour en deviner les
principaux fecrets, nous n'en conèffons qu'un très-petit nombre, & feulement les plus aparans, & certainement pas
ceux qui feroient les plus décififs. S'ils euffent fait ces réflexions, ils n'euffent vraifemblablemant pas adopté cet axiome
trop général ; les Individus meurent, mais l'Efpèce ne
meurt pas ; car nombre de kokilles foffiles font des Efpèces
anciennes mortes pour nous ; & il paroît que le nombre des
Efpèces augmente dans certains païs, tandis qu'il diminue dans
d'autres.

3° *L'Efpece confifte dans la génération par le concours de
2 fexes.* J'acorderai volontiers que les Efpèces font clairement diftinguées dans les animaux & les végétaux, qui fe
reproduifent par la fécondation de 2 Individus femblables
ou non ; mais, en admetant ce 3e principe de la définition
de l'Efpèce en général, & qui fe borne aux animaux &
aux végétaux plus compofés, apelés improprement pour
cete raifon plus parfaits, on demandera que deviendront

tant d'autres Espèces moins composées, & peut-être plus parfaites, quoiqu'on leur done comunément le nom d'imparfaites, dont chaque Individu réproduit son semblable par la génération, sans aucun acte extérieur de copulation ou de fécondation, & que j'apele pour cete raison Afrodites, tels que quelques Pucerons, les Konkes, la plûpart des Vers sans sexe, & certaines Plantes ? que deviendront les Afrodites qui réproduisent leurs semblables, non par la génération, mais par la section d'une partie de leur corps, c. à. d. par bouture, come les Polipes & la plûpart des Plantes ? Seront-ce des Individus ? mais des Individus dont la figure est constante, & dont plusieurs se ressemblent & se multiplient par sucession constante, sont réputées former une Espèce. Quand on acorderoit encor que les Afrodites qui se multiplient, soit par la voie de génération, soit par la voie de section ou de bouture, constituent des Espèces; que seront ceux dont chaque Individu produira des Variétés qui chanjeront à chaque génération, ou qui se fixeront pendant plusieurs générations ? Si ces Variétés chanjent, dès-lors plus d'Espèces, puisqu'eles exijent de la constance; si elles se perpétuent, ce seront donc de nouveles productions ou de nouveles Espèces. Que seront encor ces Espèces d'animaux ou végétaux, Afrodites ou non, que l'on grefe, & dont on fait 1 seul être de 2, de 3, de 20 ? que seront au contraire les Individus que l'on partaje, & du corps desquels on fait, en le fendant, 2, 3, ou 20 corps sur le même pié, & qui multiplieront chacun de leur côté ? Sera-ce 1 seul Individu, ou 2, 3, 20 Individus ? enfin, quel nom donera - t - on aux êtres intermédiaires entre 2 Espèces ainsi apelées, & qui, sans être parfaitement semblables à l'une ou à l'autre, participeront cependant moins de celle qui les aura produit, que de l'autre ? n'auront-ils pas droit au nom de nouvele Espèce ?

Voilà bien des dificultés & des irrégularités, qui semblent prouver que les 3 propositions contenues dans la définition de l'Espèce, par M. de Buffon, ne sufisent pas pour la rendre générale ou aplicable à tous les êtres, pas même à tous les animaux ou à tous les végétaux, & qu'ele exclue entièrement les minéraux; de sorte qu'ele paroit indiquer qu'il n'existe, à proprement parler, point d'Espèces dans la nature, mais seulemant des Individus; come le dit M. de Buffon, « (Hist. Nat. Gen. T. 1, p. 38,) il n'existe » réelemant dans la nature, que des Individus & les Genres, » les Ordres & les Classes n'existent que dans notre imagina-

Cete définition n'est pas générale.

Il paroit n'exister que des Individus.

ation; (& ailleurs, T. 4, p. 385,) la nature ne conêt pas
n ces prétendues Familles, & ne contient que des Individus.
En efet, s'il eft vrai, come l'indiquent les exemples cités
ci-deffus, (pag. cix & clxj ;) que dans les êtres même
les plus compofés, l'Efpèce chanje, & qu'ele n'eft bien
caractérifée, que lorfque la nature a partajé les 2 fexes, &
le moien de la multiplication entre 2 Individus, il s'enfui-
vra néceffairement que les Claffes & les Genres n'exiftent
pas plus que les Efpèces, & qu'il n'i a réelement dans la
nature que des Individus qui fe fuivent, en fe fondant, pour
ainfi dire, les uns dans les autres, par le moien des Variétés, & en paffant infenfiblement des minéraux dans les
végétaux & les animaux; de forte qu'ils paroiffent ne former que des parties intégrantes d'un feul tout: d'où l'on
conclura que la nature n'a pas établi cete divifion qu'on
fupofe des 3 Regnes, non plus que les Claffes, les Genres
& les Efpèces, qui n'exiftent que dans notre imagination.

Mais, quoique les Individus paroiffent devoir être intime-
mant liés les uns aux autres, de maniere que leur enfemble
ne forme qu'un feul tout, un feul être univerfel, dont ils
Lignes de
féparation
entre les
êtres. feroient les parties; cependant cete idée de l'unité difparoi-
tra, dès qu'on réfléchira fur les propriétés des êtres. L'uni-
vers a pu n'être pas divifé, & il ne l'eft peut-être pas relativement à la nature ou à l'Etre fuprême; mais il eft réelemant divifé en parties relativemant à nous, & cela fufit.
Nous voions que chacune de fes parties, que chacun des
êtres qui le compofent, eft ifolé, & vit féparémant de fes
femblables & de fes diffemblables; que ceux qui fe reffemblent le plus, diferent inégalement & plus ou moins entre
eux par la figure, la fituation, la proportion, le nombre
de leurs parties, par les mœurs, les inclinations, les facultés, &c. enfin, que les plus compofés ont entr'eux un plus
grand nombre de diférences, que les plus fimples. C'eft
dans ces diférences nuancées plus ou moins fenfiblement,
& dont l'enfemble eft plus marqué, que confiftent les vuides
ou diftances qu'on remarque entre les êtres, ces lignes de
féparation, dont le nombre ou la fome totale fubfifte & fe
conferve conftament dans le total ou l'enfemble des êtres,
quoikeles foient peut-être muables & chanjantes à l'égard de
chaque être en particulier.

Si les diverfes parties qui compofent les êtres diftingués en
animaux, végétaux & minéraux, étoient les mêmes, & ne
chanjoient de forme & de qualité, que par gradation des
unes aux autres, il feroit facile de diftinguer ces êtres, en

formant une Claſſe pour chacune de ces parties & qualités, en ſuivant la gradation de chacune d'elles, depuis ſon *maximum*, juſqu'à ſon *minimum*; mais come ces parties chanjent de nature, ou même diſparoiſſent entièrement, en paſſant des animaux aux végétaux ou aux minéraux, & ſouvent même d'un Individu à un autre Individu très-voiſin, c. à. d. très-ſemblable d'ailleurs, ce moien devient impraticable.

Il ne nous reſte donc d'autre moien pour diſtinguer les êtres, que de ſuivre ces lignes de ſéparation, & à en fixer le nombre; ce qui, malgré leurs variations, ne ſera pas impoſſible; 1° en ranjant à la place qui leur convient, tous les êtres qui ont chacun leur ligne de ſéparation; 2° en conſidérant tous les raports ou reſſemblances, & toutes les diférances qui exiſtent entre leurs parties. Alors nous verrons, par le nombre des diférances qui ſe trouvent entre 2 êtres, combien il i a de lignes de ſéparation à ramplir, & par conſéquent, combien d'êtres intermédiaires manquent à nos coneſſances ou dans la nature; car il n'eſt guère douteux que les êtres ont été ou peuvent être auſſi variés & auſſi multipliés, que la liaiſon de ces lignes de ſéparation le peut permettre; & il eſt auſſi certain que pluſieurs de ces lignes de ſéparation qui ſont les plus marquées, ont pour cauſe, ſoit l'ignorance où nous ſomes des êtres intermédiaires qui en font la liaiſon, ſoit la perte même de ces Individus dans la ſucceſſion des tems, & par les révolutions du globe terreſtre, come le témoignent les oſſemans de monſtrueux Quadru-pèdes, les ſkélètes ou impreſſions de Poiſſons & de Plantes, & un nombre prodijieux de Kokillajes foſſiles, ſi diférans de ceux qui vivent aujourd'hui dans les mers.

Moien d'en fixer le nombre.

En ſuivant ainſi l'ordre que gardent entr'eles ces lignes de ſéparation que la nature a laiſſé dans l'enſemble de tou-tes les parties & qualités des êtres comparées en total, & non quelkune de celles qu'elle a répandu çà & là dans chacune de ces parties ou qualités, on ſuivroit néceſſaire-ment la marche de la nature, ou, ce qui revient au même, la Métode naturele. Les plus grands vuides ou les intérup-tions les plus marquées formeroient les 3 Règnes qui ſont aſſez généralemant reconus, ſavoir l'Animal, le Végétal & le Minéral; les lignes de ſéparation un peu moindres done-roient les Claſſes, dont le nom peut être apliqué aux Minéraux, & doit être chanjé en celui de Familles pour les Animaux & les Véjétaux; des vuides encor moindres for-meroient les Genres; & d'autres encor moindres diſtingue-roient les Eſpèces, & enfin les plus petites indikeroient les Varié-

Indikent des Claſſes, des Genres & Eſ-pèces.

tés les plus dificiles à faifir. M. de Buffon a propofé 4 gra-
dations de divifion affez femblables à celles des Métodiftes
modernes. « Si les Individus, (dit-il, Hift. nat. Gen. T. 1,
» pag. 21,) ont une reffemblance parfète ou des diférances
» fi petites, qu'on ne puiffe les apercevoir qu'avec peine,
» ces Individus feront de la même Efpèce; fi les diférances
» comanfent à être fenfibles, & qu'en même tems, il i ait
» toujours beaucoup plus de reffemblance, que de difé-
» rance, les Individus feront d'une autre Efpèce, mais du
» même Genre que les 1eres ; &, fi ces diférances font encore
» plus markées, fans cependant excéder les reffemblances,
» alors les Individus feront non feulement d'une autre Efpè-
» ce, mais même d'un autre Genre que les 1ers & les 2ds, &
» cependant ils feront encor de la même Claffe, parce qu'ils
» fe reffemblent plus qu'ils ne diférent; mais fi au contraire le
» nombre des diférances excede celui des reffemblances,
» alors les Individus ne font pas même de la même Claffe.
» Voilà l'ordre métodike que l'on doit fuivre dans l'aranje-
» ment des productions natureles; » mais ce moien de divifion, quoique très-métodike, n'eft pas aplicable par-tout,
parce qu'il eft plus régulier que la nature ne l'eft dans la
marche & dans les lignes de féparation, qui ne font pas
toutes égalemant markées entre les êtres; d'ailleurs il ne
prefcrit aucunemant l'ordre qu'il faut fuivre dans l'aranjemant des êtres ainfi divifés en Claffes, Genres & Efpèces.

Il exifte donc
une Métode
naturele. Quand même il n'exifteroit ni Claffes, ni Genres, ni Efpèces dans la nature, dans le fens dont l'entendent les Méto-
diftes modernes, on pouroit donc en admettre, ou au moins
la nature nous fourniroit néceffairemant des divifions analogues à eles, & qui en pouroient prendre le nom dans une
Métode naturele; & il n'eft pas douteux que s'il exifte une
Métode naturele, c'eft cele qui eft fondée fur ces 2 principes, favoir, qu'il faut fuivre ces lignes de féparation, &
dans l'ordre qu'eles gardent entr'eles, & dans l'enfemble de
toutes les parties & qualités où ces lignes fe rencontrent:
quand même il n'i auroit pas d'Efpèce fixe, cete Métode
ainfi entendue, n'en feroit pas moins naturele, ni moins
certaine, par la raifon ci-deffus explikée, (pag. clxv,) que
nous faurions par le nombre des diférances qui fe trouvent
entre 2 êtres ou Efpèces voifines, combien il nous manke
d'êtres intermédiaires.

La Métode naturele n'eft donc pas une chimère, come le
prétendent quelkes Auteurs, qui confondent fans doute avec
elle la Métode parfète; & fi elle exije la conèffance d'un

plus grand nombre d'êtres, que nous n'en poffédons, elle
n'exige pas, come on le croit, la conèffance de tous. On
ne réuffira pas, tant qu'on cherchera à défunir les êtres, en
ne confidérant que 1 ou un petit nombre de parties; mais
elle ne fera pas chimérike, dès qu'on voudra les unir, en
faififfant dans toutes leurs parties tous les raports poffibles,
come il paroit fufifamant prouvé. Nous difons plus : c'est
que s'il exifte des Claffes, des Genres & des Efpèces, ce ne
peut être que dans la Métodè naturele; elle feule peut les
fixer, & par conféfant doner cete perfection que l'on cherche dans la Botanike & l'Hift. nat. Enfin nous pofons come
un fait, que tant qu'on n'aura pas trouvé la Métode naturele,
on ne faura pas précifémant ce qu'on peut & doit apeler
Claffe, Genre & Efpèce; queles font les parties comunes
aux unes, refufées aux autres; celes qu'il faut obferver plus
particulièremant dans chake être pour en tirer les Caracteres
claffikes, générikes & fpécifikes, & ce qu'il en faut négliger,
come des minuties ou caracteres fuperflus qui furcharjent
inutilemant la mémoire : car quoiqu'il n'i ait, pour ainfi dire,
pas un objet dans la nature, qui ne puiffe feul ocuper un
home pendant toute fa vie, fans qu'il en épuife toutes les
propriétés, il ne s'enfuit pas que nous devions pour cela
épuifer toutes les conèffances fur chake objet. C'est faute
d'avoir trouvé cete Métode naturele, que les Genres n'ont
pas encor été fixés, & qu'ils varient plus ou moins dans chaque Métode; voilà la folution de cete queftion, que font
tous les jours les Etudians en Botanike, pourquoi chaque
Auteur d'un nouveau Syftême fait des Claffes, des Genres
& des Efpèces ou des Frafes fpécifiques, diférantes de celles
de fes prédéceffeurs ? C'est que ces Genres dépendent néceffairemant du petit nombre de parties qui ont fervi de divifion à la Métode, parties toujours faillantes, raremant générales
ou fans exception, & par-là peu conftantes.

Elle feule peut fixer les Claffes, Genres & Efpèces.

En admetant des Efpèces, il faudra néceffairement admetre, que ce qui conftitue l'Efpèce dans un regne, ne la conftitue pas dans un autre; & que ce qui fufit pour la décider dans
le Regne minéral, ne fufit pas pour cela dans les 2 autres
Regnes; car l'Efpèce eft un terme abftrait, dont la chofe
n'exifte qu'en confidérant, dans certains êtres, la durée ou
la fucceffion des tems; dans d'autres, la conftance dans la
géneration; dans les autres, le nombre ou la collection, la
reffemblance, &c. des Individus : c'est ainfi que la fucceffion dans
la multiplication conftituera l'Efpèce dans les animaux conftans qui ont les deux fexes, tandis qu'ele deviendra inutile

Ce qui conftitue l'Efpèce.

dans ceux dont l'Efpèce chanje, ou dans les Afrodites qui n'ont pas de fexe, & dans lefquels elle eft décidée par le nombre ou la reffemblance de figure, come ces 2 qualités les décident, avec la durée, dans les pieres où la fuceffion n'a pas lieu.

Pour conftituer une Efpèce, il ne faut donc pas toujours qu'ele foit conftante, puifqu'il i en a plufieurs qui chanjent, (p. cix & cxxxiij;) il fufit, dans la plûpart, que les Individus fe reproduifent pendant plufieurs générations; & il eft plus que vraifemblable qu'il s'en trouvera beaucoup où ce caractere deviendra inutil, dès qu'on aura fufifamant prouvé qu'il exifte de vraies Efpèces qui chanjent à chaque généra-tion, & par conféquent où chaque individu forme une Efpèce & des variétés qui fe fixent auffi à chaque génération, come je l'ai remarqué, en cultivant, pendant plufieurs anées, une prodigieufe quantité de Laitues & de Bafilic. La définition de l'Efpèce fondée fur quelques-unes de ces qualités n'eft donc pas plus générale que les Métodes artificieles fondées fur 1 feule partie, dont nous avons parlé, (p. xcvj;) pour la rendre génerale, il faut qu'ele s'étende fur toutes les qua-lités : ainfi ele confiftera non feulement dans la fucceffion conftante ou non, par génération ou non, mais encor dans la comparaifon du nombre, de la reffemblance, de la durée des individus; enfin dans toutes les autres qualités quelkonkes, telles que la grandeur, la couleur, &c. qualités plus ou moins durables, plus ou moins effentieles dans certaines Familles que dans d'autres, & dont par confékant le nombre ne doit pas être toujours le même, ni le choix indiférant.

Définition de l'Efpèce. Ainfi, quoiqu'il foit très-dificil, pour ne pas dire impoffi-ble, de doner une définition abfolue & générale d'aucun objet de l'Hift. nat. on pouroit dire affez exactemant qu'il exifte autant d'Efpèces, qu'il i a d'Individus diférans entr'eux, d'une ou de plufieurs diférances quelkonkes, conftantes ou non, pourvu qu'eles foient très-fenfibles, & tirées des par-ties ou qualités où ces diférances paroiffent plus naturele-ment placées, felon le génie ou les mœurs propres à chaque **Et de la Va-** Famille ; de même auffi la Variété paroit diftinguée de l'Ef-**riété.** pèce, par la diférence quelkonke, conftante ou non, mais moins fenfible, tirée des parties ou qualités, où les diférances fpécifiques ne doivent pas fe rencontrer naturelement, quoi-qu'elles s'i rencontrent quelquefois, en fuivant le génie ou les mœurs de la Famille à laquele apartient cete Variété. Citons-en un exemple : le caractere fpécifique & celui de variation fe trouvent à-peu-près également placés dans les feuilles dans le

Bafilic & la Laitue: vous femez les graines d'un Bafilic à feuilles rondes & entlères; il vous done plufieurs individus, dont les uns à feuilles rondes chanjent tous les ans, & dont les autres à feuilles découpées, fe perpétueront pendant 2 ou 3 ou un plus grand nombre de générations; les 1ers pafferont pour des Variétés, tandis que ces derniers feront regardés come de vraies Efpèces. Parmi ces Variétés meme les moins conftantes, il en paroit auffi quelquefois de fi fenfibles, qu'eles laiffent douter fi l'on doit les regarder come des Efpèces ou come des Variétés.

Il fuit de-là & des chanjemens d'Efpèces, qu'il eft indifpenfablement néceffaire de citer les Variétés, en les plaçant fous leurs Efpèces, plutôt que de les confondre avec eles. Ce n'eft pas l'idée de M. Linnæus, (p. cxv;) mais il eft évident que fon idée n'eft pas la plus conforme à la nature des chofes, ni la plus avantajeufe à nos conèffances: en confondant ainfi les Variétés avec leurs Efpèces, on rifque 3 inconvéniens; le 1er, de ne les pas reconoitre, lorfqu'eles fe préfentent; le 2d, d'ignorer les chanjemens qu'une Efpèce peut fubir; le 3e de fe priver d'autant de conèffances qu'on fuprime de variétés. En citant au contaire cês variétés fous leurs Efpèces, il en réfulte 3 avantajes; 1° elles nous indiquent toutes les nuances exiftantes ou poffibles entre 2 Efpeces très-voifines; 2° elles nous aprenent queles font les parties les plus fujetes à varier dans chaque Famille, & par confékant queles font les Efpèces les plus faciles à chanjer en d'autres Efpèces; ce qui n'eft pas une médiocre conoiffance, furtout en Botanike; 3° enfin, eles nous procurent par-là des conoiffances de plus; & l'on fait affez de quele utilité font les conoiffancès multipliées en Hift. naturele.

Néceffité de citer les Variétés.

3e Article. *Moien de fixer les Caractères naturels des Plantes.*

Les Claffes, les Genres, les Efpèces & Variétés étant fixées, come nous venons de le dire, par la Métode naturele; les caractères qui les diftinguent les uns des autres, fe trouvent auffi par-là fixés, étant auffi naturels. Dans les Métodes artificieles où l'on n'avoit en vue que de rendre plus facile la conèffance des Plantes, en la débaraffant de la multiplicité des caractères, on ne confidéroit que 1 ou ou plufieurs parties des plus générales ou des plus faillantes de la fructification; mais dans une Métode naturele, ces caractères, tant claffikes que générikes & fpécifikes, doivent être pris de toutes les parties quelkonkes, plus ou moins

Caractère de l'enfemble.

senfibles, de la Plante. De-là naiffent ces caracteres que j'apele Caracteres de l'Enfemble, & qui revienent affez à ce que les anciens apelpient le Port de la Plante, *Facies feu habitus Plantæ.*

Nombre des Caractères variables. Ces caracteres ne peuvent être ni les mêmes, ni en même nombre pour toutes les Plantes; ils feront plus nombreux dans certaines Familles, dont les Plantes font plus compo-fées, c. à. d. ont un plus grand nombre de parties, & moins nombreux dans celles où les Plantes font moins com-pofées: dans les unes, ce feront teles parties qui fourniront ces caractères; dans d'autres, ce feront d'autres parties; c'eft ainfi que dans les Familles qui n'ont pas de fleur ou de fructification, ou qui les ont infenfibles, & qui n'ont que peu de parties affez fimples, come font les Biffus Famille 1, les Champignons, Fam. 2, les Fucus 3, les Epatikes 4, les Foujeres 5, les Mouffes Fam. 58; les Caracteres genérikes doivent être pris de la figure & fubftance de toutes ces parties; & les Caracteres fpécifikes doivent être tirés de la proportion, fituation, du nombre refpectif, &c. de ces parties ou de leurs divifions. Dans les Familles qui ont les fleurs & fruits bien diftincts, mais où certaines parties feront femblables, ou à-peu-près, dans tous les Genres, ou dans le plus grand nombre des Genres, les Caracteres genérikes feront pris de toutes les autres parties qui ne font pas femblables; car ces parties qui font femblables dans tous les Genres d'une même Famille, font entr'eles, & par raport à nous, come fi eles n'exiftoient pas; ainfi 2 Calices qui fe reffemblent parfaitement, n'ont pas de diféranfe, & par confékant point de Caractere diftinctif: les Caracteres fpécifikes de ces Familles feront pris du nombre de la fituation & divifion refpectives de chacune des parties de la Plante, felon que le comportera chake Famille.

Parties fem-blables dans chaké Famil-le. Les parties qui font affez femblables dans toutes les Plantes d'une même Famille, font à-peu-près les fuivantes.

Feuilles. Les Aireles, Perficaires, Tilleuls, Mauves,
Fleurs. Les Cruciferes.
Calice. Les Palmiers, Ombelliferes, Briones, Apocins, Geranions.
Corole. Les Ombellïferes.
Etamines. Les Gramens, Liliafées, Compofées.
Stiles, } Les Gramens, Briones, Labiées, Solanons, Salikères,
& Stigmates. { Legumineufes, Anones, Capriers.
Fruit. Liliafées. Joubarbes.
Graines. Les Gramens, Compofées, Campanules, Scabieufes, Bou-raches, Anagallis, Alfines, Jalaps, Garou, Renoncules.

Les *racines*, le *fexe*, &c. étant peu diférans en général dans chake Famille, ne méritent pas qu'on en cite ici des Exemples.

Enfin ces Caracteres doivent toujours être comparatifs, & pris de la même partie, ou des mêmes parties dans toutes les plantes de la même Famille, ou qui se raprochent beaucoup ; car ce n'est pas les faire conoître, ni les diftinguer, que de prendre les diférances de 2 Plantes voifines, l'une par les feuilles, par ex, & l'autre par les frûits, défaut comun à la plûpart des defcriptions génériques & des frafes fpécifikes de tous les Botaniftes : lorfqu'on a comanfé à établir la comparaifon d'une Famille, d'un Genre ou d'une Efpèce fur les feuilles, fur la fleur, ou le fruit, &c. il faut continuer cete comparaifon fur ces mêmes parties, en parcourant ainfi toutes les Familles, tous les Genres & toutes les Efpèces.

Caractères doivent être comparatifs.

4e Article. *Moien de fixer les Noms des Plantes.*

S'il n'exiftoit ni Genres, ni Efpèces dans la nature, mais feulement des individus qui fe fuiviffent fans interruption par des nuanfes infanfibles, on ne pouroit doner des noms à chacun de ces individus, mais feulement en faire des defcriptions ; & ces defcriptions ne pouroient être que volumineufes, n'i aiant point de Genre qui formât de petites divifions ; ainfi fans Genres, on ne pouroit faire de diftinction des Efpèces, come fans Familles ou Claffes, on ne pourroit faire aucune diftinction des Genres, & toute l'Hift. nat. feroit un cahos formé par l'affemblaje d'une immanfe quantité de defcriptions, dont la comparaifon feroit impratikable.

Point de noms fans Claffes, Genres & Efpèces.

Jamais on n'a fenti les dificultés qui naiffent de la multiplicité des noms, tant que le nombre des Plantes conues a été borné : aujourd'hui que leur nombre eft beaucoup augmenté, ces dificultés font plus fenfibles. Coment pouvoir fe reconoître dans un fi grand nombre d'individus fans un ordre ou une Métode, fans une divifion qui raproche les chofes femblables, & fépare les diffemblables ? Si quelque fcience exige une Métode, c'eft la Botanike ; & quelle eft la mémoire qui pût, fans ce fecours, retenir tous les divers noms que les Botaniftes ont donnés à ces Plantes ?

La diftribution des Plantes en Claffes, Genres & Efpèces, done donc une grande facilité de les nomer ; mais fi ces Claffes, ces Genres & ces Efpèces ne font pas fixés come dans toutes les Métodes artificieles, (pag. xcvij, cv., cxiv,) leurs noms ne le peuvent être non plus. Il n'i a donc que la Métode naturele (pag. clv,) qui, en fixant les Claffes, les Genres & les Efpèces, puiffe par-là fixer leurs noms.

Noms fixés par la Métode naturele.

Perfonne n'ignore que les langues ne font pas natureles, & que ce n'eft que par l'aplication de couvention, que

Ne peuvent être naturels.

les mots prenent une fignification ; par confékant, les noms ;
quand même ils feroient fignificatifs en ce fens , quand même
ils exprimeroient le Caractere naturel des chofes , ce que nous
avons démontré impoffible (pag. cxxxj,) ne pouroient être
naturels.

Regles fur la nomination des Plantes. Nous nous difpanferions de parler davantage fur les noms
après ce que nous en avons dit (pag. cxxiij à cxxxiv) fi
une pernicieufe Métode , fuivie fans autre Examen par nombre de Botaniftes , ne donoit lieu de craindre que la Botanike,
cette fcience auffi agréable qu'utile , replonjée par ce moien
dans une barbarie pire que cele où elle étoit pendant les fiécles
d'ignorance , & expofée par-là au ridicule & au mépris de
tous les gens fenfés , ne nous invitoit à donner ici en peu de
mots nos réflexions fur la meilleure maniere de nomer les
Plantes. Ces réflexions portent fur 17 points; favoir :

1° La confervation des noms anciens ,
2 le rétabliffemant des noms chanjés ,
3 l'emploi des noms de païs ,
4 leur terminaifon ,
5 le choix des plus faciles ,
6 la fupreffion des noms trop longs ou rudes ,
7 & des Omonymes ,
8 & des Equivoques ,
9 l'emploi des noms comparatifs ,
10 les noms des Familles ,
11 les noms des Genres ,
12 les noms des Efpèces ,
13 les noms des Variétés ,
14 les Synonymes ,
15 les Citations ,
16 les noms nouveaux à faire ,
17 la fupreffion des Letres non fonantes , la réunion des femblables ; & l'introduction de nouvelles Letres qui manquent.

1°. Conferver les noms anciens. On fent affez , & l'on ne fauroit trop prouver l'importanfe
de ce 1er point , qui confifte à conferver les noms des Plantes
dont les anciens Grecs & Latins , Omere , Ipokrate , Ariftote , Teofrafte , Dioskoride , Pline , Galien , &c. ont vanté
les vertus. Ces noms font une tradition précieufe qu'il ne
faut pas laiffer intérompre. D'ailleurs fi l'on done aux Plantes
d'autres noms que les populaires , ceux qui les ramaffent à la
campagne, les Erboriftes , & les Droguiftes à qui ils les portent , & les Médecins qui les ordonent , ne s'entendront plus
les uns les autres , & cete confufion des langues aura de
fâcheufes fuites.

2°. Rétablir les noms chanjés. Nous penfons come M. Ludwig. (*Inflit.* §. 213,) que les
noms Grecs ou Latins , reçus en Médecine & en Botanike

ne doivent pas être chanjés pour leur subſtituer un autre ſynonyme Grec ou Latin, même auſſi bon, parce qu'il faut doner,
autant qu'on peut, de la ſtabilité aux coneſſances : ainſi
Akrokorion doit reſter au lieu de *Galantus* ; *Criſtoforiana*,
au lieu d'*Aɛtea* ; *Jalapà*, au lieu de *Mirabilis*, &c. A plus
forte raiſon encor doivent ſubſiſter les noms anciens, auxquels on veut doner d'autres noms grecs, qui ſont ſynonymes
de Plantes toutes diférantes, tels que *Salicaria*, au lieu de
Lutron on *Lythrum*, qui apartient au *Luſimachia* ; & *Aliſanus*,
au lieu de *Rexia*, qui eſt le nom de l'*Anchuſa* ſelon Pline,
& tant d'autres que je me diſpanſe de citer, parce qu'on les
vera rétablis à leur plaçe dans ma table des ſynonymes.

A l'égard des noms de pais, que quelques Botaniſtes modernes apelent Barbares, il faut en doner ici l'explication ;
ils entendent, par ce terme, tous les noms Etrangers, Indiens, Afrikens, Amerikens, & même ceux de quelques
nations Européenes. Mais ſi ces Auteurs Dogmatikes euſſent
voyajé, ils euſſent reconu que dans ces divers païs on traite
pareillement de Barbares nos noms Européens ; ils ſont tels,
relativement à leur façon de prononcer, come les leurs le
ſont à la nôtre. Jujons donc autrement de l'acceptation d'un
terme auſſi impropre, & convenons que tous ces noms mis
dans la balance équivalent les uns aux autres, & qu'ils
doivent être adoptés toutes les fois qu'ils ne ſont ni trop
longs, ni trop rudes ou trop dificiles à prononſer. C'eſt ſur
ce principe que nous rétabliſſons aux Genres, découverts
par les Voiajeurs, leurs noms de païs, tels que celui de
Sialita H. M. à la Plante que M. Lınnæus a apelé *Dillenia*,
celui d'*Upata* à la Plante qu'il a nomé *Avicennia*, celui de
Panoe à ſon *Vateria*, & beaucoup d'autres. Ces Auteurs qui
ont bien mérité de la Botanike, ne perdront rien à ces réformes, on poura doner leurs noms à des Plantes qui n'en
ont aucun ; & à cet égard, on me permettra une réflexion,
c'eſt que ces noms devienent ſi comuns & ſi triviaux, qu'on
riſque fort d'avilir la Botanike, ſi l'on ne reſtreint cet honeur
aux coryfés de cete ſcience.

On parle le langaje de la Botanike en François, en Anglois, en Allemand, en Italien, &c. come en Grec & en
Latin ; & pourquoi les noms des Plantes ne ſeroient-ils pas
tirés de ces diverſes langues & de toute autre, come ils
l'étoient autrefois du Grec & du Latin ? I a-t-il plus d'inconvéniant aujourdui à cet égard, que dans le tems d'Ariſtote,
de Teofraſte, de Dioſkoride, de Pline & Ciceron ? d'ailleurs
quele néceſſité, quele régle de latinité impoſe à tous les noms

3°.
Emploier les
noms de païs.

4°.
Terminéſes
des noms.

une terminaison en *a*, en *ia*, en *um*, ou en *us* exclusivement à toute autre ? Ne voit-on pas aussi dans cete langue des exemples de toutes les autres terminésons dans ces noms de Plantes, par ex; en *as Neuras Roias Asklepias*, en *ax Smilax Donax*, en *aux Glaux*, en *be Krambe*, en *ne Elatine Elxine*, en *en Gramen Been*, en *er Cicer Piper*, en *i Sinapi*, en *go Borrago Plumbago*, en *on Gossupion Sisumbrion*, en *os Anakampseros Kesalotos*, en *u Fu*, &c.

Ces divers exemples prouvent assez que toutes les terminaisons étoient indiférantes chez les Latins & les Grecs, il faudroit ignorer entièrement ces langues pour en disconvenir, & être d'une bien mauvaise humeur pour vouloir restreindre tous les noms d'Histoire naturele aux seules terminaisons en *ia*, en *um*, ou en *us*, qui sont précisémant les plus rudes du latin, & qui ne servent souvent qu'à doner un faux aïr de sciance. Nous somes donc très-persuadés que toutes les terminaisons sont absolumant indiférantes ; aussi emploirons-nous pour désigner les Plantes nouveles, indiféramment les noms François, Anglois, Alemans, Afrikens, Amérikens, Indiens, &c. qui leur auront été donés, & lorsqu'ils seront trop longs, nous les abrèjerons sans en changer le fond. A l'égard des noms modernes, dont toutes les terminaisons faites en *ia*, pouroient être abréjées & adoucies en supprimant l'*i*, tels que *Rivinia*, *Petiveria*, *Cherleria*, &c. nous pensons qu'on doit retrancher cet *i*, en disant *Rivina*, *Petivera*, *Cherlera*, quoique nous ne l'aions encore exécuté que sur quelques-uns de nos noms nouveaux, tels que *Dayena*, *Moniera*, *Jussia*, au lieu de dire *Duyenia*, *Monnieria*, *Jussievia*, nous en raportant là-dessus à la voix comune des Botanistes ; il est même étonant que le nom de M. de Jussieu ait paru si dificile à latiniser, tandis que l'exemple des mots Dieu, Pieux, qui font *Deus Dea*, *Pius*, *Pia*, démontrent qu'on peut dire *Jusseus Jussea*, ou *Jussius Jussia*, & ainsi des noms semblables. Enfin nous remarquerons, qu'en général, il n'i a que les noms terminés en *i*, tels que Micheli, Monti, Manetti, Targioni, &c. qui doivent se terminer en *ia*, *Michelia*, *Montia*, *Manettia*, *Targionia*.

5°.
Trier les
noms les plus
faciles.
Ce n'est pas chanjer, que de trier & choisir entre 2 noms synonymes, également usités, celui qui est le plus court & le plus facile à prononser : c'est sur ce principe, qu'au lieu du nom Malabar, nous avons quelquefois emploié le nom Brame des Plantes figurées dans l'*Hortus Malabaricus* ; emploi dont on nous reprocheroit avec raison, de n'avoir

pas fait plus souvent usaje, sur-tout à l'égard des Palmiers, si les synonymes Brames n'eussent été à-peu-près aussi longs ou aussi dificiles que les Malabares qui leur corespondent, ce qui nous a obligé de nous en tenir à ceux-ci, faute d'autres synonymes autantikes.

Parmi les noms nouveaux, significatifs, tirés du grec, il faut évirer ceux qui sont trop longs ou trop rudes, tels que *Stachyarpagophora*, *Tetragonotheka*, *Lepidokarpodendron*, *Hypophyllokarpodendron*, &c. dont l'expression n'étant d'ailleurs fondée que sur des Caractères minutieux, ne font qu'éloigner & rebuter de l'étude de la Botanike, au lieu de la rendre agréable par sa facilité.

6°. Eviter les noms trop longs ou trop rudes.

Il faut éviter pareillement les Omonymes, tels que *Ippouris* qui est l'Omonyme grec de l'*Equisetum*, *Krinon* de *Lilium*, *Dafnè* de *Laurus*, *Achras* de *Pyrus*, & autres samblables, qui sont le scandale de la Botanike, & que nous avons rapelé come synonymes à leurs Genres & Espèces. Nous aurions rétabli de même le nom de *Muriofullon*, à celui de *Millefolium*, si nous eussions trouvé un autre synonyme à la Plante aquatike à laquele nous avons été forcés de le laisser.

7°. Eviter les omonymes.

Nous aurions voulu être également les maîtres de suprimer tous les noms équivoques, tels que les dérivés suivans, *Fraxinella*, qui est le dérivé de *Fraxinus*, *Alliaria* d'*Allium*, *Ulmaria* d'*Ulmus*, *Salicaria* de *Salix*, *Pyrola* de *Pyrus*, *Ficaria* de *Ficus*, *Lukopodion* de *Lukopus*, &c. mais l'antiquité de ces noms consacrés par un long usaje, nous a retenu, & nous n'entreprendrons ces chanjemans nécessaires, que lorsque nous serons sûrs d'une convention générale à cet égard, & du consentemant unanime des Botanistes qui tienent le 1er rang.

8°. Suprimer les noms ékivokes.

Ce n'est encore que pour ne pas trop changer, & faute de synonymes, que nous avons conservé les noms comparatifs *Melissofullon*, *Polugonifolia*, *Elleboroides*; car tous ces noms & semblables, tels que *Serpullifolia*, *Poliifolia*, *Abrotanoides*, *Lychnidea*, &c. ne peuvent être employés que dans des descriptions, & non pas pour des noms générikes ou spécifikes; parce qu'étant significatifs, ils seroient sujets à chanjer, à moins qu'on ne les employât pour des divisions de Genres, ou pour des Plantes très-voisines ou de la même Famille que celles auxqueles on les compare; tels sont ceux de *Melissofullon*, *Polugonifolia*, *Carvifolia*, *Agrimonoides*, *Borraginoides*, *Urticoides*.

9°. Emploi des noms comparatifs.

Les noms des Plantes ne devant, & ne pouvant être ſignificatifs, comme il a été prouvé (pag. cxxxj,) les noms les plus naturels & les plus comodes qu'on puiſſe doner aux Familles, ſont ceux qui ſeront empruntés du nom de la Plante la plus comune, ou la mieux conue de chake Famille ; parce que ſans charjer la mémoire d'un nouveau nom, ils lui rapeleront l'idée des raports généraux de cete Famille, raports dont l'Enſemble eſt come réuni dans la Plante, dont on emprunte le nom : Tels ſont les noms ſuivans de nos Familles, les Champignons, les Palmiérs, les Gramens, les Apocins, les Tilleuls, les Mauves, les Pavots, &c.

Les noms générikes doivent, come ceux des Familles, être tirés du nom de l'Eſpèce la plus comune ou la mieux conue ſuivant le ſaje principe de Tournefort, qui a établi le 1ᵉʳ les Genres ſuivans *Abies , Pinus , Akakia , Acer , Allium , Malva* , &c. C'eſt ſur-tout dans ces noms générikes qu'on reconoît ſenſiblement l'abus des noms ſignificatifs, tels que les noms ſuivans de païs *Armeniaca, Moldavica,* &c. quelle ridicule contradiction n'éprouvera-t-ton pas, lorſqu'on viendra à raporter ſous ces Genres les Eſpèces qui croiſſent dans divers païs, teles que les ſuivantes, *Armeniaca Armena, Armeniaca Sibirica, Moldavica Moldaviæ, Moldavica Americana ?* j'aimerois aurant dire *Americana , Planta Americæ* ; & ſi je n'ai pas encore chanjé le nom de *Moldavica,* c'eſt parce que je ne lui ai pas trouvé de ſynonyme convenable.

Il n'i a que 4 façons de déſigner les Eſpèces.

1° Par des fraſes ; or on a vu ci-devant (pag. cxxviij) que ces fraſes ſont de vraies définitions , & par conſéquant on ne peut les emploier pour des noms propres.

2° Par des chifres.

3° Par des noms dérivés du nom générike, en ajoutant ſeulement à ce nom une finale compoſée de l'une des 5 voieles ſimplement, & enſuite combinée ſucceſſivement avec chacune des conſones de l'alfabet, ſuivant l'ordre de ces voieles ; prenons pour exemple le nom de *Fonna,* que j'ai ſubſtitué à celui de *Lychnidea* ; en ſuppoſant que ce Genre fût compoſé de 16 Eſpèces, la 1ʳᵉ Eſpèce s'apeleroit du nom *Fonna* ſimple ou augmenté de la 1ʳᵉ voiele *a,* ce qui feroit *Fonna a,* la 2ᵉ Eſpèce ſeroit augmentée de la 2ᵉ voiele *e,* ce qui feroit *Fonna-e,* la 3ᵉ ſeroit *Fonna-i,* la 4ᵉ *Fonna-o,* la 5ᵉ *Fonna-u* ; aiant ainſi épuiſé les 5 voieles, on combineroit avec chacune d'eles toutes les conſones de l'alfabet,

ſelon

felon leur ordre, & l'on apeleroit la 6e Efpèce *Fonna-ba*, la 7e *Fonna-be*, la 8e *Fonna-bi*, la 9e *Fonna-bo*, la 10e *Fonna-bu*, la 11e *Fonna-ka*, la 12e *Fonna-ke*, la 13e *Fonna-ki*, la 14e *Fonna-ko*, la 15e *Fonna-ku*, enfin la 16e *Fonna-da*; on pouroit nomer ainfi 80 Efpèces, en emploiant de même les 14 confones les mieux caractérifées de l'alfabet Européen, fans ajouter au nom primitif de tel Genre que ce foit, rien de plus que 1 voiele ou 1 feule fyllabe compofée come l'on a vu de 2 letres, qui n'alonjent pas fanfiblemant le nom, & il y a peu, ou peut-être point de Genre de Plante conu qui comprene plus de 80 Efpèces.

Cete idée, que j'ai mis en exécution dans quelques-uns de mes manufcrits, fe raporte affez à cele de Tournefort, qui dit (*Ifagoge*, pag. 64.) *Si Plantæ nominibus carerent, vel fi ex omnium confenfu nova iis imponerentur, earum cognitio longè facilior evaderet, utendo vocabulis quorum fonus & fyllabarum numerus ac ordo difcrimen indicaret quod inter Genera, Claffes & Species intercedit.*

Ces 3 1res manières de nomer les Plantes, fupofent que toutes les Efpèfes font actuelemant conues, ce qui n'eft pas, & qui eft même impoffible, & elles font fujetes à 2 inconvéniens. Le premier, c'eft que fi malheureufement le Genre eft mal établi, & demande à être changé, il entraîne néceffairement le chanjement de la frafe, du chifre ou du nom dérivé fpécifike. Le 2d inconvéniant confifte en ce que, lorfqu'on viendra à découvrir une nouvele Efpèce plus voifine de la 3e par exemple, que celle-ci ne l'eft de la 4e, il faudra pareillement chanjer la frafe, & tranfpofer le chifre ou le nom dérivé à chake nouvele découverte.

Il eft bien étonant que les Botaniftes modernes n'aient pas fuivi dans leurs axiomes fur les noms l'analogie qui fe trouve entre les Claffes, les Genres & les Efpèfes, & qu'ils aient voulu doner à celles-ci des frafes ou defcriptions qu'ils refufoient aux autres.

La même raifon qui oblige à ne donner qu'un feul nom fimple à chaque Claffe ou Famille, & à chaque Genre, fubfifte auffi pour les Efpèces Elles doivent avoir chacune un nom propre ou primitif fimple fans fignification; & lorfqu'on voudra les défigner, on ajoutera feulement ce nom à celui du Genre; ainfi en prenant pour example le Genre du Grateron *Aparine*, la 1re Efpèfe s'apeleroit fimplement *Aparine*, la 2e Efpèfe, qui en aproche le plus, étant fupofée, la Garanfe s'apeleroit *Aparine-Rubia*, la 3 *Aparine-Mollugo*, la 4e *Aparine-Galion*, la 5e *Apa-*

Inconvéniens de ces noms.

Noms propres.

m

rine - Gallerion , la 6e *Aparine - Galation* , & ainſi des
autres.

Cete Métode de doner un nom à chaque Eſpèce, réunit tous les avantajes poſſibles , & ſauve toutes les difficultés ; car 1º quand même uu Genre chanjeroit de note
ou de caractère, les Eſpèces ſeroient tranſportées avec leurs
noms ſous d'autres Genres, ſans aucun autre chanjemant ;
2º la même choſe arriveroit ſi les Eſpèces étant mal décrites , demandoient à être placées dans d'autres Genres ; 3º ce
ſeroit encore la même choſe ſi l'Eſpèce venoit à chanjer de
caractère ; 4º ſi une Eſpèce venoit à chanjer aſſez de caractère pour former un nouveau Genre, ſon nom ſubſiſteroit
de même pour être cité come nouveau Genre ; 5º ſi cette
Eſpèce diſparoiſſoit entièremant, on laiſſeroit ſubſiſter ſon
nom à la place qu'ele ocupoit dans ſon Genre avec ſes caractères , en notant l'anée où elle a diſparu.

De ces divers avantajes il ſuit que l'uſaje des noms propres ou primitifs ſpécifiques doit être préféré à tous les
autres moiens conus & peut-être imajinables.

Il paroît aſſez indiférant que les Variétés aient ou n'aient
pas de noms propres ; néanmoins il faut toujours les conſerver à celes qui en ont, ſur-tout aux Va.iétés qui ſont
les plus remarquables.

Nous regardons come une choſe eſſentielemant néceſſaire
de raſſembler, dans une Table alfabétike, tous les noms
ſynonimes diférans ſous chaque Eſpèce & Genre dont ils
dépandent ; en plaçant les plus anciens les 1ers , & conſervant à chacun le nom de la Nation ou de l'Auteur qui a
nomé ou découvert le 1er ces Genres & Eſpèces. Les noms
ſimples & primitifs populaires, & des Botaniſtes tant anciens que modernes ainſi raportés & fixés à leurs Plantes,
rempliroient l'objet du travail que M. Linnæus dit , dans ſon
Critica Bot. p. 268, avoir propoſé à Dillen, qui conſiſtoit
à doner une cronologie des Plantes, c. à d. une indication
du tems où elles ont été découvertes & de l'Auteur de la
découverte : cet Ouvraje ſe trouve exécuté ici dans notre
Table alfabétique à l'égard des Genres & des 600 Eſpèces
conues par les anciens, & en conſultant notre Table cro-
nologique des Auteurs, on ſaura depuis quel tems chaque
Plante eſt conue.

Nous ne comprenons pas dans le rang des noms ſynonymes ſimples, les fraſes, qui ſont de vraies définitions ou
même des deſcriptions ſpécifikes. La plûpart des Auteurs
qui ont écrit depuis C. Bauhin, auroient cru n'avoir rien

fait, fi dans un Ouvraje de Botanike, ils n'euffent entaffé des citations de ces frafes acumulées les unes fur les autres; eependant ces citations n'ont pour objet que de faciliter aux gens qui n'ont pas tous les Livres de Botanike le moien de reconètre les Plantes dans l'Auteur qu'ils poffedent; bien foible avantage, fi on le compare avec la confufion & l'inutilité qui en réfultent; c'eft ce qui a fait dire avec raifon à M. de Buffon, que l'étude de la nomination ou nomenclature moderne de la Botanike, eft plus longue que la conèffance des Plantes en elle-même. Ainfi nous regardons come fuperflu de citer autre chofe que le nom primitif le plus ancien ou le meilleur, avec la figure la meilleure ou la plus complete du Genre ou de l'Efpèce de Plante qu'on veut défigner; & fi ces Plantes n'ont pas encore eu de noms ou de figures, il faut leur en faire.

Il eft donc néceffaire, pour pouvoir citer les Plantes, de doner des noms à celes qui n'en ont pas; cete néceffité étoit reconue du tems d'hOrace, & il établit que chaque Auteur, dans fa fianfe, a le droit de doner des noms, lorfqu'il dit Art Poëtike;

16.
Noms nou-
veaux à fère.

> *Et nova fidaque nuper habebunt verba fidem, fi*
> *Græco fonte cadant, parcè detorta. Quid autem*
> *Cæcilio Plautoque dabit Romanus, ademptum*
> *Virgilio variifque? Ego cùr, acquirere pauca*
> *Si poffum, invideor, cùm lingua Caeonis & Enni*
> *Sermonem patrium ditaverit, & nova rerum*
> *Nomina protulerit? Licuit, femperque licebit*
> *Signatum præfente notâ producere nomen.*

Mais ces noms doivent être fimples & primitifs, c. à d. fans fignification, pour les raifons expliquées ci-devant, (pag. cxxxj.)

S'il nous eft permis, en faifant des noms nouveaux, d'écrire come l'on prononfe, de fuprimer des letres qui ne fonent pas, de réunir celes qui ont le même fon, & d'en introduire de nouveles; pourquoi ne feroit-il pas égalemant permis de faire les mêmes réformes dans les noms anciens? Cete queftion épineufe & délicate, dont nous ne voulons toucher ici que la partie qui regarde imédiatement l'ortografe la plus comode & la plus facile, qu'il feroit avantageux d'introduire en Hiftoire naturele, & peut-être dans toutes les fianfes, mérite que nous la traitions métodikemant.

17.
Réforme
néceffère
dans l'orto-
grafe.

Le langage a précédé l'écriture chez tous les Peuples; alnfi celle-ci a dû s'i conformer, & emploier toujours les mêmes letres ou caracteres pour exprimer les mêmes fons; c'eft pour cete raifon qu'on a imaginé autant de letres fimples qu'on a reconu de fons bien diférens , ou affez marqués dans les noms ou termes proférés par la voix dans le langage. D'où il fuit 1° que l'on doit écrire come l'on pronoce ; 2° que fi l'écriture , pour exprimer certains noms , emploie des letres qui ne fonent pas , ces letres doivent être fuprimées ; 3° que les letres qui ont le même fon doivent être réunies & rapelées à 1 feule ; 4° que l'on introduife de nouveles letres fimples , pour exprimer des fons qui n'en ont pas , ou qui ont des letres doubles.

Le 1er de ces 4 articles ne nous paroît pas avoir befoin de preuves , nous allons examiner feulement les trois derniers. Quand il s'ajit de réforme aufi générale que cele des langues , pour en abréjer les noms , & pour les rendre plus faciles à prononfer ou à écrire à un chacun , il faut prendre le bon de chaque pais , & en laiffer le défectueux qui tient fouvent moins au climat , qu'à la 1re inftitution de ces langues , & à l'ignorance de ceux qui ont les 1ers fait ufaje de l'écriture. Chake nation eft à cet égard un grand public qui doit fère la loi. Examinons fur ce principe les fupreffions qu'il eft avantajeux de fère.

Supreffion des letres non fonantes.
2° L'*h* eft une letre qui n'en devroit pas être une , puifqu'ele n'a pas un fon particulier , & qu'ele n'éface point le fon des voieles qu'ele préfède ou qu'ele fuit. C'eft une afpiration qui ajoute aux voieles un dégré de force plus ou moins grand felon le génie des Peuples. Cete afpiration n'eft guère d'ufaje dans le langaje Franfès , qui eft naturélement fort doux , & fa douceur parèt permetre & autorifer la fupreffion de cete letre , à l'exemple des Italiens qui la fupriment par-tout , fans i fupléer par aucun accent , & qui difent.

H.

Iftoria ,	au lieu de *Hiftoria*.
Erba ,	*Herba*.
Aftula ,	*Haftula*.
Ierabotanè ,	*Hierabotanè*.
Iofciamo ,	*Hyofcyamus*.
Ippogloffo ,	*Hippogloffon*.
Iffopo ,	*Hyffopus*.
Erniaria ,	*Herniaria* , &c.

Je l'ai fuprimé de même par-tout où j'en ai été le maître ; mais à l'égard des noms nouveaux ou d'Auteurs , j'ai cru devoir l'emploier , mais en plus petit caractère , en raportant ces noms fous la letre de l'alfabet femblable à la voiele qui fuit l'*h*. J'en ai laiffé quelquefois d'autres qui ne parlent qu'aux yeux , étant au milieu d'un mot , tels que *Thevetia*.

Quant aux noms de Peuples qui afpirent encore certaine

voïeles ; on pouroit, au lieu d'emploier l'*h* ; metre fur ces voïeles l'accent rude *c*, come faifoient les Grecs.

3º Il eft effentiel de réunir enfemble toutes les letres qui ont le même fon, fi l'on veut éviter l'embaras où l'on eft fouvant de trouver le nom d'une Plante qu'on n'a jamais lu, qu'on entend nommer pour la 1re fois, & qui peut s'écrire de 2 ou 3 façons diférantes.

Réunion des lettes de même fon.

Les Grecs n'avoient pas de *c*, mais feulement le *k*. Les Latins ont adopté le *k* des Grecs, & fait de plus la letre *c*, mais il paroît qu'ils la prononfoient comme le *k*. Les François emploient le *k* & le *c* des Latins, & prononfent le *c*, tantôt come le *k*, tantôt come l'*s*. Ainfi le *c* eft une letre à fuprimer, & dans le Latin & dans le Franfès.

C. au K.

En atandant que cete fupreffion néceffaire foit admife généralement, j'ai raporté à la letre *k* tous les mots dont le *c* fone come le *k*, & à la letre *s* tous ceux où il a le fon de l'*s*.

J'aurois dû, par la même raifon, confondre, quoique je ne l'aie pas encore fait, le *q* avec le *k*, parce k'il fone parfaitement come lui, foit qu'il foit feul, foit qu'il fe joigne à l'*u* pour faire *qu*, ou *qua*, &c. qui a le même fon que *ku* ou *ka*, &c.

Q. au K.

La letre *x*, quoique repréfentante des 2 letres *k s*, mériteroit peut-être d'être confervée en la raportant au *k* à fon rang come nous avons fait, parce qu'ele abrèje au contraire de la letre double *ph*, qui alonge fa repréfantante *f*. Mais nous en aurons befoin pour remplaces le *ch*, come nous le dirons bientôt.

X. au K.

Les Grecs & les Latins prononfoient toujours le *g* avec rudeffe, come dans ces mots *gamma*, *gratia*, &c. Nous le prononfons fouvent de même dans les mots tirés de ces 2 langues, tels que *gàmme*, *grace*, &c. mais quelkefois auffi nous le prononfons avec douceur, précifément come l'*j*; par ex, dans ces mots genèt gentiane, que nous rendons ainfi, [Jenèt Jantiane, quoique nous écrivions Gentiane Genèt; c'eft donc une réforme à faire, non dans la façon d'écrire ces mots, mais dans la façon de les prononcer, comme font les Allemans. A l'égard des noms originairement François, & non dérivés du Latin, qui fe prononfent come l'*j*, quoiqu'ils s'écrivent par un *g*, il me femble tout naturel de chanjer la letre *g* en *j*.

G. à l'I.

L'*y* des Latins que nous avons adopté, & que nous prononfons come l'*i*, eft l'*u* des Grecs; car ils n'avoient pas d'autre *u*, & ils avoient l'*i*. Il faut donc aux noms

Y. à l'U.

tirés du Grec, qui ont un *u*, rétablir cet *u* avec ſa pro- nonſiaſion, à la place de l'*y* que nous i metons ordinère- ment ; & pour ce qui eſt des noms originèrement Franſès, que nous écrivons avec l'*y*, il faut i remetre l'*i*, puiſque cet *y* ſone come notre *i*. C'eſt ce que j'ai fait dans ma table, en rapelant l'*y* Franſès à la letre *i*, & l'*y* Latin ou Grec à l'*u*, qui eſt ſa prononſiaſion.

Diftonges conſonantes avec les voie- les.
Les diftonges ou letres doubles, qui expriment un ſon ſemblable à quelques voieles, doivent être remplacées par les voieles dont eles ont le ſon, par example, *ai ei oi œ æ ee*, doivent être ſupléés par l'*è*, quand eles en ont le ſon, *ea* par l'*a*, *ao eo* par l'*o*, *eu* par l'*u*, &c. Sur ce principe, les Italiens diſent *Enante*, au lieu d'*Œnante* ; mais on ne peut faire uſage de cet example, parce que les Romains auroient dû écrire *Oinante*, come les Grecs, au lieu d'*Œnante*.

Subſtitution des letres ſim- ples aux le- tres doubles.
4° Il parèt en général que toutes les nations ont eu en vûe de n'exprimer chaque ſon que par des letres ſimples, d'où il ſuit que c'eſt un défaut d'exprimer par 2 letres un ſon qu'on pouroit rendre par un ſeule.

Diftonges diſſonantes d.s voieles.
Les diftonges, qui ſe prononſent diféramant des 5 voieles, ou plus exactemant, qui expriment des ſons diférens de ceux des 5 voieles, doivent être ſupléés par des letres ſimples, je propoſerois donc les ſuivantes ; pour l'*ai* un *a*, avec un point au-deſſus, pour l'*au* un *a* terminé par un crochet, pour *ei* un *e* avec un point au-deſſus, pour *eu* un *e* terminé par un crochet, pour *oi* un *o* avec un point au- deſſus, pour *ou* l'ʊ des Grecs. Le double *w* des Hollandois & des Alemans qui ſe prononce come l'ʊ, doit être rem- placé par l'ʊ des Grecs.

Ph. rem- placé par F.
Sur ce principe, la letre double *ph* doit être ſuprimée & remplacée par *f*, qui répond à la letre ſimple φ des Grecs. Nous avons donc changé ou raporté ſous la letre *f* tous les noms qui comenſent par *ph*.

Ch. rem- placé par X.
Sur le même principe, la double letre *ch* qui ſe pro- nonſe à peu près come l'*j*, mais un peu plus forcée, pourèt être raportée à la letre *x* des Grecs, qui en eſt l'expreſſion, & à laquele on ſupléeroit par notre letre *x*, qui, come l'on a dit ci-deſſus, eſt ſuperflue.

Gn. rem- placé par ñ.
La double letre *gn* prononſée, come font les Latins en forçant le *g*, doit ſubſiſter : mais ſi l'on molit ſur le *g*, en ne prononſant preſque que l'*n*, elle demande à être rem- placée par une letre ſimple ; or cete letre ſe trouve chez les Eſpagnols dont il faut l'emprunter ; c'eſt l'*ñ* ſurmonté d'un circonflexe ; or come ils écrivent *Eſpaña* le nom de l'Eſ-

pagne ; nous écririons de même Espãe Espãñols , cha-
tener , &c. au lieu d'Espagne Espagnols , chatègner , &c.

Je ne m'étendrai pas davantage fur cet article important
de la manière de prononser & d'écrire les noms ; il me
fufira d'avoir indiké les principales réformes qu'il faudroit
faire à l'alfabet Européen pour le perfeétioner. Je tais , pour
abréjer beaucoup d'autres idées qui m'ont paru bones , relativement à cet objet , & au perfectionnement des langues ,
mais qui font moins direétes à la réforme des noms des
plantes qui i ont doné lieu.

Je fens bien qu'on me fera nombre d'objeétions plus fpé-
cieufes que vraies au fujet de ces réformes , & que les
Etumologiftes auront de la peine à convenir de leur néceffité , fondés fur l'inconvéniant qui en réfultera pour ceux
qui veulent faire la comparaifon des langues. Mais quel eft
l'objet le plus util & le plus immédiat de cete comparaifon ,
finon la perfeétion même de notre langue , & s'il i a un
chemin plus court , n'eft-il pas naturel de le fuivre ? Or il
eft certainemant plus court de réformer dabord l'ortografe ,
que de comencer par les étumologies , & finir par l'ortografe. On juge comunémant qu'un Auteur qui ne fuit pas
l'ortografe ordinaire , pèche par un défaut d'étude des Belles-
Lettres : on ne me fera pas , je l'efpère , ce reproche ,
puifque c'eft une étude particuliere du Grec & du Latin ,
qui m'a mené naturelemant à cete réforme de l'alfabet Européen dans les tems où je travaillois à un Diétionaire univerfel de tous les noms ou termes fimples emploiés dans
toutes les fciences en langue Greke , Latine & Franféfe ;
Diétionaire dont je fentois , & dont je fens encore toute la
néceffité pour faire éviter la répétition & le double emploi
des noms dans la dénomination des objets d'Hift. nat. &
que je n'abandonai que lorfque je réfléchis que le travail
continuel de plus de 6 mois qu'exigeoit chaque letre feroit
mieux emploié à fuivre mes occupations ordinaires en Hift.
naturele.

5e Article. *Moien de rendre les figures plus utiles.*

Les figures en général , ou leurs deffeins , peuvent être regar- | Figures ; ce
dés come de Letres ou Caractères qui pegnent & expriment | que c'eft.
aux ieux l'enfamble des diféranfes des objets , come les noms
les expriment en quelque forte aux oreilles , & fi l'écriture
étoit ainfi iéroglufike , c. à d., fi au lieu de tracer le nom
des chofes , ele deffinoit le contour de leur figure ; quoique plus dificile à aprandre , ele feroit bien plus courte ,

plus expreſſive & plus inſtructive. Ces ſortes de figures iéroglufikés, étant ſemblables pour les mêmes objets par toute la tere, pouroient être regardés come une langue univerſele, parce que les mêmes traits, faiſant les mêmes ſenſations ſur tous les ieux, repréſanteroient toujours les mêmes idées; au lieu que l'écriture comune, qui eſt auſſi variée que les Peuples, nous repréſantant par un nom tout auſſi varié, la valeur d'un ſon, pour nous rapeler un objet, ocupe plus la mémoire, qu'un ſimple trait qui deſſine la figure de cet objet. Il faut convenir cependant que la multiplicité des figures empêcheroit de porter à un certain point l'écriture iéroglufique en queſtion, qui d'ailleurs ne s'étendroit que ſur les objets naturels ou artificiels, & non ſur les ètres métafuſikes.

Leur néceſſité. De-là, il eſt facile de jujer de l'utilité & même de la néceſſité des figures en Hiſtoire naturele, & combien leur défaut fait de tort à la Botanike. C'eſt une ſemblable réflexion qui a fait dire à Scheuzer & à Buxbaüm, que toutes les Plantes, dont nous n'avons que des noms ou des deſcriptions trop ſuccintes ou confuſes ſans figures, doivent être regardées come inconues ou come non avenues.

Molens de les rendre les plus utiles. Il faut donc figurer toutes les Plantes qui difèrent aſſez par la forme extérieure, & il i a 6 moiens de rendre ces figures le plus utiles qu'il eſt poſſible; ſavoir,

1º de les unir aux deſcriptions,
2 de les graver plutôt que de les peindre,
3 les graver ſans ombre,
4 dans tous les détails,
5 dans leur ſituation naturele,
6 dans une grandeur moiene.

1. Unir les Deſcriptions aux Figures Quoiqu'il ſoit très-dificile & come impoſſible d'imiter par la peinture les couleurs natureles des Plantes, & d'exprimer dans une ſeule figure les diverſes formes par leſqueles eles paſſent dans tous leurs âjes à chake ſaiſon de l'anée, come Pline l'avoit reconu, ce qui, dit-il, avoit fait de ſon tems abandoner ces figures pour s'en tenir à des deſcriptions; quoique la gravure ne rende ni les couleurs, ni les ſaveurs, ni les odeurs, ni les autres qualités tactiles, teles que le liſſe, le rude, le velu, la dureté, la moleſſe, &c. néanmoins le deſſen montre le port de ces Plantes, leur figure, la ſituation & diſpoſition de ces parties, toutes choſes plus eſſentieles que les qualités ci-deſſus énonſées, & qu'il eſt le plus ſouvant impoſſible de rendre aſſez préciſémant dans une deſcription. D'où il ſuit qu'il faut néceſſairemant allier

les defcriptions aux figures, & reciprokemant les figures
aux defcriptions, parce qu'eles fe prètent un fecours mutuel,
& qu'eles ne peuvent marcher les·unes fans les autres. Les
defcriptions doivent ètre courtes, & porter principalemant
fur les circonftanfes que le deffen ne peut exprimer, teles
que les couleurs, le poli, le velu, le doux & le rude des
furfaces, la fubftante, la folidité, le lieu ou climat natal, les
vertus, enfin toutes les autres afections ou qualités famblables.

Des 4 moiens les plus ufités de figurer les Plantes, favoir, la peinture qui, fur un fimple trait en créion, imite
les couleurs natureles, l'impreffion en couleur, l'enluminure
qui confifte dans une gravure lejère à laquele on ajoute
des couleurs, & la gravure; la plus avantajeufe eft la gravure : car toutes les peintures & enluminures, en général,
ne font pas praticables en grande quantité, les plus parfaites
ne rendent jamais exactemant les vraies nuances du colori
naturel, & la plûpart éfacent, & font difparoitre ou n'expriment pas le velouté, le poli, les nervures, nombre de
traits & de petites parties des Plantes, qui font plus effentieles à conoître que la couleur. La gravure, quoiqu'ele ne
rende ni les couleurs, comme les peintures, étant ordinairemant en noir, ni le poli, ni le velouté, &c. à moins
qu'il ne foit affez groffier, a, fur les peintures, nombre
d'avantajes, dont les principaux font d'être plus expéditive,
& plus fufceptible de détailler netement les parties les plus
fines; fur-tout la gravure en cuivre qui eft autant préférable à l'étain pour la néteté des traits, que celui-ci l'emporte fur le bois à cet égard.

2°.
La gravure
eft préféra-
ble.

Les ombres font dans la gravure ce que les couleurs font
dans la peinture des Plantes; lorfqu'eles font un peu for-
cées, eles cachent & confondent la plûpart de leurs nervures,
de leurs linéamens ou des plus petites parties; ainfi il eft
néceffaire, ou d'en diminuer beaucoup l'intenfité, ou de
les fuprimer entièrement, en marquant par un fimple trait
le contour de la Plante qui en rend netemant le port ou
l'enfemble, comme font les figures de Fuchs & de Plumier
qui paffent avec raifon pour être des meilleures; on pourèt
encore les fuprimer feulemant dans les parties plates, teles
que les feuilles, & les emploier avec ménajemant à l'é-
gard des parties rondes ou faillantes qui en ont befoin, come
font les tiges, les fruits, &c.

3°.
Suprimer
les ombres.

La plûpart des figures, que nous poffédons, ne donent les
unes qu'un rameau de chaque Plante, les autres la plante fans
racines & fans fleurs, d'autres des fleurs & des fruits feu-

4°.
Figurer
toutes les
parties.

lemant fans branches ; de forte qu'il faut fouvant raſſambler
20 deſſens diférans pour avoir toutes les parties de la Plante
qu'on veut examiner ; & quelkefois malgré ce foin, on n'a
pas encore la figure auſſi complete qu'on pouroit la defirer.
Pour prévenir cet inconvénient, il faut deſſiner chake Plante
dans tous ſes détails, depuis ſa racine juſqu'à ſes graines,
la manière même dont elle germe & fort de terre, & toutes
les plus petites ſtipules ou glandes qui ſont ſenſibles.

5°.
Dans leur
ſituation na-
turele.

La Plante & toutes ſes parties doivent être repréſentées
dans leur ſituation naturele ; rampantes ou couchées, lorfqu'eles rampent ; tortillées, lorſqu'eles s'entortillent, même
dans l'eau, lorſqu'elès i croiſſent conſtamment.

6°.
D'une
grandeur
moiene.

Ceux qui demandent qu'on repréſente toutes les Plantes
ou toutes leurs parties dans leur grandeur naturele, comer
ceux qui veulent qu'on les réduiſe à une échele comune,
même ſupofée moiene, exijent la choſe impoſſible. Il i a
des Plantes dont chaque feuille a plus de 6 piés, & excède
toutes les grandeurs de papier conues, & il i en a d'autres
ſi petites, qu'on ne peut les bien voir & deſſiner qu'en les
groſſiſſant au mikroskope. Ainſi ces deux moiens font également impraticables.

En général de trop grandes figures, teles que celes de
l'*Hortus Eiſtetenſis*, ou de l'*Hortus Malabaricus*, emba-
raſſent, éblouiſſent la vue, & ne ſe faiſiſſent pas plus facilemant que des figures trop petites qui devienent inſanſibles.
Il faut donc choiſir un milieu, & fixer une grandeur
moiene entre les 2 extrêmes. Le format de l'*in-4°* eſt celui
dont la grandeur paroît s'acorder le plus généralemant à la
portée de la vûe ordinère des homes : il ſufiroit pour def-
ſiner diſtinctemant toutes les Plantes, même les plus grandes, en faiſant une échele diférante pour chake ordre de
grandeur.

Pour les plus grandes Plantes, on repréſenteroit un
rameau qui occuperoit toute la planche ; dans les 2 coins
d'en-haut, on metroit les détails des fleurs, fruits, &c. &
dans les 2 coins d'en-bas, on deſſineroit l'arbre en petit,
pour en montrer la figure & le port, la façon dont la grène
comence à lever de tere & à pouſſer ſes 1res feuilles ;
métode que pratique comunémant M. Ehret, auſſi fameux
Peintre en cete partie, que digne Elève d'Aubriet.

Les Plantes moienes pouroient ſe repréſanter en entier
dans la planche ſans branche ſéparée.

Enfin les plus petites ſeroient d'abord deſſinées dans leur
grandeur naturele, & enſuite grandies au microſcope d'une

façon proportionée à leur taille , & qui ocuperoit ou le
¼ ou la ½ de la planche propoſée.

6e Artiqle. *Mes Familles.*

On jujera facilemant , par ce qui vient d'ètre dit dans
les 5 articles préſédans , quel doit être le plan de mes Familles ; il doit réſulter néceſſairemant.

Plan de
mes Familles.

Du 1er & du 2d article (pag. clv & clviij) & qu'eles
ſeront limitées par les lignes de ſéparation marquées par
la nature dans la ſuite des plantes raprochées dabord dans
l'ordre continu qu'eles ſemblent garder en paſſant d'une
Eſpèce à l'autre , & enſuite diviſées en Familles ſelon ces
lignes de ſéparation.

Du 2d article (pag. clxvj,) il doit ſuivre que j'ai adopté
des Familles ou Claſſes , des Genres & des Eſpèces.

Du 3e article (pag. clxix,) que j'ai emploié toutes les
parties quelconques des Plantes pour les caractériſer & en
tirer les diféranſes ſpéſifikes , générikes & claſſikes.

Du 4e article (pag. clxxj,) il ſuit que j'ai dû doner des
noms ſimples primitifs aux Claſſes , Genres & Eſpèces ,
en préférant toujours le plus ancien , ſoit Botanike , ſoit
Populaire.

Enfin on peut jujer par le 5e article (pag. clxxxiij,) que ſi
j'euſſe publié des figures , j'aurois tâché de les faire completes dans toutes les parties ; mais ne donant que des
Genres , je me ſuis borné à citer les meilleures figures , qui
ont été publiées ſur les Genres , & ſur quelques-unes de
leurs principales Eſpèces.

Sans m'arêter davantaje ſur ces 5 articles dont les détails
m'ont paru ſufiſans pour expoſer toute l'idée du plan de mes
Familles , il me reſte à prouver ici ,

1° que ces Familles ne ſont pas ſyſtématiques,
2 que le plan en eſt neuf , ainſi que l'exécution ,
3 à en montrer les avantages ,
4 & les imperfections ,
5 à en conclure que la Botanike eſt une ſianſe de faits.

Tout aranjemant métodike où l'on n'admet pas de ſyſtême , n'eſt-il pas l'aranjemant de la nature , c. à d. , la
métoda naturele ? On donera le nom qu'on voudra à mes
Familles ; mais il n'en ſera pas moins vrai qu'eles ne peuvent
être ſyſtématiques , puiſqu'eles n'ont pas d'autres fondemant
que les vuides ou interuptions que la nature nous montre
dans la ſérie des plantes raprochées par tous les raports de
reſſamblanſe , & que ſi eles ne ſont pas ces Claſſes natureles que l'on cherche , eles en ont bien l'air , & à reſſem

1°.
Ces Famil-
les ne ſont
pas un ſyſtê-
me.

blent fort. Au refte je ne leur donerai pas ce faftueux nom
de Familles natureles, chacun les qualifiera come il jujera
à propos.

S'il i a dans la nature une progreffion qui lie & unit enfemble
tous les êtres, come les plus grands Philofofes l'ont affuré,
entr'autres Ariftote au Livre 8, Chap. 1 de fon Hiftoire
des animaux, & come il eft évident par ce qui a été dit
ci-devant (pag. clxv) ; il paroît prouvé par ces Efpèces
de fauts qui établiffent entre les Plantes ces lignes de féparation que nous apelons Claffes, Genres & Efpèces, que
la nature cherche autant à unir les êtres qu'à les féparer :
ainfi après avoir marqué & conftaté ces lignes de féparation, il convient de faire voir leur fucceffion en raprо-
chant dans une fuite continue les Familles qui fe reffamblent
le plus, & dans chake Famille, les Genres qui ont le plus
de raports généraux en plaçant les 1ers ceux qui ont plus
de raport avec les Genres de la Famille précédente, & les
derniers ceux qui aprochent le plus de la Famille qui fuit ;
par-là les Genres qui fe trouveront au milieu de 2 Familles
voifines feront les plus faillans & plus diférans entr'eux que
ceux qui feront aux 2 extrêmes de ces deux Familles. Nous
avons mis ce principe en exécution du mieux qu'il a été
poffible, par-tout où la fûreté des conèffances actueles des
Genres a pû le permetre, en fuivant ces nuanfes dans toutes
les fections ou divifions de Familles, quand même il fe
feroit préfanté des divifions métodikes plus faciles, toujours
dans la vûe d'imiter la marche graduée de la nature dans
fes opérations & dans la liaifon & l'enchènemant des Familles ;
car c'eft de cet enchènemant des Familles que doit réfulter
l'enfemble, c. à d. la Métode naturele des Plantes, come chak
Famille naturele depend de la Métode naturele. Néanmoins
malgré les foins que nous avons pris de trouver les raports de
ces Familles, & de les raprocher par leurs dégrés de reffamblance, il i en a encore plufieurs qui ne fe fuivent pas, &
qui laiffent entr'eles des vuides qui indiquent qu'il nous
manque encore des Familles qui nous font inconues, &
qu'il faudra créer, par exemple entre les Mirtes, les Ombellifères, les Compofées, les Campanules, les Briones &
les Aparines.

2°.
Le plan en
eſt neuf.
    Mes Familles n'ont rien de comun que le nom avec celes
de Magnol, & mon plan, ainfi que fon exécution diférent
de tout ce qui a été publié ou même propofé jufqu'ici fur
les Plantes.

Mon plan, come je l'ai déja dit, confifte en 2 points

1° à raprocher les Plantes, & à les ranjer dans un ordre
continu, dans une férie ou gradation fondée fur tous les
raports poffibles de reffamblanfe ; cet enfamble de raports
a été indiqué par Magnol dès l'an 1689, & depuis en
1750, par M. de Buffon ; mais ni l'un ni l'autre ne dit
qu'il faut fuivre la férie & l'ordre que gardent entr'eles les
Plantes, ils prefcrivent feulemant de raprocher les Plantes
qui fe reffamblent, & féparer celles qui difèrent ; 2° à
marquer les vuides ou lignes de féparation qui fe trouvent
entre les Plantes ainfi ranjées ; ces lignes de féparation au
nombre de 58, donent 58 Familles : or ces 58 Familles
font très difèrantes par le nombre, par la reffamblance, &
par leur aranjement de toutes les Métodes fyftématikes conues.

Il paroît dabord naturel de penfer que, dans la manière de raprocher les Familles des Plantes, les Monocotulédones, les Mo-
nopetales, les Polupétales, celes qui ont la fleur deffus le fruit,
celes qui ont un grand nombre d'étamines, &c. doivent fe
trouver toutes de fuite fur une même ligne ; c'eft là le défaut des métodes & des fyftêmes qui ne confidèrent que 1
feule partie. Mais en les emploiant toutes, on voit que
cete fuite dans chake partie eft impoffible, & que toutes
les Monopétales, par ex., ne peuvent fe trouver enfemble ; la Famille des Liliafées, où il i a des Monopétales
& des Polupétales, des fleurs pofées fur le fruit & fous le
fruit, 3 ou 6 étamines, en eft une preuve ; les Aireles & les
Pourpiers font dans le même cas.

Soit donc que les Botaniftes qui ont cherché la Métode Ainfi que
naturele fuffent trop imbus du principe erroné qu'il ne faut l'exécution.
confidérer que les parties de la fructification, foit qu'ils
ignoraffent les coneffanfes de détails néceffaires pour faifir
l'enfamble de tous les raports, ce qui diftingue le vrai
Botanifte du fimple Nomenclateur ; il eft certain que perfone n'a exécuté ce plan avant moi. Cete exécution, ainfi
que le plan, confifte en 2 points ; 1° à plafer à la tête
de chaque Famille les Caractèrès qui lui font propres, &
qui la diftinguent de toutes les autres ; Caractères tirés de
toutes les parties, même des qualités, vertus, &c. & décrits dans autant d'articles féparés ; 2° à doner enfuite les
Caractères des Genres dans 3 ou 8 colones, plus ou moins,
felon le nombre des parties ou qualités que poffede ou
qu'exije chaque Famille ; parties qu'aucun Auteur n'a emploié
de même, ni dans les mêmes vûes, ni avec le même choix,
en chanjant les unes, & fuprimant les autres, felon que le
génie ou les mœurs de chake Famille l'exijent, pour ne

faire ufage que de celes que l'expériance nous aprend contenir feules ou plus comunément les Caractères générikes ; de forte que j'emploie fouvant toutes les parties de la Plante, pour caractérifer certaines Familles, teles que les Biffus, &c. (pag. clxx,) où les Métodiftes n'en emploient que 1 feule, & que j'en examine 8 où ils n'en confiderent que 6 de la fructification, dont fouvant 1 ou 2, & même 3, font abfolumant inutiles pour le Caractere générike, come le prouvent la Famille des Compofées, les Briones, les Aparines, les Labiées, &c.

De-là, nombre de Genres auront dû nécffairement ètre chanjés ou multipliés, & les antres auront été fixés par un plus grand nombre de Caracteres tirés d'autres parties moins arbitraires, puifque ce font celes que l'expériance a démontré ètre les plus conftantes, & qui contienent le plus de diféranfes ou de Caracteres générikes felon le génie de chake Famille.

Il eft certain que dans le grand nombre des parties des Plantes, il i en a qui font comunes à une plus grande quantité, & qui par-là peuvent fournir des Caracteres plus généraux ; par ex, il i a plus de Plantes qui ont des grènes qu'il n'i en a qui ont des des feuilles ; plus qui ont des feuilles, qu'il n'y en a qui ont des étamines ou un calice, & à cet égard, voici l'ordre que fuivent ces parties. Les graines vienent les 1^{eres}, le piftil enfuite, les tijes, les racines, les feuilles, les étamines, le calice, enfin la corole. Néanmoins il ne faut pas croire que les parties les plus générales doivent fervir préférablement aux autres pour ranjer les Plantes ; ce font celes qui fourniffent les fituations les plus variées, qui doivent être préférées. La corole & les étamines en fourniffent plus que toutes les autres, parce qu'étant au centre de la fleur, & répondant à toutes les autres parties qui les environent, cete fituation done lieu à un plus grand nombre de raports ; & ce qui rend la Métode de Tournefort beaucoup fupérieure à celle de M. Linnæus tirée des étamines, ce n'eft pas tant parce qu'il a choifi la corole, que parce qu'il s'eft moins ataché au nombre qu'aux autres raports de cete partie.

Cete pofition, non pas de 1 feule partie, mais de toutes les parties réciprokes de la fleur, eft très-avantajeufe pour raprocher les Familles des Plantes : c'eft ainfi, que, quoique les Spirea n'aient pas le calice ataché à l'ovère, come les Poiriers, j'ai dû raprocher ces 2 fections, parce que la corole & les étamines font attachées de même au calice, & que toutes leurs autres parties font d'ailleurs très-fem blables ; au lieu que fi j'euffe fuivi la confidération feule du calice attaché au fruit , j'aurois placé cete 3ᵉ fection de la Famille des Rofiers auprès des Mirtes ; pendant que la 2ᵉ fection où font les Spirea fe feroit trouvée auprès des Salikères ; & je dois dire à ce fujet que les Salikères feroient à l'égard des Mirtes, ce que les Spirea font à l'égard des Poiriers, fi eles n'avoient pas un diske fous l'ovère. Ainfi l'ordre d'afinité que j'ai fuivi en raprochant ces Familles, ne doit pas furprendre ; s'il eft irrégulier, ce n'eft qu'en aparance, & j'en donerai le nœud un jour.

J'ai remarqué que les Plantes les plus dificiles à raporter à leurs Familles natureles font, 1º celes qui ont un diske fous l'ovère, ou ce qu'on apele improprement des glandes qui n'en font que les bords fur lefquels ou autour defquels les étamines placées forment des échancrures. 2º Les Plantes à fleur polypétale, qui n'ont pas de corole, ou qui en aiant une, ont une certaine difpofition d'étamines qui n'a point été déterminée, & qu'on ne détermine prefque jamais dans les defcriptions. Ces obfervations fines & fcrupuleufes exijent, je l'avoue, un peu plus de tems & d'atention qu'on n'en done comunément aux recherches de cete efpèce qu'on fait trop à la hate, ce qui les rend la plûpart infructueufes : cependant cete grande atention eft abfolument néceffaire, fi l'on veut fincerement augmenter nos coneffanfes, & facrifier la petite gloire d'écrire beaucoup, à cele de n'écrire que des chofes neuves & utiles.

L'idée qu'on peut fe former de la perfection d'un fyftême de Botanike, confifteroit felon l'Hiftorien de l'Académie (année 1718, pag. 46) 1º à ne déterminer les Claffes, les Genres & les Efpèces, que par des Caractères très-fimples & très-aifés à reconoitre. 2º A n'établir que le moindre nombre poffible de Claffes, de Genres & d'Efpèces. 3º A conferver aux Plantes leurs anciens noms & leurs noms populaires. 4º A ne doner à celes qu'il faut nomer de nouveau que des noms très-courts..... Mais ces 4 points ne peuvent être tous enfemble dans leur perfection..... Il feroit donc à fouhaiter que les Botaniftes convinffent enfin d'adopter un fyftème, ne fût-il pas le meilleur, & de s'y tenir; mais comant efperer cela ? On voit fi peu de perfones du même talent fe réunir & travailler de concert pour le perfectioner !

Cete perfection abfolue eft un être chimérike ; elle eft dans le rang des chofes démontrées introuvables, teles que la pierre filofofale, la quadrature du cercle, la diftance réele des étoiles fixes, la mefure d'un dégré fur la terre,

3º. Avantages de ces Familles.

parce que tous les moiens humains, & tous nos instrumens font trop grossiers & trop imparfaits pour pouvoir nous conduire à l'exactitude nécessaire, qui caractérise ce qu'on apele la perfection matématike, qui vraisemblablement n'existe pas même dans aucun Ouvraje de la nature. Néanmoins on peut aprocher beaucoup de ce point par le moien de ces Familles, qui paroissent remplir plus d'objets nécessaires pour i parvenir ; & si eles n'ont pas encore toute la perfection qu'on peut atandre de leur exécution, du moins procureront-eles à la Botanike ; 1º toute la certitude & la stabilité ; 2º toute l'étendue & l'universalité ; 3º toute la brièveté ; 4º toute la facilité dont ele est susceptible ; 5º enfin des vues utiles & plus générales sur les vertus des Plantes.

Elles font fixts. 1º Ces Familles doneront à la Botanike toute la certitude & toute la stabilité dont cete sianse est susceptible , puisque leur liaison est fondée sur tous leurs raports , & que tous ces raports sont tirés de toutes les parties des Plantes , (pag. clxix :) car les incertitudes ne dépendent que des exceptions , dont le nombre augmante à proportion qu'on examine moins de parties ; delà , l'instabilité des systêmes fondés sur l'examen de 1 seule partie ; & eles disparèssent, lorsque les observations portent sur toutes ces parties. Ainsi de quelque maniere qu'on voulût combiner ces diverses Familles, on n'en chanjeroit, on n'en altéreroit jamais le fond , parce que les Plantes qui i sont raportées , ne peuvent être éloignées les unes des autres qu'en faisant violanse à la nature.

Et universeles. 2º Cete Métode est come universele , & étend les conessances autant qu'il est possible, en embrassant toutes les Plantes, non-seulement des Zones tempérées & glasiales , mais encore de la Zone torride ; & ele n'est pas bornée, parce que s'il se trouvoit encore quelques Familles de Plantes qui nous fussent inconues, come il est très-probable, ou s'il étoit possible que la nature vint à varier un jour dans la production de nouvelles Familles véjétales , on les i raporteroit aussi facilement que toutes les autres découvertes de Genres ou d'Espèces nouveles , sans le rendre diforme.

On s'est toujours plaint jusqu'ici de ce qu'aucune Métode de Botanike ne donoit le moien de reconoître les Plantes que dans le tems où eles sont en fleur ou en fruit, & nullement lorsqu'eles n'ofrent que des feuilles. Mon plan, en considérant toutes les parties des Plantes , réunit cet avantaje, parce qu'on peut i reconoître ou au moins raprocher

cher

ther de leur Famille, autant que cete partie le permet ;
toutes les Plantes, dans tel état qu'on les trouve, sans
avoir besoin d'en atandre la fleur ou toute autre partie. Ce
moien est beaucoup plus étendu que les Botanistes systématikes ne l'ont cru, puisqu'il i a plus de la $\frac{1}{2}$ des Plantes
étranjeres qui ne fleurissent pas dans nos climats, & qu'on
ne peut placer que par la considération de toutes les parties
qui ne sont pas celes de la fleur ou du fruit. Les Métodes
qui ont été faites sur les feuilles, sont, come je l'ai dit dans
la 1ere partie, les unes trop courtes, les autres trop com-
pliquées, & aucune d'eles ne saisit cete partie du côté qui
est le plus capable de faire conoitre une Plante.

3° Ces Familles abrèjent considérablement le travail de Abrèjent le
la Botanike, parce qu'étant le précis de toutes les cones- travail.
sances actueles en cete sianse, elles réunissent l'objet de tous
les Systêmes qui ont été faits & de tous ceux qui restoient à
faire, & en ce qu'eles simplifient autant qu'il est possible
la maniere de saisir l'ensemble de tous les raports génériques.
On peut même assurer qu'on fera plus de progrès en 3 ans
par leur moien, qu'on n'en fait comunément en 6 ans par
le secours de toutes les Métodes artificieles, ordinaires,
étudiées ensamble ou séparémant ; & qu'eles sont le seul
moien qui puisse faire conoitre & suprimer les détails inutiles, & conduire suremant & en peu de tems aux vastes
conessanses de la Botanike.

4° C'est à tort qu'on se plaint des dificultés de l'étude Et le faci-
de la Botanike, à cause de la quantité immense des Plantes litent.
qu'il faut retenir. Ces dificultés ne naissent que de la maniere
dont on les étudie dans les Métodes ordinaires, & elles
disparoissent dans les Familles que je propose.

Cette Métode sera d'autant plus facile qu'on pourra dé-
sormais, sans conoitre toutes les Plantes, savoir néanmoins
toute la Botanique ; il suffira de conètre à fond, c. à d.,
dans toutes leurs parties 1, ou 2 ou 3 Genres de chaque
Famille, savoir celui qui en occupe le milieu, & 2 des
extrémités, pour être au fait de toutes les diverses formes
des Plantes, & pour être en état de distinguer les nouvelles
de celes qui sont conues, & de les placer à leur rang ; par ex.
lorsqu'on conètra à fond le Jasmen, on jujera facilemant que
le Lilak & le Troène sont de la même Famille ; il en sera
de même de la Rubarbe, lorsqu'on conètra la Persikère,
& de même enfin des Palmiers, des Liliasées, des Gramens,
&c. lorsqu'on conètra 1 ou 2 Plantes de ces Familles.

D'ailleurs, en suivant la liaison, la connexion qu'il i

entre ces Familles , on paſſera par dégrés des choſes conües
aux inconues , & d'une vérité à celles qui en dépandent:
Si l'on trouve une Métode , un Syſtême plus facile , & où
il i ait une liaiſon auſſi marquée entre les Claſſes ou Familles , il faut lui doner la préféranſe.

On demande l'impoſſible , lorſqu'on exije qu'une Métode
de Botanike , il en eſt de même des autres parties de l'Hiſt.
nat. , ſe paſſe de l'uſage du microſcope pour la conoiſſance
des petits objets. De même que la nature a fait paſſer par
tous les dégrés de forme , de ſituation , de nombre , de couleurs , &c. toutes les parties des plantes , de même auſſi
elle les a fait paſſer par tous les dégrés de grandeur ; enſorte qu'il i a dans les véjétaux , come dans les animaux ,
des Eſpèces ſi petites , que l'œil ne les apperçoit ſouvant
que par les maſſes qu'eles forment par leur aſſamblaje , &
que leurs figures & leurs parties ne ſe diſtinguent bien que
par le ſecours des vères lenticulères. Ainſi ces dificultés ſe
trouveront dans toutes les Métodes , ſoit qu'on ne conſidère
que 1 partie , ſoit qu'on les conſidère toutes ; mais elles
deviendront plus rares , & ſeront aplanies autant qu'il eſt
poſſible dans une Métode qui conſidere toutes les parties ,
parce que ſi l'une de ces parties vient à diſparoître , ou
devient inſanſible par ſa petiteſſe , on i ſuplée par l'examen
des autres parties plus remarkables.

Chaque Métode a ſes avantajes. Il eſt certain que les
Métodes ordinaires , dont les principes ſont abſolus , & qui
ne portent que ſur l'examen de 1 partie , ſont plus ſimples
que celes qui portent ſur un plus grand nombre de parties ,
ou ſur toutes les parties ; mais en ſont-elles plus faciles
pour cela ? Diſons la vérité ; cette facilité dépand uni-
quèment de l'objet qu'on ſe propoſe dans l'étude des Plantes:
or 2 ſortes de perſonnes étudient la Botanike ; 1° les uns
ne veulent que des coneſſances générales ou ſuperficieles ;
2° les autres veulent aprofondir cette ſianſe autant qu'il
eſt poſſible. Nous conſeillons aux 1ers une des Métodes
ordinaires , mais les 2ds ne peuvent ſe paſſer de la Métode
des Familles naturelles ou de leurs ékivalentes. Et à cet égard ,
voici ce qui arriveroit à 2 perſonnes également zélées &
inſtruites , qui déſirant aprofondir l'étude de la Botanike ,
& conoiſſant empirikemant une 100ne de Plantes , come
il eſt abſolumant néceſſaire avant l'uſage d'aucune Métode ,
comenſeroient à étudier ; le 1r dans une des Métodes ordinaires , par ex. cele de Tournefort ou de M. Linnæus , &
le 2d avec les Familles que je propoſe. Le premier ſera en

état dès la 1ere année de diftinguer quelques Genres , tandis
que le 2d ne le fera également qu'à la 2e anée ; mais dès
la 3e année , le 2d laiffera bien loin derière lui le 1er , il
fauvera toutes les dificultés & les exceptions, il faifira les
raports réels , abandonera les Caracteres fuperflus, fixera
des Genres & des Epèces; tandis que le 1er, avec fa Métode abfolue & fes Claffes artificieles, vacillera toujours inçer-
tain, tant fur ce qui doit caractérifer les Genres & les Efpèces,
que fur le lieu où il doit enfin les fixer ; il les balotera ça & là
en chanjant fes Caracteres à chaque inftant ; de forte qu'il
n'aura pas plus de certitude dans fes coneffances Botanikes
au bout de 60 ans de travail continuel qu'il n'en avoit dès
la 1ere anée.

5° Un autre avantaje qu'on peut retirer de l'étude des *Donent des*
Plantes ainfi ranjées par Familles , c'eft une coneffance fa- *vues nouve-*
cile & très étendue des vertus des Plantes , & la diftinction *les fur les*
de celes qui leur font propres, d'avec celes qui ne font *vertus.*
qu'acceffoires, còme l'on verra ci-après dans mon 12e Syftême
fur les vertus, & dans ma Table des Vertus (*pag.* 621.) On
fait que le feu en altère les principes, que les principes qu'on
en retire varient fuivant l'âje de la plante , fuivant le terrein
où ele croît , felon la faifon ou l'état actuel de l'atmofphère
où on l'emploie , &c. au point qu'il faudrèt doner autant
d'analyfes diférentes qu'il i a d'états diférens par lefquels
chaque Plante paffe à chaque féfon, ce qui n'eft pas pratiqua-
ble. C'eft donc plus à l'analogie botanike, qu'à l'analyfe
chimique , qu'il faut s'en raporter pour conftater ces vertus.
Toutes les Plantes d'une même Famille aiant la même ou les
mêmes vertus qui ne diférent que du plus au moins, come
il a été prouvé pag. lxxviij, il eft évident que lorfqu'on faura
raporter une Plante à fa Famille naturele, on faura dès-lors
fa vertu, & qu'on poura avec des plantes diférentes dans
des climats diférans, guérir des maladies femblables.

Ainfi quoiqu'on n'ait pas en Afrique, en Afie, & en Amérique les efpèces d'Ofeille & d'Oxus de l'Europe, on en a
d'autres Efpèces qui ont la même vertu pour les Fièvres
ardantes ou putrides; ces pays ont d'autres Efpèces de Life-
rons & de Titimales auffi purgatives ; ils ont des Efpèces de
Réfen, des Sebeftes & des Bouraches auffi béchiques que
les nôtres; des Alkekanjes & des Chardons auffi apéritifs;
des Mauves & des Blitons auffi émolientes; des Briones, des
Létues, des Pourpiers, des Nenufar auffi rafrêchiffans. Enfin
on peut affurer d'après l'expériance que quoique l'Afrique
n'ait pas 1 feule plante de l'Europe, fi l'on en excepte la

Pourpier & le Tamaris, on trouve dans les climats les plus chauds de cete partie du monde des plantes analogues, dont les vertus sont aussi variées que les maladies de ses habitans auxqueles eles semblent apropriées, & qu'ils i exercent la Médecine Galénique avec autant d'avantage que nous avec nos plantes en Europe, & certainemant avec plus de succès qu'avec nos médicamans composés.

Après avoir exposé les avantajes de mes Familles, je ne dois pas laisser ignorer les imperfections inséparables de leur 1er exécution. Je ne suis pas assez prevenu en leur faveur, pour les croire exemptes de défauts; & je les indiquerai d'autant plus volontiers que le caractère de vérité, qui me sert de guide, m'i porte naturellemant, & que tous les Botanistes impartiels doivent être aussi intéressés que moi à leur perfection, s'ils convienent que ce plan est le seul qui puisse conduire sûrement, & en peu de tems, aux plus vastes conessances de la Botanike.

Imperfection de mes Familles.

Come cet Ouvrage est composé en partie des conessances de mes Prédécesseurs, en partie de celles que j'i ai ajoûté, il peut s'i trouver 2 sortes de défauts; sçavoir, 1º ceux qui apartienent aux Auteurs que j'ai suivi; 2º les miens.

1º Les défauts des Auteurs, dont j'ai été oblijé d'emprunter, ne peuvent regarder qne les caractères génériques. Sur les 1260 Genres au plus qu'ils ont établi, dont la ½ d'Europe, & l'autre ½ des Pays étranjers, j'ai vérifié ou corijé, pendant mes Voyages, la ½ des Genres étranjers sur lesquels on peut compter, & j'ai fait de même à l'égard de plus des ¾ des Genres d'Europe que j'ai observés dans tous les états, en Feuilles, Fleurs, Fruits, &c. Pour ce qui est des autres Genres que le tems & l'ocasion ne m'ont pas encor permis de vérifier, j'ai suivi les descriptions & les figures des Auteurs reconnus pour les plus exacts ou les plus étendus, tels que Tournefort & M. Linnæus. Ainsi j'espère qu'on ne m'imputera pas des défauts qui n'apartiendront qu'à ces Auteurs ou à ceux dont ils auront puisé. Voici en quoi consistent principalemant ces défauts.

Défauts dûs aux Auteurs.

Une recherche très-pénible & souvent infructueuse, pour raporter les Plantes du Sénégal aux Genres conus, m'a apris, par une perte de temps considérable, qu'il a n'i presque aucun fonds à faire sur les Genres étranjers publiés par M. Linnæus, d'après l'anatomie des Fleurs desséchées, ou d'après les Figures & les Descriptions des Voiajeurs même les plus instruits, tels que Reede, Rumfe, Plumier, Ouston & quelques autres; parce que souvent cet Auteur fur une reſſemblance aparante de la figure de 2 Plantes, prend partie de la deſcription de l'une avec une partie de la deſcription de l'autre, & fait ainſi de 2 ou 3 Plantes diférentes des Genres qui n'exiſtent pas dans la nature. Tel eſt celui de *Samyda* qui eſt le *Guidona* de Plumier : Tel eſt le *Theobroma* qu'il forme de l'aſſemblaje ſingulier du *Kakao* & du *Guaʒuma.* D'ailleurs la plûpart des ces Plantes étranjeres fleuriſſent, ou mutilées, ou fort chanjées dans nos climats froids, en i perdant quelques-unes de leurs parties ; les Plantes du Sénégal ſont extrêmement chanjées dans les Terres même les mieux entretenues, celles d'Amérique & des Indes i ſoufrent beaucoup, & parmi celles qui fleuriſſent il i en a peu dont les fruits vienent à parfaite maturité. Ces variations cauſent dans les deſcriptions, & dans les caraĉteres qu'on en extrait, des irégularités étonantes qui rendent les Plantes méconnoiſſables à ceux qui les obſervent dans leur pays natal, ſur-tout lorſqu'on s'atache moins à la ſituation des parties, qu'à leur nombre, come a fait M. Linnæus.

Les Caraĉteres génériques, publiés par M. Linnæus, ſont en eux-mêmes aſſez bons en ce qu'ils rempliſſent l'objet qu'il s'étoit propoſé relativement au nombre des étamines ; mais il ne remplit que très-rarement, ou même preſque nulle part, l'objet qu'un Botaniſte doit ſe propoſer en donant une métode, qui eſt de raprocher les Plantes qui ont le plus de raports ; c'eſt pour cela que les deſcriptions génériques de cet Auteur, & celles de ſes Eleves, qui travaillent ſur le même modèle, nous devienent preſqu'inutiles. Il eſt fâcheux, par ex. que tous les ſoins que s'eſt doné M. Loefling, pour nous faire conoître quelques Plantes nouveles d'Amérique, ſe réduiſent à nous en traſer des Eſquiſſes auſſi courtes que celes que M. Linnæus vient d'en publier, & l'on ne ſauroit trop exorter les Voiajeurs zélés & ſufiſamant inſtruits, d'étendre leurs vues beaucoup plus loin, & d'ajoûter à cete notiſe trop légere des caraĉtères plus généraux. Il ne me convient pas de citer, pour exemple de deſcription, cele que j'ai miſe à la tête de la Famille de Mauves ; elle me paroît aſſez complete, parce que j'ai vu avec ſoin preſque tous les Genres & Eſpéces de Plantes qui la compoſent : come je n'i ai rien omis d'eſſantiel, je crois qu'on peut ſur le même principe caraĉtériſer non-ſeulement toute ſorte de Famille, mais même toute ſorte de Genre de Plantes.

Quelque facilité que m'ait procuré mon voiaje en Afrique, pour prendre une idée juſte de la Botaniké des Trópiques, & pour raporter à leurs Familles natureles la plûpart des

A iij

Plantes singulières, observées dans ces climats par Reede, Plumier, & nombre d'autres Voiajeurs; il s'en trouvera vraisemblablemant plusieurs qui, parce que les Stipules des Tijes n'ont été exprimées, ni dans les descriptions, ni dans les figures, auront été raportées à la Famille des Chevre-feuilles, & que des observations plus exactes nous aprandront apartenir à celle des Aparines. Des omissions semblables dans beaucoup d'autres Genres décrits si brièvement, si maussademant, qu'on n'i voit aucun Caractère saisi par main de Maître, seront cause que ces Genres ne seront pas tout-à-fait raportés à leurs Familles naturelles : on sent bien, par exemple, que le disque qui se trouve tantôt sous l'ovère, tantôt sous les étamines, tantôt sous la corole, ou même sous le calice dans nombre des Familles où il sert presque seul de caractère, aiant échapé jusqu'ici à l'atantion des Botanistes, nombre de Plantes polupétales où il n'a pas été remarqué & que j'ai raporté pour cete raison à la Famille des Cistes, pouroient bien apartenir à des Familles diférantes, soit à cele des Pavots, soit à cele des Pistachiers ou des Titimales.

J'ai laissé en blanc toutes les conessances douteuses, ou que les Auteurs nous ont laissé ignorer sur chaque Genre, dans l'espérance de remplir un jour ces vuides, en partie par mes propres observations, en partie par celes qu'on voudra me communiquer. J'ai indiqué à la page 510 les Genres reconnus pour nouveaux, mais décrits & caractérisés trop briévement pour pouvoir être placés dans leurs Familles natureles.

Ainsi quoique les caractères génériques, que je publie dans ces Familles, ne soient pas tous également complets, quoiqu'il i en ait près du $\frac{1}{4}$ à corijer, quoiqu'il i en ait beaucoup sur lesquels il nous manque quelques conessances essentieles, & quelques-uns dont nous n'avons que les noms, leurs Auteurs nous en aiant laissé désirer les descriptions ; ces caractères incomplet seront cependant utiles en ce qu'étant un résultat de tout ce qui a été publié jusqu'ici de meilleur & de plus avéré en cete partie, ils feront conètre le terme où en sont nos conessances sur les Genres, ce qui reste à observer, & serviront de guide aux Voiajeurs, pour décider ce qu'il y aura de nouveau dans leurs découvertes.

Défauts qui m'apartienent. 2° A l'égard des défauts qui m'apartiennent ils peuvent rouler, 1° sur les caractères génériques, 2° sur ceux de mes Familles, 3° sur l'arangemant & la liaison de ces Familles.

Je ne prétends pas avoir doné à cet Ouvraje toute la persection dont il est susceptible ; on vera , par exemple , dans l'*Apendix* & dans l'*Errata* que le nom de *Céleri* s'est glissé au lieu de *Selinon*, celui de *Scotanum* , au lieu de *Ficaria* , celui d'*Aduseton* , au lieu de *Konig*, & réciproquement. Il poura arriver aussi que quelques Genres nouveaux, que j'ai laissé en blanc, se trouvent décrits sufisamant dans leurs Auteurs, mais dont les ouvrajes trop récens ne sont pas encor parvenus ici.

Dans le nombre de mes Familles il i en a 3 dont je ne suis pas tout-à-fait content, ce sont les Aireles, les Arons, & les Cistes, dont je n'ai pas vu assez de Genres par moi-même.

Si l'Orobanche la Cuscute , & plusieurs autres Plantes raportées à des Familles de Plantes dicotulédones, sont mono-cotulédones, come il i a beaucoup d'aparanse, & come j'ai eu lieu de le constater dans la Cuscute & l'Orobanche, cela ne prouvera pas que ces Plantes sont mal placées & doivent être mises naturelement dans des Familles monocotulédo-nes , mais seulement que cete partie de la fructification est dans le cas de toutes les autres qui , considérées soliteremant, ne peuvent servir pour fonder des systêmes généraux , parce qu'eles soufrent toutes des exceptions , come je l'ai déja dit. Quand je fais des exceptions dans quelques carac-tères généraux de chaque Famille, c'est une suite de ce principe ; c'est aussi quelquefois un indice que les Plantes, qui donent lieu à ces exceptions, sont douteuses ou trop peu conues pour être raportées avec certitude à leurs Familles natureles.

On remarquera encor dans mes Familles 2 autres défauts qui ne sont pas réels & qui ne sont tels qu'en aparanse. Le 1er consiste dans la lièson qui manque entre les 6 Familles suivantes ; sçavoir , les Mirtes , les Ombelliferes , les Compo-sées , les Campanules , les Briones & les Aparines : ce défaut de liaison , qui ne prouve nullemant que ces Familles ne soient pas placées à leur rang , nous indique seulement , come il a été dit pag. 149, qu'il i a d'autres Familles in-termédières qui nous sont inconues & qui manquent peut-être dans la nature. La 2e imperfection aparante qui se ren-contrera dans ces Familles , c'est que quelques Plantes se raporteront à 2 Familles voisines , sans qu'aucun caractere, bien sensible, les décide plus pour l'une que pour l'autre ; mais ce cas sera très-rare. Je remédierai un jour à cete imper-fection aparante par un autre plan que j'espere rendre plus parfait, & qui , sans rien chanjer à celui-ci, le contiendra

Plan nou-veau sur le tout systême de la nature.

en entier. Ce plan dont j'ai ébauché ailleurs l'idée, embraffe tout le fyftême de la nature & contribueroit à le déveloper : il ne reffemble en rien à tout ce qu'on a publié jufqu'ici dans ce Genre, & quoiqu'il femble promettre à l'Hift. nat. & à la Fifique le dégré de perfection le plus haut auquel ces 2 fiances puiffent prétandre, j'efpere que le public ne me faura pas mauvais gré de le tenir encor caché jufqu'à ce que j'aie fait toutes les obfervations que je crois néceffères pour lui fervir de preuves & le rendre inébranlable. Je n'en parle même aujourd'hui que pour en rendre la date plus auntantique, je l'avois dreffé entièremant lorfque j'en écrivis au Sénégal en 1750 à M. de Juffieu, qui m'exorta fort à continuer ce grand Ouvrage. Je travaille, depuis ce temps, à l'étendre & à le perfectioner, pour en mettre le Public en en poffeffion, dès que des circonftances favorables me permettront de fournir aux dépanfes confidérables que fon exécution exige.

5° La Botanike eft une fiance de faits.

L'air impofant & fcientifique qu'on veut fe doner en étudiant un certain nombre de frafes, & ces frafes mêmes qui femblent faire confifter toutes les conceffances de la Botanike en une fimple nomenclature, ont fait croire à des perfones peu inftruites, & qui jujent fans aprofondir, que cete fiance n'étoit qu'une fiance de noms. Les détails qu'on a pu lire prouveront affez que cete fiance, dont l'objet eft de voir, d'examiner toutes les parties des plantes, de comparer & combiner leurs divers raports, de porter un jujemant fur leurs reffemblanfes ou différanfes, enfin de décider & conclure fur leur nature, eft une fiance de faits. Nous croions même lui trouver un raport imédiat avec la Géométrie : ele a cela de comun avec elle, qu'elle ne diftingue les Plantes que par leurs raports de quantité, foit numérique ou difcrete, foit continue, qui nous done l'étendue de leur furface ou leur grandeur, leur figure, leur folidité ; elle aprofondit même davantage fon objet en i examinant un plus grand nombre

Sufceptible de Problèmes.

de qualités. Il i a plus ; il me feroit facil de prouver que des Botaniftes, j'entends parler de ces Savans profonds & confomés, tels que Tournefort & M. de Juffieu, qu'on peut apeler les Defcartes & les Newton de la Botanike, pouroient propofer fur cete fiance des problêmes tout auffi favans, auffi inftructifs dans leur genre, & auffi dificiles à réfoudre, que ceux de la Géométrie la plus fublime. On en poura jujer, par 4 des plus fimples & des plus aifés que je vais hazarder, en laiffant au zèle des Botaniftes la fatiffaction de les réfoudre.

Trouver le point le plus fenfible qui établit la ligne de féparation ou de défunion entre la Famille des Scabieufes & cele des Chevrefeuilles. R. . . . .

Trouver le point d'afinité ou d'analogie le plus aparant qui lie la Famille des Blitons à cele des Alfines. R. . . . .

Trouver un Genre de Plante conu, (naturel ou artificiel, n'importe,) qui tienne un jufte milieu entre la Famille des Apocins & cele des Bouraches. R. . . . . . .

Trouver les Genres de Plante qui aiant la corole polupétale pofée fur le calice, & plufieurs ftiles portent leurs graines élevées, c. à d. atachées au fruit par le bas. R...

Ces problêmes & autres femblables, dont la folution fera facile à ceux qui obferveront avec le plus grand fcrupule tous les raports de reffamblanfe ou de diféranfe des diverfes parties des Plantes, feroient très-capables d'exercer & d'inftruire à fond les Etudians en Botanique qui comencent à travailler feuls, fans fecours; & de même qu'on apliqueroit ces problêmes à des chofes conues pour l'ufage des Etudians, on pouroit, pour les Botaniftes les plus forts, les propofer fur des chofes inconues, teles que les raports des 2 Familles ou de 2 Genres de Plante très-éloignés, par ex. les Campanules, les Briones, &c. come je l'ai déja dit. On parviendroit, par ce moyen, à des conclufions fur des poffibilités auffi évidentes, auffi-bien démontrées que les vérités de la géométrie la plus éclairée; & l'on pouroit par-là deviner affez jufte combien il nous manque de Familles ou de Genres entre 2 Familles ou 2 Genres éloignés, dont les intermédieres nous font inconus, préfomptions qui, quand elles n'auroient pas toute la précifion mathématique, doneroient cependant de grandes vues, & fourniroient de nouveaux moiens d'étendre nos coneffances en Botanique.

7e Artic. Mes additions, aranjemens fyftématiques & découvertes.

L'amour propre n'a aucune part à ce que je vais dire, en parlant de mes travaux. Je n'ai pour objet que de doner une fuite de l'Hiftoire des progrès de la Botanike, dont j'ai rendu compte dans les 2 1eres parties de cete Préface.

Par l'expofé que j'ai fait du plan de mes Familles dans l'article précédant, on voit affez de quele utilité eles pouront être pour la perfeftion de la Botanike. Il me refte à dire, en peu de mots, ce que je crois avoir ajouté à la fans, qui confifte en 6 points, fçavoir:

1° les Genres douteux que j'ai certifié ou corijé
2 les Genres nouveaux que j'ai ajouté.
3 les noms anciens rétablis à leur place.
4 ma diftinction des fexes.
5 Le diske des fleurs.
6 mes aranjemens fyftématikes , ou fyftèmes fimples.

1°. Genres douteux fixés.

J'ai raporté à leurs Familles nombre de Plantes qui flotoient incertaines dans toutes les autres métodes ou fyftêmes donés come naturels ; tels font les 116 Genres que M. Linnæus apele *Plantæ vagæ , obfcuræ & incertæ fedis* , à la fin de fes *Fragmenta metodi naturalis. Phil. Bot.* pag. 35 , & beaucoup d'autres Genres étranjers répandus dans les Ouvrajes des Voiajeurs. Enfin j'ai corigé 900 Genres, ce qui fait environ les ¾ des 1174 Genres établis jufqu'ici, & publiés dans les derniers Ouvrajes de M. Linnæus , & j'i ai fait des additions confidérables, de forte que je pourois peut-être dire come cet Auteur, *Phil. Bot.* pag. 146. *Ego examinavi hæc omnia genera ad leges artis , caraɛteres reformavi , & tanquam nova condidi.*

2°. Genres nouveaux ajoutés.

Aux 1174 Genres raportés jufqu'ici , nous en ajoutons 441, ce qui fait en tout 1615.

3° Noms anciens rétablis.

Nous avons rétabli , à leur place , dans la table p. 511 , tous les fynonymes anciens , Grecs & Latins , des 800 Efpèces des Plantes , citées par Teofrafte Dioskoride & Pline , & nous les avons fixé par des recherches & une étude fufifante de ces Auteurs.

4°. Diftinction nouvele du fexe.

A l'égard du fexe des Plantes nous propofons une maniere de le confidérer qui nous paroit nouvele & plus étandue , ou même plus exacte que l'ordinaire. On en trouvera le détail ci-après à la tête de notre 30 Syftême.

5°. Diske Efpèce de Réceptacle.

Je renvoie pareillement à mon 64 fyftême fur le Diske ; ce que je dis de cete partie que j'ai reconu le 1ᵉʳ pour être une Efpèce de receptacle des diverfes parties de la Fleur , quoiqu'on l'ait confondu jufqu'ici avec le Neɛtère toutes les fois qu'on l'a aperçu.

6°. Mes 58 fyftêmes.

J'entens ici par le mot de Syftême , un arranjemant de toutes les Plantes, fondé fur la confidération fimple & non compliquée de chacune de leurs parties ou qualités felon une de fes 6 façons d'être, favoir, fa fituation, fa figure, le nombre, fa proportion, fa durée & fa fubftance. Voici en 2 mots l'iftorique des 65 fyftêmes que je vais publier. Ceux que j'imaginai & exécutai les 1ᵉʳˢ en 1741, où , âjé de 14 ans , je commençai mes cours de Botanique au Jardin Roial, furent les 30, 43 & 51 fur le fexe, le nombre des étamines & des ftiles. Ce qui a doné lieu, ce fut

le fystême de M. Linnæus, fondé principalement sûr les
étamines, qui venoit de paroître; j'en augmentai le nombre tous les ans, & j'en avois fait plus de 25 en 1747, lorfque les trouvant tout auffi défectueux & auffi peu généraux que les fystêmes les plus fuivis, je ne les emploiai
que pour la recherche de la Métode naturele, à laquele
leur enfamble m'aida beaucoup. Je les augmentai dans
cete vue en 1750, jufqu'au nombre de 48, & je les ai
multiplié & perfectioné depuis. Quoique chacun de ces
fyftêmes ne foit pas en lui-même un moien plus fûr & plus
étendu que les fyftêmes ordinaires, pour perfectionner la
Botanique, ils ont cependant fur eux un grand nombre
d'avantajes.

1º Chacun de ces fyftêmes en particulier, eft plus régulier
dans fa marche qu'aucun des fyftêmes publiés, n'étant fondé
que fur la confidération de 1 feule partie des Plantes, relativement à une de fes 6 façons d'être énoncées ci-deffus.

Leurs avan
tajes.

2º Il eft plus fimple, & cete fimplicité permet de voir
d'un coup d'œil, tous les raports de chaque partie dans
toutes les Familles & dans leurs Genres, raports qu'on ne
faifit pas auffi facilement dans les fyftêmes compliqués.

3º Leur enfemble done tous les raports exiftans ou
obfervés entre toutes les parties des plantes, raports d'où
fe font formées nos 58 Familles.

4º Ces divers fyftêmes, confidérés enfemble, ont un autre
degré d'utilité; ils démontrent l'abus de tous les fyftêmes par-
tiels, en nous faifant voir qu'il n'eft pas une feule de ces
parties qui ne foufre des exceptions & qui ne manque dans
quelques Plantes. En efet, quoique toutes les parties
qu'on a remarqué & nomé dans les Plantes, ne fe trouvent que dans le Régne végétal, il n'i a cependant aucune
Plante qui poffede toutes ces parties enfemble, & il i en a
même qui n'en ont que 1 ou 2: ces parties font au nombre de
22; les racines, les bourjons, les tijes & branches, les
les feuilles, les ftipules, les vrilles, les épines, les poils,
les fleurs, le fexe, le calice, la corole, les étamines,
l'ovère, le ftil, le ftigmate, le fruit, les graines, l'embrion,
le réceptacle, le difque, auxquels on peut joindre 8 de leurs
propriétés ou qualités principales, teles que la figure totale,
ou le port de la Plante, fa hauteur, fon diametre, fa durée
ou vie, fa fubftanfe, fes fucs, fes teintures, fes vertus, &c.
Quelques-unes de ces parties ou qualités ont été traitées fyftématiquemant, come on a vu, pag. vj; mais elles
n'ont pas été auffi étendues, ni avec la même fimplicité;

& la plûpart des autres ne l'ont été nullement : telles font
les 18 fuivantes ; la figure, la hauteur, le diametre, la
durée, la fubftance, les fucs, les teintures, les racines, les
bourjons, les tijes, les épines, les ftipules, les vrilles, la
pouffière des étamines, l'embrion, le réceptacle des grenes, le réceptacle de la fleur, & le difque.

Ce font ces raifons, jointes aux divers avantajes qu'on
peut retirer de ces fyftêmes fimples, qui m'engajent à les
publier come une partie neuve qui n'a point été exécutée,
au moins de cete maniere, & qui demandoit à l'être.

On fent bien que ceux de ces fyftêmes qui portent fur
la figure, la hauteur, le diametre, la durée, la fubftanfe
des Plantes, ne donent que des à-peu-près ; mais cet à-peu-
près eft fufifant ; une plus grande précifion à ces égards,
eft auffi inutile qu'impoffible.

Je ranje ces fyftêmes felon l'ordre de leurs parties &
qualités, fans fuivre la date des anées où je les ai exécutées, parce que cela doit paroître affez indiférent ; je les
raporterai à la fin, dans une Table, felon l'ordre où je les
expofe avec leurs divers dégrés de bonté, come j'ai fait,
pag. lxxxix, pour les 56 Métodes univerfeles des autres Auteurs. Je me contenterai de citer mes Familles fous les Claffes
de chake Syftême pour éviter les longueurs fuperflues des
citations de chake Genre en particulier.

1. Syftême. *Figure des Plantes.*

La figure, ou cete difpofition extérieure, dont l'enfamble
forme ce qu'on appelle le Port des Plantes, dépand de la
hauteur & groffeur des tijes, de la proportion & diverfe
fituation des branches pour les Arbres, & des feuilles pour
les Plantes erbacées. Il i en a qui fe roulent & s'entortillent
autour des autres Plantes, en fuivant le mouvement diurne
du Soleil, c. à d. de gauche à droite, en regardant le Sud,
& paffant de l'Eft à l'Oueft, & il i en à d'autres qui vont
en fens contrère.

1ere CLASSE.	2e CLASSE.	3e CLASSE.	4e CLASSE.
Sans branches; en lame rampante ou couchée.	Sans branches ; émisférikes, ovoïdes ou sférikes, ou konikes fans tije.	Sans branches; en pome avec tije nue.	Sans branches ; en cilindre.
2. 5 Champignons.			8. Plûp. Liliafées.
3. 1 Fucus.			9. Pl. Jenjanbres.
4. 4 Epatikes.	2. 17 Champignons.	2. 24 Champignons.	10. 5 Orchis.
	3. 1 Fucus.	6. La plûp. des Palmiers.	11. 11 Ariftoloches.
		8. 3 Jenjanbres.	12. 2 Eleagnus.
			16. Quelk. Compof.

PREFACE.

17. 4 Campanules.
21. 1 Airele.
23. 1 Apocin.
27. Quelk. Perfonnes.
29. 1 Jafmen.
32. 2 Pourpiers.
33. 3 Joubarbes.
39. 1 Perfikère.
55. 2 Renoncules.
58. 6 Mouffes.

5e CLASSE.
Grimpantes.

6 Fam. 1 Palmier.
7. Quelk. Gramens.
9. 1 Jenjambre.
10. 2 Orchis.
15. 1 Ombellifere.
17. 15 Briones.
28. 1 Solanon.
29. 1 Jafmen.
32. 2 Pourpiers.
36. 1 Jalap.
37. 1 Amarante.
41. 1 Rofier.
48. 1 Tilleul.
49. 5 Geranions.
51. 4 Capriers.
53. 1 Pavot.
55. 3 Renoncules.
56. 1 Aron.

6e CLASSE.
Tortillées felon le mouvemant diurne du Soleil.

8 Fam. 3 Liliafées.
21. 4 Ariftoloches.
21. 2 Chevrefeuill.
35. 1 Bliton.
39. 2 Perfikères.
45. 4 Tilleuls.
47. 1 Chateñer.
54. 1 Cifte.

7e CLASSE.
Tortillées contre le mouvemant diurne du Soleil.

16. 1 Compofée.
23. 2 Apofins.
24. 2 Bouraches.
27. 2 Perfonées.
40. 1 Garou.
43. 17 Légumineufes.
46. 1 Amarante.

8e CLASSE.
Ramifiées, couchées, rampantes.

1 Fam. 4 Biffus.
2. 4 Champignons.
4. 9 Epatikes.
7. Quelk. Gramens.
8. Quelk. Liliafées.
9. Qu. Jenjanbres.
11. 1 Eleagnus.
13. 1 Onagres.
15. 2 Ombelliferes.
16. Qu. Compofées.
19. 2 Aparines.
27. Pluf. Perfonées.
28. 2 Solanons.
31. 2 Salikères.
32. 2 Pourpiers.
34. 2 Alfines.
37. 3 Amarantes.
38. 10 Efpargoutes.
39. 4 Perfikères.
41. 3 Rofiers.
42. 2 Jujubiers.
43. 8 Légumineuf.
45. 1 Titimale.
50. 5 Mauves.
52. 3 Crucifères.
54. 1 Cifte.
55. 1 Renoncule.
56. 12 Arons.
58. 7 Mouffes.

9e CLASSE.
Ramifiées en buiffon dès le bas de la tije.

1 Fam. 6 Biffus.
2. 5 Champignons.
3. 7 Fucus.
5. Foujères.
7. La pl. des Gram.
11. Plûp. Eleagnus.
16. Pl. Compofées.
17. 4 Campanules.
18. 1 Brione.
19. 6 Aparines.
20. Scabieufes.
21. 20 Chevrefeuill.
22. Quelk. Aireles.
23. 21 Apofins.
24. 20 Bouraches.
25. Labiées.
26. Plûp. Vervènes.
27. Plûp. Perfonées.
28. Solanons.
29. 26 Jafmens.
30. Anagallis.
31. 7 Salikères.
32. 33 Pourpiers.
33. 6 Joubarbes.
34. 32 Alfines.
35. 24 Blitons.
36. 3 Jalaps.
37. 11 Amarantes.
38. 2 Efpargoutes.
39. 4 Perfikères.
40. 5 Garou.
41. 19 Rofiers.
42. 12 Jujubiers.
43. 70 Légumineuf.
44. Piftachiers.
45. 15 Titimales.
46. 12 Anones.
47. 5 Chateñers.
48. 7 Tilleuls.
49. 9 Geranions.
50. 13 Mauves.
51. 7 Capriers.
52. 46 Crucifères.

53. 18 Pavots.
54. 72 Ciftes.
55. 22 Renoncules.
56. 10 Arons.
57. 2 Pins.
58. 3 Mouffes.

10e CLASSE.
Ramifiées en pome, avec tije nue.

1 Fam. 1 Biffus.
3. 1 Fucus.
6. Quelk. Palmiers.
11. 2 Eleagnus.
13. 22 Onagres.
14. Mirtes.
15. 4 Ombelliferes.
16. Quelk. Compof.
19. 20 Aparines.
21. 6 Chevrefeuill.
26. Quel. Vervènes.
27. Quel. Perfonées.
29. 4 Jafmens.
33. 2 Joubarbes.
40. 13 Garou.
41. 5 Rofiers.
42. 14 Jujubiers.
43. 20 Légumineuf.
45. 14 Titimales.
47. 13 Chateñers.
48. 11 Tilleuls.
50. 7 Mauves.

11e CLASSE.
Ramifiées en cone avec tije nue.

15. La plûp. Ombelliferes.
22. Plup. Aireles.
23. 8 Apofins.
37. 1 Amarante.
39. 1 Perfikère.
47. 1 Chateñer.
57. 8 Pins.

2 Syftême. *Hauteur ou grandeur des Plantes.*

La diftinction ordinaire des Plantes en Arbres, Arbriffeaux, Sous-Arbriffeaux & Erbes, n'eft point fondée fur une confidération fimple, mais compofée de leur grandeur & de leur durée; c'eft pourquoi nous ne faifons point d'aranjemant fyftématike fur cete divifion, qui n'eft d'ailleurs ni exacte ni filofofike; car 1° il i a des Plantes qui font douteufes, & qui tienent un milieu entre 2 de ces divifions, de forte qu'il paroit affez indiférant à laquele des 2 les placer; tele eft la vigne que Téofrafte ranjoit parmi les Arbres, & que les Botaniftes modernes metent avec les Arbriffeaux; 2° la grandeur d'une même Plante à certaines limites, fouvant affez étendues, & qui dépandent du terrain, du climat, ou du traitement qu'on leur fait. Le Souci qui, dans un terrain gras & umide, s'éleve jufqu'à deux piés de hauteur, n'a pas 1 ou 2 pouces dans une tere fêche & graveleufe. Certains Arbres reftent Arbriffeaux, lorsk'on en coupe & recoupe les têtes, tels que l'Orme, le Bui, le Genièvre, l'*Ilex coccifera*, ou lorfqu'on leur laiffe pouffer beaucoup de rejetons au pié, come à l'Arboufier, au Mirte & au Grenadier; au contraire fi on les laiffe aller fans les tailler, & fi l'on ôte foigneufement les rejetons qui croiffent au pié du Grenadier, du Mirte & de l'Arboufier, ils s'éleveront à la hauteur des grands Arbres. Certaines Plantes qui forment des Arbres dans les climats chauds, ne font que des Arbriffeaux dans les pais froids ou tempérés; tel eft le Ricin; le *Rododendros* & l'Arboufier, dont on fait des poutres en Crète, font fort petits ailleurs; le Cornouiller femele ou Sanguen, & la Rue, forment de même des Arbres dans ces pais chauds. 3° Enfin dans le même Genre de Plante, on voit des Arbres, des Arbriffeaux ou même des Erbes; tels font le Suro, la Mimofe ou Senfitive, le Saule, quelkes Scabieufes, certaines Mauves, &c.

Nous confiderons donc ici fimplement la hauteur des Plantes ou leur grandeur, dont la Métode eft à la vérité fufceptible de quelques-uns des défauts cités ci-deffus.

Il y a des Plantes qui n'ont pas ¼ de ligne de grandeur, & qui reffemblent à une fine pouffiere; & il y en a d'autres qui s'élèvent, ou qui s'étendent jufqu'à 300 piés de longueur. En général les plus grands Arbres ne fe trouvent pas communément dans les pais les plus froids ou les mieux cultivés ou les plus peuplés, mais pour l'ordinaire dans les climats les plus chauds ou dans les teres en friche & abandonées, ou fur les montagnes.

Les Hiftoriens nous ont configné dans leurs écrits la conéffance de 7 Efpèces d'Arbres des plus remarquables par leur grande hauteur.

Le 1er exemple eft raporté par Pline au Liv 16, Chap. 40, de fon Hiftoire Nat. c'eft celui d'un Sapin de 7 piés de diametre, qui fervît de mât au plus grand Vaiffeau que les Romains euffent encore vu en Mer, & qui avoit été conftruit pour transporter d'Egypte l'obélifke deftiné au cirke du Vatican. *Abies*, dit-il, *admirationis præcipuæ vifa eft in Navi qua ex Ægypto, Caii Principis juffit, Obelifcum in Vaticano circo ftatutum, quatuorque truncos lapidis ejufdem ad fuftinendum eum adduxit. Quâ Nave nil admirabilius vifum in Mari certum eft; 120,000 modiûm lentis pro faburrâ ei fuere, longitudo fpatium obtinuit magnâ ex parte Oftienfis portûs latere lævo, ibi namque demerfa eft à Claudio Principe, cum 3 molibus turrium altitudine, in eâ ex ædificatis obiter Puteolano pulvere, advectifque. Arboris ejus craffitudo 4 hominum ulnas complectentium implebat; vulgò que auditur 80 nummorum & pluris malos venundari ad eos ufus, rates verò connecti 40 feftertiis plerafque.*

Pline cite dans le même Chapitre un mât de Cèdre de 130 piés de long, fur 5 piés & plus de diametre. *At in Ægypto & Syriâ*, continue-t-il, *Reges inopiâ Abietis Cedro ad Claffes feruntur ufi. Maxima ea in Cypro traditur ad undeciremem Demetrii fuccifa 130 pedum, craffitudinis verò ad 3 hominum complexum.*

Rai raporte dans fon Hift. Gen. des Plantes qu'on voioit de fon tems en Veftfalie des Chênes de 130 piés de hauteur.

Et qu'on vendoit en Angleterre des Frênes de 132 piés.

Le 5e exemple cité par Pline, d'après Sebofus, Voiajeur de fon tems, regarde certains Arbres des Ifles Canaries apelées alors Ifles Fortunées; *Arborum*, dit-il, Livre 6, Chap. 32, *ibi proceritatem ad 144 pedes adolefcere prodidit Sebofus.*

Mattiole dit de même, qu'il y a dans l'Ifle de Chypre, des Arbres de 144 piés de tije.

Pline raporte encore que l'on trouve dans les Indes des Arbres fi élevés, qu'aucune flêche ne peut en atteindre le fomet.

[marginal notes:] Sapin. — Cèdre de 130 piés de haut. — Chênes de 130 piés. — Frênes de 132 piés. — Arbres de 144 piés.

Mélèſe de 120 piés de hauteur.   Le même Auteur parle, au Liv. 16, Chap. 40, d'un Mélèſe de 120 piés de tije de 2 piés de diametre partout, ſans compter le faîte garni de ſes branches, qui avoit encore 100 piés de longueur ſur ½ pié de diametre. *Amplissima Arborum, ad hoc ævi existimatur Romæ viſa, quam propter miraculum Tiberius Cæſar in eodem Ponte naumachiario expoſuerat, advectam cùm reliquâ materie, duravitque ad Neronis Principis amphiteatrum : fuit autem trabs è larice longa pedes 120, bipedali craſſitudine æqualis, que intelligebatur vix credibilis reliqua altitudo faſtigium ad cacumen æſtimantibus. Fuit memoriâ noſtrâ & in porticibus ſeptorum à M. Agrippâ relicta æquè miraculi cauſâ quæ delibitorio ſuperfuerat 20 pedibus brevior, ſeſquipedali craſſitudine.*

Palmiſte de 300 piés.   Le 8e exemple eſt cité par Rai, d'après Ligon, & d'autres Voiajeurs, & ſurpaſſe tous les prodijes raportés en ce Genre; il regarde le Palmier, apelé Palmiſte Roial aux Antiles de l'Amérike, dont le tronc qui a à peine ½ pié de diametre, a juſqu'à 300 piés de longueur. Ces Voiajeurs veulent ſans doute parler du Rotan, qui, en ſerpentant, entrelaſſe tous les Arbres d'une Forêt; car les plus grands Palmiſtes que j'aie vu en Afrike, ne paſſent guère 100 piés, quoi qu'ils aient plus de deux piés de diametre.

Iere CLASSE.		4e CLASSE.	
Plantes de ¼ de ligne à 1 ligne de hauteur.	3. 3 Fucus.	**De 3 à 6 pouces.**	26. Qu. Vervènes.
	4. Quelk. Epatikes.		27. Qu. Perſonées.
	5. 3 Foujères.	1 Fam. 2 Biſſus.	29. 2 Jaſmens.
	7. Quelk. Gramens.	2. La plûp. des Ch.	30. 11 Anagallis.
	8. Quelk. Liliaſées.	3. Quelk. Fucus.	31. 3 Salikères.
	16. Quelk. Compoſ.	4. Plup. Epatikes.	32. 11 Pourpiers.
1 Fam. 1 Biſſus.	23. 1 Apoſin.	5. Quelk. Foujères.	33. 3 Joubarbes.
36. 1 Aron.	25. Quelk. Labiées.	7. Quelk. Gramens.	34. 13 Alſines.
	27. Qu. Perſonées.	8. Quelk. Liliaſées.	35. 4 Blitons.
2e CLASSE.	29. 1 Jaſmen.	9. 1 Jenjembre.	37. 2 Amarantes.
	30. 2 Anagallis.	10. 1 Orchis.	38. 6 Eſpargoutes.
De 2 lignes à 6 lignes.	31. 1 Salikère.	11. 5 Ariſtoloches.	39. 2 Perſikères.
	32. 2 Pourpiers.	12. 3 Eleagnus.	40. 2 Garou.
	33. 3 Joubarbes.	13. 2 Onagres.	41. 2 Roſiers.
1 Fam. 4 Biſſus.	34. 2 Alſines.	15. Qu. Ombellifer.	43. 3 Léguniineuſes.
2. Q. Champinons.	35. 2 Blitons.	14. Qu. Compoſées.	45. 1 Tilleul.
4. Quelk. Epatikes.	37. 1 Amarante.	17. 3 Campanules.	47. 4 Charñer.
25. Quelk. Labiées.	38. 3 Eſpargoutes.	19. 2 Aparines.	48. 1 Tilleul.
58. 2 Mouſſes.	45. 1 Titimale.	20. 4 Scabieuſes.	49. 1 Geranion.
	49. 1 Geranion.	21. 1 Chevrefeuill.	50. 2 Mauves.
3e CLASSE.	52. 4 Cruciféres.	22. 2 Aireles.	51. 2 Capriers.
	54. 1 Ciſte.	23. 2 Apoſins.	52. 10 Cruciſéres.
De 1 à 2 pouces.	55. 2 Renoncules.	24. 2 Bourachés.	54. 2 Pavots.
1 Fam. 3 Biſſus.	58. 5 Mouſſes.	25. Quelk. Labiées.	54. 4 Ciſtes.
2. Pl. Champign.			55. 4 Renoncules.

56. 5 Arons.
57. 1 Pin.
58. 6 Mousses.

5e CLASSE.
De 1 à 2 piés.

1 Fam. 2 Bissus.
2. 2 Champignons.
3. Plûp. Fucus.
4. Quelk. Epatikes.
5. Plûp. Fougères.
6. 2 Palmiers.
7. Plûp. Gramens.
8. Plûp. Liliasées.
9. Pl. Jenjanbres.
10. 5 Orchis.
11. 4 Aristoloches.
12. 4 Eleagnus.
13. 5 Onagres.
15. Pl. Ombellifères.
16. Pl. Compofées.
17. 5 Campanules.
18. 1 Brione.
19. 5 Aparines.
20. 4 Scabieufes.
21. 3 Chevre-fouill.
22. 4 Aireles.
23. 15 Apofins.
24. 12 Bouraches.
25. Plûp. Labiées.
26. Plûp. Vervènes.
27. Plûp. Perfonées.
28. 5 Solanons.
29. 5 Jafmens.
30. 3 Anagallis.
31. 4 Salikères.
32. 13 Pourpiers.
33. 8 Joubarbes.
34. 22 Alfines.
35. 15 Blitons.
36. 3 Jalaps.
37. 8 Amarantes.
38. 4 Efpargoutes.
39. 8 Perfikères.
40. 2 Garou.
41. 14 Rofiers.
42. 2 Jujubiers.
43. 50 Légumineufes.
44. 4 Piftachiers.
45. 6 Titimales.
47. 2 Chateniers.
48. 2 Tilleuls.

49. 2 Geranions.
50. 6 Mauves.
51. 2 Capriers.
52. 30 Crucifères.
53. 14 Pavots.
54. 1 Cistes.
55. 12 Renoncules.
56. 1 Arons.
58. 14 Mousses.

6e CLASSE.
De 3 à 8 piés.

5 Fam. Qu. Fucus.
5. Quelk. Fougères.
7. Quelk. Gramens.
8. Quelk. Liliasées.
9. Qu. Jenjaubres.
10. 1 Orchis.
11. 6 Aristoloches.
12. 4 Eleagnus.
13. 3 Onagres.
14. Quelk. Mirtes.
15. Q. Ombellifères.
16. Qu. Compofées.
17. 2 Campanules.
18. 3 Briones.
19. 6 Aparines.
20. 2 Scabieufes.
21. 10 Chevrefeuill.
22. 8 Aireles.
23. 6 Apofins.
24. 3 Bouraches.
25. 4 Labies.
26. Plup. Vervènes.
27. Qu. Perfonées.
28. 5 Solanons.
29. 1 Jafmens.
30. 1 Anagallis.
31. 2 Salikères.
32. 4 Pourpiers.
33. 2 Joubarbes.
34. 1 Alfine.
35. 2 Blitons.
36. 2 Jalaps.
37. 3 Amarantes.
39. 6 Perfikères.
40. 12 Garou.
41. 3 Rofiers.
42. 1 Jujubiers.
43. 20 Légumineuf.
44. 6 Piftachiers.

45. 10 Titimales.
46. 2 Anones.
47. 2 Chateniers.
48. 6 Tilleuls.
49. 5 Geranions.
50. 9 Mauves.
51. 3 Capriers.
52. 10 Crucifères.
53. 2 Pavots.
54. 20 Cistes.
55. 5 Renoncules.
56. 2 Arons.
58. 1 Mousse.

7e CLASSE.
De 10 à 20 piés.

5 Fam. Q. Fougères.
6. 4 Palmiers.
7. Qu. Gramens.
8. 3 Liliasées.
9. 2 Jenjanbres.
11. 2 Aristoloches.
12. 3 Eleagnus.
13. Plûp. Onagres.
14. Plup. Mirtes.
15. 2 Ombellières.
18. 2 Briones.
19. 10 Aparines.
21. 8 Chevrefeuill.
22. 14 Aireles.
24. 3 Bouraches.
26. Qu. Vervènes.
27. Qu. Perfonées.
28. 1 Solanon.
29. 10 Jafmens.
31. 2 Pourpiers.
37. 1 Amarante.
39. 2 Perfikères.
41. 4 Rofiers.
42. 17 Jujubiers.
43. 30 Legumineuf.
44. 2 Piftachiers.
45. 15 Titimales.
46. 4 Anones.
47. 6 Chateniers.
48. 2 Tilleuls.
49. 4 Geranions.
50. 5 Mauves.
51. 2 Capriers.
54. 35 Cistes.

55. 3 Renoncules.
57. 2 Pins.

8e CLASSE.
De 25 à 50 piés.

7 Fam. 1 Germen.
8. 1 Liliasée.
12. 3 Eleagnus.
13. Quelk. Onagres.
14. Qu. Mirtes.
18. 6 Briones.
19. 4 Aparines.
22. 6 Chevreteuilles.
24. 8 Aireles.
34. 8 Apofins.
24. 2 Bouraches.
26. Qu. Vervènes.
27. Qu. Perfonées.
29. 2 Jafmens.
32. 2 Pourpiers.
41. 2 Rofiers.
42. 7 Jujubiers.
43. 15 Légumineufes.
44. 5 Piftachiers.
45. 2 Titimales.
46. 7 Anones.
47. 6 Chateniers.
48. 6 Tilleuls.
49. 2 Geranions.
51. 2 Capriers.
53. 4 Pavot.
54. 10 Cistes.
57. 3 Pins.

9e CLASSE.
De 60 à 90 piés.

6 Fam. 4 Palmiers.
9. 5 Jenjanbre.
15. 1 Ombellifère.
18. 4 Briones.
43. 6 Légumineufes.
44. 6 Piftachiers.
45. 1 Titimale.
47. 3 Chateniers.
48. 1 Tilleul.
50. 2 Mauves.
51. 1 Caprier.
54. 10 Cistes.
57. 2 Pins.

10e CLASSE.	44. 4 Piftachiers.	57. 2 Pins.	ou farmanteu-
De 100 à 140	47. 2 Chatêniers.	11e CLASSE.	fes.
piés.	50. 1 Mauve.	De 200 à 300	6 Fam. 1 Palmier.
6 Fam. 3 Palmiers.	54. 1 Cifte.	piés de long,	43. 1 Légumineuſe.

3e Syſtême. Diametre ou groſſeur du Tronc.

Ce que nous avons de plus averé ſur la prodigieuſe groſſeur de certains Arbres, ſe lit dans les Ouvrâjes de Pline, dans le *Sylva* d'Evelin, dans l'Hiſtoire Générale des Plantes de Rai, & dans quelkes Voiajeurs célebres: Les 29 Exemples que nous allons citer, regardent 11 Eſpèces d'Arbres très-connus, & 4 inconnus.

Poirier de 6 piés de diametre. Le premier eſt ſur ce fameux Poirier d'Erford en Angleterre, qui, au raport d'Evelin, avoit 18 piés de tour, c. à. d., plus de 6 piés de diametre, & qui rendoit annuelement 7 muids, *Dolia majora*, de Poiré.

Saule de 9 piés. On a vu des Saules creux de 27 piés de circonférance au tronc, qui avoit, par conſéquent, au môins 9 piés de diametre.

Ieuſe de 12 piés. Pline cite au Liv. 16, Chap. 44, de ſon Hiſtoire Naturele, un Ieuſe ou Chêne vert, qui, d'une ſeule ſouche, avoit produit 10 tijes, chacune de 12 piés de diametre. *Vicina luco (Diana) eſt Ilex & ipſa Nobilis, 35 pedum ambitu caudicis, 10 Arbores mittens ſingulos magnitudinis viſendæ, Sylvamque ſola facit.*

Le même Auteur, dit au Chap. 40, qu'il y avoit en Alemagne des Arbres, qu'il ne nome pas, ſi gros, que leur tronc creuſé formoit des canots, du port de 30 hommes. *Germaniæ prædones ſingulis Arboribus cavatis navigant, quarum quædam & 30 homines ferunt.* Mais que ſont ces Arbres, **Benten de 12 piés.** en comparèſon des *Sciba* ou Benten de la côte d'Afrike, depuis le Sénégal juſqu'à Kongo, dont on fait des Piroges de 8 à 12 piés de large, ſur 50 à 60 piés de long, capables de porter 200 hommes, & du port ordinère de 25 toneaux de 2 milliers, qui font 50 mille peſant.

Tilleul de 16 piés. Rai parle d'après Evelin, d'un Tilleul meſuré en Angleterre, qui, ſur 30 piés de tije, avoit 16 aunes ou environ 48 piés de circonférance, c. à. d., au moins 16 piés de diametre, & qui ſurpaſſoit infinimant le fameux Tilleul du Duché de Virtemberg, qui avoit fait doñner à la Ville de Neuſtat, le nom de *Nieuſtat ander groſſen Lindern*. Ce dernier avoit 37 piés ½ de circonférance, ce qui fait environ 10 piés de diametre; & le tour de la pome ou tête avoit

403 piés, fur une largeur de 145 piés du Nord au Sud, &
de 119 piés mefuré de l'Eft à l'Oueft.

Rai dit avoir vu en Angleterre plufieurs Ormes de 3 piés Orme de
de diametre fur une longueur de plus de 40 piés. Il raporte 17 piés.
encore qu'un Orme à feuilles liffes, de 17 piés de diametre
au tronc, fur 40 aunes ou environ 120 piés de diametre à
fa pome, aiant été débité, fa tête feule produifit 48 cha-
riots de bois à brûler, & que fon tronc, outre 16 billots,
fournit 8,660 piés de planches ; toute fa maffe ou matière
fut évaluée à 97 tones. On a vû dans le même pays un
Orme creux, à peu près de même taille, qui fervit long-
tems d'habitation à une pauvre femme qui s'y retira pour
faire fes couches.

Le même Auteur cite 2 Ifs très-âjés, dont l'un avoit 12 If de 59
aunes de tour, c. à d., plus de 30 piés, & l'autre de 59 piés piés.
de circonférance au tronc qui font au moins 20 piés de diametre.

Harlei raporte que, dans le Comté d'Oxford en Angle- Chênes
terre, un Chêne, dont le tronc avoit 5 piés quarés dans une
longueur de 40 piés, aiant été débité, ce tronc prod iifit 20
tones de matière, & que fes branches rendirent 25 cordes
de bois à brûler.

Plot, dans fon Hiftoire Naturele d'Oxford, fait mention
d'un Chêne, dont les branches de 54 piés de longueur,
mefurées depuis le tronc, pouvoient ombrajer 304 Cavaliers
ou 4,374 piétons.

Au raport de Rai, on a vu en Veftfalie plufieurs Chênes De 30 piés.
monftrueux, dont l'un fervoit de Citadele, & dont l'autre
avoit 30 piés de diametre, fur 130 piés de hauteur. On peut
jujer de la groffeur prodigieufe de ces Arbres, par ce que
dit le même Auteur de celui dont furent tirées les poutres
tranfverfales du fameux Vaiffeau apelé le Roial Dovere, n
conftruit par Charles I. Roi d'Angleterre : ce chêne fournit
4 poutres, chacune de 44 pieds de longueur fur 4 pieds
9 pouces de diametre ; il faloit que cet Arbre eût au moins
10 piés de diametre fur une longueur de 44 pieds. L'Arbre,
continue Rai, qui fervit de mât à ce Vaiffeau, mérite d'être
cité, quoique d'un autre genre ; il avoit, dit-il, 99 piés
de long, fur 35 piés de diametre : mais cette groffeur nous
paroît bien difproportionnée à la hauteur de 99 piés, & à la
largeur des plus grands Navires qu'il foit poffible de conf-
truire.

Les plus grands Baobab que j'aie eu occafion de mefurer au Baobab de
Senégal, avoient 78 piés de circonférance, c. à d., environ 57 piés.

27 piés de diametre, sur 70 de hauteur, & 160 piés de diametre à leur pome ou tête. Mais d'autres Voiajeurs en ont vu de plus gros dans ce même pais; Rai dit, qu'entre le Niger & le Gambie, on en a mesuré de si monstrueux, que 17 homes avoient bien de la peine à les embrasser, en joignant les uns aux autres leurs bras étendus, ce qui doneroit à ces Arbres environ 85 piés de circonférance, ou près de 30 piés de diametre. Jule Scaliger dit qu'on en a vu qui avoient jusqu'à 37 piés.

Arbres de 45 piés.   Rai cite encore le raport des Voiajeurs, qui ont vu au Bresil un Arbre, qu'il ne nome pas, de 120 piés de tour, c. à d. de 45 piés de diametre, & qu'on conserve religieusement, à cause de son ancieneté.

Figier de 60 piés.   Il est dit dans l'*hOrtus Malabaricus*, que le Figuier apelé *Atti-meer-alou* par les Malabars, a communément 50 piés de circonférance, ce qui fait environ 18 piés de diametre. Mais Pline en cite de beaucoup plus gros. Il dit, Liv. 12, Chap. 5, que la conquête des Indes par Alexandre, en fit connoitre, qui avoient pour l'ordinaire 60 piés de diametre. *Ficus ibi exilia poma habet; ipsa se semper ferens vastis diffunditur ramis, quorum imi adeo in terram curvantur, ut annuo spatio infigantur novamque sibi propaginem faciant circà parentem in orbem, quodam opere topiario: intrà septam eam æstivant pastores opacam pariter & munitam vallo Arboris, decorâ specie subter intuenti procul ve fornicato ambitu; superiores ejus rami in excelsum emicant sylvosâ multitudine, vasto matris corpore, ut 60 pedes pleræque orbe colligant, umbrâ verò bina stadia operiant: foliorum latitudo peltæ effigiem Amazonicæ habet; eâ causâ fructum integens crescere prohibet, rarus qui est nec fabæ magnitudinem excedens, sed per folia solibus coctus, prædulci sapore, dignus miraculo Arboris: gignitur circà Acesinem præcipuè amnem.*

Platane de 81 piés.   Pline, au Ch. 1 du même Livre, parle d'un Platane de plus de 80 piés diametre, dans la cavité duquel *Mutianus* soupa & coucha avec 21 persones. *Platani*, dit-il, *celebratæ sunt primùm in ambulatione Academiæ Atenis, cubitorum 36 unius radice ramos antecedente. Nunc est clara in Lyciâ gelidi fontis amœnitate, itineri apposita, domicilii modo cava 80 atque unius pedum specu, nemoroso vertice, & se vastis protegens ramis Arborum instar, agros longis obtinens umbris; ac ne quid desit speluncæ imagini, saxea intùs crepidinis coronâ muscosos amplexa pumices: tam digna miraculo, ut Lucinius Mutianus ter Consul & nuper Provinciæ ejus Legatus, prodendum etiam posteris putârit, epulatum intra eam se cum* *duodevicesimo comite, largè ipsâ toros præbente fronde, ab omni afflatu securum, optantem imbrium per folia crepitus, lætiorem quàm marmorum nitore picturæ varietate, laquearium auro, cubuisse in eâdem.*

Pline continue, en citant un autre exemple d'un Platane sur lequel le Prince Caïus soupa avec 15 persones environées de toute sa suite. *Aliud exemplum Caii Principis in Veliterno rure mirati, unius (Platani) tabulata laxisque ramorum trabibus scamna patula, & in ea epulati, cùm ipse pars esset umbræ, 15 convivarum atque ministerii capace triclinio, quam cœnam appellavit ille nidum.*

Kirker, dans sa Chine illustrée, cite un Châtènier du Mont Etna, qui étoit si gros, que son écorce servoit de Parc pour enfermer pendant la nuit un troupeau entier de Moutons, *pecorum.*

Nous ne devons pas passer sous silence, ces Arbres merveilleux, dont il est fait mention dans les dernieres Histoires de la Chine, quoique nous n'en aions pas beaucoup de détails. Le 1er ces Arbres se trouve dans la Province de Suchu, près de la Ville de Kien; il s'appelle *Siennich*, c. à d., Arbre de mil ans; il est si vaste, qu'une seule de ses branches peut metre à couvert 200 moutons. On ne dit pas le nom du 2d, il croît dans la Province de Chekiang; il i en a de si gros, que 80 homes peuvent à peine en embrasser le tronc, qui a, par conséquent, environ 400 piés de circonférance, ou 130 piés de diametre.

Quand même ces divers faits, dont on auroit peine à citer un plus grand nombre d'exemples aussi avérés, n'auroient pas une exacte précifion, ils ne peuvent néanmoins laisser aucun doute sur l'existance de certains Arbres d'une grosseur qui paroît si disproportionée à celle des Arbres actuelemant existans en Europe; & ces Baobab de 27 piés de diametre que j'ai vu au Sénégal, & ceux de 30 à 37 piés qui ont été vus par tant d'autres Voiajeurs en Afrike, sufisent, ce me semble, pour constater la possibilité de l'existance des Platanes de 81 piés cités par Pline, & peut-être des Arbres de 130 piés vus en Chine.

(marginalia: Châtènier.)

(marginalia: Arbres de 130 piés de diametre.)

1e CLASSE.	2e CLASSE.		
Plantes sans tije ni branches.	A tije ou branches de ¼ ligne, à 1 ligne de diametre.	2. 6 Champignous.	12. 4 Eleagans.
		3. 3 Fucus.	13. 3 Onagres.
		4. Epatikes.	15. 10 Ombelliferes.
1 Fam. 5 Bissus.		5. 3 Foujeres.	16. 17 Composées.
2. 15 Champignons.		7. 4 Gramens.	17. 3 Campanules.
3. 6 Fucus.		8. 25 Liliasées.	18. 2 Briones.
	1 Fam. 6 Bissus.	10. 2 Orchis.	19. 6 Aperines.
		11. 4 Aristoloches.	20. 3 Scabieuses.

a iij

46. 16 Piſtachiers.
45. 8 Titimales.
46. 4 Anones.
47. 3 Chatêniers.
48. 1 Tilleuls.
49. 2 Geranions.
51. 2 Capriers.
54. 15 Ciſtes.
57. 1 Pin.

7e CLASSE.

Tije de 1 à 2 piés diametre.

6 Fam. 4 Palmiers.
9. 2 Jenjanbtes.
11. 1 Eleagnus.
13. 4 Onagres.
14. 3 Mirtes.
19. 3 Aparines.
21. 6 Chevrefeuilles.
13. 2 Apocins.
14. 4 Bouraches.
16. Quelk. Vervènes.
17. Quelk. Perſonées.
29. 3 Jaſmens.
37. 1 Amarante.

41. 2 Roſiers.
42. 10 Juſubiers.
43. 12 Légumineuſ.
44. 15 Piſtachiers.
45. 6 Titimales.
46. 8 Anones.
47. 2 Chatêniers.
48. 2 Tilleuls.
49. 2 Geranion.
51. 1 Caprier.
53. 1 Pavot.
54. 10 Ciſtes.
57. 2 Pins.

8e CLASSE.

Tije de 3 à 5 piés diametre.

6 Fam. 3 Palmiers.
11. 1 Eleaghus.
13. 5 Onagres.
14. 2 Mirtes.
22. Quelk. Aireles.
23. 4 Apocins.
25. Quelk. Vervènes.
27. Quelk. Perſonées.
41. 2 Roſiers.

42. 3 Jujubiers.
43. 6 Légumineuſes.
44. 5 Piſtachiers.
45. 1 Titimale.
47. 2 Chatêniers.
48. 3 Tilleuls.
50. 1 Mauve.
54. 6 Ciſtes.
57. 1 Pins.

9e CLASSE.

Tije de 6 à 10 piés diametre.

43 Fam. 1 Roſier.
44. 4 Piſtachiers.
47. 4 Chatêniers.
48. 1 Tilleul.
54. 2 Ciſtes.
57. 2 Pins.

10e CLASSE.

Tije de 12 à 20 piés diametre.

47 Fam. 3 Chatêniers.

48. 1 Tilleul.
50. 1 Mauve.
57. 1 Pin.

11e CLASSE.

Tije de 25 à 40 piés diametre.

49. Fam. 1 Chatênier.
50. 1 Mauve.

12e CLASSE.

Tije de 50 à 70 piés diametre.

47 Fam. 1 Chatênier.

13e CLASSE.

Tije de 80 à 130 piés de diametre.

47 Fam. 2 Chatêniers.

4e Syſtême. *Aje ou durée des Plantes.*

Il i a des Plantes dont la durée aſt très-courte, & ſeulement de quelkes jours, ou peut-être de quelkes heures; tels ſont la plûpart des Plantes imparfaites comme les Biſſus, les Champignons; d'autres plus compoſées, vivent quelkes mois. Il i en a qui ſe ſement tous les ans, & periſſent de même; on les apele Plantes annueles. D'autres vivent 2 ans, & s'apelent biſanueles : mais parmi celes auxqueles on done ce nom, parce qu'eles paſſent un iver en terre, il i en a beaucoup qui n'i reſtent que 8 à 10 mois, come le Perſil, l'Imperatoire ou Anjelike de Boheme, le blé ou froment d'iver, qui ne ſubſiſte que depuis Octobre juſqu'en Août; ce qui nous indique qu'il faut compter par mois la durée de l'âje de ces ſortes de Plantes. D'autres vivent 3 à 6 ans; enfin les Arbres vivent bien davantaje, & même nombre de ſiécles.

Le climat entre pour beaucoup dans les cauſes de la durée des Plantes, c'eſt pour cela que le Baſilic, le Tabac, le Ricin, &c. qui ſont des Plantes vivaces de 2 ou 3 ans, ou même des Arbres de longue durée dans leur païs natal, devienent anueles étant transplantées dans nos païs septentrionaux, inconstance qui rend défectueuses les Métodes qui divisent les Plantes en anueles, bisanueles & vivaces.

On ne peut s'assurer de l'âje des Plantes que par 3 moiens.

1° L'expériance ou l'observation imédiate, les inscriptions ou la tradition.

2° Par la progression de leur grosseur.

3° Par le nombre de leurs cercles concentrikes.

1°.
Estimés par
l'obser-
vation.

Le 1er de ces moyens, l'expériance ou l'observation imédiate n'est praticable qu'à l'égard des Plantes qui ne durent pas plus que la vie de l'home, c. à d., depuis 1 an, jusk'à 60 ou 100 ans; mais pour celes qui vivent davantaje, on ne peut s'en assurer que par les inscriptions creusées très-profondémant dans l'écorce, jusqu'au bois même, en marquant quelle étoit la grosseur de leur diametre pendant l'anée de l'inscription C'est par ce moien que je puis doner quelkes

Par les ins-
criptions.
Baobab.

probabilités sur la durée des *Baobab.* Ceux que je vis en 1749, aux Isles de la Madelène, près du Cap-Verd avec des inscriptions de noms Hollandois, tels que Rew & autres noms François, dont les uns datoient du 14. & les autres du 15 siécle, inscriptions que je renouvelai, en ajoûtant simplement au-dessous *Renouvelé en* 1749, avoient alors environ 6 piés de diametre : ces mêmes Arbres avoient été vus en 1555, c. à d., il i a 200 ans, par Tevet qui les cite dans la Relation de son Voiage aux Teres Antarktikes, en les traitant simplement de beaux Arbres sans en doner la grosseur qui devoit être au moins de 3 ou 4 piés, à en juger par le peu d'espace qu'ocupoient les caractères des inscriptions; ils avoient donc grossi de 2 ou 3 piés environ dans un espace de 200 ans. Outre ces termes d'observation, j'en ai trois autres imédiats & assez certains ; savoir,

Diametre en 1 an .. 1 à 1 ½ pouce. Hauteur 5 piés.
　　　　　　10　　　　1 pié　　　　　　15
　　　　　　30　　　　2　　　　　　　　22

C'est par le moien de ces 5 termes d'observations que j'ai calculé la Table suivante qui doit doner une idée de la durée de ces Arbres monstrueux.

Diametre du Tronc.	Hauteur de l'Arbre.	Son Âje.
1 pouce	5 piés	1 An
1 pié	15	10
2	22	30

Diametre du Tronc.	Hauteur de l'Arbre.	Son Aje.
3 piés	25 piés.	60 Ans.
4	29	100
5	34	150
6	40	210
7	43	280
8	46	360
9	48 $\frac{1}{2}$	450
10	51	550
11	53	660
12	55	780
13	57	910
14	58 $\frac{1}{2}$	1,050
15	60 $\frac{1}{2}$	1,200
16	62	1,360
17	63 $\frac{1}{2}$	1,530
18	64 $\frac{1}{2}$	2,410
19	66	2,600
20	67	2,800
21	68	3,010
22	68 $\frac{1}{2}$	3,230
23	69 $\frac{1}{4}$	3,460
24	70	3,500
25	70 $\frac{1}{2}$	3,750
26	71 $\frac{1}{2}$	4,010
27	72	4,280
28	72 $\frac{1}{2}$	4,560
29	73	4,850
30	73 $\frac{1}{2}$	5,150

Je ne done pas ces calculs, come d'une exactitude géométrike, parce qu'il eſt très-certain que la Loi de l'acroiſſement des Arbres, changeant au bout d'un certain nombre d'anées, exije plus de 4 ou 5 termes pour être déterminée. On ſait en général qu'une courbe du 1er ordre eſt déterminée par 2 points, celle du 2d ordre par 5 ; mais une du 3e en exije 9, une du 4e, en exije 14 ; ainſi pour que les 5 points obſervés puſſent déterminer la Loi de l'acroiſſement ou la courbe dont les ordonées exprimeroient les diametres de l'Arbre, en ſupoſant les tems pour abſciſſes, il faudroit que cette courbe fût une des 3 ſections conikes, ce qui n'eſt pas probable, la végétation n'étant pas renſermée dans des limites ſi étroites. Néanmoins cete Table ſufira pour metre ſur la voie, & pour doner une idée de la durée de ces Arbres, dont j'ai vu un grand nombre qui avoient depuis 25, jusqu'à 27 piés de diametre, & qui ne paroiſſoient pas vieux.

Par la tra- dition. La tradition eſt encore un moien, mais moins ſûr que les inſcriptions pour ſavoir à-peu-près la durée des Arbres. Les coneſſances les plus autentikes, que nous aions à cet égard, ſe réduiſent à ce qui ſuit :

Figier. Il eſt dit dans l'*hOrtus Malabaricus*, qu'il i a dans la Province de Cochin, près du Temple *Beika*, un Figier de l'Eſpèce apelée *Atti-meer-alou*, qui vit depuis 2,000 ans.

Siennich. L'Arbre apelé en Chine *Siennich*, c. à d. Arbre de mil ans, prouve aſſez qu'on conoît dans ce pais des Arbres d'une durée qui paſſe l'imagination ; auſſi c'eſt dans ce païs, dont les Peuples paroiſſent les plus anciens du monde connu, & qui, par conſéquent, peuvent avoir plus de notes ſur l'antiquité, que croiſſent les plus gros Arbres cités juſqu'ici, tels que celui de 130 piés de diametre.

Poirier. Pomier. Lauſon, au raport de Rai, s'eſt éforcé de prouver que le Poirier & le Pomier, qui ne ſont dans leur vigueur qu'à 300 ans, doivent en vivre 900.

Chêne. Les Chênes ne ſont dans leur force que vèrs 200 ans, & l'on ſait que les Arbres en général ſe conſervent dans le même état, au moins auſſi long-tems qu'ils ont été à prendre leur entier acroiſſemant, & qu'ils demeurent encore autant à déperir, en ſorte que le Chêne doit durer au moins 600 ans.

Voici ce que Pline dit à ce ſujet, Liv. 16, Chap. 44. *Vita Arborum quorumdam immenſa credi poteſt, ſi quis profunda mundi & ſaltus inacceſſos cogitet.*

Juxta Urbem autem Quercus in Ilii tumulo tunc ſata dicuntur cum cœpit Ilium vocari.

In Ponto circà Eracleam aræ ſunt Jovis Stratii cognomine, ibidemque Quercus 2 ab Ercule ſatæ.

Rouvre. *In eâdem Septentrionali plagâ Herciniæ ſilva Roborum vaſtitas intacta ævis, & congenita mundo, prope immortali ſorte miracula excedit. Ut alia omittantur fide caſitura, conſtat attolli colles occurſantium inter ſe radicum repercuſſu, aut ubi ſecuta tellus non ſit arcus ad ramos uſque & ipſos interſe rixantes, curvari portarum patentium modo, ut turmas Equitum tranſmittant (ibid. cap. 2.)*

Ieuſe. *Vetuſtior autem Urbe in Vaticano Ilex in quâ titulus æreis litteris. Etruſcis religione Arborum jam tunc dignam fuiſſe ſignificat. (Ibid cap. 44.)*

Tiburtis quoque originem multo ante Urbem Romanam

tent. *Apud eos extant Ilices 3 etiam Tiburto conditore eorum vetustiores, apud quas inauguratus traditur. Fuisse autem eum tradunt filium Amfiarai qui apud Thebas obierit una ætate ante Iliacum bellum.*

Sunt Autores & (Tiburtes) Delficam Platanum Agamemnonis manu satam, & altetam in Caphyis Arcadiæ luco.   Plan..

Sunt hodie ex adverso Iliensium Urbis, juxtà Ellespontum, in Protesilai sepulcro, Arbores quæ omnibus ephebis ejus, cùm in tantùm accrevere ut Ilium aspiciant inarescunt, rursusque adolescunt.

Regionem Aulocrénen diximus, per quam ab Apamia in Phrygiam itur: Ibi Platanus ostenditur, ex quâ pependit Marsya victus ab Apolline, quæ jam tùm magnitudine electa est.

Est in suburbano Tusculani agri colle, qui Corne appellatur, Lucus antiquâ Religione Dianæ sacratus à Latio, velut arte tonsili comâ Fagei nemoris. In hoc Arborem eximiam ætate nostrâ adamavit Passienus Crispus, bis Consul Orator; Agrippinæ matrimonio & Nerone privigno clarior posteà, osculari complectique eam solitus, non modo cubare sub eâ vinumque illi affundere.   Irr..

Romæ verò Lotos in Lucinæ areâ, anno qui fuit sint Magistratibus 369 Urbis æde conditâ, incertum ipsa quantò vetustior. Esse quidem vetustiorem non est dubium, cum ab eo luco Lucina nominetur. Hæc nunc circiter annum 450 habet. Antiquior illa est, sed incerta ejus ætas; quæ capillata dicitur, quoniam Vestalium Virginum capillus ad eam defertur.   Micacoulie..

Verùm altera Lotos in Vulcanali, quod Romulus constituit ex victoriâ de Decumis, æquava Urbi intelligitur, ut autor est Massurius. Radices ejus in forum usque Cæsaris per stationes municipiorum penetrant.

Fuit cum eâ Cupressus æqualis, circà supremâ Neronis Principis prolapsa atque neglecta.   Ciprè..

Nec non Palma Deli ab ejusdem Dei (Apollinis) ætate conspicitur.   Palmier..

Græcinus autor est sexagenis annis durasse Vites.   Vigne.

In eodem tractu (circà Eracleam) portus est Amyco Bebrycum Rege interfecto clarus. Ejus tumulus à supremo die Lauro tegitur, quam insanam vocant, quoniam si quid ex eâ decerptum inferatur navibus, jurgia fiant donec abjiciatur.   Laurier..

Olympiæ Oleaster (conspicitur) ex quo primus Ercules coronatus est, & nunc custoditur religiosè.   Olivier..

Atenis quoque Olea durare traditur in certamine edita à

Minervâ . . . . Firmiffimæ ergo ad vivendum Olea ut quæ durare annis 200 inter Autores conveniat.

Argis Olea nunc etiam durare dicitur ad quam Io in vaccam mutatam Argus alligaverit.

Verùm ex his quas memoria hominum cuftodit, durant in Linternino Africani Prioris manu fatæ Olivæ.

Mirte. *Item Myrtus eodem loco confpicuæ magnitudinis. Subeſt specus in quo manus ejus cuftodire draco traditur.*

Térébinthe. Josef raporte au Liv. 5, Chap. 31 de la guerre des Juifs, que l'on voioit, de fon tems à 6 ſtades de la Ville Ebron, un Térébinte qui exiſtoit depuis la création.

Il feroit dificil d'eſtimer au juſte la durée des Arbres, dont Pline parle avec tant d'élégance & de fleurs ; néanmoins ils méritent d'être cités, parce que nous n'avons pas de faits plus avérés, & qu'il feroit dificil, & même come impoſſible d'eſperer rien de plus précis ſur cete matiere par le moien de la tradition.

2°. La groſſeur des Arbres nous donne bien quelke choſe de
Par leur vraiſemblable, mais non pas aſſez certain ſur leur durée,
groſſeur. parce que les uns croiſſent d'abord très-vite, enſuite très-lentemant ; d'autres ſuivent une progreſſion contraire ; enfin le plus grand nombre, après avoir pris pendant un tems doné une certaine groſſeur, ſemble reſter autant de tems à ce point, juſqu'à ſon dépériſſemant, qui ne s'acheve encore que dans un ſemblable eſpace de tems, ce qui diviſe la durée des Arbres en 3 tems à-peu-près égaux. J'ignore que perſone ait fait à cet égard d'autres obſervations que celes que j'ai doné ſur le Baobab, dont j'ai calculé la durée, & ſur des inſcriptions, & ſur ſa groſſeur obſervée.

3° Le nombre des Couches ligneuſes ou des Cercles con-
Par le nom: centrikes aparans ſur le tronc des Arbres coupés en travers,
bre de leurs eſt, à ce qu'il m'a paru juſqu'ici, le moien le plus ſûr pour
couches li- ſavoir l'âje des Arbres, parce qu'il ſe forme tous les ans
gneuſes. une couche ligneuſe qui s'applique ſur l'ancien bois pendant qu'il ſe forme pareillement une couche corticale ſous l'anciene écorce, dont l'extérieure tombe par écailles dans les uns, come l'Orme, le Plane, &c. où ſe roule en feuillets, come le Bouleau, le Chevrefeuille, &c. On riſque fort peu de ſe tromper, parce que les Arbres qui ont 2 feves dans l'anée, ne forment pas pour cela 2 couches, & qu'ils n'en ont pas davantaje que ceux qui n'ont qu'une feve ; c'eſt ce que je puis aſſurer après l'examen d'un grand nombre d'Arbres de 10 à 15 ans coupés tranſverſalemant. Mais il faut convenir auſſi que ce moien qui eſt très-facile dans les 1ʳᵉˢ anées

où les couches ſont très-épaiſſes , devient très-dificil dans les
dernières où elles ſont ſi minces, que les fibres & trachées
qui ſervent ordinairemant à les faire diſtinguer , ſe confondent
alors ; il en eſt de même des Arbres où ces cercles ſont peu
diſtincts come dans les bois extrêmement compacts , ſur-tout
ceux des païs chauds où la ſeve eſt toujours en mouvemant ,
ou au moins dans un mouvemant plus égal.

Si l'on veut avoir exactemant le nombre des anées ou des
couches d'un Arbre d'une certaine groſſeur, il faut compter les
cercles aſſez près de ſon pié ; car plus on s'en éloignera , plus
grand ſera le nombre des anées dont on poura ſe tromper , par
ce que les couches anueles de l'acroiſſemant étant des cones
inſcrits , ou qui s'emboëtent les uns dans les autres , il eſt
eſt évidant que l'Arbre qui n'a que 5 piés de hauteur & 3
couches à 3 ans, n'a pas encore les 30 couches qu'il aura
à 30 piés de hauteur.

Le diametre d'un arbre étant formé par la révolution
entiere de chake couche , chake couche eſt répétée 2 fois
lorſqu'on prend le diametre de l'Arbre ; c'eſt pour cela qu'on
ne compte que le demi diametre , ou le raion pour avoir le
nombre réel de ſes couches.

De toutes les obſervations que j'ai fait ſur pluſieurs   Orme
Eſpèces d'Arbres , je me contentera: de raporter ici celes
que j'ai eu avec le plus de préciſion ſur l'Orme dont j'ai
examiné avec ſoin pluſieurs centaines de piés qui ont été
coupés dernieremant au Cour - la - Reine. Ces Arbres qui
avoient environ 100 ans depuis leur 1ere plantation, avoient
auſſi depuis 94 , juſqu'à 100 cercles ligneux.

Voici les réſultats moiens de mes obſervations réduits en
Table.

1 pouce de raion ou de demi diametre avoit 5 à		7 couch.
2	10 à	12
3	15 à	16
4	17 à	18
5	20 à	22
6	25 à	26
7	30 à	32
8	40 à	42
9	55 à	57
10	70 à	72
11	85 à	87
12	100 à	102

Ces couches n'ont pas toute la même larjeur, les 30 à
35 1eres , &c. à d. les plus proches du centre ont depuis 3

juſqu'à 6 lignes de larjeur, les 70 à 100 autres n'ont que ⅓ à ¼ ligne , & la même couche varie d'épaiſſeur, ſuivant la ſituation des racines & les diverſes expoſitions où l'Arbre avoit été planté. Le côté du N. eſt en général plus étroit dans les climats froids ou tempérés ; car entre les tropikes, les couches ſont concentrikes, parce que chake couche a la même épaiſſeur par-tout : Les couches ſont plus larjes du côté d'où il ſort plus ou de plus fortes racines ou branches. Les larjes couches markent encore la jeuneſſe de l'Arbre ; & parmi celles-là, les plus larjes markent les anées d'abondance ou de grandes chaleurs ; les plus minces markent les anées de vieilleſſe, celes des grands froids, de ſechereſſe ou de ſtérilité. La qualité du terrein cauſe encor de grandes irrégularités dans ces proportions. En général, les couches ſont plus épaiſſes dans un terrein gras & fertile : j'ai vu des Ormes dont le tronc de 1½ de raion avoit juſqu'à 50 couches centrales plus larjes que les autres, ce qui ſemble témoigner que ces Arbres auroient dû vivre davantaje que ceux du Cour-la-Reine qui étoient dans un terrein plus ſtéril, & où ils vieilliſſoient plus vîte.

Il eſt de remarke que l'accroiſſement de 3 anées du Chêne égale celui de 5 anées de l'Orme, ce qui prouve que l'accroiſſemant du Chêne eſt plus prompt.

On peut tirer de ces obſervations & d'autres ſemblables nombre d'indu&ions toutes auſſi curieuſes & utiles ſur l'économie véjétale.

1ère CLASSE.	5. Quelk. Foujères.	31. 4 Salikères.	55. 6 Arons.
Plantes qui vivent	7. Quelk. Gramens.	32. 10 Pourpiers.	
1 à 15 *jours.*	8. 2 Liliaſées.	33. 2 Joubarbes.	4e CLASSE.
1. Plûp. des Biſſus.	11. 3 Ariſtoloches.	34. 20 Alſines.	1 à 3 ans.
2. Pl. Champiñons.	12. 1 Eleagnus.	35. 15 Blitons.	3. Quelk. Fucus.
	13. 6 Onagres.	36. 5 Jalap.	5. Quelk. Foujères.
2e CLASSE.	15. Quelk. Ombell.	37. 10 Amarantes.	7. Plûp. Gramens.
1 à 3 *mois.*	16. Qu. Compoſées.	38. 10 Eſpargoutes.	8 Plûp. Liliaſées.
1. Quelk. Biſſus.	17. 3 Campanules.	39. 5 Perſikères.	9. Quelk. Jenjanbr.
2. Qu. Champiñons.	18. 12 Briones.	41. 2 Roſiers.	13. 2 Onagres.
4. Quelk. Epatikes.	19. 4 Aparines.	42. 2 Jujubiers.	15. Pl. Ombelliferes.
19. 2 Aparines.	20. 3 Scabieuſes.	43. 38 Légumineuſ.	16. Plûp. Compoſ.
20. 2 Scabieuſes.	21. 3 Chevrefeuilles.	45. 8 Titimales.	17. 3 Campanules.
	23. 8 Apoſins.	47. 2 Chateñers.	19. 2 Aparines.
3e CLASSE.	24. 7 Bouraches.	48. 2 Tilleuls.	20. 5 Scabieuſes.
3 à 6 *mois.*	25. Plûp. Labiées.	49. 5 Gramens.	23. 6 Apocins.
3. Plûp. des Fucus.	26. Quelk. Vervènes.	50. 9 Mauves.	24. 9 Bouraches.
4. Plûp. Epatikes.	27. Quelk. Perſonées.	51. 2 Capriers.	25. Plûp. Labiées.
	28. 8 Solanons.	52. 36 Crucifères.	26. Quel. Vervènes.
	29. 2 Jaſmens.	53. 12 Pavots.	27. Quel. Perſonées.
	30. 10 Anagallis.	54. 4 Perſonées.	

29. 5 Jasmens.
30. 3 Anagallis.
31. 6 Salikéres.
32. 13 Pourpiers.
33. 2 Joubarbes.
34. 6 Alsines.
35. 4 Blitons.
36. 2 Jalaps.
37. 3 Amarantes.
38. 3 Espargoutes.
40. 2 Garou,
41. 6 Rosiers.
42. 1 Jujubier.
43. 15 Légumineus.
44. 2 Pistachiers.
45. 6 Titimales.
47. 2 Chatèners.
49. 3 Geranions.
50. 4 Mauves.
52. 10 Crucifères.
53. 2 Pavots.
54. 10 Cistes.
55. 15 Renoncules.
56. 8 Arons.
58. 15 Mousses.

5e CLASSE.
4 à 8 ans.

5. Plûp. des Fougèr.
7. Quelq. Gramens.
8. Quelq. Liliasées.
9. Plûp. Jenjanbres.
10. Plûp. Orchis.
11. Quek. Eleagnus.
16. Qu. Composées.
17. 6 Campanules.
18. 4 Brioches.
19. 6 Aparines,
20. 2 Scabieuses.
21. 10 Chevrefeuill.
22. 5 Aireles.
23. 4 Aposins.
24. 2 Bouraches.
25. Quelq. Labiées.

27. Plûp. Personées.
28. 2 Solanons.
29. 5 Jasmens.
30. 4 Anagallis.
32. 3 Pourpiers.
33. 5 Joubarbes.
34. 8 Alsines.
35. 4 Blitons.
36. 2 Jalaps.
37. 4 Amarantes.
39. 5 Persikères.
40. 4 Garou.
41. 12 Rosiers.
42. 3 Jujubiers.
43. 32 Légumineuses.
44. 6 Pistachiers.
45. 3 Tilleuls.
46. 1 Anone.
47. 2 Chatèners.
48. 5 Tilleuls.
49. 5 Geranions.
50. 3 Mauves.
51. 3 Capriers.
52. 4 Crucifères.
53. 3 Pavots.
54. 15 Cistes.
55. 4 Renoncules.
56. 9 Arons.
58. 3 Mousses.

6e CLASSE.
10 à 25 ans.

5. Quelq. Fougères.
6. 3 Palmiers.
7. 1 Gramen.
11. 12 Aristoloches.
12. Quelq. Eleagnus.
13. Quelq. Onagres.
14 Quelq. Mirtes.
15. Qu. Ombellifer.
16. Qu. Composées.
19. 20 Aparines.
21. 7 Chevrefeuill.
22. 21 Aireles.

23. 5 Aposins.
24. 2 Bouraches.
25. 1 Labiée.
26. Plûp. Vervènes.
27. Pl. Personées.
28 1 Solanons.
29. 10 Jasmens.
32. 15 Pourpiers.
33. 2 Joubarbes.
35. 2 Blitons.
39. 3 Persikères.
40. 13 Garou.
41. 4 Rosiers.
42. 10 Jujubiers.
45. 35 Légumineus.
44. 14 Pistachiers.
45. 8 Titimales.
46. 4 Anones.
47. 3 Chatèners.
48. 4 Tilleuls.
49. 3 Geranions.
50. 5 Mauves.
51. 4 Capriers.
53. 1 Pavot.
54. 15 Cistes.
55. 3 Renoncules.
57. 2 Pins.

7e CLASSE.
36 à 100 ans.

8. Quelq. Liliasées.
12. 3 Eleagnus.
13. Plûp. Onagres.
14. Plûp. Mirtes.
15. 2 Ombellitères.
19. 4 Aparines.
21. 5 Chevrefeuill.
22. 10 Aireles.
23. 6 Aposins.
24. 2 Bouraches.
26. Qu. Vervènes.
27. Plûp. Personées.
29. 3 Jasmens.
37. 1 Amarante.
41. 2 Rosiers.

42. 10 Jujubiers.
43. 8 Légumineus.
44. 20 Pistachiers.
45. 6 Titimales.
46. 8 Anones.
47. 2 Chatèners.
48. 6 Tilleuls.
49. 1 Geranion.
51. 2 Capriers.
53. 1 Pavot.
54. 25 Cistes.
57. 4 Pins.

8e CLASSE.
120 à 400 ans.

6. Plûp. Palmiers.
8. 5 Jenjanbres.
11. 1 Eleagnus.
42. 3 Jujubiers.
43. 6 Légumineuses.
44. 10 Pistachiers.
45. 3 Titimales.
47. 3 Chatèners.
48. 3 Tilleuls.
50. 1 Mauve.
54. 4 Cistes.
57. 2 Pins.

9e CLASSE.
500 à 1000 ans.

6. Quelq. Palmiers.
47. 4 Chatèners.
48. 1 Tilleul.
50. 1 Mauve.
57. 2 Pins.

10. CLASSE.
2000 à 4000 ans
& au-delà.

47. 3 Chatèners.
50. 2 Mauves.
57. 1 Pin.

5e Systême. *Climat ou lieu natal des Plantes.*

Le lieu où croissent les Plantes, regarde principalemant ;
1º le climat ou la latitude ; 2 la température ou élévation
du terrain ; 3º la qualité du terrain.

Climat ou
latitude.

1º On remarke, en général, que les Efpèces de Plantes qui croiffent depuis le Pole N. jufqu'à l'Equateur confidérées en détail, ne diférent les unes des autres que par des degrés peu fanfibles ; mais que celles des Zones glaciales prifes en total ,diférent du tout au tout de celles qui naiffent entre les Tropikes. C'eft ainfi qu'on voit dans la Zone torride des Familles entieres de Plantes qui ne fe trouvent pas dans les Zones tempérées & glaciales, & reciproquement.

Les lieux fitués par des latitudes femblables dans le même émisfère, produifent comunément dés Plantes femblables ; mais ces Plantes diférent ordinèrement dans les 2 émisfères opofés , quoique fous les mêmes latitudes.

Tempéra-
ture ou élé-
vation du ter-
rain.

2º Il paroît que la diférance qu'on rencontre entre les Plantes de la Zone toride , & celles des Zones tempérées & glaciales, vient particulièrement de la diférance de tempéra-ture de ces climats ; car lorfque dans la Zone torride , on trouve des Montagnes élevées d'une température femble-ble à celle des Zones tempérées ou glaciales, on i voit auffi les mêmes, ou au moins une partie des mêmes Plantes : c'eft ainfi que les Plantes des Montagnes de Laponie, de Suiffe, des Pirénées , de l'Ararat, du Brefil & du Perou font à-peu-près les mêmes. Et à cet égard, on obfervera que l'Emisfère Méridional a moins de chaleur par les mêmes latitudes que l'Emisfère Boréal, fans doute parce que le Soleil refte 8 jours de plus fur celui-ci.

Enfin come l'eau à une certaine profondeur, a une tem-pérature à-peu-près égale par-tout les climats, la plûpart des Plantes aquatikes ; foit marines, foit d'eau douce , font à-peu-près les mêmes entre les climats tempérés, & ceux des tropikes.

Qualité du
terrain.

3º Chake Efpèce de Plante afecte comunément une qua-lité de Terre particuliere, un terrain marqué, teles font les Parafites ; néanmoins on en voit beaucoup qui naiffent dans toute forte de Terre , & la même Plante croit tantôt dans un terrain fec, tantôt dans l'eau, ou d'abord dans l'eau , enfuite dans un terrain fec.

J'aurois pû faire 3 fyftêmes ou aranjemans métodikes, relativemant aux 3 confidérations précédentes, mais j'ai pré-feré de les réunir , pour éviter la multiplicité des divifions, d'autant plus qu'on pourra les féparer auffi-bien idéalemant, fur-tout les 3 1eres Claffes qui confiderent les Plantes fuivant les 3 climats.

1ere CLASSE

1ere CLASSE.

*Plantes qui croif-
fent dans les cli-
mats froids.*

1 Fam. Pl. Biffus.
2. Qu. Champign.
3. Quelk. Fucus.
4. Quelk. Epatikes.
5. Quelk. Foujères.
7. Quelk. Gramens.
8. Quelk. Liliafées.
10. Q. Orchis.
11. Q. Ariftoloches.
12. Q. Eleagnus.
13. Q. Onagres.
15. Q. Ombellifères.
16. Q. Compofées.
17. Q. Campanules.
18. Q. Briones.
19. Q. Aparines.
20. Q. Scabieufes.
21. Q. Chevrefeuill.
22. Pl. Aireles.
23. Q. Apofins.
24. Q. Bouraches.
25. Q. Labiées.
26. Q. Vervènes.
27. Q. Perfonées.
28. Q. Solanons.
29. Q. Jafmens.
30. Pl. Anagallis.
31. Q. Salikères.
32. Q. Pourpiers.
33. Q. Jujubiers.
34. Q. Alfines.
35. Q. Blitons.
38. Q. Efpargoutes.
39. Q. Perfikères.
40. Pl. Garou.
41. Q. Rofiers.
42. Q. Jujubiers.
43. Q. Légumineuf.
44. Q. Piftachiers.
45. Q. Titimales.
47. Pl. Chatèners.
49. Q. Geranions.
50. Q. Mauves.
51. Q. Capriers.
52. Q. Crucifères.

53. Q. Pavots.
54. Q. Ciftes.
55. Pl. Renoncules.
56. Q. Arons.
57. Plûp. Pins.
58. Pl. Mouffes.

2e CLASSE.

*Dans les climats
temperés.*

1 Fam. Pl. Biffus.
2. Pl. Champinons.
3. Pl. Fucus.
4. Pl. Epatikes.
5. Pl. Foujères.
6. Quelk. Palmiers.
7. Pl. Gramens.
8. Plûp. Liliafées.
10. Pl. Orchis.
11. Pl. Ariftoloches.
12. Pl. Eleagnus.
13. Q. Onagres.
14. Q. Mirtes.
15. Pl. Ombellifer.
16. Pl. Compofées.
17. Pl. Campanules.
18. Qu. Briones.
19. Q. Aparines.
20. Pl. Scabieufes.
21. Q. Chevrefeuill.
22. Q. Aireles.
23. Pl. Apofins.
24. Pl. Bouraches.
25. Pl. Labiées.
26. Qu. Vervènes.
27. Quelk. Perfonées.
28. Q. Solanons.
29. Pl. Jafmens.
30. Qu. Anagallis.
31. Pl. Salikère.
32. Pl. Pourpiers.
33. Pl. Joubarbes.
34. Pl. Alfines.
35. Pl. Blitons.
36. Q. Jalaps.
37. Q. Amarantes.
38 Pl. Efpargoutes.
39. Pl. Perfikères.
40. Q. Garou.
41. Pl. Rofiers.

41. Q. Jujubiers.
43. Q. Légumineuf.
44. Q. Piftachiers.
45. Q. Titimales.
46. Q. Anones.
47. Q. Chatèners.
47. Q. Tilleuls
49. Q. Geranions.
50. Q. Mauves.
51. Q. Capriers.
52. Pl. Crucifères.
53. Pl. Pavots.
54. Q. Ciftes.
55. Q. Renoncules.
56. Q. Arons.
57. Q. Pins.
58. Pl. Mouffes.

3e CLASSE.

*Dans les climats
chauds.*

1 Fam. Q. Biffus.
2. Q. Champign.
3. Q. Fucus.
5. Q. Foujères.
6. Pl. Palmiers.
7. Q. Gramens.
8. Q. Liliafées.
9. Jénjanbres.
10. Q. Orchis.
11. Q. Ariftoloches.
12. Q. Eleagnus.
13 Pl. Onagres.
14. Pl. Mirtes.
15. Q. Ombellifères.
16. Q. Compofées.
17. Q. Campanules.
18. Pl. Briones.
19. Pl. Aparines.
21. Pl. Chevrefeuill.
23. Q. Apofins.
24. Q. Bouraches.
25. Q. Labiées.
26. Pl. Vervènes.
27. Pl. Perfonées.
28. Pl. Solanons.
29. Q. Jafmens.
30. Q. Anagallis.
31. Q. Salikères.
32. Q. Pourpiés.

33. 2 Joubarbes.
34. 1 Alfine.
35. Q. Blitons.
36. Pl. Jalaps.
37. Pl. Amarantes.
38. Q. Efpargoutes.
39. Q. Perfikères.
40. Q. Garou.
42. Pl. Jujubiers.
43. Pl. Légumineuf.
44. Pl. Piftachiers.
45. Pl. Titimales.
46. Pl. Anones.
47. Q. Chatèners
48. Pl. Tilleuls.
49. Pl. Geranions.
50 Pl. Mauves.
51. Pl. Capriers.
52. Q. Crucifères.
53. Q. Pavots.
54. Pl. Ciftes.
56. Pl. Arons.
57. 1 Pin.
58. Q. Mouffes.

4e CLASSE.

*Dans la mer et
eau falée.*

3. Fam. Pl. Fucus.

5e CLASSE.

*Dans les fontai-
nes d'eau cou-
rante, froide à
fond piérreux.*

1 Fam. Q. Biffus.
15. 2 Ombellifères.
17. 1 Perfonée.
30. 1 Anagallis.
56. 1 Aron.
58. Q. Mouffes.

6e CLASSE.

*Dans les ruif-
feaux à fond
vafeux.*

56 Fam. Qu. Arons.

P.

7e CLASSE.

Dans les fleuves, rivieres.

11 Fam. Q. Aristol.
55. Q. Renoncules.
56. 2 Arons.

8e CLASSE.

Dans les lacs ou étangs d'eau claire, à fond sableux ou piéreux.

7 Fam. Q. Gramens.
11. Q. Aristoloches.
17. 1 Campanule.
56. 2 Arons.

9e CLASSE.

Dans les étangs à fond vaseux.

4. Quelk. Epatikes.
15. 2 Ombelliferes.
23. 1 Apolin.
56. Q. Arons.

10e CLASSE.

Dans les marais, fossés, à fond vaseux, & où l'eau croupit.

1. Plûp. Bissus.
5. Quelk. Foujères.
7. Quelk. Gramens.
13. Q. Onagres.
15. Q. Ombelliferes.
20. Q. Scabieuses.
25. Q. Labiées.
27. Q. Personées.
30. 1 Anagallis.

11e CLASSE.

Dans les marécages où l'eau sourcille entre les Gramens. (Cespitosa, uliginosa.)

7. Quelk. Gramens.
8. Q. Liliasées.
11. Q. Orchis.
12. Q. Eleagnus.
15. Q. Ombellif.
16. Q. Composées.
19. Q. Aparines.
22. Q. Aireles.
25. Q. Labiées.
27. Q. Personées.
51. Pl. Salikères.
32. Q. Pourpiers.
37. 1 Amarante.
39. Pl. Persikères.
41. Q. Rosiers.
44. Q. Pistachiers.
52. Q. Cruciferes.
54. Q. Cistes.
55. Q. Renoncules.
56. Q. Arons.
58. Pl. Mousses.

12e CLASSE.

Sur les rochers où l'eau sourcille. (Crepidines.)

4. Plûp. Epatikes.

13e CLASSE.

Dans les cavernes (Speluncæ, Cochleaces.)

1 Quelk. Bissus.
4. Q. Epatikes.
5. Q. Foujères.

14e CLASSE.

Dans les prés umides (Prata rigua.)

7. Quelk. Gramens.
15. Q. Ombellifer.
16. Q. Composées.
34. Q. Alsines.
52. Q. Cruciferes.
55. Q. Renoncules.
58. Q. Mousses.

15e CLASSE.

Dans les prés secs (Pascua.)

7. Quelk. Gramens.
16. Q. Composées.
27. Q. Personées.
37. Q. Amarantes.
41. Q. Rosiers.
43. Q. Légumineus.
55. Q. Renoncules.

16e CLASSE.

Dans les grandes forêts (Nemora, silvæ.)

2. Pl. Champignons.
4. Q. Epatikes.
5. Pl. Foujères.
7. Pl. Gramens.
8. Q. Liliasées.
9. Pl. Jenjanbres.
10. Orchis.
25. Q. Bouraches.
47. Pl. Charèmes.

17e CLASSE.

Dans les bois. (Luci.)

7. Quelk. Gramens.
11. Q. Aristoloches.

12. Pl. Eleagnus.
13. Q. Onagres.
14. Pl. Mirtes.
18. Pl. Briones.
19. Pl. Aparines.
20. Q. Scabieuses.
21. Q. Chevrefeuill.
23. Pl. Aparines.
25. P. Labiées.
26. P. Vervènes.
28. P. Solanons.
42. P. Jujubiers.
43. P. Légumineus.
44. P. Pistachiers.
45. P. Titimales.
48. P. Tilleuls.
49. Q. Gerapions.
50. P. Mauves.
51. P. Capriers.
53. P. Pavots.
54. P. Cistes.
55. Q. Renoncules.
56. Q. Arons.
58. Q. Mousses.

18e CLASSE.

Dans les bois des montagnes. (Saltus.)

16. Q. Composées.
17. Pl. Campanules.
21. Q. Chevrefeuill.
29. P. Jasmens.
30. P. Anagallis.
41. Q. Rosiers.
55. Q. Renoncules.
57. P. Pins.
58. P. Mousses.

19e CLASSE.

Sur les montagnes (Alpes, Juga, Nivales.)

7. Quelk. Gramens.
8. Q. Liliasées.
16. Q. Composées.
20. Q. Scabieuses.

22. Plûp Airoles.
25. Qu. Labiées.
27. Q. Perfonées.
32. Pl. Pourpiers.
33. Q. Joubarbes.
34. P. Alfines.
40. P. Garou.
41. Q. Rofiers.
49. Q. Geranions.
55. Q. Renoncules.
57. Pl. Pins.

20e CLASSE.
Sur les collines.
(Colles, Cella.)

7. Quelk. Gramens.
11. Q. Eleagnus.
16. Q. Compofées.
19. Q. Aparines.
25. Q. Labiées.
26. Q. Vervènes.
33. Q. Joubarbes.
37. Q. Amarantes.
43. Q. Légumineuf.
52. Q. Crucifères.
54. Q. Ciftes.
57. Q. Pins.

21e CLASSE.
Dans les vallées
& les fonds.
(Valles.)

3. 1 Fucus.
16. Q. Compofées.

22e CLASSE.
Dans les plaines
découvertes.
(Aprica.)

7. Quelk. Gramens.
16. Q. Compofées.
24. Q. Bouraches.
36. Q. Jalaps.
39. Q. Perfikères.
45. Q. Titimales.
48. Q. Tilleuls.
51. Q. Capriers.
55. Q. Renoncules.

23e CLASSE.
Sur les rochers.
(Rupes, cau-
tes, scopuli,
confragofa.)

2 Q. Champignons.
7. Quelk. Gramens.
8. Q. Liliafées.
15. Q. Ombellifères.
23. Q. Apofins.
25. Q. Labiées.
27. Q. Perfonées.
32. Q. Pourpiers.
33. Plûp. Joubarbes.
34. Q. Alfines.
40. Pl. Garou.
41. Q. Rofiers.
49. Q. Geranions.
55. Q. Arons.

24e CLASSE.
Sur les mafures.
(Rudera, ru-
decta, vetera-
ta, parietina,
subgrundia.)

27. Q. Perfonées.
33. Q Joubarbes.
34. Q. Alfines.
35. Q. Blitons.
52. Q. Crucifères.

25e CLASSE.
Sur les chemins.
(Viæ.)

7. Q. Gramens.
25. Q. Bouraches.

26e CLASSE.
Dans les terreins
pierreux mobiles.
(Saxofa.)

7. Quelk. Gramens.

27e CLASSE.
Dans les terreins
graveleux.
(Arenofa.)

7. Q. Gramens.
29. Q. Jafmens.

28e CLASSE.
Dans les terreins
fabloneux.
(Sabulofa.)

7. Plûp. Gramens.
8. Q. Liliafées.
15. Q. Ombellifèr.
32. Q. Pourpiers.
33. Pl. Joubarbes.
43. Pl. Légumineuf.
48. Q. Tilleuls.
49. Q. Geranions.

29e CLASSE.
Dans les terreins
argileux.
(Argillofa.)

7. Quelk. Gramens.
11. 1 Eleagnus.
15 1 Ombellifère.
16. 1 Compofées.
39. 1 Perfikère.

30e CLASSE.
Dans les terreins
glaifeux.
(Glaréofa.)

7. Quelk. Gramens.

31e CLASSE.
Dans la craie.
(Cretofa.)

17. 1 Campanule.
26. 1 Vervène.

43. Q. Légumineuf.
52. 2 Capriers.
52. 3 Crucifères.

32e CLASSE.
Sur les fumiers.
(Fimeta.)

1. Quelk. Biffus.
2. Q. Champignons.
35. Q. Blitons.
47. Q. Chatèriers.

33e CLASSE.
Dans les campa-
gnes en friche.
(Campi, arva,
neglecta.)

7. Quelk. Gramens.
25. Q. Bouraches.
28. Q. Solanons.
38. Pl. Efpargoutes.
52. Pl. Crucifères.

34e CLASSE.
Dans les champs
labourés.(Agri,
culta, cerealia,
fegetalia, fege-
tes, verfura
agrorum.)

7. Quelk. Gramens.
15. Q. Ombellifèr.
16. Q. Compofées.
23. Q. Bouraches.
51. Q. Capriers.
52 Q. Crucifères.

35e CLASSE.
Dans les jardins.
(Horti.)

7. Quelk. Gramens.

7e Systême. *Sucs, Résines & Sels.*

Le mucilage est un suc gomeux étendu dans beaucoup d'eau.

La gome est un suc mucilagineux concret, c. à d., desséché. Elle se dissout entièrement à l'eau, & ne fond ni ne s'enflame au feu, mais i crépite.

Le Savon est une huile coagulée & durcie par un sel alkali fixe.

Les Huiles essentielles, en général, sont toujours liquides; néanmoins, le camfre est concret, & fait exception à cette règle.

Les Huiles grasses prennent une consistance épaisse & solide, mais non cassante à un certain dégré de froid naturel de l'air libre.

Le Baume est une liqueur grasse assez épaisse, coulante, pendant les chaleurs de l'Eté, & se fijant au froid come une résine, souvant cassante. Il contient beaucoup d'huile & très-peu d'eau, aussi ne se dissout-t-il pas à l'eau, mais seulement à l'esprit-de-vin & aux huiles essentieles, & s'enflame au feu.

La Résine ne difère du Baume qu'en ce qu'ele est toujours dure à la chaleur naturele de l'air libre, même la plus grande. Le Brai sec fait cependant exception à cete règle; au Sénégal, il devient liquide & coulant come un Baume.

Le suc laiteux s'épaissit comunémant en Résine ou en Gome Résine.

La Gome Résine est un suc concret mêlé presqu'à parties égales d'eau & d'huile, aussi tient-elle le milieu entre la Gome & la Résine, & elle se dissout en partié dans l'eau, en partie dans l'huile. C'est de leur mélange que nait la couleur laiteuse de certains sucs véjétaux & du lait animal, quoique ces 2 matières séparées l'huile & l'eau soient diafanes. C'est pour cela, que dans la distilation de la canele ou de l'anis, l'esprit qui monte le 1er étant aqueux, est limpide & diafane ; tandis que celui qui reste au fond de l'alambik étant huileux & aqueux, forme une liqueur trouble & laiteuse.

1re CLASSE.

Plantes, qui coupées, ne rendent aucun suc.

1. Bissus.
2. Pl. Champign.
3. Fucus.
4. Epatikes.
5. Foujères.
7. Gramens.
8. Q. Liliasées.
9. Q. Jenjanbres.
10. Orchis.
11. Aristolochier.
12. Eleagnus.
13. Onagres.
14. Mirtes.
15. Pl. Ombellifères.
16. Pl. Composées.
19. Pl. Aparines.
20. Scabieuses.
21. Chevrefeuilles.
25. Labiées.
26. Vervènes.
27. Pl. Personées.
28. Solanons.
29. Jasmens.
30. Anagallis.
31. Salikères.
34. Quelq. Alsines.
35. Quelq. Blitons.
36. Jalaps.
37. Amarantes.
38. Esp argoutes.
36. Pl. Persilées.
40. Garou.
41. Rosiers.
42. Pl. Jujubiers.
43. Pl. Légumineus.
44. Pl. Pistachiers.
45. Qu. Titimales.
46. Anones.
47. Pl. Chateners.
48. Pl. Tilleuls.
49. Qu. Geranions.
50. Pl. Mauves.
51. Pl. Capriers.
52. Pl. Crucifères.
53. Pl. Pavots.
54. Pl. Cistes.
55. Renoncules.
56. Arohs.
57. Pins.
58. Mousses.

2e CLASSE.

Plantes qui rendent un suc d'elles-mêmes au printems, sans être coupées.

12. 1 Eleagnus. Noyer.
47. 3 Chateners. Bouloux, Charme, Saule.
48. 1 Tilleul Aber.
51. 1 Caprier. Vigne.

3e CLASSE.

Plantes, qui coupées, donent un suc aqueux sans couleur.

8. Pl. Liliasées.
9. Qu. Jenjanbres.
24. Bouraches.
32. Pl. Pourpiers.
33. Pl. Joubarbes.
34. Pl. Alsines.
35. pl. Blitons.
42. Qu. Jujubiers.

4e CLASSE.

Plantes qui donent un suc verdâtre.

8. 1 Liliasée.
23. 2 Aposins.

5e CLASSE.

Plantes, qui coupées, donent un suc laiteux ou blanc de lait.

2. Qu. Champign.
6. Palmiers.
15. 1 Ombellifères.
16. 10 Composées.
17. Campanules.
23. Pl. Aposins.
27. 1 Personée.
32. 1 Pourpier.
43. 1 Légumineuse.
44. Q. Pistachiers.
45. Pl. Titimales.
47. 2 Chateners.
48. 1 Tilleul.
53. 1 Pavot.

6e CLASSE.

Suc jaune.

8. 1 Liliasée.
53. Pl. Pavot.
54. 1 Ciste.

8e CLASSE.

Suc rouge.

39. 1 Persicère.
43. 1 Légumineuse.

8e CLASSE.

Suc mucilagineux.

16. Qu. Composées.
24. Bouraches.
27. Pl. Personées.
34. Pl. Alsines.
37. Amarantes.
43. Pl. Légumineus.
45. Qu. Titimales.
48. Qu. Tilleuls.
49. Pl. Geranions.
50. Pl. Mauves.
51. Qu. Capriers.
56. Qu. Arons.

9e CLASSE.

Plantes qui donent un suc qui s'épaissit en gome.

18. Briones.
42. Pl. Jujubiers.
43. Pl. Légumineus.
50. 1 Mauve.

10e CLASSE.

Plantes savoneus.

18 Quelq. Briones.

43. Pl. Alfines.
44. Qu. Piſtachiers.

11e CLASSE.

Plantes qui ren-
dent un ſuc qui
s'épaiſſit en go-
me réſine.

8. 1 Liliaſée.
15. Ombelliféres.
16. Pl. Compoſées.
17. Campanules.
23. Apoſins.
45. Pl. Titimales.
54. Quelk. Ciſtes.

12e CLASSE.

Plantes qui do-
nent un ſuc qui
s'épaiſſit en ré-
ſine.

9. Jenjanbres.
44. Qu. Piſtachiers.
53. Pavots.
54. Quelk. Ciſtes.
57. Pl. Pins.

13e CLASSE

Baumes.

44. Q. Piſtachiers.

14e CLASSE.

Huiles graſſes.

12. 1 Eleagnus.
27. 1 Perſonée.
29. 1 Jaſmen.
37. 1 Amarante.
47. 2 Chatêñers.
52. Q. Cruciféres.
53. Pavots.
57. Pins.

15e CLASSE.

Huiles eſſentieles.

9. Jenjanbres.
14. Mirtes.
15. Ombelliféres.
16. Pl. Compoſées.
19. Aparines.
20. Scabieuſes.
25. Pl. Labiées.
44. Pl. Piſtachiers.
53. Quelk. Pavots.
54. Quelk. Ciſtes.

16e CLASSE.

Dont le ſuc dépoſe
des criſtaux de
ſucre.

6. Pl. Palmiers.

47. 2 Chatêñers.
57. Quelk. Pins.

7. Pl. Gramens.
23. Q. Apoſins.
35. 1 Bliton.
43. Q. Légumineuſ.
48. Tilleuls.
54. Q. Ciſtes.
57. Pl. Pins.

17e CLASSE.

Dont le ſuc dépo-
ſe des criſtaux
de ſel alkaliſine
ou qui en donent
par ébullition,
ou par combuſ-
tion.

5. Foujères.
32. Pourpiers.
33. Joubarbes.
34. Alfines.
35. Blitons.
55. Q. Renoncules.

18e CLASSE.

Alkali volatil.

52. Cruciféres.

19e CLASSE.

Sel alumineux.

55. Renoncules.

20e CLASSE.

Sel Marin.

3. Fucus.
6. Palmiers.
55. Renoncules.

21e CLASSE.

Sel neutre de
Glauber.

37. 1 Amarante.

22e CLASSE.

Sel nitreux.

16. Pl. Compoſées.
17. Campanules.
18. Briones.
23. Apoſins.
24. Bouraches.
32. Pourpiers.
35. Qu. Blitons.
45. Titimales.
53. Qu. Pavots.
55. Renoncules.

8e Syſtême. Teintures tirées des Plantes.

1ere CLASSE.

Plantes qui n'en
donent pas.

1. Biſſus.
2. Pl. Champign.
3. Pl. Fucus.
4. Epatikes.
5. Foujères.

6. Palmiers.
7. Gramens.
8. Pl. Liliaſées.
9. Pl. Jenjanbres.
10. Orchis.
11. Ariſtoloches.
12. Eleagnus.
13. Qu. Onagres.
14. Mirtes.
15. Qu. Ombelliſer.

16. Qu. Compoſées.
17. Campanules.
18. Briones.
19. Qu. Aparines.
20. Scabieuſes.
21. Chevrefeuilles.
22. Airelas.
23. Apoſins.
24. Bouraches.
25. Labiées.

26. Vervênes.
27. Perſonées.
28. Solanons.
29. Jaſmens.
30. Anagallis.
31. Salikères.
32. Pourpiers.
33. Joubarbes.
34. Alfines.
35. Qu. Blitons.

36. Jalap.
37. Amarantes.
38. Espargoutes.
39. Pl. Persikères.
40. Garou.
41. Rofiers.
42. Pl. Jujubiers.
43. Pl. Légumineuf.
44. Pl. Pistachiers.
45. Pl. Titimales.
46. Anones.
47. Pl. Chatènes.
48. Pl. Tilleuls.
49. Pl. Geranions.
50. Mauves.
51. Pl. Capriers.
52. Pl. Cruciferes.
53. Pl. Pavots.
54. Pl. Cistes.
55. Renoncules.
56. Arons.
57. Pins.
58. Mousses.

2e CLASSE.

Teinture rouge.

3. Quelk. Fucus.
9. 1 Jenjanbre.
15. 1 Ombellifère.
19. Pl. Aparines.
35. 2 Blitons.
42. 1 Jujubier.
43. 3 Légumineuf.
44. 1 Pistachier.
48. 1 Tilleul.
54. 1 Ciste.

3e CLASSE.

Lila.

2. Qu. Champiñons.

4e CLASSE.

De Rouille.

43. 1 Légumineufe.

54. 1 Ciste.

5e CLASSE.

Jaune.

9. 1 Jenjanbre.
16. Pl. Compostes.
44. 1 Pistachier.
47. 1 Chatenier.
51. 1 Caprier.
53. Qu. Pavots.

6e CLASSE.

Verte.

42. 1 Jujubier.
43. 1 Légumineuf.

7e CLASSE.

Bleue.

39. 1 Persikère.

43. 5 Légumineufes.
45. 2 Titimales.
52. 1 Crucifères.

8e CLASSE.

Violete.

49. 1 Geranion.
53. 1 Pavot.

9e CLASSE.

Noire.

8. 1 Liliafse.
13. 1 Onagre.
19. 1 Aparine.
43. 1 Légumineuf.
44. 1 Pistachier.
47. 2 Chatènes.
54. 1 Ciste.

9e Systême. *Couleur de la Corole.*

La couleur n'eft pas la même dans toutes les parties de la Plante, teles que les racines, les feuilles, les fleurs, &c. On en remarque fouvent 3 ou 4 diférantes fur la même feuille ou la même fleur, come dans le Bliton apelé *Trikolor*, la *Tulipe*, l'*Oreille d'Ours*, &c. Elle varie pareillement dans les divers individus de la même Efpèce, & dans des parties femblables fur le même pié.

Nous n'examinerons ici que les couleurs des fleurs, parce qu'eles font les parties qui, en général, font les plus fouvent colorées, ou les plus remarquables par la variété de leurs couleurs. Elles font fujetes à chanjer, foit par la chaleur, le climat, le terrain, la culture, &c.

Le blanc change facilement en pourpre.

Le jaune en blanc.

Le rouge en blanc & en bleu.

Le bleu en jaune.

Le blanc eft plus comun dans les Coroles du Printems & les baies douces.

L'aqueux dans les filets & ftiles.

Le rouge dans les Coroles d'Eté & les fruits acides.

Le jaune dans les Anteres & la Corole.

Le verd dans les Feuilles & le Calice.

Le bléu dans les Coroles.

Le violet, *id.*

Le noir dans les Racines & les Graines, rarement daus les fruits & la Corole.

1ere CLASSE.

Plantes sans corole.

1. Bissus.
2. Champignons.
3. Fucus.
4. Epatikes.
5. Foujères.
6. Palmiers.
7. Gramens.
8. Liliasées.
9. Qu. Jenjahbres.
10. Orchis.
11. Aristoloches.
12. Eleagnus.
31. Qu. Salikères.
32. Qu. Pourpiers.
35. Blitons.
37. Qu. Amarantes.
38. Q. Espargoutes.
39. Peruikères.
40. Garou.
41. Quelk. Rosiers.
42. Qu. Jujubiers.
43. Q. Légumineuses.
44. Q. Pistachiers.
45. Q. Titimales.
46. Q. Anones.
47. Chateners.
48. Q. Tilleuls.
51. Q. Capriers.
52. Q. Crucifères.
54. Q. Cistes.
56. Arons.
57. Pins.
58. Mousses.

2e CLASSE.

Corole blanche.

9. Qu. Jenjanbres.
14. Plup. Mirtes.

15. Pl. Ombelliferes.
16. Q. Composées.
17. Q. Campanules.
18. Q. Briones.
19. Pl. Aparines.
20. P. Scabieuses.
21. P. Chevrefeuill.
22. Q. Aireles.
23. Pl. Apocins.
24. Pl. Bouraches.
25. Pl. Labiées.
26. Pl. Vervènes.
27. Pl. Personées.
28. Pl. Solanons.
29. P. Jasmens.
30. Q. Anagallis.
31. Q. Salikères.
32. Pl. Pourpiers.
33. Pl. Joubarbes.
34. Pl. Alsines.
36. Q. Jalaps.
37. Pl. Amarantes.
38. Pl. Espargoutes.
41. Quelk. Rosiers.
42. Pl. Jujubier.
43. Q. Légumineuses.
44. Pl. Pistachiers.
45. Q. Titimales.
46. Pl. Anones.
48. Q. Tilleuls.
49. Pl. Geranions.
50. Pl. Mauves.
51. Pl. Capriers.
52. Q. Crucifères.
53. Q. Pavots.
54. Q. Cistes.
55. Q. Renoncules.

3e CLASSE.

Corole rouge.

9. Qu. Jenjanbres.
14. Q. Mirtes.
15. Q. Ombelliferes.
16. Q. Composées.
18. Pl. Briones.
19. Q. Aparines.
20. Q. Scabieuses.
21. Q. Chevrefeuill.
22. Plup. Aireles.
23. Q. Apocins.
24. Q. Bouraches.
25. Q. Labiées.
26. Q. Vervènes.
27. Q. Personées.
28. Q. Solanons.
29. Q. Jasmens.
30. Pl. Anagallis.
31. Pl. Salikères.
32. Q. Pourpiers.
33. Q. Joubarbes.
34. Q. Alsines.
36. Pl. Jalaps.
37. Q. Amarantes.
38. Q. Espargoutes.
41. Q. Rosiers.
42. Q. Jujubiers.
43. Q. Légumineus.
44. Q. Pistachiers.
45. Q. Titimales.
46. Q. Anones.
48. Q. Tilleuls.
49. Q. Geranions.
50. Q. Mauves.
51. Q. Capriers.
52. Q. Crucifères.
53. Q. Pavots.

4e CLASSE.

Corole jaune.

9. Pl. Jenjanbres.
15. Quelk. Ombell.
16. Pl. Composées.
18. P. Briones.
19. Q. Aparines.
20. Q. Scabieuses.
21. Q. Chevrefeuill.

21. Q. Aireles.
23. Q. Apocins.
24. Q. Bouraches.
25. Q. Labiées.
26. Q. Vervènes.
27. Q. Personées.
28. Q. Solanons.
29. Q. Jasmens.
30. Q. Anagallis.
32. Q. Pourpiers.
33. Q. Joubarbes.
34. Q. Alsines.
41. Pl. Rosiers.
42. Q. Jujubiers.
43. Pl. Légumineus.
44. Q. Pistachiers.
45. Q. Titimales.
46. Q. Anones.
48. Pl. Tilleuls.
49. Q. Geranions.
50. Q. Mauves.
51. Q. Capriers.
52. Pl. Crucifères.
53. Pl. Pavots.
54. Pl. Cistes.
55. Pl. Renoncules.

5e CLASSE.

Corole verte.

23. Quelk. Apocins.
32. Q. Pourpiers.
42. Q. Jujubiers.
44. Q. Pistachiers.
45. Q. Titimales.

6e CLASSE.

Corole bleue.

16. Qu. Composées.
17. Pl. Campanules.
19. Q. Aparines.
27. Q. Personées.

28. Q. Solanons.
37. Q. Amarantes.
43. Q. Légumineuf.
51. Q. Capriers.
54. Q. Cistes.
55. Q. Renoncules.

7e CLASSE.

Corole violete.

9. Qu. Jenjanbres.
16. Q. Composées.
17. Q. Campanules.
19. Q. Aparines.

27. Q. Personées.
28. Q. Solanons.
34. Q. Alsines.
38. Q. Espargoutes.
41. Q. Rosiers.
42. Q. Jujubiers.
43. Q. Légumineuf.
45. Q. Titimales.

43. Q. Geranione.
54. Q. Cistes.
55. Q. Renoncules.

8e CLASSE.

Corole noire.

23. Quelk. Apocins.

10e Systême. *Saveur.*

La Saveur, dépendant du sens, du goût, est un signe inconstant selon l'âje, l'état ou de santé ou de maladie où se trouve celui qui goûte les Plantes.

Le climat, le terrain, la culture sont très-sujets à chanjer la saveur des Plantes.

Le climat ; l'Ail en Gréce ne sent rien.

Le terrain ; le Seleri sauvage est désagréable.

La culture ; les Pomes & Poires sauvages sont très-âpres & auftères à la Campagne, les Laitues sauvages sont très-amères : la culture les rend très-douces.

Chaque partie de la Plante n'a pas le même goût : dans les unes, le fruit a un goût acide & agréable, tandis que les Feuilles ou les Racines sont amères ou désagréables ; dans d'autres, c'est tout le contraire. Les Modernes distinguent 10 Saveurs, dont 5 sont oposées aux 5 autres ; savoir,

1° L'insipide ou aqueux   6 Salé acide ou alkali
2 Doux   7 Acre.
3 Gras   8 Austère.
4 Viskeux   9 Acerbe.
5 Acide   10 Amer.

Les Saveurs diferent par 4 manieres ;
1° Leur dégré de force ou intensité.
2 Leur durée.
3 Leur augmentation.
4 Relativement aux parties qu'eles afectent.

1° On a distingué 10 dégrés diférens d'amertume, dont la Racine de Kurkuma ocupe le 1er, & la Graine de Klematite bleue le 10e

2° Quant à leur durée, il i en a qui, quoique de moindre intensité que d'autres, afectent plutôt la sensation, par exemple.

Les Acides & les Amers, come le Vinaigre & l'Absinthe, se font sentir d'abord & durent peu.

Les Acres durent plus long-tems ; ainsi l'Acret de

Graines de Klematite , qui eſt de dix dégrés , ne ſe fait pas ſentir auſſi-tôt que l'amertume des Roſes qui n'eſt qu'au 2d dégré.

Les Saveurs chaudes ſe font ſentir plus lentement & plûtard que les autres. Ainſi l'amertume des Racines d'Ellébore noir, qui eſt au 2d dégré , ſe fait ſentir au 1er contact; mais ſa chaleur, quoiqu'au 3 ou 4e dégré , ne ſe fait ſentir qu'après 2 minutes ; de même l'amertume de l'Aunée, qui n'eſt qu'au 4 dégré , eſt plutôt ſentie que ſa chaleur qui eſt au 8e.

3o L'augmentation qui ſe fait dans la ſenſation des Saveurs pendant toute ſa durée , eſt diférante ſelon les Eſpèces.

La chaleur du Galanga cauſe d'abord une légère ſenſation, mais ce n'eſt qu'au bout d'une minute que ſa plus grande force ſe fait ſentir. L'Ellebore noir ne parvient à ſa plus grande ſenſation que 4 minutes après ſon 1er contact.

Le tems que dure la plus grande force de la ſenſation eſt auſſi diférent ſelon les ſubſtances; ainſi la chaleur de l'Ellébore noire vient à ſa plus grande intenſité, & diminue en 1 minute. Celle de la racine du Kreſſon alénois en 1 minute, celle de la racine de l'Aſaron en 2 minutes.

Le tems que ſe ſoutient la plus grande force de la Saveur juſqu'à ſon extinction, difère pareillement; ainſi les feuilles de la millefeuille, qui ſont amères au 4e dégré, & chaudes au 1er , perdent d'abord leur amertume , tandis que leur chaleur dure encore. La chaleur de l'Akorus eſt au premier dégré, ſon aromat au 3e, ſon amertume au 4e; cependant ſon amertume s'éteint auſſi-tôt, ſa chaleur dure 2 minutes, & ſon aromat 7 à 8. La chaleur du Creſſon alénois dure 7 à 8 ; l'amertume de l'Elaterion $\frac{1}{4}$ d'heure; la chaleur de l'Euforbe & de l'Ellebore noir dure $\frac{1}{2}$ heure; l'âcreté de la racine d'Aron dure ſouvent 12 heures.

Enſorte que l'augmentation de ſenſation, depuis le 1er contact , va juſqu'à 4 à 6 minutes au plus, au lieu que ſon décroiſſement va juſqu'à 30 ou 40 & au-delà.

4o Les Saveurs conſidérées relativement aux parties qu'eles afectent, ſont fixes & locales, ou s'étendent & ſe propagent.

La Saveur fixe ſe contient dans le lieu qu'ele a d'abord afecté.

La Saveur propagative s'étend dans les parties voiſines ſans quiter celes qu'ele a frapé d'abord; tele l'amertume des racines ſéches d'*Ellebore noir* qui s'étend du bout de la langue à fon milieu ; cele des feuilles de l'Elaterion s'étend du bout de la langue à fa racine.

La Saveur tranflative fe tranfporte d'une partie à l'autre, ainfi l'amertume de la *gentiane* fe tranfporte auffi-tôt à fon milieu en quitant le bout.

Les Saveurs afectent diféramant les parties qu'eles attaquent come les levres, la langue, le palais, la gorge, le gofier.

Les levres font afectées pendant 9 à 10 par la chaleur de la racine d'Ellébore blanc & de Puretre, pendant que les autres parties le font moins.

La langue eft afectée au bout par la plûpart. La Gentiane & la Kolokinte afectent plus fon milieu, & fa racine eft plus afectée par les feuilles d'Elatérion.

Le palais eft plus afecté par la racine du *Solanon letale* dont l'impreffion dure 4'.

La gorge eft plus afectée que les autres parties par les feuilles de Pakete, & les racines de Mercuriale, d'Afperje, de Jalap, &c.

Le gofier ou éfofage eft afecté particulièrement de chaleur par la racine d'Abfinthe, ce que ne font pas les feuilles de cete plante, qui ne font pas un fi bon ftomachike pour cete raifon.

La plûpart de ces notions font extraites de Fernel & de Grew.

1ere CLASSE.

Infipide ou akeux.

1. Biffus.
4. Pl. Fucus.
8. Q. Liliafées.
10. Pl. Orchis.
11. P. Ariftoloches.
24. Q. Bouraches.
28 Solanons.
30. Anagallis.
32. Pl. Pourpiers.
33. Pl. Joubarbes.
43. Pl. Légumineuf.

2e CLASSE.

Doux.

5. Quelk. Fucus.

6. Q. Palmiers.
7. Q. Gramens.
8. Q. Liliafées.
35. Pl. Blitons.

3e CLASSE.

Gras.

6. Qu. Palmiers.
9. Q. Jenjanbres.
10. Q. Orchis.
17. Q. Pins.

4e CLASSE.

Viskeux ou mucilagineux.

8. Quelk. Liliafées.
12. Q. Eleagnus.

34. Pl. Alfines.
48. Tilleuls.
49. Geranions.
50. Mauves.

5e CLASSE.

Acide.

41. Quelk. Rofiers.
42. Q. Jujubiers.
44. Q. Piftachiers.

6e CLASSE.

Salé.

6. Quelk. Palmiers.
7. Quelk. Gramens.
36. Qu. Compofées.
24. Pl. Bouraches.

7e CLASSE.

Akre.

4. Quelk. Epatikes.
8 Plûp. Liliafées.
9. Plûp. Jenjanbr.
11. Q. Ariftoloches.
15. Plûp. Ombellif.
37. Pl. Campanules.
38. Pl. Briones.
25. Quelk. Labiées.
32. Q. Pourpiers.
36. Jalap.
40. Pl. Garou.
45. Pl. Titimales.
46. Pl. Anones.
51. Capriers.
52. Cruciferes.
53. Pl. Pavots.
55. Renoncules.
56. Pl. Arons.

8e CLASSE.

Auſtère.

4. Pl. Champignons.
5. Pl. Foujères.
6. Pl. Palmier.
11. Pl. Eleagnus.
13. Pl. Onagres.
14. Pl. Mirtes.
17. Q. Campanules.
19. Pl. Aparines.
21. Pl. Chevrefeuill.

22. Pl. Aiteles.
29. Q. Jaſmens.
31. Pl. Salikères.
37. Pl. Amarantes.
38. Eſpargoutes.
39. Perſikères.
41. Roſiers.
42. Pl. Jujubiers.
43. Pl. Légumineuſ.
47. Chatèners.
54. Pl. Ciſtes.
57. Pl. Pins.
58. Pl. Mouſſes.

9e CLASSE.

Acerbe.

14. Quelk. Mittes.
32. Q. Pourpiers.
42. Q. Jujubiers.
51. Q. Capriers.

10. CLASSE.

Amer.

15. Q. Ombelliſètes.

16. Pl. Compoſées.
18. Q. Briones.
20. Ph. Scabieuſes.
21. Q. Chevrefeuill.
23. Pl. Apocins.
25. Pl. Labiées.
26. Q. Vervènes.
27. Pl. Perſonées.
42. Q. Jujubiers.
43. Q. Légumineuſ.
44. Q. Piſtachiers.
45. Q. Titimales.
54. Q. Pavots.

11e Syſtême. *Odeur.*

L'odorat eſt un des plus obſcur des ſens, parce que l'odeur difère dans preſque tous les objets, & qu'ele varie dans chacun d'eux ; c'eſt ce que prouve la facilité avec laquelle les chiens trouvent leurs maîtres dans certains tems, & cele avec laquele ils le perdent dans d'autres.

D'où il ſuit que les odeurs n'ont point de limites, & ne peuvent guère être définies.

Les anciens, ſelon Ariſtote, ne reconoiſſoient que 7 Odeurs primitives, come ils n'admetoient que 7 Saveurs. Ces Odeurs, dit-il, (*Cap 4 de ſenſu*) ont une affinité ſi marquée avec les Saveurs, qu'on les a déſignées par les mêmes noms ; ſavoir,

1° Le doux.

2 Le gras.

3 L'acide.

4 L'âcre.

5 L'auſtère.

6 L'acerbe.

7 Le fétide, ἀνσεσμὸς, *Putidus*, qui répond aux Saveurs ameres.

1e CLASSE.

Sans odeur.

1 Biſſus.
3. Kelk. Fucus.
5. Foujères.
7. K. Gramens.
8. K. Liliaſées.
9. K. Jenjanbres.

10. Pl. Orchis.
13. Pl. Onagres.
17. Pl. Campanules.
19. K. Aparines.
21. K. Chevrefeuill.
27. Pl. Perſonées.
30. Pl. Anagallis.
31. Salikères.
32. Pl. Pourpiers.
33. Joubarbes.
34. K. Alſines.

35. Pl. Blitons.
36. Jalaps.
37. Pl. Amarantes.
38. Eſpargoutes.
53. Pl. Pavot.
54. Pl. Ciſtes.
58. P. Mouſſes.

2e CLASSE.

Odeur foible.

5. Kelk. Fucus.

4. Epatikes.
6. Pl. Palmiers.
7. Pl. Gramens.
8. Kelk. Liliaſées.
11. Pl. Ariſtoloch.
12. Pl. Eleagnus.
16. Pl. Compoſées.
17. K. Campanules.
18. K. Briones.
26. K. Vervènes.
34. Pl. Alſines.

39. Portulacs.
40. Garou.
41. K. Rosiers.
42. Pl. Jujubiers.
43. Pl. Légumineus.
45. Pl. Titimales.
47. Chataniers.
48. Pl. Tilleuls.
49. Geraniums.
50. Pl. Mauves.
51. K. Capriers.
52. Pl. Crucifères.
57. K. Pins.

3e CLASSE.
Odeur suave ou agréable.

6. Kelk. Palmiers.
8. K. Liliasées.
10. K. Orchis.
11. K. Aristoloches.
15. K. Ombellifères.
16. K. Composées.
18. K. Brione.
19. K. Aparines.

20. Pl. Scabieuses.
21. P. Chevrefeuil.
22. Pl. Aireles.
23. K. Aposins.
24. K. Bouraches.
25. K. Labiées.
29. K. Jasmens.
32. K. Pourpiers.
34. K. Alsines.
37. 1 Amarante.
41. Pl. Rosiers.
42. K. Jujubiers.
43. K. Légumineus.
44. K. Pistachiers.
46. K. Anones.
48. K. Tilleuls.
50. K. Mauves.
51. Pl. Capriers.
52. K. Crucifères.
54. K. Cistes.
55. K. Renoncules.
56. K. Arons.
57. Pl. Pins.

4e CLASSE.
Aromatike forte.

9. Pl. Jenjanbres.
14. Plûp. Mirtes.
15. K. Ombellifères.
16. Pl. Composées.
20. K. Scabieuses.
25. Pl. Labiées.
26. K. Vervènes.
27. K. Personées.
35. K. Blitons.
44. K. Pistachiers.
46. Pl. Anones.
53. K. Pavots.

5e CLASSE.
Odeur forte, ni puante, ni aromatique.

8. Kelk. Liliasées.
44. Pl. Pistachiers.

6e CLASSE.
Infecte ou fetide.

2. Kelk. Champig.
10. K. Orchis.
15. K. Ombellifères.
16. K. Composées.
27. K. Personées.
44. K. Pistachiers.
45. K. Titimales.
46. K. Anones.
52. K. Crucifères.
56. Pl. Arons.

7e CLASSE.
Fade.

13. Quelk. Onagres.
15. Pl. Ombellifères.
18. Pl. Briones.
23. Q. Aposins.
24. Pl. Bouraches.
28. Solanons.
53. Q. Pavots.
55. Pl. Renoncules.
58. Q. Mousses.

12e Systême. *Vertus.*

Au lieu de ranjer les Plantes, come on a fait jusqu'ici, selon leur vertu la plus forte, ce qui n'a été exécuté qu'à l'égard d'un petit nombre, il faut les distinguer come il suit selon la vertu la plus générale à la Famille à laquele eles apartienent.

Les maladies oposées reconoissent une cause oposée.

Les qualités contraires ont des effets contraires.

C'est sur ce double principe que roule la guérison des maladies en leur apliquant des remèdes qui causent des effets, & pour ainsi dire des maladies contraires.

Come il est d'expérience que les Plantes qui ont la même Saveur, ou la même odeur, ou la même couleur, ont la même vertu, & que celes qui ont des Saveurs ou des odeurs diférentes, ont aussi des vertus diférentes, il faut conclure qu'on ne sauroit trop examiner les Plantes par ces qualités, d'autant plus qu'il est reconnu que nombre de Plantes ont des vertus spécifikes simples ou composées, pour les maladies simples ou composées de certaines parties du corps ; & ce qui apuie cete idée, c'est que tele Plante fait sensation sur une partie du corps sans ajir sur l'autre,

Il faut donc confulter l'action des Plantes fur nos fens, par leur Saveur fur-tout; c'eft par ele que les malades, ainfi que les animaux diftinguent comunément ce qui leur convient le mieux.

Toutes les Plantes agiffent ou par leur odeur fur les nerfs ou par les Saveurs fur les fibres mufculères, ou par tous deux fur les fluides.

Les Savoureufes n'agiffent jamais fur les nerfs ni les Odorantes fur les fibres mufculères.

Les Savoureufes odorantes évacuent les fluides.

Les Plantes favoureufes agiffent fur les fluides & les folides, & chanjent les fluides.

Il i a divers dégrés de Saveur & d'Odeur dans les Plantes, & par conféquent d'intenfité de vertus; c'eft de-là que font venus les termes anciens de chaud, froid, fec & humide au 1er, 2d, 3e ou 4e dégré. On a diftingué jufqu'à 10 dégrés diférens de ces qualités; c'eft ainfi que l'on a dit que la racine de *Kurkuma* eft amère au 1er dégré, cele de la *Gentiane* au 10e; que la racine de *Chardon béni* eft chaude au 1er dégré, & les graines de la *Klematite bleue*, au 10e dégré, &c.

Les vertus & qualités des Plantes font indiquées comunément come nous l'avons dit par leur Couleur, leur Saveur & leur Odeur.

1º Par la Couleur en général.

Le roux ou brun, indique	Un apre aftringent.
Le rouge.	Un acide.
Le verd.	Un alkali crud.
Le jaune.	Un amer.
Le pâle.	L'infipide.
Le blanc.	Le doux.
Le noir.	L'ingrat.

2º Par la Saveur.

Les infipides ont rarement une vertu médicinale.

Les favoureufes & très-odorantes ont une grande vertu; car ôtez la Saveur & l'Odeur des Plantes, vous leur enlevez leur vertu. Teles font les fécules & extraits de l'Aron, de l'Elatérion, &c.

Les anciens, felon Ariftote, (*de fenfu* c. 4.) ne reconoiffoient que 7 Saveurs. Téofrafte furtout dit expreffément (*De caufis Plant. Lib. 6, Cap. 3 & 4*) qu'il i a 7 Genres de Saveurs, come il i a 7 Odeurs & 7 Couleurs. Ces Saveurs font,

1º Le doux, γλυκὺς

2° Le gras.   λιπαρὸς
3 L'acide.   ὀξὺς
4 L'âcre.   δριμὺς
5 L'auſtère.   αὐςηρὸς
6 L'acerbe.   ςρυφνὸς
7 Le ſalé.   ἁλμυρὸς

Il confond l'amer πικρὸς avec le ſalé.

Outre ces 7 Saveurs primitives, il i en a, continue-t-il, beaucoup d'autres intermédiaires, & il en eſt de même des Odeurs & des Couleurs. Ces 2 Chapitres de Téofraſte meritent d'être lus ; on i vera qu'il remarke expreſſémant que le nombre de 7 eſt très-comun dans la nature, & qu'il reconoiſſoit les 7 Couleurs primitives dont on atribue la découverte aux modernes.

Pline admetoit 13 Saveurs, c. à d. 6 de plus qu'Ariſtote & Téofraſte ; ſavoir,

8° L'agréable.   *Suavis.*

9 Le Pikant.   *Acutus,* diférant de l'acide.

10 L'amer   *Amarus.*

11 Le vineux, qui eſt compoſé ſelon lui du *Dulcis,* du *Suavis,* de l'*Acutus,* de l'*Auſterus.*

12 La Saveur du lait, qui eſt compoſée du *Suavis* & du *Pinguis.*

13 Celle de l'eau, qui eſt come inſipide.

L'Ecole de Salerne diſtinguoit autrefois 9 Saveurs indicés de trois ſortes de tempéramans ; ſavoir,

3 Chaudes, l'âcre, l'amer & le ſalé alkali.

3 Tempérées, l'akeux ou inſipide, le doux & le gras.

3 Froides, l'acide, l'auſtère ou acerbe, & le ſalé acide.

Aujourd'hui on diſtingue l'acerbe de l'auſtère, ce qᵘⁱ done 10 Saveurs dont voici l'action ſur nos ſens.

1° Akeux ou inſipide ; Humecte, adoucit.	Leurs contraires ſont	6 Salé { Acide ou nîtreux ; Atſorbe, ſeche, nétoie, rafraîchit. Alkali, lixiviel ; Echaufe, pikote.
2 Doux ; Adoucit, engraiſſe.		7 Acre ; Ouvre, inciſe corode, échaufe.
3 Gras ; Amolit, émouſſe, envelope.		8 Auſtère ; Seche, teſſerre, rafraîchit.
4 Viskeux, mucilagineux ; Empâte.		9 Acerbe ; Id. mais davantaje.
5 Acide ; Pénetre, atténue, rafraîchit.		10 { Amer ; Pikote, échaufe. Amer aromatike ; Pike, tend, échaufe, eſt balſamike.

3° Par l'odeur.

Celles à *mauvaise odeur* sont malsaines, venimeuses.

Les *Fades* sont vomitives, nauséeuses.

Les *Aromatikes* sont tonikes & nervines.

Les *Agréables* sont excitantes.

EVACUANS.

1ere CLASSE.

Purgatifs.

7. Gramens.
8. Liliasées.
11. Aristoloches.
12. Eleagnus.
16. Composées.
18. Briones.
20. Scabieuses.
23. Aposins.
24. Bouraches.
27. Personées.
36. Jalaps.
38. Amarantes.
40. Garou.
41. Jujubiers.
43. Légumineuses.
44. Pistachiers.
45. Titimales.
55. Renoncules.
56. Arons.

2e CLASSE.

Emétikes ou vomitifs.

8. Quelk. Liliasées.
11. 1 Aristoloche.
16. 1 Composée.
18. Briones.
19. 1 Aparine.
23. Apocins.
27. 1 Personée.
28. Solanons.
36. Jalaps.
40. Garou.
41. Jujubiers.
43. 1 Legumineuse.
44. 1 Pistachier.
45. Titimales.

58. Mousses.

3e CLASSE.

Béchiques & pectorales.

5. Foujères.
16. 4 Composées.
24. Bouraches.
25. Labiées.
27. 3 Personée.
52. 1 Crucisère.
53. Pavots.

4e CLASSE.

Errines ou sternutatoires.

8. 1 Liliasée.
16. 2 Composées.
23. 1 Apocin.
25. 1 Labiée.
27. 1 Personée.
28. 1 Solanon.
35. 1 Bliton.
48. 1 Tilleul.
51. 3 Crucifères.

5e CLASSE.

Salivans.

14. 1 Mirte.
15. 1 Ombellifère. & les Errines.

6e CLASSE.

Emménagoges ou ustériques.

8. 3 Liliasées.

11. Aristoloches.
15. 3 Ombellifères.
16. 4 Composées.
19. Aparines.
24. Bouraches.
25. Labiées.
27. Personées.
43. Légumineuses.
44. Pistachiers.
53. Pavots.
57. Pins.
58. Mousses.

7e CLASSE.

Diurétiques.

1° *Chauds.*

15. 3 Ombellifères.
16. 1 Composée.
20. Scabieuses.
25. 3 Labiées.
44. Pistachiers.
46. Anones.
57. Pins.

2° *Froids.*

5. Foujères.
7. Gramens.
8. Liliasées.
11. Aristoloches.
22. Aiteles.
24. Bouraches.
28. Solanons.
35. Blitons.
36. Jalaps.
41. Rosiers.
51. Capriers.
52. Crucifères.
58. Mousses.

8e CLASSE.

Sudorifiques.

1° *Chauds.*

15. Ombellifères.
16. 1 Composée.
27. 1 Personée.
44. Pistachiers.
45. Titimales.
46. Anones.

2° *Froids.*

8. 1 Liliasée.
23. Aposins.
41. 1 Jujubier.
45. 3 Titimales.
49. 2 Geranions.
53. 2 Pavots.
56. Arons.
57. Pins.
58. Mousses.

9e CLASSE.

Diaforétiques ou sudorifiques modérés.

20. Scabieuses.
25. Labiées.

10e CLASSE.

Désobstructifs ou apéritifs.

9. Jenjanbres.
16. 1 Composée.

34. Alfines.
56. Arons.
Et les atténuans.

11e CLASSE.

Atténuans, dé-laians.

16. Compofées.
19. Aparines.
52. Crucifères.

Et les défobstruës apéritifs.

ALTERANS.

12e CLASSE.

Alexitères ou Alexi farma-ques.

Contreppifons.
1° Des poisons cor-rofifs.
Les Emétikes.
2° Des poisons froids paffés dans le fang.
Les Sudorifiques.
Les Stomachiques.
7. Le Sucre.
9. Jenjanbres.
11. Eleagnus.
13. Onagres.
19. Aparines.
41. Rofiers.
52. L'Alkali volatil.
54. 1 Cifte.
3° Des Narcotiques.
Les Acides.

13e CLASSE.

Aftrinfans, ftip-tiques, deficatifs, vulnéreres.

1e Froids.
3. Champignons.
11. Eleagnus.
13. Onagres.
14. Mirtes.
15. 1 Ombellifère.
24. Bouraches.
29. Jafmens.
31. Salikères.
32. Pourpiers.
33. Joubarbes.
34. Alfines.
37. Amarantes.
39. Perfikères.

40. Garou.
41. Rofiers.
43. Légumineufes.
47. Chatèniers.
49. Geranions.
54. Ciftes.
56. Arons.
57. Pins.

2° Chauds.
21. Chevrefeuilles.
22. Aireles.
25. Labiées.
26. Vervènes.
27. Perfonées.
44. Pistachiers.

14e CLASSE.

Echaufans.

9. Jenjanbres.
10. Orchis.
15. Ombelliferes.
16. Compofées.
20. Scabieufes.
25. Labiées.
44. Pistachiers.
46. Anones.
57. Pins.

15e CLASSE.

Rafraichiffans, épaiffiffans, incraffans.

11. Aristoloches.
18. Briones.
35. Blitons.
39. Perfikères.
41. Rofiers.
43. Légumineufes.
50. Mauves.

53. Pavots.
56. Arons.

16e CLASSE.

Emollians, re-lâchans, umec-tans.

35. Blitons.
43. Légumineufes.
45. Tilleuls.
49. Geranions.
50. Mauves.

17e CLASSE.

Résolutifs ou fondans.

4. Epatikes.
8. Liliafées.
15. Ombellifères.
16. Compofées.
27. Perfonées.
28. Solanons.
34. Alfines.
43. Légumineufes.
46. Anones.
48. Tilleuls.
49. Geranions.
50. Mauves.

18e CLASSE.

Anodins ou cal-mans.

3. Fucus.
20. Scabieufes.
24. Bouraches.
27. Perfonées.
28. Solanons.
29. Jafmens.
30. Anagallis.
35. Blitons.
47. Chatèniers.

48. Tilleuls.
57. Pins.

19e CLASSE.

Narcotiques ou affoupiffans & fomniferes.

8. 1 Liliafée.
24. Bouraches.
28. Solanons.
29. Jafmens.
30. Anagallis.
44. Titimales.
47. Chatèniers.
53. 1 Pavot.
54. 1 Cifte.

20e CLASSE.

Febrifuges.

1° Chauds.
16. Compofées.
19. Aparines.
25. Labiées.
57. Pins.

2° Froids.
24. Apofins.
32. Pourpiers.
41. Rofiers.
47. 1 Chatènier.
49. Geranions.
50. Mauves.
54. Ciftes.

21e CLASSE.

Antiscorbutiques.

4. Epatikes.
27. 1 Perfonée.
39. Perfikères.

13e Syftême.   *Racines.*

Quoique l'ufage ait prévalu pour doner le nom de racine aux bulbes des Liliafées, on peut affurer que ce font des efpèces de Bourjons formés par la baze des feuilles charnues raprochées en écailles ou en envelopes qui s'emboëtent les unes dans les autres; car on trouve au-deffous d'eux des racines qui font des fibres, la plûpart fimples & charnus, & ces Plantes ont outre ces bulbes des tijes qui portent les fleurs. Chake bulbe fe prolonge annuelement par fa partie fupérieure ou par fes côtés que fuivent les racines, pendant que fa partie inférieure ou latérale anciene fe pourit, dès que la plante a porté fleurs.

Les tubercules charnus qu'on confond fouvent mal-à-propos avec les bulbes ou oignons, font de vraies racines qui tracent un peu en produifant un tubercule nouveau, lequel paroit, foit au-deffus du premier, dès qu'il a porté fes fleurs, come dans la Tubereufe *Potos*, le Glaieul, le Safran; foit à côté du 1er Tubercule, come dans le Mendoni & les Orchis. Ces Tubercules femblent tenir un milieu entre les bulbes de la Tulipe, de la Jacinte, des Narciffes, &c. & entre les racines charnues de l'Iris & des Jenjanbres.

Les racines fibreufes des autres Plantes vivaces, mais dont les tijes fe renouvelent tous les ans, fe reproduifent pareillement à côté des anciens qui meurent.

La plûpart des Plantes portent leurs racines à la partie inférieure de la tije qui s'éleve droit vers le ciel; mais il en a plufieurs qui offrent des fingularités remarquables à cet égard.

Les unes, en partant du tronc, s'élevent fort au-deffus de la terre en forme de Koutreforts, apelés Akoves ou Arkabas, come dans quelkes efpèces de Figuiers.

D'autres fortent au-deffous de chake neud des branches qui rampent, come la plûpart des Gramens; ou qui s'élevent de forte qu'eles forment alors des Arkboutans ou des Arkades, come dans le Manglier & quelkes Figuiers.

D'autres enfin en jetent de l'extrémité de leurs feuilles; teles font quelkes efpèces de Liliafées & d'Arons.

1e CLASSE.	5. 2 Fucus.	en cloche ou en	12. 2 Eleagnus.
Sans racines.	2e CLASSE.	*fuçoir.*	27. 1 Perfonée.
			32. 1 Pourpier.
1. Biffus.	*Come une lame, un*	2. Q. Champignons.	40. 1 Garou.
2. Pl. Champinons.	*empâtement, ou*	3. 7 Fucus.	

3e CLASSE.

Fibres simples cilindrikes.

6. Palmiers.
8. Plûp. Liliasées.

4e CLASSE.

Fibres rameuses ou en rezeau.

2. Q. Champign.
4. Epatikes.
5. Foujères.
7. Gramens.
9. Jenjanbres.
10. Orchis.
11. 10 Aristoloches.
12. Eleagnus.
13. 15 Onagres.
14. Mirtes.
16. Pl. Composées.
17. Pl. Campanules.
18. 12 Briones.
19. Aparines.
20. 8 Scabieuses.
21. Chevrefeuilles.

22. Aiteles.
23. Plûp. Aposins.
24. Bouraches.
25. Labiées.
26. Vervènes.
27. Plûp. Personées.
18. 10 Solanons.
29. Jasmens.
30. 16 Anagallis.
31. Salikères.
32. 33 Pourpiers.
33. 10 Joubarbes.
34. Alsines.
35. 24 Blitons.
36. 3 Jalaps.
37. Amarantes.
38. Espargoutes.
39. Q. Persikères.
40. P. Garou.
41. 24 Rosiers.
42. Jujubiers.
43. Pl. Légumineuf.
44. Pistachiers.
45. Titimales.
46. Anones.
47. Chatêners.
48. Tilleuls.
49. 12 Geranions.
50. Mauves.
51. Capriers.
52. 46 Crucifères.

53. 10 Pavots.
54. Cistes.
55. 20 Renoncules.
56. 15 Arons.
57. Pins.
58. Mousses.

5e CLASSE.

Sférike.

7. Quelk. Gramens.
8. Quelk. Liliasées.
9. Qu. Jenjanbres.
10. 2 Orchis.
11. 5 Aristoloches.
12. 1 Eleagnus.
15. 1 Ombellifère.
16. 4 Composées.
26. 2 Vervènes.
28. 1 Solanon.
30. 1 Anagallis.
32. 2 Pourpiers.
33. 1 Joubarbes.
41. 1 Rosier.
43 Q. Légumineuses.
49. 1 Geranions.
53. 9 Pavots.
55. 2 Renoncules.
56. 8 Arons.

6e CLASSE.

Simple en navet ou en fuzeau.

15. Pl. Ombellifères.
16. Qu. Composées.
17. Q. Campanules.
18. 4 Briones.
20. 1 Scabieuses.
23. Qu. Aposins.
27. Qu. Personées.
35. 1 Bliton.
36. 1 Jalap.
39. Pl. Persikères.
40. Qu. Garou.
50. 1 Mauves.
54. 3 Crucifères.

7e CLASSE.

Grumelée ou rassemblée en paquet.

8. Quelk. Liliasées.
10. 3 Orchis.
15. 1 Ombellifère.
27. Qu. Personées.
41. 1 Rosier.
55. 4 Renoncules.

14e Systême. Bourjons & Boutons à fleurs.

Chake Bourjon (*Germen.* Plin.) est come une graine ou une petite Plante, qui séparée de sa mere, & mise en tere, produit son semblable. Les bulbes des Liliasées, come Jacintes, Narcisses, &c. sont aussi bien que les jeunes pousses des Jenjanbres, des tijes en racourci ou de vrais Bourjons formés par le raprochement des feuilles, come sont ceux des Arbres, & non pas des racines, come le disent la plûpart des Auteurs ; car leurs bulbes ont en dessous des racines simples. Il n'i a, à proprement parler de bulbes, que ceux à tunikes monofules, les autres sont de vrais Bourjons.

Il faut distinguer les Bourjons écailleux, c. à d. dont les feuilles sont couvertes ou envelopées d'écailles diférentes des feuilles, de ceux qui sont nus, c. à d. dont les feuilles ne sont recouvertes par aucune écaille.

q iij

Les *Boutons à fleur*, apelés auffi œil (*Okulus gemma*, Plin.) difèrent des Bourjons en ce que rarement ils contienent des feuilles, fi ce n'eft au-deffous des fleurs qu'eles recouvrent; ils font auffi pour l'ordinaire recouverts d'écailles, & la plûpart fe dévélopent avant les feuilles; c'eft de ces Boutons qu'on fait la grèfe en œil apelée inoculation.

1ere CLASSE.

Sans Bourjons.

1. Biffus.
2. Champignons.
3. Fucus.
4. Epatikes.

2e CLASSE.

Bourjons nus fans écailles.

5. Foujères.
12. Eleagnus.
13. Onagres.
14. Mirtes.
15. Ombelliferes.
16. Q. Compofées.
17. Campanules.
18. Briones.
19. Aparines.
20. Scabieufes.
21. 27 Chevrefeuill.
22. Plûp. Aireles.
23. Apocins.
24. Bouraches.
27. Perfonées.
28. Solanons.
30. Anagallis.
31. Salikères.
32. 33 Pourpiers.
33. Joubarbes.
34. Alfines.
35. Blitons.
36. Jalaps.

37. Amarantes.
40. 6 Garou.
42. 1 Jujubier.
43. Légumineufes.
44. 5 Piftachiers.
45. Titimales.
46. 10 Anones.
47. Chatèners.
50. Mauves.
51. Capriers.
52 Crucifères.
53. 1 Pavot.
54. Ciftes.
56. Arons.
57. 7 Pins.
58. Mouffes.

3e CLASSE.

Bourjons à écailles fimples, diférentes des feuilles & des ftipules.

11. Ariftoloches.
21. 1 Chevrefeuille.
22. Quelk. Aireles.
40. 10 Garou.
41. 15 Rofiers.
42. 27 Jujubiers.
48. 3 Tilleuls.
55. Renoncules.
57. 3 Pins.

4e CLASSE.

Bourjons à écailles qui ne font que de vraies ftipules.

38. Efpargoutes.
39. Perfikères.
41. 10 Rofiers.
42. Jujubiers.
43. Pl. Légumineuf.
45. 27 Titimales.
46. 3 Anones.
48. 15 Tilleuls.
49. Geranions.

5e CLASSE.

Bourjous à écailles qui ne font que des feuilles plus petites ou peu métamorfofées.

6. Plûp. Palmiers.
7. Quelk. Gramens.
8. Q. Liliafées.
9. Qu. Jenjanbres.
10. Orchis
16. Pl. Compofées.
25. Labiées.
26. Vervènes.
29. Jafmens.

32. 2 Pourpiers.
44. 52 Piftachiers.

6e CLASSE.

Bourjons en bulbes à écailles qui ne font que des feuilles ou des pédicules de feuilles.

6. Quelk. Palmiers.
7 Pl. Gramens.
8. Pl. Liliafées.
9. Pl. Jenjanbres.

7e CLASSE.

Bourjons bulbeux à tunikes qui ne font que la bafe des feuilles monofulles.

7. Quelk. Gramens.
8. Pl. Liliafées.
9. 2 Jenjanbres.
53. 1 Pavot.

8e CLASSE.

Boutons à fleur écailleux.

41. Rofiers.
42. 3 Jujubiers.

35e Syftême. *Tije. Sa Figure.*

La tije des Plantes paffe par diférens dègrés de forme, depuis celui de tronc, jufqu'à celui de chaume, & difparoit còme dans les Foujères, de maniere qu'ele paroît n'être qu'une production comune des feuilles qui se ramifient come une tije.

1ere CLASSE.

Sans Tije.

1. 5 Bissus.
2. 15 Champignons.
3. 6 Fucus.
5. Quelk. Foujères.
18. 1 Solanon.

2e CLASSE.

Tije cilindrike.

2. 14 Champign.
3. 3 Fucus.
5. Quelk. Foujères
6. Palmiers.
8. Pl. Liliasées.
9. Pl. Jenjanbres.
10. Orchis.
11. Aristoloches.
12. Eleagnus.
13. Quelk. Onagres.
14. Pl. Mirtes.
15. Ombellifères.
16. Pl. Composées.
17. Campanules.
18. Q. Briones.
19. Pl. Aparines.
20. Scabieuses.
21. Pl. Chevrefeuill.
22. Aireles.
23. 28 Aposins.
24. Bouraches.
26. Q. Vervènes.
27. Pl. Personées.
28. 10 Solanons.
29. 32 Jasmens.
30. Anagallis.
32. 33 Pourpiers.
33. Joubarbes.
34. 33 Alsines.
35. Blitons.
36. Jalaps.
37. Amarantes.
38. Espargoutes.
39. Persikères.
40. Garou.
41. Pl. Rosiers.
42. 21 Jujubiers.
43. Légumineuses.
44. 54 Pistachiers.
45. 31 Titimales.
46. Anones.
47. Pl. Chateñers.
48. Tilleuls.
49. Geranions.
50. 24 Mauves.
51. 9 Capriers.
52. Crucifères.
53. Pavots.
54. 70 Cistes.
55. Renoncules.
56. 22 Arons.
57. Pins.
58. Mousses.

3e CLASSE.

Tije aplatie.

8. Q. Liliasées.
32. 1 Pourpier.

4e CLASSE.

Tije à 3 angles.

7. Quelk. Gramens.
8. Qelk. Liliasées.

5e CLASSE.

Tije à 4 angles.

8. 1 Liliasée.
13. Q. Onagres.
14. Qu. Mirtes.
19. Q. Aparines.
21. 1 Chevrefeuille.
23. 1 Aposin.
25. Labiées.
26. Pl. Vervènes.
27. 1 Personée.
29. 1 Jasmen.
31. Salikères.
34. 1 Alsine.
42. 7 Jujubiers.
48. 1 Tilleul.
51. 2 Capriers.
56. 1 Aron.

6e CLASSE.

Tije à 5 angles & au-dessus.

26. 1 Composée.
27. 1 Campanule.
28. Pl. Briones.
31. 1 Salikère.
32. 2 Pourpiers.
41. Q. Rosiers.
44. 3 Pistachiers.
47. Q. Chateñers.
50. Mauves.
54. 4 Cistes.

7e CLASSE.

Tije ailee.

8. 1 Liliasée.
16. 4 Composées.

8e CLASSE.

Tije articulée ou avec des nœuds.

1. 4 Bissus.
7. Plûp. Gramens.
8. Q. Liliasées.
9. Q. Jenjanbres.
15. Q. Ombellifer.
23. 1 Aposin.
Gentiane.)

16e Systême. *Branches; leur disposition & situation.*

Les branches sont communément alternes ou oposées come les feuilles, quoiqu'il i en ait souvent d'alternes pendant que les feuilles sont oposées come il arive dans la Famille des Cistes, des Aposins, &c.

1ere CLASSE.

Sans Branches.

1. 5 Bissus.
2. 50 Champignons.
3. 2 Fucus.
4. 2 Epatikes.
6. Quel. Palmiers.
7. Quelk. Gramens.
8. Pl. Liliasées.
9. Pl. Jenjanbres.
10. Pl. Orchis.
11. 7 Aristoloches.
12. 1 Eleagnus.
15. Q. Labiées.
26. Quelk. Vervènes.

54. Q. Ciſtes.
55. Q. Renoncules.

2e CLASSE.

Branches alternes.

1. 6 Biſſus.
2. 5 Champign.
3. 7 Fucus.
4. 9 Epatikes.
5. Foujères.
6. Pl. Palmiers.
7. Pl. Gramens.
8. Q. Liliaſées.
9. Q. Jenjanbres.
10. Q. Orchis.
11. 8 Ariſtoloches.
12. 14 Eleagnus.
13. 13 Onagres.
14. Q. Mirtes.
15. Ombellifères.
16. Pl. Compoſées.
17. Pl. Campanules.
18. Briones.
19. Q. Aparines.
21. Q. Chevrefeuill.
22. Pl. Aireles.
23. Quelk. Apocins.
24. Pl. Bouraches.

26. Q. Vervènes.
27. Pl. Perſonées.
29. Q. Jaſmens.
30. Anagallis.
31. Q. Salikères.
32. Pourpiers.
33. Joubarbes.
34. Alſines.
35. Pl. Blitons.
36. Jalaps.
37. Pl. Amarantes.
38. Pl. Eſpargoutes.
39. Perſikères.
40. Garou.
41. Roſiers.
42. Pl. Jujubiers.
43. Légumineuſes.
44. Piſtachiers.
45. Pl. Titimales.
46. Anones.
47. Pl. Chatèners.
48. Pl. Tilleuls.
49. Pl. Geranions.
50. Mauves.
51. Capriers.
52. Cruciferes.
53. Pavots.
54. Pl. Ciſtes.
55. Pl. Renoncules.
56. Arons.

57. Pl. Pins.
58. P. Mouſſes.

3e CLASSE.

Branches opoſées.

12. 1 Eleagnus.
13. 12 Onagres.
14. Pl. Mirtes.
16. Q. Compoſées.
17. 1 Campanule.
19. Pl. Aparines.
20. Scabieuſes.
21. P. Chevrefeuill.
22. Q. Aireles.
23. Pl. Apoſins.
24. Q. Bourraches.
25. P. Labiées.
26. Pl. Vervènes.
27. Q. Perſonées.
29. P. Jaſmens.
31. P. Salikères.
35. Q. Blitons.
37. Q. Amarantes.
38. Q. Eſpargoutes.
42. Q. Jujubiers.
45. Qu. Titimales.
47. Q. Chatèners.
48. Q. Tilleuls.

49. Q. Geranions.
54. Q. Ciſtes.
55. Q. Renoncules.
56. Q. Arons.
57. Q. Pins.
58. Q. Mouſſes.

4e CLASSE.

Branches verticillées.

12. 1 Eleagnus.
18. Q. Compoſées.
19. Q. Aparines.
22. Q. Aireles.
56. Q. Arons.
57. Q. Pins.
58. Q. Mouſſes.

5e CLASSE.

Branches lors des aiſſeles des feuilles.

19. 1 Aparinè.
24. Q. Bouraches.
28. Q. Solanons.

17e Syſtême. Feuilles. Leur Figure.

Pour ne ſe pas laiſſer tromper au ſujet des feuilles, & ne pas prendre les tijes ou les rameaux des Plantes pour des pédicules de feuilles, il faut ſavoir que les pédicules des feuilles ſont ſinon creuſés, du moins aplatis dans l'angle, qu'ils forment à leur ſortie des tijes & des branches; de ſorte qu'on i peut diſtinguer un deſſus & un deſſous, ce qui n'eſt pas dans les rameaux. De plus, les branches ſubſiſtent dans les Plantes vivacés, pendant que les feuilles tombent avec leurs pédicules.

Feuilles pavoiſées: on nome feuilles pavoiſées *folia peltata* celes qui ſont atachées au pédicule par leur centre ou à côté de leur centre, & non par les bords; teles ſont celes de la Capucine, du Ricin, &c.

Palmées: les feuilles palmées ou en palme, en éventail, en paraſol, *folia Palmata*, *flabelli formia*, ſont celes qui ont

des divifions profondes , mais réunies à leur baze , teles
que celes du Latanier, du Mañok; du Ricin , &c.

Digitées (*folia Digitata Jungii*). J'apele de ce nom celes
qui font raffemblées en raions au fomet du même pédicule ,
dont eles fe féparent d'eles-mêmes , come dans le Maronier ,
le *Baobab* , le *Seiba* , le *Lupin* , &c.

Ailées : les feuilles ailées, *Folia alata* , font celes dont les
découpures en ailerons font partie de la côte ou de leur
pédicule , come celes de la Bénoite ; de la Rokete, de la
plûpart des Ombellifères , &c.

Pinnées , les Pinnées, empennées ou empanées, *folia
pennata, Pinnata* , font celes dont les divifions forment
autant de petites feuilles diftinctes & atachées à une côte
comune avec laquele eles ne font pas corps ; teles font celes
de la plûpart des Légumineufes entr'autres des Akakies. En
général , ce nom eft deftiné aux Légumineufes, quand même
ces Folioles ne fe détacheroient pas de la côte de la feuille
come font les veffes.

Conjugées : *folia conjugata* , font des efpèces de feuilles
pinnées , mais au nombre de 2 feulement fur le même pédicule comun , come dans le Kourbari, le *Bauhinia* , le
Fabago &c.

Iere CLASSE.	17. Campanules.	43. Q. Légumineuf.	48. Qu. Titimales.
	18. Pl. Brione.	44. Q. Piftachiers.	49. 1 Geranion.
Sans Feuilles.	19. Aparines.	45. Pl. Titimales.	56. Q. Arons.
	20. Pl. Scabieules.	46. Pl. Anones.	
1. Biffus.	21. Pl. Chevrefeuill.	47. Pl. Chatêñers.	**4e CLASSE.**
2. Champignons.	22. Aireles.	48. Pl. Tilleuls.	
3. Fucus.	23. Apofins.	49. Pl. Geranions.	**Palmées.**
4. Plûp. Epatikes.	24. Bouraches.	50. Pl. Mauves.	
	25. Pl. Labiées.	51. Pl. Capriers.	6. 4 Palmiers.
2e CLASSE.	26. Pl. Vervènes.	52. Q. Crucifères.	15. Q. Ombellifer.
	27. Pl. Perfonées.	53. Qu. Pavots.	16. Q. Compofées.
Entieres ou peu	28. P. Solanons.	54. P. Ciftes.	18. Q. Briones.
dentées.	29. P. Jafmens.	55. P. Renoncules.	25. Q. Labiées.
	30. Anagallis.	56. Pl. Arons.	27. Q. Perfonées.
5. 5 Foujères.	31. Salikères.	57. Pins.	41. Q. Rofiers.
7. Gramens.	32. Pl. Pourpiers.	58. Mouffes.	45. Q. Titimales.
8. Pl. Liliafées.	33. Plûp. Joubarbes.		49. Q. Geranions.
9. Jenjanbres.	34. Alfines.	**3e CLASSE.**	50. Q. Mauves.
10. Orchis.	35. Blitons.		51. Q. Capriers.
11. Pl. Ariftoloches.	37. Amarantes.	**Pavoifées.**	55. Q. Renoncules.
12. 16 Eleagnus.	38. Efpargoutes.		56. Q. Arons.
13. Onagres.	39. Perfikères.	11. 1 Ariftoloche.	
14. Mirtes.	40. Pl. Garou.	15. 1 Ombellifère.	
16. Pl. Compofées.	41. Q. Rofiers.	33. 1 Joubarbe.	
	42. Pl. Jujubiers.		

5e CLASSE.

Dijitées.

8. 1 Liliafée.
15. Q. Ombelliféres.
26. Q. Vervenes.
27. Q. Perfonées.
41. Q. Rofiers.
44. Q. Piftachiers.
45. Q. Titimales.
47. Q. Chatèners.
48. Q. Tilleuls.
49. Q. Geranions.
50. Q. Mauves.

51. Q. Capriers.

6e CLASSE.

Ailées.

5. 10 Foujères.
6. 7 Palmiers.
12. 1 Eleagnus.
15. Pl. Ombelliféres.
16. Q. Compofées.
20. Q. Scabieufes.
21. Q. Chevrefeuill.
25. Q. Labiées.
26. Q. Vervenes.

27. Q. Perfonées.
28. Q. Solanons.
29. Q. Jafmens.
32. Q. Pourpiers.
33. Q. Joubarbes.
40. Q. Garou.
41. P. Rofiers.
42. Q. Jujubiers.
44. Pl. Piftachiers.
48. Q. Tilleuls.
49. Q. Geranions.
51. Q. Capriers.
52. Pl. Crucifères.
53. Pl. Pavots.
54. Q. Ciftes.
55. Q. Renoncules.

56. Q. Arons.

7e CLASSE.

Conjugées.

42. Qu. Jujubiers.

8e CLASSE.

Pinnées.

42. Qu. Jujubiers.
43. Pl. Légumineuf.
46. 1 Anone.

28e Syftême. Feuilles ; leur Situation.

1ère CLASSE.

Plantes fans Feuilles.

1 Biffus.
2. Champign.
3. Fucus.
4. Pl. Epatikes.

2e CLASSE.

Feuilles alternes.

5. Foujères.
6. Palmiers.
7. Gramens.
8. Pl. Liliafées.
9. Jenjanbres.
10. Orchis.
11. Ariftoloches.
12. Pl. Eleagnus.
13. 11 Onagres.
14. 3 Mirtes.
16. Pl. Compofées.
17. Pl. Campanules.
18. Briones.
21. 2 Chevrefeuilles.
22. Pl. Aireles.
23. 6 Apocins.
24. 18 Bouraches.

26. 2 Vervènes.
27. 21 Perfonées.
28. Solanons.
29. 8 Jafmens.
30. 11 Anagallis.
32. 21 Pourpiers.
33. 4 Joubarbes.
35. 16 Blitons.
36. 1 Jalap.
37. 7 Amarantes.
38. 2 Efpargoutes.
39. Perfikères.
40. 12 Garou.
41. 24 Rofiers.
42. 16 Jujubiers.
43. Légumineufes.
44. Pl. Piftachiers.
45. 22 Titimales.
46 Anones.
47. 16 Chatèners.
48. 12 Tilleuls.
49. 9 Geranions.
50. Mauves.
51. Capriers.
52. Pl. Crucifères.
53. 16 Pavots.
54. 38 Ciftes.
55. 23 Renoncules.
56. 17 Arons.
57. 4 Pins.
58. 17 Mouffes.

3e CLASSE.

Alternes & opof.

8. 1 Liliafée.
13. 1 Onagre.
14. 3 Mirtes.
16. Q. Compofées.
17. 2 Campanules.
21. 3 Chevrefeuill.
22. 1 Aireles.
23. 6 Apocins.
24. 3 Bouraches.
26. 6 Vervenes.
27. 18 Perfonées.
29. 2 Jafmens.
30. 3 Anagallis.
31. 1 Salikère.
32. 9 Pourpiers.
33. 3 Joubarbes.
34. 1. Alfine.
35. 5 Blitons.
36. 1 Jalap.
37. 2 Amarantes.
40. 5 Garou.
41. 1 Rofier.
42. 2 Jujubiers.
44. 2 Piftachiers.
45. 6 Titimales.
47. 3 Chatèners.
49. 2 Geranions.

52. 2 Crucifères.
53. 2 Pavots.
54. 2 Ciftes.
56. 1 Aron.
58. 1 Mouffe.

4e CLASSE.

Opofées 2 à 2.

4. 1 Epatike.
8. 1 Liliafée.
12. 3 Eleagnus.
13. 11 Onagres.
14. 4 Mirtes.
16. Q. Compofées.
19. 22 Aparines.
20. 9 Scabieufes.
21. 18 Chevrefeuill.
22. 2 Aireles.
23. 15 Apocins.
25. Labiées.
26. 18 Vervenes.
27. 17 Perfonées.
29. 20 Jafmens.
30. 1 Anagallis.
31. 8 Salikères.
32. 6 Pourpiers.
33. 4 Joubarbes.
34. 27 Alfines.
35. 4 Blitons.

36. 2 Jalaps.
37. 6 Amarantes.
38. 6 Espargoutes.
40. 1 Garou.
42. 8 Jujubiers.
44. 3 Pistachiers.
45. 4 Titimales.
48. 6 Tilleuls.
49. 3 Geranions.
54. 28 Cistes.
55. 3 Renoncules.
56. 1 Aron.

57. 3 Pins.
58. 1 Mousse.

5e CLASSE.

Verticillées, c. à d. 3 à 3 ou davantaje.

8. 5 Liliasées.
12. 1 Eleagnus.

14. 1 Mirte.
16. Q. Composées.
19. 12 Aparines.
20. 1 Scabieuse.
21. 2 Chevrefeuill.
22. 1 Airele.
23. 5 Apocins.
24. 1 Bourache.
26. 2 Vervènes.
27. 6 Personées.
29. 5 Jasmens.
30. 3 Anagallis.

31. 1 Salikère.
33. 5 Joubarbe.
34. 3 Alsines.
35. 1 Bliton.
38. 4 Espargoutes.
40. 1 Garou.
44. 3 Pistachiers.
45. 1 Titimale.
54. 2 Cistes.
56. 4 Arons.
57. 4 Pins.
58. 1 Mousse.

¡19e Systême. *Feuilles ; leur enroulement & dévelopement.*

1ere CLASSE.

Plantes sans Feuilles.

1. Bissus.
2. Champignons.
3. Fucus.
4. Pl. Epatikes.

2e CLASSE.

Ouvertes, apliquées à plat, en face 2 à 2 ou davantaje.

4. 1 Epatike.
8. Q. Liliasées.
14. P. Mirtes.
17. 2 Campanules.
19. Aparines.
22. Qu. Aireles.
31. Salikères.
38 Pl. Espargoutes.
40. Pl. Garou.
47. 1 Chatèner.
56. Pl. Arons.
57. Pins.
58. Q. Mousses.

3e CLASSE.

Concaves en bateau, apliquées en toit les unes sur les autres·

12. Pl. Eleagnus.

16. Pl. Composées.
17. Pl. Campanules.
18. Briones.
38. Q. Espargoutes.
45. Q. Titimales.
46. 1 Anone.
49. Q. Geranions.
51. 2 Capriers.
52. Pl. Crucifères.
58. Pl. Moussos.

4e CLASSE.

Concaves en triananangle, oposées en face ou de côté, la derniere n'envelopant pas toutes les autres.

56. 1 Aron.

5e CLASSE.

Concaves en bateau, apliquées en face 2 à 2 ou davantaje.

8. Qu. Liliasées.
11. Q. Aristoloches.
12. Pl. Eleagnus.

13. Plûp. Onagres.
23. Pl. Apocins.
26. Qu. Vervènes.
27. Pl. Personées.
29. Pl. Jasmens.
32. Q. Pourpiers.
33. Pl. Joubarbes.
34. Pl. Alsines.
35. Pl. Blitons.
36. 2 Jalaps.
37. Pl. Amarantes.
47. 2 Chatèners.
54. Pl. Cistes.

6e CLASSE.

A bords roulés en dedans sur le ventre, apliquée en face 2 à 2 ou davantaje.

8. Q. Liliasées.
36. 1 Jalap.
41. Q. Rosiers.
42. Q. Jujubiers.
45. Pl. Titimales.
47. 2 Chatèners.
49. 1 Geranion.
51. Q. Crucifères.
55. Pl. Renoncules.
56. 2 Arons.

7e CLASSE.

A bords roulés en dehors sur le dos, apliquées en face 2 à 2 ou davantaje.

13. 1 Onagre.
16. Qu. Composées.
21. Pl. Chevrefeuill.
22. Q. Aireles.
25. Q. Labiées.
30. 1 Anagallis.
35. 2 Blitons.
39. Persikères.
41. 1 Rosier.
44. 1 Pistachier.
47. 2 Chatèners.
54. 2 Cistes.

8e CLASSE.

Roulées en cornet ou en spirale sur 1 seul côté, la derniere envelopant toutes les autres.

7. Gramens.
8. Pl. Liliasées.
9. Jenjanbres.

20. Pl. Orchis.
11. 1 Aristoloche.
16. Q. Composées.
24. Pl. Bouraches.
55. 1 Renoncule.
56. 5 Arons.

9e CLASSE.

Roulées des 2 côtés en dedans en cercle ou en cilindre, la derniere envelopant toutes les autres.

10. Q. Orchis.
11. 1 Aristoloche.
12. 1 Eleagnus.
15. Qu. Ombellifer.
22. Pl. Aireles.
26. Q. Vervènes.
28. Solanons.
29. 1 Jasmen.
30. Qu. Anagallis.
32. Pl. Pourpiers.
33. Q. Joubarbes.
40. Q Garou.
41. Q. Rosiers.
42. Q. Jujubiers.
47. 8 Chatèñers.

52. Pl. Cruciferes.
53. Pavots.

10e CLASSE.

Roulées en dedans en entier, en spirale sur elesmêmes ou sur leur pédicule du haut en bas en crosse.

5. Foujères.
30. 1 Anagallis.
32. 1 Pourpier.
46. 1 Anone.
53. 1 Pavot,
55. 1 Renoncule.

11e CLASSE.

Pliées en 2, apliquées par les côtés.

42. Pl. Jujubiers.
46. 1 Anone.
47. 1 Chatèñer.
51. 4 Capriers.

12e CLASSE.

Pliées en 2, apliquées par le tranchant en face.

14. 1 Mirte.
22. Q. Aireles.
23. Q. Apocins.
26. Pl. Vervènes.
27. Qu. Personées.
41. Pl. Rosiers.
43. Légumineuses.
44. P. Pistachiers.
46. Pl. Anones.
47. 5 Chatèñers.
48. P. Tilleuls.
50. Pl. Mauves.
54. 1 Ciste.

13e CLASSE.

Pliées en 2, le côté droit de l'une, embrassant le côté gauche de l'autre.

13. Q. Onagres.
20. Scabieuses.

21. Q. Chevrefeuill.
25. Pl. Labiées.
30. Pl. Anagallis.
34. Pl. Alsines.
37. Q. Amarantes.
42. Q. Jujubiers.
45. Q. Titimales.
54. Q. Cistes.

14e CLASSE

Pliées en 2, l'extérieure envelopant toutes les autres.

8. Qu. Liliasées.
15. Pl. Ombellifer.
24. Q. Bouraches.
46. 1 Anone.

15e CLASSE.

Pliées en plus de 2 doubles.

6. Palmiers.
41. Q. Rosiers.
45. 4 Titimales.
48. 1 Tilleul.
49. Pl. Geranions.
50. Pl. Mauves.
51. 5 Capriers.

20e Système. *Feuilles ; leur durée.*

1ere CLASSE.

Plantes qui n'en ont pas.

1. Bissus.
2. Champignons.
3. Fucus.
4. Pl. Epatikes.

2e CLASSE.

Plantes qui quitent leurs feuilles en même tems tous les ans.

5. Foujères.
7. Pl. Gramens.
8. P. Liliasées.
9. Pl. Jenjanbres.
10. Orchis.
11. Aristoloches.

12. Eleagnus.
13. Onagres.
14. Q. Mirtes.
15. Ombellifères.
16. P. Composées.
17. Campanules.
18. Briones.
19. Pl. Aparines.
20. Scabieuses.
21. p. Chevrefeuill.
22. Pl. Aireles.
23. Pl. Apocins.
24. Bouraches.
25. Pl. Labiées.
26. Pl. Vervènes.

27. Pl. Personées.
28. Pl. Solanons.
29. Pl. Jasmens.
30. Anagallis.
31. Salikères.
32. Pl. Pourpiers.
33. Q. Joubarbes.
34. Pl. Alsines.
35. Blitons.
36. Jalaps.
37. Pl. Amarantes.
38. Espargoutes.
39. Pl. Persikères.
40. Pl. Garou.
41. Rosiers.

21e Syftême. *Feuillage; fa figure & difpofition.*

J'apele du nom de feuillaje *frondes* les branches charjées de leurs feuilles. On a befoin de ce terme ponr exprimer la figure qu'eles prenent; c'eft ainfi qu'on peut dire que dans l'Orme, le Tilleul, le *Grevia*, &c. le feuillaje eft aplati, parce que leurs feuilles épanouies s'étendent orifontalemant les unes d'un côté, les autres d'un autre côté fur un même plan.

Le feuillaje eft rond ou cilindrike dans le Pin, parce que fes feuilles s'étendent circulairemant autour des branches.

Il eft croifé dans la plûpart des Plantes qui ont les feuilles opofées, c. à d., qu'une paire de feuilles, par exemple étant dirijée de l'Eft à l'O, la paire la plus voifine eft dans la direction du N. au S. en croifant la 1re à angles droits; la 3e paire croife la 2e, & ainfi de fuite toujours alternativemant; teles font les feuilles des Mirtes, des Jafmens, &c.

Le feuillaje eft verticillé, lorfque plus de 2 feuilles opofées raionent autour de la tije où eles forment come autant d'étajes; la Famille des Aparines en fournit beaucoup d'exemples.

C'eft cete diverfe difpofition des feuilles qui fait le plus au port des Plantes erbafées, come la difpofition des branches fait le port des Arbres.

25. Ombellifères.
26. Compofées.
27. Campanules.
28. Briones.
29. Aparines.
20. Scabieufes.
21. Chevrefuilles.
22. Aireles.
23. Pl. Apocins.
24. Bouraches.
25. Labiées.
26. Vervènes.
27. Perfonées.
28. Solanons.
29. 15 Jafmens.
30. Anagallis.
32. 22 Pourpiers.
33. 4 Joubarbes.
34. 1 Alfine.
35. Blitons.
36. Jalaps.
37. 7 Amarantes.
38. Efpargoutes.

39. Perfikères.
40. 13 Garou.
41. Rofiers.
42. 10 Jujubiers.
43. Légumineufes.
44. Piftachiers.
45. 31 Titimales.
46. 1 Anone.
47. 14 Chatèniers.
48. 12 Tilleuls.
49. Geranions.
50. Mauves.
51. 9 Capriers.
52. Crucifères.
53. Pavots.
54. 41 Ciftes.
55. Renoncules.
56. 19 Arons.
57. 9 Pins.
58. 13 Mouffes.

3e CLASSE.

*Feuillaje aplati,
c. à d., para-
lele fur un mé-
me plan*

3. 4 Fucus.
5. Foujères.
6. Palmiers.
7. Q. Gramens.
8. Q. Liliafées.
9. Qu. Jenjanbres.
11. 1 Ariftoloche.
12. 1 Eleagnus.
14. 1 Mirte.
23. Q. Apocins.
42. 8 Jujubiers.
45. 1 Titimale.
46. 12 Anones.
47. 7 Chatèniers.
51. 2 Capriers.
54. 6 Ciftes.
56. 4 Arons.

57. 1 Pin.
58. 8 Mouffes.

4e CLASSE.

Feuillaje en croix.

29. 22 Jafmens.
31. Salikères.
32. 13 Pourpiers.
33. 7 Joubarbes.
34. 34 Alfines.
37. 8 Amarantes.
40. 6 Garou.
48. 6 Tilleuls.
54. 27 Ciftes.

5e CLASSE.

*Feuillaje triangu-
laire.*

58. 3 Mouffes.

22e Syftême. *Stipules ; leur Situation.*

Les ftipules font des efpèces de petites feuilles qui acompagnent le pédicule des feuilles. Il n'i a de vraies ftipules que celes qui font atachées aux tijes, come dans les Onagres, les Aireles, les Apocins, les Jujubiers, les Titimales, les Anones, les Chatèniers, les Tilleuls, les Mauves, les Capriers.

Celes qui font atachées aux tijes des Aparines doivent être regardées come de vraies feuilles, eles en tienent lieu dans les Plantes qui ne les ont pas verticillées.

Dans les Légumineufes, les Geranions & les Jujubiers, il i a des ftipules qui font corps avec le pédicule des feuilles & d'autres qui ne font pas corps avec lui, ou qui font atachées aux tijes.

Celes qui font corps avec le pédicule, come dans les Rofiers, ne font pas de vraies ftipules, mais feulemant un prolonjemant de la feuille, ou une extenfion de fon pédicule.

Les ftipules membraneufes des Efpargoutes, les Gaines en tuiau des Perfikères, les Gaines fendues de Quelkes Arons, font encore d'une efpèce fort diférentes des précédentes.

1ere CLASSE.

Plantes qui n'ont pas de stipules.

1. Biſſus.
2. Champignons.
3. Fucus.
4. Epatiques.
5. Foujères.
6. Palmiers.
7. Qu. Gramens.
8. Q. Liliaſées.
9. Pl. Jenjanbres.
10. Orchis.
11. Ariſtoloches.
12. Eleagnus.
13. Pl. Onagres.
14. 12 Mirtes.
15. Pl. Ombelliferes.
16. Pl. Compoſées.
17. Campanules.
18. Briones.
19. Q. Aparines.
20. Scabieuſes.
21. P. Chevrefeuill.
22. Plûp. Aireles.

23. Pl. Apocins.
24. Bouraches.
25. Labiées.
26. Pl. Vervenes.
27. Perſonées.
28. Solanons.
29. Jaſmens.
30. Anagallis.
31. Salikères.
32. Pl. Pourpiés.
33. Joubarbes.
34. Alſines.
35. Blitons.
36. Jalaps.
37. Amarantes.
41. 2 Roſiers.
43. 12 Légumineuſ.
44. Pl. Piſtachiers.
45. 4 Titimales.
46. 9 Anones.
48. 6 Tilleuls.
51. 2 Capriers.
52. Cruciféres.
53. 17 Pavots.
54. Pl. Ciſtes.
55. 25 Renoncules.
56. 3 Arons.

2e CLASSE.

Stipules ſur les tijes.

13. 4 Onagres.
14. 2 Mirtes.
16. 1 Compoſée.
19. Pl. Aparines.
21. 2 Chevrefeuill.
22. 1 Airele.
23. 4 Apocins.
26. 1 Vervene.
38. Pl. Eſpargoutes.
42. Jujnbiers.
43. Q. Légumineuſ.
45. 28 Titimales.
46. 3 Anones.
47. 18 Chateniers.
48. 12 Tilleuls.
49. 12 Geranions.
50. Mauves.
51. Capriers.
54. 6 Ciſtes.

3e CLASSE.

Stipules ſur le pédicule des feuilles.

15. 1 Ombelliſère.
32. 3 Pourpiers.
38. 3 Eſpargoutes.
39. Perſikères.
41. 23 Roſiers.
43. Pl. Légumineuſ.
44. 1 Piſtachier.
47. 1 Chatenier.
49. 2 Geranions.
51. 1 Pavot.
55. 1 Renoncule.

4e CLASSE.

Gaine du pédicule des feuilles qui imite ſouvent 1 stipule.

7. Pl. Gramens.
8. Q. Liliaſées.
9. Pl. Jenjanbres.
55. Pl. Renoncules.
56. 17 Arons.

23e Syſtême. *Stipules ; leur nombre.*

1ere CLASSE.

Plantes qui n'en ont pas.

Voyez le Syſtême précédent.

2e CLASSE.

Plantes qui n'en ont qu'une.

32. 1 Pourpier.

39. Perſikères.
45. 1 Titimale.
47. 2 Chateniers.
49. 2 Geranions.
56. 17 Arons.

3e CLASSE.

Plantes qui en ont 2.

13. 4 Onagres.
15. 1 Ombelliſère.
16. 1 Compoſée.
19. Pl. Aparine.

21. 2 Chevrefeuill.
22. 2 Aireles.
23. 4 Apoſins.
26. 1 Vervène.
32. 2 Pourpiers.
38. Eſpargoutes.
41. 23 Roſiers.
42. Jujubiers.
43. Pl. Légumineuſ.
44. 1 Piſtachier.
45. 27 Titimales.
46. 3 Anones.
47. 17 Chateniers.
48. Tilleuls.
49. 12 Geranions.

50. Mauves?
51. 9 Capriers.
53. 1 Pavot.
54. 6 Ciſtes.
55. 1 Renoncule.

4e CLASSE.

Plantes qui en ont plus de 2.

19. Qu. Aparines.
23. 2 Apocins.

24e Syſtême. *Vrilles ; leur Situation.*

1e CLASSE.

Plantes qui n'ont pas de Vrilles.

1. Biſſus.

2. Champignons.
3. Fucus.
4. Epatikes.
5. Foujères.
6. Palmiers.

7. Pl. Gramens.
8. Plûp. Liliaſées.
9. Plûp. Jenjanbr.
10. Orchis.
11. Ariſtoloches.

12. Eleagnus.
13. Onagres.
14. Mirtes.
15. Ombellifères.
16. Compoſées.

27. Campanules.
19. Aparines.
20. Scabieufes.
21. Chevrefeuill.
22. Aireles.
23. Apocins.
24. Bouraches.
25. Labiées.
26. Vervènes.
27. Pl. Perfonées.
28. Solanons.
29. Jafmens.
30. Anagallis.
31. Salikères.
32. Pourpiers.
33. Joubarbes.
34. Alfines.
35. Blitons.
36. Jalap.
37. Amarantes.
38. Efpargoutes.
39. 10 Perfikères.
40. Garou.
41. Rofiers.
42. Jujubiers.

43. Pl. Légumineuf.
44. Piftachiers.
45. Titimales.
46. Anones.
47. Chatèners.
48. Tilleuls.
49. Pl. Geranions.
50. Mauves.
51. Pl. Capriers.
52. Crucifères.
53. 16 Pavots.
54. Ciftes.
55. 24 Renoncules.
56. Arons.
57. Pins.
58. Mouffes.

2ᵉ CLASSE.

Vrilles fur les
tijes opofées
aux feuilles.

51. 1 Caprier.

3ᵉ CLASSE.

Vrilles aux aif-
felles des
feuilles.

18. Briones.

39. 1 Perfikère.
51. 1 Caprier.

4ᵉ CLASSE.

Vrilles fur le pe-
dicule des
feuilles.

8. 1 Liliafée.

5ᵉ CLASSE.

Vrilles au bout
des feuilles.

7. 1 Gramen.

8. 1 Liliafée.

9. 1 Jenjanbre.
11. 1 Ariftoloche.
53. 1 Pavot.

6ᵉ CLASSE.

Vrilles au bout du
pédicule comun
des feuilles.

27. 1 Perfonée.
43. 11 Légumineuf.
53. 2 Pavots.
55. 2 Renoncule.

7ᵉ CLASSE.

Vrilles fur le pé-
dicule des fleurs.

49. 1 Geranion.

25ᵉ Syftême. Epines ou piquans ; leur fituation.

On diftingue 2 fortes d'Epines : celes qui font corps avec
la partie ligneufe des Plantes , & qui fubfiftent auffi long-
tems qu'eles, s'apelent Epines *Spinæ* ; les autres qui ne tienent qu'à l'écorce , & qui font fujetes à tomber, s'apelent
Pikans *Akulei.*

1ᵉ CLASSE.

Plantes fans
Epines.

1 Biffus.
2. 47 Champign.
3. Fucus.
4 Epatikes1
5. Eoujères.
6. Pl. Palmiers.
7. Pl. Gramens.
8. Pl. Liliafées.
9. Pl. Jenjanbres.
10. Orchis.
11. Ariftoloches.

12. Eleagnus.
13. 21 Onagres.
14. Mirtes.
15. Pl. Ombellifèr.
16. Pl. Compofées.
17. Campanules.
18. Briones.
19. Pl. Aparines.
20. Scabieufes.
21. Pl. Chevrefeuill.
22. Aireles.
23. Apofins.
24. 19 Bouraches.
25. Labiées.
26. Vervènes.
27. Perfonées.

28. 10 Solanons.
29. Jafmens.
30. Anagalli.
31. Salikères.
32. 33 Pourpiers.
34. 33 Alfines.
35. 23 Blitons.
36. 3 Jalaps.
37. Amarantes.
38. Efpargoutes.
39. 10 Perfikères.
40. Garou
41. Pl. Rofiers.
42. Pl. Jujubiers.
43. Pl. Légumineuf.
44. 50 Piftachiers.

45. 30 Titimales.
46. 11 Anones.
47. 17 Chatèners.
48. 6 Tilleuls.
49. Geranions.
50. 21 Mauves.
51. 9 Capriers.
52. Pl. Crucifères.
53. 18 Pavots.
54. 7 Ciftes.
55. Renoncules.
56. 23 Arons.
57. 6 Pins.
58. 17 Mouffes.

2ᵉ CLASSE.

2e CLASSE.

Epines le long des tijes.

6. Q. Palmiers.
8. Q. Liliasées.
13. 1 Onagre.
15. 1 Ombellifère.
17. 1 Campanule.
46. 1 Anone.
50. 3 Mauves.
51. 1 Caprier.

3e CLASSE.

Epines au bout des branches.

13. 1 Onagre.
14. 2 Composées.
28. 1 Solanon.
39. 5 Persikère.
41. 5 Rosiers.
42. 3 Jujubiers.
43. 5 Légumineuses.
52. 3 Crucifère.
54. 1 Ciste.

4e CLASSE.

Epines sur les feuilles.

28. 1 Solanon.

---

44. 2 Pistachiers.

5e CLASSE.

Epines au bord des feuilles.

7. Quelk. Gramens.
8. Quelk. Liliasées.
9. Q. Jenjanbres.
16. Q. Composées.
21. 1 Airele.

6e CLASSE.

Epines terminant le bout des feuilles.

6. Quelk. Palmiers.
7. Quelk. Gramens.
8. Q. Liliasées.
9. Q. Jenjanbres.
16. Q. Composées.
21. 1 Airele.
34. 1 Alsine.
57. 4 Pins.
58. 1 Mousse.

7e CLASSE.

Epines sur le pédicule des feuilles.

6. Qu. Palmiers.

---

53. 1 Pavot.
56. 1 Aron.

8e CLASSE.

Epine terminant le bout du pédicule comun des feuilles.

43. 1 Légumineuse.

9e CLASSE.

Epines sortant des aisselles des feuilles.

19. 2 Aparines.
23. 2 Apocins.
28. 1 Solanon.
32. 2 Pourpiers.
35. 1 Bliton.
36. 1 Jalap.
42. 5 Jujubiers.
43. 1 Légumineuse.
44. 3 Pistachiers.
51. 2 Capriers.
52. 1 Crucifère.
54. 1 Ciste.

10e CLASSE.

Epines hors des aisselles des feuilles à leur côté.

23. 1 Apocin.
45. 1 Titimale.

11e CLASSE.

Epines sur les fleurs ou fruits.

13. 1 Onagre.
28. 2 Solanons.
35. 1 Bliton.
42. 1 Jujubier.
48. 2 Tillouls.

12e CLASSE.

Epines sur toute la Plante.

2. 3 Champignons.
21. 3 Chevrefeuille.
24. 3 Bouraches.
41. 3 Rosiers.
43. 1 Légumineuf.
44. 1 Pistachiers.
45. 1 Titimale.
47. 1 Chatèner.

26e Système. *Poils & Glandes; leur figure.*

1e CLASSE.

Plantes sans poils.

1 Bissus.
2. Champignons.
3. Fucus.
4. Epatikes.
5. Foujères.
6. Pl. Palmiers.
7. Qu. Gramens.
8. Pl. Liliasées.
9. Pl. Jenjanbres.
10. Pl. Orchis.

11. Pl. Aristoloches.
12. Pl. Eleagnus.
13. Pl. Onagres.
14. Pl. Mirtes.
15. Q. Ombellifères.
19. P. Aparines.
20. Pl. Scabieuses.
21. Q. Chevrefeuill.
22. Pl. Aireles.
23. Pl. Apocins.
24. Q. Bouraches.
25. Q. Labiées.
26. Q. Vervènes.
27. Pl. Personées.
28. Pl. Solanons.
29. Pl. Jasmens.

30. Pl. Anagallis.
31. Pl. Salikères.
32. P. Pourpiers.
33. Pl. Joubarbes.
34. Pl. Alsines.
35. Pl. Blitons.
36. Pl. Jalaps.
37. Pl. Amarantes.
38. Pl. Espargoutes.
40. Pl. Garou.
41. Pl. Rosiers.
42. Pl. Jujubiers.
43. Pl. Légumineuf.
44. Pl. Pistachiers.
45. Q. Titimales.
46. Pl. Anones.

47. Q. Chatèners.
48. Q. Tilleuls.
49. Q. Geranions.
50. Q. Mauves.
51. Pl. Capriers.
52. Q. Crucifères.
53. Pl. Pavots.
54. Pl. Cistes.
55. Pl. Renoncules.
56. Arons.
57. Pins.
58. Mousses.

2ᵉ CLASSE.

Plantes à poils non articulés simples, courts, lenticulères, sférikes ou ovoïdes.

16. Pl. Compofées.
19. Q. Aparines.
25. Pl. Labiées.
26. Pl. Vervènes.
27. Q. Perfonées.
35. 2 Blitons.

3ᵉ CLASSE.

Plantes à poils non articulés simples, longs, conikes ou cilindrikes.

6. Qu. Palmiets.
7. Pl. Gramens.
8. Q. Liliafées.
9. Q. Jenjanbres.
10. Q. Orchis.
11. Q. Ariftoloches.
12. Q. Eleagnus.
13. Q. Onagres.
14. Q. Mirtes.
15. Pl. Ombelliferes.
16. Pl. Compofées.
19. Q. Aparines.
20. Q. Scabieufes.
21. Pl. Chevrefouill.
22. Q. Aireles.
23. P. Apocins.
24. Pl. Bouraches.
26. Q. Vervènes.
27. Q. Perfonées.

29. Q. Jafmens.
30. Q. Anagallis.
31. Q. Salikères.
32. Q. Pourpiets.
33. Q. Joubarbes.
34. Q. Alfines.
35. Q. Blitons.
36. Q. Jalaps.
37. Qu. Amarantes.
38. Q. Efpargoutes.
39. 4 Perfikères.
40. Qu. Garou.
41. Q. Rofiers.
42. Q. Jujubiers.
43. Q. Légumineuf.
44. Q. Piftachiers.
45. Q. Titimales.
46. Q. Anones.
47. Q. Chatèliers.
48. Q. Tilleuls.
49. Pl. Geranions.
50. Q. Mauves.
51. Q. Capriers.
52. Pl. Cruciferes.
53. Q. Pavots.
54. Q. Ciftes.
55. Q. Renoncules.

4ᵉ CLASSE.

Plantes à poils non articulés simples, longs, en maffue ou terminés par une maffe.

16. Q. Compofées.
41. Q. Rofiers.

5ᵉ CLASSE.

Plantes à poils non articulés simples, en crochet ou hamefon.

26. 1 Vervène.
35. 1 Bliton.
3. 1 Amarante.
4. Q. Rofiers.

6ᵉ CLASSE.

Plantes à poils non articulés, rameux à 2 branches en crochets, &c.

16. Q. Compofées.

7ᵉ CLASSE.

Plantes à poils non articulés, à 2 branches en fuzeau ou en navete.

21. 1 Chevrefeuill.
43. 4 Légumineuf.
49. 1 Geranions.
50. Q. Mauves.
52. 3 Cruciferes.

8ᵉ CLASSE.

Plantes à poil non articulés, à plus de 2 branches en étoile, en aigrete ou en houppe.

15. 1 Ombellifere.

21. 1 Chevrefeuil.
22. 1 Airele.
24. 1 Bourache.
26. 1 Vervène.
27. 1 Perfonée.
28. 1 Solanon.
29. 1 Jafmen.
34. 1 Alfine.
35. 2 Blitons.
44. 1 Piftachier.
45. Pl. Titimales.
48. Pl. Tilleuls.
50. Pl. Mauves.
52. 3 Cruciferes.

9ᵉ CLASSE.

Plantes à poils articulés simples, conikes.

18. P. Briones.
25. Quelk. Labiées.

10ᵉ CLASSE.

Plantes à poils articulés simples, cilindrikes.

16. Qu. Compofées.
18. Qu. Briones.

11ᵉ CLASSE.

Plantes à poils articulés, rameux.

16. Qu. Compofées.
53. 2 Pavots.

27ᵉ *Syftême. Fleurs ; leur Situation.*

L'idée de Cefalpin, fur la nature des fleurs, eft affez fin-
gulière pour mériter d'être raportée ici. Il regardoit le Calice des

Plantes parfaites come une expanfion de l'écorce extérieure & groffière des branches ; la Corole come l'expanfion de l'écorce intérieure ; les Etamines come une expanfion des fibres du bois ; le Piftil come une expanfion de la moële de la Plante. On verra par ce qui fera dit ci-après de l'organifation de ces parties que cete idée n'eft pas tout-à-fait exacte.

1ere CLASSE.

Sans Fleurs.

1. Biffus.
2. Champignons.
3. Fucus.

2e CLASSE.

Fleurs répandues fans ordre fur la Plante le long des branches ou du tronc.

4. Epatikes.
5. Pl. Foujères.
11. 1 Eleagnus.
21. 1 Atrele.
42. 4 Jujubiers.
43. 1 Légumineufe.
44. 4 Piftachiers.
45. 1 Titimale.
46. 6 Anones.
50. 2 Mauves.
51. 3 Capriers.
54. 4 Ciftes.
56. 4 Arons.
57. 1 Pin.

3e CLASSE.

Sur les feuilles ou fur leur pédicule.

4. Epatikes.
5. Foujères.
6. 1 Palmier.

13. 1 Onagre.
14. 1 Mirte.
32. 1 Pourpier.
50. 1 Mauve.

4e CLASSE.

Aux aiffeles des feuilles.

7. 1 Gramen.
8. Q. Liliafées.
11. 10 Ariftoloches.
12. 7 Eleagnus.
13. 16 Onagres.
14. 4 Mirtes.
15. 17 Ombelliferes.
16. 11 Compofées.
17. 8 Campanules.
18. Briones.
19. 27 Aparines.
21. 19 Chevrefeuill.
22. 15 Aireles.
23. 13 Apocins.
24. 1 Bourache.
25. 59 Labiées.
26. 11 Vervènes.
27. 57 Perfonées.
28. 8 Solanons.
29. 13 Jafmens.
30. 7 Anagallis.
31. 4 Salikères.
32. 23 Pourpiers.
33. 4 Joubarbes.
34. 23 Alfines.
35. 21 Blitons.
36. 2 Jalaps.
37. 8 Amarantes.
38. 7 Efpargoutes.
39. 6 Perfikères.
40. 8 Garou.
41. 3 Rofiers.
42. 16 Jujubiers.

43. 66 Légumineuf.
44. 25 Piftachiers.
45. 11 Titimales.
46. 4 Anones.
47. 12 Chatèniers.
48. 10 Tilleuls.
49. 11 Geranions.
50. 20 Mauves.
51. 2 Capriers.
52. 4 Crucifères.
54. 30 Ciftes.
55. 4 Renoncules.
56. 18 Arons.
57. 3 Pins.
58. 10 Mouffes.

5e CLASSE.

Aux aiffeles des branches.

6. Plûp. Palmiers.
17. 1 Campanule.
20. 1 Scabieufe.
23. 3 Apocins.
34. 8 Alfines.
35. 2 Blitons.
37. 2 Amarantes.
38. 3 Efpargoutes.

6e CLASSE.

Hors des aiffeles ou à côté des feuilles.

21. 1 Chevrefeuille.
23. 2 Apocins.
24. 9 Bouraches.
28. 3 Solanons.
29. 1 Jafmen.
31. 1 Salikère.
42. 2 Jujubiers.

7e CLASSE.

Au - deffus de l'aiffele des feuilles.

24. Q. Bouraches.
41. 1 Rofier.
42. Q. Jujubiers.

8e CLASSE.

Opofées aux feuilles.

15. 31 Ombelliferes.
24. 10 Bouraches.
35. 2 Blitons.
42. 2 Jujubiers.
43. 1 Légumineufe.
44. 1 Piftachier.
48. 2 Tilleuls.
49. 1 Geranion.
51. 1 Caprier.
53. 9 Pavots.
54. 1 Cifte.
55. 4 Renoncules.
56. 1 Aron.

9e CLASSE.

Terminales, c. à d. au bout des tiges ou branches.

7. Pl. Gramens.
8. Pl. Liliafées.
9. Plûp. Jenjanbr.
10. Orchn.
11. 5 Ariftoloches.
12. 8 Eleagnus.

r ij

28e Systême. *Fleurs ; leur disposition.*

Il i a dans la disposition des fleurs des dificultés qui ne font pas bien éclaircies, fur-tout à l'égard des Epis, Panicules, Grapes, Ombelles & Corimbe.

L'Epi eft un amas de fleurs toutes diftinctes les unes des autres, c. à d. portées chacune fur un pédicule particulier & difpofées fur un axe affez long, de forte que c'eft leur affemblaje qui forme ce qu'on apele un Epi ; tel eft l'Epi de la Jacinte Uakintos, du Futolakka, &c.

La Panicule & la Grape ne difèrent de l'Epi qu'en ce que les fleurs, qui les compofent, quoique difpofées fur un axe affez long, font portées plufieurs enfemble fur un même pédicule qui s'atache fur cet axe ; la panicule eft plus ou moins lâche, felon que les pédicules comuns des fleurs font plus ou moins courts. Il i en a qui, de loin, imitent des Epis ; tele eft la Panicule du Panis *Panikon* ; d'autres font lâches, compofées de rameaux, difpofées fimétrikemant come dans le Lilak, ou formées des rameaux étajés, come l'Avoine, ou d'Epis, come le *Sabfab* ou de rameaux épars fans ordre.

Lorfque l'axe d'un Epi ou d'une Panicule pend en bas au lieu de s'élever vers le ciel, on lui done alors le nom de Grape ; tel eft l'Epi du Grofeiller, tele eft la Panicule de la Vigne.

L'Ombelle eft formé d'un grand nombre de fleurs dont les pédicules, d'inégale longueur, partent d'un même centre ou du même point de la tije, diverjant inégalemant pour former en deffus une efpèce de Parafol ou Ombelle ; teles font les fleurs de la plûpart des Ombellifères.

Lorfqu'il i a plufieurs fleurs raffemblées de même dans une Aiffele des feuilles, leur affemblaje aproche plus de l'Ombelle que de toute autre, ainfi il eft naturel de l'i raporter.

Le Corimbe difère de l'Ombelle en ce que les pédicules qu'il forme, ne partent pas du même centre comun, mais à diverses hauteurs. Parmi ces pédicules, les uns sont simples come dans quelkes *Ornitogalons*; d'autres sont ramifiés diversemant, quoiqu'ils forment une espèce d'Ombelle en dessus; tels sont ceux du Suro de l'*Ierakion*, &c.

1ere CLASSE.

Sans Fleurs.

1 Bissus.
2. Champign.
3. Fucus.

2e CLASSE.

Fleurs solitaires.

7. 1 Gramen.
8. 11 Liliasées.
11. 9 Aristoloches.
12. 6 Eleagnus.
13. 10 Onagres.
14. 4 Mirtes.
16. 68 Composées.
17. 5 Campanules.
18. 10 Briones.
19. 8 Aparines.
21. 3 Chevrefeuilles.
22. 6 Aireles.
23. 8 Apocins.
24. 9 Bouraches.
26. 5 Vervènes.
27. 52 Personées.
28. 10 Solanons.
29. 3 Jasmens.
30. 10 Anagallis.
31. 19 Pourpiers.
33. 2 Joubarbes.
34. 24 Alsines.
35. 4 Salikères.
35. 7 Blitons.
37. 5 Amarantes.
38. 10 Espargoutes.
39. 2 Persikères.
40. 5 Garou.
41. 11 Rosiers.
42. 6 Jujubiers.
43. 17 Légumineus.

44. 6 Pistachiers.
45. 5 Titimales.
46. 8 Ananes.
47. 1 Chatèner.
49. 5 Geranions.
50. 15 Mauves.
51. 2 Capriers.
53. 6 Pavots.
54. 27 Cistes.
55. 16 Renoncules.
56. 5 Arons.
57. 5 Pins.
58. 17 Mousses.

3e CLASSE.

Fleurs en tête.

7. 1 Gramen.
15. 2 Ombelliferes.
16. Composées.
17. 1 Campanule.
19. 4 Aparines.
20. 5 Scabieuses.
21. 2 Chevrefeuill.
25. 1 Labiée.
27. 1 Personés.
29. 1 Jasmen.
32. 3 Pourpiers.
35. 9 Blitons.
37. 1 Amarante.
38. 1 Espargoute.
40. 9 Garou.
41. 2 Rosiers.
42. 1 Jujubier.
43. 16 Légumineuses.
44. 1 Pistachier.
45. 1 Titimale.
47. 4 Chatèners.
54. 1 Ciste.
56. 1 Aron.
57. 4 Pins.

4e CLASSE.

Fleurs en Ombelle.

8. 20 Liliasées.
9. 1 Jenjanbre.
11. 1 Aristoloche.
12. 2 Eleagnus.
15. Plûp. Ombellif.
19. 8 Aparines.
21. 2 Chevrefeuill.
22. 3 Aireles.
23. 6 Apocins.
27. 5 Personées.
29. 3 Jasmens.
30. 5 Anagallis.
32. 1 Pourpier.
34. 4 Alsines.
35. 2 Blitons.
36. 1 Jalap.
38. 1 Espargoutes.
39. 3 Persikères.
40. 2 Garou.
42. 8 Jujubiers.
43. 21 Légumineus.
44. 2 Pistachiers.
45. 8 Titimales.
46. 3 Ananes.
47. 2 Chatèners.
48. 1 Tilleuls.
49. 2 Geranions.
50. 5 Mauves.
51. 1 Caprier.
53. 1 Pavot.
54. 3 Cistes.
55. 1 Renoncule.
56. 1 Aron.
58. 1 Mousse.

5e CLASSE.

Fleurs en Corimbe.

8. 4 Liliasées.
13. 5 Onagres.
14. 8 Mirtes.
16. 31 Composées.
17. 1 Campanule.
18. 6 Briones.
20. 5 Scabieuses.
21. 14 Chevrefeuill.
22. 17 Aireles.
23. 19 Apocins.
24. 13 Bouraches.
25. 1 Labiée.
26. 2 Vervènes.
27. 8 Personées.
28. 4 Solanons.
29. 7 Jasmens.
30. 1 Anagallis.
31. 3 Salikères.
32. 11 Pourpiers.
33. 7 Joubarbes.
34. 19 Alsines.
36. 2 Jalaps.
38. 5 Espargoutes.
39. 1 Persikère.
40. 4 Garou.
41. 17 Rosiers.
42. 9 Jujubiers.
44. 9 Pistachiers.
45. 6 Titimales.
46. 1 Anone.
47. 2 Chatèners.
48. 11 Tilleuls.
49. 2 Geranions.
50. 9 Mauves.
51. 4 Capriers.
52. 1 Crucifère.
53. 3 Pavots.
54. 19 Cistes.
55. 7 Renoncules.

6ᵉ CLASSE.

Verticillées.

19. 2 Aparines.
20. 1 Scabieufe.
21. 4 Chevrefeuill.
24. 1 Bourache.
25. 49 Labiées.
26. 1 Vervène.
27. 4 Perfonées.
30. 1 Anagallis.
31. 1 Salikère.
55. 3 Renoncules.

7ᵉ CLASSE.

En Epis.

5. 3 Foujères.
7. 29 Gramens.
8. 28 Liliacées.
9. 7 Jenjanbres.
10. 5 Orchis.
11. 4 Ariftoloches.
12. 4 Eleagnus.
13. 6 Onagres.
14. 1 Mirte.
16. 7 Compofées.
17. 2 Campanules.
18. 5 Briones.
19. 4 Aparines.
21. 1 Chevrefeuille.

22. 10 Aireles.
23. 2 Apocins.
24. 8 Bouraches.
25. 10 Labiées.
26. 17 Vervènes.
27. 35 Perfonées.
29. 9 Jafmens.
30. 2 Anagallis.
31. 2 Salikères.
32. 9 Pourpiers.
33. 3 Joubarbes.
34. 3 Alfines.
35. 13 Blitons.
36. 1 Jalap.
37. 2 Amarantes.
39. 8 Perfikères.
40. 5 Garou.
41. 5 Rofiers.
42. 5 Jujubiers.
43. 65 Légumineuf.
44. 8 Piftachiers.
45. 11 Titimales.
46. 1 Anone.
47. 12 Chatèners.
48. 2 Tilleuls.
49. 2 Geranions.
51. 5 Capriers.
52. 48 Crucifères.
53. 9 Pavots.
54. 13 Ciftes.
55. 4 Renoncules.
56. 11 Arons.
57. 6 Pins.

8ᵉ CLASSE.

En Panicule.

5. 1 Foujère.
6. Palmiers.
7. 27 Gramens.
8. 10 Liliafées.
9. 8 Jenjanbres.
10. 2 Orchis.
11. 1 Ariftoloche.
12. 1 Eleagnus.
13. 1 Onagre.
14. 1 Mirte.
15. 1 Ombellifère.
16. 8 Compofées.
21. 1 Chevrefeuill.
22. 1 Airele.
26. 7 Vervènes.
27. 16 Perfonées.
29. 5 Jafmens.
32. 4 Pourpiers.
33. 5 Joubarbes.
34. 3 Alfines.
35. 9 Blitons.
36. 1 Jalap.
37. 7 Amarantes.
38. 1 Efpargoute.
39. 4 Perfikères.
40. 1 Garou.
41. 3 Rofiers.
42. 3 Jujubiers.
43. 15 Légumineuf.
44. 8 Piftachiers.
45. 6 Titimales.
46. 1 Anone.
47. 3 Chatèners.
48. 3 Tilleuls.
49. 1 Geranion.
53. 3 Pavots.
54. 7 Ciftes.
55. 6 Renoncules.
56. 1 Aron.

9ᵉ CLASSE.

En Grape.

12. 3 Eleagnus.
13. 1 Onagre.
14. 1 Mirte.
18. 1 Brione.
19. 2 Aparines.
22. 2 Aireles.
26. 1 Vervene.
29. 1 Jafmen.
31. 1 Salikère.
36. 1 Jalap.
37. 1 Amarante.
44. 1 Piftachier.
46. 1 Anone.
48. 1 Tilleul.
51. 1 Caprier.
54. 5 Ciftes.

29ᵉ Syftême. *Fleurs ; leurs écailles.*

1ᵉʳᵉ CLASSE.

Plantes fans Fleurs.

1. Biffus.
2. Champignons.
3. Fucus.

2ᵉ CLASSE.

Fleurs qui n'ont pas d'écailles deffous.

4. Epatiques.

5. Foujères.
7. Pl. Gramens.
8. Q. Liliafées.
11. Pl. Ariftoloches.
12. Pl. Eleagnus.
13. Onagres.
14. P. Mirtes.
15. Q. Ombellifèr.
16. Q. Compofées.
17. Campanules.
18. Briones.
19. Aparines.
21. Q. Chevrefeuill.
22. Qu. Aireles.
23. Apocins.
24. Bouraches.

25. Q. Labiées.
27. Q. Perfonées.
28. Solanons.
29. Q. Jafmens.
30. Q. Anagallis.
31. Salikères.
32. Q. Pourpiers.
33. Q. Joubarbes.
34. Alfines.
36. 2 Jalaps.
37. Q. Amarantes.
38. Pl. Efpargoutes.
40. Q. Garou.
41. Q. Rofiers.
42. Q. Jujubiers.
43. Q. Légumineuf.

44. Piftachiers.
46. Pl. Anones.
49. Q. Geranions.
50. Pl. Mauves.
51. Q. Capriers.
52. Pl. Crucifères.
53. Q. Pavots.
54. Q. Ciftes.
55. Q. Renoncules.
56. Arons.

3ᵉ CLASSE.

Fleurs qui ont 1 écaille fous chacune.

6. Palmiers.

30e Syftême. *Sexe des Plantes.*

On induit trop fouvent en erreur les Botaniftes, fur-tout les commanfans, lorfqu'on leur dit que nombre de Plantes, teles que le *Mufa*, la plûpart des Genres de la Famille des Jujubiers, &c. ont des fleurs mâles mêlées avec des femelles. Toutes leurs fleurs font Ermafrodites ; mais une partie avorte, étiolée par les autres qui en abforbent les fucs, & ces Plantes n'ont pas plus de fleurs mâles que les Abricotiers, les Pêchers, & tant d'autres Arbres qui laiffent tomber toutes celes qu'ils ne peuvent nourir.

On doit regarder come *fleurs mâles* celes qui ont quelkes parties du fexe mafculin, teles que les antères ou les filets des Etamines ; come *femelles* celes qui ont quelkes parties du fexe feminin, teles que l'Ovère, le Stil ou Stigmate ; come Ermafrodites celes qui ont quelkes portions de ces 2 parties ; come neutres celes qui n'ont abfolumant que la Corole ou le Calice fans aucune aparance d'organes mafculins ou feminins.

Nous ne conèffons aucunes fleurs neutres que dans les Plantes qui n'ont pas de fexe, teles que quelkes Biffus & quelkes Champignons.

Les fleurs Ermafrodites, ainfi que les fleurs mâles & les femeles, peuvent être ftériles ; & il ne faut pas confondre les fleurs ftériles avec les neutres. Une fleur ftérile doit avoir au moins une des deux parties fexuelés, foit mâle, foit femelle, & peut les poffèder toutes 2 enfemble, au lieu que la fleur neutre ne peut & ne doit avoir ni toutes 2, ni l'une des 2.

Lorfque les fleurs Ermafrodites font fertiles, on ne leur

done pas d'autre nom qu'Ermafrodites fimplement ; & lorfqu'eles avortent, eles ne peuvent prendre pour cela d'autre nom que celui d'*Ermafrodites* ftériles ; un home n'en
eft pas moins home, une femme n'en eft pas moins une
femme pour être ftérile ; il en eft de même du fexe des
Plantes, tout en cela n'eft qu'analojie.

D'après ces diverfes réflexions, j'ai cru qu'on pouvoit
faire une diftinction du fexe toute nouvele & plus exacte
que l'anciene, égalemant aplicable aux animaux & aux véjétaux, en le divifant en 3 efpèces ; favoir, 1° en *afexes* ;
2° en *unifexes* ; 3° en *bifexes*.

1° Les *afexes* ou *neutres* font les véjétaux qui n'ont aucune
partie fexuele, fenfible, ou qui fe reproduifent ou fe multiplient par caieux ou boutures fans aucune fécondation ni
génération, come font quelkes Vers, le Polipe & quelkes
Biffus.

2° Les *unifexes* font ceux dont chake individu eft ou
mâle feulemant, ou femelle feulemant.

Parmi eux, il i en a qui produifent feuls & toujours par
génération fans le concours d'un autre individu, foit qu'ils
foient vivipares, foit qu'ils foient ovipares ; teles font les
Konkes parmi les cokillajes ; tel eft quelquefois le Polipe,
tel le *Puceron* parmi les infectes ; tels la plûpart des Biffus
& des Champignons : on peut les apeler *Monoikes* avec
M. Linnæus, ou mieux encore *Afrodites*, come qui diroit
animaux femelles, parce qu'en effet il femble n'exifter dans
leur efpèce que le fexe feminin.

D'autres ne peuvent produire feuls fans le concours d'un
2^d individu de fexe diférent ; tels font la plûpart des animaux parfaits, come les Quadrupedes, les Poiffons, les
Amphibies, la plûpart des Infectes, & nombre de Plantes :
on peut avec M. Linnæus les apeler *Dioikes*.

3° Les *bifexes* raffemblent le fexe mafculin & le feminin
fur le même individu.

On apele *Ermafrodites* ceux dont les 2 fexes font réunis
dans une même envelope, & peuvent fe féconder réciproquement ; tels font la plûpart des véjétaux. On n'a pas
encore vu d'animaux qui puiffent porter ce nom. Les *Lima-
fons*, par exemple, quoiqu'ils réuniffent les 2 fexes dans
une ouverture comune, ne peuvent fe féconder eux-mêmes,
& font une efpèce particuliere d'Ermafrodites.

Ceux qui portent les 2 fexes fur le même individu, mais
féparés l'un de l'antre, chacun dans une envelope particu-

lière, s'apelent *Androgunes*, on n'en a encore vu que dans les Plantes.

Parmi les *Ermafrodites* & les *Androgunes*, on voit souvent l'un des 2 sexes stérile: quelquefois aussi l'on voit des Ermafrodites mêlés avec des mâles & des femelles parmi ces Androgunes; on apele ces derniers *Ubrides* & *Polugames*.

De cete distinction naissent les 7 Classes suivantes;

1ere CLASSE.

Plantes sans sexe ou neutres.

1. Pl. Bissus.
2. Qu. Champiñons.
3. Q. Fucus.

2e CLASSE.

Unisexes, afrodites ou monoikes, ou fleurs femeles sans mâles.

1. Q. Bissus.
2. P. Champignons.
3. Pl. Fucus.

3e CLASSE.

Unisexes Dioikes ou fleurs mâles séparées des femeles sur des piés diférens.

3. Quelk. Fucus.
4. Q. Epatikes.
5. Quelk. Foujères.
6. Quel. Palmiers.
8. Q. Liliasées.
11. Q. Eleagnus.
18. Q. Briones.
29. Q. Jasmens.
32. Q. Pourpiers.
35. Q. Blitons.

37. Q. Amarantes.
39. Q. Persikères.
41. Q. Rosiers.
44. Q. Pistachiers.
45. Q. Titimales.
46. Q. Anones.
47. Q. Chatèñers.
48. Q. Tilleuls.
54. Q. Cistes.
56. Q. Arons.
57. Q. Pins.
58. Q. Mousses.

4e CLASSE.

Bisexes, ermafrodites, fertiles.

5. Q. Foujères.
6. Q. Palmiers.
7. Q. Gramens.
8. Q. Liliasées.
9. Jenjanbres.
10. Orchis.
11. Aristoloches.
12. Q. Eleagnus.
13. Onagres.
14. Mirtes.
15. Pl. Ombellifères.
16. Pl. Composées.
17. Campanules.
18. Q. Briones.
19. Aparines.
20. Pl. Scabieuses.
21. Chevrefeuilles.
22. Aireles.
23. Apocins.
24. Bouraches.
25. Pl. Labiées.
26. Vervènes.
27. Persoñées.

28. Solanons.
29. Q. Jasmens.
30. Anagallis.
31. Salikères.
32. Q. Pourpiers.
33. Pl. Joubarbes.
34. Pl. Alsines.
35. Q. Blitons.
36. Jalaps.
37. Q. Amarantes.
38. Espargoutes.
39. Q. Persikères.
40. Garou.
41. Q. Rosiers.
42. Q. Jujubiers.
43. Q. Légumineus.
44. Q. Pistachiers.
45. Q. Titimales.
46. Q. Anones.
47. Q. Chatèñers.
48. Q. Tilleuls.
49. Geranions.
50. Q. Mauves.
51. Capriers.
52. Q. Crucifères.
53. Pavots.
54. Q. Cistes.
55. Q. Renoncules.
56. Q. Arons.

5e CLASSE.

Plantes bisexes, ermafrodites, dont quelques-unes sont stériles sur le même pié.

15. Qu. Ombellifer.
16. Q. Composées.

20. Q. Scabieuses.
32. Q. Pourpiers.
35. Q. Blitons.
42. Q. Jujubiers.
43. Q. Légumineus.
44. Q. Pistachiers.
47. Q. Chatèñers.
48. Q. Tilleuls.
52. Q. Crucifères.

6e CLASSE.

Bisexes, ermafrodites, dont les stériles sont sur des piés diférens des fertiles.

16. Q. Composées.
20. Q. Scabieuses.
25. Q. Labiées.
33. Q. Joubarbes.
34. Q. Alsines.
42. Q. Jujubiers.
43. Q. Légumineus.
44. Q. Pistachiers.
47. Q. Chatèñers.
48. Q. Tilleuls.
50. Q. Mauves.
54. Q. Cistes.

7e CLASSE.

Bisexes androgunes, c. à d., Fleurs mâles séparées des femeles sur le même pié.

3. Q. Fucus.

31e Syſtême. *Calice ; Sa Situation à l'égard de l'ovère.*

Come il i a des Plantes qui n'ont pas de Calice, il i en a auſſi dont le Calice ſe métamorfoſe peu-à-peu en feuilles de la Plante, & reciproquemant il i en a dont les feuilles de la Plante ſe métamorfoſent en Calice ; c'eſt ce qui ſe voit ſenſiblemant dans quelkes Genres de la Famille des Renoncules ; tels que l'*Élléboroides*, l'*Iſopuron*, l'*Anemone*, le *Pulſatilla*, &c.

De même que la nature n'a point fixé de limites entre les Feuilles & le Calice de certaines Plantes, de même auſſi, ele n'en a pas fixé entre le Calice & la Corole. Ce qu'on a pris juſqu'ici pour la Corole dans les Palmiers, les Liliaſées, quelkes Ariſtoloches, les Orchis, les Garou, les Perſikères, &c. ſemble l'indiquer. Néanmoins la nature nous a laiſſé un moien de décider cete queſtion dificile, par la ſituation des Etamines, qui ſeule ſufit pour prouver que ces prétendues Coroles ne ſont que de vrais Calices ; car, en général, nous voions que dans les Plantes qui ont une Corole, les Etamines ſont opoſées aux feuilles du Calice : or c'eſt ce qu'on remarque dans toutes les Familles citées ci-deſſus, & on ne conoît pas de Plante parfaite, dont la Corole faſſe partie de l'Ovère ; mais au contraire beaucoup de Calices qui ſont dans ce càs, & c'eſt ſur cela que le *Ligtu* nous fournit une preuve complete ; car cete Liliaſée porte ſur l'Ovère ſa fleur qu'on regarde come une Corole, parce qu'ele eſt colorée d'un beau rouje, & ſes Etamines ſont opoſées à chaque diviſion de ce Calice, dont les 6 côtes ou nervures prolonjées ſur l'Ovère ſubſiſtent, & font corps avec lui juſqu'à ſa maturité.

Quoique la ſituition des Etamines ne puiſſe ſervir de même de preuve pour les Gramens, parce que leur nombre eſt irrégulïer ; on peut cependant aſſurer, par la ſeule conſiſtance de la Corole de ces Plantes qu'ele ne doit nullement être diſtinguée du Calice.

2ᵉ CLASSE.

A Calice autour de l'ovère.

5. Foujères.
6. Palmiers.
7. Gramens.
8. Q. Liliasées.
22. Q. Aireles.
23. Apocins.
24. Bouraches.
25. Labiées.
26. Vervènes.
27. Personées.
28. Solanons.
29. Q. Jasmens.
30. Anagallis.
31. Salikères.
32. Q. Pourpiers.
33. Q. Joubarbes.
34. Q. Alsines.
35. Q. Blitons.
36. Jalap.
37. Q. Amarantes.
38. Espargoutes.
39. Q. Persikères.
40. Garou.
41. Q. Rosiers.
42. Jujubiers.

43. Légumineuses.
44. Q. Pistachiers.
45. Qu. Titimales.
46. Q. Anones.
47. Q. Chateñers.
48. Tilleuls.
49. Geranions.
50. Q. Mauves.
51. Capriers.
52. Crucifères.
53. Pavois.
54. Q. Cistes.
55. Q. Renoncules.
56. Q. Arons.
57. Q. Pins.

3ᵉ CLASSE.

Calice sur l'ovère.

8. Qelk. Liliasées.
9. Jenjanbres.
10. Orchis.
11. Aristoloches.
12. Q. Eleagnus.
13. Onagres.
14. Mirtes.
15. Q. Ombellifèr.
16. Q. Composées.
17. Campanules.

18. Q. Briones.
19. Aparines.
20. Q. Scabieuses.
21. Chevrefeuilles.
22. Q. Aireles.
32. Q. Pourpiers.

4ᵉ CLASSE.

Calice loin de l'ovère sur le même pié.

6. Q. Palmiers.
7. Q. Gramens.
12. Q. Eleagnus.
15. Q. Ombellifèr.
18. Q. Briones.
20. Q. Scabieuses.
29. Q. Jasmens.
32. Q. Pourpiers.
35. Q. Blitons.
37. Q. Amarantes.
39. Q. Persikères.
41. Q. Rosiers.
45. Qu. Titimales.
47. Q. Chatèñers.
54. Q. Cistes.
55. Q. Renoncules.

56. Q. Arons.
57. Q. Pins.

5ᵉ CLASSE.

Calice loin de l'ovère sur des piés diférens.

5. Q. Foujères.
6. Q. Palmiers.
12. Q. Eleagnus.
18. Q. Briones.
20. Q. Scabieuses.
29. Q. Jasmens.
32. Q. Pourpiers.
33. Q. Joubarbes.
34. Q. Alsines.
35. Q. Blitons.
37. Q. Amarantes.
39. Q. Persikères.
41. Q. Rosiers.
44. Q. Pistachiers.
45. Q. Titimales.
46. Q. Anones.
47. Q. Chatèñers.
50. Q. Mauves.
54. Q. Cistes.
56. Q. Arons.
57. Q. Pins.

32ᵉ Systême. *Calice ; sa figure.*

1ᵉʳᵉ CLASSE.

Plantes sans Calice.

Voyez au Systême précédent.

2ᵉ CLASSE.

Calice régulier, monofule, cilindrike

4. 7 Epatikes.
7. 2 Gramens.

8. 18 Liliasées.
9. 5 Jenjanbres.
13. 4 Onagres.
23. 3 Apocins.
25. 13 Labiées.
28. 1 Solanon.
29. 2 Jasmens.
30. 1 Anagallis.
31. 7 Salikères.
32. 5 Pourpiers.
34. 16 Alsines.
36. 3 Jalaps.
40. 9 Garou.
43. 18 Légumineus.
45. 1 Titimale.

3ᵉ CLASSE.

Calice régulier, monofulle en cloche ou grelot sférique.

3. 3 Fucus.
4. 2 Epatikes.
5. 14 Foujères.
8. 23 Liliasées.
18. Briones.
22. Aireles.
23. 25 Apocins.
24. Bouraches.
25. 21 Labiées.

28. 9 Solanons.
29. 29 Jasmens.
30. 15 Anagallis.
31. 2 Salikères.
32. 30 Pourpiers.
34. 3 Alsines.
40. 9 Garou.
41. 8 Rosiers.
42. 11 Jujubiers.
43. 80 Légumineus.
45. 14 Titimales.
57. 2 Pins.

4ᵉ CLASSE.

*Calice régulier,
monofulle en
foucoupe ou en
étoile.*

8. 13 Liliafées.
11. Ariftoloches.
12. Eleagnus.
13. 22 Onagres.
14. Mirtes.
15. Ombellifères.
16. 15 Compofées.
17. Campanules.
19. Aparines.
20. 6 Scabieufes.
21. Chevrefeuill.
34. 12 Alfines.
35. Blitons.
38. Efpargoutes.
39. Perfikères.

41. 17 Roſiers.
42. 19 Jujubiers.
43. 11 Légumineuſ.
44. 19 Piſtachiers.
45. 11 Anones.
47. 9 Chatèners.
48. 5 Tilleuls.
49. Geranions.
50. Mauves.
51. 3 Capriers.
54. 17 Ciſtes.
56. 3 Arons.

5ᵉ CLASSE.

*Calice régulier,
polufulle.*

5. 1 Foujère.
6. Palmiers.
7. 60 Gramens.
8. 22 Liliafées.

9. 9 Jenjanbres.
16. 74 Compofées.
33. Joubarbes.
36. 1 Jalap.
37. Amarantes.
44. 37 Piſtachiers.
45. 14 Titimales.
47. 30 Chatèners.
48. 11 Tilleuls.
51. 3 Capriers.
52. Crucifères.
53. Pavots.
54. 55 Ciſtes.
55. 14 Renoncules.
56. 11 Arons.
57. 8 Pins.

6ᵉ CLASSE.

*Calice irrégulier,
monofulle.*

8. 2 Liliafées.

23. 1 Apocin.
25. 14 Labiées.
26. Vervènes.
27. Perfonées.
51. 1 Caprier.
56. 1 Aron.

7ᵉ CLASSE.

*Calice irrégulier,
polufulle.*

8. 1 Liliafée.
9. 2 Jenjanbres.
10. Orchis.
45. 2 Titimales.
51. 3 Capriers.
55. 2 Renoncules.

33ᵉ Syſtême. *Calice ; ſon nombre.*

J'apele du nom de Godet, ces doubles Calices qui ſont éloignés l'un de l'autre, tels que celui qui eſt ſous l'ovère des Scabieuſes ou du Jalap, &c.

1ere CLASSE.

*Plantes ſans
Calice.*

Voyez le 1ᵉSyſtême.

2ᵉ CLASSE.

A 1 Calice.

4. Q. Epatikes.
5. Foujères.
6. Palmiers.
7. Gramens.
8. Pl. Liliafées.
9. Jenjanbres.
10. Orchis
11. Ariftoloches.
11. Pl. Eleagnus.

13. Onagres.
14. Mirtes.
15. Ombellifères.
16. Pl. Compofées.
17. Campanules.
18. Briones.
20. Pl. Scabieufes.
21. Chevrefeuil.
22. Pl. Aireles.
23. Apocins.
24. Bouraches.
25. Labiées.
26. Vervènes.
27. Perfonées.
28. Solanons.
32. Pl. Pourpiets.
33. Joubarbes.
34. Alfines.
35. Blitons.
36. Pl. Jalaps.
37. Amarantes.

38. Efpargoutes.
39. Pl. Perfikères.
40. Pl. Garou.
41. Pl. Roſiers.
42. Jujubiers.
43. Légumineuſes.
44. Piſtachiers.
45. Titimales.
46. Pl. Anones.
47. Chatèners.
48. Tilleuls.
49. Geranions.
50. Q Mauves.
51. Capriers.
52. Crucifères.
53. Pavots.
54. P. Ciſtes.
55. P. Renoncules.
56. Pl. Arons.
57. Pl. Pins.
58. Q. Moufſes.

3ᵉ CLASSE.

*A 2 Calices, ou
à Calice dont
les diviſions for-
ment 2 rangs
que la culure
fait doubler.*

8. Quelk. Liliafées.
12. Q. Eleagnus.
16. Q. Compofées.
20. Q. Scabieufes.
22. Q. Aireles.
29. Q. Jafmens.
32. Q. Pourpiers.
36. 1 Jalap.
39. Q. Perfikères.
40. Q. Garou.

34e Syftême. *Calice ; nombre de fes feuilles ou divifions.*

Vaillant a introduit en Botanike fur la maniere de diftinguer les Calices Monofules d'avec les Polufules, 2 erreurs qu'il eft bien étonant, qui aient été reçues & adoptées come des Axiomes. La 1re confifte à avancer que *dans toutes les fleurs completes*, lorfque le Calice eft de plufieurs piéces, *la fleur eft auffi de plufieurs piéces & reciproquement* : Or il me fufira de citer les Légumineufes, nombre de Titimales, les Mauves, &c. qui ont leur Calice d'une feule piéce, quoique leur Corole foit Polupétale. J'établirois au contraire le principe fuivant, qui eft que lorfque la Corole' eft Monopétale, le Calice eft toujours Monofule, quoiqu'il paroiffe fouvent compofé de plufieurs feuilles ; car fes feuilles font adhérantes entr'elles, & tombent toutes enfemble, lorfqu'on veut les détacher ; c'eft ce qui fe voit dans les Apocins, les Bouraches, les Labiées, les Vervènes, les Solanons, les Perfonées, les Jafmens, les Anagallis, &c.

Le 2d Axiome erroné de Vaillant établit que tous les Calices qui perfiftent jufqu'à la maturité du fruit, font d'une feule piéce, ou peuvent être confidérés come tels, parce qu'ils font corps avec le pédicule qui les fuporte, & dont ils ne font qu'un prolonjement ; mais ces Calices font tous Polufules, parce que leurs feuilles ne tombent pas toutes enfemble, lorfqu'on veut les arracher, ce qui eft la vraie preuve du Calice Polufule, come l'avoit remarqué Tournefort, & la permanence du Calice ne l'établit pas plus Monofule, que fa caducité ne l'établit Polufule dans le *Bignona*, & nombre de Légumineufes & de Mauves que perfonne n'a nié, pour cete raifon, qu'ils ne fuffent Monofules.

Au refte, il i a des Familles qui, come les Bouraches, ont le Calice fi profondement découpé, quoique Monofule, qu'il paroît compofé de plufieurs feuilles ; j'en ai averti à la tête de chaque Famille, quoique je me fois fouvent fervi du terme de Polufule, lorfque le tube de ces Calices n'étoit pas fenfible.

C'eft par la même raifon que j'ai apelé Polufules les Calices des fleurs pofées fur l'ovère, lorfqu'ils font découpés jufqu'à l'ovère fans former de tube au-deffus de lui, quoiqu'il foit très-certain que tous ces Calices font Monofules, foit qu'ils faffent corps avec la partie inférieure de l'ovère, foit qu'ils en embraffent la $\frac{1}{2}$, foit enfin qu'ils l'envelopent en entier ou qu'ils le furmontent de beaucoup.

J'ai remarqué que lorfque les feuilles ou divifions du Calice font en nombre égal aux valves ou batans du fruit, eles leur font comunémant opofées come dans les Alfines, les Mauves, &c.

Iere CLASSE.

Plantes fans Calice.

Voyez le 31e fiftême.

2e CLASSE.

Calice monofulle ou de 1 feule piéce, formant un tube.

4. Q. Epatikes.
5. Foujères.
7. Quelk. Gramens.
8. Plûp. Liliafées.
9. Jenjanbres.
10. Orchis.
11. Ariftoloches.
12. Eleagnus.
13. Onagres.
14. Mirtes.
15. Ombellifères.
16. Q. Compofées.
17. Campanules.
18. Briones.
19. Aparines.
20. Pl. Scabieufes.
21. Chevrefeuilles.
22. Pl. Aireles.
23. Q. Apocins.
24. Pl. Bouraches.
25. Labiées.
26. Pl. Vervènes.
27. Pl. Perfonées.
28 Solanons.
29. Pl. Jafmens.
30. Q. Anagallis.
31. Salikères.
32. Pl. Pourpiers.

34. Pl. Alfines.
35. Q. Blitons.
36. Pl. Jalaps.
38. Q. Efpargoutes.
39. Perfikères.
40. P. Garou.
41. Rofiers.
42. Pl. Jujubiers.
43. Pl. Légumineuf.
44. Pl. Piftachiers.
45. Pl. Titimales.
46. Q. Anones.
47. Q. Chatèners.
48. Q. Tilleuls.
50. Pl. Mauves.
51. Q. Capriers.
54. Q. Ciftes.
56. Q. Arons.
57. Q. Pins.
58. Q. Mouffes.

3e CLASSE.

Calice monofulle découpé fi profondémant qu'il paroît polufule ou compofé de plufieurs feuilles.

4. 1 Epatike.
6. Palmiers.
16. Q. Compofées.
20. Q. Scabieufes.
22. Q. Aireles.
23. Pl. Apocins.
24. Q. Bouraches.
26. Q. Vervenes.
27. Q. Perfonées.
30. Qu. Anagallis.
34. Pl. Alfines.

38. Pl. Efpargoutes.
40. Q. Garou.
42. Q. Jujubiers.
43. Q. Légumineuf.
46. Pl. Anones.
49. Geranions.
50. Q. Mauves.
54. Q. Ciftes.

4e CLASSE.

Calice à 1 feuille ou écaille fans former de tube.

7. Quelk. Gramens.
35. Q. Blitons.
42. 1 Jujubier.
45. Q. Titimales.
47. Q. Chatèners.
56. Q. Arons.
57. Q. Pins.

5e CLASSE.

Calice à 2 feuilles.

7. Quelk. Gramens.
29. Q. Jafmens.
35. Q. Blitons.
40. 1 Garou.
44. Q. Piftachiers.
45. Q. Titimales.
47. Q. Chatèners.
50. Q. Mauves.
53. Pl. Pavots.
54. Q. Ciftes.
56. Q. Arons.
57. Q. Pins.

6e CLASSE.

Calice à 3 feuilles.

7. Quelk. Gramens.
33. Q. Joubarbes.
35. Q. Blitons.
44. Q. Piftachiers.
45. Q. Titimales.
46. 1 Anone.
47. Q. Chatèners.
50. Q. Mauves.
53. Pl. Pavots.
54. Q. Ciftes.
55. Q. Renoncules.
56. Q. Arons.
57. Q. Pins.

7e CLASSE.

Calice à 4 feuilles.

7. Quelk. Gramens.
8. Q. Liliafées.
29. Q. Jafmens.
33. Q. Joubarbes.
35. Q. Blitons.
37. Q. Amarantes.
40. Q. Garou.
44. Q. Piftachiers.
45. Q. Titimales.
46. Q. Anones.
47. Q. Chatèners.
48. Q. Tilleuls.
51. Q. Capriers.
52. Crucifères.
53. Qu. Pavots.
54. Q. Ciftes.
55. Q. Renoncules
56. Q. Arons.

37. Q. Pins.

8e CLASSE.

Calice à 5 feuilles.

29. Q. Jasmens.
33. P. Joubarbes.
35. Q. Blitons.
36. 1 Jalap.
37. Pl. Amarantes.
40. Q. Garou.
44. Pl. Pistachiers.
45. Q. Titimales.
46. Q. Anones.
47. Q. Chateñers.
48. Q. Tilleuls.
50. Q. Mauves.
51. Q. Capriers.
54. P. Cistes.
55. Q. Renoncules.
56. Q. Arons.

9e CLASSE.

Calice à 6 feuilles.

8. Q. Liliasées.
33. Q. Joubarbes.
35. Q. Blitons.
37. Q. Amarantes.
44. Q. Pistachiers.
45. Ql Titimales.
46. Q. Anones.
47. Q. Chateñers.
50. Q. Mauves.
53. Q. Pavots.
54. Q. Cistes.
55. Q. Renoncules.
56. Q. Arons.
57. Q. Pins.

10e CLASSE.

Calice à 7 feuilles.

32. Q. Pourpiers.
37. Q. Amarantes.

45. Q. Titimales.
46. 1 Anone.
47. Q. Chateñers.
48. Q. Tilleuls.
54. Q. Cistes.

11e CLASSE.

Calice à 8 feuilles.

29. Q. Jasmens.
33. Q. Joubarbes.
35. Q. Blitons.
37. Q. Amarantes.
45. Q. Titimales.
46. 1 Anone.
50. Q. Mauves.
54. Q. Cistes.
56. Q. Arons.
57. Q. Pins.

12e CLASSE.

Calice à 9 feuilles.

46. 1 Anone.

13e CLASSE.

Calice à 10 feuilles.

29. Q. Jasmens.
33. Q. Joubarbes.
45. Q. Titimales.
50. Q. Mauves.
54. Q. Cistes.

14e CLASSE

Calice à plus de 10 feuilles.

33. Q. Joubarbes.
50. Q. Mauves.
57. Q. Pins.

35e Système. *Durée ou permanence du Calice, relativement à l'ovère.*

1ere CLASSE.

Plantes sans Calice.

Voyez le Système 31

2e CLASSE.

Calice, ne tombant qu'en partie, c. à d., seulement les divisions, & non tout le tube.

12. 1 Eleagnus.
13. Q. Onagres.
18. Briones.
27. 1 Perf. *Bignonis.*
28. 1 S. *Stramonios.*

32. 4 Pourpiers.
42. Q. Jujubiers.
43. Pl. Légumineus.

3e CLASSE.

Calice tombant au moment de son épanouissemant avant la fleur.

53. Pl. Pavots.

4e CLASSE.

Calice tombant avec la fleur, ou peu après ele, bien avant l'ovère.

8. 2 Liliasées.

16. Q. Composées.
29. 1 Jas. *Sarcocol.*
32. 1 Pour. *Talinon.*
40. 1 Gar. *Tumelaia.*
42. Q. Jujubiers.
44. Pl. Pistachiers.
45. 3 Titimales.
46. Pl. Anones.
48. Pl. Tilleuls.
50. 3 Mauves.
51. Pl. Capriers.
52. Pl. Crucifères.
53. Q. Pavots.
54. Q. Cistes.
55. Pl. Renoncules.
56. 1 At. *Triglochin.*

5e CLASSE.

Calice restant avec l'ovère.

4. 6 Epatikes.

5. Foujères.
6. Palmiers.
7. Gramens.
8. Pl. Liliasées.
9. Jenjanbres.
10. Orchis.
11. Aristoloches.
12. Pl. Eleagnus.
13. Pl. Onagres.
14. Mirtes.
15. Ombellifères.
16. Pl. Composées.
17. Campanules.
19. Aparines.
20. Scabieuses.
21. Chevrefeuilles.
22. Aireles.
23. Apocins.
24. Bouraches.
25. Labiées.
26. Vervènes.
27. Pl. Personées.
28. P. Solanons.

29. Pl. Jasmens.	36. Jalaps.	43. 1 Lég. *Akakia.*	50. Pl. Mauves.
30. Anagallis.	37. Amarantes.	44. 5 Pistachiers.	51. 1 Cap. *Reseda.*
31. Salikères.	38. Espargoutes.	45. Pl. Titimales.	54. 3 Crucif. *Konig.*
32. Pl. Pourpiers.	39. Persikères.	46. 2 Anones.	54. Pl. Cistes.
33. Joubarbes.	40. Pl. Garou.	47 Chatèniers.	55. 5 Renoncules.
34. Alsines.	41. Rosiers.	48. 1 Till. *Erable.*	56. Pl. Arons.
85. Blitons.	42. Pl. Jujubiers.	49. Geranions.	57. Pins.

36e Système. *Corole ; sa situation respectivemant au Calice, aux Etamines & à l'Ovère.*

Lorsque le Calice fait partie de l'ovère, il est impossible de décider par la vue auquel des deux du Calice ou de l'ovère, la Corole est atachée ; c'est alors l'analojie qui doit nous guider. Puisqu'il n'i a que les Coroles polupétales qui soient atachées au Calice, il faut croire que dans toutes les Familles où le Calice devient fruit, la Corole est atachée sur le Calice, lorsqu'ele est Polupétale, come dans les Mirtes, les Ombellifères, les Onagres, les Rosiers, &c. & qu'au contraire ele est atachée sur l'ovère, l'orsqu'ele est Monopétale, come dans les Jenjanbres, les Composées, les Campanules, les Briones, les Chevrefeuilles & les Aireles. Cependant cele des Pourpiers qui paroit Monopétale, est sensiblemant atachée aux parois de Calice dans le *Manettia,* l'*Opuntia,* &c. ce qui joint à la situation des Etamines, en opofition avec ses divisions doit faire penser que ces Coroles ne font pas de vraies Monopétales, mais qu'eles se raprochent des Polupétales, teles que celes de la Famille des Alsines.

1e CLASSE.

Sans Corole.

1. Bissus.
2. Champignons.
3. Fucus.
4. Epatikes.
5. Foujères.
6. Palmiers.
7. Gramens.
8. Liliasées.
9. 3 Jenjanbres.
10. Orchis.
11. Aristoloches.
12. Eleagnus.
16. 2 Composées.

30. 1 Anagallis.
31. 2 Salikères.
32. 7 Pourpiers.
35. Blitons.
37. 11 Amarantes.
38. 4 Espargoutes.
39. Persikères.
40. Garou.
41. 6 Rosiers.
42. 3 Jujubiers.
43. 2 Légumineuf.
44. 8 Pistachiers.
45. 10 Titimales.
46. 1 Anone.
47. Chatèniers.
48. 4 Tilleuls.
51. 1 Caprier.

52. 1 Crucifère.
54. 9 Cistes.
56. Arons.
57. Pins.
58. Mousses.

2e CLASSE.

A Corole autour de l'ovère le touchant.

22. Q. Aireles.
23. Apocins,
29. Jasmens.
30. Anagallis.

32. Q. Pourpiers.
50. Mauves.

3e CLASSE.

A Corole autour de l'ovère sans le toucher, en étant éloigné par 1 diske.

22. Q. Aireles.
23. Qu. Apocins.
24. Bouraches.
25. Labiées.
26. Vervènes.
27. Personées.

27. Perſonées.
28. Solanons.
32. Q. Pourpiers.
33. Q. Joubarbes.
34. Q. Alſines.
35. Q. Blitons.
36. Q. Jalaps.
37. Q. Amarantes.
38. Q. Eſpargoutes.
41. Qu. Jujubiers.
43. Q. Légumineuſes.
44. Piſtachiers.
45. Q. Titimales.
46. Q. Anones.
48. Q. Tilleuls.
49. Q. Geranions.
51. Capriers.
52. Cruciſères.

4e CLASSE.

A Corole autour de l'ovère ſans le toucher, en étantſéparée par les Étamines.

22. Q. Aireles.
32. Q. Pourpiers.
33. Q. Joubarbes.
49. Q. Geranions.
53. Pavots.
54. Q. Ciſtes.
55. Q. Renoncules.
56. Q. Arons.

5e CLASSE.

A Corole ſur le

Calice, loin de l'ovère

31. Salikères.
41. Q. Roſiers.
42. Qu. Jujubiers.
43. Q. Légumineuſ.

6e CLASSE.
Corole ſur l'ovère.

9. Qu. Jenjanbres.
32. Q. Pourpiers.

7e CLASSE.

A Corole, loin de l'ovère ſur le même pié.

18. Q. Briones.

29. Q. Jaſmens.
45. Q. Titimales
54. Q. Ciſtes.
55. Q. Renoncules.

8e CLASSE.

A Corole loin de l'ovère, ſur des piés d.ferens.

18. Q. Briones.
29. Q. Jaſmens.
41. Q. Roſiers.
44. Piſtachiers.
45. Q. Titimales.
50. Q. Mauves.
54. Q. Ciſtes.

37e Syſtême. Corole ; ſa figure.

La figure de la Corole peut être conſidérée ; 1° come réguliere en cloche, en entonoir, en roſe, en ſoucoupe : 2° come irréguliere en gueule, en entonoir, &c.

Elle eſt tournée dans le ſens contraire au mouvemant diurne du Soleil dans la Pédiculaire ; au lieu que dans les Apocins, ſes diviſions ſont tournées, & dans le *Convolvulus*, ſon tube eſt tortillé dans le ſens même de çe mouvemant.

1ere CLASSE.

Sans Corole.

Voyez le Syſtème précédent.

2e CLASSE.

Corole réguliere en cilindre ou en entonoir.

16. 55 Compoſées.
18. 3 Briones.
19. 25 Aparines.
21. 8 Chevrefeuill.
22. 19 Aireles.
23. 23 Apocins.
24. 10 Bourraches.

26. 25 Vervènes.
28. 4 Solanons.
29. 16 Jaſmens.
30. 4 Anagallis.
33. 5 Joubarbes.
36. 3 Jalaps.
43. 2 Legumineuſes.
45. 1 Titimale.

3e CLASSE.

Corole réguliere à 1 pétale en cloche ou en grelot ſférike.

17. 5 Campanules.
18. 11 Briones.
22. 9 Aireles.
23. 5 Apocins.

24. 10 Bourraches.
26. 3 Vervènes.
28. 6 Solanons.
29. 15 Jaſmens.
32. 15 Pourpiers.

4e CLASSE.

Réguliere 1 pétale en ſoucoupe.

17. 1 Campanule.
21. 8 Chevrefeuill.
30. 11 Anagallis.
36. 1 Jalap.

5e CLASSE.

Réguliere 1 Pétale en étoile.

9. 4 Jenjanbres.

19. 8 Aparines.

6e CLASSE.

Réguliere Pluſpétale.

9. 3 Jenjanbres.
13. Onagres.
14. Mirtes.
31. Salikères.
32. 13 Pourpiers.
33. 8 Joubarbes.
34. Alſines.
37. 4 Amarantes.
38. 8 Eſpargoutes.
41. 19 Roſiers.
42. 28 Jujubiers.
43. 5 Légumineuſes.
44. 45 Piſtachiers.

45. 10 Titimales.
46. 12 Anones.
48. 17 Tilleuls.
49. 10 Geranions.
50. Mauves.
51. 6 Capriers.
52. 48 Crucifères.
53. 12 Pavots.
54. 64 Cistes.
55. 22 Renoncules.

7e CLASSE.

Corole irréguliere 1 Pétale cilindrike.

9. 6 Jenjanbres.
16. 75 Composées.
17. 2 Campanules.
20. 8 Scabieuses.
21. 11 Chevrefeuill.

25. Labiées.
27. 46 Personées.
28. 1 Solanon.
45. 4 Titimales.

8e CLASSE.

Irréguliere 1 Pétale en cloche.

20. 2 Scabieuses.
27. 17 Personées.

9e CLASSE.

Corole irréguliere Polupétale.

15. Ombelliferes.
43. 101 Légumineuf.
49. 5 Geranions.
51. 4 Capriers.
53. 5 Pavots.
55. 5 Renoncules.

38e Système. *Corole ; son nombre.*

1e CLASSE.

Sans Corole.

Voyez le Système 36.

2e CLASSE.

A 1 seule Corole.

13. Onagres.
14. Mirtes.
15. Ombelliferes.
16. Pl. Composées.
17. Campanules.
18. Briones.
20. Scabieuses.
21. Chevrefeuill.

22. Pl. Aireles.
23. Pl. Apocins.
24. Bouraches.
25. Labiées.
26. Vervènes.
27. Personées.
28. Solanons.
29. Pl. Jasmens.
30. Anagallis.
31. Salikères.
32. Pl. Pourpiers.
33. Joubarbes.
34. Pl. Alsines.
36. Jalaps.
37. Q. Amarantes.
38. Pl. Espargoutes.
41. Pl. Rosiers.
42. Pl. Jujubiers.
43. Pl. Légumineuf.

44. Pl. Pistachiers.
45. Pl. Titimales.
46. Pl. Anones.
48. Pl. Tilleuls.
49. Geranions.
50. Mauves.
51. Pl. Capriers.
52. Pl. Crucifères.
53. Pavots.
54. Pl. Cistes.
55. Pl. Renoncules.

3e CLASSE.

A 2 Coroles ou à Pétales disposées sur 2 rangs, ou que la cul- ture fait doubler.

22. 7 Aireles.
23. 6 Apocins.
29. 2 Jasmens.
32. 9 Pourpiers.
45. 1 Titimale.
46. 8 Anones.
48. 1 Tilleul.
51. 2 Capriers.
52. Pl. Crucifères.
53. 3 Pavots.
54. Q. Cistes.
55. Q. Renoncules.

39e Système. *Corole ; nombre de ses Pétales ou de ses divisions.*

Dans toutes les Plantes où l'ovère est séparé du Calice, c. à d. où le Calice ne fait aucunement partie de l'ovère, la Corole n'est jamais Monopétale, mais Polupétale, lorsqu'ele est atachée au Calice, & alors le Calice est toujours Monofule, c. à d., d'une seule piéce. La Famille des Salikères, cele des Perfikères, des Rosiers, des Jujubiers, &c. en sont la preuve.

La position de la Corole monopétale de certains Genres de la Famille des Pourpiers sur les parois du Calice jointe à la situation des Etamines, en oposition à ses divisions, doit faire soupsoner, come nous l'avons dit ci-dessus, pag. cclxxij, que ces Coroles ne sont pas des vraies Monopétales, mais qu'eles se raprochent des Polupétales, teles que celes de la Famille des Alsines.

1e CLASSE.

Plantes sans Corole.

Voyez le Systême 36.

2e CLASSE.

Corole monopéta-le formant 1 tube.

9. Pl. Jenjanbres.
16. Pl. Composées.
17. Campanules.
18. Briones.
19. Pl. Aparines.
20. Scabieuses.
21. P. Chevrefeuill.
22. Pl. Aireles.
23. Apocins.
24. Bouraches.
25. Labiées.
26. Vervènes.
27. Personées.
28. Solanons.
29. Jasmens.
30. Pl. Anagallis.
31. Pl. Pourpiers.
33. Q. Joubarbes.
34. 1 Alsine.
36. Jalap.
43. 2 Légumineuses.

3e CLASSE.

Corole monopétale découpée si profondemant qu'e-le paroît polu-pétale.

19. 1 Aparine.
21. 2 Chevrefeuill.

22.12 Aireles.

4e CLASSE.

Corole qui a l'a-parence mono-pétale, mais qui ne l'est pas.

43. 1 Légumineuse.
45. 4 Titimales.
50. Mauves.

5e CLASSE.

A 1 seule Pétale, ne formant pas 1 tube.

30. 1 Anagallis.
43. 1 Légumineuse.
51. 1 Caprier.
55. 1 Renoncule.

6e CLASSE.

A 2 Pétales.

13. Q. Onagres.
53. 1 Pavot.
55. 1 Renoncule.

7e CLASSE.

A 3 Pétales.

9. Qu. Jenjanbres.
13. Q. Onagres.
14. Qu. Mirtes.
32. Q. Pourpiers.
33. Q. Joubarbes.
34. 2 Alsines.
42. 1 Jujubier.
43. 3 Légumineuses.
44. 4 Pistachiers.
45. 2 Titimales.

46. 2 Anones.
53. 1 Pavot.
54. 4 Cistes.
55. 4 Renoncules.

8e CLASSE.

A 4 Pétales.

13. Quelk. Onagres.
14. Q. Mirtes.
31. Pl Salikères.
32. Q. Pourpiers.
33. Q. Joubarbes.
34. 3 Alsines.
37. 1 Amarante.
41. 2 Rosiers.
42. 5 Jujubiers.
43. Pl. Légumineus.
44. 14 Pistachiers.
45. Q. Titimales.
48. 5 Tilleuls.
49. 2 Geranions.
51. 7 Capriers.
52. Pl. Crucifères.
53. 12 Pavots.

9e CLASSE.

A 5 Pétales.

13. K. Onagres.
14. K. Mirtes.
15. Pl. Ombellifer.
22. 2 Aireles.
31. Pl. Salikères.
32. K. Pourpiers.
33. K. Joubarbes.
34. Pl. Alsines.
37. 3 Amarantes.
38. Pl. Espargoutes.
41. Pl. Rosiers.
42. Pl. Jujubiers.
43. Pl. Légumineus.
44. Pl. Pistachiers.
45. K. Titimales.
46. 2 Anones.
48. 13 Tilleuls.

49. Pl. Geranions.
50. Pl. Mauves.
51. 5 Capriers.
54. 41. Cistes.
55. 10 Renoncules.

10e CLASSE.

A 6 Pétales.

13. Q. Onagres.
14. Q. Mirtes.
15. 1 Ombellifère.
31. Pl. Salikères.
33. Q. Joubarbes.
34. 1 Alsine.
42. 1 Jujubier.
44. 3 Pistachiers.
45. 2 Titimales.
46. 7 Anones.
48. 1 Tilleul.
50. 1 Mauve.
51. 1 Caprier.
53. 2 Pavots.
54. 4 Cistes.
55. 7 Renoncules.

11e CLASSE.

A 7 Pétales.

13. K. Onagres.
14. K. Mirtes.
33. K. Jujubiers.
34. 1 Alsine.
50. 1 Mauve.
55. 4 Renoncules.

12e CLASSE.

A 8 Pétales.

33. K. Joubarbes.
34. 1 Alsine.
41. 1 Rosier.
5. 2 Titimales.
53. 2 Pavots.

40e Syftême. *Durée de la Corole.*

41e Syftême. *Etamines ; leur fituation.*

La fituation des Etamines eft fort variée dans toutes les Plantes à Calice Polufule régulier, diftinct de l'ovère & fans Corole, où le nombre des Etamines eft égal à celui des feuilles du Calice ; eles font opofées à fes feuilles fans leur être atachées come dans les Blitons & les Chatèfiers, ou bien eles leur font atachées come dans les Palmiers & quelques Liliafées.

Lorfqu'eles font atachées au Calice & en nombre égal à fes divifions, eles font quelquefois opofées à ces divifions ; mais pour l'ordinaire, eles font alternes avec eles, du moins dans les Plantes, dont le Calice eft féparé de l'ovère, come font les Salikères & quelques Jujubiers. Si le Calice fait corps avec l'ovère, eles font opofées à fes divifions, come dans les Ariſtoloches, la plûpart des Eleagnus, les Onagres & les Ombelliferes.

Il eſt ordinaire que lorſque la Corole eſt Monopétale, ele porte les Etamines ; & lorſqu'eles ſont en nombre égal à ſes diviſions, & en alternative avec eles, eles ſont opoſées aux diviſions du Calice; ce qui fait voir que la ſituation la plus naturele aux Etamines eſt d'être opoſée aux feuilles du Calice, come cela ſe voit dans les Campanules, les Aparines, les Chevrefeuilles, les Aireles, les Apocins, les Bouraches, la plûpart des Perſonées, les Solanons, les Jaſmens & les Anagallis; mais cete régle n'eſt ni ſi générale ni auſſi abſolue que l'a dit M. Linnæus (Phil. Bot. p. 57. §. 90) ; car il i a des Coroles monopétales qui ne portent pas les Etamines ; teles ſont pluſieurs Aireles, l'Akakia, le Mimoſa, ce qui feroit ſoupſoner que ces Coroles ne ſont pas Monopétales, ou au moins qu'eles ſont d'une eſpèce diférente des Coroles ordinaires.

Lorſqu'on ſçait qu'en général les Coroles monopétales portent les Etamines, on doit être étoné de voir des Polupétales les porter auſſi; c'eſt ce qui arrive à la plûpart des Alſines, & qui les raproche des Coroles monopétales, ſurtout de celes des Pourpiers qui ont, come eles, les Etamines ou au moins les plus grandes Etamines opoſées aux diviſions de la Corole.

En général, les Coroles polupétales qui ont un nombre égal de feuilles au Calice, de Pétales à la Corole & d'Etamines, ont toutes ces parties atachées au même réceptacle; les Pétales ſont alternes avec les feuilles du Calice & avec les Etamines, les Etamines ſont opoſées aux feuilles du Calice & aux valves ou batans du fruit, lorſqueles ſont en nombre égal à eles, come il arrive dans quelques Alſines. Ainſi ſi les Etamines, en pareil nombre que les valves du fruit ſont opoſées à ſes valves dans des Plantes qui n'ont ni Calice ni Corole, on peut en inferer qu'eles ſont poſées ſur le réceptacle comun de la fleur; ſi au contraire eles ſont alternes avec ſes valves, c'eſt un indice que ces Plantes ſe raprochent de la Famille de celes qui ont les Etamines poſées ſur le Calice.

De toutes les Plantes conues, il n'i a que la Famille des Jenjanbres, cele des Orchis & des Ariſtoloches dont on puiſſe dire que les Etamines ſont poſées ſur quelques parties du Piſtil. Toutes les autres Plantes que M. Linnæus a raportées dans ſa *Gunandria*, ſur-tout la *Granadilla*, l'*Iſora* & le *Grevia* n'ont rien qui porte ce caractere.

ſ iij

1ere CLASSE.

Plantes sans Etamines.

1. Bissus.
2. Champignons.
3. 6 Fucus.

2e CLASSE.

Etamines sans réceptacle, c. à d. sans Calice sur la Plante, loin des ovères.

3. 3 Fucus.
4. 5 Epatikes.
58. Mousses.

3e CLASSE.

Etamines sans réceptacle, c. à d. sans Calice, touchant l'Ovère.

56. 7 Arons.

4e CLASSE.

Etamines sur le réceptacle, touchant l'Overe & le Calice.

5. Pl. Foujères.
7. Gramens.
8. Qelk. Liliasées.
47. Chatèniers.
56. 10 Arons.

5e CLASSE.

Etamines sur le réceptacle, touchant l'Overe & la Corole.

22. Q. Aireles.
53. Pavois.
54. Cistes.
55. Renoncules.

6e CLASSE.

Etamines sur le réceptacle, loin de l'Overe, touchant le Calice.

4 6 Epatikes.
5. Q. Foujères.
56. 6 Arons.

7e CLASSE.

Etamines sur le réceptacle, loin de l'Overe, touchant la Corole.

32. Q. Pourpiers.
33. Q. Joubarbes.
34. Pl. Alsines.

8e CLASSE.

Etamines sur un Diske, touchant l'Overe & la Corole.

36. Jalap.
37. 4 Amarantes.
38. 4 Espargoutes.
46. Anones.

50. Mauves.
51. Crucifères.

9e CLASSE.

Etamines sur un Diske, touchant l'Overe, loin de la Corole & du Calice.

48. Tilleuls.
49. Geranions.
51. 2 Capriers.

10e CLASSE.

Etamines sur un Diske, touchant l'Overe & le Calice sans Corole.

37. 11 Amarantes.
38. 9 Espargoutes.

11e CLASSE.

Etamines sur un Diske, loin de l'Overe, touchant le Calice.

44. 10 Pistachiers.
45. 18 Titimales.
57. Pins.

12e CLASSE.

Etamines sur un Diske, loin de l'Overe, touchant la Corole.

42. Pl. Jujubiers.
44. 47 Pistachiers.

45. 12 Titimales.
51. 1 Caprier.

13e CLASSE.

Etamines sur un Diske, loin de l'Overe & loin de la Corole.

51. 8 Capriers.

14e CLASSE.

Etamines sur le Calice, loin de l'Overe & de la Corole, ou sans Corole.

8. Pl. Liliasées.
31. 2 Salikères.
32. 3 Pourpiers.
39. Persikères.
40. Garou.
41. 6 Rosiers.
42. 3 Jujubiers.
43. 2 Légumineuf.

15e CLASSE.

Etamines sur le Calice, loin de l'Overe & touchant la Corole.

31. P. Salikères.
32. Pl. Pourpiers.
41. P. Rosiers.
42. P. Jujubiers.
43. Pl. Légumineuf.

16e CLASSE.

Etamines sur le Calice, touchant l'Overe par le bas seulement.

6. Palmiers.

35. Blitons.

17e CLASSE.

Etamines sur le Calice & sur l'Overe ensemble.

12. Eleagnus.
13. Onagres.
14. Mirtes.
15. Ombelliferes.
21. 1 Chevrefeuille.

32. Q. Pourpiers.
41. Q. Rosiers.

18e CLASSE.

Etamines sur l'Overe.

9. 6 Jenjanbres.
11. 12 Aristoloches.

19e CLASSE.

Etamines sur le fil de l'Overe.

10. Orchis.
11. 3 Aristoloches.

20e CLASSE.

Etamines sur la Corole.

9. 10 Jenjanbres.
16. Composées.
17. Campanules.
18. Briones.
19. Aparines.
20. Scabieuses.

21. P. Chevrefeuille.
22. Pl. Aireles.
23. Apocins.
24. Bouraches.
25. Labiées.
26. Vervènes.
27. Personées.
28. Solanons.
29. Jasmens.
30. Anagallis.
32. Q. Pourpiers.
33. Q. Joubarbes.
34. Q. Alsines.

42e Systême. *Etamines; leur figure respective.*

1ere CLASSE.

Plantes sans Etamines.

1. Bissus.
2. Champignons.
3. 6 Fucus.

2e CLASSE.

Etamines distinctes les unes des autres.

4. Epatikes.
5. Foujères.
7. Gramens.
8. 72 Liliasées.
9. Jenjanbres.
10. Orchis.
11. 11 Aristoloches.
12. Eleagnus.
13. Onagres.
14. Mirtes.
15. Ombelliferes.
16. 6 Composées.
17. 6 Campanules.
18. 2 Briones.
19. Aparines.
20. Scabieuses.

21. Chevrefeuilles.
22. Aireles.
23. 26 Apocins.
24. Bouraches.
25. Labiées.
26. Vervènes.
27. Personées.
28. 9 Solanons.
29. Jasmens
30. Anagallis.
31. Salikères.
32. Pourpier.
33. Joubarbes.
34. Alsines.
35. Blitons.
39. Persikères.
40. Garou.
41. Rosiers.
42. Jujubiers.
43. 22 Légumineus.
44. 36 Pistachiers.
45. 12 Titimales.
46 Anones.
47. Chatèners.
48. Tilleuls.
52. 48 Crucifères.
53. 16 Pavots.
54. 64 Cistes.
55. Renoncules.
56. Arons.
58. Mousses.

3e CLASSE.

Etamines réunies toutes ensemble par les filets en un faisceau.

3. 3 Fucus.
6. Palmiers.
8. 2 Liliasées.
11. 4 Aristoloches.
36. Jalaps.
37. Amarantes.
38. Espargoutes.
43. 26 Légumineus.
44. 16 Pistachiers.
45. 21 Titimales.
49. Geranions.
50. Mauves.
51. Capriers.
57. Pins.

4e CLASSE.

Etamines réunies par les filets en 2 corps.

43. 61 Légumineus.

5e CLASSE.

Etamines réunies par les filets en plus de 2 corps.

43. 1 Légumineuse.
52. 1 Crucifère.
54. 7 Cistes.

6e CLASSE.

Etamines réunies par les anteres seulement.

16. 111 Composées.
17. 5 Campanules.
18. 13 Briones.
23. 2 Apocins.
28. 1 Solanon.
53. 1 Pavot.

7e CLASSE.

Etamines réunies par les filets & les anteres ensemble.

23. 1 Apocin.

43e Syftême. *Etamines ; leur nombre.*

1ere CLASSE.

Plantes à 1 Eta-mine.

4. Qu. Epatikes.
7. Quelk. Gramens.
9. Q. Jenjanbres.
10. Orchis.
12. Q. Eleagnus.
20. 2 Scabieufes.
35. Q. Blitons.
47. Q. Chatèniers.
56. Q. Arons.
58. Pl. Mouffes.

2e CLASSE.

A 2 Etamines.

7. Quelk. Gramens.
11. Q. Ariftoloches.
12. Q. Eleagnus.
13. Q. Onagres.
20. 3 Scabieufes.
27. Q. Perfonées.
29. Q. Jafmens.
31. Q. Salikères.
35. Q. Blitons.
36. 1 Jalap.
43. Q. Légumineuf.
44. Q. Piftachiers.
45. Qu. Titimales.
47. Q. Chateniers.
51. Q. Capriers.
52. 1 Crucifère.
54. Q. Ciftes.
56. Q. Arons.

3e CLASSE.

A 3 Etamines.

7. Q. Gramens.
8. Q. Liliafées.
9. Qu. Jenjanbres.
11. Q. Ariftoloches.

12. Q. Eleagnus.
13. Q. Onagres.
16. Q. Compofées.
18. Pl. Briones.
19. Q. Aparines.
20. 3 Scabieufes.
22. 1 Airele.
24. 1 Bourache.
29. Q. Jafmens.
30. Q. Anagallis.
33. 1 Joubarbe.
34. Q. Alfines.
35. Q. Blitons.
36. 1 Jalap.
37. Q. Amarantes.
38. Q. Efpargoutes.
39. Q. Perfikères.
40. Q. Garou.
42. Q. Jujubiers.
44. Q. Piftachiers.
45. Q. Titimales.
47. Q. Chateniers.
48. Q. Tilleuls.
52. 1 Crucifère.
53. Qu. Pavots.
56. Q. Arons.
57. Q. Pins.

4e CLASSE.

A 4 Etamines.

11. Q. Ariftoloches.
12. Q. Eleagnus.
13. Q. Onagres.
16. Q. Oompofées.
17. Q. Campanules.
18. 1 Brione.
19. Pl. Aparines.
20. Pl. Scabieufes.
21. Q. Chevrefeuill.
22. Q. Aireles.
23. Q. Apocins.
24. Q. Bouraches.
25. Labiées.
26. Pl. Vervènes.
27. Q. Perfonées.

29. Q. Jafmens.
30. Q. Anagallis.
31. Q. Salikères.
32. Q. Pourpiers.
42. Q. Jujubiers.
43. Q. Légumineuf.
44. Q. Piftachiers.
47. Q. Chatèniers.
48. Q. Tilleuls.
49. Q. Geranions.
51. Q. Capriers.
52. 1 Crucifère.
53. Q. Pavots.
54. Q. Ciftes.
56. Q. Arons.

5e CLASSE.

A 5 Etamines.

9. Q. Jenjanbres.
11. Q. Atiftoloches.
12. Q. Eleagnus.
14. Q. Onagres.
15. Pl. Ombellifer.
16. Pl. Compofées.
17. Campanules.
18. 2 Briones.
19. Q. Aparines.
20. 2 Scabieufes.
21. Pl. Chevrefeuill.
22. Q. Aireles.
23. Q. Apocins.
24. Pl. Bouraches.
26. Q. Vervenes.
27. Q. Perfonées.
28. Solanons.
29. Q. Jafmens.
30. Pl. Anagallis.
31. Q. Salikères.
32. Q. Pourpiers.
33. Q. Joubarbes.
34. Q. Alfines.
35. Pl. Blitons.
36. Pl. Jalaps.
37. Pl. Amarantes.
38. Q. Efpargoutes.
39. Q. Perfikères.

6e CLASSE.

A 6 Etamines.

40. Qu. Garou.
41. Q. Rofiers.
42. Q. Jujubiers.
43. Q. Légumineuf.
44. Q. Piftachiers.
45. Q. Titimales.
46. Q. Anones.
48. Q. Tilleuls.
49. Q. Geranions.
50. Q. Mauves.
51. Q. Capriers.
53. Q. Pavots.
54. Q. Ciftes.
55. Q. Renoncules.
56. Q. Arons.

6. Palmiers.
7. Quelk. Gramens.
8. Q. Liliafées.
9. Qu. Jenjanbres.
11. Q. Ariftoloches.
12. Q. Eleagnus.
15. 1 Ombellifere.
17. Q. Campanules.
19. Qu. Aparines.
21. Q. Chevrefeuill.
22. Q. Aireles.
24. Q. Bouraches.
31. Q. Salikères.
32. Q. Pourpiers.
34. Q. Alfines.
35. 1 Bliton.
39. Q. Perfikères.
44. Q. Piftachiers.
45. Q. Titimales.
46. Q. Anones.
47. Q. Chateñers.
51. Q. Capriers.
52. Pl. Crucifères.
53. Q. Pavots.
54. Q. Ciftes.
55. Q. Renoncules.
57. Q. Pins.

7ᵉ CLASSE.

A 7 Etamines.

12. Q. Eleagnus.
19. Q. Aparines.
30. 1 Anagallis.
33. 1 Joubarbe.
34. Q. Alfines.
35. Q. Blitons.
37. Q. Amarantes.
38. Q. Efpargoutes.
39. Q. Perfikères.
40. Q. Garou.
4.. Q. Rofiers.
43. Q. Légumineuf.
44. Q. Piftachiers.
47. Q. Chatèñers.
48. Q. Tilleuls.
56. Q. Arons.
57. Q. Pins.

8ᵉ CLASSE.

A 8 Etamines.

12. Q. Eleagnus.
13. Q. Onagres.
19. Q. Aparines.
21. Q. Chevrefeuill.
22. Q. Aireles.
23. Quelk. Apocins.
31. Q. Salikères.
32. Q. Pourpiés.
33. Q. Joubarbes.
34. Q. Alfines.
35. Q. Blitons.
39. Q. Perfikères.
40. Q. Garou.
42. Q Jujubiers.
43. Q. Légumineuf.

44. Q. Piftachiers.
45. Q. Titimales.
47. Q. Chatèñers.
48. Q. Tilleuls.
49. Q. Geranions.
51. Q. Capriers.
54. Q. Ciftes.
56. Q. Arons.

9ᵉ CLASSE.

A 9 Etamines.

11. K. Ariftoloches.
39. K. Perfikères.
40. K. Garou.
43. K. Légumineuf.
45. K. Titimales.
47. K. Chatèñers.
51. K. Capriers.
53. K. Pavots.
55. K. Renoncules.
56. K. Arons.

10ᵉ CLASSE.

A 10 Etamines.

12. Q. Eleagnus.
13. Q. Onagres.
21. Q. Chevrefeuill.
22. Pl. Aireles.
31. Q. Salikères.
32. Q. Pourpiers.
33. Q. Joubarbes.
34. Pl. Alfines.
37. 1 Amarante.
38. Q. Efpargoutes.
40. Q. Garou.
41. Q. Rofiers.
42. Q. Jujubiers.

43. Pl. Légumineuf.
44. Q. Piftachiers.
45. Q. Titimales.
46. Q. Anones.
48. Q. Tilleuls.
49. Pl. Geranions.
50. Q. Mauves.
51. Q. Capriers.
54. Q. Ciftes.
55. Q. Renoncules.
56. Q. Arons.
57. Q. Pins.

11ᵉ CLASSE.

A 11 Etamines.

45. 2 Titimales.
51. 2 Capriers.
55. 2 Renoncules.

12ᵉ CLASSE.

A 12 Etamines.

11. Q. Ariftoloches.
12. Q. Eleagnus.
18. Q. Briones.
21. Q. Chevrefeuill.
23. Q. Apocins.
31. Q. Salikères.
32. Q. Pourpiers.
33. Q. Joubarbes.
35. Q. Blitons.
44. Pl. Jujubiers.
44. Q. Piftachiers.
45. Q. Titimales.
47. Q. Chatèñers.
48. Q. Tilleuls.
51. Q Capriers.
54. Q. Ciftes.
57. Q. Pins.

13ᵉ CLASSE.

A 13 Etamines, jufqu'à 700.

3. Fucus.
4. Q. Epatikes.
5. Foujères.
11. K. Ariftoloches.
12. K. Eleagnus.
14. Mirtes.
21. K. Chevrefeuill.
22. Qu. Aireles.
32. Q. Pourpiers.
33. Q. Joubarbes.
34. 1 Alfine.
35. Q. Blitons.
41. P. Rofiers.
42. Pl. Jujubiers.
44. K. Piftachiers.
45. K. Titimales.
46. Pl. Anones.
47. K. Chatèñers.
48. P. Tilleuls.
49. K. Geranions.
50. Pl. Mauves.
51. Pl. Capriers.
53. Pl. Pavots.
54. Pl. Ciftes.
55. Pl. Renoncules.
56. Pl. Arons.
57. Pl. Pins.

14ᵉ CLASSE

Plantes fans Etamines.

1. Biffus.
2. Champignons.
3. 6 Fucus.

44ᵉ Syftême. *Etamines ; leur nombre refpectif à la Corole & au Calice.*

Il eft de remarque que dans la plûpart des Coroles monopétales, le nombre des Etamines eft dans l'une des trois proportions fuivantes ; 1° ou une fois moindre ; 2° ou égal ; 3° ou double du nombre des divifions de ces Coroles, excepté dans quelques Genres de la Famille des Aireles,

des Pourpiers, des Joubarbes & des Légumineuſes qui ne
ſont pas de vraies Monopétales.

Dans la plûpart des fleurs Polupétales, le nombre des
Etamines ſurpaſſe de beaucoup celui des Pétales, & même
ſans obſerver aucune proportion numérike reſpectivé.

Come il i a des Plantes qui n'ont pas de Calice, d'autres
qui n'ont pas de Corole, d'autres qui ont l'un & l'autre,
mais ſouvent dificiles à diſtinguer; pour ſauver les dificultés,
je conſidere le nombre des feuilles du Calice & de la Corole enſemble, lorſqu'ele eſt Polupétale; mais lorſqu'ele eſt
Monopétale, je ne compare que le nombre ſeul de ſes diviſions aux Etamines.

Iere CLASSE.

Sans Etamines.

1. Biſſus.
2. Champignons.
3. 6 Fucus.

2e CLASSE.

*Etamines moin-
dres en nombre
que le Calice ou
la Corole, ou
tous 2 enſemble.*

4. 8 Epatikes.
7. 44 Gramens.
8. 17 Liliaſées.
9. 9 Jenjanbres.
10. Orchis.
11. 4 Eleagnus.
13. 11 Onagres.
15. Ombelliféres.
18. 12 Briones.
20. 5 Scabieuſes.
21. 3 Chevrefeuilles.
22. 6 Aireles.
23. 9 Apocins.
24. 4 Bouraches.
26. 16 Vervènes.
27. 28 Perſonées.
29. 12 Jaſmens.
30. 1 Anagallis.
31. 3 Pourpiers.

34. 10 Alſines.
35. 1 Bliton.
36. 1 Jalap.
37. 14 Amarantes.
38. 9 Eſpargoutes.
40. 3 Garou.
41. 4 Roſiers.
42. 14 Jujubiers.
43. 3 Légumineuſ.
44. 21 Piſtachiers.
45. 13 Tikimales.
46. 2 Anones.
47. 1 Chatèner.
48. 7 Tilleuls.
49. 6 Geranions.
50. 4 Mauves.
51. 5 Capriers.
52. Cruciféres.
53. 9 Pavots.
54. 22 Ciſtes.
55. 1 Renoncule.
56. 4 Arons.
57. 2 Pins.

3e CLASSE.

*Etamines égales
au nombre du
Calice ou de la
Corole, ou de
tous 2 enſem-
ble.*

6. Palmiers.
8. 58 Liliaſées.

9. 5 Jenjanbres.
11. 6 Ariſtoloches.
12. 6 Eleagnus.
13. 15 Onagres.
14. 1 Mirte.
16. Compoſées.
17. Campanules.
18. 2 Briones.
19. Aparines.
20. 5 Scabieuſes.
21. 19 Chevrefeuill.
22. 9 Aireles.
23. 10 Apocins.
24. 18 Bouraches.
25. 58 Labiées.
26. 10 Vervènes.
27. 25 Perſonées.
28. Solanons.
29. 21 Jaſmens.
30. 13 Anagallis.
31. 4 Salikères.
32. 12 Pourpiers.
33. 6 Joubarbes.
34. 23 Alſines.
35. 16 Blitons.
36. 3 Jalaps.
37. 2 Amarantes.
38. 5 Eſpargoutes.
39. 3 Perſikères.
40. 9 Garou.
41. 6 Roſiers.
42. 10 Jujubiers.
43. 96 Légumineuſ.
44. 24 Piſtachiers.
45. 12 Titimales.
46. 2 Anones.
47. 14 Chatèners.

48. 5 Tilleuls.
49. 6 Geranions.
50. 1 Mauve.
51. 3 Capriers.
53. 1 Pavot.
54. 15 Ciſtes.
55. 3 Renoncules.
56. 6 Arons.
57. 2 Pins.

4e CLASSE.

*Etamines plus
nombreuſes que
le Calice ou la
Corole ſéparé-
mant, ou que
tous 2 enſemble.*

3. 3 Fucus.
4. 3 Epatiques.
5. Foujères.
7. 18 Gramens.
9. 2 Jenjanbres.
11. 9 Ariſtoloches.
12. 7 Eleagnus.
13. 1 Onagre.
14. 11 Mirtes.
21. 6 Chevrefeuill.
22. 22 Aireles.
25. 3 Labiées.
27. 6 Perſonées.
30. 2 Anagallis.
31. 9 Salikères.
32. 19 Pourpiers.

33. 5 Joubarbes.
34. Alſines.
35. 9 Blitons.
39. 9 Perſikères.
40. 8 Garou.
41. 19 Roſiers.

42. 6 Jujubiers.
43. 14 Légumineuſ.
44. 11 Piſtachiers.
45. 16 Titimales.
46. 10 Anones.
47. 7 Chatèñers.

48. 11 Tilleuls.
49. 2 Geranions.
50. 21 Mauves.
51. 6 Capriers.
53. 9 Pavots.
54. 36 Ciſtes.

55. 24 Renoncules.
56. 12 Arons.
57. 8 Pins.
58. Mouſſes.

45ᵉ Syſtême. *Etamines ; leur proportion reſpective.*

1ᵉʳᵉ CLASSE.

Plantes ſans Etamines.

1 Biſſus.
2. Champiñons.
3. 6 Fucus.

2ᵉ CLASSE.

Etamines à-peu-près égales en-tr'elles.

3. 3 Fucus.
4. Epatikes.
5. Foujères.
6. Palmier.
7. Gramens.
8. 14 Liliaſées.
9. Jenjanbres.
10. Orchis.
11. Ariſtoloches.
12. Eleagnus.
13. 7 Onagres.
14. Mirtes.
15. Ombellifères.
16. Compoſées.
17. Campanules.
18. Briones.

19. Aparines.
20. Scabieuſes.
21. Chevrefeuilles.
22. 9 Aireles.
23. Apocins.
24. Bouraches.
27. 8 Perſonées.
28. Solanons.
29. Jaſmens.
30. Anagallis.
31. 4 Salikères.
32. 26 Pourpiers.
33. 9 Joubarbes.
34. 10 Alſines.
35. Blitons.
36. Jalaps.
37. Amarantes.
38. Eſpargoutes.
39. Perſikères.
41. Jujubiers.
43. 6 Légumineuſ.
44. 33 Piſtachiers.
45. 28 Titimales.
46. Anones.
47. Chatèñers.
48. Tilleuls.
49. 4 Geranions.
50. 24 Mauves.
51. Capriers.
52. 5 Crucifères.
53. Pavots.
54. Ciſtes.

55. Renoncules.
56. Arons.
57. Pins.
58. Mouſſes.

3ᵉ CLASSE.

Etamines, dont $\frac{1}{3}$ ſont ſenſible-ment plus lon-gues que les au-tres.

49. 1 Geranion.
50. 1 Mauve.

4ᵉ CLASSE.

Etamines, dont $\frac{1}{2}$ ſont ſenſible-ment plus lon-gues que les au-tres.

8. 59 Liliaſées.
13. 15 Onagres.
22. 17 Aireles.
25. Labiées.
26. 23 Vervènes.
27. 34 Perſonées.
31. 6 Salikères.
32. 7 Pourpiers.
33. 2 Joubarbes.

34. 25 Alſines.
40. 7 Garou.
43. 104 Légumineuſ.
44. 23 Piſtachiers.
45. 5 Titimales.
49. 7 Geranions.

5ᵉ CLASSE.

Etamines, dont $\frac{1}{2}$ & 1 de plus ſont ſenſible-ment plus lon-gues que les au-tres.

26. 4 Vervènes.
27. 21 Perſonées.
43. 1 Légumineuſe.

6ᵉ CLASSE.

Etamines, dont les $\frac{2}{3}$ ſont ſenſi-blement plus longues que les autres.

51. 48 Crucifères.

46ᵉ Syſtême. *Anteres ; leur ſituation & diſpoſiton.*

On peut conſidérer les antères ſous 7 points de vue diffé-rens ; ſavoir,

1° Leur couleur.
2 Leur nombre ſur chake filet.
3 Le nombre de leurs lojes.
4 La maniere dont eles s'ouvrent.

5 Le nombre de leurs valves ou batans.
5 Leur situatión & connexion.
7 Leur figure.

Couleur.   Les antères font jaunes dans le plus grand nombre des Plantes ; il i en a beaucoup de blanches, come dans quelkes Ombelliferes, & quelkes-unes de roujes come dans les Jujubiers,
les Légumineufes, &c.

Nombre.   C'eft une erreur que de dire que le Brionia ait 5 antères fur
5 filets, come de dire que, dans la Famille des Perfonnées qui
n'a que des antères à 2 lojes, il i a des filets qui portent 2 antères, chacune a 1 loje, parce ke ces 2 lojes fe trouvent un peu
écartées l'une de l'autre, come dans l'Adatoda, le Barliera, le
Stemodia, le Mercurialis, &c. L'éloignemant de leurs lojes ne doit
pas les faire regarder come autant d'antères diftinctes, lorskeles
font corps avec les filets, pas plus que leur lejère réunion ne
doit les faire regarder come une feule antère, lorskeles ne font
pas corps avec les filets, come dans les Compofées, & même
quand eles feroient corps avec les filets come dans les Campanules, puiske chacune d'eles eft bien diftincte avec fes 2 lojes
fur fa face antérieure.

Le plus grand nombre des Plantes ne porte qu'une antère fur
chaque filet ; il i en a peut-être 2 dans le Kapnoïdes & le Cif-
ticapnos, 3 dans le Fumaria.

Parmi ces antères il i en a de ftériles ou mal conformées :
on en compte 1 dans le Kamara, le Citaræxulon, le Duranta,
le Scrofularia, &c. 2 dans le Zizifora, le Kempfera, le Blairia,
le Sherardia, le Gleditfia, &c. 3 dans le Gratiola & quelkes
Géranions ; 4 dans le Tamarin ; 5 dans quelkes Légumineufes
& quelkes Géranions.

Loges.   C'eft encore une erreur que de dire que les antères de la mercuriale n'ont que 1 loje, que celes des Orchis en ont 3, & celes
de la Fritilère 4. Ce qu'il i a de plus fingulier à cet égard, fe
réduit à-peu-près à ce que celes du plus grand nombre ont 2
lojes, qu'il i en a 2, & 4 dans le Zannichellia ; 4 dans le Fluvialis ;
depuis 4 jufqu'à 10 dans le Tua, le Taxus & l'Equifeton ; &
qu'il n'i en a que 1 dans quelques Briones, dans le Caapeba, le
Polugala, le Manglier, le Bukafer, le Drakunculus & les
Mouffes.

Manière dont eles s'ouvrent.   Quant à la manière dont s'ouvrent les antères, on remarke
beaucoup de variétés.

Le plus grand nombre s'ouvre longitudinalement, c'eft-à-
dire, dans un fens parallèle à leur longueur.

Quelkes-unes s'ouvrent tranfverfalement come celes du Caaƀoba ; & parmi celes-ci, il i en a qui ont un couvercle, come l'Abies, la plûpart des Mouſſes.

D'autres s'ouvrent par un ſeul paneau qui ſe ſépare de haut en bas ; teles ſont celes du Manglier.

D'autres, par deux paneaux qui ſe levent de bas en haut; come dans la plûpart des Apocins, le Rombut, le Trilopus, l'Epimedion, le Leontopetalon, le Berberis, le Laurus.

D'autres s'ouvrent par le ſomet, c. à d. en-deſſus, come le Ruſcus, le Lukoperſikon, la Caſſe, le Polugala, le Bukafer, le Drakunkulus & quelkes Mouſſes.

D'autres par-deſſous, come le Tua, le Taxus & l'Equiſeton.

Il n'i a point de valves ou batans dans celes qui s'ouvrent par en-haut ; eles forment un godet, ou une bourſe plus ou moins alonjée.

Il n'i a que 1 valve dans celes qui s'ouvrent en-deſſous ou avec 1 paneau ; 2 valves dans celes qui ont 2 paneaux ou qui s'ouvrent, ſoit longitudinalemant, ſoit tranſverſalemant par un ſillon ; 3 dans le Zannichellia ; 4 dans le Lumularia, le Marſilea & le Jungermania ; 4 à 5 dans l'Epatika & le Fluvialis.

Il i a des antères ſans filets, & qui ſont atachées immédiatemant par leur baſe ou par le côté à quelques-unes des parties de la fleur ; & de celes qui ſont portées ſur des filets, les unes font corps avec ces filets, & les autres ne leur ſont atachées que très-legeremant. Parmi ces dernieres, la plûpart ſont portées ſur leur extrémité inférieure dans laquele le filet s'enfonce ſouvent très-profondémant, & ſe ſoutienent droites ; quelques-unes ſont atachées par leur ſomet come le Colchike ; les autres ſont atachées par le côté ou par le milieu de leur longueur, ce qui fait qu'eles ſont pendantes ou couchées come un balanſier en ékilibre.

Iere CLASSE.	6. Palmiers.	23. Apocins.	45. Titimales.
Sans Anteres.	8. 1 Liliaſte.	24. Bouraches.	46. Anones.
	9. Jenjanbres.	25. Labiées.	47. Pl. Chatèniers.
1. Biſſus.	10. Orchis.	26. Vervènes.	48. Q. Tilleuls.
2. Champignons.	11. Ariſtoloches.	27. Perſonées.	49. Geranions.
3. Fucus.	12. Eleagnus.	28. Solanons.	51. Pl. Capriers.
4. 2 Epatikes.	13. Onagres.	29. Q. Jaſmens.	52. Cruciſères.
2e CLASSE.	14. Mirtes.	30. Anagallis.	53. Pavots.
Anteres ou droi-	15. Ombelliferes.	34. Pl. Alſines.	54. Ciſtes.
tes, ou faiſant	16. Compoſées.	35. Pl. Blitons.	55. Renoncules.
corps avec les	17. Campanules.	37. Amarantes.	56. Arons.
filets.	18. Briones.	38. Eſpargoutes.	57. Pins.
	19. Aparines.	40. Pl. Garou.	58. Mouſſes.
5. Foujères.	21. Chevrefeuil.	44. Pl. Piſtachiers.	

3e CLASSE.

Anteres couchées, ſe balançant en équilibre.

7. Gramens.

8. Plûp. Liliaſées.
20. Scabieuſes.
22. Aireles.
29. Pl. Jaſmens.
31. Salikères.
32. Pourpiers.
33. Joubarbes.

34. Q. Alſines.
35. Q. Blitons.
36. Jalaps.
39. Perſikères.
40. Q. Garou.
41. Roſiers.
42. Jujubiers.

43. Légumineuſes.
44. Q. Piſtachiers.
47. Q. Chatèñers.
48. P. Tilleuls.
50. Mauves.
51. Q. Capriers.

47e Syſtême. *Antères ; leur figure.*

1ere CLASSE.

Plantes ſans Antères

1. Biſſus.
2. Champignons.
3. Fucus.
4. 2 Epatikes.

2e CLASSE.

Anteres ſférikes ou ovoides courtes.

4. 7 Epatikes.
5. Foujères.
10. Orchis.
11. Ariſtoloches.
12. Pl. Eleagnus.
14. Mirtes.
15. Ombellifères.
20. Scabieuſes.
25. Pl. Labiées.
29. Q. Jaſmens.

31. Salikères.
32. Pourpiers.
33. Joubarbes.
34. Pl. Alſines.
35. Pl. Blitons.
41. Roſiers.
42. Jujubiers.
43. Pl. Légumineuſ.
45. Titimales.
46. Q. Anones.
47. Q. Chatèñers.
48. P. Tilleuls.
50. Mauves.
54. Q. Ciſtes.
56. Arons.
57. Pins.
58. P. Mouſſes.

3e CLASSE.

Antères longues.

4. 3 Epatikes.
6. Palmiers.
7. Gramens.
8. Liliaſées.

9. Jenjanbres.
12. Q. Eleagnus.
13. Onagres.
16. Compoſées.
17. Campanules.
18. Briones.
19. Aparines.
21. Chevrefeuill.
22. Pl. Aireles.
23. Apocins.
24. Bouraches.
25. Labiées.
26. Vervènes.
27. Perſonées.
28. Solanons.
29. Pl. Jaſmens.
30. Pl. Anagallis.
34. Q. Alſines.
35. Q. Blitons.
36. Jalaps.
37. Amarantes.
38. Eſpargoutes.
39. Perſikères.
40. Garou.
43. Q. Légumineuſ.
44. Piſtachiers.
46. Pl. Anones.

47. P. Chatèñers.
48. Q. Tilleuls.
49. Geranions.
51. Capriers.
52. Cruciferes.
53. Pavots.
54. Pl. Ciſtes.
55. Renoncules.
58. Q. Mouſſes.

4e CLASSE.

Anteres fourchues ou à 2 cornes.

22. 10 Aireles.
30. 1 Anagallis.

5e CLASSE.

Anteres ſpirales.

23. 2 Apocins.

48e Syſtême. *Pouſſieres des Etamines ; leur figure.*

.: La pouſſiere des antères de la plûpart des Plantes apelées parfaites, joue ſur l'ęau, c. à d., ouvre & fend ſon écorce ou envelope d'où ſort avec force une matière filamenteuſe en aparance, & ſouvent mêlée de petits grains verdâtres. Cete ſubſtance ne ſe mêle point à l'eau non plus que la cire, mais ſe diſſout facilemant à l'eſprit de vin ; c'eſt ele que les abeilles recueillent pour faire la cire de leurs raions. La pouſſiere des Plantes apelées imparfaites, comé cele des Foujères & ſur-tout cele des Mouſſes, ne ſe creve pas de même à l'eau ; cele en par-

ticulier du Lukopodion ne se fond pas à l'eau, même bouillante;
jetée sur la flamme d'une boujie, ele brule come une résne
pulvérisée, & paroît tenir de la nature du soufre, d'où lui est
venu son nom de soufre vegétal. La poussiere des étamines du
Pin est assez semblable à cele du Lukopodion, & c'est à ele
qu'on doit ces pluies de soufre qui tombent dans le voisinaje
des montagnes qui sont couvertes de ces arbres, & que les
vents portent souvent jusqu'à 15 lieues. Ce fénomène, qui
n'étone que ceux qui en ignorent la cause aussi simple, arive
souvent à la ville de Bordeaux, pendant le mois d'Avril, tems
où les Pins sont en fleur.

27. 1 Personée.
49. 1 Geranions.
50. Mauves.

10e CLASSE.

Poussieres en Y ou

étoilées à 3 branches.

21. 1 Chevrefeuill.
26. 1 Vervène.

48. 1 Tilleul.

11e CLASSE.
En croix ou à 4 branches.

12e CLASSE.
En globules avec 4 filets en patte d'araignée.

57. 1 Pin.

49e Système. Ovère ; sa situation.

Dans certaines Plantes, l'Ovère ou le Pistil n'est autre chose que la graine, come dans quelques Rosiers, quelques Renoncules, &c.

Les Ovères de Filipendula & de l'Isora sont tournés en Spirale du côté oposé au mouvemant diurne du Soleil.

1ere CLASSE.

Plantes sans Ovère.

1. Q. Bissus.
2. Q. Liliasées qui n'ont jamais de fleur.

2e CLASSE.

Ovère sans fleur, c. à d. sans Calice, Corole & Étamines.

1. Bissus.
2. Champignons.
3. 6 Fucus.

3e CLASSE.

Ovère loin de la fleur, sur diférens piés.

3. Quelk. Fucus.

4. Epatikes.
58. Q. Mousses.

4e CLASSE.

Ovère, loin de la fleur sur le même pié.

3. Q. Fucus.
4. Q. Epatikes.
58. Q. Mousses.

5e CLASSE.

Ovère dans la fleur.

5. Foujères.
6. Palmiers.
7. Gramens.
8. Quelk. Liliasées.
21. Pl. Aireles.
23. Apocins.
24. Bouraches.
25. Labiées.
26. Vervènes.
27. Personées.

28. Solanons.
29. Jasmens.
30. Anagallis.
31. Salikères.
32. Pourpiers.
33. Joubarbes.
34. Alsines.
35. Blitons.
36. Jalaps.
37. Amarantes.
38. Espargoutes.
39. Persikères.
40. Garou.
41. Q. Rosiers.
42. Jujubiers.
43. Légumineus.
44. Pistachiers.
45. Titimales.
46. Anones.
47. Chatèniers.
48. Tilleuls.
49. Geranions.
50. Mauves.
51. Capriers.
52. Crucifères.
53. Pavots.
54. Cistes.
55. Renoncules.
56. Arons.

57. Pins.

6e CLASSE.

Ovère sous la fleur.

8. 26 Liliasées.
9. Jenjanbres.
10. Orchis.
11. Aristoloches.
12. Eleagnus.
13. Onagre.
14. Mirtes.
15. Ombellifères.
16. Composées.
17. Campanules.
18. Briones.
19. Aparines.
20. Scabieuses.
21. Chevrefeuilles.
22. 3 Aireles.
32. 26 Pourpiers.
41. Q. Rosiers.

50e Système. Ovères ; leur nombre.

Ce Système tient lieu de celui qu'on pouroit faire

sur

fur le nombre des fruits, parce que l'ovère devenant fruit par la fuite, le nombre des fruits eſt le même que celui des ovères.

1ᵉʳᵉ CLASSE.

Plantes qui n'ont point d'ovères, mais qui détachent des portions d'eles-mêmes qui en tiennent lieu.

1. Q. Biſſus.
8. Q. Liliaſées qui n'ont jamais de fleurs.

2ᵉ CLASSE.

Plantes qui ont un ſeul ovère.

4. Q. Epatikes.
6. Plûp. Palmiers.
7. Gramens.
8. Liliaſées.
9. Jenjanbres.
10. Orchis.
11. Ariſtoloches.
12. Eleagnus.
13. Onagres.
14. Mirtes.
15. Ombelliferes.
16. Compoſées.
17. Campanules.
18. Briones.
19. Aparines.
20. Scabieuſes.

21. Chevrefeuilles.
22. Aireles.
23. Plûp. Apocins.
24. 9 Bouraches.
26. Vervènes.
27. Perſonées.
28. Solanons.
29. Jaſmens.
30. Anagallis.
31. Salikères.
32. Pourpiers.
34. Alſines.
35. Blitons.
36. Jalaps.
37. Amarantes.
38. Eſpargoutes.
39. Perſikères.
40. Garou.
41. 2 Roſiers.
42. Jujubiers.
43. Légumineuſes.
44. Piſtachiers.
45. Tiꞇimales.
47. 17 Chatèñers.
48. Tilleuls.
49. Geranions.
50. Mauves.
51. Capriers.
52 Crucifères.
53. Pavots.
54. Ciſtes.
56 12 Arons.
57. 3 Pins.
58. Mouſſes.

3ᵉ CLASSE.

Plantes à 2 ovères.

5. 1 F. *Palmafilix.*
23. 9 Apocins.
24. 1 Bour. *Kerinte.*
33. 1 Joubarbe.
41. 7 Roſiers.
46. 1 Anone.
47. 1 Chatèñer.
55. 1 Renoncule.
57. 6 Pins.

4ᵉ CLASSE.

Plantes à 3 ovères.

5. 1 Fouj. *Lemma.*
6. 2 Palmiers.
33. 1 Joubarbe.
46. 2 Anones.
47. 1 Chatèñer.
55. 6 Renoncules.

5ᵉ CLASSE.

Plantes à 4 ovères.

4. 1 Ep. *Antokeros.*
24. 11 Bouraches.
25. Labiées.

33. 4 Joubarbes.
41. 4 Roſiers.
46. 3 Anones.
47. 1 Chatèñer.
55. 3 Renoncules.
56. 3 Arons.

6ᵉ CLASSE.

Plantes à 5 ovères.

33. 5 Joubarbes.
41. 7 Roſiers.
46. 3 Anones.
55. 4 Renoncules.
56. 1 Aron.

7ᵉ CLASSE.

Plantes à plus de 5 ovères.

1. Q. Biſſus.
2. Champignons.
3. Fucus.
4. Pl. Epatikes.
5. Pl. Foujères.
6. 1 P. *Chamairops.*
33. 1 Joubarbe.
41. 11 Roſiers.
46. 11 Anones.
55. 19 Renoncules.
56. 9 Arons.
57. 1 Pin. *Cypres.*

51ᵉ Syſtême. *Stiles de l'ovère ; leur nombre.*

Ordinairemant lorſqu'il n'i a qu'un ovère, il n'i a qu'un ſtile, come dans les Mirtes, les Compoſées, les Chevrefeuilles, les Aparines, les Aireles, les Jaſmens, les Anagallis, les Salikères, la plûpart des Jujubiers, les Pins, &c. & lorſqu'il i a pluſieurs ovères, chaque ovère a ſon ſtile particulier, come dans les Rofiers, les Anones, les Renoncules, &c.

Cependant il i a des Plantes qui ont plufieurs ftiles pour un feul ovère, teles font les Ombellifères, quelkes Pourpiers, les Alfines, les Blitons, les Perfikères, quelkes Piftachiers, &c; cela indique dans les Ombellifères & les Piftachiers qui ont le fruit à plufieurs lojes, que ces Familles aprochent de celes qui ont plufieurs ovères: d'autres Plantes au contraire n'ont qu'un feul ftile pour plufieurs ovères; teles font les Bouraches, les Labiées & les Apocins.

Il i a encore d'autres Familles qui tienent le milieu entre celles-ci, & qui ont leur ftile fimple à fon origine, mais enfuite divifé en autant de branches ou de ftigmates qu'il i a de divifions ou de lojes dans l'ovère; de forte qu'on ne peut pas dire précifément fi ce font plufieurs ovères diftincts, ou fi ce n'en eft qu'un feul divifé en plufieurs lojes; tels font les Geranions, les Mauves & quelkes Ciftes.

Les ftiles font tournés dans un fens contraire au mouvemant diurne du foleil, dans le Cucubalus & le Silene.

Quant à fa fituation, le ftil eft placé au fomèt de l'ovère dans le plus grand nombre des Plantes; fur le côté interne du fomèt, dans celes qui ont plufieurs ovères; & fouvent à l'origine ou bafe de l'ovère dans le Suriana, l'Alchimilla, l'Afanes, l'Ikako, l'Irtella, &c.

Plufieurs Plantes n'ont pas de ftile; mais dans celes qui en ont, il acompagne le plus fouvent l'ovère jufqu'à fa maturité.

Il eft anguleux, fouvent triangulère dans les Liliafées; & cilindrike, ou en forme de foie dans les autres.

Il eft communément long dans les fleurs panchées ou pendantes, & court ou médiocre dans les autres, afin que le Stigmate puiffe recevoir la pouffière fécondante des étamines.

1ᵉ CLASSE.

Plantes qui n'ont pas de ftile.

1. Biffus.
2. Champignons.
3. Fucus.
4. Epatikes.
5. Foujères.
21. 2 Ariftoloches.
22. 1 Airele.

53. Pl. Pavots.
54. Q. Ciftes.
56. Q. Arons.
58. Mouffes.

2ᵉ CLASSE.

Plantes à 1 ftile.

6. Palmiers.
7. Qu. Gramens.
8. Pl. Liliafées.
9. Jenjanbres.
10. Orchis.
11. Pl. Ariftoloches.
12. Eleagnus.
13. Onagres.
14. Mirtes.
15. 2 Ombellifères.
16. Pl. Compofées.
17. Campanules.
18. Briones.
19. P. Aparines.
20. Scabieufes.
21. Chevrefeuilles.
22. Pl. Aireles.
23. Apocins.
24. Bouraches.
25. Labiées.
26. Vervènes.
27. Perfonées.
28. Solanons.
29. Jafmens.
30. Anagallis.
31. Salikères.
32. Q. Pourpiers.

33. Joubarbes.
34. Q. Alsines.
35. Q. Blitons.
36. Jalaps.
37. Q. Amarantes.
38. Q. Espargoutes.
40. P. Garou.
41. Pl. Rosiers.
42. Q. Jujubiers.
43. Légumineus.
44. Pl. Pistachiers.
45. Pl. Titimales.
45. Anones,
47. Q. Chateners.
48. Q. Tilleuls.
49. Pl. Geranions.
50. Mauves.
51. Pl. Capriers.
52. Crucifères.
53. Q. Pavots.
54. Pl. Cistes.
55. Renoncules.
56. Pl. Arons.
57. Pins.

3e CLASSE.

Plantes à 2 stiles.

7. Q. Gramens.
15. Pl. Ombellifères.
16. Q. Composées.

29. 1 Aparine.
22. Q. Aireles.
32. Q. Pourpiers.
34. Q. Alsines.
35. Q. Blitons.
37. Q. Amarantes.
39. Q. Persikères.
41. Q. Rosiers.
42. Q. Jujubiers.
44. Q. Pistachiers.
45. Q. Titimales.
47. Q. Chateners.
48. Q. Tilleuls.
49. Q. Geranions.
54. Q. Cistes.
56. Q. Arons.

4e CLASSE.

Plantes qui ont 3 stiles.

8. 6 Liliasées.
11. Q. Aristoloches.
22. 1 Airele.
32. Q. Pourpiers.
34. Q. Alsines.
35. Q. Blitons.
37. Q. Amarantes.
38. Q. Espargoutes.
39. Q. Persikères.

40. 1 Garou.
41. Q. Rosiers.
42. Q. Jujubiers.
44. Q. Pistachiers.
45. Q. Titimales.
47. Q. Chateners.
49. Q. Geranions.
51. Q. Capriers.
54. Q. Cistes.
56. Q. Arons.

5e CLASSE.

Plantes à 4 stiles.

32. Q. Pourpiers.
34. Q. Alsines.
35. Q. Blitons.
37. Q. Amarantes.
41. Q. Rosiers.
42. Q. Jujubiers.
44. Q. Pistachiers.
47. Q. Chateners.
51. Q. Capriers.
54. Q. Cistes.
56. Q. Arons.

6e CLASSE.

Plantes qui ont 5 stiles.

15. 1 Omb. Aralia.

32. Q. Pourpiers.
34. Q. Alsines.
35. Q. Blitons.
37. Q. Amarantes.
38. Q. Espargoutes.
40. 2 Garou.
41. Q. Rosiers.
42. Q. Jujubiers.
44. Q. Pistachiers.
49. 2 Geranions.
51. Q. Capriers.
54. Q. Cistes.

7e CLASSE.

Plantes qui ont 6 stiles.

15. K. Ombellifer.
32. K. Pourpiers.
54. K. Cistes.

8e CLASSE.

Plantes qui ont plus de 6 stiles.

32. Q. Pourpiers.
35. 1 Bliton.
54. Q. Cistes.

52e Systême. *Stigmates du stile ou de l'overt; leur nombre.*

Le Stigmate est droit & élevé dans la plûpart des Plantes; il se roule en dessous en cercle dans quelques-unes, come les Composées; ou en spirale de côté, come dans le Safran; ou bien il rampe, come dans le Nenufar, le Pavot, &c.

Lorsqu'il i en a plusieurs, il n'est pas étonant qu'ils soient disposés symétrikemant sur les côtés du stil, come dans la plûpart des Liliasées, dans le Coton, &c. mais il est rare de le voir placé sur le côté lorsqu'il est seul, come dans le Kamara, l'Ostia, le Petrea, le Lippia, &c; pour l'ordinère il termine l'extremité du stil.

Il ressemble à un filet conique, ou en soie dans les Labiées.

A un cilindre dans nombre d'Aireles.

A un demi-cilindre, dans la plûpart des Composées.

A un sillon velouté, dans la plûpart des Titimales.

A une massue ou chapiteau anguleux, dans le Chupalon, l'Airele & la plûpart des Apocins.

A une sfère, dans la plûpart des Personées & des Mauves.

A un émistère dans la plûpart des Salikères.

A un œuf, dans le Convolvulus.

A un Diske ou orbe, dans le Grevia.

A un parasol, dans le Sarracena.

A une demi-lune, dans les Briones.

A une lame ou feuillet, dans l'Iris, l'Abies, &c.

A 2 levres dans quelques Personnées & Jasmens.

A un pinceau ou goupillon, dans la plûpart des Gramens, &c.

Il tombe dans la plûpart avec le stil, & acompagne le fruit jusqu'à sa maturité dans d'autres, come le Nenufar, les Pavots, le Sarracena, &c.

1ere CLASSE.

Sans Stigmate.

1 Bissus.
2. Champign.
3. Fucus.
4. Epatikes.
5 Foujères.
78. Mousses.

2e CLASSE.

A 1 Stigmate.

6. Palmiers.
7. Quelk. Gramens.
8 Plûp. Liliasées.
9. Plûp. Jenjubr.
10. Orchis.
11. Pl. Aristoloches.
12. Eleagnus.
13. Pl. Onagres.
14. Mirtes.
15. 2 Ombellifères.
16. Q. Composées.
18. 1 Brione.
19. 7 Aparines.
20. Q. Scabieuses.
21. Pl. Chevrefeuill.
22. Pl. Aireles.

23. Qu. Apocins.
24. Q. Bouraches.
26. Pl. Vervènes.
27. Pl. Personées.
28. Pl. Solanons.
29. Pl. Jasmens.
30. Pl. Anagallis.
31. Salikères.
32. Q. Pourpiers.
33. Joubarbes.
35. Q. Blitons.
36. P. Jalaps.
37. Q. Amarantes.
38 Q. Espargoutes.
40. Pl. Garou.
41. Pl. Rosiers.
42. Q. Jujubiers.
43. Légumineuses.
44. Pl. Pistachiers.
45. Q. Titimales.
46. Anones.
47. Q. Chatèners.
48. Pl. Tilleuls.
49. Q. Geranions.
50. Q. Mauves.
51. Pl. Capriers.
52. Pl. Crucifères.
53. Pl. Pavot.
54. Pl. Cistes.
55. Renoncules.

56. Pl. Arons.
57. Pins.

3e CLASSE.

A 2 Stigmates.

7. Quelk. Gramens.
13. 1 Onagre.
15. Pl. Ombellifères.
16. Pl. Composées.
17. Pl. Campanules.
18. 1 Brione.
19. Pl. Aparines.
20. Q. Scabieuses.
21. Q. Chevrefeuill
22. Q. Aireles.
23. P. Apocins.
24. Pl. Bouraches.
25. Labifes.
26. Q. Vervènes.
27. Pl. Personées.
28. 1 Solanon.
29. Pl. Jasmens.
32. Q. Pourpiers.
34. Q. Alsines.
35. Q. Blitons.
37. Q. Amarantes.
39. Q. Perukeres.

40. 2 Garou.
41. Q. Rosiers.
42. Q. Jujubiers.
44. Q. Pistachiers.
45. Q. Titimales.
47. Q. Chatèners.
48. Q. Tilleuls.
51. Q. Capriers.
52. Q. Crucifères.
53. Q. Pavots.
54. Q. Cistes.
56. Q. Arons.

4e CLASSE.

A 3 Stigmates.

7. Q. Gramens.
8. Qu. Liliasées.
9. Q. Jenjanbres.
11. Q. Aristoloches.
17. Q. Campanules.
18. Pl. Briones.
20. Q. Scabieuses.
21. Q. Chevrefeuill.
22. Q. Aireles.
27. 2 Personées.
30. 1 Anagallis.
32. Q. Pourpiers

34. Q. Alfines.
35. Q. Blitons.
37. Q. Amarantes.
38. Q. Espargoutes.
39. Q. Persikères.
40. 1 Garou.
41. Q. Rofiers.
42. Q. Jujubiers.
44. Q. Piftachiers.
45. Qu. Titimales.
47. Q. Chatèners.
48. Q. Tilleuls.
49. Pl. Geranions.
50. Q. Mauves.
51. Q. Capriers.
52. Q. Crucifères.
53. Q. Pavots.
54. Q. Ciftes.
56. Q. Arons.

5e CLASSE.

A 4 Stigmates.

7. 1 Gramen.

13. 2 Onagres.
17. 1 Campanule.
19. 1 Aparine.
22. 2 Aireles.
23. 1 Apocin.
24. 3 Bouraches.
32. Q. Pourpiers.
34. Q. Alfines.
35. Q. Blitons.
37. Qu. Amarantes.
41. Q. Rofiers.
42. Q. Jujubiers.
44. Q. Piftachiers.
45. Q. Titimales.
47. Q. Chatèners.
51. Q. Capriers.
53. Q. Pavots.
54. Q. Ciftes.
56. Q. Arous.

6e CLASSE.

A 5 Stigmates.

15. 1 Ombellifère.
17. 1 Campanule.
21. 1 Airele.
32. Q. Pourpiers.
34. Q. Alfines.
35. Q. Blitons.
36. 1 Jalap.
37. Q. Amarantes.
38. Q. Espargoutes.
40. 2 Garou.
41. Q. Rofiers.
42. Q. Jujubiers.
44. Q. Piftachiers.
45. Q. Titimales.
47. Q. Chatèners.
48. 1 Tilleul.
49. Q. Geranions.
50. Q. Mauves.
51. Q. Capriers.
53. Q. Pavots.
54. Q. Ciftes.

7e CLASSE.

A 6 Stigmates.

9. 1 Jenjanbre.
11. Q. Ariftoloches.
17. 1 Campanule.
32. Q. Pourpiers.
45. Q. Titimales.
47. Q. Chatèners.
53. Q. Pavots.
54. Q. Ciftes.

8e CLASSE.

A plus de 6 Stigmates.

32. Q. Pourpiers.
35. 1 Bliton.
45. Q. Titimales.
50. Pl. Mauves.
53. Q. Pavots.
54. Q. Ciftes.

53e Systême. *Fruit; sa substance.*

Il n'i a presque pas de limites entre la baie du Pêcher, la Pome, le grain de Raisin ou de Groseille *Acinus*; & souvent le même fruit est d'abord charnu en baie, & ensuite devient une écorce ou une capsule, come dans quelkes Briones, & dans certaines Vervènes.

La figure du fruit varie beaucoup, il est comunémant sférike ou ovoïde come dans les Briones; mais il i en a d'ailés, come l'Orme; d'anguleux, come le *Fabago*, le *Fagonia*, &c; d'enflés, come le *Stafulea*, le *Cardispermon*, &c; d'articulés, come les Koroniles, quelques Réforts, l'Upekoon, &c.

On ne regarde pas come fruit les écailles ou feuilles du calice ou le diske, ni aucune autre partie de la fleur, mais seulemant celes de l'ovère.

1ere CLASSE.

Plantes sans fruit, c. à d. à graines nues.

1 Bissus.

2. Champignous.
4. 1 Epatike.
7. Gramens.
16. 130 Composées.
25. 60 Labiées.
38. 1 Espargoute.
47. 6 Chatèners.

57. Pins.
58. 15 Mousses.

2e CLASSE.

Plantes à fruit sec, membra-

neux ou coriace apelé capsule, légume, silike, &c.

5. Foujères.

8. 68 Lillacées.
9. 11 Jenjanbres.
10. Orchis.
11. 14 Aristoloches.
12. 10 Eleagnus.
13. 13 Onagres.
15. 60 Ombellifères.
1?. Campanules.
19. 16 Aparines.
20. Scabieuses.
21. 7 Chevrefeuilles.
22. 10 Aireles.
23. 23 Apocins.
24. 15 Bouraches.
26. 6 Vervènes.
27. 58 Perfonées.
29. 18 Jasmens.
30. Anagallis.
31. Salikères.
32. 18 Pourpiers.
33. Joubarbes.
34. 31 Alsines.
35. 19 Blitons.
36. Jalaps.
37. Amarantes.
38. 11 Espargoutes.
39. 10 Persikères.
40. 12 Garou.
55. 20 Rosiers.
42. 10 Jujubiers.
43. 107 Légumineuf.
44. 24 Pistachiers.
45. 22 Titimales.
46. 6 Anones.

47. 7 Chatèniers.
48. 11 Tilleuls.
49. 12 Geranions.
50. 21 Mauves.
51. 2 Capriers.
52. Crucifères.
53. 14 Pavots.
54. 27 Cistes.
55. Renoncules.
56. 15 Arons.
58. 3 Mousses.

3e CLASSE.

Fruit d'abord charnu, ensuite sec come une écorce apelé Brou.

12. 1 Eleagnus.
14. 4 Mirtes.
18. 2 Briones.
26. 8 Vervènes.
28. 1 Solanon.
29. 1 Jasmen.
40. 2 Garou.
42. 3 Jujubiers.
44. 8 Pistachiers.
48. 1 Tilleul.
54. 9 Cistes.

4e CLASSE.

Fruit charnu en entier, en baye ou pome.

3. Fucus.
4. 10 Eparikes.
8. 9 Lillacées.
9. 7 Jenjanbres.
11. 1 Aristoloche.
12. 6 Eleagnus.
13. 11 Onagres.
14. 7 Mirtes.
15. 3 Ombellifères.
16. 1 Composée.
17. 12 Briones.
19. 16 Aparines.
21. 10 Chevrefeuill.
22. 22 Aireles.
23. 6 Apocins.
24. 7 Bouraches.
25. 1 Labiée.
26. 11 Vervènes.
27. 5 Perfonées.
28. 9 Solanons.
29. 13 Jasmens.
32. 6 Pourpiers.
34. 1 Alsine.
35. 4 Blitons.
39. 1 Persikère,
40. 2 Garou.
41. 5 Rosiers.
42. 14 Jujubiers.
44. 22 Pistachiers.

45. 6 Tkimales.
46. 7 Anones.
47. 3 Chatèniers.
48. 5 Tilleuls.
49. 1 Geranions.
50. 1 Mauve.
51. 9 Capriers.
53. 3 Pavots.
54. 28 Cistes.
56. 7 Arons.

5e CLASSE.

Fruit charnu en dedans, & extérieurement recouvert d'une écorce ou croute, ou osselet, ou substance ligneuse.

6. Palmiers.
11. 2 Eleagnus.
27. 1 Perfonée.
43. 9 Légumineuf.
50. 1 Mauve.

6e CLASSE.

Fruit en osselet sans chair.

21. 1 Chevrefeuill.
47. 2 Chatèniers.

54e Systême. *Fruit ; nombre de ses lojes.*

Lojes.   Il est plus essentiel de considérer le nombre des lojes dans l'ovère, que dans le fruit même, parce que ce nombre n'est jamais plus grand dans le fruit, que dans l'ovère ; au lieu que souvant il diminue & devient moindre qu'il n'étoit d'abord dans son état d'ovère, les graines ou autre cause faisant oblitérer, éfacer & disparoître quelques lojes ? C'est ainsi que dans le Sézame, le Convolvulus, le Stramonion & nombre d'Alsines, les cloisons des lojes se séparent du haut du fruit bien avant sa maturité, & établissent par-là une comunication entre toutes les lojes qui n'en font alors qu'une, quoiqu'il i en eût plusieurs dans son état d'ovère.

Pour s'assurer du nombre naturel des lojes de chaque fruit,

Il faut couper en travers l'ovère dans fa jeuneffe ; fans ce moien, on ne peut rien ftatuer de certain fur nombre de Genres des Chevrefeuilles. Ce n'eft que par ce moien que j'ai vu les 3 lojes du *Maranta*. On retire un autre avantaje de cete obfervation, c'eft que lorfqu'on ne trouve pas le fruit d'une Plante, on n'en manque au moins que la fubftance qui n'eft pas auffi effentiele à conoître que le nombre des lojes & des graines, & la fituation de ces mêmes graines, toutes chofes qui fe voient comunémant dans l'ovère.

Lorfqu'il i a plufieurs ovères à 1 loje dans chaque fleur, chacun de fes ovères peut être confidéré come autant de lojes féparées d'un meme fruit.

On fent bien que je ne done pas d'aranjemant fiftématique fur le nombre des fruits, parce qu'ils font la même chofe que les ovères qui ne font que chanjer de nom.

La plûpart des fruits charnus, en baie, en pome, ou en écorce, ne s'ouvrent pas ; mais tous ceux qui font tant foit peu fecs, s'ouvrent. Façons de s'ouvrir.

Les uns par le fomèt, come les Liliafées, les Alfines & le plus grand nombre des Plantes.

D'autres par la bafe, come quelques Aireles, le Triglochin, &c.

D'autres par des trous ou des panneaux qui s'enlevent fur les côtés, come dans les Orchis, les Campanules, &c.

D'autres, tranfverfalemant en 2 Emisfères, come la Jufkiame, le Plantain, le Pourpier, l'Anagallis, l'Amarante, &c.

D'autres tranfverfalement par articulations, come plufieurs Légumineufes, quelques Crucifères, un Pavot, &c.

Les fruits en s'ouvrant fe divifent en 1 ou plufieurs pieces apelées Valves ou Batans. Valves ou batans.

Kamelli apeloit *Afora* (*Pericarpia*) ceux qui ne s'ouvrent en aucune maniere.

Ceux qui s'ouvrent à

1 Valve, font la plûpart des Apocins, des Joubarbes, des Renoncules, &c. *Kamelli* les apeloit *Unifora*.

2 Valves, font la plupart des Legumineufes, des Crucifères, des Pavots, &c. Kamelli les apeloit *Bifora*.

3 Valves, font la plupart des Liliafées, quelques Titimales, &c. Kamelli les apeloit *Trifora*.

4 Valves, font le Convolvulus, le *Sibtorpia*, &c. Kamelli les apeloit *Tetrafora*.

5 Valves, font l'*Ottona*, le *Samolus*, &c. Kamelli les apeloit *Pentafora*.

6 Valves , font la plupart des Titimales , &c. Kamelli les apeloit *Exafora*.

Ceux qui s'ouvent à plus de 6 Valves , font quelques Titimales , quelques Ciftes , &c.

Cloifons. Les cloifons des certains fruits font placées ou au milieu de leurs Valves , 1 fur chacune, come dans les Liliafées ; ou à leurs bords, leur adherantes 2 fur chacune, come dans quelques Malvacées, quelques Ciftes , &c. ce qui raproche ces Plantes de celes qui ont plufieurs ovères diftincts ; ou bien ces cloifons font en grand nombre adhérantes tranfverfalemant aux Valves, come dans la plupart des Légumineufes ; ou bien enfin eles font placées entre les Valves fans leur adhérer , come dans les Campanules , la plupart des Crucifères , &c.

1ere CLASSE.

Graines nues fans lojes ni fruit.

1. Biffus.
2 P. Champignons.
7. Gramens.
16. Compofées.
25. Labiées.
26. 6 Vervènes.
38. 1 Efpargoute.
39. 10 Perfikères.
57 Pins.
58. 15 Mouffes.

2e CLASSE.

Fruit à 1 loje.

2. Q. Champiñons.
3. Fucus.
4. P. Epatikes.
5. P. Foujères.
6. Palmiers.
10. Orchis.
11. Q Ariftoloches.
12. Eleagnus.
13. Pl. Onagres.
14. P. Mirtes.
15. 1 Ombellifère.
18. 2 Briones.
19. 5 Aparines.
20. 8 Scabieufes.
21. 15 Chevrefeuill.

22. 9 Aireles.
23. 19 Apocins.
24. 8 Bouraches.
26. 13 Vervènes.
27. 14 Perfonées.
29. 10 Jafmens.
30. Anagallis.
31. 3 Salikères.
32. 17 Pourpiers.
34. 16 Alfines.
35. 22 Blitons.
36. Jalaps.
37. 12 Amarantes.
38. 10 Efpargoutes.
39. 1 Perfikère.
40. Garou.
41. 2 Rofiers.
42. 13 Jujubiers.
43. 55 Légumineuf.
44. 30 Piftachiers.
45. 6 Titimales.
46. 1 Anone.
47. 13 Chatèners.
48. 5 Tilleuls.
49. 2 Geranions.
50. 1 Mauve.
51. Caprier.
52. 3 Crucifères.
53. 15 Pavots.
54. 38 Ciftes.
56. 9 Arons.
58. 1 Mouffe.

3e CLASSE.

Fruit à 2 lojes.

8. 3 Liliafées.
13. 5 Onagres.
14. 2 Mirtes.
15. Pl. Ombellifères.
17. 4 Campanules.
19. 25 Aparines.
20. 2 Scabieufes.
21. 4 Chevrefeuill.
23. 10 Apocins.
24. 2 Bouraches.
26. 4 Vervènes.
27. 41 Perfonées.
28. 7 Solanons.
29. 18 Jafmens.
31. 2 Salikères.
32. 6 Pourpiers.
33. 1 Joubarbe.
37. 1 Amarante.
41. 7 Rofiers.
42. 6 Jujubiers.
43. 11 Légumineuf.
44. 9 Piftachiers.
45. 3 Titimales.
46. 1 Anone.
47. 5 Chatèners.
48. 7 Tilleuls.
52. 43 Crucifères.
53. 1 Pavot.
54. 5 Ciftes.
55. 2 Renoncules.

56. 2 Arons.

4e CLASSE.

Fruit à 3 lojes.

8. Plûp. Liliafées.
9. Jenjanbres.
11. Q. Ariftoloches.
13. 1 Onagre.
14. 1 Mirte.
17. 3 Campanules.
18. 9 Briones.
20. 2 Scabieufes.
21. 4 Chevrefeuilles.
22. 4 Aireles.
27. 3 Perfonées.
28 1 Solanon.
29. 1 Jafmen.
32. 2 Pourpiers.
33. 1 Joubarbe.
34. 6 Alfines.
38. 1 Efpargoute.
41. 9 Rofiers.
42. 9 Jujubiers.
43. 10 Légumineuf.
44. 15 Piftachiers.
45. 15 Titimales.
46. 4 Anones.
47. 2 Chatèners.
48. 6 Tilleuls.
49. 4 Geranions.
50. 4 Mauves.
52. 2 Crucifères.

54. 7 Ciftes.
55. 6 Renoncules.
56. 1 Aron.
58. 2 Mouffes.

5e CLASSE.

Fruit à 4 lojes.

5. 1 Foujère.
11. 1 Ariftoloche.
13. 5 Onagres.
14. 1 Mirte.
19. 4 Aparines.
21. 4 Chevrefeuill.
22. 9 Aireles.
24. 12 Bouraches.
26. 1 Vervène.
27. 2 Perfonées.
28. 1 Solanon.
29. 2 Jafmens.
31. 4 Salikères.
32. 5 Pourpiers.
33. 4 Joubarbes.
34. 1 Alfine.
37. 1 Amarante.
38. 1 Efpargoute.
41. 3 Rofiers.
42. 4 Jujubiers.
43. 16 Légumineuf.
44. 4 Piftachiers.

45. 1 Titimale.
46. 31 Anones.
47. 2 Chatêñers.
48. 5 Tilleuls.
49. 1 Geranion.
50. 2 Mauves.
52. 2 Crucifères.
54. 8 Ciftes.
55. 3 Renoncules.
56. 5 Arons.
58. 2 Mouffes.

6e CLASSE.

Fruit à 5 lojes.

11. 1 Ariftoloche.
13. 2 Onagres.
14. 1 Mirte.
15. 2 Ombellifer.
17. 1 Campanule.
19. 1 Aparine.
22. 11 Aireles.
24. 2 Bouraches.
28. 2 Solanons.
29. 1 Jafmen.
32. 5 Pourpiers.
33. 5 Joubarbes.
34. 4 Alfines.
37. 1 Amarante.
41. 7 Rofiers.

42. 7 Jujubiers.
43. 22 Légumineuf.
44. 7 Piftachiers.
45. 2 Titimales.
46. 3 Anones.
47. 2 Chatêñers.
48. 5 Tilleuls.
49. 7 Geranions.
50. 15 Mauves.
52. 1 Crucifère.
54. 7 Ciftes.
55. 4 Renoncules.
56. 3 Arons.
58. 1 Mouffe.

7e CLASSE.

Fruit à 6 lojes.

11. Q. Ariftoloches.
13. 2 Onagres.
14. 1 Mirte.
17. 1 Campanule.
18. 3 Briones.
22. 1 Airele.
34. 1 Alfine.
43. 24 Légumineuf.
44. 2 Piftachiers.
45. 1 Titimale.
46. 3 Anones.

47. 2 Chatêñers.
48. 1 Tilleul.
50. 2 Mauves.
52. 1 Crucifère.
54. 4 Ciftes.
55. 4 Renoncules.
56. 2 Arons.
58. 1 Mouffe.

8e CLASSE.

A plus de 6 lojes.

5. 1 Foujère.
11. Q. Ariftoloches.
13. 1 Onagre.
14. Q. Mirtes.
19. 1 Aparine.
22. 3 Aireles.
35. 1 Bliton.
41. 11 Rofiers.
43. 37 Légumineuf.
44. 2 Piftachiers.
45. 2 Titimales.
46. 8 Anones.
50. 8 Mauves.
52. 2 Crucifères.
53. 1 Pavot.
54. 4 Ciftes.
55. 18 Renoncules.
56. 10 Arons.

55e Syftême. *Grenes ; leur fituation dans le fruit.*

On remarque que les graines contienent plus d'huile que les autres parties de la Plante.

Ce ne font pas les plus grands Arbres qui portent les plus groffes graines ; le Arico & le Melon les ont plus groffes que le Platane, le Saule & le Figier.

En général, les animaux qui vivent le plus, font ceux qui portent le plus long-tems leurs petits, mais il n'en eft pas de même dans les Arbres. L'Orme vit long-tems, & fa graine murit en moins de trois mois, fouvant même avant qu'il ait repris fes feuilles.

C'eft faute de favoir que toutes les Plantes n'ont pas des graines qu'on a dit depuis Harvey, que tous les êtres vivans naiffent d'un œuf, & que les graines des Plantes ne font que des efpèces d'œufs. La conoiffance du Polipe &

de quelqu'autres animaux analogues, auroit dû faire ouvrir les yeux fur une femblable erreur.

Iere CLASSE.

Plantes qui n'ont point de Grenes.

1. 3 Biffus.

2e CLASSE.

Grenes fans fituation précife, les unes droites élevées, les autres couchées, d'autres pendantes en tous fens.

1 3 Biffus.
2. Champignons.
3. Fucus.
4. Epatikes.

5. Foujères.
17. Campanules.
30. Anagallis.
31. Salikères.
48. Tilleuls.
49. Geranions.
50. Mauves.
51. Capriers.
54. Ciftes.

3e CLASSE.

Grenes élevées, droites.

6. Palmiers.
7. Graineus.
8. Liliafées.
9. Jenjanbres.
10. Orchis.
11. Ariftoloches.
16. Compofées.
19. Aparines.

22. Aireles.
25. Labiées.
26. Vervènes.
27. Perfonées.
28. Solanons.
32. Q. Pourpiers.
3. Joubarbes.
34. Alfines.
35. Blitons.
36. Jalaps.
37. Amarantes.
38. Efpargoutes.
39. Perfikères.
41. Q. Rofiers.
42. Q. Jujubiers.
46. Anones.
53. Pavots.
56. Arons.
57. Pins.
58. Mouffes.

4e CLASSE.

Grenes pendantes & couchées.

12. Eleagnus.
13. Onagres.
14. Mirtes.
15. Ombellifères.
18. Briones.
20. Scabieufes.
21. Chevrefeuill.
23. Apocins.
24. Bouraches.
29. Jafmens.
31. Q. Pourpiers.
40. Garou.
41. Q. Rofiers.
42. Q. Jujubiers.
43. Légumineufes.
44. Piftachiers.
45. Titimales.
47. Chatèners.
52. Crucifères.
55. Renoncules.

56e Syftême. *Grenes ; leur nombre dans chaque fruit ou fleur.*

La fécondité des Plantes ofre quelque chofe de remarquable. On a compté jufqu'à 3 à 4,000 graines dans un feul Calice de Soleil *Vofakan*, 40,000 dans un épi du *Tufa*, apelé Maffe ; mais tout cela n'eft que le produit d'un pareil nombre d'ovères ou de fleurs. Il eft bien plus extraordinaire de voir qu'un feul fruit ou ovère de Tabac raporte 1,000 graines, celui du Pavot blanc & du Nénufar blanc apelé *Volan* 8,000. Rai raporte qu'aiant pefé & compté de la graine de Tabac, il avoit trouvé que 1,012 équivaloient au poids d'un grain ; & qu'aiant retiré d'un feul pié de Tabac 6 gros de ces graines, il avoit conclu que ce pié avoit produit plus de 360,000 graines. Il eftime de même qu'un feul pié de fcolopendre rend annuelemant plus d'1 million de graines.

1ere CLASSE.

Plantes qui n'ont point de Grenes, ou des queles il se détache
des portions qui en tienent
lieu.

1. 4 Bissus.
2. Q. Champiñons.
4. Q. Epatikes.
8. Q. Liliasées qui n'ont jamais de
fleurs.

2e CLASSE.

A 1 Grene dans chaque fruit ou fleur.

4. 2 Epatiques.
6. Pl. Palmiers.
12. Eleagnus.
13. P. Onagres.
14. 3 Mirtes.
15. 1 Ombellifère.
20. 8 Scabieuses.
21. 7 Chevrefeuill.
22. 7 Aireles.
23. 3 Apocins.
26. 8 Vervènes.
29. 3 Jasmens.
32. 2 Pourpiers.
34. 1 Alsine.
35. 22 Blitons.
36. Jalap.
37. 8 Amarantes.
38. 8 Espargoutes.
39. Persikères.
40. Garou.
41. 2 Rosiers.
42. 8 Jujubiers.
43. 21 Légumineus.
44. 32 Pistachiers.
45. 4 Titimales.
46. 1 Anone.

47. 10 Chatèñers.
48. 1 Tilleul.
49. 1 Geranion.
51. 1 Caprier.
52. 3 Crucifères.
53. 3 Pavots.
54. 20 Cistes.
56. 6 Arons.
57. 3 Pins.
58. 11 Mousses.

3e CLASSE.

A 2 Grenes.

4. 1 Epatike.
5. 1 Foujère.
6. Q. Palmiers.
8. Quelk. Liliasées.
13. 2 Onagres.
15. Pl. Ombellifères.
20. 2 Scabieuses.
21. 6 Chevrefeuill.
22. 2 Aireles.
23. 2 Apocins.
26. 11 Vervènes.
27. 1 Personéc.
29. 9 Jasmens
32. 1 Pourpier.
33. 1 Joubarbe.
41. 6 Rosiers.
42. 4 Jujubiers.
43. 28 Légumineus.
44. 8 Pistachiers.
45. 3 Titimales.
46. 1 Anone.
47. 5 Chatèñers.
48. 6 Tilleuls.
51. 1 Caprier.
52. 12 Crucifères.
53. 1 Pavot.
54. 4 Cistes.
56. 3 Arons.
57. 6 Pins.

4e CLASSE.

A 3 Grenes.

4. 1 Epatike.
5. Quelk. Foujères.

6. Q. Palmiers.
8. Q. Liliasées.
20. 2 Scabieuses.
21. 2 Chevrefeuill.
22. 3 Aireles.
26. 1 Vervène.
29. 1 Jasmen.
32. 2 Pourpiers.
33. 1 Joubarbe.
41. 5 Rosiers.
42. 10 Jujubiers.
43. 30 Légumineus.
44. 11 Pistachiers.
45. 16 Titimales.
46. 3 Anones.
47. 2 Chatèñers.
48. 3 Tilleuls.
49. 4 Geranions.
51. 1 Caprier.
52. 3 Crucifères.
53. 1 Pavot.
54. 5 Cistes.
56. 1 Aron.
57. 1 Pin.
58. 2 Mousses.

5e CLASSE.

A 4 Grenes.

4. 1 Epatike.
5. Quelk. Foujères.
8. Q. Liliasées.
14. 1 Mirte.
21. 2 Chevrefeuill.
22. 4 Aireles.
24. 18 Bouraches.
25. Labiées.
26. 8 Vervènes.
27. 2 Personées.
29. 7 Jasmens.
32. 4 Pourpiers.
33. 2 Joubarbes.
41. 2 Rosiers.
42. 6 Jujubiers.
43. 36 Légumineus.
44. 8 Pistachiers.
45. 1 Titimale.
46. 2 Anones.
47. 2 Chatèñers.
48. 4 Tilleuls.

49. 1 Geranion.
51. 1 Caprier.
52. 11 Crucifères.
54. 4 Cistes.
56. 6 Arons.
57. 1 Pin.
58. 1 Mousse.

6e CLASSE.

A 5 Grenes.

5. Q. Foujères.
8. Q. Liliasées.
15. 2 Ombellifères.
22. 1 Airele.
23. 1 Apocin.
24. 2 Bouraches.
27. 1 Personée.
32. 1 Pourpier.
33. 1 Joubarbe.
41. 3 Rosiers.
42. 7 Jujubiers.
43. 39 Légumineus.
44. 4 Pistachiers.
45. 1 Titimale.
46. 2 Anones.
47. 2 Chatèñers.
48. 3 Tilleuls.
49. 4 Geranions.
51. 2 Capriers.
54. 3 Cistes.
56. 3 Arons.
57. 1 Pin.

7e CLASSE.

A 6 Grenes.

5. Q. Foujères.
8. Q. Liliasées.
21. 2 Chevrefeuill.
22. 1 Airele.
23. 1 Apocin.
29. 1 Jasmen.
41. 4 Rosiers.
42. 3 Jujubiers.
43. 48 Légumineus.
44. 8 Pistachiers.
45. 3 Titimales.

46. 2 Anones.
47. 2 Chatèners.
48. 5 Tilleuls.
52. 7 Crucifères.
53. 1 Pavot.
54. 2 Cistes.
55. 1 Renoncule.
56. 3 Arons.
57. 1 Pin.

8e CLASSE.

A plus de 6 Grenes dans chaque fruit, ou sur chaque Plante lorsqu'ele n'a pas de fruit.

1. 3 Bissus.
2. Pl. Champign.
3. Fucus.
4. Pl. Epatikes.
5. Pl. Foujères.
8. Pl. Liliasèes.
9. Jenjanbres.
10. Orchis.
11. Aristoloches.
13. Q. Onagres.
14. Pl. Mirtes.
17. Campanules.
21. 11 Chevrefeuill.
22. 16 Aireles.
23. 24 Apocins.
24. 1 Bourache.
26. 1 Vervène.
27. 58 Personées.
28. Solanons.
29. 14 Jasmens.
30. Anagallis.
31. Salikères.
32. 27 Pourpiers.
33. 7 Joubarbes.
34. 31 Alsines.
35. 1 Bliton.
37. 7 Amarantes.
38. 3 Espargoutes.
41. 16 Rosiers.
42. 5 Jujubiers.
43. 63 Légumineus.
44. 12 Pistachiers.
45. 4 Titimales.
46. 8 Anones.
47. 3 Chatèners.
48. 7 Tilleuls.
49. 5 Geranions.
51. 9 Capriers.
52. 33 Crucifères.
53. 12 Pavots.
54. 31 Cistes.
55. 26 Renoncules.
56. 11 Arons.
57. 1 Pin.
58. 4 Mousses.

57e Systême. Grenes ; nombre de leurs loges.

1ere CLASSE.

Plantes qui n'ont pas de Grenes.

1. 2 Bissus.

2e CLASSE.

Grenes à 1 Loje.

1. Bissus.
2. Champignons.
3. Fucus.
4. Epatikes.
5. Foujères.
6. Palmiers.
7. Gramens.
8. Liliasèes.
9. 15 Jenjanbres.
10. Orchis.
11. Aristoloches.
12. Eleagnus.
13. Onagres.
14. Mirtes.
15. Ombellifères.
16. Composées.
17. Campanules.
18. Briones.
19. Aparines.
20. Scabieuses.
21. 26 Chevrefeuill.
22. Aireles.
23. 28 Apocins.
24. 15 Bouraches.
25. Labiées.
26. 19 Vervènes.
27. 60 Personées.
28. 9 Solanons.
29. 31 Jasmens.
30. Anagallis.
31. Salikères.
32. Pourpiers.
33. Joubarbes.
34. Alsines.
35. Blitons.
36. Jalaps.
37. Amarantes.
38. Espargoutes.
39. Petsikères.
40. Garou.
41. Rosiers.
42. 24 Jujubiers.
43. Légumineus.
44. 50 Pistachiers.
45. Titimales.
46. Anones.
47. Chatèners.
48. Tilleuls.
49. Geranions.
50. Mauves.
51. Capriers.
52. Crucifères.
53. Pavots.
54. Cistes.
55. Renoncules.
56. Arons.
57. Pins.
58. Mousses.

3e CLASSE.

A 2 Lojes.

21. 2 Chevrefeuill.
23. 1 Apocin.
24. 5 Bouraches.
26. 7 Vervènes.
27. 1 Personée.
28. 1 Solanon.
29. 2 Jasmens.
42. 1 Jujubier.
44. 1 Pistachier.

4e CLASSE.

A 3 Lojes.

9. 1 Jenjanbre.
24. 2 Bouraches.
42. 2 Jujubiers.
44. 2 Pistachiers.

5e CLASSE.

A 4 Lojes.

24. 2 Bouraches.
26. 1 Vervene.
44. 2 Pistachiers.

6e CLASSE.

A 5 Lojes.

44. 2 Pistachiers.

58e Système. *Grenes ; leur substance.*

1ere CLASSE.

Plantes qui n'ont point de Grenes.

1. 2 Biſſus.

2e CLASSE.

Grenes moles, come akeuſes ou gélatineuſes, ou charnues.

1. Biſſus.
2. Champignons.
3. Fucus.
4. Epatikes.
11. 1 Eleagnus.
21. 1 Chevrefeuille.
32. 1 Pourpier.

3e CLASSE.

Grenes dures, ſèches, recouvertes d'une peau ou membrane ſimple en amandes ou pepins.

5. Foujères.
7. Gramens.
8. 71 Liliaſées.

9. 14 Jenjanbres.
10. Orchis.
11. Ariſtoloches.
12. 10 Eleagnus.
13. 18 Onagres.
14. 2 Mirtes.
16. 130 Compoſées.
17. Campanules.
18. Briones.
20. Scabieuſes.
21. 20 Chevrefeuill.
22. 15 Aireles.
23. 24 Apocins.
24. 15 Bouraches.
25. Labiées.
26. 17 Vervènes.
27. 64 Perſonées.
28. 8 Solanons.
29. 16 Jaſmens.
30. Anagallis.
31. Salikères.
32. 34 Pourpiers.
33. Joubarbes.
34. Alſines.
35. Blitons.
36. Jalaps.
37. Amarantes.
38. Eſpargoutes.
39. 10 Perſikères.
40. 13 Garou.
41. 24 Roſiers.
42. 15 Jujubiers.
43. 114 Légumineuſ.
44. 33 Piſtachiers.
45. 25 Titimales.
46. 5 Anones.
47. 16 Chatèniers.
48. 14 Tilleuls.

49. 12 Geranions.
50. Mauves.
51. Capriers.
52. Cruciferes.
53. Pavots.
54. 52 Ciſtes.
55. Renoncules.
56. Arons.
57. 1 Pin.

4e CLASSE.

Grenes dures come de ſubſtance de corne en entier.

8. 6 Liliaſées.
9. 1 Jenjanbre.
19. Aparines.
46. 5 Anones.
48. 1 Tilleul.

5e CLASSE.

Grenes en oſſelet, ou dont l'envelope eſt ligneuſe & dure come un os.

6. Palmiers.
9. 1 Jenjanbre.
12. 6 Eleagnus.

13. 5 Onagres.
14. 9 Mirtes.
15. 2 Ombelliſeres.
16. 1 Compoſée.
21. 7 Chevrefeuilles.
22. 19 Aireles.
23. 5 Apocins.
24. 7 Bouraches.
26. 9 Vervènes.
27. Perſonées.
28. 2 Solanons.
29. 6 Jaſmens.
39. 1 Perſikères.
40. 5 Garou.
41. 1 Roſier.
42. 13 Jujubiers.
43. 2 Legumineuſes.
44. 20 Piſtachiers.
45. 3 Titimales.
46. 2 Anones.
47. 2 Chatèniers.
48. 2 Tilleuls.
49. 2 Geranions.
54. 13 Ciſtes.
57. 8 Pins.

6e CLASSE.

Grenes envelopées de chair indépendante du fruit.

14. 1 Mirte.
42. Q. Jujubiers.
43. Q. Légumineuſ.
44. Q. Piſtachiers.

59e Système. *Grenes ; leur réceptacle.*

Il eſt eſſentiel d'obſerver dans les fruits quels ſont les endroits où les graines ſont atachées.

Dans certaines Plantes, les ſemences ſont nues & atachées ſur le réceptacle ; teles ſont les Labiées.

Dans les autres, eles ſont enfermées dans une capſule, un oſſelet ou une baie ; & atachées ou aux parois de ce fruit, come dans les Orchis , les Briones , les Capriers , les Pavots, les Crucifères , les Apocins , les Légumineuses , &c. ou à un Placenta qui est libre de tous côtés, excepté par le bas où il est ataché au fruit, come dans les *Anagallis*, les *Alsines* ; ou à un Placenta ataché au bas & au haut du fruit , & souvent à ses cloisons , come dans les Personées, les Solanons, les Salikères, ou à l'angle intérieur des cloisons, come dans la plûpart des Liliasées , ou enfin à une colone ou un axe vertical, dont l'extrémité ou la tête entre dans les lojes du fruit , come dans les Titimales , les Rues , &c.

1ere CLASSE.

Plantes sans Grenes.

1. 2 Bissus.

2e CLASSE.

Grenes dans la substance même de la Plante.

2. 9 Champignons.

3e CLASSE.

Répandues sur la Plante.

1. 2 Bissus.
2. 16 Champignons.
4. 1 Epatike.

4e CLASSE.

Dans toute la substance d'un fruit charnu.

3. 6 Fucus.

5 CLASSE.

Dans des cavités ouvertes ou dans 1 Calice.

2. 29 Champignons.

---

3. 3 Fucus.
4. 6 Epatikes.
5. Foujères.
7. Gramens.
11. 1 Aristoloche.
25. Labiées.
39. 10 Persikères.
57. Pins.
58. Pl. Mousses.

6e CLASSE.

Dans un fruit à 1 loje atachée au bas de ce fruit à son centre.

4. 1 Epatike.
6. Palmiers.
11. 4 Aristoloches.
14. 4 Mirtes.
16. Composées.
22. 3 Aireles.
26. P. Vervènes.
33. 4 Joubarbes.
34. 1 Alsine.
35. Pl. Blitons.
36. Jalaps.
37. 11 Amarantes.
38. Espargoutes.
39. 1 Persikère.
41. Rosiers.
46. 12 Anones.
48. 2 Tilleuls.
50. 1 Mauve.
51. 1 Caprier.

---

56. 17 Arons.
58. 1 Mousse.

7e CLASSE.

Dans un fruit à 1 loje, atachées au haut à son centre.

12. Eleagnus.
13. 10 Onagres.
18. 1 Brione.
20. 8 Scabieuses.
22. 3 Aireles.
24. Pl. Bouraches.
29. Q. Jasmens.
40. Garou.
42. Q. Jujubiers.
44. Q. Pistachiers.
45. Q. Titimales.
47. 9 Chatèniers.
52. Q. Crucifères.
55. 14 Renoncules.

8e CLASSE.

Dans un fruit à 1 loje, atachées à 1 Placenta central libre.

3. 2 Fucus.
4. 3 Epatikes.
27. 11 Personées.
30. Anagallis.
31. 3 Salikères.
32. 5 Pourpiers.

---

34. 11 Alsines.
53. Q. Pavots.
54. Q. Cistes.

9e CLASSE.

Dans un fruit à 1 loje, & atachées aux parois du fruit ou à ses bords.

10. Orchis.
11. 4 Aristoloches.
21. 1 Chevrefeuil.
23. Pl. Apocins.
27. 3 Personées.
31. 7 Pourpiers.
33. Pl. Joubarbes.
37. 1 Amarante.
43. Pl. Légumineus.
45. 1 Titimale.
47. 2 Chatèniers.
48. 1 Tilleul.
49. 2 Geranions.
51. 2 Capriers.
53. Pl. Pavots.
54. 10 Cistes.
55. 12 Renoncules.
56. 2 Arons.

10e CLASSE.

Dans un fruit à plusieurs lojes atachées aux parois du fruit.

43. Pl. Légumineus.

ja. Pl. Crucifères.

11e CLASSE.

Dans un fruit à plusieurs lojes, atachées à un Placenta central.

14. 6 Mirtes.
17. Campanules.
19. Aparines.
21. Pl. Chevrefeuill.
22. Pl. Aireles.
27. Pl. Personées.
28. Solanons.
29. Pl. Jasmens.
31. 6 Salikères.
32. Pl. Pourpiers.
34. 10 Alsines.
44. Pl. Pistachiers.
45. Pl. Titimales.
54. Pl. Cistes.

12e CLASSE.

Dans un fruit à 1 loje, atachées à 1 Placenta latéral.

23. 1 Apocin.

13e CLASSE.

Fruit à plusieurs lojes, atachées au haut à son centre.

15. Ombellifères.
20. 2 Scabieuses.
24. Q. Bouraches.
47. 5 Chateñers.

14e CLASSE.

A plusieurs lojes atachées au bas du fruit.

19. Aparines.

26. Q. Vervènes.
35. 1 Bliton.
37. 3 Amarantes.
42. Pl. Jujubiers.
46. 1 Anone.
58. 2 Mousses.

15e CLASSE.

Dans un fruit à plusieurs lojes, atachées vers le centre aux angles des lojes au bord des cloisons.

8. Liliasées.
9. Jenjanbres.
13. 14 Onagres.
48. 14 Tilleuls.
49. 12 Geranions.
50. 24 Mauves.

16e CLASSE.

Fruits à plusieurs lojes; grenes atachées aux angles du dos des lojes ou des cloisons.

18. Pl. Briones.
52. Pl. Crucifères.
53. 1 Pavot.

17e CLASSE.

Fruit à plusieurs lojes; grenes atachées sur tous les parois des cloisons de ces lojes.

11. 1 Aristoloche.

60e Systême. *Embrion; son enroulement.*

1ere CLASSE.

Plantes sans Embrion.

1. Pl. Bissus.

2e CLASSE.

Embrion droit.

1. Q. Bissus.
2. Champignons.
3. Fucus.
4. Epatikes.
5. Foujères.
6. Palmiers.
7. Gramens.
8. Liliasées.
9. Pl. Jenjanbres.
10. Orchis.

11. Aristoloches.
12. Eleagnus.
13. Pl. Onagres.
14. 1 Mirte.
15. Ombellifères.
16. Composées.
17. Campanules.
18. Briones.
19. Aparines.
20. Scabieuses.
21. Chevrefeuilles.
22. Aireles.
23. Apocins.
24. Bouraches.
25. Labiées.
26. Vervènes.
27. Pl. Personées.
29. Jasmens.
30. Anagallis.
31. Salikères.
33. Joubarbes.
35. 1 Bliton.

36. 1 Jalap.
39. Persikères.
40. Garou.
41. Rosiers.
42. Jujubiers.
43. Q. Légumineus.
44. Pl. Pistachiers.
45. Pl. Titimales.
46. Pl. Anones.
47. Pl. Chateñers.
48. Pl. Tilleuls.
53. Pavots.
54. Cistes.
55. Pl. Renoncules.
56. Pl. Arons.
57. Pins.
58. Mousses.

3e CLASSE.

Embrion un peu courbé en portion de cercle.

9. 1 Jenjanbre.
14. Pl. Mirtes.
27. 1 Personée.
28. Q. Solanons.
32. Q. Pourpiers.
43. Pl. Légumineus.
45. Q. Titimales.
46. Q. Anones.
47. 2 Chateñers.
48. 2 Tilleuls.
50. Pl. Mauves.
51. Q. Capriers.
52. P. Crucifères.
55. 1 Renoncule.
56. 1 Aron.

61e Systême. *Cotulédons de l'embrion ; leur nombre.*

Toutes les Plantes se reproduisent par des graines ou par quelque partie équivalente. Les articulations détachées des tijes & des branches tienent lieu de ces graines, suivant mes observations dans le Conferva ; une fine poussiere en fait les fonctions dans les Champignons.

On sçait que dans la 1re végétation des Plantes, les graines des unes ne poussent d'abord qu'une seule feuille, & que les autres en déploient 2 qui subsistent quelque tems, & qui diférent comunémant des autres feuilles ; c'est pour cela qu'on leur a doné le nom de Lobes ou Cotulédons, ou de feuilles séminales ; Césalpin & Jungius apeloient ces sortes de graines Semences univalves & bilvalves ; on les nome comunémant Monocotulédones & Dicotulédones.

Dans le tems de la végétation, les Cotulédons s'alonjent d'un côté, tandis que la radicule s'étend de l'autre, en s'écartant réciproquemant & à l'oposé du point central qui fait leur jonction.

Dans les Plantes monocotulédones, il faut distinguer celes dont le Lobe forme une espéce de gaîne d'où sort tout le corps de la Plante, come dans les Palmiers, les Gramens, les Liliasées, d'avec celes dont le Lobe s'alonje seulemant pour former une tije qui se ramifie come dans la Cuscute.

On n'a pas encore défini ce qu'il faut regarder come Cotulédons dans les graines des Plantes imparfaites, teles que les Bissus, les Champignons, les Fucus, les Epatikes, les Foujères & les Mousses. Ces graines n'ont ni Radicule, ni Cotulédons, ni Plantule centrale come les parfètes, parce qu'eles n'ont pas de feuilles come eles ; mais eles prenent leur acroissement par une simple extension de leur volume sans aucun dévelopemant. Cela posé, on peut dire que dans le Conferva même, qui n'a point de graines, l'articulation qui en tient lieu, est analogue aux Embrions monocotulédons, puisqu'ele vegète d'abord par une extrémité qui sert de racine, en s'apliquant à divers corps, & ensuite par l'extrémité oposée qui forme des tijes.

Il n'eſt pas encôre biendécidé que toutes les Plantes de la Famille des Ariſtoloches ſoient Monocotulédones, ni que toutes celes de la Famille des Arons ſoient Dicotulédones.

Dans les Familles de Dicotulédones, on voit auſſi des Monocotulédones; l'Orobanche & la Cuſcute en fourniſſent des exemples, côme le jonc en fournit un de Dicotulédons, dans cele des Liliaſées qui eſt en général compoſée de Monocotulédones; & le Pin qu'on regarde côme Polucotulédon n'a réellement que 2 Cotulédons qui ſont diviſés chacun en 6 Lobes juſqu'à leur baſe.

La diféranſe qu'il i a entre une graine & un rejeton, c'eſt que la graine, avant que de reſſembler à ſa mère, pouſſe 1 ou 2 Cotulédons, au lieu que le rejeton n'a aucun Cotulédon, & reſſemble en petit à ſa mere dès le 1ᵉʳ inſtant.

1ᵉʳᵉ CLASSE.	7. Gramens.	16. Compoſées.	37. Amarantes.
	8. P. Liliaſées.	17. Campanules.	38. Eſpargoutes.
Plantes ſans Cotulédons, ou qui n'ont ni lobes, ni feuilles.	9. Jenjanbres.	18. Briones.	39. Perſikères.
	10. Orchis.	19. Aparines.	40. Garou.
	11. Ariſtoloches.	20. Scabieuſes.	41. Roſiers.
	13. 1 Onagre.	21. Chevrefeuill.	42. Jujubiers.
	27. 1 Perſonée.	22. Aireles.	43. Légumineuſes.
	32. 1 Pourpier.	23. Apocins.	44. Piſtachiers.
	56. Pl. Arons.	24. Bouraches.	45. Titimales.
1. Biſſus.	58. Mouſſes.	25. Labiées.	46. Anones.
2. Champignons.		26. Vervènes.	47. Chatêniers.
3. Fucus.	**3ᵉ CLASSE.**	27. Pl. Perſonées.	48. Tilleuls.
4. Epatikes.		28. Solanous.	49. Geranions.
5. Foujères.	*2 Cotulédons.*	29. Jaſmens.	50. Mauves.
58. Mouſſes.		30. Anagallis.	51. Capriers.
	8. 1 Liliaſée.	31. Salikères.	52. Crucifères.
2ᵉ CLASSE.	11. 1 Ariſtoloche.	32. Pl. Pourpiers.	53. Pavots.
	12. Eleagnus.	33. Joubarbes.	54. Ciſtes.
1 ſeul Cotulédon.	13. Pl. Onagres.	34. Alſines.	55. Renoncules.
	14. Mirtes.	35. Blitons.	56. 3 Arons.
6. Palmiers.	15. Ombellifères.	36. Jalaps.	57. Pins.

62ᵉ Syſtême. *Cotulédons; leur figure.*

1ᵉ CLASSE.	**2ᵉ CLASSE.**	8. Liliaſées.	**3ᵉ CLASSE.**
Plantes qui n'ont pas de Cotulédons.	*A Cotulédons entiers, conikes ou cilindrikes.*	9. Jenjanbres.	*A Cotulédons entiers, elliptikes ou demi-cilindrikes très-longs.*
		10. Orchis.	
		11. Ariſtoloches.	
		12. 2 Eleagnus.	
		27. 1 Perſonée.	
Voyez le Syſtême précédent.	6. Palmiers.	56. 2 Arons.	11. Pl. Eleagnus.
	7. Gramens.		

63e Syftême. *Réceptacle de la fleur , confidéré relativemant
à toutes les parties de la fleur.*

On apele comunémént réceptacle de la fleur , le point central du Calice qui répond en deffus au pédicule qui le fuporte. Dans les fleurs polupétales , & qui tombent , co-me font les Piftachiers , les Pavots , les Renoncules , &c. ce réceptacle n'eft autre chofe que le pédicule même de la fleur auquel font atachés le Calice , la Corole , les Etamines & le Piftil ; & il feroit plus exact de dire que les Plantes de ces Familles ont toutes les parties de la fleur placées immédiatemant fur le pédicule du Calice.

A l'égard des Plantes qui ont un Calice monofule qui ne tombe pas , & qui fait corps avec le pédicule de la fleur , on peut dire que la Corole , les Etamines & le Piftil font atachées , non pas au Calice , mais au centre du réceptacle de la fleur , come dans les Jalaps , les Géranions , les Mauves , &c.

1ère CLASSE.

Plantes ſans Ré-ceptacle, n'aiant ni fleur ni fruit.

1. 6 Biſſus.

2e CLASSE.

A Réceptacle pour les grènes ſeulement.

1. 5 Biſſus.
2. Champignons.

3e CLASSE.

A Réceptacle ſem-blable pour l'o-vère & les grè-nes.

3. 6 Fucus.

4e CLASSE.

A Réceptacle ſem-blable pour le Calice, les Eta-mines, l'Ovère & les Grenes.

5. 14 Foujères.
7. 51 Gramens.
38. 1 Eſpargoute.

5e CLASSE.

Plantes dont le Réceptacle eſt le même pour le Calice, les Eta-mines, l'Ovère, le Fruit & les Grènes.

6. 1 Palmier.

6e CLASSE.

A Réceptacle ſem-blable pour l'Ovère & les Grènes ſeule-mant; & dife-rent pour les Etamines.

3. 3 Fucus.
4. 5 Epatikes.

7e CLASSE.

A Réceptacle ſem-blable pour le Calice, l'Overe & les Grènes; & diférent pour les Etamines.

4. 6 Epatikes.
56. 6 Arons.

8e CLASSE.

Réceptacle ſem-blable pour le Calice, l'Overe & les Grènes; & diférent pour les Etamines,

5. 1 Foujère.
7. 14 Gramens.
39. Perſikères.
57. 10 Pins.

9e CLASSE.

Réceptacle ſembla-ble pour le Ca-lice, l'Ovère, le Fruit, & les Grènes; & di-

férent pour les Etamines.

6. 10 Palmiers.
12. 9 Eleagnus.
39. 1 Perſikere.
40. Gatou.

10e CLASSE.

Réceptacle ſem-blable pour le Calice, les Eta-mines, l'Ovère & le fruit; & diférent pour les Grènes.

8. 41 Liliaſées.
35. 15 Blitons.
37. 11 Amarantes.
48. 4 Eſpargoutes.
47. 2 Chatèñers.
54. 8 Ciſtes.
56. 9 Arons.

11e CLASSE.

Réceptacle ſem-blable pour le Calice, l'Ovère & le Fruit; & diférent pour les Etamines & les Grenes.

8. 6 Liliaſées.
30. 1 Anagallis.
31. 2 Salikères.
41. 6 Roſiers.
42. 3 Jujubiers.
43. 2 Légumineuſ.
47. 18 Chatèners.

12e CLASSE.

Réceptacle ſem-blable pour le Calice & les Etamines; & diférent pour l'Ovère, le Fruit & les Grènes.

8. 26 Liliaſées.
9. 3 Jenjanbres.
10. Orchis.
11. Ariſtoloches.
12. 8 Eleagnus.
32. 4 Pourpiers.
44. 6 Piſtachiers.
45. 18 Titimales.

13e CLASSE.

Réceptacle ſem-blable pour le Calice, Corole & Etamines; & diférent pour l'Ovère, le Fruit & les Grènes.

9. 3 Jenjanbres.
13. Onagres.
14. Mirtes.
15. Ombelliferes.
18. 14 Briones.
44. 51 Piſtachiers.
45. 11 Titimales.

14e CLASSE.

Réceptacle ſem-blable pour le Calice & la Co-role; & diférent pour les Etami-nes, l'Overe, le Fruit & les Grenes.

9. 10 Jenjanbres.

u ij

16. Composées.
17. Campanules.
18. 1 Brione.
19. Aparines.
20. Scabieuses.
21. Chevrefeuilles
22. 3 Aireles.
32. 21 Pourpiers.
33. 9 Joubarbes.
34. Alsines.
8. 15 Tilleuls.
1. 10 Capriers.
52. 48 Crucifères.

15e CLASSE.

Réceptacle semblable pour le Calice, Corole, Overe & Fruit, & diférent pour les Etamines & Grenes.

22. 18 Aireles.
23. Apocins.
24. Bouraches.
25. Labiées.
26. Vervenes.
27. Personées.
28. Solanons.
29. Jasmens.
30. 15 Anagallis.
32. 4 Pourpiers.

41. 16 Rosiers.
42. 18 Jujubiers.
43. 112 Légumineuf.
46. 1 Anones.
55. 1 Renoncule.

16e CLASSE.

Réceptacle semblable pour Calice, Corole, Etamine, Overe & Fruit; & diférent pour les Grenes.

22. 4 Aireles.
32. 3 Pourpiers.
33. 8 Joubarbes.
36. Jalaps.
37. 4 Amarantes.
38. 8 Espargoutes.
46. 12 Anones.
49. Geranions.
50. Mauves.
53. Pavots.
54. 66 Cistes.
55. 18 Renoncules.

17e CLASSE.

Réceptacle semblable pour Calice, Overe & Fruit; & diférent pour Corole, Etamines & Grenes.

31. Salikores.

18e CLASSE.

Réceptacle semblable pour Calice, Overe & Fruit; & diférent pour Etamines & Grenes.

32. 3 Pourpiers.
33. 3 Joubarbes.
35. 8 Blitons.

19e CLASSE.

Réceptacle semblable pour Calice; & diférent pour Etamines, Overe, Fruit & Grenes.

48. 3 Tilleuls.
51. 1 Caprier.
52. 1 Crucifere.
56. 5 Arons.

20e CLASSE.

Dont le Réceptacle est le même pour la Corole, les Etamines, l'Overe; & diférent pour les Grenes.

55. 7 Renoncules.

21e CLASSE

Réceptacle semblable pour Etamines, Overe & Fruit; & diférent pour les Grenes.

56. 9 Arons.

22e CLASSE.

Réceptacle, diférent pour les Etamines & les Grenes.

58. Mousses.

64e Système. Diske; sa situation.

Outre le réceptacle de la fleur & des grènes, il i ena une 3e espèce qui se montre comunémant sous la forme d'un Diske ou petit Placenta charnu, ou d'une colonne plus ou moins alonjée.

Cete partie a été en général ignorée avant moi, on n'i a pas fait d'atention; ou si on l'a remarqué dans quelkes Plantes où ele étoit trop saillante pour n'être pas aperçue, on l'a confondu avec la partie de la Corole apelée Nectere; c'est ce qu'a fait M. Linnæus. Ce qu'il i a de certain, c'est que cete espèce de réceptacle n'a pas été observée génèralemant, ni reconue pour tele avant moi, ni emploiée & considérée avec les mêmes particularités & dans les mêmes

vûes. Ce diske est tantôt sous l'ovère seul, avec lequel il
fait corps, come dans les Labiées, les Perfonées & les
Solanons, ou avec lequel il ne fait pas corps, come dans
les Bouraches, les Apocins, les Joubarbes, &c; tantôt il est
sous les Etamines seules, faisant corps avec eles, come dans
les Jalaps, les Amarantes & les Espargoutes ; tantôt il est
sous les Ovères & les Etamines, qui en se piquant dedans,
ocasionent sur ses bords des crenelures, ou le font paroître
come de petites glandes posées entr'eles ; tantôt enfin, il se
trouve sous la Corole & le Calice & toutes les autres parties ensemble, ce qui fait paroître la fleur posée sur l'ovère,
come dans les Onagres, les Mirtes, &c.

Ce Diske qui fait presque le seul caractere de nombre de
Familles, est aussi essentiel à observer que le réceptacle des
autres parties de la fleur, parce qu'il indique une situation
qu'il est important de conoître, & il m'a été d'un grand
secours pour ramener à leurs Familles la plûpart des Plantes
les plus dificiles à déterminer.

1ere CLASSE.	2e CLASSE.	
Plantes sans Diske.		35. Q. Blitons.
	19. Aparines.	42. Q. Jujubiers.
	20. Scabieuses.	43. Légumineuses.
	22. Q. Aireles.	44. Q. Pistachiers.
1. Bissus.	23. Q. Apocins.	45. Q. Titimales.
2. Champignons.	29. Jasmens.	46. Q. Anones.
3. Fucus.	30. Anagallis.	52. Q. Capriers.
4. Epatikes.	32. Pourpiers.	
5. Foujères.	35. Q. Blitons.	**2e CLASSE.**
6. Palmiers.	39. Persikères.	
7. Gramens.	40. Garou.	**Diske sous les Etamines seulemant.**
8. Liliasées.	41. Rosiers.	
9. Jenjanbres.	42. Q. Jujubiers.	36. Jalaps.
10. Orchis.	44. Q. Pistachiers.	37. Amarantes.
11. Aristoloches.	45. Q. Titimales.	38. Espargoutes.
12. Eleagnus.	46. Q. Anones.	
13. Onagres.	47. Q. Charèniers.	**4e CLASSE.**
14. Mirtes.	50. Mauves.	
15. Ombellifères.	53. Pavots.	**Diske sous l'Overe & les Etamines ensemble.**
16. Composées.	54. Cistes.	
17. Campanules.	55. Renoncules.	
18. Briones.	56. Arons.	
	57. Pins.	
	58. Mousses.	

3e CLASSE.

Diske sous l'Overe seulemant.

24. Bouraches.
25. Labiées.
26. Vervènes.
27. Perfonées.
28. Solanons.
31. Salikères.

33. Joubarbes.
34. Alsines.
48. Tilleuls.
49. Geranions.
51. Pl. Capriers.
52. Crucifères.

65e Systême. *Overe ; sa situation à l'égard de toutes les*
parties de la fleur.

Le Systême fondé sur l'ovère, considéré par toutes ses
relations, come absence ou présence, nombre, figure, situa-

tion & proportion, eſt le plus univerſel ; parce que s'il
manque, il prend la forme de grène ; & que s'il n'i a ni
grènes, ni ovère, il n'i a aucune autre partie de la fleur,
(excepté dans les fleurs mâles ſéparées des femelles ;) au
lieu que ſouvant il i a Grène ou Ovère, ſans Calice
Corole & Etamines : d'où il ſuit que c'eſt la partie la plus
univerſele des Plantes ; car il i en a plus qui manquent de
Racines, de Feuilles, Calice, Etamines, &c. qu'il n'i en a
qui manquent de Grènes ou d'Ovères.

1ere CLASSE.

*Plantes ſans
Ovère.*

1. Q. Biſſus.
8. Q. Liliaſées qui
n'ont jamais de
fleurs.

2e CLASSE.

*A 1 Overe ſans
fleurs, c. à d.
ſans Calice,
Corole ni Eta-
mines.*

1. Biſſus.
2. Champignons.
3. 6 Fucus.

3e CLASSE.

*A 1 Overe, ſans
Calice ni Co-
role ; avec des
Etamines, loin
d'eles ſur le
même pié, ou
ſur diférens
piés.*

3. 6 Fucus.
4. 2 Epatikes.

4e CLASSE.

1 *Overe ſans Co-
role ; avec Ca-
lice & Etami-
nes, loin d'eles
ſur le même ou
diférens piés.*

3. 3 Fucus.
4. 9 Epatikes.
5. 1 Foujère.

5e CLASSE.

1 *Overe ſans Co-
role, avec Ca-
lice & Etami-
nes placées au-
tour de lui.*

6. Palmiers.
7. Gramens.
8. 47 Liliaſées.
30. 1 Anagallis.
31. 2 Salikères.
32. 2 Pourpiers.
35. Blitons.
37. 11 Amarantes.
38. 4 Eſpargoutes.
39. Perſikères.
40. Garou.
41. 6 Roſiers.
42. 3 Jujubiers.
43. 2 Légumineuſ.
44. 8 Piſtachiers.
45. 20 Titimales.
46. 1 Anoné.

47. 17 Chatèniers.
48. 4 Tilleuls.
51. 1 Caprier.
52. 1 Crucifère.
54. 9 Ciſtes.
56. 12 Arons.
57. 3 Plns.
58. Mouſſes.

6e CLASSE.

1 *Overe ſans Co-
role, avec Eta-
mines placées
ſur lui.*

8. 25. Liliaſées.
9. 3 Jenjanbres.
10. Orchis.
11. Ariſtoloches.
12. Eleagnus.
16. 1 Compoſées.
32. 5 Pourpiers.

7e CLASSE.

1 *Overe avec Ca-
lice, Corole &
Etamines pla-
cées ſur lui.*

9. 13 Jenjanbres.
13. Onagres.
14. Mirtes.
15. Ombellifères.
16. 110 Compoſées.
17. Campanules.
18. Briones.
19. Aparines.

20. Scabieuſes.
21. Chevrefeuill.
22. 3 Aireles.
32. 26 Pourpiers.
41. 4 Roſiers.

8e CLASSE.

1 *Overe avec Ca-
lice, Corole &
Etamines pla-
cées autour de
lui.*

22. 32 Aireles.
23. Q. Apocins.
24. Bouraches.
26. Vervènes.
27. Perſonées.
28. Solanons.
29. Jaſmens.
30. 15 Anagallis.
31. Salikères.
32. 7 Pourpiers.
34. Alſines.
36. Jalaps.
37. 4 Amarantes.
38. 9 Eſpargoutes.
41. 15 Roſiers.
42. 19 Jujubiers.
43. 108 Légumineuſ.
44. 46 Piſtachiers.
45. 15 Titimales.
46. 12 Anones.
48. 17 Tilleuls.
49. Geranions.
50. Mauves.
51. 10 Capriers.

52. 48 Crucifères.
53. Pavots.
54. 64 Cistes.

9e CLASSE.

Plusieurs Overes

sans Corole ;
avec Calice &
Etamines.
5. Fougères.
6. 1 Palmiers.
47. 3 Chatèners.
56. 4 Arons.

57 6 Pins.

10e CLASSE.

Plusieurs Overes;
avec Calice,
Corole & Eta-
mines.

23. 9 Apocins.
24. 12 Bouraches.
25. Labiées.
33. Joubarbes.
41. 18 Rosiers.
46. Anones.
55. Renoncules.

Table de mes 65 Systémes généraux de Botanike, ranjés selon l'ordre où je les ai exposé ci-devant, & avec leurs divers dégrés de bonté.

Ánées où j'ai compoſéchac. de ces ſyſtêmes.	Fondemens de chaque Syſtême.	Nombre de leurs Claſſes.	Nombre de leurs Sections.	Nombre des Sections natureles qu'ils conservent
1753.	1. Syſtéme. Figure totale ou port des Plantes.	11.	164.	9, ou $\frac{1}{17}$ & plus.
	2. La hauteur ou grandeur.	11.	277.	0.
	3. Groſſeur ou diametre.	13.	272.	0.
1754.	4. Durée ou âje.	10.	224.	0.
	5. Climat ou lieu natal.	41.	417.	0.
1755.	6. Subſtance.	7.	108.	7, ou $\frac{5}{15}$ & plus.
	7. Sucs.	19.	166.	59, ou $\frac{1}{4}$ & plus.
	8. Teintures.	9.	92.	37, ou $\frac{1}{3}$ & plus.
	9. Couleur des fleurs.	8.	174.	17, ou $\frac{1}{7}$ & plus.
	10. Saveur.	10.	91.	12, ou $\frac{1}{7}$ & plus.
	11. Odeur.	7.	113.	10, ou $\frac{1}{11}$ & plus.
	12. Vertus & uſajes.	38.	314.	229, ou $\frac{1}{3}$ & plus.
1751.	13. Racines.	7.	102.	31, ou $\frac{1}{4}$ & plus.
1752.	14. Bourjons.	8.	82.	44, ou $\frac{1}{2}$ & plus.
	15. Tije ; ſa figure.	8.	96.	29, ou $\frac{1}{4}$ & plus.
	16. Branches ; leur ſituation.	5.	109.	20, ou $\frac{1}{6}$ & plus.
1751.	17. Feuilles ; leur figure.	8.	115.	21, ou $\frac{1}{7}$ & plus.
1749.	18. ſituation.	5.	145.	17, ou $\frac{1}{9}$ & plus.
1750.	19. dévelopemant.	15.	137.	14, ou $\frac{1}{10}$ & plus.
	20. durée.	3.	91.	23, ou $\frac{1}{4}$ & plus.
	21. diſpoſition , ou feuillaje.	5.	85.	34, ou $\frac{1}{3}$ & plus.
1749.	22. Stipules ; leur ſituation.	4.	84.	28, ou $\frac{1}{3}$.
1750.	23. nombre.	4.	81.	30, ou $\frac{1}{3}$ & plus.
	24. Vrilles ; leur ſituation.	7.	72.	48, ou $\frac{1}{2}$ & plus.
	25. Epines ; leur ſituation.	12.	124.	24, ou $\frac{1}{6}$ & plus.
1748.	26. Poils & glandes ; leur figure.	11.	140.	8, ou $\frac{1}{13}$ & plus.
	27. Fleurs ; leur ſituation.	9.	151.	8, ou $\frac{1}{19}$ & plus.
	28. diſpoſition.	9.	256.	3, ou $\frac{1}{84}$ & plus.

Anées où j'ai composé chac. ce ces systèmes.	Fondemens de chaque Système.	Nombre de leurs Classes.	Nombre de leurs Sections.	Nombre des Sections naturelles qu'ils conservent.
1750.	29. Fleurs ; écailles qui les acompagnent.	5.	93.	21, ou $\frac{1}{5}$ & plus.
1741.	30. Sexe ; sa situation.	7.	124.	21, ou $\frac{1}{6}$ & plus.
1747.	31. Calice ; sa situation.	5.	106.	25, ou $\frac{1}{5}$ & plus.
1746.	32. figure.	7.	109.	26, ou $\frac{1}{5}$ & plus.
1744.	33. son nombre	3.	80.	36, ou $\frac{1}{3}$ & plus.
1742.	34. nombre de ses feuilles.	14.	185.	23, ou $\frac{1}{9}$ & plus.
1748.	35. sa durée	5.	89.	33, ou $\frac{1}{3}$ & plus.
	36. Corole ; sa situation.	8.	90.	32, ou $\frac{1}{3}$ & plus.
1746.	37. figure.	9.	105.	25, ou $\frac{1}{5}$ & plus.
1744.	38. son nombre.	3.	85.	37, ou $\frac{1}{7}$ & plus.
1743.	39. nombre de ses Pétales.	15.	164.	30, ou $\frac{1}{6}$ & plus.
1748.	40. sa durée.	4.	83.	36, ou $\frac{1}{3}$ & plus.
1747.	41. Etamines ; leur situation.	20.	86.	37, ou $\frac{1}{3}$ & plus.
1746.	42. figure respective.	7.	75.	44, ou $\frac{1}{2}$ & plus.
1741.	43. nombre.	14.	283.	8, ou $\frac{1}{16}$ & plus.
1749.	44. nombre rel. au cal. & à la corole.	4.	131.	13, ou $\frac{1}{11}$ & plus.
	45. Proportion relative entr'eles.	6.	76.	40, ou $\frac{1}{2}$ & plus.
1747.	46. Antères ; leur sit. & disposition.	3.	67.	48, ou $\frac{1}{2}$ & plus.
1746.	47. figure.	5.	74.	45, ou $\frac{1}{2}$ & plus.
	48. Poussières ; leur figure.	12.	93.	28, ou $\frac{1}{4}$ & plus.
1747.	49. Ovères ; leur situation en général.	6.	68.	53, ou $\frac{1}{2}$ & plus.
1744.	50. nombre.	7.	93.	45, ou $\frac{1}{3}$ & plus.
1741.	51. Stiles ; leur nombre.	8.	130.	33, ou $\frac{1}{4}$ & plus.
1742.	52. Stigmates ; leur nombre.	8.	174.	15, ou $\frac{1}{12}$ & plus.
1749.	53. Fruit ; sa substance.	6.	113.	17, ou $\frac{1}{7}$ & plus.
1745.	54. nombre de ses lojes.	8.	218.	13, ou $\frac{1}{17}$ & plus.
1747.	55. Grènes ; leur situation.	4.	62.	54, ou $\frac{1}{2}$ & plus.
1743.	56. nombre.	8.	211.	12, ou $\frac{1}{18}$ & plus.
1750.	57. nombre de leurs lojes.	6.	85.	48, ou $\frac{1}{2}$ & plus.
1749.	58. leur substance.	6.	92.	28, ou $\frac{1}{4}$ & plus.
1750.	59. leur réceptacle.	17.	116.	20, ou $\frac{1}{6}$ & plus.
	60. Embrion , son enroulemant.	5.	76.	37, ou $\frac{1}{2}$ & plus.
1745.	61. nombre de ses Cotulédons.	3.	65.	55, ou $\frac{3}{4}$ & plus.
1746.	62. figure de ses Cotulédons.	7.	92.	29, ou $\frac{1}{4}$ & plus.
1750.	63. Réceptacle de la fleur.	22.	101.	24, ou $\frac{1}{3}$ & plus.
	64. Diske ; sa situation relativemant à toutes les parties de la fleur.	4.	63.	48, ou $\frac{1}{4}$ & plus.
	65. Ovère ; sa situation à l'égard de toutes les parties de la fleur.	10.	93.	35, ou $\frac{1}{3}$ & plus.

S'il exiſte des Claſſes ou Familles natureles dans les Plantes, ou au moins, ſi l'on admet pour teles celes qui ſont
fondées ſur l'enſemble de toutes leurs parties; il n'eſt pas
douteux que, ces Familles une fois trouvées fixées & reconues, tout ſyſtême qu'on imaginera après cela, fondé ſur la
conſidération de 1 ſeule partie ou d'un nombre de parties
moindre que le total ou leur enſemble, en prenant ces Familles pour Sections, ne poura avoir de Claſſes natureles,
& que ce qu'on apeleroit alors du nom de Claſſe, ne ſeroit
à proprement parler que des Sections de ces Familles : c'eſt
pour cela que mes Familles étant établies come les plus aprochantes de la Métode naturele, il n'a pû ni dû ſe trouver
dans les ſyſtêmes précédans aucune Claſſe naturele; de ſorte
que nous en avons ſuprimé la colone dans cete Table; & que
cele des Sections natureles conſervées indique des Familles
entieres qui n'ont ſoufert aucun déranjemant dans ces conſidérations ſyſtématikes ſur chacune des parties ou qualités
iſolées des Plantes. Ainſi pour établir une balance exacte
entre ces ſyſtêmes & ceux de mes Prédéceſſeurs, p. lxxxix,
il faudroit en comparer le nombre des Sections natureles à
celui des Claſſes nat. de ces Auteurs, & non à celui de leurs
Sections, qui, dans des Claſſes peu natureles pour la plûpart
n'ont pu qu'être démembrées & ſubdiviſées pluſieurs fois,
& faire par-là ſouvent 3 ou 6 Sections natureles en aparance
pendant qu'eles auroient dû être réunies pour n'en faire que
1 ſeule.

De ces 65 ſyſtêmes il ſuit;

1° Que tous les ſyſtêmes fondés ſur l'examen de 1
ſeule partie, tele qu'ele ſoit, ne peuvent embraſſer toutes
les Plantes, puiſque (come il a été dit, pages xcvij, cxc,
& cciij) il n'i en a aucune qui réuniſſe toutes ces parties
enſemble, & qu'il i en a même qui n'en ont que 2 ou 3,
come ſont la plûpart des Biſſus & des Champignons.

2° Que chacune de ces parties peut auſſi-bien ſervir pour
ranjer les Plantes ſelon un ordre ſyſtématike; il n'i a que
du plus au moins dans leur diférent dégré de bonté qui dépend de leur univerſalité plus ou moins grande; enſorte que
tel ſyſtême, par exemple, mon 17ᵉ ſur les feuilles, ſera
auſſi-bon que celui que Ruppius a publié ſur le Calice,
p. xxxiv, & mon 22ᵉ ſur les ſtipules, ſurpaſſera en bonté
celui de Crétien Knaut ſur la Corole, pag. xxxiv. Cela ne
paroîtra pas auſſi étonant, qu'il a paru juſqu'ici aux Botaniſtes
de l'opinion moderne en faveur des ſeules parties de la
fructification excluſivemant à toutes les autres, lorſqu'on

voudra fe convaincre par expérience & par un long ufage
qu'il i a, (come nous l'avons dit, page cxx) des Familles
de Plantes où les ftipules fourniffent le principal caractere
de Famile, come dans les Aparines, les Efpargoutes &
les Légumineufes; les feuilles dans d'autres, come dans les
Labiées, les Piftachiers; la difpofition des fleurs dans d'autres,
come les Labiées; le Calice dans d'autres, come les Liliafées; les Etamines ou le Piftil dans d'autres, come les
Mauves, les Renoncules, &c.

IV PARTIE.

Ce qui refte à faire pour perfectioner la Botanike.

La Botanike n'eft pas auffi avancée que l'ont dit les Modernes. Il eft facil de voir par ce qui a été dit dans la 1ere partie
des Métodes & Syftêmes de Botanike, & dans la 2e fur
l'état actuel de cete fcience, à l'égard des Genres Efpèces &
Variétés, qu'ele n'eft pas auffi avancée que l'ont prétendu
quelkes Botaniftes modernes un peu trop entoufiafmés de
leurs travaux, & trop prévenus en leur faveur. Les Syftêmes
fur les diverfes parties de la fructification qu'ils ont regardé
come les feules parties effentieles, les feules néceffaires, étant
épuifés; les ¼ de Plantes que nous poffédons, aiant été décrites
ou figurées, tant bien que mal, ils ont cru avoir tout fait;
ils ont même ofé affurer que cete fcience étoit portée à un
dégré de perfection infinimant fupérieur à toutes les autres
fciences, au point qu'à les entendre, il ne refteroit plus
que la coneffance de quelques Plantes étrañjères à aquerir.

Mais bien loin que l'on ait dit jufqu'à ce jour tout ce
qu'il i a d'effentiel à favoir en Botanike, & que par des
corections fufifantes, on ait doné à nos conoiffances en cete
fiance toute la certitude néceffaire, come s'en font vanté
ceux des modernes qui ont pris le nom de réformateurs, &
qui, à la tête de Métodes artificieles tout auffi défectueufes
que celes de leurs prédéceffeurs ont abufé du titre faftueux
de Syftême de la Nature; ces Auteurs nous ont laiffé la
plûpart des incertitudes anciènes, & ont le plus fouvent
envelopé les conoiffances nouveles dans le voile épais de
quelques idées particulieres trop généralifées, auxqueles ils
ont voulu ramener toute la nature.

Il i auroit certainemant de l'injuftice à blâmer ces Auteurs
d'avoir laiffé tant de chofes utiles à faire à leurs defcendans;
nous ferons vraifemblablemant dans ce cas à l'égard des

nôtres : c'eſt beaucoup qu'il nous aient aidé à reconoitre 6
à 7,000 Plantes. Mais ce ſeroit une erreur que de croire,
come on veut nous le perſuader, que les diverſes parties
de la Botanike ſoient fort avancées ou preſque finies par
ces Ouvrajes ſyſtematiques. L'alfabet lui-même de la ſcience,
tout ſimple qu'il eſt, i eſt, come l'on a vu, à peine limité, la
Nomenclature i vacille dans ſes principes, les $\frac{3}{4}$ des Genres
i ſont imparfaits dans leurs caractères; enfin tous ces ſyſtêmes
ſur 1 ſeule partie ſont inſufiſans. De ſorte que cet Ouvraje,
qui nous eſt anoncé par les Auteurs les plus modernes,
come touchant au point de ſa perfection, & qui a paru
come fini à quelques-uns, n'étoit encore qu'à ſon comencemant, & demandoit à être travaillé ſur un plan tout diférant, lorſque j'i ai mis la main.

La route nouvele que j'ai tracée par mes Familles, en
donant de la certitude, ou au moins toute la certitude qu'on
peut ſe promettre dans les Claſſes Genres Eſpèces &
Variétés, eſt peut-être un grand pas vers la perfection;
mais malgré les corections que nous avons fait aux $\frac{3}{4}$ des
coneſſances anciennes, combien ne reſte-il pas encore de doutes
à lever, de négligences à vérifier? Malgré nos additions, que
d'omiſſions à remplir, que d'obſervations nouveles à faire?
D'ailleurs toutes les parties d'une ſiance auſſi étendue ne
ſont-eles pas ſuſceptibles d'une grande perfection? je n'en
doute nulemant; j'en ſuis même ſi convaincu, qu'après avoir
expoſé aux ieux du Public dans les deux parties précédentes
les imperfections de mon travail, & celes de mes Prédécef-
ſeurs, je ne roujirai point d'indiquer dans celle-ci le moien
de les rectifier, & de les faire diſparoître.

Ce ſeroit ſans doute un Ouvraje très-util à faire dans chacune des ſiances, qui ſont auſſi vaſtes que la Botanike, que
de montrer queles ſont les choſes à obſerver, & celes qu'il
faut négliger come minuties pour ne pas rendre, ſelon
l'expreſſion de Boerave, la Botanike ni ſote ni ridicule. On vera
par mes Familles, come il a été dit, p. clxvij, ce qu'il faut obſerver plus particulieremant, & ce qu'il faut négliger dans chacune d'eles; il me ſufira donc d'indiquer ici ce qui reſte
encore à faire pour perfectioner la ſiance, il roule ſur 6
points diférans; ſavoir,

1º Les Familles ou Claſſes nouveles à découvrir.
2 Les Genres anciens à certifier & les nouveaux à découvrir.
3 Les Eſpèces, id.
4 Les Figures anciennes à completer ou nouveles à faire.
5 Sur un Ouvraje néceſſaire à compoſer.
6 Sur les Volajes qu'il ſeroit util d'entreprendre.

1° Familles nouveles à découvrir.

En fuppofant que les Familles que je publie aujourduî foient la Métode naturele , ou la Métode qui en aproche le plus ; malgré tous les foins que je me fuis doné , ele eft encor fufceptible d'une grande perfection. Le peu de liaifon qu'on remarque entre 2 Familles de Plantes , il en eft de même des Genres Efpèces & Variétés , indique affez qu'il i a , come nous l'avons dit pag. clxxxviij & cxcix , d'autres Familles intermédières qui manquent peut-être dans la nature , ou au moins qui nous font inconues , & qui reftent à découvrir dans les païs étranjers , & à ranjer à leur place.

Au nombre de 4 à 5.

Par exemple , il paroît qu'il en manque 1 entre les Mirtes & les Ombellifères ; 1 ou 2 entre celes-ci & les Compofées ; 1 entre les Compofées & les Campanules ; 1 entre les Campanules & les Briones : c'eft ce que le tems & l'obfervation peuvent feuls nous aprendre.

Additions à faire aux Familles conues.

A l'égard des obfervations générales fur les Familles conues , voici les additions qu'il faut i faire.

1ere Famille. Il faudroit prouver par l'obfervation ou par des expériances, que l'*Apona* , le *Pulina* , le *Godal* , le *Biffus* , le *Kanta* & le *Reticula* fe reproduifent de grènes ou de rejetons ; & dans ce dernier cas , montrer de quele manière fe fait cete réproduction, fi ele a quelque analogie avec cele du Regne animal.

2e Famille. Il n'eft pas encore bien décidé fi ce qu'on apele Etamines dans les Champignons en eft réelemant, furtout dans la fection des Lichens , ou fi ce ne font pas plutôt des rejetons.

3e Fam. Il feroit curieux de favoir fi les 6 1ers Genres des *Fucus* n'ont réelemant pas d'Etamines.

4e Fam. Certifier fi le *Jungermania* n'a pas des capfules ou cupules qui contienent des grènes , come dans les autres Genres de cete Famille.

5e Fam. Trouver dans l'*Ofiogloffon* des Etamines qui environent des Ovères dans chacun de fes Calices ou envelopes en godet ; come ils font dans le *Lemma*, dans le *Pilularia* ; & come M. Maratti dit l'avoir vu dans le *Druopteris* & autres.

8. Fam. Si toutes les efpèces de Jonc ont 2 cotulédons à leurs grenes , come je l'ai obfervé dans l'efpèce du Senégal.

11. Fam. Si les graines de tous les Genres de cette Famille ont 2 cotulédons come le *Nelumbo*.

12. Fam. id. & la figure de la pouffière de leurs Etamines.

14. Fam. la figure de la pouffiere des Etamines.

17. Fam. la fituation & figure de l'embrion.

On avoit'établi avant moi 1174 Genres de Plantes; j'en ai augmenté le nombre juskà 1615 environ, & il parèt qu'on peut en découvrir encor 4 à 600, fur-tout dans les 23 Familles fuivantes.

2° Genres à découvrir.

Foujères.	Aireles.	Jujubiers.	Tilleuls.
Palmiers.	Apocins.	Légumineufes.	Geranions.
Gramens.	Perfonées.	Piftachiers.	Mauves.
Mirtes.	Jalaps.	Titimales.	Pavots.
Briones.	Amarantes.	Anones.	Ciftes.
Aparines.	Efpargoutes.	Chatèners.	

Au nombre de 4 ou 600.

Outre ces découvettes, il i a des corections à fère dans le ½ des Genres qui parèffent les mieux conus, fur-tout dans les Genres étranjers, & il i a des additions à fère dans un grand nombre tels que les fuivans.

A corijer.

7e Famille. Savoir coment eft la gaine & courone des feuilles du *Seflera*.

Additions à faire aux Genres conues.

8e Fam. Les racines, feuilles, fleurs, fpate & calice du *Morea* & de l'*Abapus*.

9e Fam. Coment eft la gaine des feuilles du *Pakoferoka*.

11e Fam. Certifier fi le *Bandura* a fa fleur fur l'ovère.

Si les 3 lojes du fruit du *Trixis* ne font pas 3 capfules diftinctes, chacune à 1 grène.

12e Fam. Le nombre des Etamines du *Tsjerukaniram*. Le *Lupuloides* du Jardin Roïal m'a paru d'après les fleurs fèches de mon Erbier, devoir faire un nouveau Genre à placer dans cete Famille.

13e Fam. Le nombre des Etamines de l'*Alina*; la nature de la grène du *Valikaa*; le nombre des lojes de la kapfule du *Tilko*, & certifier fi le *Melaftoma* a 5 lojes, ou depuis 3 jufqu'à 5 lojes au fruit.

14e Fam. Le nombre des lojes & des grènes de la baie du *Nani* & du *Bobu*.

Il i a dans l'*Hortus Malabaricus* nombre de Genres fort diftincts qui ont la Corole polupétale pofée fur le Calice come dans les Salikères, mais dont on ne dit pas fi eles ont le Kalice pofé fur l'ovère come dans les Mirtes, de forte qu'on a befoin de nouveles obfervations pour décider à laquelé de ces 2 Familles ces Genres apartienent.

15e Fam. Nous ignorons la figure des feuilles & de l'ombele des fleurs du *Solandra*.

16e Fam. La fituation des fleurs du *Bartolina*.

18e Fam. Les vrilles du *Chocho*.

19e Fam. Si le *Pavetta* de Browne, le *Katesbea*, l'*Ofio-*

xulon & le *Fuchfia* ont des ftipules aux tijes ; & le nombre des ftigmates du *Tula*.

22e Fam. Le nombre des ftils & ftigmates du *Mokof* ; la fituation des grènes & de l'embrion de l'*Erika*, du *Rododen-dros*, & la nature du fruit de l'*Olax*. Certifier fi l'*Erutroxulon* a 3 ftiles & 3 ftigmates.

23e F. Si le *Sideroxulon* épineux a un diske fous l'ovère. La fituation des feuilles & fleurs, & la figure des grènes du *Sabatia*.

25e Fam. Certifier fi les fleurs du *Mefofferon* n'ont pas des écailles en deffous.

26e Fam. Obferver le nombre des Etamines & des Stig-mates de l'*Algelagen*. Le nombre des ftigmates & le fruit du *Leptoftachua*. La fituation des feuilles & fleurs, le nombre des Etamines, le fruit & les grènes du *Michelia*.

27e Fam. La fituation des feuilles du *Diantera*. La fitua-tion des grènes dans la baie du *Columnea*.

29e Fam. Le fruit & les grènes du *Pigafetta*. La fituation des feuilles & fleurs du *Petitia* & de l'*Aquartia*. Ce dernier Genre pouroit bien être de la Famille des Solanons s'il avoit les fleurs placées come eux hors des Aiffelles des Familles. Le *Comocladia* de Browne ne me paroît pas diférer du *Do-donea* de Plumier. Certifier fi l'Olivier n'auroit pas 2 lojes dans l'ovère, chacune avec 1 offelet à 2 lojes. Si la baie du *Callicarpa* n'auroit pas 4 à 6 lojes au lieu de 1 qu'on lui atribue comunément. Savoir la fituation des fleurs du *Mirfti-fullon*. La figure des ftigmates du *Biftella*, du *Plota* & du *Marurang*.

30e Fam. Le nombre des valves de la capfule du *Teofrafta*, de l'*Arctia*, du *Trientalis* & du *Septas*.

31e Fam. Le nombre des valves de la kapfule du *Griflea*, du *Parfonfia*, du *Kufea*, du *Salikaria*, du *Chabrea* & de l'*Ammania*.

32e Fam. La nature du fruit du *Skiodafullon*, avec le nom-bre de fes lojes & de fes grènes. Si la kapfule de l'hEuchera n'eft pas à 2 lojes à fa bafe.

33e Fam. Vérifier fi le *Tetrakera* n'a pas une Corole.

34e Fam. Si le *Drupis* n'a réelement que 1 grène dans l'ovère.

37e Fam. S'affurer fi le *Minuarta* a des ftipules aux tijes ; alors il viendroit dans la Famille des Efpargoutes, come j'ai lieu de le foupçoner.

40e Fam. Les fleurs de l'*Eriokaulon*, du *Brabeion*, du *Konokarpos*, du *Lepidokarpos* & du *Brunia*, méritent d'être examinées tout de nouveau & fcrupuleufement.

43e Fam. Le nombre des Etamines du *Mahtoada*, du *Toulichiba* & du *Meibomia*. Si le *Boota*, le *Galaftia*, le

Néante & le *Skaligera* ont des stipules aux feuilles ou à la tije. Les fruits & grènes du *Néante*.

44e Famille. Le *Gale* & le *Bosea* pouroient mériter un nouvel examen. Savoir, la situation des fleurs du *Barola*. Le nombre des Pétales & des Etamines du *Komakon*. Le fruit & les grènes du *Kalavel*. Le fruit du *Kakao*. Les grènes de l'h*Artoga*. Le *Triopteris* paroît renfermer plusieurs Genres; & le *Bergena* viendra dans la Famille des Mirtes, s'il a la fleur sur le fruit, come j'ai lieu de le soupçoner.

45e Fam. L'h*Ernanda*, le *Plukneta* & l'*Ertela* méritent un examen scrupuleux. Nous ignorons la situation des fleurs de l'*Ertela*.

46e F. Savoir si le *Xulopikron* n'a pas plusieurs ovères avant la maturité de son fruit. La situation des fleurs de l'*Udrastis*.

49e Fam. Le *Banistera* parèt renfermer plusieurs Genres; dont le h*Irea. Jacq*. est peut-être un.

50e Fam. Le nombre des stigmates du *Durio*. Le fruit & les grènes du *Tijinkin*.

51 Fam. Le *Margravia*, autant que les fleurs desséchées ont pu m'en instruire, me parèt avoir une baie à 10 lojes, & venir dans la Famille des Cistes; j'en conois une Espèce à fleur en épi & à 5 Pétales distincts.

52e Fam. La couleur des fleurs & le nombre des tubercules du diske du *Vesikaria*.

54e Fam. L'*Osterdikia*, le *Plinia*, le *Koddam-pulli* & le *Kaopia* sont des Genres à certifier. Savoir la situation des feuilles & des fleurs du *Kuratella*. Le nombre des grènes du *Vorstia*. Le nombre des stiles & stigmates du *Rakleta*. Le fruit & les grènes de l'*Illa*, du *Fantis*, de l'*Allofilus* & du *Barrera*. Le stil, le fruit & les grènes de l'*Embilla*, du *Pela* & du *Gesembilla*. Le *Koa* me paroît venir dans la Famille de Tilleuls près de l'Erable. Si les Etamines du *Sauvagea* sont réunies sans adérer à la Corole, il viendra dans la Famille des Geranions près de la Violete. J'ai une nouvele certitude pour placer le Manglier dans la Famlile des Onagres, come je l'avois soupçoné. Si l'on trouvoit quelke espèce de Frène à fleur dont les étamines fussent adérantes, il faudroit raporter ce genre à la Famille des Jasmens près du *Chionantus*, avec lequel il a tant d'autrès raports, & dont je ne l'ai séparé que faute d'une semblable observation.

56e Fam. Savoir, le nombre des Etamines & des stiles du *Subularia*.

57e Fam. Ce seroit une vraie découverte que de trouver les fleurs femeles, les ovères, les fruits & les grènes de l'*Equifeton*, qui ont échapé jusk'ici aux recherches de tous les Botaniftes , & à celes que j'ai fait en toutes faifons pendant nombre d'anées fans avoir pu réuffir ; ce qui feroit foupçoner que cete Plante n'a que des embrions de rameaux qui tienent lieu d'ovères & de grènes.

58e Fam. Trouver les fleurs mâles ou les Etamines du *Lukopodioides*. Les fleurs femeles & les grènes du *Porella*, du *Blankara* , du *Dorkadion* & du *Buxbomia*.

Les Genres nouveaux trop fuccintement décrits , & dont il feroit important d'avoir des détails fufifans pour les placer dans leurs Familles , feront raportés au nombre de 65 dans la 2e partie de cet Ouvrage , à l'Errata & à la fin de l'Appendix , page 510 , c'eft pourquoi je me difpenfe de les citer ici.

3e Efpèces à bertifier. Il i a encore plus de corrections & d'additions à faire dans les Efpèces de Plantes conuës , que dans les Genres , pour les ramener à ceux auxquels eles apartienent ; car come on n'en conoît paffablemant bien que 3 à 4,000 au plus fur le nombre de 18,000 qui font indiquées dans les Catalogues , & raffemblées dans l'Ouvraje de Raï , il i en a au moins 14,000 **Au nombre de 14,000 ou davantaje.** à décrire & à caractérifer de nouveau. Voici quelques réflexions générales à cet égard.

2e Famille. Il n'eft pas encore bien déterminé ce qui eft Efpèce , & ce qui n'eft que Variété dans les Champignons.

3e Fam. Il en eft de même de la Famille des *Fucus*.

7 Fam. id. dans certains Genres de Gramens , tels que le *Poa* & le *Feftuka*.

16e Fam. id. dans quelques Compofées , fur-tout le *Lactura* , le *Doria* & l'*After*.

21e Fam. Il i a une fingularité à fuivre dans le tube de la Corole du *Valeriana* ; favoir, s'il eft fouvant à 2 lojes dans toutes fes Efpèces , come je l'ai obfervé dans cele apelée *Valeriana rubra latifolia*.

25e Fam. On n'a pas encore bien décidé ce qui eft Efpèce ou Variété dans quelques Genres des Labiées , tels que l'*Okumon* , le *Menta* , le *Lamion*.

31e Fam. S'affurer du nombre des dents du Calice & des étamines de toutes les Efpèces de *Salikaria*.

38e Fam. Du nombre des étamines , des ftils , des lojes & valves de toutes les Efpèces d'Efpargoutes.

41e Fam. Si les grènes de l'Efpèce de *Mefpilus* apelée *Amelanfier* font des noïaux ou des pepins. Déterminer ce qui eft Efpèce & Variété dans les Genres du *Rofa* & du *Pirus*.

43e Fam.

43ᵉ Fam. Si le *Bonduc* de Canada n'eſt pas d'un Genre diférant de celui des Tropikes ; c'eſt ce que j'ai lieu de ſoupçoner. S'il n'i a pas pluſieurs Eſpèces d'*Akakia* à étamines diſtinctes, come je les ai vu dans cele d'Amérike ſans épines & à fleurs blanches ramaſſées en tête.

58ᵉ Fam. Décider ce qui eſt Eſpèce & Variété dans la plûpart des Mouſſes.

Lorſqu'on aura certifié les 18,000 Eſpèces ou Variétés de Plantes indiquées juſqu'ici, il reſtera encore à en découvrir un nombre à-peu-près égal dans les païs étranjers. Rai l'avoit penſé il i a près de 80 ans, en diſant à la paje iij de la Préface du 1ᵉʳ Volume de ſon Iſtoire générale des Plantes imprimée en 1686. *Longiſſime tamen abeſt ut me perfectam Plantarum omnium Iſtoriam compoſuiſſe, aut alium quemvis componere poſſe exiſtimem, cùn, ne dimidiam quidem partem Plantarum toto terrarum Orbe naſcentium Europeis hactenus cognitam aut obſervatam eſſe, certiſſimum ſit. Primum etenim vaſtiſſima terrarum ſpatia diverſo mundi cardini ſubjecta nondùm detecta, at ne fando quidem audita, latere pluſquam veriſimile eſt : Quin, earum regionum quarum aliqualem notitiam habemus, pars longe maxima, Botanicis inacceſſa, nondùm certe luſtrata eſt. Tandem in iis etiam quæ omnium diligentiſſime perſcrutaæ ſunt, non paucæ Botanicorum induſtriam eluſerunt & etiàmnùm inobſervatæ latitant : ut hujuſmodi Iſtoriam vix dùm inchoatam, non ante abſolvendam putem.*

Exitio terras quàm dabit una dies.

M. Linnæus a avancé le contraire, ſans le prouver, dans ſa Préface du *Species Plantarum*, Edition de 1754, où il dit : *Numerum Plantarum totius Orbis longe pauciorem eſſe quàm vulgò creditur, ſatis certo calculo intellexi, ut pote qui vix ac ne vix 10,000 attingat* ; mais l'Erbier conſidérable que nous poſſédons, celui de M. de Juſſieu, ceux de Tournefort & de Vaillant que l'on conſerve au Jardin Roial de Paris ; nos propres obſervations dans nos Voiajes au Sénégal, aux Iles Canaries & aux Aſores ; l'examen des Plantes figurées dans les Voiajeurs les plus célèbres, tels que *Plumier, Reede, Margrave, Rumfe, Ernandez*, &c. nous confirment de plus en plus dans l'idée du Savant & profond Rai, ce digne émule de l'Illuſtre Tournefort. Cete idée qui peut ſe ſoutenir encore aujourd'hui eſt facile à vérifier, en s'aſſurant du nombre des Plantes que chacun des païs que nous conoiſſons a fourni ; & en comparant à ces païs ceux qui nous ſont encore inconus.

x

Un feul Roïaume de l'Europe, tel que la France ou l'Angleterre produit 3,000 Efpèces de Plantes toutes différentes   3,000

L'Efpagne, l'Italie & les Païs du N. de l'Europe, en ont fourni de plus   2,000

Le Levant & autres Païs Orientaux.   2,000

L'Amérike, depuis le Canada, jufqu'au Miffiffipi   1,000

La Tetre ferme de l'Amérike, depuis le Miffiffipi, jufqu'à Surinam   1,000

Les Iles de l'Amérike   1,000

Le Bréfil & le Perou   1,000

La côte de Barbarie & une partie de l'Egypte.   1,000

Le Cap de Bone-Efpérance.   1,000

L'Ile Zeilan & la côte Malabar   1,000

Les Iles Molukes   1,000

Les Iles Filippines & la Chine   1,000

Ajoûtons 2,000 Variétés à tout ce nombre d'Efpèces bien diftinctes   2,000

                             ————
                           18,000

J'ai mis les chofes au plus bas dans ce calcul, en fuprimant toujours les répétitions des Plantes qui fe rencontrent dans des climats femblables ; de forte qu'on ne peut guère contefter que nous ne poffédions actuelemant au moins 18,000 Efpèces ou Variétés bien diftinctes de Plantes. De plus, parmi les divers Païs cités ci-deffus, il i en a de moins conus, tels que la Provence, le Portugal, l'Efpagne, l'Italie, les Pyrénées, les Alpes, & qui produifent encore nombre de Plantes échapées aux recherches des Botaniftes ; il en refte beaucoup à découvrir dans les Iles de l'Amérike, malgré les foins de Plumier, de Sloane, de MM. Browne & Jacquin, &c. beaucoup dans le Canada, la Virginie, le Miffiffipi, le Perou, le Bréfil ; beaucoup fur la côte de Barbarie, en Egypte, au Cap de Bone-Efperance, à Zéilan, au Malabar, aux Molukes, aux Filipp.nes & à la Chine ; ce qui augmenteroit encore & peut-être de $\frac{1}{3}$ le nombre des Plantes fournies par le calcul précédant.

A comparer la petite étendue des païs parcourus par les Botaniftes, à l'immanfe étendue de ceux qui nous reftent à conoître, n'eft-on pas en droit de foupçoner que la moiffon qui refte à faire, peut égaler ou même furpaffer les richeffes que nous poffédons en ce Genre ? Permetons à un Entoufiafme affez bien fondé le calcul fuivant qui n'eft pas horsde vrai-femblance.

Tout l'intérieur inconu de l'Afrike peut fournir au moins
5,000 Plantes nouveles.   5,000
   L'intérieur de l'Asie.   3,000
   La grande & belle Ile de Madagaskar   4,000
   Les Iles de France, Rodrige & adjacentes. 1,000
   Les montagnes du Perou   2,000
   Surinam & Caiene   2,000
   L'Amérike Méridionale, depuis le Brésil, jusqu'à
la Terre de Feu   4,000
   Les Iles de la Mer du Sud   1,000
   Enfin les Terres Auftrales qui reftent à découvrir, &
qui égaleront vrai-femblablement une dés 4 parties
du monde conu   _3,000_

                                                          25,000

Nous poffédons, come il a été dit, pag. cxlij, environ
70,000 figures, qui repréfentent à peine 10,000 Efpèces
de Plantes, les autres 60,000 n'étant que des répétitions
ou même des copies plus ou moins exactes. Sur ces 10,000
figures, il n'ï en a que 1,500 ou 2,000 au plus de bien
reffemblantes ou completes, c. à d. où il ne manque aucun des détails néceffaires pour les faire conoître parfaitemant,
& de maniere à ne les pas confondre avec celles qui en aprochent le plus; pour aller jufqu'à 18,000 Efpèces, en nous
bornant à celes qui font conues, ou que nous poffédons,
c'eft donc encore environ 16,000 figures à corijer, à completer, ou à faire de nouveau.

4° Figures à corijer, à completer & à faire.

Il eft naturel de conclure de ce qui vient d'être dit dans
les 4 articles précédans, qu'il refte à faire un grand Ouvraje
qui, en perfectionant les conoiffances aquifes en Botanike,
ajoûte aux 58 Familles que nous conoiffons les 4 ou 5 Familles qu'on peut raifonablemant croire qui nous manquent;
aux 1,600 Genres, les 4 à 600 qui reftent à découvrir; aux
18,000 Efpèces trouvées, les 25 à 30,000 qui nous font inconues; & qui joignit en même tems des defcriptions courtes, mais fufifantes, & des figures completes ou auffi entieres
qu'il feroit poffible de toutes les Plantes.

5° Grand Ouvraje à faire.

Il feroit à fouhaiter qu'un Botanifte profond, & en même
tems affes riche, fit cete entreprife, qui lui feroit moins
onéreufe en publiant, en forme d'Ouvraje périodike anée
par anée, ou en Journal mois par mois, les Genres & Efpèces de Plantes Familles par Familles, le Public fe prêtant
à des foufcriptions. Mais il eft rare de voir les richeffes
alliées aux grands talens, & ceux qui pouroient être frapés

de l'utilité qui en réfulteroit, ne fortent de l'obfcurité de leur cabinet que pour prendre un repos abfolument néceffaire à la réparation des forces abatues par un travail continuel. Il eft probable que le Public faififfant l'avantaje qui peut réfulter d'un plan le mieux conçu fur ce qui intéreffe les fciences natureles, fe prêteroit à le favorifer. Je m'en fuis toujours occupé ; c'eft celui dont j'ai parlé ci-devant, p. cc, qui eft come la clé de l'Hiftoire nat. de la Fifike & de toutes les fiances, & qui difère totalemant de cete prétendue échele & filiation ou fucceffion des êtres confidérés come une dégradation d'un même Genre fuivant une ligne droite ; idée dans laquele les Filofofes Modernes fe complaifent tant, & dont je démontrerai le peu de fondemant.

En conféquence de ce plan, j'ai dû publier ces Familles qui font des portions fixes & ftables du fyftême général de la nature, s'il i en a un. Si le Public convient que ces Familles font réelemant les Familles natureles, ou au moins qu'eles en font auffi aprochantes que les conoiffances actueles en Botanike le peuvent permetre ; je pourai doner dans ce même ordre toutes les Efpèces conues, décrites ou figurées, & celes mêmes qui demeurent encore ignorées dans les Erbiers immenfes de nos Botaniftes, en les raportant chacune dans des colones aux Genres que je publie aujourd'hui, avec la citation fimple du nom de leur 1er Inventeur ou de la meilleur figure, & avec des Caractères fufifans, mais abréjés ; car on ne lit guère de longues defcriptions, & on n'en faifit pas les diférances, les détails des figures doivent fupléer à ces longueurs. Cet Ouvraje, d'une utilité effentiele, & dont la néceffité eft abfolue pour fixer enfin nos conoiffances & nos richeffes Botanikes, fera d'une longue haleine ; néanmoins, come il eft déja très-avancé du côté des defcriptions, on pouroit les porter en peu d'anées à fon entiere exécution, fi les circonftances favorables i concouroient : il feroit très-difpendieux pour un Particulier dont la fortune eft bornée, car il faudroit i joindre les figures de toutes les Efpèces & des Variétés affez notables, travaillées avec toute l'exactitude & les détails néceffaires pour les rendre completes, & teles à-peu-près qu'il faut pour être auffi parfaites ou auffi utiles qu'on peut les défirer.

6° Voiajes u iles à faire.   Mais cet Ouvraje, même fupofé fini, ne rempliroit encore qu'une partie de ce qui refte à faire, que celle de la rectification de nos conoiffances actueles, & ne nous procureroit aucunemant les conoiffances Botanikes qui reftent à aquérir. De quele utilité ne feroient pas à cet efet des Voiajes or-

donés par des Souverains, avec tous les encourajemans néceffaires, à des Botaniftes confomés qui iroient dans toutes
les parties du monde à la découverte de tant de productions
nouveles donr nous n'avons pas la moindre idée, & qui
raporteroient tant de richeffes dans leur patrie : Projet vafte,
avantajeux à la Société, digne de la grandeur des Princes
qui l'ordoneroient, des Miniftres qui en favoriferoient l'exécution, honorable pour les Savans qui en feroient l'entreprife ;
enfin écrit à jamais dans les faftes des fiances qui en reti-
reroient tant de conoiffancès dont l'utilité auroit tôt ou tard
fon aplication.

REMARKE.

Je dois avertir ici que fi quelkes Botaniftes fe trouvent cho-
kés de l'opinion que j'ai cru devoir embraffer fur leurs Ouvrajes, mon intention n'a été ni d'ataquer leur perfone, ni
de diminuer en aucune maniere la réputation dont ils jouiffent.
Je n'ai eu en vue que la recherche de la vérité, & je défire
fort qu'on veuille bien me faire conoître, avec les mêmes
égards & la même franchife, ce qui paroîtra de défectueux
ou de fufceptible d'explication dans cet Ouvraje, fruit de 22
ans de veilles ou du travãil le plus affidu, & que je ne publie que dans le deffein de montrer la route qui m'a le mieux
réuffi, & qui m'a paru la plus propre à faire parvenir, en peu
de tems, la Botanike au point de perfection dont ele eft
fufceptible.

Fin de la Préface iftorike de la Botanike.

TABLE CRONOLOGIKE

DES AUTEURS DE BOTANIKE.

ON Objet n'eſt pas de doner dans cete Table une notice de tous les Ouvrajes des Auteurs
en Botanike , ni de toutes les éditions , ni des
meilleurs éditions dé ces Ouvrajes , mais ſeulemant de citer la 1ᵉʳᵉ & la derniere édition de
ceux des principaux Auteurs dont la conoiſſan-
ce eſt néceſſaire , ſoit parce qu'ils ont doné les élémens de
cete ſiance dans des Métodes , ſoit parce qu'ils ont publié
des figures que nous regardons come une partie eſſentiele.

Dans la 1ᵉʳᵉ colone , on trouvera le nom des Auteurs ;
leur patrie dans la 2ᵉ ; le titre de leurs Ouvrajes dans la 3ᵉ ;
dans la 4ᵉ le nombre des Plantes dont ils ont parlé , & des
figures qu'ils ont publié, avec le dégré de bonté de ces figures
en les diſtinguant en 4 Claſſes , les mauvaiſes, les médiocres , les bones & les parfaites. Les mauvaiſes ſont celes qui
péchent du côté de l'exactitude ou de la reſſemblance. Les
médiocres ſont celes qui repréſentent aſſez bien l'Enſemble
ou le Port de la Plante, mais avec des défauts dans les
proportions des parties , ou dans les détails. Les bones ou
incompletes ſont celes qui repréſentent exactemant la Plante ,
mais qui ſupriment quelques parties, come les racines, les
tijes , les fruits, &c. Les parfaites ou completes ſont celes
qui joignent à l'exactitude le détail de toutes les parties de
la Plante, de maniere qu'il n'i ait rien à déſirer ; il i en a
fort peu dans ce cas. Dans la 5ᵉ colone ſont les anées de
la 1ᵉʳᵉ & derniere édition des Ouvrajes cités, leur format ,
le nombre des volumes , & le lieu de leur impreſſion. La
6ᵉ colone done l'anée de la naiſſance des Auteurs autant
qu'on a pu les recueillir. La 7ᵉ cele de leur mort , & la 8ᵉ
la durée de leur vie.

Par le moien de ces 8 colones , on peut voir d'un coup
d'œil ; 1° queles ſont les nations qui ont fourni le plus de
Botaniſtes (utiles s'entend à la ſiance ?) 2° Quels ſont ceux

qui ont pu être Copiftes les uns des autres ? 3º Ceux qui ont
le plus travaillé relativemant à la durée de leur vie.

On a laiffé en blanc la naiffance, la mort, &c. de nombre
d'Auteurs fur lefquels on n'a pas affez de certitude.

A l'égard des Auteurs anciens qui ont vécu avant Jefus-
Chrift dont nous n'avons ni figures, ni les ouvrajes complets,
mais qu'il faut conoître à caufe des noms anciens qui i font
cités, on ne s'affujetira point à la même régle qu'on s'eft
prefcrit pour les Ouvrajes Modernes.

Noms des Auteurs.	Leur Patrie.	eurs Ouvrajes.	Nombre des Pla. a qu'ils ont décrit ou figuré	Années où leurs Ouvrajes ont paru.	Années de leur naiffance.	Années de leur mort.	Durée de leur vie.
Auteurs avant Jefus-Chrift.							
Zoroafte.	Perfan.	De fatione Plantarum, De Plantis magicis.		Ex Plin. Lib. 18, C. 24. L. 30, c. 1.	6,500.		
Orfée.	Grek.	De Agricultura.		Ex Plin. L. 25, c. 2.	1,620.		
Mufæus. Moufaios.	Id.	De Polio.		Ex Plin. L. 21, C. 26. L. 25, c. 2.	1,590.		
Moife. Moufes.	Ebreu.	Genefis.			1,588.		
Salomon.	Id.			Ex Bibliâ Sacrâ.		1056.	
Efiode.	Grek.	Opera & Dies. De Polio.		1491. Fol. Venetiis. 1703, 4º. Lipfiæ.		1030.	150.
Omero.	Id.	Odyffée. Iliade.					
Solon.	Id.	De Atri. plice.		Ex Plin. L. 10, c. 20.	642.		
Putagore.	Id.	Vires Erbarum.		Ex Plin. L. 25, c. 2. L. 20. c. 20. L. 24, c. 17.	585.	495.	90.
Krateias.	Id.	Rizotomikon.		Ex Ipocrate & Plin.	485.		

Noms des Auteurs.	Leur Patrie.	Leurs Ouvrajes.	Nombre des Plantes dont ils ont parlé.	Années où leurs Ouvrajes ont paru.	Années de leur naissance.	Années de leur mort.	Durée de leur vie.
Auteurs avant Jesus-Christ.							
Métrodore.	Grek.	*Epitome Rizotomou-menon.*		*Ex Plin.* L. 20, c. 20.	480.		
		Pictura Plantarum.		L. 25, c. 2.			
Ipocrate.	Id.	*De Erbis.*	234. Plant.	1493. Fol. 1736. Fol. *Venetiis*	459.	374 à 350.	85 à 109.
Androcides.	Id.	*De Brassica.*		*Ex Plin.* L. 17, c. 14.	400.		
Aristote.	Id.	*Historia Plantarum. Lib. 2.*		1511. Fol. *Lipsiæ.* 1619. Fol. *Parisiis.*	384.	322.	62.
Androtion.	Id.	*De Murto & Olea.*		*Ex Teofraste.* L. 2, c. 8.	350.		
Téofraste.	Id.	*Historia Plantarum. Lib. 16.*	500.	1483. Fol. *Tarvisii.* 1644. Fol. *Amsteloda-mi.*	310.	225.	85.
Callima-chus.	Id.	*De Trifolio.*		*Ex Plin.* L. 21, c. 3.	253.		
Archilo-chus.	Id.	*De Kutiso.*		*Ex Erodoto.*	87.		
Temison.	Id.	*De Plantagine.*		*Ex Plin.* L. 35, c. 8.	83.		
Dieuches.	Id.	*De Brassica.*		*Ex Plin.* L. 10, c. 9.			
Glaukias.	Id.	*De Carduis.*		*Ex Plin.* Lib. 20, c. 23.			
Glaukon.	Id.	*De Bupleuro oleraceo.*		*Ex Galeno.* T. 5. P. 1.			
Cratevas.	Id.	*Pictura Plantarum.*		*Ex Plin.* L. 25. c 2.			
Dionusios.	Id.	*Id.*		*Ex Plin.* L. 25, c. 2.			
Evax.	Roi d'Arab.	*De Simplicium affectibus.*		*Ex Plin.* L. 25, c. 2.			
Musa Antonius.	Romain.	*De Betonica.*		1628. Fol. 1649. Fol. *Basileæ.*			

Noms des Auteurs.	Leur Patrie.	Leurs Ouvrages.	Nombre des Plantes dont ils ont parlé.	Première & dernière édition de leurs Ouvrajes.	Années de leur naissance.	Années de leur mort.	Durée de leur vie.
Auteurs après Jesus-Christ.								

Auteurs après Jesus-Christ.

Noms des Auteurs.	Leur Patrie.	Leurs Ouvrages.	Nombre des Plantes dont ils ont parlé.	Première & dernière édition de leurs Ouvrajes.	Années de leur naissance.	Années de leur mort.	Durée de leur vie.
Dioskoride,	Grek.	*Descriptiones Plantarum. Lib. 5.*	600.	1478. Fol. Colle. 1614 Fol. Francofurti.		20.	
Plinius 2.	Romain.	*Historia mundi. Lib. 12. ad. 27.*	800.	1468. Fol. Veronæ. 1441. Fol. Parisiis. (Bâle)		70 ou 79.	75.
Corbichon.	François.	Le Propriétaire.	Figures 8 en bois mauvaises.	1482. Fol. à Lion. (Bibl. de M. Bombarde.)	1330.		
Cuba.	Allemand.	*Hortus Sanitatis.*	Fig. 509 en bois mauvaises.	1486. Fol. Moguntiæ. 1555. 4° Francofurti.			
Leonicenus.	Italien.	*De Herbis*	Figures 123 en bois médiocres.	1491, 4° 1519, 4° Basileæ.	1428.	1524.	96.
Villanova.	Espagno.	*De Virtutibus Plantarum.*	Fig. 150 en bois mauvaises.	1509, 4° Venetiis. 1686. Fol. Lugduni.	1300.	1363 ou 1412.	63 ou 112. ans,
Gueroult. Gueroaldus.	François.	*Interpretatio in Æmil Macrum.*	Fig. 67, bois mauvaises.	1517, 12, Parisiis. (Bibl. de M. de Jussieu.		1534.	
Brunsfels.	Allem.	*Herbarium.*	Fig. 238 en bois bones, sans ombres.	1530. Fol. 1537, 3 Vol. Argentorati.			
Egenolf.	Id.	*Imagines Herbarum. Effigies Arborum.*	Fig. 300 en bois médioc.	1535, 4° 1562, 4° Francofurti.			
Ruelle. Ruellius.	Franç.	*Commentarii in Dioskoridem. De natura stirpium.*	Fig. 382, bois médioc. Plant. 737.	1536. Fol. Paris. 1552. 12. Lugduni.	1474.	1537.	63.
De Dondis.	Italien.	*Arbolario.*	Fig. 168, bois mauvaises. Copie de Villanova.	1536. 8. Vinagiæ.		1385.	

Noms des Auteurs.	Leur Patrie.	Leurs Ouvrages.	Nombre des Plantes dont ils ont parlé.	Première & dernière édition de leurs Ouvrages.	Années de leur naissance.	Années de leur mort.	Durée de leur vie.

Auteurs après Jesus-Christ.

Noms des Auteurs.	Leur Patrie.	Leurs Ouvrages.	Nombre des Plantes dont ils ont parlé.	Première & dernière édition de leurs Ouvrages.	Années de leur naissance.	Années de leur mort.	Durée de leur vie.
Crescentius.	Italien.	De Plantarum naturâ.	Fig. 138, en bois mauvaises.	1538, 4°. Basileæ. 1571. Fol. Cracoviæ.		542.	
Dorsten.	Allem.	Botanicon.	Fig. 295, bois mauvaises.	1540. Fol. Francofurti.		1539.	
Gesner. (Conrad.)	Id.	Plantarum Historia. De Lunariis. Opera Botanica.	Fig. 400, bois & cuiv. médioc. & bones. Plantes 800.	1541. 12 Parisiis. 1555, 4° Tiguri. 1753. Fol. Norimbergæ	1516.	1565.	49.
Fuchs. Fuchsius.	Id.	Historia stirpium.	Fig. 516, bois médioc. & bones sans ombres.	1542. Fol. Basileæ. 1551. 12. Lugduni.	1501.	1566.	65.
Hernandez (de Oviedo.)	Espagn.	Historia général de las Indias.	Fig. 11, bois mauvaises.	1546. Fol. Salamanca.. (Bibl. de M. de Jussieu.)	1514.	1564.	50.
Roeslin. Rodion.	Allem.	Botanicon Fancofurtense.	Fig. selon M. Linnæus.	1546. Fol. Francofurti.			
Matthiole.	Italien.	Commentaria in Dioskoridem.	Fig. 1898, bois médioc. & bones.	1548 Fol. 1674. Fol. Basileæ.	1500.	1577.	77.
Lonicer.	Allem.	Botanicon Hist. nat.	Fig. 879, bois mauvaises.	1551, 4°. 1713. Fol. Francofurti.	1528.	1586.	58.
Turner.	Anglois.	Hist. Plantarum Angliæ.	Fig. 504, bois mauvaises.	1551 4° 1568. Fol. London.			
Bock. (ou le Bouk) Tragus.	Allem.	Historia Stirpium.	Fig. 56, bois médioc. & bones, Plant. 800.	1552, 4°. 1630. Fol. Argentinæ.	1498.	1554.	56.
Dodoens. Dodonæus.	Id.	Stirpium Pemptades 6 seu Libri 30.	Fig. 884, bois médioc. & bones.	1552. Fol. 1644 Fol. Antuerpiæ.	1517.	1585.	68.
Belon. Bellonius.	Franç.	Voiaje au Levant. De Arboribus coniseris.	Fig. 20, bois médioc. & bones.	1553, 4° Paris. 1605. Fol. Raphel.	1499.	1564.	65.

Noms des Auteurs.	leur Patrie.	Leurs Ouvrajes.	Nombre des Plantes dont ils ont parlé.	Premiere & derniere édition de leurs Ouvrajes.	Années de leur naissance.	Années de leur mort.	Durée de leur vie.
			Auteurs après Jesus-Christ.				
Thevet.	Français.	Cosmografie. Singularités de la France antarctike.	Fig. 11 , bois mauvaises.	1554, 4° Lion. 1557 , 4° Paris.			
Amatus.	Portug.	Commentaria in Dioskoridem.	Fig. 391 , bois médioc.	1554, 4° Argentorati. 1558 , 8° Lugduni.			
Dugort.	Franç.	Le Bénéfice comun.	Fig. 58 , bois médioc.	1555 , 16 Rouen. (Bib. de M. de Jussieu.)			
Duchoul.	Id.	Quercûs Historia.	Fig. 14 , bois médioc.	1555 , 8° Lugduni.			
Guilandin.	Prussien.	De Stirpium aliquot nominibus. De Papyro.	Figure 4 , cuivre bon.	1557 , 12. Francofurti. 1613 , 8° Amberg.		1590.	
Herrera.	Espagn.	De Agricultura.	Fig. 74 , bois médioc.	1557 , 4° Venetiis.	1520.	1590.	70.
Jarava.	Id.	Historia de las Yervas de Dioscoride.	Fig. 520, bois bones.	1757 , 12. Anvers.			
Pictor. Pictorius.	Suisse.	In Poema Æmilii Macri.	Fig. 52 , bois mauv.	1558 , 12. 1581 , 4° Basileæ.			
Valerius. Cordus.	Allem.	Historia Stirpium. Lib. 4.	Fig. 280 , bois maudvaises , copiés de Fok.	1561. Fol. Argentinæ.	1515.	1544.	29.
Dupin. Pinæus.	Franç.	Historia Plantarum Dioskoridis.	Fig. 66 , bois médioc.	1561 , 12 Leidæ. 1567 , 12 Lugduni.			
Anguillara.	Italien.	De Simplicibus.	Figur. 2 bois mauvaises, Plant. 715.	1561 , 4° Venetiis. 1593 , 8° Basileæ.		1570.	
Tatti.	Id.	Agricultura.	Fig 240 , bois médioc.	1561. 4° Venetia. (Bib. de M. de Jussieu.)			

Noms des Auteur.	Leur Patrie.	Leurs Ouvrajes.	Nombre des Plantes dont ils ont parlé.	Première & dernière édit on de leurs Ouvrajes.	Années de leur naissance.	Années de leur mort.	D'âge de leur vie.
Auteurs après Jesus-Chrift.							
Sanſovino.	Italien.	Erbolario.	Fig. 197, bois médioc.	1561 , 4° Venetia. Bib. de M. de Juſſieu.)			
Jonghe. Adrien. *Junius.*	Hol-land.	*Phallus in Hollandia. Nomenclator multi-linguis.*	Figur. 1 , bois médioc.	1564 , 4° *Delphis.* 1567 , 8° *Pariſiis.*	1511.	1575.	54.
Monardes.	Eſpag.	*De Roſis & Citris.*	Figur. 2 , bois médioc.	1565 , 8° *Antuerpiæ.*		1578.	
L'Obel *Lobelius.* & Pena	Flam. Franç.	*Historia Stirpium. Adverſaria Stirpium.*	Fig. 2191, bois bones.	1570. Fol. *Londini.* 1681. Fol. *Antuerpiæ.*	1538.	1616.	78.
Gohori. —	Id.	Inſtruction ſur le Petun.	Figur. 2. cuiv. bones.	1572 , 12. Paris. (Bibl. de M. Bombarde.)		1576.	
L'Ecluſe. *Cluſius.*	Id.	*Rariorum Plantarum Hiſt.*	Fig. 1385, bois bones ſans ombre.	1576, 8°. 1611. Fol. 2 Vol. *Antuerpiæ.*	1526.	1609.	83.
Acoſta.	Eſpagn.	Tractado de las Drogas Orientales.	Fig. 43. , bois mauv.	1582 , 1588 , 4° en Burgos	1539.	1599.	60.
Rauvolf.	Allem.	*Itinerarium Orientale.*	Fig. 42 , bois mauv.	1582, 4° *Francofurti.* 1583, 4° *Lavingæ.* (Bibl. de M. de Juſſieu.)			
Cæſalpin.	Italien.	*De Plantis. Lib. 16.*	Plant. 840, fig 0.	1583, 4° *Florentiæ.* 1603, 4° *Romæ.*	1519.	1603.	84.
Durances. (Caſtor.)	Id.	*Erbarium.*	Fig. 897 , bois bones.	1584. Fol. 1684 Fol. *Venetiis.*		1590.	
Linocier.	Franç.	Hiſtoire des Plantes.	Fig. 691 , bois médioc. & bones.	1584, 16 Paris.			
Camerarius.	Allem.	*Hortus Medicus.*	Fig. 47 , bois bones.	1586 Fol. *Francofurti.* 1688 , 4° *Norimberg.*	1534.	1598.	64.

Noms es Auteurs.	Leur Patrie.	Leurs Ouvrajes.	Nombre des Plantes dont ils ont parlé.	Premiere & derniere édition de leurs Ouvrajes.	Années de leur naissance.	Années de leur mort.	Durée de leur vie.
			Auteurs après Jesus-Christ.				
Dalechamp.	Franç.	*Historia generalis plantarum.*	Fig. 2731, bois médioc. Plant. 2731.	1587. Fol. 1653, 2 V. Lugduni.	1513.	1588.	75.
Tremblay.	Id.	Les Fleurs de Macer.	Figur. 7, bois médioc.	1588, 8° Rouen. (Bib. de M. Bombarde.)			
Tabernæ. Montanus.	Allem.	*Historia plantarum.*	Fig. 2256, bois médioc. Plant. 2256.	1588. Fol. Francofurti. 1531 Fol. 2 Vol. Basileæ.		1590.	
Thalius.	Id.	*Catalog. Sylvæ Herciniæ.*	Fig. 13, bois bones, Plant. 610.	1588, 4°. 1674 4° Francofurti.			
Porta.	Italien.	*Phytognomica.*	Fig. 96, bois médioc.	1588. Fol. Neapoli. 1608. 8° Francofurti.			
Prosper. Alpin.	Id.	*De Plantis Ægypti. De Rapontiko. De Balsamo*	Fig. 184, cuiv. méd.	1592, 4° Venetiis. 1640, 4° Patavii.	1553.	1616.	64.
Columna. (Fabius.)	Id.	*Phytobasanos. Ecfrasis.*	Fig. 234, cuiv. bones.	1592, 4° Neapoli. 1616, 4° Romæ.	1567.		
Albert (le Grand.)	Allem.	*De Secretis mulierum.*	Fig. 22, bois médioc. de Gesner.	1592 4° 1608, 4° Francofurti.	1193 ou 1205.	1280.	75 ou 87.
Zaluzianski.	Polon.	*Metodus herbaria. Lib. 3.*	Figur. 0. Plant. 674.	1592, 4° Pragæ. 1604, 4° Francofurti.			
Pona.	Italien.	*Plantæ Baldi montis.*	Fig. 88, bois médioc.	1595, 4° Veronæ. 1617, 4° Venetiis.			
C. Bauhin.	Suisse.	*Phyto Pinax Pinax. Theatrum botanicum.*	Fig. 400, bois médioc. Plant. 6000.	1596, 4°. 1671, 4° Basileæ.	1560.	1624.	64.
Gerard.	Anglois.	*Historia Generalis Plantarum.*	Fig. 2842, bois bones.	1597. Fol. 1636. Fol. Londini.			

Noms des Auteurs.	Leur Patrie.	Leurs Ouvrages.	Nombre des Plantes dont ils ont parlé.	Première & dernière édition de leurs Ouvrages.	Années de leur naissance.	Années de leur mort.	Durée de leur vie.
			Auteurs après Jesus-Christ.				
Richier de Belleval.	Franç.	*Onomasti-kon.*	Fig. 52., cuiv. mauv. Plant. 700.	1598, 8° *Monspelii.*			
Imperati.	Italien.	*Historia Naturalis.*	Fig. 37, cuiv. méd. Plant. 90.	1599. *Fol. Neapoli.* 1595, 4° *Coloniæ.*			
Linschot.	Holland.	*Voiajes aux Indes Occidentales.*	Fig. 16, cuiv. méd. Plant. 52.	1599. *Fol.* La Haye. 1644. *Fol.* Amsterdam.			
De Bry.	Allem.	*Anthologia. Florilegium renovatum.*	Fig. 534, cuiv. bones.	1600. *Fol.* 1626, 2 Vol. *Francofurti.*	1564.	1617.	53.
Robin.	Franç.	Le Jardin d'Henri 4.	Fig. 214, cuiv. méd.	1601, 12. 1608. *Fol.* Paris.			
Martinelli.	Italien.	*De Amomo & Calamo aromatiko.*	Figur. 2, cuiv. bones.	1604, 4° *Venetiis.* 1605, 4°. *Mantuæ.*			
C. Duret.	Franç.	Histoire admirable des Plantes.	Fig. 24, en bois méd. & mauvais.	1605, 12. Paris.	1527.	1586.	59.
De Pas. Passæus.	Allem.	*Hortus floridus.*	Fig. 326, mauvaises & bones.	1607, 4° 1614, 4° Arnheim. 1651, *Fol.* Amstelod.			
Boet de Boot.	Flam.	*Plantarum vires & Ico-nes.*	Fig. 60, cuiv. méd.	1609, 4°. 1640, 4° *Brugis.*			
Clavenna.	Italien.	*De Absintio umbellifero seu Ptarmi-cà.*	Figure 1, bois bone.	1610, 4° *Venetiis.*			
Specchis.	Id.	*Ant-Absin-tium Cla-vennæ.*	Id.	1611, 4° *Venetiis.*			
Reneaume. (Paul)	Franç.	*Specimen historiæ plantarum.*	Fig. 48, cuiv. bones. Plant. 144.	1611, 4° Paris.			
Swert.	Holland.	*Florile-giam.*	Tab. 110. Fig. 458, cuiv. méd.	1612. *Fol. Francofurti.* 1655, 2 Vol. *Amsteloda-mi.*			

Noms des Auteurs.	Leur Patrie.	Leurs Ouvrages.	Nombre des Plantes dont ils ont parlé.	Premiere & dernier eedition de leurs Ouvrajes.	Années de leur naiſſance.	Années de leur mort.	Durée de leur vie.
				Auteurs après Jeſus-Chriſt.			
Beſler.	Allem.	*Hortus Eyſtetenſis.* Muſeum.	Tab. 356. Fig 1533, cuiv. méd. & bones.	1613. Fol. 1716. Norimberg.	1561.		
Kellander.	Sued.	*Rubus humilis*, &c.	Fig. 1 ſelon M. Linnæus.	1616, 8° Upſaliæ.			
Matgrave. & Piſon.	Allem. Holland.	*Hiſtoria naturalis Braſiliæ.*	Fig. 224, bois mauv. & médioc.	1618. Fol. 1658. Amſtelod.			
Langlois & Leclerc.	Franç.	*Livre de Fleurs.*	Fig. 100, cuiv. méd.	1610. Fol. Paris.			
Neander.	Holland.	*Tabacologia.*	Fig. ſelon M. Linnæus.	1612, 4° Leidæ. 1644, 12. Ultrajecti.			
Vallet. Brodeur.	Franç.	*Le Jardin de Louis 13.*	Tab. 91. Fig. 213, cuiv. bones.	1613. Fol. Paris.			
Aldinus.	Italien.	*Hortus Farneſianus.*	Tab. 28. Figur. 16, cuiv. méd.	1625. Fol. Romæ.			
Lauremberg. (Guillaume)	Allem.	*Botanotheca.*	Figur. o.	1626, 12. 1708, 4° Francofurti.			
Hernandez.	Eſpag.	*Hiſtoria naturalis Mexicana.*	Fig. 691, bois mauv. Plant. 691.	1628. Fol. 1651. Romæ.			
Cui de la Broſſe.	Franç.	*De la Nature des Plantes.*	Fig. 50, cuiv. bones.	1728, 8°. 1640. Fol. Paris.			
Parkinſon.	Angl.	*Paradiſus terreſtris.* *Theatrum botanicum.*	Fig. 3447, bois mauv.	1619. Fol. 1640. Fol. London.	1567.		
Ambroſinus. (Bartholomæus.)	Italien.	*Hiſtoria Capſicorum.*	Fig. 7. méd.	1630, 12. Bononiæ.			
Donati. (Antoine)	Venitien.	*Trattato de Semplici.*	Fig. 25, cuiv. mauv.	1631, 4° Venezia.			
Lauremberg. (Pierre)	Allem.	*Horticultura.* *Apparatus plantarius.*	Fig. 38 cuiv. méd.	1631, 4°. 1632, 4° 1654, 4° Francofurti.			1639.

Noms des Auteurs.	Leur Patrie.	Leurs Ouvrages.	Nombre des Plantes dont ils ont parlé.	Premiere & derniere édition de leurs Ouvrajes.	Années de leur naissance.	Années de leur mort.	Durée de leur vie.
			Auteurs après Jesus-Christ.				
Firens.	Franç.	*Theatrum Floræ.*	Fig. 257, cuiv. méd.	1632. Fol. Paris. (Bibl. de M. Juffieu.)			
Ferrari. *Ferrarius.*	Italien.	*Cultura Florum.*	Fig. 75, cuiv. bones.	1633, 4°. 1646. Fol. Romæ.	1600.	1650.	50d
Cornuti. *Cornutus.*	Franç.	*Enchiridion Parifienfe. Hift. Plant. Canadenfium.*	Fig. 78, cuiv. m d. Plant. 87.	1635, 4° Paris.			
Vefling. *Veflingius.*	Allem.	*Obfervationes de Plantis Ægypti. Catalogus Horti Patavini.*	Fig. 22, cuiv. méd.	1638, 4° 1644, 12. Patavii.			
Pauli.	Danois.	*Quadripartitum Botanicum. Viridaria varia.*	Fig. 386, cuiv. bones.	1639, 4° Roftochii. 1708, 4° Francofurti.	1603.	1680.	77d
Olhaf.	Polonois.	*Elenchus Plantarum circà Dantifcum.*	Figur. 3, cuiv. méd. Plant. 384.	1643, 4°. 1656, 12. Dantifci. 1658, 8° Gedani.			
Stapel.	Holland.	*Hiftoria Plantarum Teofrafti.*	Fig. 614, bois bones.	1644, fol. Amftelodami.			
Loefel.	Pruffien.	*Plantæ in Boruffiâ. Flora Pruffica.*	Fig. 761, cuiv. méd. Plant. 800.	1645, 4°. 1703 40 Regiomonti.	1607.		
Palmberg.	Suédois.	*Serta Florea suecana.*	Fig. mauv. felon M. Linnæus.	1648, 8° Stregn.			
J. Bauhin.	Suiffe.	*Hiftoria plantarum univerfalis.*	Fig. 3428, bois médioc. Pl. 5,266.	1650. Fol. 651, 3 V. Ebroduni.	1541.	1613.	72d
Zanoni.	Italien.	*Stirpes Alpinæ. Iftoria delle piante.*	Fig. 187, cuiv. mauv.	1652, 1742. Fol. Bologna.		1682.	

Noms des Auteurs.	Leur Patrie.	Leurs Ouvrajes.	Nombre des Plantes dont ils ont parlé.	Première & dernière édition de leurs Ouvrajes.	Années de leur naissance.	Années de leur mort.	Durée de leur vie.
			**Auteurs après Jesus-Christ.**				
Chemniz.	Allem.	*Index Plant. circà Brunſwigam.*	Figur. 2, cuiv. méd. Plant. 810.	1652, 4° *Brunſwigæ.*			
N. Robert Joubert Aubriet Baſſeporte.	Franç.	Plantes de la Bibliotéke Roiale.	Fig. 5,000, pointes bon. & parfaires.	1653 à 1763. 50 Vol. Fol.			
Sterbek.	Fam.	*Theatrum fungorum. Cueri cultura.*	Fig. 172, cuiv. méd. & bones. Plant. 300.	1654, 4°. 1682, 4° *Antuerpia.*			
Pancovius.	Suéd.	*Herbarium Portatile.*	Fig. 1,362, bois médioc. & mauv.	1654, 4° Berlin.			
Ambroſius (Hyacinthe)	Italien.	*Hortus Bononienſis. Phytologia.*	Fig. 51, bois médioc. Plant. 6000.	1654, 4°. 1656 & 1666. Fol. *Bononiæ.*			
Moriſon.	Ecoſſois.	*Hortus Reg. Bleſenſis. Hiſtoria plantarum univerſalis.*	Fig. 3,505, cuiv. méd. Pl. 3,505.	1655. Fol. Paris. 1680. Fol. 1699, 2 V. Oxonii.	1620.	1683.	63.
Worm. Vormius.	Holland.	*Muſæum Wormianum.*	Fig. 28, bois mauv. copiées de Margrave.	1655. Fol. Lug. Batav.			
Toulouſe.	Franç.	Livre de Boukets.	Fig. 50, cuiv. bones.	1655. Fol. Paris. (Bibl. de M. Juſſieu.)			
Moſcardi.	Italien.	*Muſæum.*	Fig. 30, cuiv. mauv.	1656, 4° *Padoa.* (Bib. de M. Juſſieu.)			
Boym.	Id.	*Flora Sinenſis.*	Fig. 20, cuiv. mauv.	1656. Fol. 1696, 4° *Viennæ.*			
Royer.	Allem.	*Planta montis Bruceri.*	Fig. ſelon M. Seguier.	1657, 1658, 4° *Brunſwigæ.*			
Bontius	Holland.	*Hiſt. nat. Indiæ Orien.*	Fig. 71, cuiv. mauv. & médioc.	1658. Fol. *Amſtelodami.*	1536.	1599.	63.

Noms des Auteurs.	Leur Patrie.	Leurs Ouvrajes.	Nombre des Plantes dont ils ont parlé.	Première & dernière édition de leurs Ouvrajes.	Années de leur naissance.	Années de leur mort.	Durée de leur vie.
				Auteurs après Jesus-Christ.			
Montalban.	Italien.	*Hortus Botanograficus.*	Fig. bones selon M. Linnæus.	1660 , 8° *Bononiæ.*			
Flacourt.	Franç.	*Hiftoire de Madagafcar.*	Fig. 151, cuiv. mauv.	1661 , 4° *Paris.*			
Jonfton.	Polon.	*Notitia regni vegetabilis. Dendrologia.*	Fig. 1,200. cuiv. mauv.	1661. 16 *Lipfiæ.* 1662. Fol. *Francofurti.*	1603.	1675.	72d
Majot (Daniel.)	Pruffien.	*De Planta monftrofa.*	Figure 1, cuiv. méd.	1665, 4°. *Schlefwigæ.*			
Chabré. Chabreus.	Franç.	*Sciagrafia.*	Fig. 3,374, bois médioc.	1666. Fol. 1677 Fol. *Genevæ.*	1607.	1667.	
Urfinus.	Allem.	*De Tulipá. Arboretum Biblicum.*	Fig. 16, cuiv. méd.	1667, 4° *Lipfiæ.* 1685. 12. *Norimbergæ*			
Rochefort.	Franç.	*Hift. nat. des Antilles.*	Fig. 32, cuiv. mauv.	1667, 12. *Paris.* 1681 , 4°. *Roterdam.*			
Aldrovande.	Italien.	*Dendrologia. Lib. 2.*	Fig. 161, bois mauvaifes.	1668. Fol. *Bononiæ.* 1671. Fol. *Francfort.*		1605.	
Boccone.	Sicilien	*De abrotano. Planta rarior. Siciliæ. Mufæum.*	Tab. 52. Fig. 550, cuiv. méd.	1668, 4°. 1674, 4° 1694, 4° *Venetiis.*	1533.	1704.	78.
Fehr.	Saxon.	*Iera picra feu Abfinthium.*	Figur. 3, cuiv. méd.	1668, 8" *Lipfiæ.*			

Noms des Auteurs.	Leur Patrie.	Leurs Ouvrages.	Nombre des Plantes dont ils ont parlé.	Premiere & derniere édition de leurs Ouvrajes.	Années de leur naissance.	Années de leur mort.	Durée de leur vie.
			Auteurs après Jesus-Chrift.				
Petri.	Allem.	*Afylum lan guentium, feu Carduus fanctus.*	Figur. 1, cuiv. méd.	1669, 8° *Jenæ.* 1698, 12. *Lipfiæ.*			
Wepfer.	Id.	*De Cicutâ aquaticâ.*	Figur. 1, cuiv. bone.	1670 4° *Bafileæ.* 1733 8° *Leidæ.*			
Nylandt.	Id.	Nederlanden herbarius.	Fig. 154, bois médioc. Plant. 500.	1670, 4° 1673, 12. t'Amfterd.			
Munting. (Abraham)	Holland.	*Phytografia curiofa. Aloedarium. De Britannicâ.*	Fig. 301, cuivre méd. Plant. 450.	1672, 4° 1711. *Fol. Amfteloda-mi.*	1626.	1682.	56.
Joffelin.	Anglois.	New England rarities.	Fig. 12, bois mauvaifes.	1672, 12. London.			
Tillands.	Suedois.	*Catalogus plantarum Aboæ.*	Fig. 160, bois médioc. & bones.	1673, 8° 1683, 8° *Aboæ.*			
Carrichter.	Allem.	*Herbarium magnum.*	Fig. felon M. Linnæus.	1673, 4° *Francofurti.*			
Breyn. (Jacques)	Brabantin ou Polon.	*Centuria. Prodromus 1 & 2.*	Fig. 174, cuiv. bones. Plant. 700.	1674. *Fol.* 1689 4° *Gedani.*	1637.	1697.	60.
Petiver.	Angl.	*Mufæum. Gazophylacium. Pterigrafia. Herbarium Britannicum.*	Fig. 1,213, cuiv. mauv. médioc. & bones.	1675, 8° 1702, 8. 1712. *Fol.* 1713. *Fol. Londini.*		1718.	
Dodart.	Franç.	Memoires pour l'hiftoire des Plantes.	Fig. 43, cuiv. bones. & parfaites.	1676. *Fol.* 1731, 4° *Paris.*	1634.	1707.	73.

Noms des Auteurs.	Leur Patrie.	Leurs Ouvrajes.	Nombre des Plantes dont ils ont parlé.	Première & dernière édition de leurs Ouvrajes.	Années de leur naissance.	Années de leur mort.	Durée de leur vie.
			Auteurs après Jesus-Christ.				
Cause.		*Hortus regius.*	Fig. excell. selon M. Linnæus. An? Id. que Dodart.	1676. Fol. Amstelod.			
Moellebrok.		*Cochlearia curiosa.*	Figur. 2, selon M. Linnæus.	1676. 8° Lipsiæ.			
Commelin. (Jean)	Holland.	*Hesperides Belgiæ Hortus Amsteloda-mensis.*	Fig. 112, cuiv. bones.	1676. Fol. 1697. Fol. Amstelod.			
Faber.	Allem.	*Strychno mania.*	Fig. plu-sieurs selon M. Linnæus.	1677, 4° Augustæ Vindelicor.			
Rheede.	Holland.	*Hortus Malabari-cus.*	Fig. 794, cuiv. bones.	1678 à 1693. Fol. 12 Vol. Amstelod.			
Tilling.	Allem.	*Rhabarba-rologia.*	Fig. 10, cuiv. méd.	1679, 4° 1696. 4° Francofurti.			
Jungius.	Id.	*Isagoge Phytoscopi-ca.*	Figur. 0.	1679 4° Hamburgi.		1657.	
N. Robert Chatillon Bosse.	Franç.	Plantes de l'Académie.	Fig. 319, cuiv. bones. & parfaites.	1680 Fol. Paris.			
Hunervolf.	Allem.	*Anatomia Pæoniæ.*	Figur. 5, cuiv. méd.	1680. 12. Amstelod.			
Mentzel. (Christianus)	Prus-sien.	*Pugillus rariorum Plant. Pinax mul-tilinguis*	Tab. 11. Fig. 35, cuiv. méd.	1681. Fol. Berolini.	1622.	1701.	79.

Noms des Auteurs.	Leur Patris.	Leurs Ouvrages.	Nombre des Plantes dont ils ont parlé.	Première & dernière édition de leurs Ouvrajes.	Année de leur naissance.	Année de leur mort.	Durée de le vie.
			**Auteurs après Jesus-Christ.**				
Ray.	Anglois.	Metodus naturalis plant. Historia generalis plant. Synopsis stirp. Brit. Catalogus plantar.	Fig. 70, cuiv. bones. Pl. 18,655.	1682, 8°. 1686. Fol. 1704. Fol. Londini.	1628.	1705.	77.
Sibbald.	Ecossois.	Scotia illustrata.	Fig. 17, cuiv. méd. Plant. 900.	1684. Fol. Edinburgi.			
Triumfetti.	Italien.	De Vegetatione, Prælusiones botanicæ. Vindiciæ veritatis.	Fig. 30, cuiv. bones.	1685 4°, 1700, 4° 1703, 4° Romæ.		1707.	
Magnol.	Franç.	Botanicon Monspeliense. Prodromus hist. gen. plant. Caracter plant.	Fig. 22, cuiv. méd. Plant. 2,000.	1686, 8°. 1689. 8°. 1720. 8°. Monspelii.	1638.	1715.	77.
Hermann. (Paul)	Saxon.	Catalog. horti Lugd. Batavi. Flores Lugd. Batavæ. Prodromus Parad. Bat. Musæum Zeilanicum.	Fig. 111, cuiv. méd. Plan. 5,650.	1687. 8°. 1690, 8°. 1726, 8. Lugd. Bat.	1640.	1695.	55.
Myller.	Allem.	Vade mecum botanicum.	Fig. mauvaises selon M. Linnæus.	1687, 8°. Francofurti.			

Noms des Auteurs.	Leur Patrie.	Leurs Ouvrages.	Nombre des Plantes dont ils ont parlé.	Premiere & derniere édition de leurs Ouvrajes.	Années de leur naissance.	Années de leur mort.	Durée de leur vie.
			Auteurs après Jesus-Christ.				
Knaut. (Cristoph.)	Saxon.	*Enumer. plantarum Hallensium*	Figures o.	1687, 8°. Lipsiæ.	1636.	1694.	78
Blegny.	Franç.	Le bon usage du Té, Café & Chocolat.	Figur. 3. cuiv. mauv.	1688, 12, Lion. (Bibl. de M. de Justieu.)	1652.	1722.	70
Rivin.	Saxon.	*Ordo plantarum. nat. Responsio ad Dillenii objectiones.*	Fig. 474, cuiv. bones.	1690 à 1699. Fol. 1720, 12. Lipsiæ.			
Marchant. (Jean)	Fran-çois.	Mémoires de l'Acadé-mie.	Figur. cuiv. bon. & par-faites. Plant. 100.	1690 à 1736, 4° Paris.			
Rumfe. Rumphius.	Hol-land.	*Herbarium Amboini-cum.*	Fig. 774, cuivre bon.	1690 à 1755. Fol. 7 Vol. Amstelod.			
Zwinger. (Teodore)	Suisse.	*Theatrum botanicum.*	Fig. 1,252, bois mau-vaises. Copiées de J. B.	1690. Fol. 1699. Basileæ.	1658.	1724.	66
Pluknet.	Angl.	*Phytografia. Almagestum. Opera om-nia.*	Tab. 454. Fig. 2,700, mauvais. & médiocres. Plan. 8,700.	1691, 4° 1694, 4° 1720, 4Vol. Londini.	1642.		
Plumier.	Franç.	Plantes d'Amérike. *Nova gene-ra Amérik.* Foujères d'Amérike. Icones, per Burmann.	Fig. 838, cuiv. bon. & parfaites sans ombre.	1693. Fol. 1703, 4° 1705. Fol. Paris. 1755. Fol. Amstelod.	1646.	1706.	60

Noms des Auteurs.	*Leur Patrie.*	*Leurs Ouvrajes.*	*Nombre des Plantes dont ils ont parlé.*	*Premiere & dernier edition de leurs Ouvrajes.*	*Années de leur naissance.*	*Années de leur mort.*	*Duré de leur vie.*
			Auteurs après Jesus-Christ.				
De Tournefort. (Pitton.)	Franç.	Elémens de Botanike. *Institutiones rei herbariæ.* Voiaje au Levant.	Fig. 22, cuiv. parfaites & incompletes. Pl. 10,146.	1694, 8°. 1700, 4°. 1717, 4. 1719, 4. Paris.	1656.	1708.	52
Breyn. (Jean)	Polon.	*Differt. de Ginfen.*	Figur. 3, cuiv. mauvaifes.	1700, 4° 1731, 4° Gedani.			
Volkamer. (Georje)	Allemand.	*Flora Norimbergenfis.*	Fig. 25, cuiv. bones. Plan. 2,500.	1700, 4°. 1718, 4° Norimberg.	1616.	1693.	77.
Camellus.	Id.	Tranfact. Philofof. *De faba Ignatii five vomicâ.*	Figur. 1. cuiv.	1700, 4°. Londini.			
N. Robert.	Franç.	*Variæ florum fpecies*	Fig. 53, cuiv. bones.	1700, 4° Paris.			
Rudbek.	Suedois.	*Campus Elyfius.* 1.2.	Fig. bones felon M. Linnnæus.	1701. Fol. 1702. Fol. Upfaliæ.	1630.	1702.	72.
Commelin. (Gafpar)	Holland.	*Hortus Amftelod.* Vol. 2. *Præludia botanica. Plantæ rariores. Plantæ exoticæ.*	Fig. 200, cuiv. bones & incompletes.	1701. Fol. 1703, 4° 1706, 4° 1715, 4° Lugd. Bat.	1667.	1731.	60.
Holtzbom.	Suedois.	*De Mandragorâ.*	Fig. 1 felon M. Linnæus.	1702. 8° Upfaliæ.			
Scheuzer. (J. Jacques)	Suiffe.	*Iter alpinum. Phyfica facrâ.*	Fig. 695, cuiv. bones. Plant. 700.	1702, 4°. 1708, 4° 1735 Fol. Tiguri.	1671.	1733.	62.

Noms des Auteurs.	Leur Patrie.	Leurs Ouvrajes.	Nombre des Plantes dont ils ont parlé.	Premiere & derniere édition de leurs Ouvrajes.	Années de leur naiſſance.	Années de leur mort.	Durée de leur vie.
				Auteurs après Jeſus-Chriſt.			
Tozzi.	Italien.	Catalog. plant. Toſcaniæ.	Fig. 12, cuiv. méd.	1703, 4° Valimbroſæ			
Merian. (Sibile)	Hollandoiſe.	Plantæ Surinamenſes.	Fig. 251, cuiv. méd.	1705. Fol. 1709. Fol. Amſtelod.	1647.	1717.	74.
Siriſius.	Allem.	De Aloe.	Figur. 1, ſelon M. Linnæus.	1705, 4° Sleſwigæ.			
Spon.	Franç.	Bevanda aſiatica.	Fig. ſelon M. Linnæus.	1705, 4° Conſtantinopoli.	1647.	1685.	38.
Grulmann.	Allem.	Specimen de herniaria contra caliginem.	Figure 1 ſelon M. Linnæus.	1706, 4° Jenæ.			
Sloane.	Anglois.	Voyage to Jamaica.	Tab. 274. Figur. 546, cuiv. méd. & bones. Plant. 800.	1707. Fol. 2 Vol. London.	1657.	1752.	95.
Volkamer. (Criſtophe)	Allem.	Heſperides Norimbergicæ.	Fig. 319, cuiv. bones. Plant. 319.	1708. Fol. 1713, 2 Vol. Norimberg.		1720.	
Scheuzer. (Jean)	Suiſſe.	Prodromus agroſtografiæ. Agroſtografia.	Fig. 68, cuiv. bones. Plant. 400.	1708. Fol. 1719, 4° Tiguri.		1738.	
Lecaan.	Angl.	Advice, &c.	Figure 8, médioc.	1708, 8° London. (Bibl. de M. Bombarde.)			
Boethaave.	Holland.	Index horti Lugd. Bat.	Fig. 39, cuiv. méd. Plan. 6,000.	1710, 8° 1727, 4° 2 Vol. Lugd. Bat.	1668.	1738.	70.
Petit. (François)	François.	3 Lettres ſur le Dantia.	Figur. 8, cuiv. bones.	1710, 4° Namur.	1664.	1741.	87.

Noms des Auteurs.	Leur Patrie.	Leurs Ouvrages.	Nombre des Plantes dont ils ont parlé.	Premiere & derniere édition de leurs Ouvrajes.	Années de leur naissance.	Années de leur mort.	Durée de leur vie.

Auteurs après Jesus-Christ.

Noms des Auteurs.	Leur Patrie.	Leurs Ouvrages.	Nombre des Plantes dont ils ont parlé.	Premiere & derniere édition de leurs Ouvrajes.	Années de leur naissance.	Années de leur mort.	Durée de leur vie.
Zanuichelli.	Italien.	Istoria delle Piante.	Fig. 312, cuiv. mauv. & médioc. Plant. 504.	1711. Fol. 1735, Fol. Venezia.	1662.	1729.	67.
Teucher.	Allem.	*De vegetab. magicis. Index horti Wittemberg.*	Figur. 4, cuiv. mauv.	1711, 4° 1713, 4° *Vittemburg.*			
Marchant. (Nicolas)	Franç.	Mémoires de l'Académie. *Hypoxylon.*	Figur. 6, cuiv. bone & parfaite.	1711 à 1733, 4° Paris.			
Nissole.	Id.	Id.	Fig. 9, id.	1711 à 1730, 4° Paris.			
Reaumur.	Id.	Id. Fucus, Nostok, &c.	Fig. 13, id.	1711 à 1722, 4° Paris.	1683.	1757.	74.
Kempfer.	Allem.	*Amœnitates exoticæ.*	Fig. 35, cuiv. méd.	1712, 4° *Lemgoviæ.*	1631.	1716.	85.
Jussieu. (Antoine)	Franç.	Mémoires de l'Académie. Corisper-mon, Café, &c.	Figur. 7, bones & par.	1712 à 1728, 4° Paris.	1686.	1758.	72.
La Hire. (J. Nicolas)	Id.	Id. La Figue, *Drakokefa-lon.*	Figur. 2, cuiv. bones & parfaites.	1712, 4° Paris.	1677.	1719.	42.
Lemeri.	Id.	Dictionnaire des Drogues.	Fig. 304, cuiv. mauv.	1714. 4° 1733, 4° Paris.	1645.	1715.	70.
Barrelier. *Barlierus.*	Id.	*Plantæ per Galliam Hisp. Ital. &c.*	Tab. 1,324. Fig. 1,392, cuiv. méd. & bones.	1714. Fol. Paris.	1606.	1673.	67.

Noms des Auteurs.	Leur Patrie.	Leurs Ouvrages.	Nombre des Plantes dont ils ont parlé.	Premiere & derniere édition de leurs Ouvrajes.	Années de leur naissance.	Années de leur mort.	Durée de leur vie.
			Auteurs avant Jesus-Christ.				
Feuillé.	Franç.	Plantes du Perou & du Chili.	Fig. 146, cuiv. méd. & bones.	1714, 4° 2 Vol. 1725, 3 V. Paris.			
Marsili.	Italien.	*De generat. fungorum.* Hist. de la Mer.	Fig. 44, cuiv. méd.	1714. Fol. 1725. Fol. Amsterdam.	1658.	1730.	72.
Garidel.	Franç.	Hist. des Plantes de Provence.	Fig. 100, cuiv. méd. Plant. 1400.	1715. Fol. Aix.	1659.	1737.	78.
Knaut. (Chrétien)	Saxon.	*Metodus plantarum genuina.*	Figure 0. 1716, 8° Lipsiæ,				
Danti. (d'Isnard)	Franç.	Mémoires de l'Académie.	Fig. 10, cuiv. bones & parfaites.	1716 à 1724, 4° Paris.			
La Roque.	Id.	Voiaje de l'Arabie heureuse.	Figure 1, cuiv. bone.	1716, 12 Paris.	1672.	1745.	83.
Valentin. (Bernard)	Allem.	*India litterata.*	Figur. 8, cuiv. méd. Copiées de Rumfé.	1716. Fol. Francofurti.			
Lochner.	Id.	`Epeas.	Fig. 13, cuiv. méd.	1716, 4° 1719, 4° Norimberg.	1662.	1730.	68.
Bradley.	Angl.	Plant. succulentæ, Decades 5.	Fig. 50, cuiv. bones.	1716, 4° 1724, 4° Londini.			
Blair.	Id.	Observations. Botanik essays, &c.	Figur. 6, cuiv. méd.	1718, 8°. 1723, 4° London.			

Noms des Auteurs.	Leur patrie.	Leurs Ouvrages.	Nombre des plantes dont ils ont parlé.	Premiere & derniere édition de leurs Ouvrajes.	Années de leur naissance.	Année de leur mort.	Durée de leur vie.

Auteurs après Jesus-Christ.

Noms des Auteurs.	Leur patrie.	Leurs Ouvrages.	Nombre des plantes dont ils ont parlé.	Premiere & derniere édition de leurs Ouvrajes.	Années de leur naissance.	Année de leur mort.	Durée de leur vie.
Vaillant.	Franç.	Structure des Fleurs. Mémoir. de l'Adadémie. *Botanicon Parisiense.*	Fig. 300, cuiv. parf. & incompl.	1718, 4° 1727. Fol. Amsterdam	1669.	1711.	58.
Lafitau.	Id.	Mémoire sur le Ginsen.	Figure 1, cuiv. bone.	1718, 12. Paris.			
Ruppius.	Allem.	*Flora. Jenensis.*	Figur. 9, cuiv. méd. Plan. 1,200.	1718, 8° 1726, 8° Francofurti.			
Pontedera.	Italien.	*Compendium tabularum. Anthologia. Differationes.*	Fig. 12, cuiv. bones.	1718, 8° 1720, 4° 1731, 4° Patavii.			
Monti.	Id.	*Prodromus stirp. agri Bononiensis.*	Figur. 4, cuiv. bones. Plant. 306.	1719, 4° 1724, 4° Bononiæ.		Vivant.	
Helving. (George)	Allem.	*De Pulsatilla. Supplement. floræ Prussic*	Fig. 12, cuiv. méd.	1719, 4° Lipsiæ. 1726, 4° Gedani.			
Dillen.	Id.	*Flora Gissensis. Hortus Elthamensis. Hist. Muscorum.*	Fig. 1,010, étain bones & parfaites. Pl. 2,310.	1719, 8° Francofursi. 1732. Fol. 2 Vol. Londini. 1741, 4° Oxonii.		1747.	
Francus. (Jean)	Id.	*De Momordica & Scordio.*	Figur. 2, cuiv. méd.	1720, 12. Ulmæ.			
Buxbaum.	Id.	*Enum. Pl. Hallensium. Centuriæ 5. pl. Orient.*	Fig. 578, médioc.	1721, 8° Halla, 1728, 4° 1740, 3 V. Petropoli.		1729.	

Noms des Auteurs.	Leur patrie.	Leurs ouvrajes.	Nombre des plantes dont ils ont parlé.	Premiere & derniere édition de leurs ouvrajes.	Années de leur naissance.	Années de leur mort.	Durée de leur vie.
			Auteurs après Jesus-Christ.				
Heister.	Allem.	*De Studio rei herbariæ emendando. De foliorum utilitate. Systema Pl. Brunsvigia.*	Figur. 3, Enlum. méd. & bones.	1722, 4° 1732, 4° 1748, 8° Helmstad. 1753 *Fol Brunsvigæ.*	1683.	1758.	75.
Henkel.	Id.	*Floræ Saturnisans.*	Figur. 10, selon M. Linnæus.	1722, 8° *Lipsiæ.*			
Labat.	Franç.	*Voiaje d'Afrike & d'Amérike.*	Fig. 44, cuiv. méd.	1722, 12. Paris.	1663.	1738.	75.
Tilli.	Italien.	*Catalog. h. Pisani.*	Fig. 80, cuiv. méd. Plant. 4,961.	1723. *Fol. Florentiæ.*	1653.	1740.	87.
Trant.	Franç.	Mémoires de l'Académie.	Figure 1, cuiv. bone.	1724., 4° Paris.			
Sicelius.	Allem.	*Belladona.*	Figure 1, cuiv. méd.	1724, 8° *Jenæ.*			
Douglas.	Angl.	Descript. of the Guernsay Lilli.	Figure 1, cuiv. bone.	1725. *Fol.* 1729. London.			
Brukmann.	Allem.	*Specimen de Pinu. De Ocymastro.*	Figure 2, cuiv. méd.	1727, 4° Brnnsvigæ. 1732. *Fol.* Volfenbutel			
Martin. (Jean)	Anglois.	*Hist. plant. Decades 4. Lectio 1a botanica.*	Fig. 56, cuiv. enlum. bones.	1728. *Fol.* 1729, 8° *Londini.*		Vivant.	
Lindern.	Allem.	*Tournefortius Alsaticus.*	Fig. 18, cuiv. méd. Plan. 1,500.	1728, 12. 1747. 12. *Argentorati.*			

Noms des Auteurs.	Leur patrie.	Leurs ouvrajes.	Nombre des plantes dont ils ont parlé.	Première & derniere édition de leurs ouvrajes.	Années de leur naissance.	Années de leur mort.	Durée de leur vie.

Auteurs après Jesus-Christ.

Noms des Auteurs.	Leur patrie.	Leurs ouvrajes.	Nombre des plantes dont ils ont parlé.	Première & derniere édition de leurs ouvrajes.	Années de leur naissance.	Années de leur mort.	Durée de leur vie.
Bruner.	Allem.	*Thesaurus sanitatis.*	Fig. mauv. selon M. Linnæus.	1728, 8°.			
Duhamel.	Franç.	Mem. de l'Académie. Arbres & Arbustes.	Fig. 250, cuiv. & bois méd. & bon. Pl. 1,000.	1728, 4° 1740, 4° 1755, 2 V. Paris.		Vivant.	
Kramer.	Allem.	*Tentamen botanicum. Idem emendat. & auct.*	Fig. selon M. Ludwig.	1728, 8° Dresdæ. 1744 Fol. Viennæ.			
Micheli.	Italien.	*Nova gen. Catalogus horti Florentini.*	Tab 108. Fig. 579, cuiv. bones & parfaites. Plan. 4,027.	1729. Fol. 1748. Fol. Florentiæ.	1679.	1737.	58.
Langley.	Angl.	*Pomona.*	Figur. 300, cuiv. méd. & bone.	1729. Fol. London. (Bib. de M. Bombarde.)			
Sprekelsen.	Allem.	*Iuka draconis folio.*	Figure 1, cuiv. bones.	1729. Fol. Hamburgi.			
Brunswig.	Id.	*Apotheca vulgi.*	Fig. mauv. selon M. Linnæus.	1729, 8°. an? 1529.			
Klein.	Polon.	*An? Tirymaloides.*	Figure 1, cuiv. bone.	1730, 4° Gedani.			
Carsin.		Transact. philosophic. Oxyoides.	Figur. 1, cuiv. bones.	1730, 4° Londini.			
Desmarchais	Franç.	Voiaje en Guinée & Kaïenne.	Figur. 2, cuiv. méd.	1730, 12. 3 Vol. Paris.			

Noms des Auteurs.	Leur patrie.	Leurs ouvrajes.	Nombre des plantes dont ils ont parlé.	première & derniere édition de leurs ouvrajes.	Années de leur naissance.	Années de leur mort.	Durée de leur vie.
			Auteurs après Jesus-Christ.				
Catesbi.	Angl.	Natural histori Carolina.	Fig. 165, enlum. & parfaites & incomplet.	1731. Fol. 3 Vol. London.			
Miller.	Id.	Gardeners Dictionari.	Fig. 500, enlum· méd. & bones.	1731. Fol. London.			Vivant.
Burmann. (Jean)	Hol-land.	Thesaurus Zeilanicus. Decades 10 plant. Afric.	Fig. 373, cuiv. bones. & incompl.	1731, 4b 1738, 4°. Amstelod.			Viv.
Houston.	Angl.	Nova ge-nera.	Figur. 15, cuiv. bones.	1733.		1733.	
Linnæus.	Sued.	Systema naturæ. Hortus Clif-fortianus. Flora lappo-nica. Flora Zei-lanica. Materia me-dica. Amœnitates.	Fig. 151, cuiv. bones. & incompl. Pl.6,200.	1735. Fol. 1736. Fol. 1737, 8° 1747, 8. 1749, 8. 1759, 8. Amstelod.	1707.		Viv.
Blakwel. (Elisabeth.)	An-gloise.	A curious herbal.	Fig. 500, cuiv. méd. & bones en-luminées.	1735. Fol. 2 Vol. London.			
Walther.	Allem.	Hortus Waltheri.	Fig. 14, cuiv. méd. Pl. 1,000.	1735, 8° Lipsiæ.			
Pomet.	Franç.	Histoite des Drogues.	Fig. 220, cuiv. mauv.	1735, 4° 2 Vol. Paris.	1658.	1699.	42à
Ludwig.	Allem.	Definitiones plantarum. Institut.· ve-getabilium.	Figures 0.	1737, 8° Lipsiæ. 1757. 8°			

Noms des Auteurs.	Leur patrie.	Leurs ouvrajes.	Nombre des plantes dont ils ont parlé,	Premiere & derniere édition de leurs ouvrajes.	Années de leur naissance.	Années de leur mort.	Durée de leur vie.

Auteurs après Jesus-Christ.

Noms des Auteurs.	Leur patrie.	Leurs ouvrajes.	Nombre des plantes dont ils ont parlé,	Premiere & derniere édition de leurs ouvrajes.	Années de leur naissance.	Années de leur mort.	Durée de leur vie.
Weinmann.	Allem.	*Phytantofa ichnografica*	Tab. 1,000. Fig. 3,000, enlum. méd. & bones.	1737. *Fol.* 10 Vol. *Ratisbonæ.*		1734.	
Siegesbek.	Ruffe.	*Botanofofia. Flora Petropolitana.*	Figure 0.	1737, 4° *Petropoli.* 1740, 8° *Berolini.*			
Blakstone.	Angl.	*Plantæ rariores Angliæ.*	Figur. 2, cuiv. bones.	1737. 8° *Londini.* (Bibl. de M. Bombarde.)			
Shaw.	Id.	*Voiajes.*	Figur. 31, cuiv. mauv. & médioc. Plant. 632.	1738. *Fol.* Oxford.		1751.	
De la Condamine.	Franç.	*Mém. de l'Académie. Quinquina.*	Figure 1, cuiv. bone.	1738, 4° Paris.		Viv.	
Juffieu. (Bernard)	Id.	*Mém. de l'Académie. Pilularia. Plantago monantos.*	Figur. 2, cuiv. parfaites.	1739, 4° 1740, 4° Paris.	1699.	Viv.	
Ammann. (Jean)	Ruffe.	*Stirpes rariores Rutenicæ.*	Figur. 41, cuiv. bones.	1739, 4° *Petropoli.*			
Royen. (Adrien)	Holland.	*Flora Leidenfis.*	Pl. 2,700.	1740, 8° *Leidæ.*		Viv.	
Seguier.	Franç.	*Biblioteca botanica. Plantæ Veronenfes.*	Tab. 17. Fig. 50, cuiv. bones. Pl. 1,200.	1740, 4° *Hagæ,* 1745. 12 1754 3 Vol. *Veronæ.*		Viv.	
Haller. (Albert)	Suiffe.	*Iter Helveticum. Enumer. ftirp. Helvetiæ.*	Fig. 106, cuiv. bones. Pl. 2,000.	1740, 4° 1742. *Fol.* 2 Vol. *Gottingæ.*		Viv.	

Mappi

Nôms des Auteurs.	Leur Patrie.	Leurs Ouvrages.	Nombre des Plantes dont ils ont parlé.	Première & derniere édition de leurs Ouvrajes.	Années de leur naissance.	Années de leur mort.	Durée de leur vie.
Auteurs après Jesus-Christ.							
Mappi.	Allem.	*Hist. plant. Alsaticarum*	Figur. 9, cuiv. bones. Pl. 1,400.	1742, 4° *Argentorati.*			
Sauvages.	Fran- çois.	Projet d'une Métode sur les feuilles. Métode sur les feuilles.	Figur. 0, Pl. 2,725.	1743, 4° *Montpelier.* 1751, 8° à La Haye.			Vi- vant.
Morandi.	Italien.	*Hist. bot. practica.*	Fig. 538, cuiv. bones. Plant. 538.	1744. Fol. *Mediolani.*			
Guettard.	Franç.	Observat. sur les Plantes.	Figur. 2, bon. & parf. Pl. 1,131.	1744, 4° 1747, 12 2 Vol. Paris.			Viv.
Charlevoix.	Id.	Histoire de la nouvele France.	Figur. 98, cuiv. méd.	1744, 12 5 Vol. Paris.			
Sabbati.	Italien.	*Synopsis plantarum Romæ.*	Figur. 2 cuiv. méd.,	1745, 4° *Ferrariæ.*			
Gmelin. (Jean)	Allem.	*Flora Si- birica.*	Tab. 148. Fig. 208., cuiv. bones.	1747, 4° 2 Vol. *Petropoli.*			
Vachendorf.	Hol- land.	*Horti Ultra- jectini index sive systema bota icum.*	Figure 0, Pl. 4,000.	1747, 8° *Trajecti.*			Viv.
Ehret.	Allem.	*Plantæ ra- riores.*	Fig. 16, enlum. bon. & parfaites.	1748. Fol. *Londini.*			Viv.
Gleditsch.	Id.	*Hist. Acad.* de Berlin. *Metodus fungorum.*	Fig. 88, cuiv. bones. Pl. 1,000.	1749, 4° 1753, 8° *Berolini.*			Viv.
Trew.	Id.	*Plantæ se- lecta; decu- ria 4.*	Fig. 43, enlum. bon. & parfaites.	1750 à 1754. Fol. *Norimberg.*			Viv.

Noms des Auteurs.	Leur patrie.	Leurs ouvrajes.	Nombre des plantes dont ils ont parlé.	Premiera & derniere édition de leurs ouvrajes.	Années de leur naiſſance.	Années de leur mort.	Dat la de leur vie.
			Auteurs après Jeſus-Chriſt.				
Donati. (Vitalien)	Italien.	Della Storia nat. mar. dell'Adriatico.	Figur. 5, cuiv. bones.	1750, 4° Venezia.			Vivant.
Griſelini.	Id.	Obſervation ſur le *Bail louviana.*	Figure 1. cuiv. bone.	1750, 12. Veniſe.			Viv.
Hugues.	Angl.	Natural hiſtori of Barbados.	Fig. 26, cuiv. bones.	1750. Fol. London.			
Hill.	Id.	A hiſtori of Plants.	Figures	1751. Fol. 2 Vol. London.			Viv.
Geſner. (Jean)	Swiſſe.	*De Ranunculo Bellidi floro.*	Figur. 1. cuiv. bone.	1753, 4° Tiguri.			Viv.
Allioni.	Italien.	*Rariores Pedemontii ſtirpes. Synopſis metodica horti Taurinenſis.*	Fig. 33, cuiv. bones & incompl.	1755, 4° 1762, 4° Taurini.			Viv.
Ginanni.	Id.	Opere poſtume. *Plantæ Adriatica.*	Fig. 43, cuiv. méd.	1755. Fol. in Venezia.			
Batarra.	Id.	*Fungorum agri Ariminénſis compilatio.*	Tab. 40. Fig. 160, cuiv. bones & incompl. Plant. 260.	1755, 4° Faventia.			Viv.
Ruſſel.	Anglois.	The natural hiſtori of Alepo.	Fig. 10, cuiv. bones.	1756, 4° London.			Viv.
Browne.	Id.	The civil and. natural hiſtori of Jamaica.	Fig. 107, cuiv. bones. & incompl. Pl. 1,190.	1756. Fol. London.			Viv.

Noms des auteurs.	Leur patrie.	Leurs ouvrages.	Nombre des plantes dont ils ont parlé.	première & derniere édition de leurs ouvrages.	Années de leur naissance.	Années de leur mort.	Durée de leur vie.

Auteurs après Jesus-Christ.

Noms des auteurs.	Leur patrie.	Leurs ouvrages.	Nombre des plantes dont ils ont parlé.	première & derniere édition de leurs ouvrages.	Années de leur naissance.	Années de leur mort.	Durée de leur vie.
Adanfon.	Franç.	Voisje au Sénégal. Mémoires de l'Académie ; —— fur les Familles des Plantes. *Baobab.*	Plant. 100. Figure 1, cuiv.	1757, 4° 1759, 4° 1761. Paris.	1727.		
Kniphof.	Allem.	*Centuriæ 9 plantarum.*	Fig. 900, impr. en couleur méd. & mauvaif.	1757. Fol. *Halæ Madeburgi.*		Viv.	
Caylus.	Franç.	Mém. fur le *Papyrus.*	Figur. 1, cuiv. bones.	1758, 4° Paris.		Viv.	
Schmidel. (Cafimir)	Id.	*Buxbaumia. Blafia. Jungerman.*	Figur. 7, cuiv. parfait. Plant. 7.	1758, 4° 1759, 4° 1760, 4° *Erlangæ.*		Viv.	
Arduin.	Italien.	*Animadverfiones botan.*	Fig. 12, cuiv. parf. & incompl. Plan. 12.	1759, 4° *Patavii.*		Viv.	
Burmann. (Nicolas)	Hol- land.	*Specimen de geraniis.*	Fig. 10, cuiv. bones & incompl. Plant. 74.	1759, 4° *Lugd. Bat.*		Viv.	
Maratti.	Italien.	*De floribus Filicum.*	Figur. 5, cuiv. bones.	1760, 11 *Romæ.*		Viv.	
Scheuzer. (Jean)	Suiffe.	*De alimentis farinaceis.*	Figur. 1, cuiv. bone. Plant. 1.	1760, 4° *Lugd Bat.*		Viv.	
Eder.	Danoit.	*Flora Danica.*	Fig. cuiv. bones & incompletes.	1761 Fol. *Hafniæ.*		Viv.	
Gerard.	Franç.	*Flora Gallo Provincial.*	Fig. 15, cuiv. méd. & bones. Pl. 1,700,	1761, 8° Paris.		Viv.	

Auteurs après Jesus-Christ.

Noms des Auteurs.	Leur Patrie.	Leurs Ouvrajes.	Nombre des Plantes dont ils ont parlé.	Premiere & derniere édition de leurs Ouvrajes.	Années de leur naissance.	Années de leur mort.	Durée de leur vie.
Quer.	Espagnol.	*Flora Española.*	Fig. 43, cuiv. méd.	1762, 4° 2 1ers Vol. Madrid.			Vivant.
Gouan.	Franç.	*Hortus Reg. Monspeliensis.*	Figur. 4, cuiv. mauv. & médioc. Pl. 2,200.	1762, 8° *Lugduni.*			Viv.
Schæff. (Jacob)	Saxon.	*Fungorum Bavariæ icones.*	Fig. 100, cuiv. enlum. bones & parfaites. Plant. 100.	1762, 4° *Ratisbonæ.* Tome 1.			Viv.
Jacquin.		*Enumeratio stirp. Vindobonæ, &c. Enumeratio plant. Americ. &c.*	Fig. 12, cuiv. bones & incompl. Plant. 429.	1762, 12 *Vindobonæ.*			Viv.

RÉSULTATS

Des expériences les plus modernes sur l'organisation,
l'anatomie & les facultés des Plantes.

JE ne m'arêterai point à repéter ici les définitions générales des parties & qualités des Plantes ; on les trouve preske partout, sur-tout dans Jungius, Rai, Tournefort & dans la plûpart des Auteurs qui les ont suivis. Je me bornerai seulement à raporter avec ordre & briéveté les résultats des nouveles expériances des Modernes sur divers points anatomikes de l'économie & des facultés de certaines parties des Végétaux dont je n'ai pu parler ailleurs, & dont la conessance est absolument nécessère au Botaniste qui veut aprofondir la Science. Ces résultats porteront sur les points suivans, savoir :

1° Plantes ; leur définition.
2 Leurs parties en général.
3 Leur ame.
4 Leur organisation & structure interne.
5 Leur acroissemant.
6 Leur nutrition.
7 Leurs liqueurs.
8 Leur transpiration & imbibition.
9 Leurs maladies.
10 Leur abondance.
11 Leur mouvemant.
12 Leur propagation.

13° Leur germination.
14 Leur feuillaison & éfeuillaison.
15 Leur fleuraison & éfleuraison.
16 La maturation de leurs fruits.
17 Leurs monstrosités.
18 Leur fécondation.
19 Manière de conserver les Plantes vivantes.
20 Manière de les desfécher en Erbier.
21 Manière de les analiser.

1. Plante ; ce que c'est.

Les Planres, selon la définition la plus comune, sont des corps végétatifs, sans sentiment, qui tienent le milieu entre l'Animal & le Minéral, & qui sont atachés le plus souvant à la tere dont ils tirent les sucs nécessères à leur nouriture : on en distingue de 3 sortes ; l'Arbre, l'Arbrisseau, & l'Erbe.

Selon les modernes.

Nous ne nous atacherons point à cete définition qui n'en

z iij

dit pas aſſez; non plus qu'à cele de Jungius qui n'eſt pas
entièrement exacte, & à cele de Tournefort qui pèche en
ce qu'il ne faiſoit pas atention qu'il i a nombre de Plantes
qui n'ont pas de racines : voici cele qu'on pouroit leur
ſubſtituer.

Selon moi.   Une Plante eſt un corps organike *vivant*, qui ſe nourit
& croît par intuſſuſception ; animé d'un mouvement ſpon-
tané, non pas tranſlatif, mais local ; qui a la faculté de ſe
reproduire ; mais ſans copulation ; enfin qui paroît ne diférer
de la nature des Animaux qu'en ce qu'il n'a pas le ſentiment,
& des Minéraux en ce qu'il a une organiſation & une circulation ou mouvement alternatif interne de likeurs contenues dans des vaiſſeaux particuliers.

2. *Ame des Plantes.*

Toute Plante étant animée, quoike ſans ſentiment, a
une ame, qui n'eſt pas une, ni fixée à une ſeule de ſes parties, mais répandue égalemant dans toutes, & diviſible ;
puiske chacune de ces parties intégrantes qui participent à
une vie comune, poſſède en ele-même une vitalité iſolée
indépandante des autres, & que, détachée & ſeparée d'eles,
ele croît & fructifie, enfin jouit de toutes les propriétés &
facultés qu'ele poſſédoit avant ſa ſéparation.

3. *Parties des Plantes en général.*

Les Parties des Plantes ſont diſtinguées come celes des
Animaux en ſimilaires & diſſimilaires.

Les ſimilaires ſont celes qui ſont formées de parties omo-
gènes, du moins en aparence ; tels que la moële, les trachées, les fibres, les vaiſſeaux, les ſucs.

Les diſſimilaires ſont celes qui ſont compoſées de l'aſſemblaje de parties diférentes en nature & en fonctions ; teles
que les racines, le bois, les tijes, les feuilles, fruits, &c.
qui ſont compoſés d'écorce, de fibres, de trachées, &c.

Parmi ces diverſes parties, ſoit ſimilaires, ſoit diſſimilaires,
il i en a qui ont des fonctions particulières, relatives aux
autres parties, come de nourir, mouvoir, contenir les ſucs,
l'air, &c. on les apele organikes.

4. *Organiſation & Structure interne des Plantes.*

L'organiſation & la ſtructure interne des parties diſſimilaires , teles que les tijes ou branches , les feuilles , le calice , la corole , le fruit & les graines , n'eſt pas exactemant la même ; mais eles ſont formées les unes de 2 ou 3 , les autres de toutes les 5 parties ſimilaires ſimples organikes qui ſont contenues dans l'écorce & le bois des tijes , c'eſt pourquoi je vais comencer par l'expoſition anatomike de ces deux matières.

On diſtingue comunément dans l'écorce 3 parties principa- *Organiſation de l'écorce.* les, dont deux ſimilaires , ſçavoir l'Epiderme & le Paren- chime , ou tiſſu cellulaire , & une 3e qui eſt diſſimilaire , ſçavoir , les couches corticales. Mais come le parenchime ne ſe trouve pas former une couche ſéparée dans toutes , nous penſons qu'il ſeroit plus exact de dire que l'écorce eſt com- poſée de 4 parties ſimilaires , ſçavoir , 1° l'Epiderme qui envelope les couches corticales ; 2° les fibres ligneuſes , lon- gitudinales & ſéveuſes à mailles ; 3° les tubes droits longi- tudinaux , ou vaiſſeaux ſanguins ; 4° le tiſſu cellulaire , ou parenchymateux , ou moëlleux.

1. L'Epiderme eſt une membrane très-fine , toujours tranſ- *Epiderme.* parante , ſans couleur , élaſtike , ſans aucune organiſation ſenſible , ſinon qu'on y découvre quelquefois des pores très- peu ſenſibles qui ſervent à la tranſpiration & à l'imbibition des ſucs. Il ne doit ſa couleur qu'aux mamelons , ou aux likeurs du parenchime qu'il touche.

2. Les Fibres ligneuſes longitudinales , ſont des vaiſſeaux *Fibres ſé- veuſes.* creux , mais d'une fineſſe preſqu'inſenſible , dans leſquels coule la ſéve. Ils ſont ſimples , ſans ramifications , ſe colant les uns contre les autres , ſans anaſtomoſes , de maniere qu'ils forment un tiſſu de petits faiſceaux en rézeau , dont les mailles ſont plus longues que larges. Ces petits faiſceaux ſont les muſcles des végétaux , & ils diférent par leur figure de ceux des animaux qui ſont formés de groſſes maſſes de fibres accumulées les unes ſur les autres.

3. Les Vaiſſeaux propres, qu'on pouroit apeler auſſi vaiſſeaux *Vaiſſeaux ſanguins.* ſanguins , à cauſe de leur uſaje , ſont des tuiaux longitudinaux , droits , colés contre les fibres ſéveuſes , beaucoup plus grands & en moindre nombre qu'eles , & remplis du ſuc propre qui eſt , à propremant parler , le ſang de la Plante , tel que le lait dans le Figier & le Titimale , la réſine dans les Pins & les Piſtachiers , la gome dans les Jujubiers , le Mucilaje dans les Mauves , &c.

4. Le Tiſſu cellulaire eſt un aſſemblaje de véſicules jointes *Tiſſu cellu-laire ou pa-renchym: ou Moëlle.* bout-à-bout , en chapelet , & côte-à-côte , ſans communi- cation ſenſible , qui rempliſſent les vuides que laiſſent les mailles des fibres ſéveuſes , en coupant leur direction à angles

ç iv

droits , & traverſant entièremènt l'écorce & le bois depuis la moële de ſon centre dont il n'eſt qu'une prolongation , juſqu'à l'epiderme de l'écorce : leur bout eſt plus menu de ce côté , que vers le centre du bois.

Ce Tiſſu cellulaire , ainſi apelé lorſqu'il eſt enfermé dans les mailles des fibres , prend le nom de Parenchime , lorſqu'il eſt raſſemblé dans de plus grands vuides laiſſés par des mailles plus écartées come dans les feuilles. '

On l'apele , Envelope cellulaire , lorſqu'il forme une couche ſous l'épiderme , entr'ele & les couches corticàles , come il arive dans l'écorce des Erbes & des jeunes branches des Arbres. Dans ces 2 derniers états de Parenchime & d'Envelope cellulaire , chake veſicule eſt verte foncée , d'une ſubſtance erbacée , ſuculente , qui , bouillie , ſe réduit en pâte & eſt friable en ſéchant.

La moële n'eſt autre choſe que le même tiſſu cellulaire qui chanje de nom , en chanjeant de nature ; car avant que de paſſer à l'état de moële , il paroît d'abord dans l'état du tiſſu cellulaire , c. a. d. , d'utricules ovoides vertes & ſuculantes , c'eſt ce qui ſe voit ſenſiblement dans toutes les productions nouvelles des Plantes anueles ou des Arbres ; & ce n'eſt qu'au bout d'un ou deux ans , plus ou moins , que ces véſicules ſe vuident , ſe déſechent , devienent ſférikes ou poluëdres , enfin prenent la conſiſtance & la couleur de moële qui eſt blanche dans la plûpart , jaunâtre ou couleur de rouille dans quelques-unes , come le Maronier , brune dans d'autres come le Noier , & rouge dans d'autres.

La moële n'étant qu'une métamorfoſe du tiſſu cellulaire qui eſt répandu dans le bois & l'écorce , on en devroit voir preſque par-tout ; mais elle n'eſt guère ſenſible que lorskele ſe raſſemble par maſſes ; & elle ne ſe raſemble ainſi , que dans peu de bois , & ſeulement dans les plus tendres ou dans leur aubier. Toutes les Plantes comencent par en avoir dans leur jeuneſſe : ſon ſieje principal dans celes qui en ont beaucoup , eſt dans l'ame du corps ligneux où elle eſt renfermée , come dans un tuiau d'où elle ſe répand dans la ſubſtance du bois & de l'écorce. Les Erbes & Arbriſſeaux en ont en général plus que les Arbres. Les Plantes où l'on en a vu le moins , ſont l'Orme , le Chêne , le Noiſetier , le Poirier & Pomier ; il n'i en a point du-tout dans l'Ebene , le Gaïac , le Bois de Fer , les racines du Tabac & du *Stramonion* ; le Noier , le Houx , le Frène & le Pin en ont médiocrement ; & il i en a beaucoup dans le *Suro* , l'*Oxuacanta* , le Figier , le Sumac , l'Abſinte , &c. Malgré ſon épaisseur ; cete moële disparoît insensiblement dans les Arbres; le canal qui la contient se retrécit peu-à-peu & se remplit par l'épaisissement des fibres séveuses & des vaisseaux sanguins qui en parcourent la longueur & qui sont moins sensibles dans son état de moële : ce sont sans doute ces fibres & ces vaisseaux, insensibles d'abord, qui fournissent la Térébentine qu'on voit sortir de la moële du Pin & du Sapin.

Les vésicules de la moële sont plus grandes à son centre que vers le corps ligneux, & on remarque en général que les Erbes qui ont plus de moële, come le Chardon, ont aussi les vésicules plus grandes que les Arbres qui en ont moins : mais ce n'est pas la même chose dans les Arbres ; le *Suro*, par exemple, a beaucoup de moële & des vésicules très-petites.

Les couches de l'écorce les plus intérieures ou les plus proches du bois, s'apelent du nom de *Liber* parce qu'eles représentent les feuillets d'un livre. **Liber.**

Le bois n'a pas d'épiderme, come l'écorce qui lui en tient lieu ; mais il a, en revanche avec les 3 autres parties de l'écorce, une 4e partie qu'ele n'a pas ; ce sont des Trachées ou des organes destinés à la respiration ou au moins à contenir de l'air. *Organisation du bois.*

Les Trachées sont des tuiaux drois formés d'une lame élastike tournée en spirale, come un ressort à boudin dans un sens contraire au mouvement diurne du Soleil selon la remarke de Hales : ces tuiaux ont plus de diametre que tous les autres vaisseaux qui se remarquent dans le bois ou l'écorce, même les vaisseaux sanguins ; ils sont plus grands dans les racines qu'au tronc, selon Malpigi, & paroissent enfermés dans des fibres particulières en tuiau. **Trachées.**

Les couches ligneuses comencent d'abord par être moles & tendres avant que d'acquérir la solidité qu'eles ne prenent que peu-à-peu ; & come eles s'apliquent extérieurement les unes sur les autres, c'est pour cela que les intérieures, dans un Arbre bien sain, sont plus dures & plus colorées que les extérieures : ce sont ces couches intérieures qu'on apele Bois ; les couches extérieures plus tendres, & souvent d'une couleur diférante, s'apelent Aubier : ainsi l'Aubier n'est qu'un bois plus tendre qui n'a pas encore akis toute sa solidité. Il ne se remarque que dans les bois durs, come l'Ebene, la Granadile, le Chêne, le Pin, &c. Dans les bois mous au contraire, qui ne doivent pas prendre de solidité, come le Baobab, le Seiba, le Tilleul, le Tremble, l'Aune le Bouleau, &c. il n'i a pas d'Aubier, ou pour mieux dire, **Bois.** **Aubier.**

il n'i a pas de bois, parceque le corps ligneux reſte toujoûrs dans ſon 1ᵉʳ état d'Aubier , ſans jamais ſe durcir. C'eſt cet Aubier qu'ataquent & rongent les Chenilles & les Larves de Falène, Papillons , Scarabées & autres inſectes qui s'i lojent ou s'en nouriſent.

Les Arbres vigoureux ont plus d'aubier, mais en moindre nombre de couches que ceux qui languiſſent. Le Chêne a comunément , depuis 7 juſqu'à 25 de ces couches qui ſe rejetent pour les travaux. Le raport de l'épaiſſeur de l'aubier à cele du bois d'un Chêne de 6 pouces de diametre eſt à-peuprès à l'égalité ; dans un tronc de 1 pié de diametre ele eſt come 1 à 3 $\frac{1}{2}$; dans un tronc de 2 à 3 piés , come 1 à 4 $\frac{1}{2}$: mais ces proportions varient ſelon la conſtitution des Arbres.

Organiſation des feuilles. Je conſidère les feuilles , come des tijes ou branches qui ſeroient aplaties ; en efet eles ont les mêmes parties, un épiderme & une écorce des deux côtés, & un corps ligneux au centre. Eles en diférent ſeulement en ce que, 1° leur épiderme a des mamelons ou glandes corticales à la ſurface inférieure & ſupérieure dans les Erbes , & à la ſurface inférieure ſeulement dans les Arbres. 2° Le tiſſu cellulaire ou parenchyme i eſt plus conſidérable que dans les tijes , & toujours dans ſon état de verdeur, & ſuculent, ſans paſſer à celui de moële.

Du calice. Le calice ou l'envelope extérieure & comunémant verte des fleurs, ne difère pas ſenſiblement, par l'organiſation , des feuilles , ſi ce n'eſt peut-être que ſouvent il n'a point de corps ligneux, mais ſeulement des fibres moins ſenſibles.

De la corole. La Corole ou les Pétales des fleurs diférent des calices & autres parties de la Plante ſelon M. de Sauſſure (*Obſ. ſur l'écorce des Feuilles & des Pétales* ; Genève 1762, *in*-12, p. 91,) en ce que leur épiderme n'a aucune glande corticale. Ele paroit preſqu'entièrement compoſée de Trachées.

5. *Acroiſſement des Plantes.*

En longueur. L'acroiſſement des Plantes ſe fait en longueur & en larjeur. Il paroîtra ſans doute étonant que les racines ne s'alonjent que par leur extrémité, (V. Duhamel *Phyſik. des Arbres* t. 2. p. 14,) tandis que les tijes croiſſent & s'étendent ſur toute leur longueur, mais plus vers l'extrémité du jet de l'anée qui eſt encor tendre , que vers le bas qui eſt durci. Les branches ainſi durcies de l'année précédente ne s'étendent plus en longueur , mais ſeulemant en larjeur.

M. Duhamel (*ibid.* p. 269,) a remarqué que les circonſtances les plus favorables à la végétation ſont , quand, après une pluie affez abondante, il furvient un tems couvert acompagné d'un air chaud & difpofé à l'orage, de cet air qu'on apele lourd, pefant, parce qu'on fuporte dificilement le travail, & par lequel les vapeurs s'élevent de la tere en fi grande quantité, qu'ele femble fumer come les couches chaudes. Il a obfervé dans ces circonftances, qu'un brin de Fromant épié s'étoit alonjé de plus de 1 pouce en 24 heures ; un brin de fégle de 2 pouces ; & un farmant de vigne, de prés de 8 pouces, dans le même efpace de tems.

On fçait depuis long-tems que les Arbres groffiffent par l'addition annuèle d'un cone extérieur ligneux, qui s'aplique fur les cones intérieurs ligneux des anées précédantes en les emboètant, & par une addition analogue, mais en fens contraire, d'un cone cortical qui s'aplique à la furface interne de l'écorce dans laquele ele eft emboètée par les couches anciennes dont les plus exterieures fe fendent en long & en travers, & tombent fucceffivement par bandes, par rouleaux ou par écailles. Ces couches annuèles font eles-mêmes formées d'un grand nombre de petites couches ou lames qui femblent être formées & ajoûtées les unes fur les autres, pour ainfi dire, jour par jour. En larjeur.

Mais les Fificiens ont été fouvent partajés & fur le lieu, & fur la matière, & fur la manière de la formation de ces 2 fortes de couches, la ligneufe & la corticale : on conçoit facilement qu'eles peuvent fe former de l'une des 4 manieres fuivantes, fçavoir, 1° toutes 2 du bois, 2° toutes 2 de l'écorce, foit, felon Grew, par l'émanation d'un fuc particulier, foit par la converfion réciproke des lames, come le penfoit Malpigi ; 3° toutes 2 entre l'écorce & le bois par le moien d'une matière mucilagineufe & organifée qu'on i trouve dans le tems de la fève & qu'on apele *Cambium* parce qu'ele eft analoge à cele des plaies des Animaux qui fe cicatrifent : c'eft le fentiment le plus ancien, & celui des Cultivateurs, qui a été combattu par Grew ; 4° enfin la couche ligneufe peut produire du bois, & la corticale de l'écorce ; c'eft le fentiment de Hales.

Par toutes les expériences qui ont été faites pour décider cete queftion, il paroît,

1° Que lorfque, contre nature, l'écorce eft féparée du bois, ele produit feule une couche corticale & une couche ligneufe.

2° Que de même, le bois entièrement dépouillé d'écorce, produit une couche corticale & une ligneufe.

Cete production eft nouvele dans ces deux cas ; car es

couches corticales restent toujours corticales, come les couches ligneuses restent toujours ligneuses, sans se métamorfoser; ce qui est d'ailleurs assez prouvé par la diférence qui se trouve entre l'organisation du bois & cele de l'écorce.

De-là on peut conclure que, dans l'état naturel de l'Arbre recouvert de son écorce qui empêche de voir ce qui se passe à cet égard, le bois fournit aussi-bien que l'écorce, chacun par son tissu cellulaire, la matière d'abord mucilagineuse, mais organisée qui doit former la couche corticale & la ligneuse annuéle. L'écorce contribue peut-être davantaje à cete production nouvele, fournissant plus abondamant de cete seve qui i descend, come le prouve le bourlet qui se forme à la levre supérieure des entailles qu'on i fait.

6. Nutrition des Plantes.

Par les opérations chymiqués on retire des Plantes de l'air, de l'eau, de l'huile, de la terre, & diférens sels; & il semble naturel d'en conclure que ces Plantes ont tiré ces principes de la terre : cependant les plus habiles Chymistes n'ont encor pu tirer toutes ces substances des terres même les plus fertiles; & il est certain que nombre de Plantes élevées avec de l'eau seule & même avec de l'eau distilée, rendent ces mêmes principes, & que, sans la participation d'aucun alimant téreux, eles ont pris de la solidité & leur substance ligneuse qui, dans l'Analise chimike, paroît presque entièrement composée de tere.

Les Plantes qui s'élevent le plus facilement avec de l'eau seule, sont, selon les observations, la plûpart des Liliasées, des Composées & des Labiées, la Nummulaire, la Renouée, les Mauves & les Renoncules.

7. Likeurs des Plantes.

On distinge en général 2 sortes de likeurs dans les Plantes, sçavoir, 1° la Limfe ou Séve, 2° le Sang ou le Suc propre.

Il paroît néanmoins que les Plantes contienent beaucoup d'autres likeurs; car dans un seul fruit tel que l'Ananas, l'Oranje, la Fraise, l'odeur & la saveur en font distinguer 3 ou 4 dont on ne voit pas, ou au moins dont on ne voit que de foibles vestijes dans les autres parties de ces Plantes.

La Limfe ou Séve.

La Séve ou limfe est une likeur simple, sans couleur, sans odeur, peu diférente de l'eau. Ele peut être comparée au chyle, car ele est toute digéré, & les racines qui la pompent peuvent être comparées aux veines lactées des Animaux : elle n'a qu'une dépuration à subir, come le sang des Animaux, par la transpiration.

Il paroît, par les expériences de M. Bonet, (*Recherches sur l'usage des Feuilles, art.* 90,) que la séve ne s'éleve que par les fibres ligneuses, & qu'ele ne s'éleve jamais par l'écorce, d'où il conclut que l'écorce est dépourvue de ces fibres. En effet cete likeur élevée par les fibres ligneuses paroit redescendre jusqu'aux racines entre l'écorce & le bois, (Duhamel *Phys.* 2 *Part. p.* 312,) ou au moins par les fibres corticales les plus voisines du bois : ce qui semble prouvé par son écoulemant de la levre supérieure d'une entaille faite transversalement au tronc, & par le bourlet qui se forme préférablement à cete levre. Néanmoins lorsqu'on fait 2 entailles semblables, l'une au haut de l'Arbre, l'autre près de la racine, cele d'en-bas rend plus de limfe que cele d'en-haut. C'est la séve ascendante qui nourit les branches & les bourjons, & c'est cele qui descend, qui nourit & dévelope les racines.

Le retour de la séve du haut des branches aux racines, étant bien prouvé & dû à une force diférante de la pésanteur & de la dilatation qui éleve les likeurs dans le termometre, il est vraisemblable qu'ele circule d'une manière analogue à la circulation du sang dans les Animaux : pour la prouver d'une manière complete, il faudroit s'assurer, ce que l'on ne sçait pas encor, si la liqueur qui descend des branches par l'écorce est la même que cele qui monte des racines par le bois, si toutes 2 sortent des memes vaisseaux ; enfin il faudroit découvrir l'abouchemant & la comunication des fibres corticales avec les fibres ligneuses, chose qui sera sans doute très-dificile, puisque avec le secours des injections on n'a encor pu voir bien clairement l'abouchemant des vaisseaux veineux avec les arteriels dans les Animaux.

La Séve est plus abondante au Printems, & alors l'écorce se détache aisémant du bois ; au contraire l'écorce est aplikée imédiatemant au bois, lorsque le tems de la séve est passé. Les feuilles contribuent beaucoup à l'abondance & au mouvement de cete séve ; car si on éfeuille un jeune Arbre, lorskil est en pleine séve, on trouve quelques jours après son écorce aussi adérante au bois qu'en iver.

Le Suc propre est une likeur composée, sensible par sa couleur, son odeur & sa substance : c'est à propremant parler, le sang des Plantes. Ele est analogue au sang des Animaux ; verte dans les unes, come la Pervanche ; blanche

Le Sang ou Suc propre.

dans d'autres, come le Titimale, le Figier, &c. ; jaune dans d'autres, come la Chélidoine ; rouje dans d'autres, come le Campêche, le San-Dragon, &c. mucilagineuse ou gomeuse dans quelques-unes, come les Mauves & les Jujubiers ; resineuse dans d'autres, come les Piftachiers, les Pins, &c. De-là on conclut que chaque efpèce de Plante contient un Suc qui lui eft propre, un Sang qui eft fort diférent de la féve.

C'eft dans ce Sang que réfide l'odeur, la faveur & la vertu des Plantes ; car on reconoît peu de vertu dans celes où la Limfe abonde, ou dont le Sang eft peu diférant de la limfe ; & ce n'eft que la liqueur qui coule du Pavot qui foit narkotike, cele du Titimale & de la Chélidoine qui foit corofive ; la vertu purgative du Jalap réfide dans fa réfine. Les écorces ont plus de vertu que les bois, parce que leurs vaiffeaux fanguins font plus gros que ceux du bois.

Ce Sang eft contenu dans des tuiaux droits, plus confidérables que les fibres limfatiques, & répandus dans toute la fubftance de la Plante, mais diférament, felon les diverfes efpeces, & toujours plus abondamant dans l'écorce. Dans le Sapin, la térebantine s'amaffe dans des véficules fous l'épiderme. Dans le Genevrier, le fandarak fe raffemble entre l'écorce & le bois. Dans la *Peffe*, la poix fuinte principalemant entre le bois & l'écorce. Dans le Méleſe, la térébantine s'acumule dans le corps même du bois. Dans le Pin, la réfine tranffude de l'écorce, entre le bois & l'écorce, du bois même & de la moële.

Lorfqu'on fait une entaille tranfverfale dans le tronc, il fuinte come la limfe, bien davantaje de la partie fupérieure de cete entaille que de l'inférieure, ce qui prouve qu'il defcend plutôt du haut des branches qu'il ne monte ainfi formé & préparé des racines vers les branches ; & il fuinte de toute l'étendue de la plaie, mais principalemant entre le bois & l'écorce, quoique ce ne foit pas en cet endroit qu'on aperçoit les plus gros vaiffeaux fanguins. Il coule plus abondamant dans les grandes chaleurs que par un air frais, & il ceffe par les tems froids. Enfin ce fang ou fuc propre ne fert pas plus imédiatemant que le fang des animaux à la nutrition, mais feulemant par fes fécrétions ; car lorfqu'il s'extravafe, il ne forme ni écorce, ni bois, mais un dépôt monftrueux tel qu'un amas de gome, de réfine ou autre fuc épaiffi : la même chofe arive dans les Animaux, lorfque le fang fort de fes vaiffeaux propres ; alors il ne forme ni chair, ni os, mais des dépôts, ou des tumeurs, come il fera dit, ci-après, dans les maladies, à l'article des Dépôts.

8. *Transpiration & Imbibition des Plantes.*

Les Animaux perdent plus par la transpiration que par toutes les autres voies excrétoires. Les véjétaux transpirent auffi, & la transpiration paroît leur être plus abondante & plus effentiele qu'aux Animaux, parce qu'ils n'ont pas d'autres excrétions groffieres. *Transpira- i on.*

Les feuilles font les principaux organes de la transpiration des Plantes; eles transpirent auffi par leurs jeunes branches, leurs fleurs & fruits. *Par les feuil- les.*

La quantité de la transpiration eft proportionele aux fur-faces transpirantes, & à la chaleur; de forte qu'une Plante transpire davantaje lorfqu'ele a plus de feuilles, & lorfqu'il fait plus chaud; auffi fes feuilles fe fanent-eles dans les jours trop chauds, lorfque la tere trop deféchée ne fournit pas affez d'umidité pour balancer fa déperdition par la transpiration. M. Hales a prouvé par des expériences, qu'un pié de foleil, *Vofakan*, à maffes égales & dans des tems égaux, transpire 17 fois plus qu'un home. *Sa quantité.*

La transpiration diminue par le froid & par l'umidité : c'eft par cete dernière que les Plantes fous cloche ne fe fanent pas, quelque chaleur naturele qu'eles éprouvent, au lieu que, découvertes, eles fe fanent auffi-tôt par la grande transpiration.

On a remarké que les Arbres qui quitent leurs feuilles, transpirent plus que ceux qui les confervent toute l'anée, & que les Plantes graffes transpirent moins que les autres.

La liqueur de la transpiration n'eft que de l'eau, cependant ele fe corompt plutôt que l'eau comune; ele eft fans odeur, mais fe charje quelquefois léjèrement de l'odeur de la Plante, qu'ele ne doit qu'à la manière dont on la retire. *Sa qualité.*

La grande transpiration augmente la faveur des fruits, come fa diminution l'afoiblit. C'en ainfi qu'en couvrant les Plantes qui ont trop d'amertume ou de pikant, come la Chikorée, le Cardon, le Celeri, &c. on les rend plus fuculentes & plus douces.

Les Plantes fucent, abforbent, imbibent, infpirent l'eau de la tere par le moien de leurs racines pendant le jour, & par leurs feuilles l'umidité de l'air pendant la nuit. Les réfultats les plus généraux des expériences de M. Bonet fur l'imbibition des feuilles font, que les Erbes pompent à-peu-près égalemant par leurs 2 furfaces, & que les arbres abfor, *Infpiration, Imbibition.*

bent davatanje par la furface inférieure la feule où ils aient des mamelons ou glandes corticales, felon M. de Sauffure.

9. Maladies des Plantes.

Les maladies les plus ordinères des Plantes peuvent fe diftinger come les caufes qui les produifent, en externes & en internes. On en reconoit 23 efpeces dont 15 externes & 8 internes, fçavoir.

Maladies dûes à des caufes externes.	Maladies dûes à des caufes internes.
1° La brûlure, ou le blanc.	16 La décurtation & le couronemant
2 Le jivre ou givre.	ou branches mortes.
3 La rouille.	17 La fullomanie.
4 La niele.	18 Le dépôt.
5 Le charbon.	19 Les exoftofes ou excroiffances.
6 L'ergot ou le clou.	20 La pouriture.
7 La mouffe.	21 La carie ou moififfure.
8 Les jerfes ou le kadran.	22 Les chancres ou ulceres coulans.
9 La roulure.	23 La mort fubite.
10 La jélivure.	
11 La champlure & le jélis.	
12 L'exfoliation.	
13 Les gales.	
14 La jauniffe ou chute prématurée des feuilles.	
15 L'étiolemant.	

La brûlure ou le blanc (*Candor*) eft cete blancheur qu'on voit quelquefois par taches fur les feuilles des Plantes, qui les fait paroître vuides & come tranfparentes. Ele n'arive que lorfqu'après une pluie ou une forte rofée, le Soleil vient à doner vivement fur ces feuilles avant qu'ele ait eut le tems de s'évaporer; lorfque toutes en font atakées, la Plante périt ordinairemant peu de jours après.

Maladies dûes à des caufes externes.

1° La brûlure.

La plûpart des Auteurs ont prétendu que cete brûlure étoit dûe à l'action des raions du Soleil raffemblés au foyer des gouteletes d'eau répandues fur ces feuilles. Mais, 1° ces gouteletes font aplaties en deffous & ont par confékant leur foier plus loin que la furface de la feuille. 2° Quand même on les fupoferoit fférikes, & leur foier touchant la feuille, leur action feroit come nule, à caufe de leur petiteffe. 3° On remarke que la brûlure arive également, & même plus fouvant, lorfque l'eau eft étandue, come un vernis fur les feuilles, que lorfqu'ele eft difperfée en goutelctes. D'où l'on peut conclure que cete maladie vient, ou d'une efpèce d'épuifemant caufé par la grande évaporation de la féve, ou d'une deftruction des pores de la tranfpiration trop dilatés, ou enfin par une putréfaction ocafionée dans les fucs du Parenchyma

---

thyme, ou de la féve par leur mélanje avec l'eau.

Cete maladie eſt plus comune dans les pays très-chauds ſitués entre les Tropikes, par exemple au Sénégal, que dans nos climats tempérés : le moien de la prévenir, ſeroit d'ajiter les Plantes pour en faire tomber l'umidité avant que le Soleil pût doner deſſus, ou de les préſerver de ſon action en les couvrant de paillaſſons.

La Panachure reconoît à-peu-près la même cauſe, mais agiſſant plus foiblemant ; & ele ſe rencontre plus ſouvant dans les Plantes languiſſantes **La Panachure**

Le Jivre ou Givre eſt cete blancheur qui couvre la ſurface ſupérieure des feuilles ; de manière qu'eles en paroiſſent plus épaiſſes, plus peſantes, plus opakes, & come ſales. Le Houblon ſur-tout, & le Melon, i ſont très-ſujets. **2. Le Jivre**

Il eſt facile de deviner la cauſe de cete maladie, en faiſant atention qu'on ne la remarque que ſur les Plantes qui croiſſent dans les valons, dans les lieux bas & toujours couverts de vapeurs umides & froides, où l'air n'eſt ni renouvelé, ni ajité ; ou dans des tems couverts, umides & calmes en même tems ; au lieu qu'on ne la voit point dans les lieux élevés & ventés. Elle paroît venir d'un defaut de tranſpiration qui, en obſtruant les vaiſſeaux des feuilles, i fait amaſſer la ſève répandue d'abord à leur ſurface extérieure, où ele eſt reſtée ſans s'évaporer, faute de ſéchereſſe ou d'être expoſée à l'action du Soleil. Les Plantes qui en ſont atakées produiſent raremant du fruit, ou ils ſont mal formés, rabougris, & d'une crudité déſagréable.

Cete maladie paroît directemant opoſée, & dans ſa cauſe, & dans ſa nature, à la brûlure qui vient de la chaleur ; on pouroit conſékamant la prévenir par les remedes contraires.

La Rouille (ἐρυσίβη *Teofr. Rubigo*) eſt une pouſſière jaune de Rouille ou d'Ocre, répandue ſous les feuilles, ſur-tout du Roſier & du Titimale à feuilles de Ciprès. **3. La Rouille.**

Elle reconoît la même cauſe que le Jivre, & pouroit être écartée par les mêmes moiens.

La Niele eſt ce vice qui réduit en une pouſſière noire les fleurs des Blés ; les Plantes dans leſqueles on l'a obſervé juſqu'ici, ſont à-peu-près les ſuivantes : **4. La Niele.**

Le Froment.	La Perſikère.	La Savoniere.
La Speaute.	Le Fellandrion.	Le *Lychnis ſylv. alta ſymplex.*
Le Segle.	La Berce.	L'*Alſins altiſſ. nemorum.*
L'orje.	La Scorſonere de marais.	L'*Alſine prat. gram ſ anguſt.*
L'eskourjon.	Le *Tragopogon.*	Le *Caryophillus ſyl. vulg. latif.*
L'Avène.	Le *Muſcari arvenſe latif.*	

Dans ces deux dernières, l'Œillet ſauvaje & le Maïs, le

aa

mal comence par les antères, & pouroit bien être une maladie diférante; dans les autres, il comence par le réceptacle de la fleur, fous la forme de petits points noirs qui gagnent peu-à-peu les autres parties de la fleur, la corole, & les étamines, fans ataker aucunemant le piftil qui avorte cependant pour l'ordinaire.

Il eft bon de faire remarquer que les Plantes citées ci-deffus, croiffent la plûpart dans les bois ou dans les prés, c. à. d. dans des lieux umides, & que les autres tels que les Blés, croiffent très-ferrés & ne font guères atakés de la Niele que dans les anées froides & umides, & lorskon feme trop tard ou après des pluies trop abondantes; de forte que la caufe de cete maladie paroît être la même que celle du Jivre. M. Aymen qui a fait beaucoup de recherches à ce fujet (V, *Mém. préfentés à l'Académie*, t. 3, 1760, p. 83,) dit avoir obfervé que tous les grains qui avoient à l'extérieur des taches de moififfure, perpétuoient cete maladie en donant des épis niélés. Mais cete caufe n'eft ni la 1ere, ni même la caufe 2de de cete maladie qu'on peut dire encor ignorée, car es expériences de M. Tillet nous affurent qu'ele ne fe comunike nulemant, même en faupoudrant les grains avec cete pouffière noire, & qu'ele eft dûe à un vice interne que la blancheur du calice ou de l'envelope extérieure de la fleur nous indike exifter avant fon dévelopemant.

Les moiens de prévenir la caufe 1ere de cete maladie, doivent être les mêmes que pour le Jivre.

Il arive aux tijes du Maïs une Niele femblable, qui ne fe comunike pas & qui les fait renfler extraordinairemant, en les contournant de diverfes manières.

5. Le Charbon. Le Charbon (*Uftilago*) ne difère de la Nièle qu'en ce qu'il eft contagieux & fe perpétue en n'atakaht abfolumant que les grains qu'il réduit intérieuremant en une pouffière noire, come celle des Veffes de Loup, de la nature de laquele ele ne paroît pas diférer fenfiblement; & fon examen au microfcope me fait foupçoner qu'ele eft dûe à une véjétation analogue aux Plantes de cete Famille : M. Aymen affure avoir procuré cete maladie par la pouffière de Veffe-de-Loup. De nouveles obfervations à cet égard pouroient doner lieu à une découverte très - importante, d'autant mieux que cete maladie fe comunique aux grains d'autres Plantes, come l'Ivroie, & réciproquemant : on l'a obfervé juskici dans les mêmes efpèces de Gramens que la Niele, & de plus fur le Sorgo; à l'égard des Plantes d'autres Familles, on ne l'a encore aperçu que fur la Perfikère cauftike.

Cete maladie, qui reconoit la même cauſe 1ᵉʳᵉ que la
Niele peut être garantie par les mêmes moiens. Quant à la
cauſe 2ᵈᵉ, c. à. d. à la pouſſière noire qui la perpétue lorſqu'ele eſt répandue ſur le grain, on la previendra en chotant
ce grain avant de le ſemer, c. à. d. en le lavant dans une
forte leſſive de cendre mêlée d'un peu de chaux. M. Aymen
(*Mém. préſentés à l'Acad*, t. 4, p. 365,) atribue cete maladie
à un vice interne de la ſéve qui chanje ſa couleur & la noircit
come dans la Niele ; mais ſi ele étoit ſeulemant dûe à une
cauſe interne, ele ne ſe comunikeroit pas à volonté, come
le prouve l'expérience.

L'Ergot ou le Clou (*Clavus*) eſt une production des grains   6. L'Ergot.
en une longue corne de ſubſtance fongeuſe, aſſez dure, &
come cartilagineuſe ; on en a vu de plus de 2 pouces de
long. Il eſt particulier aux grains des Gramens, ſur-tout du
Segle, & cauſe des maladies aux perſones qui manjent du
pain où il s'en trouve, même une petite quantité. On l'a
encor obſervé dans le *Gramen Aquaticum fluitans*, & dans le
Souchet.

Il eſt plus comun dans les anées umides & de tems couvert, ce qui fait ſoupçonner qu'il a la même cauſe 1ᵉʳᵉ que
le Jivre, & qu'on pouroit le prévenir de même : on atribue
ſa cauſe 2ᵈᵉ au défaut de fécondation.

La mouſſe eſt une maladie qui prend aux Arbres plantés   7. La Mouſſe.
dans des valons & dans des lieux ſujets aux brouillards &
autres vapeurs umides.

Elle conſiſte en ce que l'écorce de ces Arbres eſt couverte
de Mouſſes, de Lichens, d'Agarik & autres Champiñons qui
croiſſent aux dépens de l'umidité qu'ils en tirent ; ces Plantes
paraſites, pas même les agarics qui tienent imédiatemant à l'intérieur de l'écorce & à l'aubier, ne paroiſſent pas leur faire
d'autre mal que de boucher les pores de la tranſpiration,
lorſqu'eles ſont en trop grande quantité ; l'Agarik même
ne s'atache à l'aubier que lorſqu'il eſt mort, & n'eſt nulemant
la cauſe de ſon dépériſſement, come l'ont écrit quelques Ob-
ſervateurs.

Le meilleur remede eſt de les enlever en raclant l'écorce ;
c'eſt ce que j'ai vu pratiker généralement à l'égard des
Poiriers & Pomiers en Normandie, pendant les tems umides
& pluvieux : lorſque les Arbres ſont très-jeunes & ont l'é-
corce liſſe, au lieu de les ratiſſer, ce qui les endomajeroit,
on leur enleve cete mouſſe en les frotant avec de gros linge
ou drap.

Les Jerſes ſont ces fentes longitudinales qui, ſuivent la   8. Les Jerſes.

direction des fibres du bois ; & qui fans fe réunir , reftent enfermées dans l'intérieur des Arbres , où on les diftingue, extérieurement par une arête ou exoftofe de la couche ligneufe qui s'eft apliquée deffus.

Le froid eft une des caufes qui ocafione ces fentes qui éclatent même avec bruit , c'eft ce qui les fait apeler auffi Jelivures ; mais eles arivent également par une trop grande abondance de féve.

Dans le 1er cas , il n'i a point de reméde ; on previent le 2d par des fantes longitudinales dans l'écorce , ou par un retranchemant de racines.

Le kadran. On apele bois kadranés ceux dont le cœur en fe deffé-chant , forme des fantes qui raionent au centre , come les lignes horaires d'un kadran. C'eft un figne de la mauvaife qualité du bois du cœur.

9. La Roulure La Roulure eft un vuide , une féparation entre les couches ligneufes. Ce défaut déprécie beaucoup le bois.

Sa caufe eft dûe à l'enlevemant de l'écorce de deffus le bois , ou à fon écartemant , pendant le tems de la féve. Alors le bois ne fe prêtant pas toujours à la formation de la cou-che ligneufe , c'eft l'écorce qui fournit le nouveau bois qui n'eft pas apliqué exactement à l'ancien , entre lequel il laiffe un intervale. Ce bois fe nome *Bois roulé*, ou *Bois rouli*.

10. La Jeli-vure. La Jelivure , ou Jeliffure , eft un aubier ou bois imparfait qui fe trouve entre 2 couches de bon bois ; on l'apele Jeli-vure entre - lardée , lorfque l'aubier fe trouve enfermé avec une portion d'écorce dans de nouveau bois qui les a enfermé dans l'intérieur de l'Arbre.

Ce qui empêche cet aubier de fe durcir & de prendre la folidité du bois , c'eft la rigueur des grands froids , tels que celui de 1709 ; & on remarke qu'il eft plus comun aux Arbres plantés dans des terres maigres , légeres & ifolées , ou dans des klarières , qu'à ceux qui croiffent dans les teres fortes , ou dans des bois épais. Les racines font exemptes de cete maladie , parce k'eles font à l'abri des grandes gelées.

11. La Cham-plure. La Champlure n'atake guère que les Plantes délicates & tardives qui font de climats plus chauds que le nôtre , tels que la Vigne. Elle confifte en ce que les farmans fe fépa-rent prefque d'eux-mêmes , come les Epiphyfes fe féparent du corps des os dans les jeunes Animaux ; les farmans en font kelkefois diminués au point qu'il ne refte pas fufifamant de bois pour la taille fuivante.

Cete maladie eft entieremant dûe au froid, & n'arrive que lorf

qu'après un automne umide & froid, la gelée furprend les farmans de l'anée, avant qu'ils foient devenu ligneux, & pendant qu'ils font encor erbafés.

Le Jelis eſt cete mortalité qui arive aux Plantes ou à leurs
diverfes parties encor tendres, par l'action de la gelée ; ainſi
ele ne difere de la Champlure, finon qu'en ce que les Plantes
qui en font atakées ne fe féparent pas par articulations, come
Vigne. Ele n'arive point aux racines qui font à l'abri de la gelée.

En général les froids très-vifs fufiſent feuls pour faire mourir
nombre de Plantes ; mais il i a des froids mêmes modérés
qui, à caufe des circonſtances qui les acompagnent, font
mourir des Plantes qui i auroient réfiſté fans leur concours. Tels
font les froids précédés ou fuivis d'une chaleur ou d'une umidité trop grande. La raifon en eſt fenfible : la gelée étend
le volume des likeurs qu'ele glace ; fi après une chaleur fufifante qui met les Plantes en pleine féve, ou fi, après une
pluie abondante ou des brouillards qui les imbibent d'umidité,
la gelée furvient, ces likeurs en fe conjelant, dilatent les vaiffeaux de la Plante & les crèvent ; de-là elle périt. L'efet eſt
le même, fi après une forte gelée, le dejel eſt trop vif :
c'eſt pour cela que les grands maux de la gelée arivenr plutôt
aux Plantes expofées au Midi ou dans des lieux umides &
fujets aux brouillards, qu'à celes qui font expofées au Nord
ou au fec ; & la glace des Arbres qui fe fond avant l'action
imédiate du Soleil ne les endomaje nulemant. C'eſt fur ce
principe que les habitans du Nord, lorfqu'ils ont un membre
jelé, le frotent d'abord dans la néje, ou ne l'expofent que peu-
à-peu à la chaleur ; & que lorfqn'ils l'expofent fubitemant au
grand feu, il tombe en pouriture ; c'eſt encor par la même
raifon, que de la viande gelée a plus de goût lorsk'on la fait
déjeler lentemant dans l'eau fraîche, avant que de la cuire.

L'exfoliation eſt un deſſéchemant de l'écorce & du bois.
Elle eſt une fuite des meurtriſſures ou des contufions caufées
par la grêle ou pas des coups femblables.

Le feul reméde eſt de retrancher les branches qui en font
afectées.

Les Gales font des excroiſſances fingulières caufées dans
les tijes, les feuilles, les fleurs & les fruits des Plantes,
par les pikures des infectes qui s'i logent, ou qui i lojent
leurs œufs, dont les vers détruifant les vaiſſeaux & les fibres
ocafionent des véjétations extraordinères, par l'extravafation
de leurs fucs. On apele bois moulinés ou vermoulus, ceux
qui font percés des vers.

On ne détruit les Pucerons que dificilemant, en frotant

les branches avec de la chaux vive détrempée. Les coupe-bourjons & autres vers ne se détruisent qu'en coupant jusqu'au vif les branches qui en sont atakées.

14. La Jauniffe. La Jaunisse ou la chute prématurée des feuilles reconoit pour cause la plus ordinère un terein maigre ou sec & trop léjer : c'est ainsi que le Lupin acoutumé aux teres les plus fortes & les plus umides, ou exposées aux vapeurs, jaunit dans les teres léjeres où on le cultive par curiosité, sur-tout lorske les grandes chaleurs de Juillet comencent à ajir & amener de la sécheresse dans l'air. Les feuilles tombent aussi aux Plantes trop abreuvées d'eau, ou qui ont les racines dans l'eau.

On prévient cete maladie ou l'on en arête les suites dans le 1er cas, en donant, dès qu'on s'en aperçoit, au pié des Plantes qui en sont atakées, une tere forte, compacte & moins poreuse, qui retient un peu plus l'eau, & qui la laisse échaper moins promptemant. Dans le 2d cas, on fait dans la terre, des tranchées pour procurer l'écoulemant aux eaux, ou bien on mêle du sable aux terres trop fortes pour leur doner de la léjèreté.

15. L'Etiolemant. L'Etiolemant est cet état de maigreur, pendant lequel les Plantes poussent beaucoup en hauteur, peu en grosseur, & périssent ordinairemant avant que d'avoir produit leur fruit. On le remarke comunémant dans celes qui sont plantées trop sérées, ou dans des lieux privés du courant de l'air.

Sa cause est dûe principalemant à la privation de la lumiere du Soleil, c. à d. du jour qui détermine le courant des vapeurs nouricières & la transpiration qui est arêtée dans ces Plantes. Car on voit qu'un jeune Arbre entouré de tous côtés de grands Arbres qui ne lui laissent de l'air qu'en dessus, pousse tout droit, toujours en s'élevant & prenant peu de corps, de sorte qu'il gagne en peu de tems la hauteur de ceux qui l'environent ; alors ses feuilles exposées à l'action de l'air supérieur, exercent la transpiration & l'imbibition, qui en lui procurant plus de suc, le font croître beaucoup en grosseur, & son accroissemant en hauteur seralentit à proportion.

Le moien de prévenir l'Etiolement, est donc de procurer aux feuilles des Plantes la transpiration & un courant d'air par l'action de la lumiere.

Maladies dûes à des causes internes. La décurtation dans les épis des Fromens, dans les branches de nombre d'Arbres qui l'éprouvent quelquefois dans leurs rameaux, tels que le Tilleul, l'Orme, le Mûrier noir, l'Oranjer, le Citronier, le Pêcher & quelkefois dans le Noisetier & le Prunier ou dans les vieux Arbres qu'on apele pour

cela , couronés ou d'entrée ou en retour , eſt un retranchemant qui ſe fait naturellement par une ceſſation d'acroiſſemant
dans la partie ſupérieure du nouveau jet encor erbacée ; cete
partie jaunit bientôt , meurt & ſe détache de la partie inférieure qui reſte vive & ſaine.

Cete Décurtation eſt ſouvent ocaſionée ou hâtée par kelkes
coups de Soleil ou par la ſéchereſſe , ou par la gelée , ſur-
tout dans le Tilleul & autres Arbres hâtifs que les chaleurs
de l'Eté ont dépouillés de leurs feuilles , & qui en reprennent
de nouveles en Août & Septembre ; ces nouveles branches
de la 2de ſéve ſont encore expoſées à la décurtation par les jelées
ſuivantes ; mais ſa cauſe principale eſt dûe , come l'étiolemant ,
au défaut de nouriture ou de ſucs , qui , pour lors , ſe trouvent
ſufiſans pour fournir au dévelopement & à la maturité des parties qui reſtent après la décurtation. C'eſt ſur ce principe qu'on
pince les Vignes en Mai , ou Juin , en les acolant aux échalas ;
décurtation , qui fait que les jets vienent plus forts & plutôt
en bois , qui procure à leurs bourjons plus de groſſeur & qui
empêche le fruit de couler. Les branches mortes dans les Plantes vigoureuſes ont auſſi pour cauſe , l'extravaſation , du ſuc
propre dans les vaiſſeaux ſéveux ou limfatikes.

La Décurtation des épis diminuant la quantité des grains ,
on peut la prévenir en fourniſſant au Froment plus de ſuc par
le moien d'un labour ſait avant que les épis ſortent des gaines
des feuilles , afin d'augmanter leur longueur & leur groſſeur.

La Fullomanie eſt une abondance prodigieuſe de feuilles
à la production deſqueles une Plante s'abandone , ce qui
l'empêche de doner des eurs & des fruits.

Elle eſt cauſée par la trop grande quantité de ſucs groſ-
ſiers.

On i remédie en retranchant de groſſes racines , ou mieux
encor par la taille qui ocaſione la ſortie de branches plus
menues & moins vigoureuſes , les ſeules , ſelon l'expérience ,
qui fourniſſent des fleurs & fruits , ſans doute parceke la
ſève s'i portant en moindre quantité , s'i parfait mieux , &
les conduit plutôt à leur maturité.

Le Dépôt eſt cet amas de Suc propre ou du ſang véjétal , ſoit
gome , ſoit réſine , qui ocaſione la mort des branches où il ſe fait.

Il a pour cauſe l'extravaſation du Suc propre dans le tiſſu
cellulaire ou dans les vaiſſeaux limfatikes ou ſéveux , dans
leſquels il ocaſione des obſtructions analogues aux infiamations
produites dans les Animaux par l'éruption du ſang dans les
Vaiſſeaux limfatikes.

On remédie à ce mal en emportant avec la ſerpe te l'en-

a a iv

droit où s'eſt fait le dépôt, ou bien en ſillonant & inciſant longitudinalemant leur écorce, ce qui produit une éruption analogue à l'émoragie des Animaux, une évacuation néceſ-ſaire d'un ſuc ſurabondant qui ſouvent nous eſt util ; tele eſt la gome du Ceriſier, du Prunier, de l'Amandier, du Pêcher ; tels ſont les Baumes, les Vernis & Réſines des Piſtachiers ou Térébintes, des Pins, &c.

L'Exoſtoſe des Animaux eſt analoge aux excroiſſances locales qui arivent au bois des végétaux & qui forment des loupes, des tumeurs ſouvent très-groſſes, de 2 à 4 piés de dia-metre, récouvèrtes d'écorce qui eſt come galeuſe, plus ridée, plus relevée qu'ailleurs. Ces exoſtoſes s'apelent Bois tranché, Bois à rebour, Bois noueux, parce que ſes fibres n'étant pas droites, mais ondées, il eſt très-dificile à fendre. Le bois qui recouvre ces exoſtoſes eſt ordinèremant de bone qualité.

Ce mal eſt dû à un dévelopemant de la partie ligneuſe plus abondant dans ces endroits qu'ailleurs, cauſé, ſoit par un coup de ſoleil vif, ſoit par une forte gelée, ou la pikure d'un inſecte, ou d'une pointe qui traverſant l'écorce & pé-netrant un peu dans le bois, en altère les couches nouvel-lemant formées, & déranje ſes fibres. J'ai remarké que les Arbres des grands chemins étoient ſujets à ces exoſtoſes, ſur-tout du côté où leurs racines avoient été écorchées, uſées & endomajées conſidérablement, de manière à devenir elles-mêmes renflées & come exoſtoſées.

La Pouriture eſt cete diſſolution qui arrive au bois du tronc des Arbres & qui les creuſe, en començant comunémant par le haut & deſcendant inſanſiblement jusk'aux racines.

On la remarke principalement dans les Arbres qui ont eu le faîtaje ou quelque groſſe branche caſſée ou coupée, parcequ'alors les couches ligneuſes du tronc qui i répondent reſtent en aubier & come mortes, étant privées des ſucs que les feuilles de cette branche i faiſoient auparavant monter, ou au moins du mouvement de circulation de ce ſuc, dont ele faiſoit évaporer une partie, & dont ele ramenoit le reſte par le moien de l'écorcé aux racines. Le chicot meurt in-failliblement ; & s'il n'eſt pas recouvert entièrement d'écorce, l'eau s'i inſinue, & jointe à la ſéve ralentie qui y ſéjourne, elle le pourit, & la putréfaction ſe prolonje dans les cou-ches ligneuſe du tronc qui lui ſont opoſées. Si c'eſt la tête de l'Arbre qui eſt coupée, alors la pouriture prend au centre du tronc & gagne promptement, de manière qu'il ſe trouve creuſé en peu dé tems ; c'eſt ce qu'on voit arriver à tous les Saules qu'on étète anuelement après avoir réduit le tronc à la hauteur de 5 à 8 piés. Les trous qui fe forment dans le bois pouri des chicots s'apelent *Abreuvoirs* ou *Goutières*, parce qu'ils retiennent l'eau des pluies.

Goutières. abreuvoirs,

Le moien de prévenir cet accident eft, 1º lorfqu'on a des branches à couper, de n'en pas couper de plus groffes que l'écorce du tronc ne peut fe prêter, pour recouvrir la plaie, avant que l'eau des pluies puiffe endomajer le bois : or les plus groffes branches qu'on puiffe couper en général pour remplir cete condition, ne doivent pas paffer 2 pouces. 2º Soit que les branches foient caffées, foit qu'on les coupe, il ne faut jamais leur laiffer de chicot, parce que ne fe recouvrant jamais d'écorce, il doneroit lieu à l'eau de pourir le bois ; mais il faut les couper au niveau du tronc, dont l'écorce recouvrira facilement la plaie, fi elle ne paffe pas 2 à trois pouces. 3º Enfin fi l'on a un faîtage ou un tronc à couper, il ne faut pas faire la coupe orizontalement, parce que quoique dans le tems de la féve l'écorce puiffe fe détacher du bois pour laiffer fortir entre 2 de nouveaux bourjons qui s'épanouiffent par le bas fur l'aire de la coupe, cela ne fufit pas pour recouvrir entièrement la plaie quand le tronc eft un peu gros, les couches ligneufes anciennemant formées ne donant aucune nouvele production. Il faudra faire cete coupe très-oblikement à l'orifon & prefque verticale ; alors l'eau ne pouvant féjourner fur la plaie, le vieux bois fera moins fujet à pourir, & les côtés de la plaie aprochant d'être verticaux fe couvriront plus promptement & plus facilement d'écorce, dont la production tend plutôt à monter ou defcendre verticalement qu'à s'étendre orifontalement.

On remédie fouvent aux *Goutières* en cernant le bois jufqu'au vif, pour donner lieu à l'écorce de le recouvrir.

La Carie, eft cette efpèce de moififfure du bois, qui le rend mou & d'une confiftance peu diférante de la moële ordinaire des arbres, fans changer la difpofition de fes fibres.

21. La Carie ou moififfure

Cette maladie reconoît 3 caufes externes, favoir le grand chaud, le grand froid, & la pourriture des racines, caufée par le féjour de l'eau ou par l'écorchement, & fur-tout par les 2 dernières, qui font très comunes aux plantes à racines en pivot, & à celles qu'on éleve dans des pots qui ne font pas percés, où l'eau s'amaffe & où les racines font fouvent écorchées. La carie eft come opofée à la pouriture, en ce qu'au lieu de prendre par le haut de l'Arbre, elle a fon principe dans les racines, enfuite au bas du tronc, ce qui fait que l'Arbre fe creufe rarement, à moins que les

52

Fourmis, les Vagvages, ou autres infectes & animaux ne s'i introduifent en-deffous. De-là l'origine de ces voûtes fi communes dans les Arbres, fur-tout dans le Baobab en Afrike où l'on fufpend les cadavres des *Giriots* apelés *Géoul* qu'on juge indignes des honneurs de la fépulture : ces gens peuvent être comparés à nos anciens *Jongleurs* ; ils font Poëtes-Muficiens, & entreprenent la conduite des fêtes, des bals & des danfes.

L'Echanfure.   Lorfque la carie eft dûe au grand chaud, on l'apele auffi *Echaufure*, come on dit du *bois échaufé*. Pour la prévenir dans les plantes pivotantes, il faut les femer daus des ter-reins où le pivot ne puiffe être endomajé ; à l'égard de celes qui, trop refférées dans des pots, rifquent d'i être égratignées & écorchées, il fufira de les metre plus au larje dans des caiffes ou en pleine terre.

21. Les Chan-cres ou Ulcè-res coulans.   Les Chancres ou Ulcères coulans, font ces ouvertures plus ou moins grandes, répandues çà & là fur les Arbres, dont l'écorce laiffe fuinter de fes fentes, même dans les tems de féchereffe, la féve fous la forme d'une eau rouffe corompue & très-âcre ; cete fanie corofive endomaje les parties voifines, & fait que le mal fe communike de proche en proche. Il ne faut pas confondre ces Chancres ou ulceres corofifs avec les *Abreuvoirs* ou *Goutières*, avec ces trous formés par la pouriture des chicots ou des branches coupées ; celles-ci rendent quelquefois auffi de l'eau, mais feulement dans les tems de pluie & ce n'eft que de l'eau de pluie & non de la féve corompue.

Ce mal dépend de l'eau putride & infecte des terres ma-récajeufes ou des cloacks, & des fumiers trop abondans. Cete eau vicie d'abord les racines des plantes qui i croiffent ; elle en altere la feve qui étant très-âcre & très-abondante, rompt le tiffu cèllulaire, s'extravafe entre le bois & l'écorce qu'ele fépare l'un de l'autre, & fe corompant de plus en plus par un long féjour, fait périr les Arbres ; ce qui arive com-munément après 3 ou 4 ans de fuintement. Les Arbres vigoureux qui font atakés de cete maladie dans des fables gras, meufent fubitement, confervant leurs feuilles jaunes & deffléchées, fans avoir jamais doné aucune marque de fuinte-ment ; mais en les coupant, on voit que l'écorce eft entière-mant féparée du bois, par une sève acre & corrompue.

Lorske le mal n'eft que local, on i remédie facilement, ou en coupant la branche, fi elle eft petite, ou en faifant une incifion jusk'au vif tout autour de l'ulcère, & le recou-vrant de bouze de vache ou de haillons affujettis avec de la

paiſſe, ou par des liens d'oſier. Lorske le mal eſt général
& répandu dans toute la Plante, il n'i a guère de remède,
ſinon peut-être la tranſplantation dans un terrein moins gras
& moins umide, & des inciſions longitudinales faites dans
l'écorce juſqu'au bois. A l'égard des marais trop gras, trop
froids & umides, deſtinés aux erbes potajères, les jardiniers
conſeillent de les metre de tems en tems en ſainfoin ou en
luzerne, afin, diſent-ils, de les dégraiſſer; il ſeroit ſans doute
plus court d'i répandre des cendres & autres teres legères,
sèches, & pour ainſi dire chaudes & abſorbantes.

La Mort ſubite n'eſt guère produite que par un coup de **23. La Mort**
Soleil ſur les Erbes annueles & délicates, & par les plus **ſubite.**
grands froids, & le tonerre ſur les Arbres & autres Plantes
vigoureuſes. J'ai vu en Juillet & Août des Arbres très-vigoureux de 15 piés de haut ſur 4 pouces de diametre au
tronc, perdre en une matinée toutes leurs branches par l'action du Soleil réfléchi par les vitraux d'une ſerre qui en étoit
diſtante de 20 piés; d'autres en ſont morts preſque ſubite-
mant, ces vitraux formant une eſpèce de grand miroir
ardant.

10. *Abondance des Plantes.*

Je remarque en général que plus on aproche des climats
froids, moins on trouve d'eſpèces diférantes de Plantes, &
moins la totalité eſt abondante;

Que plus on aproche de l'équateur ou de la ligne éki-
noxiale, plus on trouve d'eſpèces diférantes, plus il i a d'Arbres ou de Plantes vivaces que d'Erbes annueles, & moins
de la même eſpèce;

Que les Zones tempérées produiſent à-peu-près autant
d'eſpèces d'Erbes annueles que d'Arbres ou Plantes vivaces,
& beaucop de la même eſpèce; auſſi i obſerve-t-on beaucoup plus de variétés qu'ailleurs.

La Zone Glaciale du N. ou de l'Emiſfère boréal compre-
nant 23 $\frac{1}{2}$ dég. depuis le Cercle Polaire 66 $\frac{1}{2}$ dég. juſqu'au
Pole à 90 dég. produit environ 3,000 eſpèces.

La Zone Glaciale du S. ou de l'Emiſfère auſtral, comprenant de même 23 $\frac{1}{2}$ dég. à l'opoſé, produit ſans doute
autant de Plantes. C'eſt pour les deux Zones enſemble 47 d.
de ſurface, qui produiſent environ 6,000 eſpèces.

La Zone tempérée de l'Emiſfère boréal, comprenant
43 dég. depuis 23 $\frac{1}{2}$ dég. juſqu'à 66, produit 9,000 eſpèces.

La Zone tempérée de l'Emiſfère auſtral, produit dans un

femblable efpace un pareil nombre de Plantes. C'eft donc pour les 2 Zones enfemble 86 dég. de furface , qui produifent environ 18,000 efpèces.

Le Tropike du Capricorne dans l'Emisfère boréal , depuis 23 ½ dég. jufqu'à l'Equateur 0 dég. , produit environ 9,000 efpèces.

Le Tropike du Cancer dans une étendue femblable de l'Emisfère auftral , en produit autant. C'eft pour les 2 Tropike , enfemble , c. à d. , pour la Zone torrride 47 dég. de furface , qui produifent environ 18,000 efpèces.

Ainfi la Zone torride , quoique près d'une fois plus petite que les 2 Zones tempérées , prifes enfemble , produit autant de Plantes , & prefque 1 fois davantaje qu'eles , à proportion de l'étendue du terrein ; elle eft donc la plus variée dans fes productions végétales , & les tempérées paroiffent être les plus fertiles & les plus abondantes par la fomme totale de ces mêmes productions.

11. *Mouvemant des Plantes.*

On remarque 4 fortes de mouvemans dans les Plantes ; favoir ,

1° Celui de direction.
2 ——————————nutation.
3 ——————————plication & d'épanouiffemant.
4 ——————————charniere ou de génou.
5 ——————————reffort.

1.° Mouvemant de direction. Les racines de toutes les Plantes tendent généralemant en bas ou horizontalemant , excepté celles de l'*Upata* ou Sanar du Sénégal qui jetent des productions qui s'élevent verticalemant d'environ 1 pié au-deffus de la terre , & que le flux de la mer recouvre quelquefois.

Les tijes & branches , au contraire des racines , tendent toujours vers le Ciel , s'élevant perpendiculairemant à la terre , ou s'étendent orizontalemant à fa furface , ou fe roulent de l'Eft à l'Oueft , en paffant par le Sud , fuivant le mouvemant journalier du Soleil , ou bien dans le fens contraire.

Toutes les caufes qui concourent à l'acroiffemant des Plantes , paroiffent concourir auffi à leur direction ; telles font l'air , le foleil , la lumiere & les vapeurs humides & & chaudes qui s'élevent de la terre. Il paroit que les racines pénetrent la terre plus ou moins profondémant , verticalemant ou orizontalemant , à proportion de leur penchant

à chercher l'humidité ou la fraîcheur. Les Plantes s'élevent
par la direction des vapeurs qu'elles contienent, & encore
plus par celes qui s'élevent de la terre où eles croiffent; &
la chaleur, le foleil ou la lumiere du jour, ne paroiffent i
contribuer qu'en ce qu'ils augmentent ou dirigent le courant
de ces vapeurs nouricieres, caufes de leur prompte végétation: c'eft pour cela que lorfqu'eles agiffent orizontalemant,
les Plantes s'étendent orizontalemant; telles font fur-tout
leurs branches inférieures, & que lorfqu'on a gêné leur direction naturele, elles s'i remetent conftamant, ainfi que
leurs Feuilles & Fleurs. C'eft par ce moien qu'on expli-
que le parallélifme des branches des Arbres à la furface
d'une colline fur laquele ils font plantés, & l'élévation
verticale des tijes vers le ciel; mais il i a nombre de Plantes
dont les tijes rampent conftament fur la tere, ainfi que leurs
branches.

Les tijes ne font pas les feules parties des plantes qui fe 2° Mouve-
dirijent vers l'air & la lumiere du Soleil. Il i a des fleurs mant de nu-
qui fe panchent du côté du Soleil en quitant leur perpen- tation.
dicularité, & en s'inclinant vers cet aftre, de façon qu'eles
lui préfentent directement leur diske, en fuivant fa fituation
dans fon cours journalier. Cete forte de mouvement s'apele
nutation, & les plantes qui i font fujetes fe noment plantes
éliotropes; tel eft le *Vofakan*, plufieurs Plantes demi-fleuronées, le Réféda, la Gaude, &c.

Ce mouvement ne fe fait pas par une torfion de la tije;
mais, felon M. la Hire, par un racourciffement des fibres de
la tije du côté de l'aftre, racourciffement caufé par une plus
grande tranfpiration de ce côté.

Les épis de blé, qui penchent par leur poids, ne penchent pareillement que du côté du Soleil.

La tije du *Gansblon* & du *Trientalis* fe penchent en-
bas pendant la nuit.

Les feuilles de quelques Blitons, des Mauves, du Trefle, &c.
fuivent la direction du Soleil, de même que les fleurs
éliotropes, &c.

Dans l'état de l'air le plus favorable à la végétation, 3. Mouve-
c. à d. d'une chaleur umide & vaporeufe, come dans les mant de pli-
tems couverts difpofés à l'oraje, les feuilles pinnées de plu- cation.
fieurs plantes, teles que les légumineufes, s'étendent fur le
même plan que leur pédicule comun. La même chofe arive
à la fenfitive tenue plufieurs jours dans une cave.

Lorfque le foleil donne vivement deffus, eles fe

redreſſent & ſe relevent verticalement en - deſſus , en formant un angle droit avec leur pédicule comun , & en s'apliquant par leur face ſupérieure contre celes qui leur ſont opoſées. La ſurface ſupérieure de pluſieurs feuilles ſimples étant expoſée pareillement à un ſoleil ardent, deviennent de même concaves, ce qui fait voir leur analogie avec les feuilles pinnées ; cela ſe remarke dans le Sigesbekia, l'Urena, &c. La chaleur artificiele d'un fer rouje ou très-chaud , fait le même effet ſur les unes & les autres ; mais la plante en ſoufre. J'ai remarqué que pluſieurs eſpèces de Chénopodion élevoient ainſi leurs feuilles tous les ſoirs après le ſoleil couché, & les étendoient tous les matins après ſon lever, ſans qu'il agît imédiatement deſſus.

Dès que le ſoleil eſt couché, & pendant la fraîcheur de la roſée , eles s'inclinent & pendent verticalement en-bas, en formant un angle droit avec leur pédicule comun, & en s'aprochant par leur face inférieure de celles qui leur ſont opoſées. Une roſée artificiele produit le même efet. Ce mouvement a été remarqué non-ſeulement dans les légumineuſes, mais encore dans l'Uſléroſorus, le Balſamina impatiens.

Et d'épanouiſſemant.   L'épanouiſſement des fleurs reconoît à-peu-près la même cauſe : nous en parlerons ci-après à l'article 5, de la fleuraiſon.

4. Mouvemant de charniere.   Outre le mouvement de plication des folioles pinnées, la Sanſitive a un mouvement de charnière ou de genou aux jeunes branches, au pédicule comun de ſes feuilles pinnées, & à la nervure ſur laquele ſont attachées les pinnules ou folioles ; & tous ces mouvemens ſont indépendans les uns des autres , & ocaſionés de même que celui de plication & de direction, par l'action des vapeurs nutritives chaudes, & par l'atouchement. Il i a d'autres plantes que la Sanſitive, qui ont ce mouvement de charnière à leurs folioles.

M. Duhamel (*Phyſike des Arbres, 2 Part. p.* 161) aiant obſervé exactement vers le 15 Septembre, par un tems médiocrement beau, le mouvement naturel d'un rameau de Sanſitive, a remarqué que,

A 9 h. du matin il faiſoit avec la tije un angle de 100 dég.

A 12 h. ou midi   112

A 3 h. après midi   100

Aiant touché ce rameau, il a fait un angle de   90 dég.

¾ d'heures après   112

A 8 h. du ſoir   90

Le lendemain, par un plus beau tems, le même rameau,
A 8 h. du matin, faifoit avec la tije un angle de 135 dég.
Après avoir été touché   80
A 10 h., c. à d. 1 h. après   135
Etant touché une 2e fois, à 10 h.   80
A 11 h. & midi   145 dég.
Etant touché une 3e fois   135

Ainfi le rameau ne fe raprocha de la tije que de 10 dég.
& refta dans cete pofition ; il n'i eut que les feuilles qui
s'ouvrirent.

Etant touché une 4e fois, à 5 h. du foir,   110 dég.

Avec quelque corps qu'on irrite la Senfitive, on remarque
que la fenfibilité réfide particulièrement dans l'articulation,
foit des branches, foit du pédicule commun de fes pinules,
foit du pédicule particulier de chacune de fes folioles, fur-tout
à la partie blanche de cete articulation.

Le tems nécefsère à une branche touchée pour fe rétablir,
varie felon la vigueur de la plante, l'heure du jour, la faifon,
la chaleur & d'autres circonftances de l'atmosfère.

L'ordre dans lekel les parties fe rétabliffent, varie pareillemant ; tantôt c'eft le pédicule commun, tantôt c'eft la
côte pinnée, tantôt ce font les folioles qui s'épanouiffent
avant que les autres parties aient fait aucun mouvement
pour fe rétablir.

Si, fans ocafioner la moindre fecouffe aux folioles, on
coupe la $\frac{1}{2}$ d'une foliole de la dernière paire de l'extrémité
d'une pinnule, la foliole coupée & fon opofée, c. à d. la
1ere paire comence à fe plier, enfuite la 2e paire, & les
autres fucceffivemant, jufqu'à ce que toutes les folioles d'une
côte ou pinnule foient pliées. Souvant après 12 ou 15 fe-
condes, le pédicule & fes pinnules ou côtes feuillées fe
rétabliffent, en comançant par les folioles les plus voifines
du pédicule, & les folioles des autres côtes fe ferment.

Si au lieu de couper une des folioles de l'extrémité, on
en coupe une de la paire la plus proche du pédicule, fon
antagonifte fe ferme & les autres paires fucceffivement, en
finiffant par cele de l'extrémité.

Si l'on coupe toutes les folioles d'un côté de la pinnule,
leurs opofées s'ouvrent.

Il eft poffible, avec un peu d'adreffe, de couper un rameau
fans que les feuilles fe plient.

Le pédicule comun des feuilles pinnées, étant coupé aux $\frac{3}{4}$
de fon diametre, toutes les parties dépandantes fe plient,
mais fe redreffent auffi-tôt, fans que les folioles paroiffent
en foufrir.

Lorfqu'on parvient à couper jufqu'à la ⅓ de fon diametre une des principales branches fans caufer d'ébranlement, les rameaux compris depuis la fection jufqu'à la racine fe plient; mais les rameaux & folioles au-deffus de l'incifion reftent ouverts : fi alors on coupe une foliole de cete extrémité, tout fe plie dans l'ordre expliké ci-deffus.

Si l'on coupe avec précaution une pinnule ou côte feuillée près de fon infertion fur le pédicule comun, il n'arive rien aux autres pinnules, & fes folioles ne fe ferment pas. Il ne fe fait de même aucun mouvemant en perçant une branche avec une éguille,

Des expériances précédantes & de toutes celes qui ont été multipliées fur la Senfitive, & que nous fuprimons ici pour abréjer, il réfulte;

1° Que quand la plante eft dans fa plus grande force végétative, fes mouvemens font plus grands & plus fenfibles.

2° Que quand le ciel eft ferein & le Soleil pur pendant tout le jour, toutes les plantes font plus fenfibles le matin que l'après-midi.

3° Que dans les circonftances où eles font moins fenfibles, leurs feuilles continuent à fe plier, quoique leurs pédicules aient perdu leur mouvement par la vieilleffe qui les a rendu ligneux & roides.

4° Qu'une fecouffe ou une irrritation produit plus d'efet qu'une incifion ou fection entière.

5° Qu'une léjère irritation n'ajit que fur les parties voifines, & qu'ele s'étend d'autant plus loin, qu'ele a plus de force.

6° Qu'une iritation déterminée ajit plus fur certaines parties que fur d'autres.

7° Que tout ce qui peut produire quelque efet fur les organes des animaux, ajit fur la Sanfitive : une fecouffe, une égratignure, le grand chaud, le grand froid, la vapeur de l'eau bouillante, cele du foufre & des efprits volatils, l'odeur forte des liqueurs volatiles, tout cela ajit fur elle.

8° La fubmerfion dans l'eau, ainfi que le vuide, ne femblent ajir qu'en altérant fa vigueur.

9° On ne voit pas qu'il i ait une comunication plus intime entre les feuilles opofées des pinnules qu'entre les autres parties de la Plante.

10° Son mouvement de charnière n'eft pas dû à une défaillance, mais à une contraction fort fenfible ; car alors elle fe roidit à un tel point, qu'on la romproit, fi l'on vouloit la rétablir dans fon premier état.

Une

Une léjère irritation à la bafe des étamines du Berberis, de l'Opuntia & de l'Eliantème, leur caufe un mouvement convulfif. ou de trépidation très-fingulier par lequel eles fe contractent & fe raprochent du Piftil, fans fe rétablir dans leur 1er état. Les fruits charnus de la Balfamine, de l'Elatérion & de l'Alleluia, fe contractent avec force & lançent au loin leurs fémences. Les fruits fecs, come les capfules de la plûpart des Renoncules, l'Aconit, le Delfinion, &c. celles des Liliafées, des Légumineufes, de la Fraxinele, &c. s'ouvrent pareillement avec force. Les aretes des lojes de la capfules du Geranion, celes de l'Avoine, la plante entière appelée impropremant Rofe de Jérico, prenent fuccefivement un mouvemant d'extenfion & de contraction, lorfqu'on les expofe à l'umidité & à la fécherefle.

Ces divers mouvemans ne font que des mouvemans de refort, dûs à une direction & un aranjemant particulier de l'affamblage des fibres, de manière qu'en diminuant de volume en tout fens, par une contraction ou par l'exficcation, eles font ajir certaines parties d'une façon déterminée, come les mufcles des animaux font ajir leurs membres, avec cete diférance cependant que la contraction des fibres mufculères dans les animaux, paroit dépandre d'un likide ou d'un fluide qui les remplit; mais ce point n'eft pas encor bien décidé.

Il i a des Plantes, qui loin d'avoir ce mouvemant naturel ou fpontané de refort, n'ont pas même celui qui tend à les remetre dans leur 1ete fituation, lorfqu'on les en a une fois déranjé; teles font les fleurs du *Drakokefalon* de Virginie, que l'on a apelé *Kataleptike*, parce que de tel côté que l'on tourne ou retourne fes fleurs, eles i reftent, come fi leur pédicule étoit articulé à deffein de fe prêter à ces pofitions peu natureles.

La caufe de ces 5 fortes de mouvemans, les feuls aperçus jufqu'ici dans les Plantes, eft, come l'on voit, extérieure; & confékamant ils ne font pas fpontanés, come dans les animaux parfaits qui ont cete caufe intérieuremant & dépandante de leur choix & volonté. Mais combien d'animaux imparfaits, tels que ceux des infufions animales & végétales, les molécules fpermatikes, les Polipes, &c. dont certains mouvemans ne font dûs, côme ceux de la Sanfitive des Légumineufes, &c. qu'à des caufes extérieures, teles que la chaleur, la lumière du jour, &c. Combien, qui, come les Galinfectes, le Lepas, l'Uitre, &c. n'ont pas un mouvemant auffi fenfible que celui de la Sanfitive!

Toutes les manieres dont les Plantes se multiplient ou propagent naturellement ou artificielemant, se réduisent à 5, savoir :

1° Par grènes.
2. Par bourjons ou kaieux.
3. Par les feuilles.
4. Par les branches.
5. Par la grèfe.

} Mis en terre.

1° Par grè-nes. Le plus grand nombre des Plantes porté des graines qui germent & lévent étant mifes en terre ; ce font ces grènes qui produifent un fi grand nombre de variétés dont quelques-unes font affez diférantes & affez conftantes pour mériter le nom d'efpèces.

Mais parmi les Plantes qui portent des grènes, il i en à qui ne les amènent jamais jufqu'à une maturité parfète, come font les fleurs ermafrodites à Piftil ftéril, & la plûpart des fleurs doubles ou triples ou multipliées, apelées femi-doubles, qui confervent au moins une partie des étamines ou des Piftils, tels que le Mirte, le Grenadier, quelques Campanules, le Pomier, le Poirier, la Mauve, la Guimauve, l'Ankolie, la Nièle & quelques efpèces de Renoncules ; il i a encor des graines qui ne lévent jamais, quoique fécondées, quoique bien conditionnées en apparence, teles font celes de nombre de Liliafées, des Orchis, de quelques Ariftoloches, &c.

D'autres n'ont jamais de grènes ; teles font la plûpart des Biffus, quelques plantes étranjeres de la Zone torride qui ne fleuriffent jamais dans les Zones tempérées ou glaciales, & les fleurs pleines, c. à d. dont les étamines & les piftils font métamorfofés en pétales, teles que le Lis, le Friti-lère, la Tulipe, le Narciffe, la Tubereufe, le Colchike, le Safran, l'Œillet, le Luchnis, le Silene, le Coronaria, le Rofier, le Frèfier, le Cerifier, le Prunier, l'Amandier, le Pêcher, la Violete, la Capucine, la Jiroflée, la Juliane, quelques efpèces de Renoncule, l'Anemone, l'Ifopuron, le Populago, &c.

Enfin dans d'autres, les grènes font plufieurs années à lever, ou bien les plantes qu'ils produifent font très-long-tems à croitre & à porter fleurs & fruits ; tels font le Saule, le Peuplier, le Figier, le Tilleul, la Vigne, &c.

La diffémination des Plantes préfente des particularité remarquables, quant à la manière dont leurs grènes fon difperfées çà & là, foit par les eaux courantes, foit par le

vent, foit par les animaux , ou par une force élaftike qui
leur eft propre.

Les grènes que les eaux courantes des torrens & des
fleuves entraînent font fouvent portées à plufieurs centaines
de lieues de leur pais originère, & répandues fur les terres
de climats plus chauds ou plus froids, même fur les côtes
maritimes où eles s'acoutument peu-à-peu.

Celes que le vent emporte font; 1º ou ailées come dans
plufieurs Liliafées, nombre d'Orchis & d'Ombellifères,
quelques Compofées, quelques Apocins, quelques Perfonées
come le Bignona, la Linère, l'Efpargoute, le Tulipier, le
Bouleau, le Likidambar, le Cheiri, le Pin, le Sapin,
le Mélèze, le Tua, &c.; ou aigretées, ou cotoneufes &
veloutées, come plufieurs Compofées, plufieurs Apocins,
le Saule, le Peuplier, la Pulfatile, l'Anemone, le Coton,
&c. : 2º ou dans un Calice aigreté, come dans quelques
Gramens, le Kjelboul, le Lagurus, l'Arundo, le Fragmites,
le Saccaron, le Tufa, plufieurs Compofées, plufieurs Scabieufes, le Lagoikia; ou ailé, come dans la plûpart des
Perfikères, le Laparon, le Statice, le Limonion; ou enflé,
come dans l'Alkekengi, le Cucubalus, le Vulneraria, le
Trifolium; ou en écaille, come le Oublon : 3º ou dans un
fruit ailé, come dans le Dioskorea, le Janraia, le Begona,
le Kampèche, le Belluccia, le Spatela, le Triopteris,
l'Aker, le Baniftera, l'Orme, le Paftel, le Frêne, &c.; ou
enflé, come dans le Stafulea, le Colutea, le Cicer, le Car-
difpermen, l'Aluffoides, le Veficaria, &c.

Nombre d'Oifeaux avalent les grènes de l'Avène, du Millet, & d'autres efpèces de Gramens, de la Vanille, du Gui,
du Jenièvre, &c. qu'ils rendent entieres, & qu'ils difperfent
çà & là, même fur les Arbres. L'Ecureuil, le Rat, le Pe-
roquet, & d'autres Animaux emportent & ouvrent nombre
de fruits pour en manjer les grènes, dont ils laiffent échaper
quelques-unes qui font femées par ce moien. Le Eriffon, la
Taupe, la Fourmi, le ver de terre, &c. en creufant la
terre, donent lieu aux grènes qui i tombent de germer. Les
grènes que les Animaux emportent involontairemant, font
celes qu'on apele *Coufin*, parce qu'eles s'atachent à eux par
des efpèces de hameçons, de crochets, ou de poils qui font
1º ou fur elles-mêmes come le Daukus, le Kaukalis, le
Sanikula, le Bidens, le Seala, le Kunogloffon, le Muofotis,
le Blairia, l'Anemone, &c. 2º fur leur calice, come le
Lappa, le Sigesbekia, le Linnæa, l'Afperugo, le Priva, l'Alifanus,
la Parietaire, le Plumbago, quelques Perfikères, l'Aigremoi-

ne, le Neuras, &c. 3°. Sur leur fruit, come le Kirkaia, l'Apradus, l'Aparine, le Cruciata, le Petivera, le Glukuriza, l'Edusaron, le Meibomia, le Skorpioides, l'Eliokarpos, le Triumfetta, le Karriktera, &c.

Les grènes qui se dispersent d'eles-mêmes par une force élastike ont cete force résidente, soit 1° dans leur aigrete come le Krupina; 2° dans leur calice, come la plûpart des Foujères, l'Avène, &c.; 3° dans leur capsule, come l'Arète de la Bénoite, cele du Géranion; ou le cartilage de leur paroi interne qui les lance, come dans le Diosma, la Fraxinele, la plûpart des Titimales, la Balsamine, l'Alleluia, &c.; ou un petit crochet, come dans le Diantera, l'Adatoda, le Barliera, le Ruellia, l'Acante, la Clandestine, &c.; ou par des Fibres, come le Momordica, l'Elaterion, le Cardamine, &c.

2° Par bourjons ou kaïeux.

La plûpart des Plantes qui ne se multiplient pas de grènes portent des bourjons ou kaïeux (*Soboles*) qui, mis en tere croissent & se dévelopent come leur mere. Ce moien leur est comun avec d'autres plantes qui portent de très bones grènes. Ces bourjons qui ne sont que des tijes ou des branches en racourci, se trouvent placés sur 6 parties ou de 6 manières diférantes, sur les Plantes, savoir:

1° Sous tere près de la racine, hors de l'aissele des feuilles, come dans la plûpart des Plantes vivaces de la famille des Gramens, de cele des Jenjambres, des Composées des Labiées, &c. ou à l'aissele des feuilles, come dans la Tulipe, l'Ail, la Tubéreuse & la plûpart des Liliasées; on apele ces derniers des kaïeux, sans doute parce qu'ils se conservent long-tems hors de tere, pour i être repiqués quand on veut.

2° Hors de tere, le long des tijes hors de l'aissele des feuilles, come dans la plûpart des Lichens, ou à l'aisselle même des feuilles, come dans le Lis rouge, le Dioskorea, l'Ornitogalon & quelques autres liliasées, la Saxifrage, la Bistorte, la Dentaire, &c. Les produçtions des Lichens & autres Plantes imparfètes, ne sont dues à aucune espèce de génération; ce sont des portions détachées de leur propre substance, qui, par une simple extension & sans aucun dévelopement, deviennent en grandissant parfaitement semblables à leur mère.

3° A l'extrémité des feuilles come dans quelques Liliasées & quelques Arons.

4° A l'origine de l'ombele des fleurs entre leurs pédicules, come dans quelques Ails & quelques Ognons.

5° Dans la fleur même, come dans 2 ou 3 espèces de

Poa, apelés pour cete raiſon vivipares, dans *l'Avena perennis foliis anguſtis liratis ſupernè aſperrimis* Adanſ. &c. Les ovères végétent ainſi dans ces Plantes, ſans le ſecours ordinaire de la fécondation & de la génération.

6° Dans le fruit même, come dans le *Tangekólli* du Sénégal, dont les grenes germent & forment des kaïeux, avant même que la capſule qui les renferme ſoit parvenue à ſa maturité.

Pluſieurs Liliaſées à feuilles charnues & ſolides, ſe reproduiſent par leurs feuilles; mais ce ſont de vrais bourjons qui ſortent ou de leur aiſſele ou baſe ou pédicule, come dans l'Aloé & la Skille maritime, ou de leur extrémité, come dans quelques Arons. Ces bourjons s'élèvent de la partie ſupérieure de la feuille, tandis qu'il ſort des racines de la partie inférieure ou opoſée au bourjon. Cete dernière obſervation revient à cele de M. Bonet, qui a vu ſortir des racines, des nervures & des pédicules de certaines feuilles de Méliſſe, de Bele-de-nuit, d'Ariko & de Chou, plonjées pendant quelque tems dans l'eau, mais qui ne produiſirent jamais de branches, ni du côté des racines, ni du côté opoſé. *3° Par les feuilles.*

Les branches qui ſe propagent étant miſes en tere, ont des racines ou n'en ont pas. On les apele aſſez généralement du nom de boutures. *4° Par les branches.*

Celes qui ont des racines prenent plus facilement que les autres. On en diſtingue de 2 ſortes, ſelon le lieu qu'eles ocupent ſur la plante, ſavoir:

1° Les Drajons (*Stolones*, Plin.) ſont des branches enracinées qui tiennent au pié ou au tronc, dont on ne peut les aracher ſans l'éclater. *Drajons.*

2° Les Vives racines (*Vivi radices* Plin.) ou Plants enracinés, qui ſortent d'une racine, mais loin du tronc, de ſorte qu'on peut les enlever avec cete racine, ſans endomajer le tronc. Les Ormes & autres arbres des grands chemins dont les racines ont été écraſées, foulées ou endomajées, produiſent conſidérablement de ces ſortes de branches. *Vives-racines.*

Quant aux branches qui n'ont pas de racines, tout l'art conſiſte à leur en procurer le plutôt qu'il eſt poſſible, & avant que leur partie qui eſt en tere contracte de la pouriture, ſoit aubois, ſoit à l'écorce, ſoit à tous 2, ou bien avant que ſon umidité ou ſève ſoit entièrement deſſechée. C'eſt des diférentes métodes ou précautions qu'on ſuit pour leur

b b iij

procurer des racines, qu'on les diſtinge en 6 ſortes, ſavoir :

Provins. 1º. Nombre de Plantes dont les branches (*Flagella*, Plin.) ſe couchent & rampent ſur la tere, prenent naturelemant des racines, ſans être couvertes de tere, ou le hazard les recoûvrant come il arive au Fraiſier, à la Renoncule, &c. Mais lorſque ces branches ne prenent pas d'eles-mêmes des racines, on leur en procure en les enfonçant dans la terre, & les i retenant par une eſpece de fourche, après avoir doné un coup de canif dans un des nœuds coudés, c'eſt ce qu'on apele faire des provins, ou provigner (*Submerſio*, Plin.) parce que la vigne eſt une des plantes que l'on multiplie plus comunémant de cete manière. On traite quelquefois de même l'œillet, & cepandant on dit qu'on le marcote, ſans doute parce qu'il ne produit pas dè ſarmens.

Markotes. 2º La marcote (*Circumpoſitio*, Plin.) ſe fait, ſoit enpaſſant une branche dans un vaſe, une caiſſe ou un manekin rempli de tere, lorſque la Plante n'a point de branches au bas de la tije ; ſoit en butant la tije lorſqu'ele eſt bien garnie de jeunes branches ou ſurjons (*Surculi*) c. à d. en élevant de la tere de maniere que les ſurjons en ſoient recouverts ſufiſamant pour produire des racines, c'eſt ce qu'on pratique ordinairemant à l'égard de l'œillet.

Lorſqu'on veut avoir beaucoup de markotes d'un arbre de tije, on fait ce que les jardiniers apelent des mères. On coupe avant la ſeve, & fort près de tere le tronc d'un gros arbre qui, au tems de la ſeve, pouſſe quantité de branches dont on bute la naiſſance ainſi que la ſouche à la 2ᵉ anée, c. à d. lorſqu'eles ſont en bois. A la 3ᵉ anée, eles ont produit ſufiſament de racines, & ſont en état d'être ſéparées de la mère, & d'être tranſplantées en pépinière ; ce ſont alors de vrais Drajons artificiels. Une mère bien ménajée peut fournir ainſi tous les 2 ans du plant aſſez abondamant pendant 12 ou 15 ans, & ſes nouveaux jets s'enracinent d'autant plus facilemant, qu'ele ſe trouve dans un lieu plus enfoncé où l'on peut acumuler aſſez de tere pour i entretenir ſufiſamant d'umidité. On hâte la production des racines ſur ces nouveaux jets, en les éclatant ou en les inciſant léjèremant pour ocaſioner des bourlets à l'écorce.

Maillet. 3º Le Maillet (*Malleolus*, Plin. Columell.) conſiſte en une branche de l'anée à laquele on laiſſe 2 chicots du bois de 2 ans, ſaillans des 2 côtés, come un marteau à 2 têtes. On ne pratique guère cete ſorte de bouture qu'à l'égard de la vigne, & même raremant, parce que les chicots de vieux

bois venant à pourir, corompent aussi les racines du bois
de l'anée. Colümele dit qu'on ne laissoit de son téms que 8
pouces de long au sarment destiné à faire le Maillet, lorsque ses bourjons étoient serrés, & qu'on lui donoit jusqu'à
1 pié, lorsqu'ils étoient lâches ; le bout du sarment qu'on
rejetoit come stéril ou inutil, parce qu'il ne produit de grapes qu'entre le 4ᵉ & le 6ᵉ bourjon, s'apeloit *Sagitta*, parce qu'ele imite la branche d'une flèche ; c'est ce qu'on apéle
encore aujourd'hui Courson, à l'égard des branches vigoureu-
ses des Arbres fruitiers qu'on taille très-long, ou qu'on laisse
courir entières pour remplir un vuide ; & on apele Sou-Courson
la partie du sarment de vigne ou d'une branche qui reste sur
l'Arbre après avoir été taillée & racourcie à 3 ou 4 ieux.

4° La Massue ou Crossete, (*Clava, Clavola*. Pallad.)
est une branche de l'anée qu'on éclate de l'Arbre, de manière qu'il reste à son origine ce petit renflement qui i forme
une espéce de bourlet en Massue, ou un coude en forme
de Crossete, d'où ele tire son nom. Cette branche qui doit
avoir environ 1 pié de long, s'enfonce presk'entièremant en
tere, à l'exception de son dernier bourjon ; c'est de son bourlet
que doivent sortir les racines.

5° Pline & les Anciens métoient une distinction, entre
la manière de multiplier les Plantes de branches (*Rami*) &
celle de les multiplier de bouture (*Talea*.) Le Figier, dit-il,
(Hist. Nat. l. 1, c. 17,) vient bien de tele manière qu'on le
plante, excepté de bouture ; mais il réussit mieux de branches ;
le Mirte & le Grenadier pareillemant. On sépare du tronc
une branche entière longue de 3 piés, sur 1 ½ pouce au plus
de diametre ; on en épointe le bout inférieur come celui
d'un pieu, & après avoir disposé auparavant un trou pour ne
pas en endomager l'écorce, ou l'i plonje en entier, ne laissant
au-dessus de tere que le bourjon qui termine la branche,
qu'on recouvre de sablon pour la préserver de l'exsiccation.

En général ; les Plantes qui reprenent facilement des racines, en produisent aussi-bien, au lieu de branches, &
produisent également des branches aulieu de racines, lors-
k'on les met en tere dans une situation renversée, par exemple
les racines ou le gros bout en haut, & les branches ou le petit
bout en bas dans la tere ; alors les bourjons des branches en-
terées périssent, & il sort au-dessous d'eux & des renflemens
qui servent de suport aux feuilles, des racines qui d'abord
prenent une direction come pour gagner l'air, & qui ensuite se recourbent en bas : il en est de même des racines, si
l'on prévient leur desséchement sans les priver de l'air ; eles

produifent des branches qui d'abord tendent un peu vers la
tere, & qui enfuite fe recourbent pour monter vers le ciel :
les nouveles racines font plus groffes que n'étoient les branches qu'eles remplacent, & eles forment fur le petit bout de
la tije des côtes pour la faire groffir davantaje, que le gros
bout qui a été mis en haut ; & les branches nouveles de celu-
ci font plus petites que n'étoient les ancienes. Les branches
dont on fiche les deux extrémités en tere, en les courbant
en portion de cercle, produifent également des racines de ces
2 extrémités, & des branches de la partie qui eft hors de tere.

Bouture. 6° La Bouture propremant dite (*Talea*. Plin.) eft une
jeune branche vigoureufe, d'un bois bien formé, garnie de
bourjons bien conditionés, longue de 2 à 3 piés ; de $\frac{1}{2}$ à $1\frac{1}{2}$
pouce au plus de diametre, & tronkée aux 2 extrémités.

La réuffité des boutures dépend de leur facilité à produire
des racines ; mais cete facilité ne dépend pas de l'abondance
de la moële des branches, come on le penfe vulgairement ;
car l'Oranjer, le Buis, le Saule, l'If, & la Sabine qui en
ont peu, reprenent facilemant de bouture. On remarque qu'eles
en prenent en général plus facilement, lorfqu'on a occafioné
fur leur écorce un bourlet ékivalant à celui de la Croffete ;
il faut donc s'étudier à leur procurer ce bourlet pendant qu'e-
les font encore fur l'Arbre, ce qui fe peut faire ainfi.

Si la branche eft menue, il ne faut pas entailler l'écorce
de crainte de la faire périr ; il fufira de la ferrer fortemant
avec de la ficelle cirée, ou avec un fil de léton recuit : fi
la branche eft trop groffe ou a plus de 1 pouce de diametre,
on i enlevera un aneau d'écorce de la larjeur de 1 ligne ; on
recouvrira le bois de plufieurs tours de fil ciré, & on recouvrira cete incifion où doit fe formet le bourlet, avec de
la tere & de la mouffe affujétie par un réfeau de fifelle, ou
par des drapeaux qu'on mouillera de tems en tems, en la dé-
fandant du foleil & de la grande féchereffe, au moien d'une
envelope ou poupée épaiffe de paille.

Le tems propre à faire cete incifion, eft celui où les Arbres
font prêts à entrer en feve, & à déveloper leurs bourjons.
Le bourlet eft comunément formé 1 an après, vers le mois
de Mars ; cependant il i a certains Arbres où il ne fe forme
bien qu'au bout de 2 ans. Si le bourlet eft charjé de mamelons,
ou même de racines, come il arive quelkefois, on peut couper
les boutures au-deffous du bourlet, pour les metre en tere
fans tarder, & toujours un peu avant le tems où les Arbres
fe difpofent à déveloper leurs bourjons.

Si l'on n'a pu fe procurer de bourlet ni de racines faute

de tems ou autremant, on fera bien de profiter de tout ce qui en peut tenir lieu, en enlevant avec la branche la Croffete qui fe trouve à fon origine, en coupant les petites branches, qui i feront, de manière qu'il refte de chacune un chicot de 1 à 2 lignes, en arachant les bourjons fur la partie qui doit entrer en tere, de manière qu'on ménaje les petites éminences qui les fuportent, & qui fuportoient autrefois le pédicule des feuilles; car ces éminences ont beaucoup de difpofition à produire des racines. Enfin fi les boutures qu'on reçoit n'ont pas été coupées avec toutes ces précautions, il fera bon de faire de petites entailles tranfverfes à l'écorce, avant que de les metre en tere.

Quant à la partie de la bouture qui doit refter à l'air hors de tere, & qui ne doit pas être plus longue que 3 à 4 pouces, on ménaje les boutons & les petites branches, fur-tout aux efpèces qui ont peine à percer l'écorce pour former de nouveaux bourjons, en ne leur en laiffant néanmoins pas plus de 3 à 6; car en pouffant par tous les bourjons, eles confomeroient trop de feve, & épuiferoient la bouture.

Les boutures ainfi choifies & taillées, il s'agit de les empêcher de pourir ou de fe deffécher avant d'avoir produit des racines. Pour les empêcher de pourir, on peut, avant de les metre en tere, enduire leur partie inférieure d'un emplâtre compofé de 1 partie de Térébentine, 1 de cire, & 2 de réfine apelée Poix de Bourgogne. Cela fait, on les met dans une tranchée profonde, au moins de 3 piés, dirijée de l'Eft à l'Oueft que l'on remplit de bone tere franche paffée à la claie, médiocremant umide, & qu'on preffe fufifamant pour les toucher imédiatemant par-tout. Ces boutures ne doivent fortir que de 3 ou 4 pouces au-deffus de tere. Pour les empêcher de fe deffécher, il faut les préferver de l'action imédiate du foleil, & empêcher la tere de fe fendre, en la couvrant à la hauteur des boutures d'une couche de paille ou de mouffe de 3 à 4 pouces d'épaiffeur, placée entr'eles, en i faifant de frékans, mais petits arofemans, en forme de pluies pour les entretenir dans une atmofère umide, enfin en formant du côté du midi un petit mur de paillaffons qu'on enlèvera 15 jours ou 1 mois après, c'eft-à-dire, dès qu'eles auront comencé à déveloper les bourjons, & par confékant à produire des racines. En automne, dans les tems de verglas, on laiffe les paillaffons du côté du Midi, & pendant les gelées on les met du côté du Nord pour les en préferver.

La grefe en général eſt l'union d'une Plante ou d'une portion de Plante ſur une autre, avec laquele ele fait corps &
continue de vivre. On apele du nom de *grefe* la portion
qui s'unit, & *ſujet* la Plante ſur lakele ele s'unit.

Cete manière de multiplier les Plantes ne chanje ni le ſujet, ni la grefe, & par conſékant ne produit pas de nouveles eſpèces. Ele opère ſeulemant la deſtruction de l'une,
qui eſt le *ſujet* pour en dériver tous les ſucs au profit de
l'autre eſpèce qui eſt la grefe qu'on veut continuer à faire
vivre, & à multiplier à ſes dépens, de manière qu'ele i croît
ſous la même forme, & ſouvant avec plus de vigeur qu'ele
auroit pu faire ſur la Plante dont ele a été tiré. Cependant on
a remarké qu'une branche ſéparée d'un Arbre, & grefée ſur
ce même Arbre done des fruits un peu meilleurs qu'auparavant, & qu'on perfectione le fruit d'une grèfe, en l'in-
ſérant ſur un Arbre cultivé plutôt que ſur un ſauvajon, c'eſt
ainſi qu'une même branche de Poirier bon crétien gréfée ſur
un Coignier & ſur un Poirier ſauvajon, done des fruits un
peu diférens ; ceux ſur Coignier ont la peau plus fine, plus
colorée, la chair plus délicate, plus fine & plus ſuculente
que ceux grefés ſur Poirier ſauvajon : d'où il ſuit que le
choix du ſujet n'eſt pas indiférent ; mais ces variétés ne vont
pas au point de chanjer les eſpèces ; car le Prunier Reine-
Claude gréfé ſur le Prunier Damas, ſur l'Amandier & le
Pêcher ne done que la même eſpèce de Prune, quoike la
ſeve de ces 3 Arbres ſoit diférante : par la même raiſon on
a vu un pié de Prunier ſauvajon porter des Pruneles, des
Prunes de Damas, de Monſieur, de Mirabel, & de Reine-
Claude gréfées ſur lui ; un Amandier porter des Amandes,
des Pêches & des Prunes : c'eſt pour cela qu'un Poirier ſauvajon qui ne produit que de petites poires âcres, étant gréfé
d'une branche de Beuré, produit de belles & groſſes Poires
de Beuré ; que cete même branche de Beuré écuſſonée d'une
branche de ſauvajon, ne done que de petites poires âcres,
& ainſi de ſuite : c'eſt encor pour cela qu'un Citron nouve-
lemant noué, gréfé par aproche, par une queue longue
ſeulemant de kelkes lignes, ſur un Oranjer, parvient à ſa maturité ſans participer de l'Orange. Il eſt reçonu faux par l'expériance que le Coignier ſur lequel on a gréfé un Prunier ne
contient qu'un ſeul pépin, come l'avoit dit Lemeri dans les
Mémoires de l'Académie en 1704, & que le Jaſmin blanc
ſur lekel on a gréfé um Jaſmin jaune, produit des fleurs jaunes
ſur les branches qui partent du ſujet au-deſſous de la grèfe,
come Hales l'avoit cru trop léjèrémant. D'où il ſuit que la

grefe, fi ele caufe quelkefois de léjeres variétés, ne va pas au point de chanjer les efpèces; qu'ele contribue au contraire à conferver les particularités qui fe montrent fouvant fur kelkes branches, come des fleurs doubles ou panachées, &c. lefqueles fe perdroient, fi on les laiffoit fur leur pié, & que l'on conferve en coupant ces branches pour les grefer, c'eft-à-dire pour les unir à un Arbre diférant, & capable de les bien nourir.

Cete union fe fait ou naturelemant ou artificièlemant.

On voit tous les jours dans les bois des rejets trop ferrés d'une même fouche d'Arbre, ou des branches qui fe touchent & fe preffent fortemant, s'unir enfin à la longue, leur écorce ne profitant plus à l'endroit de la preffion, & formant tout autour dans chacun une nouvele production de bois & d'écorce par lefquels fe fait la réunion. *Grèfes natureles. Par aproche. Des tijes.*

Beaucoup de feuilles fe grefent par aproche les unes avec les autres dans les bourjons. *Des feuilles.*

On a vu une feuille de Conconbre fe grefer par fon pédicule fur un Conconbre. *De leur Pédicule.*

De même on a vu un jeune Conconbre fe grefer par fon pédicule à un Concombre affez gros. Le Conconbre, le Melon, la Pome, & beaucoup d'autres fruits qui font furmontés par la fleur, fe grefent hors de leur calice pendant qu'ils font encor tendres & erbacés; ceux qui ont le calice fous la fleur, come le Cerifier, le Prunier, l'Abricotier, & quelques autres, fe grefent dans le bouton même de la fleur avant que d'être noués, & s'uniffent par l'épanchemant de leur fubftance parenchymateufe. *Des fruits.*

Cete grefe naturele en aproche, la feule dont la nature nous ait doné l'exemple, a été imitée par l'art dès qu'ele a été aperçue; & ele en a fait tenter 4 de plus, qui ont égalemant bien réuffi, de forte qu'il i a 5 fortes de grefes artificieles; favoir: *Grèfes artificieles.*

1° La grèfe par aproche.
2   en fente.
3   en courone.
4   en écuffon.
5   en flute.

Ces 5 fortes de grefes, qui diférent réelemant par la manière dont eles s'opèrent, & auxqueles il ne feroit pas dificile d'en ajoûter encor 2 ou 3 autres, pouroient fe réduire à 2, en ne faifant atention qu'à la façon dont la nature ajit dans leur union qui ne fe fait que de 2 manières.

1 Par l'aplication latérale de la partie qui eft entre l'écorce & le bois de la grefe, & du fujet: telle eft la grefe en *Leur moien d'union.*

aproche, & cele en fente ; & c'eft de l'exactitude de la rencontre de cet entre-deux que dépend la réuffite de ces grefes.

2° Par l'aplication de l'écorce de l'un fur le bois de l'autre; tele eft la grefe en courone, cele en écuffon, & cele en flute.

Lorfque les grefes en fente & en courone comencent à pouffer, c'eft-à-dire environ 20 jours après l'opération, tous les vuides qui font reftés entre la grefe & le fujet, font remplis de la matière verdâtre, erbacée, grenue & paranchymateufe qui s'eft épanchée d'entre le bois & l'écorce, en formant un bourlet pour recouvrir le deffus de l'aire de la coupe. Le bois de la grefe fe deffeche & meurt fans s'unir au bois du fujet, pendant que l'écorce de la grefe produit fur fon bois defféché des couches ligneufes & corticales qui s'uniffent & s'identifient avec celes que le fujet produit en même tems ; car la grefe en produit come une bouture produit des racines fournies par fa propre fubftance. Enfin les fibres longitudinales du fujet s'inclinent vers la grefe come eles font pour produire des bourjons dans les Arbres étêtés ; & la grefe qui tient la place d'un de ces bourjons naturels pouffe auffi de même.

Dans la grefe à écuffon, l'écorce de l'écuffon produit une couche ligneufe qui n'adère d'abord que par des petits point au bord du fujet, mais qui par la fuite ne fait qu'un corps continu avec lui ; & lorfque la couleur du bois de la grefe eft diférente de cele du fujet, come par ex. dans l'Amandier qui l'a jaune, & dans le Prunier où il eft rouje, on voit clairemant que tous 2 ont contribué à la production des points qui font l'union du bois de la grefe à celui du fujet.

Choix des Grefes. Quant aux parties que l'on grefe, leur choix dépand de l'objet d'agrémant ou d'utilité qu'on fe propofe dans cete opération. On grefe comunémant.

1º Pour avoir des Arbres de belle tije, propres à former des Avenuès & des Verjers.

2° Pour conferver une bele efpèce de fleur. } On les tient ordin. nains.
3º Pour perpétuer des fruits de bone qualité. }

On grefe 3 fortes de parties des Plantes.

1° Un Rameau ou Surjon *Surculus*, come dans les grefes en aproche, en fente & en courone ;

2° Un Bourjon *Gemma*, qui n'eft qu'une branche en petit come dans les grefes en écuffon & en flute ;

3º Un Bouton ou un œil *Oculus*, qui ne done que des fleurs, come dans les grefes en écuffon & en flute ;

4° Des Racines fur des Racines, & il eft probable que la grefe des Branches fur des Racines réuffiroit de même.

Les grefes qu'on deftine à faire des Arbres de haute tije pour des avenues ou pour des fruits de plein-vent, doivent être cueillies sur des branches qui s'élèvent droites ; celes de côté forment raremant de beles tijes. On préfère celes qui font les mieux nouries à l'écorce plus unie, & luifante. Si l'on grefe des branches, Pline & les Anciens confeillent de laiffer à ces branches 1 pouce du bois de 2 ans, & 2 à 3 du bois de l'anée avec 1 ou 2 bourjons. Les modernes préfcrivent la même chofe, mais de leur laiffer 4 bourjons ; fur-tout les plus gros qui font au milieu ou vers l'extrémité de la branche.

Pour faire des demi-vent, ou des Arbuftes en éventail ou en entonoir, la branche doit être longue de 4 à 5 pouces, & gréfée dans une fituation renverfée, felon Pline, afin que les branches s'étendent en larjeur, & non en hauteur. Les modernes ne leur laiffent que 3 bourjons.

Pour faire des Arbres nains à fruit, on choifit des branches à fruit fur des Arbres qui ont déja porté du fruit plutôt que fur des Arbres trop jeunes, dont la plûpart des branches font trop groffes & gourmandes, & ne fe metent que raremant ou trop tard à fruit. Les branches à fruit font comunément plus foibles ou plus menues que les autres : on préfère celes dont les boutons font plus férés. Les boutons du milieu & du bout de la branche font les plus gros, & ne donent que du bois ; ceux du bas de la branche font plus petits, & donent du fruit ; ce font ceux qu'on préfère ; on n'en laiffe que 2. A l'égard des Pêchers c'eft le contrère, on préfère les boutons plus élevés, parce que les plus bas ne produifent rien.

Lorfqu'on grefe des branches, on proportione leur groffeur & cele de leur écorce à cele du fujet, donant les plus groffes aux plus gros fujets ; & lorfque le fujet eft fort menu, on choifit une grefe auffi groffe que lui ; & alors dans la grefe en fante la moëlle du bois & l'écorce de la grefe répondent à celes du fujet : cete pratike réuffit pour les Poiriers & Pomiers ; & c'eft ainfi que les Génois grefent les Jafmins d'Efpagne.

On a remarqué que les branches qu'on deftine à la grefe, en fente, en courone ou en écuffon, s'uniffent mieux au fujet, lorfqu'on les a gardés pendant 15 à 20 jours, que lorfqu'on les tire imédiatemant de l'Arbre pour les greter auffi-tôt, foit qu'alors ils fe font reffuiés d'une umidité fuperflue, foit qu'eles pompent plus avidemant la feve du fujet : quand on veut grefer dans le mois d'Août on fépare de l'Arbre les branches de l'anée deftinées aux grefes, on en tronke l'extrémité, & on coupe fur le champ les feuilles au milieu de la queue ; afin que ces parries qui tranfpirent beaucoup ne leur enlevent pas leur fève; auffi-tôt après on les envelope d'Erbe verte, ou d'un linge umide. Pour les conferver fans qu'eles fe deffechent trop, on les lie en bottes qu'on enterre par le bas de 2 pouces environ, ou qu'on recouvre entièremant de terre ou de fable fec; ou bien on entoure le bas de glaife, & le haut de mouffe qu'on umecte légèrement; ou bien on les tient dans des vafes bas & pleins d'eau qu'on renouvele tous les 8 jours; mais il fuffit de les tenir dans un lieu frais, à l'ombre, & aéré entre deux couches de mouffe léjèrement umectée, dont on ne les tire qu'au momant où l'on veut grefer. Lorfqu'on veut tranfporter au loin ces branches, Pline confeille d'en enfoncer le bas dans une racine charnue, telle que cele de la Rave, du Navet & femblables; d'autres les confervent dans une Pome ou un Conconbre, les envelopant dans de la mouffe umide; d'autres les plonjent dans un pot plein de miel. Avant d'écuffoner, on les lave dans de l'eau claire: ces procédés réuffiffent quelquefois; d'autres fois auffi les écuffons en foufrent.

Les fujets deftinés à faire des Arbres vigoureux de longue durée ou de tije pour des avenues ou pour des vergers de plein vent, doivent être gréfés à 9 ou 10 pouces au-deffus de tere.

Les fujets qu'on veut avoir nains, s'écuffonent à 5 ou 6 pouces au-deffus de tere. On ne grefe jamais plus bas, afin que les grefes ne foient pas recouvertes de tere, ce qui leur feroit pouffer des racines come il arive au bourlet des boutures, & ces racines font périr celes du fauvajon dans les anées umides, & eles périffent elles-mêmes dans les anées feches, à moins qu'on ne les enfonce en tere; pour lors on n'a plus une grefe, mais une vraie bouture qui ne tiendra plus de la qualité naine du fujet fur lequel on l'avoit gréfée, parce que lorfqu'il i a 2 plans de racines, le plan fupérieur s'aproprie tous les fucs.

Les Arbres fruitiers qui pouffent avec trop de vigueur donent peu de fruit, & lorfqu'on veut qu'ils en donent beaucoup, on diminue leur force & l'abondance de leur fève. Pour cela on les grefe fur des Arbres nains, foit qu'ils foient de la même efpèce come le Pomier fur le Pomier Paradis, foit qu'ils foient d'efpèces diférentes come le Poirier fur le Coignier, ou fur le Neflier, ou fur l'Aubépine, ou le Cormier ou l'Alifier, qui font plus nains que le Poirier fauvaje, & qui fe metent plus aifémant à fruit. Ce feroit une découverte utile en jardinaje que de trouver dans l'efpèce des Poiriers un fujet qui fût auffi nain que l'eft le Paradis dans l'efpèce des Pomiers, pour avoir promptemant

beaucoup de beaux fruits : l'Aubépine aproche plus de ce
point que le Coignier, étant plus nain; mais ele ne se plaît
pas dans les tereins fecs; la Poire de livre, & la virgouleufe
gréfées fur ele font un joli demi-vent.

On fait encor des nains de tije en les femant de grènes,
en leur coupant une portion des lobes, en les afoibliffant,
en les tailladant fouvant, en les tranfplantant la racine en
haut, par des grefes faites les unes au-deffus des autres,
ou même en interpofant une branche d'Aubépine, par exemple, ou de Coinier entr'un fujèt & une grefe de Poirier.

Pour que la grefe réuffiffe & s'uniffe au fujet, il faut
qu'il i ait entre l'un & l'autre une Analogie affez parfaite,
& nombre de raports dont les plus effentiels font;

Analogie entre la Grèfe & fon Sujet.

1° Que tous 2 foient au moins de la même Famille, &
fouvent de même Genre, d'Efpèces très-voifines, ou des
Variétés de même efpèce; qu'il i ait une reffemblance fufifante entre le grain de leur bois, leur péfanteur relative,
leur dureté, leur force, leur facilité à fe plier ou à caffer
net; entre la qualité de leurs Sucs gomeux, laiteux ou réfineux, &c; entre leurs Saveurs & Odeurs, infipides, douces,
fuaves, acides, âcres, cauftikes, amères, aromatikes, fétides,
&c. c'eft pour cela que les Plantes fuivantes réuffiffent, favoir;

Le Bigarotier qui, écuffoné au Printems fur le Mérifier,
done au bout de 15 jours une branche longue de 5 à 6 pouces; ce qui prouve leur intime raport.

Le Prunier Reine-Claude fur Amandier, & réciproquemant; mais ils durent peu, & meurent fouvent.

Le Prunier Reine-Claude fur le Pêcher de Noiau qui ne
dure pas long-tems.

Le Prunier Reine-Claude fur le Prunier de Damas.

L'Amandier fur Prunier; mais ils meurent en peu de tems.

Le Pêcher fur Amandier.

        Prunier.

Le Poirier fur Coinier; mais dure peu.

        Néflier.

        Aubépine.

Le Néflier, id.

Le Pomier fut Pomier-Paradis, qui eft le plus nain des fujets, le plus prompt à doner de beau fruit, & le plus fécond, mais qui dure peu.

Le Pavia fur le Maronier d'Inde.

L'Orme à larges feuilles, fur l'Orme à petites feuilles, &c;

2° Il faut que leurs écorces foient de même nature.

3° Que le tems de leur feve, de leur fleutaifon & de
la maturation de leurs fruits foient les mêmes. C'eft fans

doute pour cela feul que le Prunier ne réuffit pas fur l'Amandier ; celui-ci étant plus hatif, fournit à la grefe de Prunier
plus de fucs qu'ele n'en peut pomper & tranfpirer, de-là
nait un dépôt de Gome qui s'i amaffe & qui la fait périr.
Reciproquemant, l'Amandier gréfé fur Prunier, périt par
la raifon contraire ; parce qu'étant plus hatif & plus gourmand
de fucs, il afame le Prunier.

C'eft encore la diférance du tems de la pouffe qui empêche le Cérifier de réuffir fur le Laurier-Cérife, quoiqu'ils
foient de même Genre.

4° Que la végétation foit à-peu-près égale en vigueur dans
le fujet & la grefe.

Le Saule pouffe plus en 1 an, que le Buis en 7 à 8.

Le Poirier confome plus de feve que le Coinier, qui
n'eft qu'une efpèce de Poire velue, ne lui en peut fournir.

Le Pomier eft de même, à l'égard du Pomier-Paradis ;
c'eft pour cela que ces grefes épuifent leur fujet qui périffent
en peu d'anées, à moins qu'ils ne foient plantés dans un terein frais & umide, & qu'on ne diminue la confomation de
la feve en taillant la grefe affez court.

5° Que la grandeur foit à-peu-près la même, ou au moins
proportionée dans la grefe & le fujet ; de là dépend leur
durée autant que de leur égalité dans la force de la végétation.

Le Coinier, qui eft un Arbre nain, vit très-long-tems,
dans les tereins fecs ; mais lorfqu'on grefe fur lui le Poirier,
qui eft un grand Arbre, il fubfifte peu d'anées ; au lieu que
ce même Poirier grefé fur fon Sauvajon qui eft un Arbre
plus grand que le Coinier dure très-long-tems.

On a remarqué que la plûpart des Arbres gréfés, même,
fur leur efpèce, ne durent pas auffi long-tems que ceux qui
ne l'ont pas été. Néanmoins il i en a qui fubfiftent plus
long-tems gréfés, que lorfqu'ils ne le font pas ; c'eft ainfi que
certaines grefes apliquées fur des fujets foibles réfiftent plus
long-tems que fur des fujets plus vigoureux ; mais cela dépend
moins du raport réciproque de la grefe & du fujet, que des
caufes particulieres.

Le Pêcher eft fort délicat, & pouffe plus de brins gour-
mans qu'il n'en peut nourir ; de-là il arive qu'en nos climats
ceux qui font en plein vent font remplis de bois mort ; c'eft
pour cela qu'on les met en Efpalier, & qu'on ne leur laiffe
de bois que ce qu'ils peuvent en nourir. Le Prunier eft un
plus grand Arbre que le Pêcher, & ne pouffe de branches que ce qu'il en peut nourir ; c'eft pour cela que le
Pêcher grefé fur Prunier i conferve tout fon bois : Par la
raifon

raison contraire, le Prunier Reine-Claude gréfé fur un Pêcher de noiau femé dans une tere graffe, done peu de bois,
& beaucoup de bon fruit.

Ce font les autres diférances d'analogie qui empêchent
la réuffite de ces grefes extraordinaires que l'on croit poffibles, & devoir produire des fruits finguliers, fur la foi des
Livres d'agriculture; telles font les fuivantes,

Le Poirier fur Prunier, Chêne, Charme, Orme, Erable, &c.
Le Pêcher fur Noier, Saule, &c.
Le Murier fur Coiñier, Orme, Figier, &c.
La Vigne fur Noier, Cerifier, & nombre d'autres de cette
nature, qui vivent quelkefois 2 à 3 ans, & périffent enfuite.

Lorfque les grètes pouffent avec force, & aquierent en   Soin des
une anée 3 à 4 piés de longueur, & qu'eles font charjées   Grèfes
de larjes feuilles, eles font fujetes au moindre vent ou à la
la pluie, à fe décoler du fujet auquel eles ne tienent que par
une couche ligneufe qui n'a pas encore aquis beaucoup de
folidité : pour prévenir cet accident, on les foutient avec
des échalas ou des baguetes, ou bien en laiffant au Sauvajon
un long chicot qui fert de tuteur, auquel on les lie avec du Jonc.

Les Sujets pouffent fouvant des Jets qu'on retranche lorfque ces Sujets font foibles, ou dont on laiffe 1 ou 2 pour confo-
mer une partie de la Seve, lorfqu'ils font trop vigoureux.

Pour les garantir des Chenilles qui ronjent leurs feuilles,
& des Fourmis qui les endomajent en fuçant la Seve qui
coule autour de leur plaie, il faut entourer la tije du fujet
près de tere avec du vieux oin, ou avec une ceinture larje
de quatre doigts, ou de corde de crin ou de laine imbibée
d'uile, ou répandre au pied de la fiure de bois, ou de la fuie
de cheminée. On fe débaraffe encore des Fourmis en atachant
au Sujet des bouteilles pleines de miel ou d'eau miélée ; lorfque les Fourmis i font entrées, on les fait mourir en trempant
dans l'eau chaude ces bouteilles qu'on remet de nouveau fur
l'Arbre.

La Grefe par aproche eft la plus certaine de toutes les   Grèfe par
grefes, parce que la branche gréfée, tenant encore à fon   aproche.
pié, en tire toujours de la nouriture jufqu'à ce que fon union
avec le fujet foit parfaite.

Elle a encore un avantaje fur les autres, en ce qu'on   Grèfe.
peut gréfer par-là de plus groffes branches, & avoir en moins de
tems des Arbres plus gros. On ne la met guère en ufaje
que pour multiplier des Arbres rares, cultivés en pot ou en
caiffe, & qu'on peut facilemant aprocher du fujet.

Elle ne fe pratique que pendant la Seve, & partiouliere-   Tems.

Opération. mant au Printems, avant que les bourjons soient ouverts.
Il i a 4 façons de grefer par aproche, savoir;

1° En enfourchemant.
2 En entaille.
3 En écusson.
4 En bec de flute.

Enfourche-mant. L'Enfourchemant est la manière la plus simple & la plus usitée. Ele consiste à couper le tronc du Sujet, à le tailler en forme de coin, & à fendre de bas en haut la grefe, c. à d. la tije de l'Arbre qu'on veut multiplier, de façon que les 2 levres de sa fente reçoivent exactemant le coin du Sujet, & que l'entre-2 de leur bois & de leur écorce coïncide. Quand la grefe, qu'on veut multiplier ainsi, a de la disposition à prendre de bouture, on peut la séparer de son Arbre, en ficher le bas en tere, & en grefer le haut sur le Sujet; pour lors, ele prend des racines en bas pendant qu'ele s'unit au Sujet; ou si ele ne prend pas de racines, ele tire de la tere assez de substance pour faire reprendre la grefe plus facilemant avant qu'ele se dessêche.

Entaille. La 2e maniere, presqu'aussi usitée, consiste à étêter le Sujet, en le coupant orizontalemant, & à creuser sur l'angle de cete coupe, jusqu'au centre de la tije, & non au-delà, une entaille triangulaire dans laquele on fait entrer le côté d'une branche de la grefe taillée en coin saillant, de maniere qu'il la remplisse exactemant, & que l'entre-2 de leur écorce & de leur bois coïncident. On les assujetit avec un lien, & on coupe le dessous de la grefe après sa réunion.

Au lieu de faire l'entaille dans le Sujet, on la fait quelquefois dans la grefe, de maniere que la partie supérieure de cete entaille soit coupée orizontalemant, & que l'inférieure le soit obliquemant, pour recevoir la tije du Sujet tronkée en bec de flute; les Anglois apelent cete manière *Shoulder - Grafting.*

Écusson. La 3e maniere, qui n'est plus en usaje, & qu'on emploioit pour la Vigne du tems de Pline qui l'apeloit *Ablactatio,* consiste à enlever un écusson d'écorce & de bois de 2 branches d'Arbres voisins, & à apliquer exactemant l'une sur l'autre ces plaies qui doivent être égales, de maniere que l'entre-2 de leurs écorces coïncident. Lorsque la grefe a repris, si l'on en coupe le tronc, le Sujet nourira 2 têtes diférantes sur une seule tije.

En bec de flute. La 4e manière apelée en bec de flute ou en de plume, *Whip - Grafting* par les Anglois, consiste à couper la tije du sujet en bec de flute, & à l'apliquer exactemant contre une plaie en écusson faite à un Arbre voisin. L'union étant faite on a une tête à 2 troncs & 2 racines. Cete maniere de gréfer par aproche, n'estpas plus en usaje que la 3e, à cause de la dificulté qu'il i a dans l'une & dans l'autre de couper les 2 plaies d'une grandeur assez égale.

La Grefe en fente, *insitio in fissurâ*, ne s'exécute que lorsque l'écorce tient beaucoup au bois, come avant ou après la seve, mais sur-tout avant, dans les mois de Janvier ou de Février en Europe. Elle est peu en usage. *Grefe en fente.* *Tems.*

On la pratique sur des Arbtes de toute grosseur, depuis 1 pouce, jusqu'à 1 pié de diametre, & particulieremant sur ceux à pépins, come Pomiers, Poiriers, Néfliers, &c. *Sujet.*

La grefe est une branche courte, tronkée par les 2 extrémités, & sur laquelle on ne laisse que 2 à 4 bourjons. On rejete toutes celes dont l'écorce se détache du bois. *Grefe.*

On grefe en fente de 3 manieres;

1° En fente propremant dite.
2 En enfourchement.
3 En sillon.

De ces 3 manieres, la 1ere est la plus usitée; mais la meilleure est cele qui fatigue moins le Sujet, come est cele en sillon.

Dans la grefe en fente, on aplique la grefe ou à la naissance des branches ou au haut de la tije, ou plus comunémant au bas de la tije qu'on sie près de tere, dans un endroit où il n'i a point de nœuds; on pare & unit cete coupe avec un couteau tranchant; ensuite on fend cete tije de longueur avec une serpe, si l'Arbre est menu; mais s'il est gros, on force la fente avec un coin emmanché qu'on enfonce à coups de maillet. La fente étant faite, si l'on i aperçoit des filamans de bois, on les coupe avec la serpete, & on pare sur les bords les bavures de l'écorce, afin que la grefe s'i unisse mieux. *Opération.*

Aux Sujets minces, de 1 pouce environ, on ne place que 1 grefe, taillée en bas au-dessous des bourjons en forme de coin, qui conserve son écorce des 2 côtés lorsqu'ele est aussi grosse que le Sujet, en laissant 2 petites retraites au-dessus de la tête du coin: & lorsqu'ele n'est pas aussi grosse que le Sujet, & qu'ele n'en remplit pas exactement toute la fente, ou qu'il n'en peut pas recevoir 2, on le coupe obliquemant en bec de flute du côté oposé à la grefe, afin que la plaie se ferme plutôt ; alors on ne laisse de l'écorce qu'à un des côtés du coin, & on amenuise & rend tranchant l'autre côté, qui doit entrer vers le cœur du Sujet.

Aux Sujets moiens de 2 pouces environ, on en place 2 oposées aux extrémités de la fente, taillées come la précédante, n'aiant de l'écorce qu'à un des côtés du coin.

Aux Sujets gros de 3 à 4 pouces & au-deſſus, il eſt néceſſaire de faire 2 fentes en croix, & d'i metre 4 grefes, afin que la plaie se ferme plus facilemant ; mais ils réuſſiſſent moins bien que les petits.

Pour placer la grefe dans un sujet menu, on écarte ſa fente avec la pointe de la serpete ; & l'on i enfonce la grefe, dont l'écorce doit coïncider avec la siene, de manière qu'ele soit extérieuremant à son niveau, en suposant qu'on l'ait choiſi d'une épaiſſeur égale à la ſiene ; cela fait, on soutient la fente avec un lien d'ofier fendu en 2, & on recouvre la plaie avec un mêlanje de cire & de térébentine. Si le Sujet eſt gros, on entrouvre sa fente avec un coin, & l'on i introduit les grefes, de manière que l'entte-deux de leur écorce & du bois coreſponde à l'entre-deux de l'écorce & du bois du sujet ; alors on retire le coin, & ſi l'on craint que le Sujet par son reſſort ne reſſere trop les grefes, on le laiſſe pour diminuer la trop grande preſſion : enfin on recouvre la fente verticale du Sujet avec un copeau de bois, & l'aire de la coupe avec un mélanje d'argile & de bouze de Vache dont on forme une poupée qu'on aſſujétit avec des drapeaux ou du vieux linje. Les gros Sujets périſſent pour l'ordinaire par l'eau qui s'inſinue dans la fente, lorſqu'on ne l'a pas ménajée, ou qu'on ne l'a pas recouverte aſſez exactemant.

Enfourchemant. La 2ᵉ manière de gréfer en fente, se nome Enfourchemant, lorſqu'au lieu de tailler la grefe en coin, c'eſt à l'extrémité du Sujet qu'on done cete forme ; dans ce cas, c'eſt la grefe qu'on fend, & qui reçoit l'extrémité du Sujet : il faut que tous 2 ſoient de même groſſeur, pour que l'entredeux de leur écorce & du bois coïncident.

En Sillon. La 3ᵉ manière de gréfer en fente, conſiſte à faire ſur la tije du Sujet un ſillon dans lequel on inſere une grefe taillée obliquemant en coin.

Grèfe en courone. La grefe en courone, *inſitio inter corticem & lignum*, n'eſt pas beaucoup en uſaje.

Tems. Elle ne se pratique que dans le tems de la pleïne sève.

Sujet. On la fait principalemant ſur de très-gros Arbres, de 1 pié de diametre & au-deſſus.

On taille le bas des grefes come le bout d'un curedant,
í conſervant un peu de bois & d'écorce, & aiant atention
que l'écorce ne ſe détache pas du bois, come il arive quelkefois dans le tems même qu'on les met en place ; & dans
ce cas il faut les rejeter.

Pour opérer cete grefe, on ſie la tije du ſujet près de tere
come pour la grefe en fente ; enſuite, avec un petit coin
de bois dur, taillé en demi canal, où come le gros bout
d'un curedant, on détache l'écorce du bois ſans l'enlever
& ſans la ſeparer ailleurs que dans les endroits où on veut
placer les grefes, c. à d. à des diſtances de 3 en 3 pouces.
Cela fait, on inſinue les grefes entre l'écorce & le bois,
à la place du petit coin, tout autour de l'Arbre, au nombre de 8 à 12, ou même davantaje : quelkefois on eſt
oblijé de fendre l'écorce en long avec la ſerpete pour les
introduire. La plaie ſe recouvre en poupée come à la grefe
en fente.

Lorſqu'on aplique cete grefe ſur des jeunes ſujets, ſans
en retrancher entièremant toutes les branches, on en fend
l'écorce en forme de T qu'on détache du bois pour inférer
entre 2 la grefe taillée come ci-deſſus ; on l'aſſujetit en liant
l'écorce avec un fil de laine.

La réuſſite de cete grefe dépand de l'aplication exaſte de
la face interne du bois, & ſur-tout des bords de l'écorce
de la grefe ſur le bois du ſujet ; car ce n'eſt pas le bois de
la grefe qui s'unit au bois du ſujet, & il paroît qu'on n'i
en laiſſe dans cete opération que pour lui ſervir de ſoutien,
ou pour empêcher qu'on n'érafle qu'on n'égratigne & écorche
ſon écorce en l'inférant dans le ſujet : on feroit ſans doute
mieux d'enlever tout le bois de la partie inférieure de la
grefe taillée en curedant, puiſque c'eſt l'écorce ſeule qui
fait ſon union avec le bois du ſujet lorſqu'ele le touche imédiatemant.

Ces grefes pouſſent ordinèremant avec une force ſurpre-
nante des jets qu'il faut aſſujétir.

La grefe en écuſſon ou à emporte-piece apelée par Pline
& les anciens *Emplaſtratio* c. à d. grefe en emplâtre, eſt la
plus uſitée aujourd'hui, & on la préfère à toutes les autres
dans les pépinières, pour les raiſons ſuivantes.

1º. Elle ſe fait dans une ſaiſon plus agréable ; elle eſt
plus facile, plus courte, & plus ſûre.

2º Le ſujet i profite davantaje, & prend plus de vigeur.

3º Il eſt moins endomajé, & la plaie ſe recouvre plus
facilemant.

cc iij

4° Si l'écuſſon vient à manquer, le ſujet n'en périt pas, & on peut l'écuſſoner de nouveau ; avantaje qu'on n'a pas dans la greſe en fente, en courone ou en flute, où on étête le ſujet avant que de le greſer.

Elle n'eſt pratikable que dans le tems de la sève, c. à d. tant que l'écorce peut ſe détacher du bois ; mais quoique la sève dure en Europe depuis le mois de Mars juſqu'en Septembre, on n'écuſſone qu'au Printems & en Autone. On choiſit le matin où le ſoir pour éviter le deſſéchemant des écuſſons ; & toujours par un beau tems ; car ils ſont ſujets à périr lorſqu'ils ont été mouillés.

L'écuſſonemant du Printems s'apele à œil pouſſant ou à la pouſſe, parce que le bourjon ou œil de l'écuſſon s'ouvre ſur le champ, & fournit une branche ou une fleur. On l'exécute au 1er momant où le ſujet comence à entrer en sève, ce qu'on reconoît lorſque ſon écorce ſe détache du bois, ou lorſqu'en la fendant on en voit ſuinter la sève ; quand le tems eſt ſec, ces indices ne répondent pas toujours, mais ils ne manquent pas de ſe montrer quelques jours après qu'il a tombé de l'eau. Il i a un inconvéniant à atendre le déclin de la sève du Printems, c. à d. le mois de Juin pour écuſſoner ; car alors la branche erbacée que produit l'écuſſon, n'a pas le tems de devenir ligneuſe avant l'iver : lorſqu'on reçoit des greſes dans une ſaiſon auſſi tardive, il faut les écuſſoner ſur des branches gourmandes qui les hâtent, & les enveloper de mouſſe pendant l'iver pour les préſerver de la gelée.

Pour les fruits à noiau il eſt dangereux que les Arbres aient trop de sève, c'eſt pour cela qu'on les écuſſone comunémant vers la fin de Juin qui eſt le tems du ſolſtice de l'Eté.

L'écuſſonemant de l'Autone s'apele à œil d'ormant, parce que le bourjon ou le bouton reſte fermé pendant tout l'iver, & ne s'ouvre qu'au Printems ſuivant ; il s'exécute entre le 15 Août & le 15 Septembre.

Les greſes, dans tel tems que l'on écuſſone, doivent être levées de deſſus les branches de la dernière pouſſe, avant que les bourjons s'ouvrent. Elles conſiſtent en un morceau d'écorſe à peu-près triangulère qui porte un bouton. Pour lever ce morceau d'écorce de deſſus la jeune branche, on fait ſur cete branche autour d'un bourjon une inciſion triangulère qui pénètre juſqk'au bois ; enſuite, avec le bout, pointu d'un curedant qu'on inſere au-deſſous de l'écorce cernée, on la détache du bois avec ſon bourjon.

Il n'eſt pas auſſi facil de lever ces écuſſons au Printems qu'en Autone, parce que les petites branches des grefes qui ont été détàchées des Arbres depuis pluſieurs mois pour les conſerver, come il a été dit ci-deſſus p. 72, juſk'au moment de gréfer, n'ont pas ordinèremant beaucoup de ſéve. Dans ce cas, on emploie une autre métode : on enleve ſur la branche de la grefe un copeau qui la pénètre à ⅓ de ſon épaiſſeur; enſuite tenant d'une main ce copeau par ſon bourjon, on détache avec la pointe du gréfoir tout le bois qu'il eſt poſſible d'enlever de deſſus l'écorce qui doit en être bien nétoiée & bien unie; cependant lorſke les grefes ont peu de sève il vaut mieux laiſſer dans leur intérieur un peu de bois que d'emporter avec lui le bouton qui eſt le germe de la branche future.

En tel tems qu'on écuſſone, on ne leve les écuſſons qu'au momant où l'on veut gréfer, afin qu'ils n'aient pas le tems de ſe deſſécher à l'air.

Le ſujet ſur lequel on écuſſone doit être jeune de 1 à 2 ans au plus, & à écorce mince, luiſante & bien unie; la grefe réuſſit mal lorſqu'il a l'écorce trop épaiſſe. C'eſt pour cela qu'on n'écuſſone jamais ſur le bois de 2 ans, mais ſeulemant ſur celui de l'anée. L'Amandier eſt ſouvant aſſez fort pour être écuſſoné dès l'anée même qu'on l'a ſemé.

On retranche au ſujet pendant l'iver toutes les branches ſuperflues; car ſi l'on faiſoit ce retranchemant quelkes jours avant l'écuſſonemant, il perdroit ſa ſéve, & par-là ſon écorce ſeroit adérante au bois.

Il i a 2 manières de faire cete grefe, qui ne diſèrent que par le lieu où on la place ſur le ſujet, ou par le choix qu'on fait d'un bourjon ou d'un bouton. Lorſqu'on place l'écuſſon entre 2 bourjons, cela s'apele ſimplemant *écuſſoner*; lorſqu'on la place dans le bourjon, même cela s'apele *inoculer*.

Pour écuſſoner, on fait à ½ pié ou 1 pié au-deſſus de terre, ſur l'écorce du tronc du ſujet entre 2 bourjons, une inciſion en forme de T ou en X, ou même en quaré long, que l'on ne coupe pas par le bas; & après avoir ſoulevé avec l'ongle ou avec le manche du gréfoir cete écorce, on insère l'écuſſon entr'ele & le bois de manière, que ſon bourjon ſorte entre les lèvres de l'inciſion. On aſſujétit le tout avec pluſieurs révolutions de filaſſe; mais ce lien endomage les écuſſons, quand le ſujet groſſit; il vaut mieux les lier avec de l'écorce d'oſier, & mieux encor avec du fil de laine qui ſe prête à ſon gonflemant. Pour les préſerver de la pluie & du deſſéchemant par l'ardeur du ſoleil, on les

Sujet.

Opération.

Ecuſſoner.

C c iv

recouvre d'un cornet de papier qu'on ôte dès qu'ils ont poussé.

Dans l'écussonemant du Printems à la pousse, dès que la grefe est faite, on étête sur le champ le sujet à 1 ou 2 pouces au-dessus de l'écusson; mais il vaut mieux ne l'étêter que 8 jours après, pour la laisser circuler la sève & faciliter par-là l'union de la grefe qui se fait presk'aussitôt au sujet, & qui produit bientôt après une branche. Dans l'écussonemant d'Autone à œil dormant, on n'étête le sujet qu'après l'Iver, afin que l'écusson ne pousse pas avant cete saison un sujet tendre & erbacé qui périroit par le froid ou les gelées.

Inoculer. L'inoculation de la grefe en écusson n'est guère usitée aujourd'hui. On la pratikoit du tems de Pline qui l'apeloit *inoculatio*, parce qu'on plaçoit l'écusson dans le bourjon même qu'on fendoit en 2: on préféroit souvant un œil, c. à d. un bouton à fleurs pour y insérer cete grefe; mais on n'i gagnoit pas davantage que dans l'opération moderne qu'on a préférée pour de bones raisons. On grefoit encor plus souvant des ieux ou boutons à fleurs pour avoir du fruit dans la saison même où l'on avoit gréfé, ce qui étoit toujours une vraie inoculation. Cete métode est très praticable, à l'égard du Pêcher, de l'Amandier, du Prunier, du Cerisier, du Pomier, & autres Arbres fruitiers qui fleurissent avant le dévelopemant des bourjons, parce que come ils ont des boutons à fleurs contigus aux bourjons à branches, on peut conserver des unes & des autres sur chake écusson; mais il faut observer que les boutons à fruit ne réussissent pas, & tombent lorsqu'ils ne sont pas acompagnés d'un bourjon à bois & à feuilles.

Grefe en flute. La grefe en flute ou en sifflet, *Fistula*, n'est guère en usaje.

Tems. On ne la pratike que dans le tems de la sève où l'écorse n'est pas adérante au bois.

Sujet. Le sujet doit être jeune, & de 2 ou 3 ans au plus, & on ne le grefe que sur la pousse de l'anée.

Grefe. On choisit pour grefe une branche de l'anée de même grosseur que le sujet qu'on veut gréfer, on la sépare nétemant de l'Arbre par une section transversale, & après avoir fait à environ 1 pouce de son extrémité coupée une incision circulaire avec la serpete, on en enleve, en la tordant légèremant, un petit tuiau d'écorce garni d'un bouton seulemant.

Opération. On coupe orisontalemant la tije du sujet sur la pousse

ligneuſe de l'anée, & on enléve à ſon éxtrémité un aneau ou
un tuiau d'écorce d'environ 1 pouce de longueur; ou bien,
ce qui revient au même, on fend ſon écorce en 2 ou 3 lanières. On met à la place du tuiau d'écorce enlevé au ſujet,
celus de la grefe qui doit s'apliker exactemant ſur le bois;
mais il n'eſt pas toujours facil de trouver une branche de
même groſſeur que le ſujet; voici come on i remédie. Si
l'aneau cortical de la grefe eſt trop grand pour s'apliker
exactemant au bois du ſujet, on le fend à l'opoſé du bourjon,
& on retranche l'excédent de l'écorſe. Si l'aneau eſt trop
petit, on enleve un petit copeau du bois du ſujet ſans le
ratiſſer, & on place le bourjon de la grefe du côté où on
n'a pas diminué le bois. Si au lieu d'un tuiau d'écorcè, on a
fendu cele du ſujet en lanière, on recouvre la grefe avec ces
lanières, & on met par-deſſus tout un mélanje de cire & de
térébantine. Le bouton de la grefe ne tarde pas à fournir une
branche.

13. *Germination des Plantes.*

Parmi les graines qui levent, il i en a qui demandent à
être ſemées preſqu'auſſi-tôt qu'eles ſont mûres; teles ſont
celes du Café; d'autres conſervent leur faculté germinative
juſqu'à 30 & même 40 ans, teles ſont la plûpart des Légumineuſes, ſur-tout la Sanſitive.

Il paroît que les graines ſe conſervent très-long-tems en-
foncés dans la terre à de grandes profondeurs, car on a
remarqué que des terains, où, de mémoire d'home, on n'a-
voit jamais vu de moutarde, en furent tout couverts lorſqu'on eut creuſé de grands trous. Ce ſeroit ſans doute un
moien de faire reparoître certaines eſpèces de Plantes que
nous regardons come perdues, ou même qui ne ſont jamais venues à la conoiſſance des Botaniſtes, & qui, faute
de cete atention, poûroient paroître dûes à une création
nouvele.

Les Grènes enfouies à ces grandes profondeurs ſont ſans
doute dans le cas de celles qui ne levent pas, ou qui levent
très-raremant ou très-dificilemant dans le vuide, faute d'une
quantîté ſufiſante d'air: les expériances nous aprenent qu'il
i en a qui en exijent une plus grande quantité que d'autres;
car le Pourpier qui ne leve qu'après la Laitue, à l'air libre,
leve avant ele dans le vuide, & toutes 2 meurent ou ne profitent pas, pendant que le Creſſon i végete; enfin elles meurent toutes, les unes plutôt, les autres plus tard, ſoit qu'on
lès laiſſe dans le vuide, ſoit qu'on leur rende comunication

avec l'air libre : le Cerfeuil & le Pourpier ne levent point.

A l'égard de l'espace de tems que metent les graines à lever à l'air libre, il i en a de très-promptes, & qui ne restent pas plus d'un jour à lever ; d'autres i restent des mois
ou des anées entières. Cet espace n'est pas si fixe, qu'il ne
soufre des variations ; il suit exactemant les circonstances des
climats & des tems plus ou moins chauds, plus ou moins
umides, plus ou moins favorables à la végétation, qui les
avancent ou les retardent. J'ai remarqué qu'en général, toutes
choses d'ailleurs égales, le climat du Sénégal les avance de
1 à 3 jours : c'est ainsi que le Melon qui reste au moins
5 jours à lever en France, n'en reste souvant que 4 au Sénégal. Cela dépend uniquement de la some totale des dégrés
de chaleur convenable à la température de chake Plante,
come il sera prouvé à l'article suivant. Voici les résultats de
quelkes observations faites en France sur le tems le plus court
que restent quelkes Plantes potajeres, par leskeles on peut
juger que les plus hâtives sont celes de la famille des Gramens, ensuite les Crucitères, les Légumineuses, les Briones,
les Labiées, les Ombellifères, &c. & que les Jujubiers &
les Rosiers sont celes qu'on conoit jusqu'ici pour les plus
tardives.

Plantes qui levent en 1 jour. Le Millet, le Fromant.

3 ——— Le Bliton, l'Epinar, la Feve,
l'Aricot, le Navet, la Rave,
la Moutarde, la Rokete, &c.

4 ——— La Laitue, l'Anet, &c.

5 ——— Le Cresson, le Melon, le Conconbre, la Calbasse, &c.

6 ——— Le Rèfort, la Poirée.

7 ——— L'Orje.

8 ——— L'Aroche.

9 ——— Pourpié

10 — Le Chou.

30 ——— l'Issope,

40 à 50 j. le Persil.

1 an le Melanpuron ; l'Amandier ;
le Pêcher, le Chatèner, la Pione, le *Ranunculus falca-
tus*, &c.

En 2 ans le Cornouiller, le Rosier, l'Aubépine, le Noisetier Avelinier, &c.

14. *Feuillaison & Efeuillaison.*

Feuillaison.
Toutes les Plantes produisent de nouveles feuilles tous les
ans ; c'est ce qu'on apele la Feuillaison *Foliatio* ; mais toutes

he les renouvelent pas dans le même tems ; la plûpart des Mouſſes par ex. & des Plantes de la Famille des Pins ſe couvrent de feuilles pendant l'iver ; celes de la Famille des Gramens & des Liliacées au Printems ; nombre d'Arbres, ſur-tout étranjers, en Eté ; d'autres Plantes ſont en vigueur principalemant en Autone, come quelkes Champignons, la plûpart des Foujeres, kelkes Mouſſes, &c. Cete diférence markée ſemble indiker que chake eſpèce de Plante a une température qui lui eſt propre, c. à d., qui exije un certain degré de chaleur pour opérer ce dévelopemant.

Cete température n'eſt cependant pas une choſe fixe. Parmi les Pantes de la même eſpèce, il i en a de plus hâtives les unes que les autres ; ſoit que cela dépende de leur propre nature qui en eſt la cauſe la plus ordinaire ; ſoit que cela viene de la chaleur, de l'expoſition ou de la qualité du terein où eles croiſſent ; & en général, parmi les Arbres, les plus petits ou les plus jeunes ſont plus hâtifs que les grands ou les vieux. La feuillaiſon eſt encore avancée ou retardée ſelon que le tems ou la ſaiſon, c. à d. ſelon que le Soleil amène plutôt ou plutard le degré de chaleur convenable à chake eſpèce.

Perſone juſqu'ici n'a conſidéré le tems de la feuillaiſon des Plantes, que come un terme abſolu, qui arive tous les ans, à peu-près, dans le même tems dans chake climat. M. Lin-nnæus eſt le ſeul que je ſache, qui ait doné quelke choſe de ſuivi à ce ſujet. Son deſſein, en publiant (*Amœnit. Acad. vol.* 3, p. 363, *Vernatio arborum*) les obſervations faites pendant les 3 anées conſécutives 1750, 1751, 1752, dans 18 Provinces de la Suéde, entre Upſal par le 60e, & la Laponie par le 70 degré de latitude Boréale, a été unike-mant de faire conoître quels ſont les Arbres qui comencent à ouvrir leurs bourjons, & à déveloper leurs feuilles dans le tems le plus convenable à ſemer l'orje. Le Bouleau lui a paru le plus propre à cete indication, & il en conclut qu'on pouroit trouver dans chake Province de l'Europe des Ar-bres qui ſupléroient au Bouleau pour indiker le tems propre à ſemer les Grains & Légumes. Mais ces obſervations ne répondent pas parfaitemant à cete vue, puiske le Bouleau, ou tout autre Arbre ſemblable, n'indikeroit que le paſſé ou le préſent, & non l'avenir, qui eſt la ſeule choſe qu'il importe au laboureur de ſavoir pour lui doner le tems de préparer ſa tere, & d'y ſemer ſes Grains : d'ailleurs l'eſpèce du Bouleau, come la plûpart des autres Arbres, a des in-dividus qui comencent leur dévelopemant 1 mois plus tard que d'autres ; ſi celui qu'on obſerve eſt iſolé, on ne peut deviner fi c'eft le plus hâtif ou le plus tardif de fon efpèce; autre inconvéniant qui peut doner 1 mois de diférance entre la bone indication; & il paroît que M. Linnæus a négligé de tirer des réfultats moiens entre toutes les obfervations qu'il a publiées come abfolues.

Pour pouvoir conclure quelque chofe de pofitif fur le tems de la feuillaifon de chaque Plante dans chaque climat, & réduire leurs variations aparentes à des régles certaines, il faudroit remplir les 4 objets fuivans, favoir;

1° Suivre les dévelopemans de divers individus de la même efpèce, & tirer un réfultat moien entre les plus hâtifs & les plus tardifs.

2° Obferver la diférance entre les anées le plus hâtives & les plus tardives, noter au termometre les plus chaudes & les plus froides.

3º Tirer des réfultats moiens des dégrés de chaleurs obfervés chaque mois & chaque jour, pendant un nombre d'anées fufifant.

4ᶜ Obferver les jours où il comence à ne plus geler, & ceux où il fait au moins 10 dégrés de chaleur, même pendant la nuit, c. à d., les tems où la végétation comence à faire des progrès, à n'être plus arêtée, à continuer fans interruption pour le climat & pour les efpèces de Plantes qui font l'objet de ces recherches; enfin tirer des réfultats moiens entre les produits extrêmes de chacune de ces obfervations.

Je vais doner 4 Tables de réfultats de celles que j'ai fuivi à ce fujet pendant 10 ans à Paris & de quelqu'autres qui ont été faites à 20 lieues à la ronde où la température ne difère pas fenfiblemant de cele des environs de cete Ville. J'ai eu égard, dans ces réfultats, à la diférance de $1\frac{1}{2}$ à 2 dég. que les obfervations faites au centre de Paris donent de plus que les obfervations corefpondantes faites à la campagne. L'anée 1753 n'eft pas de moi; j'étois alors au Sénégal: ele a été tirée entiéremant, ainfi que les premiers mois de l'anée 1754, des obfervations météorologikes faites par M. Duhamel à Pitiviers dans le Gâtinois, à 20 lieues au S. de Paris.

Ces obfervations & leurs réfultats ne peuvent conclure abfolumant que pour le climat de Paris. Le termometre fur lequel eles ont été faites, eft celui de Reaumur dont le terme o marque la congélation de l'eau, & dont la chaleur de l'eau bouillante eft 100 dég. égaux au-deffus. Les réfultats ne font tirés que fur les dégrés de chaleur, & feulemant fur les plus hauts, obfervés chaque jour à la même heure; c. à d. à midi en Iver, à 1 heure du foir au Printems & en Autone, & entre 2 à 3 heures en Eté : le plus grand froid ou la moindre chaleur de la nuit arive comunémant un peu avant le lever du Soleil en Eté, lorfque le tems eft fec, & quelque tems après fon lever dans les jours umides, & en Autone, en Iver, & au Printems.

1re Table du tems où les Plantes les plus comunes prennent leurs feuilles dans le climat de Paris, par 49 dég. latitude Boréale.

Noms des Plantes.		Dégrés de chaleur où se dévelopent les Plantes.			Terme moien de la chaleur nécessaire à la feuillaison.	Mois moiens auxquels répondent ces chaleurs moienes
		Les plus hâtives	Différances	Les plus tardives.		
Suro noir. Chevrefeuille. Tulipe jaune. Safran.	Pointent leurs feuilles par	110 dég.	170 d.	280 d.	195 d.	16 Fév.
Groseiller épineux. Lila. Aubépine.	Id.	180	185	365	272	1 Mars
Groseiller fans épine. Cerisier Putier. Fusain. Suro rouje. Troêne. Cochène Sorbus aucuparia. Rosier.	Id.	202	200	402	302	5
Saule. Aune. Obier. Opulus. Boulo. Coudrier. Cerisier. Pomier.	Décalotent leurs Bourjons, & feuillent.	224	204	420	317	7
Tilleul. Maronier. Ippokaftanon. Erable rouje. Orme. Charme.	Décalotent leurs Bourjons.	224	236	460	340	10
L'Amandier pointe ses feuilles.		280 dég.	220 d.	500 d.	390 d.	18 Mar
Poirier. Prunier. Abricotier. Pêcher plein vent. Et la 1re verdure générale du Maronier & Tilleul.	Feuillent.	300	215	515	415	10

Noms des Plantes.		Dégrés de chaleur où se dévelopent les Plantes.			Terme moien de la chaleur nécessaire à la feuillaison.	Mois moiens auxquels répondent ces chaleurs moienes.
		Les plus hâtives.	Diférances.	Les plus tardives.		
Prunelier. Nerprun. *Ramnus Catartik.* Bourjène. *Frangula.*	Feuillent.	408	208	600	504	1 Avril
Etre. Peuplier Tremble. Erable plane. *Cratægus fol. rot. dentato.*	Id.	456	204	660	558	5
Charme. Orme. Vigne. Figier. Noier. Frêne.	Id.	660	200	800	760	20
Chêne.	Id.	816	164	990	908	1 Mai
Asperje pointe.		600	600	1,650	1,125	15

2e Table des dégrés de froid & de chaud observés pendant 10 ans autour de Paris.

Mois.	1753. Fr.	1753. Ch.	1754. Fr.	1754. Ch.	1755. Fr.	1755. Ch.	1756. Fr.	1756. Ch.	1757. Fr.	1757. Ch.	1758. Fr.	1758. Ch.	1759. Fr.	1759. Ch.	1760. Fr.	1760. Ch.	1761. Fr.	1761. Ch.	1762. Fr.	1762. Ch.
Janvier	112.	37	48.	77	73.	47	7.	177	66.	64	51.	100		152	71.	81	39.	88	9.	162
Février	17.	141	65.	07	36.	101	4.	146	25.	151	6.	130		190	16.	125	1.	177	8.	126
Mars		279	43.	143	1.	226	1.	249	10.	211	5.	270		255	2.	237		306	12.	158
Avril		309	2.	321		497		305		382		332		381		411		349		417
Mai		472		506		452		445		450		581		509		502		522		555
Juin		615		526		645		508		559		607		568		577		562		575
Juillet		597		561		597		584		741		533		733		639		641		607
Août		551		637		558		586		604		627		618		600		655		617
Septembre		543		635		485		447		470		462		539		544		522		517
Octobre		363		432	4	339		350		291		305		471		364		335		348
Novembre	6.	137	7.	208	9	187	2	125	2	262	15	171	24	133		221	4	163	6.	145
Décembre	14.	159	30	124	9	144	40	55	23	105	11	104	32	67		178	8	97	69.	30
Totaux.	4,193		4,277		4,278		3,973		4,299		4,222		4,616		4,479		4,417		4,295	

3ᵉ Table des dégrés moiens de chaleur méridïene pour chaque mois & chaque jour dans le climat de Paris.

Extrêmes de la chaleur de chaque mois en 10 ans			Chaleur moiene de chaque mois	Diférance de chaque mois moien à son précédant	Totaux des mois moiens avec leurs précédens	Chaleur moiene de chaque jour
Chaleur la moindre	Difé-rance	Chaleur la plus grande				
Janvier	27 d.	150 d.	177 d.	102 d.	23 ou $\frac{1}{5}$ de plus	102	3 d.$\frac{9}{31}$
Février	101	108	209	155	69 ou $\frac{1}{2}$	257	5
Mars	143	163	306	224 $\frac{1}{2}$	177 ou $\frac{1}{2}$	401 $\frac{1}{2}$	7
Avril	305	192	497	401	107 ou $\frac{1}{4}$	882 $\frac{1}{2}$	13
Mai	435	146	581	508	68 ou $\frac{1}{7}$	1,390 $\frac{1}{2}$	16
Juin	508	137	645	576 $\frac{1}{2}$	61 ou $\frac{1}{9}$	1,967	19
Juillet	533	208	741	637	31 ou $\frac{1}{21}$ de moins	2,604	20
Août	558	97	655	606 $\frac{1}{2}$	65 ou $\frac{1}{10}$	3,210 $\frac{1}{2}$	19
Septembre	447	188	635	541	160 ou $\frac{1}{4}$	3,751 $\frac{1}{2}$	18
Octobre	291	180	471	381	188 ou $\frac{1}{2}$	4,132 $\frac{1}{2}$	12
Novembre	125	137	262	193 $\frac{1}{2}$	89 ou $\frac{1}{2}$	4,326	6
Décembre	30	148	178	104	2 ou $\frac{1}{50}$	4,430	3
TOTAL	3,503	1,854	5,357	4,430			

4ᵉ Table des jours où il comence & cesse de ne plus geler, & de faire au moins 10 dégrés de chaleur, même pendant la nuit au Printems & en Autone dans le climat de Paris.

Années	Jours où les gelées		Jours où 10 dég. de chaleur	
	Ont cessé au Printems	Ont comencé en Autone	Ont comencé au Printems	Ont cessé en Autone
1753	1 Mars	7 Novembre	24 Mai	28 Septembre
1754	2 Avril	27 Novembre	11 Mai	2 Septembre
1755	3 Mars	28 Octobre	24 Mai	7 Septembre
1756	17 Avril	9 Novembre	11 Juin	24 Septembre
1757	12 Mars	30 Octobre	8 Mai	30 Août
1758	14 Avril	17 Novembre	5 Juin	30 Septembre
1759	21 Février	3 Nov.	3 Juin	20 Septembre
1760	19 Mars	19 Nov.	30 Mai	4 Octobre
1761	12 Février	24 Octobre	24 Mai	19 Septembre
1762	24 Mars	18 Oct.	1 Juin	11 Septembre
Année moiene; qui répond à	12 Mars / 355 d.	7 Novembre / 198 d.	25 Mai / 1,300 d.	17 Septembre / 3,527

Le dévelopemant des Plantes vivaces Printanières se fait avec une some totale de dégrés de chaleur , moindre dans les anées hâtives que dans les anées tardives ; ce qui semble venir de ce que la tere n'aiant pas été gelée pendant l'Iver de ces anées , fournit à-peu-près autant de degrés

de chaleur que l'Atmosfère , c. à d. depuis 3 jusqu'à 7 dég. qui sont la chaleur moiene des mois de Janvier , Février & Mars , où il gele comunémant , & les seuls , où , par cete raison , la chaleur restante de l'anée précédente dans la tere , puisse avoir lieu , & se manifester sensiblemant dans la végétation. Cete diférence est assez parfaitemant égale à cele qu'on observe entre les individus les plus hâtifs , & entre les plus tardifs de la même espèce de Plante dans la même anée : c'est pour cete raison qu'ele fait une compensation exacte de la soustraction qu'il faudroit faire , sans cela , des degrés de froid arivés aux anées tardives. Enfin les résultats de près de 15 anées d'observations m'ont apris que , toutes choses égales , le nombre des dégrés de chaleur qu'il faut pour opérer le dévelopemant des feuilles , des fleurs & des fruits d'une Plante est le même , soit que l'anée soit hative , soit qu'ele soit tardive , il n'i a de diférance que dans la répartition des dégrés de chaleur qui convienent à la température propre à chake individu ; & c'est-là ce qui cause la variation du tems , où une même Plante dévelope ses feuilles & ses fleurs chake anée. Ces 2 causes réunies établissent entre les individus qui se dévelopent le plutôt dans les anées les plus hâtives , & entre les plus tardifs dans les anées les plus tardives , une diférence de 170 à 230 dégrés , au moins depuis le mois de Janvier jusqu'au mois de Mai. Cete diférence répond à 1 mois ou 30 jours environ de chaleur moiene du climat de Paris , pour les Plantes qui se dévelopent en Février ou Mars ; elle répond à 15 jours du mois d'Avril , & à 10 jours du mois de Mai : de sorte que la feuillaison , par exemple , n'arivera au terme moien que j'ai fixé dans la Table 1 que dans les anées moiens , tandis que dans les anées hatives ou dans les anées tardives ele arivera 15 jours plutôt ou plutard que ce terme dans le mois de Mars , 8 jours en Avril , & 5 seulemant en Mai.

Il résulte de la Table 2 , que la chaleur de l'anée moiene , entre la plus froide (1756) des 10 anées d'observation qui a doné 3, 973 dégrés , & la plus chaude (1759) qui a doné 4 , 616 dég. est de 4 , 294 dég. & consékamant les

anées 1757 & 1762 , ont été des anées moienes. L'anée la plus chaude a donc surpassé la plus froide de 643 dég.

c.

t. à d. de ½. & un peu plus. Il eſt inútile d'avoir égard aux dégrés de froid que j'ai mis à côté des dégrés de chaud, puiſke la végétation ne va que par les dégrés de chaleur; mais ſi l'on veut en faire uſaje pour quelkes circonſtances de la végétation, il ſera plus exact de compter les dégrés des mois de Novembre & Décembre de l'anée précédante, avec ceux de Janvier, Février & Mars, afin qu'ils ne ſoient pas partajés : leur ſome totale compoſée des extrêmes des Ivers les moins froids, come 1756 de 34 dég. & des plus froids come 1763 de 229 dég. ira à 263 dég. dont la 131.½ n'eſt guère plus grande que la chaleur moiene de l'un des mois les moins chauds de l'Iver, come Décembre & Janvier, & done encore 1 mois de diférance entre les Plantes les plus hâtives & les plus tardives qui végètent dans cete ſaiſon.

On voit encore par cete Table que ce ne ſont pas les anées les plus chaudes qui ſont les plus hâtives; car l'anée 1756, qui a été en total la plus froide des 10 anées d'Obſervation vers ſon milieu & ſa fin, a été des plus hâtive, par cela ſeul qu'ele a été très-chaude dans ſon commencemant.

La Table 3 fait voir dans les colones 2 & 4 les extrêmes des chaleurs de chake mois pendant 10 ans, dont les ſomes totales 3,503 dég. & 5,357, donent pour la ſome moiene 4,430 dég. égale à la ſome totale des dégrés de chaleurs moienes markées dans la Colone 5. La Colone 3 done la diférence qui eſt entre le mois le moins chaud, & entre le mois le plus chaud de 10 anées, diférence qui va de 97 à 208 dég. dont le milieu eſt 152. La Colone 6 expoſe la diférancé qu'il i a entre la chaleur moiene d'un mois & cele de ſon précédant, diférance qui eſt additive, c. à. d. qui va en augmentant depuis le mois de Janvier juſqu'en Juillet incluſivemant, & qui eſt ſouſtractive, ou qui va en diminuant depuis le mois d'Août juſqu'en Janvier ſuivant incluſivemant.

La Colone 7 done les Totaux ou Additions des dégrés de température moiene de chaque mois.

En diviſant par le nombre des jours du mois la température moiene expoſée pour chacun dans la Colone 5, on a le nombre des dégrés de température moiene d'un jour dans chacun de ces mois. Ces dégrés ſont markés dans la Colone 8. La diférance qui eſt entre le jour moien le moins chaud 3 dég. ½/½ en Janvier, & entre le plus chaud de 20 dég.

3ᵉ Table. Température moiene de chacun des 11 mois.

Température moiene des jours de chaque mois.

d d

$\frac{14}{14}$ en Juillet, eft de $\frac{1}{3}$ & un peu plus ; ce qui s'acorde avec la diférence entre l'anée la moins chaude comparée à la plus chaude des 10 anées d'Obſervation, & avec les réſultats fournis par le calcul des 2 cauſes générales & conſtantes de la chaleur, ſavoir la hauteur du Soleil, & la longueur des jours : car le ſinus de la hauteur méridiene du Soleil au ſolſtice d'Iver étant au ſinus de ſa haut. méridiene au ſolſtice d'été, come 1 à 3, & la longueur des jours, ou ce qui eſt la même choſe, la propriété qu'a la tere de conſerver des dégrés de chaleur comuniqués par le Soleil, & de les ajoûter à ceux qu'ele en reçoit, étant une fois moindre au ſolſtice d'Iver qu'au ſolſtice d'Eté, c. à d. dans le raport de 1 à 2 ; ces 2 nombres multipliés l'un par l'autre donent le raport de 1 à 6 entre la chaleur moiene méridiene de l'Iver & cele de l'été.

5e Table.   La végétation de la plûpart des Arbres Printaniers ne comence & ne continue dans le climat de Paris, que lorſke la température eſt au 10 dégré & au-deſſus, & ele s'arête tout-à-coup dès que la chaleur deſcend à ce terme, ou tant ſoit peu au-deſſous, & qu'ele s'i fixe pendant quelke tems. *Température du Maronier & du Tilleul.* Cela fut très-ſenſible en l'anée 1756, où les Maroniers & les Tilleuls qui avoient décaloté & dévelopé 2 à 4 de leurs feuilles dès le 1er Mars, s'arêtèrent tout-à-coup par une température qui ſe ſoutint entre 3 & 6 dég. à midi, pendant 6 ſemaines ; leur dévelopemant reſta dans cet état d'inaction juſqu'au 15 Avril, où le Termometre comença à monter à 11 & 12 dég. pendant pluſieurs jours de ſuite : la même choſe arive dans toutes les anées hâtives, où le dévelopemant des feuilles eſt ſuivi en Mars ou Avril d'une température qui deſcend au-deſſous de 10 dég. à midi ; & il paroît aſſez prouver par-là, que le Maronier & le Tilleul éxijent une température qui paſſe un peu 10 dég., come ſeroit, par exemple 11 dég. qui établit le tems moien de leur dévelopemant ou leur 1ere pointe de verdure au 20 Mars, anée moiene.

Et à cet égard, on peut remarquer qu'en général le nombre des dég. de chaleur journalière auquel chake eſpèce de Plante ne végète pas, ou ceſſe de végéter lorſqu'ele a une fois comencé, eſt le dégré moien journalier du mois où ele comence à végéter : ce dég. eſt 10 à 11 pour le Maronier, parce qu'il comence à végéter vers le 15 Mars qui done 10 dég. pour moien terme entre les 7 dég. de Mars, & les 13 dég. d'Avril ; ainſi en ne comptant que les dég. de chaleur qui excedent 7 dég. terme moien de Mars, on vera qu'il ne faut que 24 à 30 dég. au-deſſus de ce terme pour opérer le 1er dévelopemant des 1eres Feuilles du Maronier.

Le Fromant ne végète pareillemant que lorſqu'il fait pluſieurs jours de ſuite de 8 à 10 dég. L'Orje, l'Avene & la plûpart des Blés apelés Mars ſont dans le même cas.

Il i a, come nous l'avons dit, d'autres Plantes qui ont beſoin d'une plus grande chaleur pour véjéter, tels ſont le Chêne parmi les Arbres de notre climat, & les Plantes des Tropikes qui ne ſe dévelopent que dans le mois de Mai, ou dans notre Eté. D'autres n'ont pas beſoin de tant de chaleur, & véjètent à cele qui s'étend entre le terme o de la congélation & le 6 ou 7 dég.

C'eſt pour cela que nous avons doné la Table 4 qui expoſe dans les 3 1eres Colones les extrêmes de 10 anées d'Obſervations ſur les chaleurs des jours où il comence à ne plus geler la nuit au Printems, & de ceux où il recomence à jeler en Autonone; les 2 dernières Colones donent de même les extrêmes des jours où il a comencé à faire plus de 10 dég. de chaleur la nuit au Printems, & de ceux où il a ceſſé de faire ces 10 dég. pareillemant pendant la nuit en Autone: enfin on a mis au-deſſous de chaque Colone les termes moiens de ces jours, & au-deſſous de ceux-ci le nombre des dég. de chaleur auxquels ils coreſpondent.

Quoiqu'il i ait dans le climat de Paris des anées teles que 1755, 1758, 1760, & 1761, où il arive des nuits plus froides que 10 dég. par exemple, de 8 à 9 dég. en Juin, Juillet & Août qui ſont les 3 mois les plus chauds de l'anée; cependant, come ces froids ne ſe font ſentir que raremant & ſeulemant 1 ou 2 fois dans ces mois, ſans continuer & ſans interompre ſenſiblemant la végétation, on n'i a point eu égard, ne faiſant atention qu'au réſultat de l'enſemble des Obſervations.

On peut tirer de ces Obſervations & des 4 Tables précédantes divers avantajes relatifs à la culture des Plantes qui pouroient réuſſir dans le climat de Paris.

Le 1er de ces avantajes conſiſte à prévoir ſi le Printems ſera hâtif ou tardif, ce que l'on ſaura facilemant en obſervant au Termometre les dég. de chaleur qu'il fait chake jour, & comparant les réſultats du mois de Janvier, & de celui de Février, s'il eſt néceſſaire; ſi leur ſome totale ſurpaſſe cele qui eſt markée dans la 7e Colone de la Table 3, le Printems ſera hâtif; ſi ele eſt égale, il ſera come dans les anées moienes; ſi ele eſt moindre, il ſera tardif.

ꝺ ꝺ ij

[Marginal notes:]

Température du Fromant de l'Orje, de l'Avène.

Du Chêne, &c.

Nuits à la congélation de l'eau.

Nuits à 10 dég. de chaleur.

Utilité de ces Obſervations.

1° Pour prévoir les Printems hâtifs.

94

La raiſon contraire fournira un argumènt ſur l'aproche de l'Iver.

2° La feuil-laiſon.

On poura encore prévoir auſſi préciſémant qu'il eſt poſſible, c. à d. 15 jours d'avance en Février & Mars, 8 jours en Avril, & 5 jours en Mai, le momant où doivent ſe développer les feuilles des Plantes indikées dans la Table 1ere. Pour cela il ſufit de prendre la ſome de tous les dég. de chaleur obſervée au Termometre depuis le mois de Janvier, ſouſtraire cete ſome de cele de la température moiene de chake Plante dans la 6e Colone, & diviſer l'excédant par le nombre des dégrés qui markent la chaleur moiene du mois où ſe fait le dévelopemant qu'on cherche; le produit de cete diviſion exprimera le nombre des jours où comencera la feuillaiſon, en aiant égard à la diférance qui eſt indikée entre les individus les plus hâtifs & les plus tardifs.

3° La fleu-raiſon.

Par le même moien, on ſaura le tems de la fleuraiſon, en conſultant la Table de l'article 15.

4° La maturation des fruits.

On ſaura encore, ſur le même principe, avec la Table de l'article 16, en quel tems arivera la maturation des grains & des fruits; & l'on poura même par le tems où la fleuraiſon ſera arivée, conjecturer aſſez plauſiblemant ſur le ſuccès de la récolte prochaine, ſur-tout à l'égard des Plantes anueles, teles que la plûpart des grains qui, come l'Orje & le Fromant, mûriſſent 1 à 2 mois après la fleuraiſon, & dans les mois de Juillet & Août où les chaleurs vont en augmentant. Pour celes qui mûriſſent dans les mois de Septembre & Octobre, où la chaleur va en diminuant, on ne peut eſpérer d'avoir la même préciſion, parce que le terme moien qu'on tireroit des extrêmes d'Obſervation, metroit leur maturation moiene ſouvant 15 jours plus hâtive qu'ele ne l'eſt par expérience; c'eſt à quoi nous avons remédié dans la Table de l'article 15 & 16, en metant à la fleuraiſon du Safran, & à la maturation des fruits du Raiſin & de la figue, le vrai jour moien fourni par les Obſervations.

5° Le tems de ſemer le Grains.

Pour ſavoir en quel tems il faut ſemer les Plantes dont on conoit la température, teles que les grains, & la plûpart des Plantes potajères qui exijent 8 à 10 dég. de chaleur pour entrer en végétation, on conſultera la Table 4, dont les 3 1eres Colones indikent qu'eles ne doivent pas être ſemées plutôt que le 12 Mars, tems moien, dans le climat de Paris : la 2e Colone de la même Table indike que les grains qui doivent paſſer l'Iver en tere, come le Ségle, le Fromant, & c. ne doivent pas être ſemés plus tard que le 7 Nofembre ; tems où la tere començant à fe geler pour plufieurs mois, ils ne pouroient plus germer. Cet intervale entre le 7 Novembre & le 12 Mars eft de 126 jours, ou de 4 mois & 5 jours, pendant lefquels il fait un froid continuel au moins de o dég. pendant les nuits.

Le refte de l'anée eft de 240 jours ou 7 mois & 25 jours, où il fait au moins ½ dég. de chaleur au-deffus de la congélation de l'eau dans le tems le plus froid de la nuit, & où l'on peut abfolumant femer les Plantes, chacune, felon le dég. de chaleur qui lui convient. Les nuits de o à 10 dég. entre le 12 Mars & le 25 Mai, qui font 74 jours, & entre le 17 Septembre & le 7 Novembre qui font 51 jours, font ces nuits apelées comunémant nuits de fer, *Noctes ferreæ*, non feulement parce qu'eles nuifent à la végétation de quelkes Plantes des climats froids, mais encore, parce qu'eles font périr la plûpárt des Plantes anueles des Païs chauds, & même quelkes-unes des plus comunes de notre climat, dont il fera queftion à l'article 19.

Par les 2 dernières Colones de la même Table 4, on voit qu'il n'i a à Paris entre le 25 Mai & le 17 Septembre que 112 jours de fuite ou 3 mois ½ de tems moien où il faffe au moins 10 dég. de chaleur la nuit, c. à d. pendant lefquels la végétation puiffe continuer fans interruption pour la plûpart de nos Plantes potajères, & des grains en queftion. Ces 112 jours qui donent chacun depuis 16 dég. jufqu'à 20 dég. de chaleur méridiene, rendent en total à Paris 2,000 d. moiens, ou 1,000 dég. au-deffus de 10.

Ainfi en fupofant que tous les individus d'une même efpèce de graine qu'on feme, ne foient pas plus tardifs les uns que les autres, on peut conclure de ces deux réfultats, que toute Plante qui comence à végéter à 10 dég. de chaleur, & qui ne vit ou ne refte fur tere que 112 jours, ou plus exactemant qui parvient à maturité en 112 jours qui donent 2,000 dég. de chaleur méridiene, peut réuffir dans le climat de Paris, étant femée entre le 12 Mars & le 25 Mai, pourvu qu'on ait atention à la diférance des 10 jours qui, come nous l'avons dit, eft entre les anées les plus hâtives & les plus tardives pour le mois de Mai.

C'eft fans doute un grand point que d'avoir pu trouver un moien fûr de déterminer le tems le plus favorable pour femer les Plantes qui nous font le plus utiles ; mais pour tirer tout l'avantaje poffible des 4 Tables précédantes, il nous refte bien des chofes à favoir & à ob-

Moien de rendre ces Obfervations plus utiles.

d d iij

lerver fur ce fujet qui doit intéreffer également tous les peuples par l'avantaje qui réfulteroit de la conoiffance de la
température propre à chaque efpèce de Plante, de la durée
de fa vie, c. à d. du tems qu'ele refte fur tere, ou mieux
encore, combien il faut de dég. de chaleur pour la conduire
à maturité, depuis le momant où ele comence à germer; car
c'eft peu de chofe que de favoir le nombre de jours qu'une
Plante refte fur tere dans un climat diférant de celui où on veut
la cultiver, puiske l'expérience nous aprend que cele qui a
befoin de 200 dég. de chaleur, par ex. pour germer, ne
leve qu'en 20 jours dans un climat qui ne done que 10 dég.
de chaleur journalière, tandis qu'ele leve en 10 jours dans
un climat plus chaud, qui done 20 dég. de chaleur moiene par
jour. C'eft pour cete feule raifon que nombre de Plantes annueles vivent plus long-tems que d'autres, & que la même Plante
vit 2 ou 3 fois plus long-tems en France qu'au Sénégal.
Voilà ce me femble la folution de cete dificulté propofée par
M. Linnæus, pourquoi l'Orje refte 160 ou même 163 jours
en tere en Weftmanie & en Laponie, tandis qu'il n'en
refte que 72 en Scanie, où les jours ne font pas plus longs
qu'en Laponie.

Le point le plus important feroit donc de favoir combien
il faut de dégrés de chaleur pour conduire à parfaite maturité chacune des Plantes les plus utiles, & d'un ufaje
plus général & journalier dans chake climat, foit pour la nouriture, foit pour les autres befoins de la vie. Pour cet éfet,
il feroit néceffaire que l'on eût des réfultats d'Obfervations
relatives aux objèts des 4 Tables précédentes, faites fous le
même méridien de 10 en 10 dégrés, depuis le Pole N jufques
aux Tropikes, ou jufqu'à l'Equateur. Il n'eft pas douteux
que de femblables Obfervations nous fourniroient des conclufions précifes fur le tems le plus convenable à femer
chake efpèce de Plante félon fon naturel & fon tempéra-
mant, & nous doneroient des vues fur la culture des Plantes
des Tropikes de courte durée, que l'on pouroit introduire
avec avantaje dans nos climats; enfin par leur moien, les cultivateurs auroient un guide fûr, au lieu des conjectures aux-
quélles les plus intelligens & les plus atentifs font forcés de
fe livrer. 10 Anées d'Obfervations fufifent abfolumant pour
fournir des réfultats moiens affez bons; mais il n'eft pas douteux que 20 à 30 anées auroient doné quelke chofe de
plus précis que ceux que je publie aujourd'hui. Nous n'avons
encore aucunes expériences tentées fous ces divers points

ſa vue ; ſur un ſujet auſſi intéreſſant pour l'agriculture ; eles
ne peuvent être bien faites que par des ſavans très-exercés à
obſerver & à bien voir ; & c'eſt d'eux que le Public doit
atendre un ſervice auſſi important à l'humanité.

Par la comparaiſon de ces diverſes obſervations, on pouroit voir facilemant quele eſt la diférance d'un climat à l'autre pour le tems de la végétation, & de combien de jours
il eſt plus hâtif ou plus tardif. Les ſeules que je ſache qui
aient été faites avec quelque raport à cet objèt, ſont celes
de M. Linnæus ; mais come eles ſont bornées à 3 anées, on
n'en peut rien conclure de poſitif. Si cependant on veut en
tirer quelke parti, il en réſultera que la diférance du tems
de la feuillaiſon entre l'anée 1750 qui a été des plus hâtives en Suéde, & entre les 2 ſuivantes 1751 & 1752, eſt
de 36 à 40 jours pour les Plantes qui ſe dévelopent en Mars,
de 18 à 20 pour celes qui ſe dévelopent en Avril, & de
10 à 12 en Mai, diférance qui ſuit la même progreſſion
qu'en France, étant ſeulemant de près de 1/7 plus grande :
or en prenant au milieu entre ces extrêmes pour avoir l'anée
moiene de la feuillaiſon, & en ſuivant les jours où ele a
comencé dans ces 3 anées, & de plus dans les anées 1748 &
1749, à Upſal, il paroît que cete Vile qui eſt par 60 dég.
de latitude, c. à d. de 11 dég. plus N. que Paris, eſt plus
tardive de 1 mois, & même davantaje en Mars, de 20
jours en Avril, & de 10 jours en Mai. On voit encore par
les mêmes Obſervations, que le centre des teres de la Laponie & de la Norvege par 70 dég. de latit. ſont pareillemant 1 mois plus tardives qu'à Upſal ; il n'en eſt pas de même
des teres de Laponie qui bordent la mer ; eles ſont preſqu'auſſi chaudes & auſſi hâtives que cete Vile.

Nous pouvons encore comparer le climat de Suéde à
celui de Paris, par la durée de la vie de l'Orge, & par
le tems où arivent les nuits de fer.

Par les Obſervations faites pendant 6 à 12 ans en divers
endroits de la Suéde, come Upſal, Pitoa, Naſinge dans la
Norvege, Korn dans l'Ile Bahus, ſur le tems que l'Orje
reſte ſur tere depuis le moment où on le ſeme juſqu'à celui de ſa maturité, & où on le recueille, il paroît que cete
Plante vit,

à Upſal par 60 d. de lat. depuis 92 juſqu'à 155 jours, c. à d. 123 j. molens.
à Pitoa 64   79   95   87.
à Naſinge   73   113   93.
à Korn   82   118   100.

Il vit juſqu'à 163 jours en Oſtrobotnie.

Ces réfultats s'acordent affez à ceux que donent les tems moiens pris entre les extrêmes des jours où les femailles & les moiffons ont été faites, come on le vera par la Table fuivante.

Jours où l'Orje fut femé.			Jours où l'Orje fut moiffoné.			
Le plutôt.	Le plus tard.	Jour moien des Semailles.	Le plutôt.	Le plus tard.	Jours moiens des Moiffons.	Vie ou durée moiene de l'Orje.
à Upfal 15 Avril.	6 Mai.	26 Avril.	31 Juillet.	30 Août.	15 Août.	111 jours.
à Pitoa 19 Mai.	4 Juin.	25 Mai.	11 Août.	1 Septemb.	20.	82.
à Nafinge 20 Avril	13 Juin.	16 Mai.	7 Août.	25 Août.	16.	90.
à Korn. 8 Mai.	18 Juin.	27 Mai.	15 Août.	14 Sept.	1 Sept.	96.

Les fomes moienes prifes ainfi entre les femailles les plus hâtives & les plus tardives, & pareillemant entre les moiffons qui les ont fuivies, femblent indiquer par les réfultats de la Colone 8, qu'en prenant pour terme moien des femailles ceux de la Colone 4, on abréjeroit la vie de l'Orje d'autant de jours qu'il i a de diférance entre les réfultats moiens de la Colone 8, & ceux qu'ont doné les termes moiens des Obfervations pures & fimples, fans avoir eu égard au tems moien des femailles ; & il eft probable qu'en femant plus tard, par exemple, vers le 1 ou le 5 Mai à Upfal, on abréjeroit encore fa vie; car M. Linneus cite (dans fon *Philofophia botanica* p. 275) une Obfervation qui ne lui done que 58 jours de durée en Laponie, où il fut femé le 31 Mai 1732, & moiffoné le 28 Juillet.

Si ces dernières Obfervations, qui font extraites de la differtation de M. Linnæus, intitulée *Vernatio arborum*, inférée dans le 3e vol. de fes *Amœnitates Academicæ*, pag. 363, font exactes, il paroîtra fans doute étonant que le climat de la Suéde qui paffe en général pour plus froid que celui de Paris, i mène plus promptemant l'Orje à fa maturité; car à Paris où on le feme fouvent aux 1ers jours de Mars, & où on ne le moiffone que vers la fin de Juillet, il refteroit en tere, au moins 127 jours, en fupofant pour termes moiens, qu'il leve au 15 Mars, & qu'on le moiffone au 20 Juillet. Cela ne femble-t-il pas indiker qu'on le feme trop tot à Paris, & qu'on le recueilleroit égalemant vers le 20 Juillet, en ne le femant que vers les 1ers jours d'Avril ; car il i a entre le 1er Avril & le 20 Juillet 112 jours qui fufifent bien à la vie de l'Orje dans le climat de Paris, puifqu'il n'en faut que 87 dans bien des endroits de la Suéde : il eft vrai qu'en le femant plutôt, & pendant les froids, il doit taler & épier davantaje; ce qui rend la moiffon plus abondante.

Les Obfervations de 6 anées que M. Linnæus a publiées depuis 1746 jufqu'en 1752, & qui donent pour extrêmes le 17 Août & le 1 Novembre dont le moien terme eft le 25 Août, jour où comencent les nuits de fer, *Noctes ferreæ*, en Autone à Upfal, témoignent une diférance de près de 1 mois, ou au moins de 23 jours, entre la température de ce climat & celui de Paris en Autone. Il eft probable que la diférance entre nos nuits de fer, & celes d'Upfal, au Printems doit être beaucoup plus grande, & égaler cele qui eft entre la feuillaifon de ces 2 climats; mais nous ne pouvons rien dire de précis à cet égard, M. Linnæus nous aiant laiffé ignorer à quel dég. du Termometre comencent & finiffent ces nuits de fer dont il a décrit les éfets. Par les nuits de fer.

La plûpart des Plantes des climats tempérés & froids, quitent leurs feuilles tous les ans : c'eft ce qu'on apele Efeuil- laifon *Defoliatio* ou chute des feuilles, qui a fes limites come la feuillaifon; car ele arive plutôt dans des anées que dans d'autres. Il i a 1 mois de diférance en Octobre, & 15 jours en Novembre, foit entre le dépouillemant des individus les plus hâtifs & des plus tardifs de la même efpèce, foit en- tre les anées les plus hâtives & les plus tardives. *Efeuillaifon*

On remarque une grande variété dans la manière dont la plûpart des Plantes quitent leurs feuilles; car

1° Il i en a qui les laiffent tomber toutes à la fois tous les ans;

2° Sur d'autres eles meurent & fe deffechent feulémant en reftant fur l'Arbre fans tomber jufqu'au renouvelemant des feuilles au Printems fuivant. Tels font le Chêne & le Charme; ce qui femble indiker que ces Arbres tienent un peu des Arbres toujours verds, & que leurs feuilles ne pé- riffent que par le froid, & qu'eles ne tombent que par la force de la féve du Printems jointe à l'umidité.

3° D'autres confervent vertes leurs feuilles jufqu'au Prin- tems dans les Ivers doux & fecs, come le Jafmin jaune des bois, le Troêne, le Lila, l'Erable de Crète, &c. & eles ne tombent qu'au momant où il comence à en repouffer de nouveles. Le Figier eft dans ce cas, ainfi que nombre d'autres Arbres entre les Tropikes.

4° D'autres enfin les confervent conftamant toute l'anée; c'eft ce qu'on apele les Arbres toujours verds : ils font plus comuns entre les Tropikes que dans les climats froids ou tempérés. Ce n'eſt pas que ces Arbres ne quitent auſſi leurs feuilles ; mais ils ne laiſſent tomber les ancienes que bien après que les nouveles qu'ils ont produites ont pris leur entier ac-croiſſemant.

Une particularité qui mérite d'être remarquée, c'eſt que l'Arbre toujours verd, gréfé sur un autre, qui quite ses feuil-les, les lui fait conserver ; l'expériance a apris ce fait en gré-fant le Laurier-Ceriſe ſur le Meriſier , & l'Ieuſe ſur le Chêne.

Le Noier eſt un des Arbres qui prenent le plus tard leurs feuilles , & qui les quitent le plus tôt.

La température de l'air a beaucoup de part à l'Eſeuillaiſon. Un Soleil ardant contribue auſſi beaucoup à la hâter ; c'eſt pour cela que dans certains Etés chauds & ſecs les feuilles du Tilleul & du Maronier jauniſſent dès le 1er Septembre , au lieu que, dans d'autres anées, la jauniſſe ne comence qu'au 1er Octobre, mais rien ne contribue davantaje à leur chute que le froid ou l'umidité en Autone , come la ſécherreſſe tend à la retarder ; c'eſt ce qu'on vit en 1759 à Paris , où l'Au-tone qui fut très-ſec, laiſſa ſubſiſter juſqu'au 10 Décembre les feuilles de l'Orme, qui tombent, anée moiene, vers le 25 Novembre. Voici quelkes réſultats moiens que m'ont fourni les Obſervations.

		Quitent leurs feuilles.
Groſeiller blan } Colutea.		le 1 Octobre.
Noier. } Frêne.		15.
Amandier. } Maronier. } Tilleul.		10.
Erable. } Coudrier.	Peuplier noir. } Tremble.	25.
Boula. } Marſo. } Poirier.	Plane. } Robina. } Pomier.	1 Novembre.
Vigne. } Murier. } Figier.	Sumac. } Aralia. Arborea. } Aſperſe.	10.
Orme. } Saule.		25.
Abricotier. } Sūro.		10.

La Fleuraison *Floratio*, & la Défleuraison *Defloratio* peuvent être confidérées fous 2 points de vue diférans, favoir,

1° Relativemant au tems ou à la faifon de l'anée où eles fe font, ce qui s'apele fimplemant Fleuraifon ou Floraifon annuele.

2° Par raport à l'heure du jour où les fleurs s'ouvrent, ce qui s'apele Epanouiffemant, ou Fleuraifon journalière.

Certaines Plantes qui fleuriffent conftamant pendant tele faifon ou tel mois de l'anée dans leur climat chaud ou froid, étant transportées dans d'autres climats où les faifons & la température font diférantes, chanjent le tems de leur Fleuraifon, pour ne doner des fleurs que dans les mois où la température eft analogue à cele qui les fait fleurir dans leur climat natal.

Mais, en général, les Plantes des climats les plus froids, & celes des montagnes fleuriffent au Printems de l'Europe.

Celes des Tropikes, & des climats tempérés, fleuriffent pendant notre Eté.

Les Plantes des climats tempérés, fitués fous le parallele de l'Europe, mais beaucoup à notre Occident, come le Canada, la Virginie, le Miffiffipi, fur-tout celes qui font vivaces, & les anueles qui fe sèment & lèvent d'eles-mêmes, ne fleuriffent qu'en Autone.

Celes des Païs tempérés de l'Emisfère auftral, come du Cap Bonne-Efpérance, fleuriffent pendant notre Iver qui eft leur Eté.

Ce n'eft qu'en fuivant ces diverfes confidérations que nous pouvons entretenir nos jardins toujours fleuris de Plantes vivaces, dont la fleuraifon ne dépend pas de nous, come cele des Plantes anueles que nous pouvons avancer ou retarder en les femant plutôt ou plûtard.

Les fleurs fuivent dans leur épanouiffemant à-peu-près les mêmes loix que les fleuilles dans leur dévelopemant. Voici les réfultats que m'ont fourni 10 anées d'Obfervations aux environs de Paris.

Table du Tems où les Plantes les plus comunes fleurissent dans le climat de Paris.

Noms des Plantes.		Dégrés de chaleur où fleurissent les Plantes.			Terme moien de la chaleur nécessaire à la fleuraison.	Mois moiens auxquels répondent ces chaleurs moienes.
		Les plus hâtives,	Diff-rances	Les plus tardives.		
Peuplier blanc fleurit par		141 dég.	154 d.	195 d.	168 d.	10 Fév.
Garou, Bois jenti, *Mezereon.* Bui. Coudrier, Noisetier. If. Perce-nèje. *Elleboroides.* Ellebore noir.		110	170	280	195	16.
Violete.		180	185	365	272	1 Mars
Garou, Laureole. Alaterne. Cornouiller mâle.	*Epatike.* Safran jaune. Prime vere. Tussilaje. Narcisse, Alo. *Ficaria.* *Ranunculus fragmites.*	214	204	420	137	7.
Orme. Amandier. Groseiller.		160	210	440	350	11.
Prunier. Abricotier. Pêcher plein-vent. Cerisier.		300	215	515	415	20.
Sure. Pomier. Poirier. Frêne. Charme. Boulo. Sabine. Frèzier. Souci de vigne.	Jiroflée jaune. Tulipe jaune. Impériale. Morille.	415	200	615	515	2 Avril.
Lila. Maronier. Noier. Neflier. Coignier. Spirea. Gainier. Pione.		620	210	830	725	18.

Noms des Plantes	Dégrés de chaleur où fleuriffent les Plantes.			Terme moien de la chaleur néceffaire à la fleuraifon.	Mois moiens auxquels répondent ces chaleurs moienes.
	Les plus hâtives,	Différances	Les plus tardives.		
	dég.	d.	d.		
Sain-foin.	1,100	300	1,400	1,200	20 Mai.
Orje.	1,280	250	1,530	1,400	1 Juin.
Blés Mars.					
Segle.					
Orje d'Autone ou Efcourjon.					
Avène.					
Fromant.	1,450	220	1,670	1,560	8.
Tilleul.	1,500	200	1,700	1,600	10.
Oranjer.	1,600	200	1,800	1,700	16.
Vigne.	1,690	240	1,850	1,770	20.
Safran.	3,480	240	3,720	3,620	8 Octobr.

Les diférences entre les individus les plus hâtifs & les plus tardifs à fleurir, font, come l'on voit, à-peu-près les mêmes que pour le dévelopemant de leurs feuilles, c. à d. de 1 mois environ pour celes qui fleuriffent en Février ou Mars, de 15 jours pour celes d'Avril, & 8 jours pour celes de Mai & Juin. Mais cela n'eft affez exact que pour les Arbres & les Plantes vivaces. A l'égard des Plantes anueles, come les Mars, on fent bien, qu'ils ne fleuriffent pas toujours au 1er Juin, mais tantôt plutôt, tantôt plûtard, felon qu'on les a femées plutôt ou plûtard; & il paroit qu'il eft plus avantajeux pour le climat de Paris de les femer de manière qu'ils fleuriffent au 1er Juin, c. à d. entre le 1 & le 15 Avril, fi l'on veut avoir les récoltes les plus certaines.

En Suéde, dont le climat eft à-peu-près de 1 mois plus tardif que celui de Paris, la Chicorée, la Laitue de montagne, les Chardons, la Balfamine *Noli me tangere*, ne fleuriffent qu'après le 21 de Juin, & les Païfans favent come par un Calendrier que le folftice eft paffé, lorfqu'ils voient ces Plantes comencer à fleurir.

De même que toutes les Plantes ne fleuriffent pas dans la même faifon & le même mois, de même auffi toutes celes qui fleuriffent le même jour dans un même lieu, ne s'épanouiffent & ne fe ferment pas à la même heure. Les unes s'ouvrent le matin, telles, que les Laitues & les Labiées : d'autres à midi, telles que les Mauves : les autres le foir ou la nuit après le Soleil couché ; tels font quelques Géranions,

2° Epanouiffemant.

des Chorges, &c. & parmi celes qui s'ouvrent le matin ; il i en a qui se ferment aussi le matin, tandis que d'autres ne se ferment que le soir.

Il i a à cet égard une grande variété. Il paroît que cet épanouissemant est opéré par l'élévation des sucs qui gonflent les vaisseaux de ces fleurs, les force à se redresser & à s'épanouir ; mais cete élévation des sucs est elle-même causée par la chaleur, la lumière & beaucoup d'autres circonstances de l'atmosfère qu'on ne peut soumetre au calcul. Celes que la délicatesse rend trop susceptibles des impressions du Soleil ou de la chaleur, ne s'ouvrent que la nuit ; celes qui ont besoin d'une chaleur médiocre pour faire élever ces sucs, ou dont les sucs ne s'élèvent que le matin ou le soir, ne s'épanouissent qu'alors ; & celes qui ont besoin d'une chaleur plus vive ne s'ouvrent que vers midi. C'est sans doute pour cete raison, que la chaleur de l'air étant plus grande entre les Tropikes qu'ailleurs, les Plantes que l'on transporte de ces climats dans les Païs tempérés ou froids de l'Europe s'i épanouissent beaucoup plus tard : c'est ainsi que telle Plante qui s'ouvre à 6 heures du matin en Eté au Sénégal, ne s'ouvre qu'à 8 ou 9 h. dans la même saison en France, & à 10 heures en Suéde ; cele qui s'ouvre à 8 h. au Sénégal, s'ouvre à 10 h. en France, & à 12 h. en Suéde ; cele qui s'ouvre à 10 h. au Sénégal, ne s'ouvre qu'à 12 h. en France, & ne fleurit pas, ou au moins perd sa corole, & souvant ne fructifie pas en Suéde ; enfin, cele qui s'ouvre à 12 h. ou à 1 ou 2 h. du soir au Sénégal ne fleurit & ne fructifie, ni en France, ni en Suéde : il en est de même de la plûpart des Plantes de nos climats tempérés, transportées au Sénégal.

Ainsi toutes les remarques qu'on pouroit faire à cet égard, ne sont bones que pour le climat où eles ont été faites, & le Tableau que M. Linnæus en a publié sous le nom d'Orlorje Botanike, n'est exact que pour le climat d'Upsal ; il en faudroit faire autant qu'il i a de climats sur la tere, ou au moins de 10 en 10 dégrés qui m'ont paru doner une diférance de 1 heure. Le Tableau que je vais doner ici, est celui de M. Linnæus qui ne difere guère que de 1 heure de celui qu'on pouroit faire pour le climat de Paris. Il distingue en 3 classes les fleurs solaires, c. à d. qui s'épanouissent pendant le jour, savoir 1° les Météorikes ; 2° les Tropikes 3° les Ekinoxiales.

1° Les fleurs Météorikes sont celes dont l'heure de l'épanouiſſemant eſt déranjé par l'état de l'atmoſfére ; & qui ne s'ouvrent pas lorſqu'il eſt nébuleux, ou qui ſe ferment lorſqu'après leur épanouiſſemant il vient à paroître un grand nuaje qui menace de la pluie. C'eſt ainſi que le ſouci du Cap Bonne Eſpérance qui s'ouvre comunémant à 7 h. du matin, & ſe ferme à 4 h. du ſoir dans les jours ſereins, anonce la pluie lorſqu'il ne s'ouvre pas à 7 heures.

2° Les fleurs Tropikes ſont celes qui s'ouvrent le matin, & ſe ferment le ſoir tous les jours, mais dont l'heure de l'épanouiſſemant avance ou retarde ſelon que la longueur du jour croit ou diminue; de ſorte qu'eles ſuivent les heures Babyloniques ou inégales.

3° Les fleurs Equinoxiales s'ouvrent à une certaine heure fixe du jour, & ſe ferment ſouvant à une heure markée ; elles ſuivent les heures Européenes ou égales.

Orloge Botanike, ou Tableau de l'heure de l'Epanouiſſemant de certaines fleurs à Upſal, par 60 dég. de latitude Boréale.

Heures du lever, a. à d. de l'épanouiſſemant des fleurs. Matin.	Noms des Plantes Obſervées.	Heures du coucher, c. à d. où ſe ferment ces mêmes fleurs. Matin.	Soir.
3 à 5 heures.	Tragopogon luteum.	9 à 10 h.	
4 à 5 h.	Dens leonis foliis irſutis & aſperis.		3 h.
	Ierakion Echioides capitulis Cardui Benedicti	12 ou	1.
	majus & minus. Dioſk.	10 à 12	
	Chikorion.		
4 à 6 h.	Sonchus Tingitanus Papaveris folio	10.	
5	lævis.	11 à 12.	
	Papaver caule afullo 1 floro foliis ſimplicibus ſinuatis.		7.
	Emerokallis Aſfodeli radice.		7 à 8.
5 à 6	Tragopogon foliis gramineis irſutis.	11.	
	Dens leonis latiore folio.	8 à 9.	
	Ierakion annuum Endivia folio, capite magno.	11.	
	Lapſana Ragadiolus.	10 à	1.
	Kondrilla viſcoſa annua.	10.	
6	Ierakion fruticoſum anguſti folium umbellatum		5.
6 à 7	latifolium.		1 à 2.
	murorum piloſum.		2.
	flora ſuave rubente.		1 à 2.
	Entimo, flore atro purpureo.		3 à 4.
	magnum. Dalech.	12 à	4.
	Sonchus repens multis ierakion majus.	10 à 12.	
	aſper arboreſcens.		2.
6 à 8	Aluſſoides. Tour.		4.
7	Falangion.		3 à 4.
	Lactuca ſativa.	10	
	montana laciniata flore cærulea.	11.	

Heures du lever, c. à d. de l'épanouissement des fleurs. Matin.	Noms des Plantes observées.	Heures de coucher; c. à d. où se ferment ces mêmes fleurs.	
		Matin.	Soir.
7	*Calta africana pediculis florum cilindricis.*		3 à 4.
	Numfaia alba.		7.
	Ierakion kondrillæ folio, radice succisâ.		3.
7 à 8	*intubaceum latifolium capitulis ispidis.*		2.
	Mesembruon foliis apice barbatis.		2.
	(*Vossia*) *Ficoïdes linguiformis.*		3
	Anagallis cæruleo flore		
8 h.	*rubro flore.*		
	Tunica sylvestris prolifera.		1.
	Ierakion Pilosella major repens irsuta.		2.
	Calta arvensis.		3.
9 à 10	*Mesem bruon Plantaginis folio cristallino.*		3 à 4.
	Portulaca hortensis.	11 à 12.	
	(*Tissa*) *Alsine spergula facie minor.*		2 à 3.
	Malva repens flore elvulo.		1.
c. 10 à 11 h.	(*Gasoul*) *Fikoïdes kali folio.*		3.
Soir.			
5 heures.	*Belle de nuit.*		
6	*Geranion triste.*		
9 à 10	*Silene noctiflora.*		
	Cereus 8 gonus tenuis grandiflorus.		11 h.

Mais ces heures de la fleuraison ne sont pas un terme bien fixe ; ce terme varie dans chake saison selon sa température, & à-peu-près dans la même raison que difèrent entr'eux les climats de la Zone torride, des Zones tempérées & glaciales ; en sorte qu'au Printems & en Autone où il fait 1 fois moins chaud qu'en Eté, les mêmes fleurs s'ouvrent & se ferment 1 ou 2 heures plus tard : c'est pour cela qu'on a mis souvant dans lá 1ere colone 2 chifres, come 5 à 7, 6 à 7, qui indiquent que la même Plante s'ouvre à 5 h. du matin en été, & à 6 ou 7 heures au Printems & en Autone ; il en est de même pour le tems où eles se ferment.

16. *Maturation des Fruits.*

Les Plantes qui fleurissent au Printems fructifient comunémant en Eté.

Celes qui fleurissent en Eté fructifient en Autone.

Celes qui donent leurs fleurs en Autone fructifient en Iver lorsque les gelées ne les font pas périr, ou qu'on les tient dans des serres : ce sont ces gelées qui brulent, avant qu'eles aient pu montrer leurs fruits, la plûpart des Plantes vivaces de Virginie & du Mississipi, qu'on cultive en France, Les Plantes qui fleurissent pendant notre Iver, come sont

celes

celes du Cap-Bone-Espérance, fructifient au Printems dans nos serres. (V. ci-après artic. 19.)

Le terme de la maturation des fruits avec celui de la feuillaison ou de la germination des Plantes, donent l'espace ou la durée de leur vie, qui est d'autant plus courte pour la même espèce que le climat où on l'éleve est plus chaud; & il paroît en général que le plus la chaleur est égale & continue, plus le tems que les Plantes annueles metent entre le momant où eles comencent à germer, & celui où eles fleurissent, est égal à celui qui est entre leur fleuraison & leur maturation, ou même leur entier dépérissemant, & au contraire; car

Au Sénégal une Plante annuele vit en général autant avant sa fleuraison qu'après.

En France, celes qui naissent au Printems & qui fleurissent avant le mois de Juin, vivent un peu plus avant qu'après la fleuraison; celes qui fleurissent en été, par exemple dans le mois de Juin, come l'Orje, l'Avène, &c. vivent autant après qu'avant; & les tardives qui naissent en Autone vivent moins avant qu'après leur fleuraison, toutes choses d'ailleurs égales; ce qui prouve que c'est la chaleur qui fait le plus à la végétation des Plantes. En efet c'est en été où ele est plus égale que la vie des Plantes est partajée en 2 également par la fleuraison, au lieu qu'au Printems & en Autone où la chaleur est plus inégale ele est coupée inégalement, celes du Printems qui est plus froid dans son comencemant vivant davantaje avant la fleuraison qu'après, & celes de l'Autone au contraire qui est plus chaud à son comencemant vivant moins avant qu'après la fleuraison qui est suivie d'un tems plus froid.

Il n'en est pas de même des Arbres; il i en a qui renouvelent leurs feuilles peu avant leur fleur, ou même après leur fleuraison, & ils laissent un intervale beaucoup plus grand entre leur fleuraison, & la maturation de leurs fruits. Cete maturation ne se fait même pas, tant qu'ils sont en sève & qu'ils produisent de nouveau bois; ce n'est que lorsque ces pousses sont arètées: c'est pour cela que quand on veut hâter leur maturité, on ôte une partie de leurs feuilles qui diminuent le mouvemant de la sève; lorsqu'on ôte trop de ces feuilles avant que les fruits soient parvenus à leur grosseur, alors ils se fanent, & le Soleil les dessèche trop. Voici les résultats de 10 ans d'Observations autour de Paris.

Table du Tems où les Plantes les plus comunes muriffent ou fructifient dans le climat de Paris.

Noms des Plantes.	Dégrés de chaleur où muriffent les fruits des Plantes.			Terme moien de la chaleur néceffaire à la maturation.	Mois moiens auxquels répondent ces chaleurs moienes.
	Les plus hâtives.	Diffé- rances.	Les plus tardives.		
Fraifes.	1,450 d.	1,180 d.	2,230 d.	1,840 d.	23 Juin.
Grofeille à makro.	1,200	2,600	3,800.	1,900	26.
Cerife.	1,000	2,000	3,000.	2,000	1 Juil.
Grofeille rouje.					
Foins.	1,900	300	2,200.	2,050	5.
Orje. ⎫					
Avene. ⎬ou blés Mars.	2,140	440	2,580.	2,360	20.
Segle.	2,400	400	2,800.	2,600	1 Août.
Cerneaux.	2,100	1,100	3,200.	2,650	3.
Abrikot.					
Prune jaune hâtive.					
Amandes.					
Mures.					
Melon.					
Poire blankete.					
Poire d'épargne.					
Figue d'Eté.					
Fromant.	2,600	300	2,900.	2,750	8.
Prune-monfieur.	2,500	1,420	3,920.	3,210	1 Sept
Reine Claude.					
Damas.					
S. Julien.					
Pêche.	2,900	800	3,700.	3,300	5.
Noix.	3,200	380	3,580.	3,390	10.
Maron.					
Poire beuré.	3,600	300	3,900.	3,750	1 Oct.
Raifins. Vendanges.	3,300	400	3,700.	3,500	5 Oct.
Figue d'Autone.	3,500	250	3,750.	3,625	8.
Chatênes.					
Poires d'Ivet.					15.
Pomes.					

On voit par cete Table qu'il i a une diférence de 2 à
3 mois, & même d'avantaje entre la maturité des fruits les
plus hâtifs & les plus tardifs, tels que les Groseilles, les
Cerises, les Abricots, les Prunes, &c. & il faut remarker
que tous ceux dont les limites de maturité passent le
mois d'Août, ou au moins celui de Septembre, & vont en
Septembre ou Octobre, ne peuvent se calculer come les autres sur la some moiene des 2 extrêmes des dégrés de
chaleur, parce que ces dégrés qui vont en diminuant dans
le mois de Septembre ou dans celui d'Octobre, étant joints
à ceux d'Août qui vont en augmentant causeroient une erreur, & metroient en Octobre la maturité de certains fruits,
dont le terme moien doit tomber en Septembre. C'est ainsi
que 3,500 dég. qui est la some moiene des extrêmes, 3,300
& 3,700 où murit la vigne à Paris, doneroit le terme moien
de sa maturité au 25 Septembre, au lieu du 5 Octobre, que
l'expérience nous aprend : il en est de même du Safran dont
la fleuraison moiene doit être raportée au 8 Octobre.

La récolte du Segle qui ne se fait anée comune que vers
la fin d'Août à Upsal, selon M. Linnæus, nous confirme,
come nous l'avons dit, art. 14, à l'occasion de la feuillaison & de la durée de l'Orje, que le climat de Suéde est
d'environ 1 mois plus tardif que celui de Paris, come les
récoltes de Froment qui se font du 1er au 10 Juillet, en
Provence, & les vendanjes du 10 au 15 Septembre nous
aprenent que cete province est de 20 jours ou près de 1 mois
plus hâtive que les environs de Paris.

17. Monstrosités.

On apele du nom de Monstre dans les Plantes toutes celes
auxqueles il arive d'avoir dans quelque-unes de leurs parties une production contre l'ordre naturel des choses. Ces
productions extraordinaires sont de ces écarts qui ont aussi
leurs loix, & que l'on peut ramener à des principes certains,
en distinguant celes qui se perpétuent, soit par les graines,
soit par la grefe, de celes qui ne sont que passajères.

Les monstrosités qui se perpétuent, sont teles dans l'origine,
& pour ainsi dire, dans l'organisation de la grène de la Plante;
teles sont les feuilles découpées, ou crepues, ou cokillées,
du Chou, de la Lètue, &c. & lorsqu'eles sont constantes,
& se fixent, eles passent pour des espèces. Celes qui dépendent de la qualité de la tere où on les seme, & qui se montrent & disparoissent alternativemant, sont apelées du nom de

variétés ; tele eft la Rave apélée Turnip , la panachure des feuilles , & la Tulipe , fur-tout cele à fleur mixte bordée de blanc , qui eft reconue pour la plus propre à fournir de belles variétés. C'eft improprement qu'on done le nom de Monftres à toutes ces Plantes ; il ne convient abfolumant qu'aux irrégularités qui dépendent de la tranfplantation fré-kante , & d'une culture particulière , teles que les fleurs dou-bles ou pleines , foit qu'on les conferve par les caieux ou par la grefe , foit qu'après avoir difparu , on les fafse repa-roître par le moien le plus sûr qui eft de femer les grènes des plus doubles , come on fait aux Renoncules , aux Anémo-nes , à la Jiroflée , &c. La diférence qui eft entre les fleurs doubles ou multiples , & les fleurs pleines , c'eft que celes-ci font toujours ftériles , parce que toutes leurs parties , même celes de la génération , favoir les Etamines & les Piftils , font métamorfofées en Pétales ou Calices , au lieu que les autres qui ont confervé au moins une partie des Etamines & des Piftils , font fertiles & produifent des grènes.

Les Monftrofités qui ne fe perpétuent pas , & qui font dûes à des caufes accidanteles & paffajères , qui , lorfque la Plante eft dévelopée , déranjent fon organifation primitive , come font les maladies , le chaud ou le froid , la trop grande abondance ou la difette de fucs , la pikure des infectes , les con-tufions , & les grefes natureles , retienent le nom de monftres ; teles font les loupes ou tumeurs , le rabougri , les gales , cer-taines panachures & autres vices femblables.

Toutes les parties des Plantes font fujetes à quelkes-unes de ces monftrofités que l'on diftingue en 4 efpèces , parce qu'eles les chanjent de 4 manières diférentes , favoir,

1º Dans leur nombre.
2º Dans leur proportion.
3º Dans leur figure.
4º Dans leur fituation.

Dans l'énumération des diverfes irrégularités obfervées dans les Plantes , je diftinguerai par un E celes qui doivent être regardées come efpèces , & par un V celes qui peuvent paffer pour variétés ; les autres feront de vrais monftres.

1º Dans le nombre des parties.

Les Monftrofites caufées dans le nombre des parties , ari-vent ou par excès en les augmantant , ou par défaut en di-minuant leur nombre naturel.

Par excès

Celes qui arivent par excès , ont été remarkées dans les parties fuivantes.

Fleurs.

Le Corymbe du *Cornus Mefomora Riv.* produit à fon cen-tre un autre Corymbe ou Ombelle.

L'Ombele de la Carote fauvaje & du *Tuſſelinon*, prodûit à ſon centre un autre Ombele univerſel; cela n'arive guère qu'à ceux qui ont été foulés aux piés, ou broutés par les beſtiaux.

L'envelope des fleurs donc d'autres envelopes de fleur, qui partent de ſon centre, come dans le *Bellis*, le Souci, l'*Ierakion falcatum proliferum C. B.* (*Krenamon*), le *Leukantemon Dioſk.* le *Scabioſa foliis alatis prolifera.* Ces fleurs s'apelent prolifères; leur monſtroſité eſt cauſée par la pikure d'un ichneumon dans le *Leukantemon.*   Envelope:

Les écailles de l'envelope des fleurs du *Xerantemon* s'alonjent plus que les fleurons.   Ecaillese:

Celles qui environent le Calice de l'Œillet comun *Tunika*, devienent ſi nombreuſes, qu'eles repréſentent un épi de blé; tel eſt celui figuré dans les Eſémerides des curieux de la nature, Centurie 3, p. 368, tom. 9, ſous le nom de *Caryophyllus ſpicam frumenti referens.* E.

Le Calice devient double ou multiple ou même plein dans la plupart des Liliacées, la Jacinte, le Colchike, le Lis, la Tulipe, le Narciſſe, &c. & dans nombre d'autres familles citées à la paje cclxviij.   Calice:

La Corole double, ou devient multiple ou pleine dans pluſieurs fleurs monopétales, come le Stramonion, le Jaſmin, la Primevère; & plus ſouvent dans les Polupétales, come les Mirtes, la Primevere, le Luchnis, les Roſiers, les Mauves, & d'autres familles citées à la paje cclxxiv.   Corole:

On voit ſouvant des Ovères doubles réunis & grefés enſemble dans le même Calice, dans le Ariko, le Prunier, le Ceriſier, &c. Dans ce dernier la baie eſt ſouvant ronde extérieuremant, ſans aucune aparance de monſtroſité; quelfois ele eſt come fandue en 2: intérieuremant on trouve 2 noiaux réunis en 1 ſeul à 1 loje & 2 amandes, ou diviſé en 2 lojes qui contienent chacune une amande.   Ovères:

Les monſtroſités par défaut dans le nombre des parties ſont les ſuivantes.   *Par défaut:*

Dans les climats froids, ſur-tout en Suéde, on voit, ſelon M. Linnæus, nombre de Plantes de païs chauds ou même tempérés come l'Eſpagne, perdre leur Corole, & cependant fleurir & porter graines, pour la plûpart; teles ſont: Corole:

Tuſſilago anandria. Lin.
Campanula perfoliata.
Campanula Eufraſiæ foliis. Cupani.
Rubeola patula.
Salvia quæ Orminon ſylv. Lavandula flore.
Lamion folio caulem ambiente minus.
Ruellia capſulis teretibus. Dill. Elt. t. 248, *f.* 320.

Convolvulus pes tigridis.
Luchnis apetala Lapponica. Lin. Amœn. vol. 4, p. 383.
Silene Portenfis. Lin. Spec. p. 420.
Ciftus falicis folio.
Eliantemon flore maculofo.

Toutes ces Plantes ne produifent pas de Corole come fi eles mankoient de chaleur fufifante ; la même chofe arive à Paris, à l'égard des

Glaux.
Chabrea.
Ammania.

Le *Campanula perfoliata*, & le *Campanula Eufrafia foliis*, font fouvent fans corole, come en Suéde ; fouvant ele eft très-petite, & come infenfible. Le *Boccona* qui n'a comunémant point de Corole au Jardin du Roi, en porte lorsk'il eft très-vigoureux, & à grandes feuilles, come je l'ai obfervé, il i a quelkes anées, dans les Serres de M. le Duc d'Ayen.

Etamines. Le nombre des Etamines diminue auffi, ou eles fe perdent entièremant come la Corole, & fans doute pour les mêmes raifons.

Le *Farnakeon* du Sénégal en perd 2 en France, & n'en porte que 3 au lieu de 5.

Les fleurs doubles en perdent quelkes-unes.

Les fleurs pleines les perdent toutes.

2° Dans la proportion des parties. Les monftrofités dans la proportion des parties arivent come dans le nombre ou par excès en augmentant confidérablemant leur groffeur, ou par défaut en la diminuant.

Par excès. Elles arivent par excès & par furabondance de sève dans les parties fuivantes.

Racines. Les Racines de la Batate qui ont comunémant 3 pouces de larjeur fur 6 de longueur, ont quelkefois 1 pié de diametre fur $1\frac{1}{2}$ à 2 piés de longueur. V.

Celles de la Rave apelée Turnip, qui ont comunémant 3 ou 4 pouces de diametre, en ont fouvant 9 à 10. V.

Bourjons. Les bourjons du Chou forment fouvant des pomes ou des têtes de 1 à $1\frac{1}{2}$ pié de diametre. E.

Ceux du Chêne pikés par des infectes groffiffent & deviennent affez femblables à de petites pomes de pin.

Ecailles. Les écailles des fleurs du *Plantago Rofea* grandiffent come des feuilles E.

Celes de l'épi de fleurs du *Salix Rofea* & de l'*Abies* deviennent de même par la pikure des infectes.

Feuilles. Les feuilles de l'Aron Kolokafia dont le diamet. ordinaire

est de 9 pouces ; ont jusqu'à 2 piés dans les montagnes bru-
lées du Sénégal & des Açores.

La Corole des fleurs du centre du Corymbe de l'Obier *Corole:*
Opulus, devient auſſi grande que celes du contour qui ſont
ſtériles , & alors eles avortent come eles.

Les Ovères devienent juſqu'à 12 fois plus longs que leur *Ovères:*
envelope comune , ainſi que leur aigrete, dans le *Tragopogon*
vulgare flore pleno à Upſal.

Les monſtroſités de proportion par défaut , reconoiſſent *Par défaut:*
pour canſe ordinaire une diſete de ſucs, ou une grande ſéchereſſe ; c'eſt ainſi que le Souci de Vigne qui a comunémant
1 pié de hauteur, eſt ſouvant réduit à n'avoir que 6 lignes
dans des terains glaiſeux ou ſabloneux deſſéchés. Le même
étiolemant ſe remarque dans le *Leukantemon* apelé Maroute,
& dans celui apelé Camomile ordinaire. Toutes les parties
s'étiolent dans la même proportion. V.

Les monſtroſités de figure arivent auſſi par excès ou par défaut. *3° Dans la*
Celes qui pêchent par excès, ont été remarkées dans les *figure des*
parties ſuivantes. *parties.*

L'Amarante de la Chine aplatit aſſez conſtamant & na- *Par excès:*
turelemant ſes tijes, & ſur-tout la Panicule de ſes fleurs. V. *Tijes.*

On voit un ſemblable aplatiſſemant dans celes du Maïs, de
la Chicorée ſauvaje, du *Valeriana Sylv. major*, du Frêne &
du Saule ; mais ces dernières ſont dûes ou à une grefe naturele de 2 branches à leur naiſſance, ou à la pikure des
inſectes.

Les tijes de la Véronike, du *Centunculus*, du *Chenopodion*,
du Lotier, &c. ſe contournent en arc de cercle, ou en ſpi-
rale par la pikure des inſectes, ce qui les rend torſes ou come
rachitikes.

Elles ſe renflent en loupes en tumeurs & en gales, qui
ſont quelkefois ériſſées come celes du *Gramen cum ſpongiolis*,
ou du Roſier apelé *Bedéguar*, ou en forme de geule ou de
godet, come dans le *Picca*.

Les feuilles devienent crépues come dans la Mente, la Mauve, *Feuilles:*
le Chou, le Creſſon alénois. V. & E.

Leurs nervures ſe doublent & devienent plus nombreuſes,
come dans le Tilleul.

Elles ſe couvrent de gales cauſées par la pikure des pucerons & des ichneumons, ſoit à leur pédicule come dans le
Peuplier Tremble, ou come celes du petit chêne qui ont 2
lignes de diamètre, & dont la ſubſtance très-rouje étant
deſſéchée, done le kermès, c. à d. le paſtel de l'écarlate ;
ſoit ſur leurs nervures come dans le Saule ; ſoit à leur ſur-

e e iv

face, côme dans le Chêne, l'Orme, le Tilleul, le Gîte, le Calamant apelé Lierre terreftre, la Sauje, &c. Celes de la Sauje apelée *Salvia baccifera*, fe vendent dans les marchés au Levant, fous le nom de Pommes de Sauje pour être manjées, au raport de Tournefort ; elles font sférikes de 9 à 10 lignes de diametre, gris cendré, cotoneufes, d'une chair blanche, un peu tranfparante, douce, & d'un goût fort agréable. Celles de l'Orme font des veffies qui ont jufqu'à 2 ou 3 pouces de diametre au Printems, & qui font remplies de pucerons, & d'un baume aftrinjant & excellant pour les bleffures.

Fleurs. L'axe du Chaton ou de l'Epi de fleurs du Chêne fe couvre kelkefois de gales.

Calice. Le Calice, ainfi que ce qu'on peut prendre pour la Corole dans nombre de Gramens apelés Vivipares, métamorfofe fes feuilles en des feuilles auffi-bien conformées que celes de leur tije, & qui prenent fouvant plus de 1 pouce de longueur avant que de fe féparer de la panicule des fleurs pour fe femer.

Corole. La Corole devient quelkefois polupétale de monopétale qu'ele eft naturelemant dans les fleurs bien conformées, par ex. dans les fleurs ermafrodites du Houx, dont les Etamines avortent.

De polupétale, ele fe métamorfofe auffi en Monopétale, come dans le *Saponaria concava anglica.*

Les fleurs irrégulières fe chanjent quelkefois en d'autres plus régulières ; teles font celes du *Linaria* en *Peloria* ; tels les demi fleurons qui fe chanjent en fleurons dans le *Matricaria flore non radiato.*

Au contraire, quelkes fleurs régulières fe métamorfofent en des fleurs irrégulières ; tels font les fleurons qui devienent des demi-fleurons dans le Tagetes, la Matricaire, le Souci, &c. apelés impropremant à fleur double.

Etamines. Les Etamines du Térabinte prenent quelkefois la figure de 2 veficules en cornes, pleines de térébentine & des infectes qui les ont piquées.

Elles fe métamorfofent la plûpart en pétales dans les fleurs doubles ou multiples fertiles des Renoncules, & des crucifres.

Elles fe métamorfofent toutes en pétales dans les fleurs pleines, fur-tout du Cerifier.

Ovère. Les Ovères fe réuniffent fouvent enfemble hors de la même fleur, & fe grefent naturelemant en aproche, par leurs côtés ou par leur pédicule ; on en a vu de femblables dans le

Pomier, le Melon, le Contonbre, &c.

Ils fe métamorfofent quelquefois en feuilles, come dans le Cerifier.

Ou en branches charjées de feuilles & de fleurs ; come dans le Rofier & l'Anemone.

Ou en une 2e fleur qui naît & fructifie dans la 1ere ; on en a vu de femblables dans le *Geum*. Tour. dans l'Œillet, le Poirier, le Citronier, & la Renoncule. Ces dernieres font de vrais prolifères.

Il i a peu d'exemples de tranfpofition de parties dans les végétaux, finon peut-être dans la fituation des feuilles qui font quelquefois opofées au lieu d'être alternes, ou réciproquemant ; car la Corole renverfée du *Saturion*, du *Lofantus*, de la Bugle du Levant, du Bafilic, de la Violete, &c. font dans une fituation naturele à ces Plantes, & qui ne doit pas être citée parmi les monftrofités dont nous avons parlé.

4° Dans la fituation des parties.

18. *Fécondation.*

Il i a des Plantes qui n'ont point de parties mâles ni femeles, teles que les Etamines & les Piftils, & conféquamant qui ne peuvent fe reproduire par la feule fécondation, come il i en a qui ont des Etamines & des Piftils, qui cependant ne produifent jamais de graines, & fe multiplient de toute autre manière.

Mais toutes celes qui portent des Etamines & des Piftils, & qui fe reproduifent de grènes, ne les mènent à parfaite maturité que par la fécondation, c. à d. par le contact de la poufficre des Etamines fur le ftigmate du Piftil ; entr'autres preuves, on peut raporter les fuivantes.

Preuves de la fécondation.

Si l'on ôte toutes les Etamines à un pié de Tulipe ifolé, ou toutes les fleurs mâles à un Melon, tous 2 feront ftériles & ne produiront pas de grènes, come il arive aux Palmiers femeles, & autres Plantes femblables trop éloignées des individus mâles pour en être fécondés.

1° Par la privation des Etamines.

Si après avoir coupé toutes leurs Etamines, on répand fur leur Piftil la poufficre des Etamines d'une autre efpece, il proviendra de leurs graines des variétés qui tiendront de la nature de l'une & de l'autre.

2° Par le mélanje des poufficres.

Si l'on coupe le ftigmate de l'Ovère, s'il perd fon umidité viskeufe par une fumée trop continuée, ou par de longues pluies ; fi le froid empêche les anteres de s'ouvrir ; fi de longues pluies détrempent trop leur poufficre, alors il n'i a point de fécondation ; le fruit, c. à d. l'Ovère coule,

3° Par la diffolution des poufficres.

& la récolte est petite : c'est ce qu'on a observé particulièremant à l'égard du Cerisier, du Poirier, de la Vigne, de
l'Orje, de l'Avène, du Fromant, &c. lorsqu'il pleut conti-
nuelemant dans le tems de leur fleuraison : si au contraire
l'air est sec & serein pendant la fleuraison, la récolte est
bele & abondante. C'est vraisemblablement pour cete raison,
que les fleurs de la plûpart des Plantes qui croissent sous les
eaux élevent leurs fleurs au-dessus de sa surface dans le tems
de la fleuraison, come on l'a remarqué dans le Nénufar, le
Nelumbo, le *Vallisnera*, le Stratiotes, l'*Udrocharis*, le *Potamogeton*, le *Muriofullon*, &c. néanmoins il i en a plusieurs qui fleurissent sous l'eau, sans doute, parce que la
poussiere de leurs étamines, & la liqueur de leur stigmate est
de nature à n'en être pas alterée, ou qu'ele ajit seulemant
par une vapeur analogue à l'atmosfère des corps électrikes ;
teles sont le Zannichellia, le Bucafer, l'*Isoetes*, l'*Alga*, le
Lenticula, le *Keratofullon*, le *Chara*, le *Fluvialis*, &c.

4° Par la caprification. La caprification nous indique assez que les grènes du Figier en général, de tele espece qu'il soit, ne murissent pas
sans la fécondation, quoique leurs Figes ou les envelopes
de leurs fleurs murissent souvant sans ce secours. La manière
dont se fait cete fécondation, est si singulière que, quelques
auteurs la révoquent en doute ; néanmoins ele rentre dans
les loix ordinaires & comunes aux végétaux. Elle consiste
en ce qu'une très-petite espece d'Ichneumon d'un noir lus-
tré (*Psen. Græc.*) pique les Figes dans le tems de leur fleuraison, c. à d. lorsqu'eles sont parvenues à-peu-près à la $\frac{1}{2}$ de
leur grosseur, & i aportent la poussière ou seulemant cete vapeur fécondante. des étamines d'autres Figes dont ils sortent.
Ces insectes dont les vers ne peuvent vivre que dans l'a-
mande de la grene du Figier, savent sans doute, que si
ces grènes ne sont pas fécondées, eles ne produiront pas
d'amande, & que leurs vers i mourront faute de cete nouriture ; en conséquance, aussi-tôt après leur métamorfose,
ils sortent de la Fige qui leur a doné le jour, ressuient leurs
ailes du superflu de la poussière des étamines dont ils sont
couverts, s'acouplent, vont sur d'autres Figes actuelemant
en fleur, les percent avec leurs mâchoires, entrent par cete
ouverture, répandent sur le stigmate de leurs Ovères la poussière fécondante des Etamines qui reste atachée à leurs pates,
& sous leur corps, come ele reste aux pelotes des piés de
l'abeille, & avec leur tarière piquent les Ovères & déposent
dans chacun 1 œuf. Le petit ver éclos se nourit de la substance de l'amande, jusqu'à ce que parvenu à sa juste gros-

leur, & remplissant l'espace qu'ocupoit l'amande qu'il a
consomée, il se métamorfose en Nymfe, puis en Ichneumon ailé, qui avec ses dents ouvre la boëte de l'Ovère où
il est enfermé, sort de la Fige, & semblable à sa mère se
dispose à faire la même manœuvre dans d'autres Figes pour
i perpétuer sa race. Voilà tout le mystère de cete fécondation apelée Caprification, que l'on favorise dans les païs où
ele est jujée utile : ele se pratique dans les îles de l'Archipel,
à cele de Malte & en Italie, tous païs où croissent naturelemant les Figiers susceptibles de cete opération qui s'exécute
de la manière suivante dans le levant au raport de Tournefort, (v. Mém. de l'Académie, anée 1705, p. 340.)

Des 30 espèces ou variétés de la Fige domestique qu'on
cultive en France, en Espagne ou en Italie, on n'en cultive
que 2 dans l'Archipel.

Dans les Iles de l'Archi-pel.

La 1e espèce s'apele Ornos du nom Grec ancien Erinos,
qui répond au mot Latin Caprificus, c. à d. Figier sauvaje.
Cet Arbre porte successivemant dans la même anée 3 sortes de fruits qui ne peuvent se manjer, mais qui sont absolument nécessaires pour caprifier, c. à d. pour faire mûrir
les Figes domestiques dont nous parlerons ci-après : ils ont
la peau lisse, unie, d'un vert foncé, & contienent quelques
fleurs mâles au-dessus des fleurs femeles dans leur intérieur qui
est toujours sec & farineux ; ceux où les Ichneumons n'ont
point entré pour les féconder des poussières des autres Figes qui ont des étamines, & pour i déposer leur œufs,
languissent : leurs graines ne prenent pas d'acroissemant, ils
se dessechent & tombent avant que de mûrir, au lieu que les
autres qui sont fécondées grossissent, mollissent, devienent
jaunâtres, & sont bientôt remplies par leur graines qui sont
beaucoup plus grosses que celes des Figes domestiques. Les
1ers de ses fruits s'apelent Orni ; ils sont plus gros que les
suivans, & comencent à pousser en Mai ; les Ichneumons sortis des 3es fruits, c. à d. des dernières Figes de l'anée précédente, apelées Kratitirès, les piquent en Juin pour i déposer
leurs œufs ; ils mûrissent en Juillet : lorsque les Ichneumons des Kratitirès tardent trop à sortir dans certains quartiers, où les Orni sont en fleur, alors on va chercher des
Kratitirès dans d'autres quartiers plus hâtifs ; on les fiche
dans l'extrémité des branches des Figiers dont les Orni sont
disposés à recevoir les Ichneumons. Les 2ds fruits només
Fornites sont plus petits ; ils parèssent en Août, sont pikés en Octobre par les Ichneumons sortis des Orni, &
mûrissent en Novembre. Les 3es fruits apelés Kratitirès sont

encore plus petits ; ils ne se montrent qu'à la fin de Septembre, & restent sur l'Arbre jusqu'au mois de Mai de l'anée suivante renfermant les œufs des Ichneumons des Foinites qui les ont piqué en Octobre & Novembre.

La 2de espèce de Figier cultivée dans l'Archipel, sous le nom de Figier domestique, ne produit que 1 fois l'anée ; mais ele se charje d'une si grande quantité de fruits, que ses branches en sont entièremant couvertes ; un seul pié en rend pour l'ordinaire environ 300 liv. c'est au moins 10 fois autant que nos Figiers de Provence dont les plus féconds ne rendent pas 25 liv. Ses Figes comencent à paroître en Juin, & entrent en maturité en Juillet & Août ; eles sont petites, blanchâtres, sucrées, de peu de goût. Dès qu'eles sont mûres, on les seche, en les exposant quelque tems au Soleil, puis les passant au four, pour les conserver pendant tout le reste de l'anée, parce que c'est avec le pain d'Orje, une des principales nouritures des païsans de l'Archipel : la chaleur du four qui est nécessaire pour faire périr les œufs des Ichneumons piqueurs, leur ôte tout leur bon goût, de sorte qu'eles sont bien inférieures à celes qu'on seche en Provence, en Italie & en Espagne. Lorsqu'on ne caprifie pas ces Arbres leurs Figes tombent avant que de mûrir.

En Juin & Juillet, tems de la fleuraison des Figes domestiques, les païsans cueillent les *Orni* qui sont aussi en fleur & pleins d'Ichneumons prêts à en sortir ; ils les enfilent à des brochetes qu'ils suspendent aux branches des Figiers domestiques : cete opération dure plus de 2 mois pendant lesquels les Grecs s'ocupent uniquemant à porter les *Orni* d'un Figier à l'autre ; les Figes piquées par les Ichneumons mûrissent dans l'espace de 40 jours. Si l'on tarde trop à cueillir les *Orni*, ils tombent, & les Figes domestiques tombent aussi avant la maturité. Les Ichneumons ne voltigent qu'autour de ces Figiers sauvajes ; cependant on en trouve aussi quelquefois dans les têtes du *Skolumos* apelé *Ascolimbros*, sur les fleurs du quel ces insectes vont sans doute chercher leur nouriture ; & lorsqu'on a manqué le tems des *Orni*, on répand de ces fleurs sur les Figiers domestiques.

En Italie. Pontedera dit (*Antologia*, p. 172, t. 11,) qu'en Italie la caprification se fait par le moien des Figes à fleurs mâles du Figier sauvaje *Caprificus*, d'où sortent des Ichneumons charjés de la poussière des Etamines pour entrer dans les Figes à fleurs femeles, c. à d. dans les Figes d'Autone du Figier domestique qu'ils fécondent ; il apele ce Figier domestique simplemant du nom de *Ficus* ; & il remarque qu'il

i en a une autre efpèce qu'il nome *Erinofukè* qui porte au
Printems des Figes dont la plûpart des fleurs font mâles, & qui
tombént avant que de mûrir, & en Autone des Figes pleines de
fleurs femeles, & qui ne mûriffent qu'au Printems fuivant.

La caprificaton des anciens Grecs & Romains, décrite
par Teofrafte, Plutarke, Pline & autres auteurs de l'antiquité, fe raporte parfaitemant à ce qui fe pratique encore
aujourd'hui, dans l'Archipel & en Italie; ils s'acordent tous
à dire que le Figier fauvaje *Caprificus* ne mûriffoit jamais
fes fruits, mais qu'on les fufpendoit aux Figiers domefti-
ques pour faire mûrir les leurs.

L'efpèce de Figier fauvaje, apelée *Ornos* dans l'Archipel,
& qui eft la 1ere dont parle Tournefort, croit auffi à Malte
où on l'apele *Tokar*; fes 1ers fruits *Orni* fe noment *Tokar-
taiept*; les 2ds *Fornites* s'apelent *Tokar-leouel*, & les 3es *Kra-
titires*, i font conus fous le nom de *Tokar la nos*. Mais outre ce Figier, il i en a fur cete île 7 à 8 autres efpèces do-
meftiques, dont on ne caprifie que 2. La 1ere eft la même
que la 2de décrite par Tournefort, & qui ne porte que 1
fois l'anée. La 2e porte 2 fois l'an: fes 1eres Figes qui mûriffent à la fin de Juin, font mielleufes, beaucoup plus groffes
& meilleures que celes de France, & parvienent fans aucun fecours à leur parfaite maturité: les 2des font plus petites, moins bones, ne mûriffent qu'en Août, & ont befoin d'être caprifiées, fans quoi il en tombe la ½ avant la
maturité; mais cete caprification les épuife, & la récolte
des 1eres Figes de l'anée fuivante eft moindre; celes qui
n'ont pas été caprifiées font bien meilleures que les autres
qui font prefque toujours jaunâtres & defféchées dans l'intérieur qui contient 2 ou 3 Ichneumons, dont l'un noir
qui eft le principal agent de la caprification, l'autre canèle
avec une tariere fort longue, & le 3e fans aîles; les vers
de ces 3 animaux qui ne diférent vraifemblablemant que par
le fexe, ont vécu égalemant chacun dans une graine.

On a en Provence & en Efpagne les mêmes efpèces de
Figes qu'on cultive dans l'Archipel & à Malte, & où l'on
n'i pratique pas la caprification, fans doute par cela feul
qu'on i perdroit du côté de la bonté des fruits, dont la
récolte feroit certainemant plus abondante: car quoi qu'on n'ait
point en ces païs l'Ichneumon néceffaire à cete opération,
on ne voit pas que le climat s'opofe à leur introduction.

Pontedera a atribué la maturation des graines des Figes caprifiées à la fécondation des piftils par la pouffière
des étamines répandue fur eux par les Ichneumons: quel-

ques modernes ont voulu infirmer cete découverte, & la faire paffer pour une imagination ridicule en raportant des obfervations bones à la vérité, mais qui n'étoient nulemant contraires aux fienes. (V. Mémoires préfentés à l'Académie, vol. 2, paj. 369 & fuiv.) Il fera facil de faire voir à qui apartient l'ereur en examinant les circonftances qui précedent & qui fuivent la maturation des Figes caprifiées ou non. La chute de la plûpart des Figes d'Autone en France avant leur maturité, eft dûe à plufieurs caufes: la 1ere vient de ce qu'eles paroiffent dans un tems où les feuilles déjà vieilles tranfpirant moins à caufe du froid, reçoivent auffi moins de fucs; la 2e eft que les fruits 1 fois plus nombreux que ceux d'Eté, exijent plus de nouriture que l'Arbre n'en peut fournir alors; la 3e enfin qui eft une fuite des 2 1eres, c'eft que ces Figes laiffent avorter .toutes les étamines de leurs fleurs mâles, dont on diftinge affez bien les 2 à 3 feuilles du Calice de celes du Calice des fleurs femeles même avortées qui en ont conftamant 5. Les mêmes raifons fubfiftent pour les 2des Figes que l'on caprifie à Malte & en Italie. A l'égard du Figier domeftique de l'Archipel qui ne fruttifie qu'une fois l'anée en Juin & Juillet, c. à d. dans le tems où il eft dans toute fa vigeur, & où fes feuilles font en bon état; il eft évidant que fes Figes ne mûriffent pas par la feule raifon que leur fubftance eft trop compacte, que leurs étamines avortent, & que ce n'eft que par le moien des Ichneumons qui i portent la pouffière des étamines, que leurs fruits font fécondés, & que leurs graines font en état de recevoir leurs œufs; cela paroît prouvé par les faits fuivans, favoir 1° que les Figes d'Eté à Paris, en Provence, en Italie & à Malte, ont toutes des étamines bien conformées, come les a décrit & figuré M. de la Hire, Mém. Acad. anée 1712. Tab. 15, & muriffent toutes fans le fecours de la caprification, ainfi que leurs grènes qui font les feules qui levent: 2° toutes les figes qui croiffent dans le courant de l'anée en Suéde, foit en Eté, foit en Autone, au raport de M. Linnæus (*Amœnit.* vol. 1, p. 228,) laiffent avorter toutes les étamines des fleurs mâles, come il arive à toutes les figes d'Autone de Paris, & des autres païs cités ci-deffus même au Sénégal, où je n'ai pu en trouver dans aucune faifon de l'anée: 3° quoique la pikûre des infettes hâte la maturité de nombre de fruits, quoiqu'on puiffe hâter cele des Figes en les pikant avec une plume graiffée d'uile, cete maturité ne produit pas pour cela cele des graines dans les Figes d'Autone dont les étamines avortent; ele n'eſt procurée qu'à celes qui ſont caprifiées, parce que les Ichneumons i aportent la pouſſière fécondante des étamines d'autres Figes aſſez analoges, & par laquele elles ſe rempliſſent d'amandes dans leſqueles ils doivent dépoſer leurs œufs.

De tous ces faits, il eſt naturel de conclure que le principal objet de la caprification opérée naturelemant par les Ichneumons eſt de féconder des graines qui n'auroient pas mûri ſans ce ſecours, & par conſékant qui n'auroient point produit d'amandes propres à nourir leurs petits, & à perpétuer leur race.

La fécondation s'opère de la même manière dans toutes les Plantes où ele a lieu; il ſuffit pour cela que la moindre parcelle de la matière contenue dans la pouſſière des étamines, ſoit répandue ſur le ſtigmate du Piſtil.

Manière dont s'opère la fécondation.

L'ovère ou ſon ſtil & ſon ſtigmate ſont percés d'un bout à l'autre, même très-ſenſiblemant dans pluſieurs Liliacées, dans le Baobab, le Datiska, le Reſeda, le Parnaſſia, & quelques autres Plantes; mais il i en a beaucoup plus où ils ſont fermés & pleins. Cela ſeul ſufiroit pour prouver que ce n'eſt pas l'intromiſſion de la pouſſière des étamines qui opère la fécondation, ni qui porte le germe dans les ovères, s'il n'étoit pas prouvé par les obſervations microſcopikes, que l'embrion ſe trouve tout formé dans les graines des Plantes qui n'ont pas été fécondées, & dont le parenchyme ne fait qu'un corps continu avec lui, de la même manière que le fétus ſe trouve tout formé dans les œufs de la grenouille & dans ceux de la poule avant la fécondation, ſelon les obſervations de Malpigi, de M. Haller, & de quelques autres anatomiſtes modernes auſſi célebres. Elle s'opère donc dans les végétaux & les animaux par une vapeur, une eſpèce d'eſprit volatil auquel la matière prolifike ſert ſimplemant de véhicule. Cete matière qui ſort des grains de pouſſière des étamines lorſqu'ils crevent, eſt uileuſe & ſe mêle facilemant à la likeur qui umeſte le ſtigmate du piſtil, ou à ſon velouté lorſqu'il paroît ſec: la vapeur qui s'en dégaje, auſſi tenue ſans doute, & auſſi animée, auſſi prompte que cele qui envelope les corps électriques, s'inſinue dans les trachées qui ſe terminent à la ſurface des ſtigmates, deſcend au placenta lorſqu'il i en a, paſſe de-là aux cordons ombilicaux juſque dans chaque graine où ele done la 1re impulſion, le 1er mouvemant ou la vie végétale à l'embrion qui est d'abord come invisible, & qui peu après sa vivification paroît come un point blanc dans les uns, & verdâtre dans d'autres.

Moïens naturels de la fécondation.

Les moiens dont la nature se sert pour procurer la fécondation dans les Plantes varient come leurs mœurs & come la structure de leurs parties.

1° Lieu.

Quant au lieu, il i a peu de Plantes unisexes, c. à d. dont le sexe soit partajé entre 2 individus, mais le même païs qui produit des individus, qui ont l'un des 2 sexes, en produit aussi qui ont l'autre sexe, & tous 2 naissent de graines recueillies sur le même pié.

2° Tems.

Quant au tems; les fleurs mâles fleurissent en même tems que les femeles ou avant, & les étamines des Ermafrodites fertiles ou bien conditionés s'ouvrent lorsque les pistils sont en état de recevoir leurs poussières.

Les fleurs ne s'ouvrent comunémant que au soleil ou dans les beaux tems; & si lorsqu'eles sont ouvertes, le tems menace de pluie avant que la fécondation soit achevée, eles se ferment pour en garantir les étamines & le stigmate, ou même pour les préserver de l'umidité de la nuit; celes dont les étamines sont couvertes come les Composées, les Personées, les Vervènes, les Labiées, les Légumineuses, &c. ne se ferment pas la nuit : enfin toutes se ferment dès que la fécondation est achevée, & que se pistil a reçu la poussière des étamines. Les stigmates qui sont formés de 2 lames, sont ouverts avant la fécondation, & se ferment aussi-tôt après; c'est ce qui se voit dans la Gratiole, le Sezame, le Bignona, la Gentiane, &c.

3° Situation.

Quant à la situation, les étamines des fleurs Ermafrodites sont courbées sur le stigmate du pistil. Dans les Plantes bisexes androgunes, les fleurs mâles sont comunémant placées au-dessus des femeles, come dans le Maïs, le Chît, le Tifa, le Carex, les Ambrosies, le Manfenilier, le Figier, &c. Néanmoins il i en a beaucoup qui ont les mâles placés au-dessous, come dans le Mapira, le Ricin, le Bui, le Maniot, le Pin, &c. & c'est le vent qui porte leur poussière sur les femeles qui sont au-dessus.

4° Proportion.

Quant à la proportion, on remarque que quand les étamines & le stigmate ont précisémant la même hauteur, les fleurs prenent indiféramant toute sorte de situation.

Lorsque le stigmate est plus court que les étamines la fleur est comunémant élevée; ou si ele est pendante avant la fleuraison, ele se releve au moment de la fleuraison, afin

afin que la pouffière des étàmines puisse tomber fur le stigmate ; & après la fécondation, ele fe panche come auparavant, & fouvant ele fe releve encore au moment de la
maturité des fruits, pour répandre fes graines ; c'est ce qu'on
remarque à l'égard du *Klaitona*, de quelques efpèces de
Geranion & de Mauve. On en voit cependant qui reftent
toujours pendantes ; teles font les celes du *Polugonaton*.

Si le ftigmate eft plus long que les étamines, alors il fe
courbe vers les antères, & fe redreffe après la fécondation,
come dans les Alfines, dans la Granadile, dans la Niele ;
ou bien il ne croît que lorfque les étamines font en maturité, & il fe couvre de pouffière en les traverfant come
dans les Compofées, & quelques Campanules ; ou bien la
fleur eft pendante come dans le Mitridation, l'Impériale,
le Fritilère, l'Akrokorion, le Narciffe, quelques Campanules, le *Kuklamen*, &c. & lorfqu'ele eft tombée, la plûpart fe relevent come fi c'étoit fon poids qui les eût fait
pencher.

19. *Manière de conferver vivantes dans des ferres les Plantes des climats les plus chauds.*

Les Plantes des païs très-chauds, tels que ceux de la Zone
torride depuis o dég. jufqu'à 23 dég. de latitude, foufrent à
l'air libre une chaleur qui va fouvant à 34 dég. & même
qui fupaffe 65 dég. à la furface de la tere ; mais eles meurent dans un air chaud de 34 dég. & au-deffus, lorfqu'il
n'eft pas renouvelé, & à 10 dégrés au-deffus de la congélation de l'eau, lorfqu'ils font continués pendant quelque
tems. Ce froid qu'on apele comunémant ici tempéré, ou
la température de la tere en général, parce qu'il a été obfervé affez conftamant dans la tere comune fans volcans, à
de grandes profondeurs, come depuis 30 jufqu'à 300 toi-
fes, brûle leurs feuilles : c'eft ce qui arive au Sénégal, au Baobab, & à nombre d'autres Plantes pendant les nuits les plus
froides de ce climat qui vont rarement plus bas que 13 à
14 dég. & jamais au-deffous de 10. Ces mêmes Plantes élevées ou tranfportées dans le climat de Paris, éprouvent la
même chofe lorfque à la fin de l'Eté ou près de l'Ekinoxe
vers le 17 Septembre, anée moiene, les nuits comencent à
ne doner que 10 dég. de température pendant que les jours
en donent 15 dég. ; & il paroit par la reffemblance des éfets,
que M Linnæus atribue aux nuits de fer qui arivent à Up-

ſſ

sal, anée moiene, le 25 Août, c. à d. 23 jours plutôt qu'à Paris, que ces nuits sont à la température de 10 d. come à Paris. Les nuits, dit-il, *Amænit. Acad.* vol. 3, p. 366, & vol. 4, p. 410, arêtent la végétation de l'Orge, des Fromens tardifs, & de la plûpart des Plantes étranjeres anueles, entrainent leur dépérissemant insansible, leur pourriture, enfin la mort, & avertissent par-là de les rentrer dans les Serres. Celes qui meurent par ces froids, à Upsal, sont les suivantes.

Plantes de la Zone torride.	Plantes des Zones tempérées.	Plantes des Païs froids.
L'Œillet d'Inde. *Tagetes.*	Le Millet.	Le Xantion.
Le Soleil. *Vosakan.*	L'Euparoire de Virginie.	La *Laſtuca Alpina*, fl. purpur.
Les Concombres.	L'After de la Chine.	La Brione.
Le Lizeret. *Convolvulus.*	L'Ambrosie.	La Vipérine.
Le Tabac.	L'Aralia.	L'Anagallis.
L'Alkekanje.	L'Onagra.	Le Chenopodion rouje.
La Balsamine.	L'Eliotrope.	La Balsamine *noli tangere.*
	Le Stramonium.	
	Le Chenopodium Botrus.	
	Le Fagopuron.	
	La Persikere d'Orient.	
	La Capucine.	

Ces nuits brûlent les feuilles des Arbres suivans,

Le Noier.
Le Vernix.
Le Figuier.
Le Murier.
La Vigne.
Le Erre même.

La même chose arive à quelke diference près, dans le climat de Paris, dans les lieux exposés libremant à toutes les variations de l'air; & il semble que l'Eté ait rendu plus sensibles les Plantes de nos climats, qui soufrent des froids plus vifs au Printems. Voici coment cela doit s'entendre.

Les Plantes des climats tempérés compris entre le 23e & le 36e périssent preske subitement par les 1ers froids de o d. c. à d. à la congélation de l'eau, qui arivent, anée moienes à Paris, le 7 Novembre. Souvant il ne gèle pas par ces nuits sur la tere ni sur les eaux profondes, parce k'eles ne se sont pas encor mises à la température de l'air; il n'i a ke les eaux superficieles, & come isolées & très-exposées, teles que celes qui sont sur les feuilles des Plantes, & les sucs akeux de ces mêmes Plantes qui se congèlent alors, & les font périr en détruifant leur organifation. Ces premiers froids brûlent les feuilles des Arbres fuivans, à Paris.

Le Noier.
La Vigne.
Le Murier noir & blan.
Le Figier.
Le Rofier.
L'Amandier.
Le Frêne.
Le Maronier.
Le Tilleul.
L'Erable roule.
L'Erable Plane.
Le Chêne même.

Et come les feuilles de la plûpart tombent comunémant 10 à 12 jours avant le 7 Novembre, tems moien des 1^{eres} gelées à Paris ; c'eft un indice que ces Plantes font originaires de climats plus chauds, lorske ces gelées arivent vers la $\frac{1}{4}$ Octobre, & les font tomber avant leur tems, & eles ne tiénent guère que 8 à 10 jours après la brûlure. La Vigne, au contraire, le Murier & le Figier qui ne les quitent naturelemant que bien après le tems moien des gelées, les gardent bien plus long-tems, & végetent même jufqu'au 15 Octobre, au moins vers le milieu du jour dans les aniées les plus tardives, mais affez douces pour doner 10 à 12 d. de chaleur à midi, & paffé ce tems, les grapes qu'on laiffe fur pié ne font que perdre, fe rider & deffécher.

Les Plantes des climats tempérés compris entre le 36 & le 50 d. de latitude périffent par les Ivers de 10 à 15 d. de froids continués au-deffous de la congélation de l'eau.

Enfin, les Plantes des climats froids, depuis le 50 d. de latitude jusk'au Pole, & des montagnes toujours néjées foufrent, fans périr, des froids de 20 à 70 dég. au-deffous de la congélation.

L'art n'a pu encor parvenir à élever & conferver les Plantes, ou au moins les Arbres des païs froids ou tempérés, dans la Zone torride, parce k'il eft très-dificile de modérer fufifamant la chaleur du Soleil, & de leur procurer en même tems l'air & l'umidité néceffaires ; au lieu qu'on peut, dans les climats même les plus froids, augmenter la chaleur de l'air, foit en raffemblant les raions du Soleil, foit par le moien de la chaleur artificiele des fumiers ou du feu, de maniere qu'ele égale cele que le foleil lui done dans la Zone torride. C'eft par le moien des Serres qu'on peut remplir cet objet, & on n'i parviendra qu'en leur donant la conftruction la plus convenable au climat, & qui raſſemble tous les avantajes qu'il peut procurer. Je n'en conois point encor dans ce cas, & je vois qu'en général on néglije les vrais principes, de maniere que ſouvant tele conſtruction qui conviendroit mieux à un climat plus chaud, eſt emploiée pour un climat plus froid, & réciproquemant enfin, preſque toutes ſont trop froides pour nos climats ; auſſi i a-t-il très-peu d'Ivers où l'on ne perde la plûpart des Plantes les plus rares & les plus précieuſes de la Zone torride, que l'on éleve chaque Eté, & qui périſſent l'Iver ſuivant. Ces pertes réitérées m'ont engajé à examiner toutes les diverſes conſtructions de Serres pour en reconoître les défauts ; & le calcul joint à l'expériance ſur la végétation de ces Plantes dans la Zone torride & dans nos climats, m'a fourni des régles générales qui font la baſe d'un grand travail ſur cete matiere égalemant utile & agréable dont je vais extraire l'eſſentiel.

Objet des
Serres. On a trois objets principaux en bâtiſſant des Serres dans le climat de Paris ;

1º De préſerver ſeulemant de la gelée les Plantes des climats tempérés ſitués entre le 36 & le 43 dég. de latitude, teles que les Plantes de l'Italie, de l'Eſpagne, de la Provence, du Portugal, du Miſſiſſipi, &c. ſans les faire végéter : pour cela il ſufit de leur procurer depuis o ou 2 juſqu'à 10 dég. de chaleur ;

2º De procurer aux Plantes tardives des climats précédans, qui fleuriſſent en Autone ou en Iver, le moien de continuer la végétation, ainſi qu'à celes des païs compris entre le 23 d. & le 36 d. ſoit qu'eles fleuriſſent en Iver, come celes du Cap-Bone-Eſpérance, ſoit qu'eles fleuriſſent en Eté, come celes d'Egypte, des Iles Canaries, des montagnes moienes du Pérou, &c Une chaleur de 12 à 20 dég. audeſſus de o, leur ſufit. Cete chaleur convient auſſi aux Légumes qu'on veut élever ſur couche, & aux Arbres fruitiers qu'on veut avancer au Printems ou même en Iver ;

3º De doner aux Plantes des Tropikes compris entre l'Equateur o d. juſqu'au 23 d. qui végétent toute l'anée, & qui fleuriſſent & fructifient de même, ou au moins 2 fois, la chaleur qu'eles éprouvent dans leur climat, & qui va depuis 15 juſqu'à 34 d.

De-là, il ſuit qu'il faut 3 ſortes de Serres diférentes ſeulemant par le dégré de chaleur & par le moien de la leur procurer ; car la conſtruction en doit être la même pour le fond & l'eſſentiel.

Huit choſes ſont à obſerver dans la conduite des Serres, ſavoir

1° Leur conſtruction.
2° La conſtruction des couches & du fourneau.
3° Le tems de ſemer.
4° Le tems de rentrer les Plantes dans les Serres, & celui de les ſortir.
5° Leur diſtribution.
6° L'adminiſtration de la chaleur & de la lumiere.
7° Le renouvelemant de l'air.
8° Les aroſemans.

La conſtruction d'une Serre roule ſur 11 points principaux, ſavoir;

2° Leur conſ-
truction.

Sa poſition.	L'inclinaiſon du mur du fond.	L'évaſemant des Serres.
Sa figure totale.		Les chaſſis.
Sa profondeur.	La hauteur de ce même mur.	Les vitraux.
Sa hauteur en devant.		Et leur diviſion.
	Sa longueur.	

L'expoſition directe au Sud eſt la meilleure de toutes, & après ele cele du S. E. eſt préférable à cele du S. O. Un monticule au N. derriere la Serre, ou à ſa place une toufe de grands Arbres, ou un grand mur élevé exprès, eſt un avantage à ne pas néglijer.

Expoſition.

La figure convexe eſt trop froide, & préſente trop de priſe aux gelées; cele en ligne droite eſt la ſeule praticable pour les grandes Serres; mais la concave dans ſon fond eſt la meilleure de toutes, ſur-tout pour les petites Serres, qui ne paſſent pas 30 à 32 piés en longeur, parce k'étant bien proportionées dans leur profondeur, leur hauteur & leur évaſemant, eles donnent le moins de priſe qu'il eſt poſſible au froid, & reçoivent tout le Soleil que la ſituation du climat peut leur procurer.

Figure.

Dans une Serre trop profonde les Plantes s'étiolent, les fruits groſſiſſent ſans mûrir & pouriſſent; c'eſt ce qui arive aux Vignes, aux Pêchers, aux Abricotiers, Ceriſiers & autres Arbres fruitiers qu'on veut avancer. Une Serre trop étroite, au contraire, ne reçoit & ne conſerve pas aſſez de chaleur. Il faut un juſte milieu entre ces 2 extrêmes. L'expérience a apris que les meilleures, pour le climat de Paris, ſont celes qui ont 7½ à 8 piés de profondeur, pour la Provence 7 piés, pour Upſal en Suede 9 à 10 piés, &c.

Profondeur.

Un ſeul terme de ces profondeurs bien conſtaté pour un climat, come celui de Paris, ſuffit pour trouver, par la hauteur du Soleil, quele doit être la hauteur de ces mêmes Serres. Mais toute hauteur du Soleil n'eſt pas indiférante à prendre pour ce calcul; cele du ſolſtice d'Eté eſt trop grande pour tous les climats plus Sud que Paris, parce k'il eſt inutil

Hauteur.

de recevoir le Soleil dans une Serre, paſſé le tems où il faut en ſortir les Plantes, & les metre en pleine tere, afin qu'eles profitent davantaje : or ce tems où on peut les ſortir à Paris, eſt celui où les nuits comencent à avoir au moins 10 dég. de chaleur au-deſſus de 0 ; & ces nuits arivent, anée moiene, vers le 25 Mai, où le Soleil n'a que 62 d. de hauteur, au lieu des 64 ½ qu'il doit avoir à ſon ſolſtice le 20 Juin ; & c'eſt ſur cete hauteur de 62 d. qu'il faut calculer. A l'égard des païs plus N. que Paris, come Upſal en Suede, & au-delà, les nuits au-deſſus de 10 d. qui ſont les plus froides auxqueles on puiſſe confier les Plantes de la Zone torride, n'arivant que vers le 15 de Juin ou en Juillet, après la plus grande hauteur ſoltitiale du Soleil, il faut calculer ſur la hauteur même du ſolſtice. Le ſinus de la hauteur choiſie du Soleil donne la hauteur cherchée de la Serre, & ſon ſinus de complémant en exprime la profondeur. On vera, ci-après dans une Table, les réſultats de ce calcul pour divers climats, depuis la latitude de 0 d. où la meilleure Serre, s'il en étoit beſoin, ſeroit un mur vertical d'une hauteur indéfinie ſans déclinaiſon ou un abri ékivalant, juſk'au Pole, où la meilleure Serre ſeroit cele qui auroit 1 fois plus de profondeur que de hauteur.

Inclinaiſon du mur du fond. La profondeur & la hauteur la plus convenable à une Serre étant connües, il faut ſavoir quele ſituation & quele forme on doit doner au mur du fond. Il eſt certain que come par 0 d. de latitude, la meilleure Serre pour préſerver les Plantes de nos climats froids de la trop grande ardeur du Soleil, ſeroit cele dont le mur ſeroit parallele au raïon de la hauteur du Soleil, qui décline de 23 ½ d. au ſolſtice d'Iver, de même auſſi ce mur par 90 d. de latitude conſerveroit mieux la chaleur du Soleil, s'il étoit parallele à la plus grande hauteur, au ſolſtice d'Eté, c à d. s'il étoit incliné de 66 ½ d. vers la tere, comme l'indike la Fig. I. Et cete forme jointe à la circulaire pour décrire une voûte à 3 ellipſes, eſt, ſans contredit, la meilleure de toutes pour les petites Serres de 32 piés au plus de longueur qu'on voudroit établir dans les païs les plus froids.

Hauteur du mur du fond. Mais cete inclinaiſon de mur qui done à la Serre une forme triangulaire, quoike favorable à la concentration de la chaleur, quoike dans le même ſens où les Plantes ſe portent pour chercher le Soleil & la lumiere, eſt très-incomode pour leur ſervice ; c'eſt pourquoi on a cherché à racheter cet avantaje, par le ſacrifice d'un ſuperflu de chaleur dont on pouvoit abſolument ſe paſſer dans nos climats plus tempérés , en le faisant, vertical. Il ne faut cependant pas le faire vertical dans toute sa hauteur, ce qui doneroit à la Serre une forme carrée; on perdroit trop de chaleur, en augmentant dans le haut sa capacité, qui est le plus souvant inutile; on peut le briser & en fixer la hauteur, pour le plus grand avantage, & preske sans perdre de chaleur, en la calculant sur une profondeur & une hauteur déterminée, come il a été dit ci-dessus, relativemant à ce principe, que, dans le climats où la hauteur du Soleil au solstice d'Eté est de 45 d. la profondeur de la Serre doit être égale à sa hauteur, & conſékamant, que plus le Soleil s'éleve au-dessus de 45 d. plus on peut diminuer cete profondeur, & la remplacer par un mur dont la hauteur sera égale à cele dont le sinus de la hauteur du Soleil au jour qu'on a choisi pour fixer la hauteur de la Serre, surpasse son sinus de complémant, c. à d. sa profondeur, ce qui donnera à la partie brisée du mur plus d'inclinaison vers le Sud que n'en ont les raions du Soleil à la hauteur choisie; dans ce cas la Serre aura la figure d'un trapèze, & sa profondeur avec la hauteur du mur de son fond, égaleront la hauteur de sa face. (Voiez les figures 2, 3 & 4.) Dans les païs, au contraire, ou le Soleil s'éleve moins que 45 d. on ne peut pas élever de mur à leur fond, qui doit augmenter au point qu'au Pole il doit être preske double de la hauteur de la Serre, qui, pour lors, ressemble à un triangle dont la partie supérieure est inclinée vers le N. On trouvera toutes ces dimensions dans la Table suivante, où j'ai exprimé les quantités négatives par le signe —. J'i ai estimé le tems des nuits de 10 dég. d'après les observations météorologikes, que j'ai faites ou que j'ai pu recueillir : à l'égard de celes des païs voisins du Pole, nous n'avons que très-peu de notions; eles se réduisent à ce que, par 76 d. de latitude N. en-deçà du Spitberg, les Pêcheurs de Baleines n'ont observé au fort de l'Eté que 5 à 6 dég. de chaleur; & selon eux, il i fait plus froid que par les 80 d. de latitude, come au N. du Spitberg, où M. Roland Martin assure n'avoir jamais vu monter le Termometre de Suede au-dessus de 8 déd. pendant tout l'Eté de 1758, qu'il passa dans ce païs inhabité, & qu'il juje inhabitable. (Voiez *Linn. Amœnit.* vol. 5, p. 443.) Ces 8 dég. répondent à 6 ⅓ dég. du Termometre de Reaumur.

Table pour déterminer la hauteur & profondeur des Serres par la hauteur du Soleil.

Païs; Leur latitude.		Jours où les nuits de 10 dég. de chaleur.		Hauteur du ☉ à midi.		Hauteur des Serres en devant.	Leur profondeur.	Hauteur du mur du fond.
		Comencent	Finissent.	Au solstice d'Eté.	Les jours où comencent les nuits de 10 d. de chaleur au Printems.			
Malaka	0 d.	0	0	0 Dég.	0 Dég.	0 Piés	0 Piés	0 Piés
Kanton	23 ½	20 Mars.	20 Nov.	90	66 ½	14 3/5	6 3/5	8 6/8
Le Kaire	30	1 Avril.	10 Nov.	83 ½	66	14 1/5	6 2/5	8 1/8
La Provence	43	10 Mai.	1 Oct.	70 ½	64	14 2/5	7	7 3/5
Paris	49	25 Mai.	17 Sept.	64	62	14	7 2/5	6 1/5
Upsal	60	25 Juin.	25 Août.	53 ½	53 1/8	12 4/5	9 2/5	3 2/6
Torneo	66 ½	10 Juil.	16 Août.	47	47	11 1/5	10 4/5	0 4/6
	68	11 Juil.	15 Août.	45	45	11 2/5	11 2/5	0
Spitberg	80	25 Juil.	10 Août.	33 ½	33 ½	8 3/5	13 2/5	−4 6/8
	90	0	0	23 ½	23 ½	6 1/5	14 1/8	−8 5/8

Evasemant des Serres.

Pour doner aux 2 côtés d'une Serre l'ouverture ou l'évasemant convenable, il est nécessaire de conoître l'amplitude la plus grande du Soleil à son lever vers les jours du solstice d'Iver, les seuls qu'il faut consulter, parce ke ce sont les plus froids, & que le Soleil ne sortant alors des nuages que 1 à 2 h. après son lever, & s'i cachant à-peu-près autant avant son coucher, il est important de ne lui pas présenter plus de surface qu'il n'en peut éclairer. On en verra les dimensions dans la Table suivante, pour une Serre de 32 piés de face au chassis.

Longeur du mur du fond.

En général, moins une Serre a de profondeur sur une larjeur & une amplitude de Soleil déterminées, plus son mur de fond a de longeur, &, au contraire; c'est ainsi qu'une Serre en trapèze de 32 piés de face, avec une amplitude de 25 d. qui, lorsk'on lui done 8 piés de profondeur, n'a point de mur de fond, parce ke l'amplitude fait rencontrer ses 2 murs latéraux, pour former à son centre un angle obtus de 130 dég. en a un de 5 piés, lorsk'on réduit sa profondeur à 7, & de 16 piés, lorsk'on la réduit à 4, come on le pouroit faire par la latitude de 23 ½ dég. La Table suivante, quoike calculée pour une petite Serre de 32 piés de face, peut servir égalemant pour les plus grandes Serres, en prenant sur chacune de leurs extrémités une longeur de 16 piés, c. à d. de la ½ de la face de la petite Serre, & traçant sur son fond un arc de cercle, qui aura pour ouverture le raion marké à côté de l'amplitude, ce qui donera à ces extrémités une forme concave analoge à cele de la petite Serre. On trouvera ce raion par l'analogie fuivante.

Come S D profondeur de la Serre fupofée de 7 piés : (fig. 5.)
Eft à S T fa demi-face fupofée de 16 piés :
Ainfi cete demi-face S T de 16 piés : :
Eft à un 4e terme S R :

lequel terme ajoûté à la profondeur S D, donera un diametre dont la $\frac{1}{2}$ fera le raion cherché pour décrire fon fond circulaire.

Pour trouver la longeur du mur de fond d'une Serre en trapèfe, come cele de la fig. 4, on fera cete analogie :

La tangente 32 T de la plus grande amplitude méridionale pour la latitude donée :
Eft au finus total 32 N : :
Come la diférance N D de ladite tangente au co-finus D S de la hauteur du Soleil :
Eft à un 4e terme D M, qui fera la demi-longeur cherchée du mur de fond.

Table des amplitudes pour trouver la longeur du raion néceffaire pour doner à une Serre de 32 piés de face, une forme concave, & pour déterminer la longeur de fon mur de fond, fi l'on veut la faire en trapèze.

Latitudes des Païs.	Dégrés d'amplitude méridionale au folftice d'Iver.		Heures où le Soleil fe leve & fe couche, ou comence & ceffe d'éclairer la Serre.		Longeur du raion néceffaire pour doner à une Serre de 32 piés de face une forme concave.	Longeur du mur de fond de la Serre.
			Le matin.	Le foir.		
	o dég.	min.	6 heures.	6 heures.	o piés.	o piés.
Malaka o d.						
Makao $23\frac{1}{2}$	25	31	$6\frac{3}{4}$	$5\frac{1}{4}$	23 $\frac{1}{5}$	5 $\frac{1}{5}$
I. Canaries 30	27	4	7	5	23 $\frac{1}{5}$	7 $\frac{1}{5}$
Efpagne 43	32	27	$7\frac{1}{2}$	$4\frac{1}{2}$	21 $\frac{1}{5}$	9 $\frac{4}{5}$
Viene Autr. 49	36	40	8	4	20 $\frac{1}{5}$	11 $\frac{4}{5}$
Upfal 60	51	25	$9\frac{3}{4}$	$2\frac{1}{4}$	18 $\frac{1}{5}$	16 $\frac{4}{5}$
Torneo $66\frac{1}{2}$			$11\frac{1}{4}$	$0\frac{3}{4}$		
68						
Spitberg 80						
90					32	32

Chaſſis. On fait 3 ſortes de chaſſis, ſavoir ;

Ou tout droits,

Ou tout inclinés, ſelon la métode de Boërave & des Hollandois,

Ou droits dans le bas, & inclinés ſeulemant vers le haut.

Droits. Les meilleurs ſont ceux qui ont le moins d'inclinaiſon ; & ceux qui ſont tout droits ſont préférables, parce k'ils préſentent moins de ſurface au froid dans le tems où il a plus de force que le Soleil, come en Novembre, Décembre, Janvier & Février. C'eſt pour cela que les chaſſis inclinés, à la façon Hollandoiſe, ſoit convexes en porꞮion de sfère, & dont on reçouvre chake partie avec des paillaſſons à meſure que le Soleil les abandone, ſoit conſtruits en ligne droite, & inclinés, ainſi que le mur ſur lekel ſont couchés les Arbriſſeaux à fruits, tels que la Vigne, la Pêche, &c. qu'on veut avancer, de maniere qu'ils ſoient perpendiculaires aux raions du Soleil, au comencemant de Mars, ne ſont bons que pour ce mois & celui d'Avril, où le Soleil comence à avoir plus de force que les froids des nuits qui diminuent en s'élevant inſenſiblement au-deſſus dela congélation ; encore riske-t-on en Avril de voir les Plantes brûlées en un moment, ou par le moindre coup de Soleil lorsk'on ne les ouvre pas, ou par les froids de 7 à 8 dég. lorsk'on les ouvre trop tôt. Un autre avantaje des chaſſis droits, ainſique le mur du fond de la Serre, c'eſt qu'on i peut élever de plus grandes Plantes, enfin qu'ils ſont moins expoſés aux coups de la grêle, à retenir les nejes, qui glacent l'air de la Serre, ou l'eau des pluies qui i pénetre, ou cele même des vapeurs élevées du fond de la Serre, qui, en retombant ſur les Plantes, les inonde, les déchauſſe & les pourit.

Inclinés. En général il ſeroit plus avantajeux d'incliner le ſol des Serres aux raions ſolaires de Février, qui eſt le tems où les Plantes de la Zone torride, enfermées depuis 5 mois, ſoufrent le plus, que d'incliner leurs chaſſis. L'uſage de ces chaſſis inclinés en entier, & de forme triangulaire, n'eſt bon que pour les ſemences ou pour les Plantes baſſes qu'on éleve ſur couche, come les Melons, les Briones, les Árikos & autres Plantes grimpantes ; les plus bas, même ceux qui n'ont que 5 à 6 pouces de hauteur, ſont les meilleurs. Mais pour les Plantes qui s'élevent droit, & qui, entre le mois de Mars où on les ſeme & la fin de Juin où on peut lever entièremant les panaux des chaſſis, prenent jusk'à 3 piés de hauteur, il faut faire ces chaſſis en partie droits, & inclinés en partie, & leur doner la forme d'un trapèze, de maniere que, ſur une hauteur de 4 à 5 piés au plus, le mur du fond qui ſera de ſortes planches de chêne, unies à rènure, ait 3 piés de hauteur, & celui de devant 1 pié, (fig. 12.) Ce dernier doit être en vitraux, ainfi que ceux de côté & les panaux.

Vitraux.

Les vitraux les meilleurs font ceux qui préfentent le plus de paffajes aux raions folaires. Pour remplir cet objet à l'égard des Serres, les montans principaux, au lieu d'être de bois dont la folidité fufifante exije trop d'épèffeur, feront de fer, ainfi que ceux qui ferviront de bareaux aux vitres. Celesci feront par préférance du verre le plus blanc, tel que celui de Boëme, larjes au moins de 1 pié fur 2 à 3 de longeur, & pofées en recouvremant les unes fur les autres, de manière que les bords en recouvremant fortent en dehors de la Serre, pour i laiffer couler l'umidité de l'intérieur & afin que cele des pluies n'i puiffe pénétrer. Eles feront retenues dans les montans de fer fans aucunes traverfes, ou au moins qui feront très-rares. Rien de meilleur que la mouffe pour boucher tous les joints, fi ele n'étoit fujete à retenir la pouffiere & l'umidité, & à végéter, de maniere qu'ele fait déjeter le vere & travailler le fer même. On pouroit doner aux montans moins d'épaiffeur dans le fens des raions du Soleil, lorsk'il eft au S-E. & au S-O.

Toute Serre, de tele grandeur qu'ele foit dans les proportions des Tables ci-deffus fur chake longeur de 30 piés environ, aura au milieu de fes chaffis, au moins une porte vitrée, come eux à 2 batans chacun de 2 à 3 piés, & 4 à 5 panaux de 1 pié de haut fur 2 de larje, dont 2 en bas & 3 en haut, le 3e étant au milieu, qui tous s'ouvriront par des balanciers à guichets & à cordons.

A l'égard des paneaux des chaffis inclinés, ils feront tous volans pour la plus grande comodité du fervice, de maniere qu'on puiffe doner de l'air aux Plantes, en foulevant l'une ou l'autre de leurs extrémités, au moien d'un bouton de fer fixé au milieu de leur larjeur, & qu'on fera entrer à tele hauteur qu'on jugera néceffaire, dans les trous d'une régle de fer à charniere. Les traverfes fur leskeles ils porteront par les côtés, au moien d'un petit rebord convexe, feront creufées en deffus en goutiere, pour doner un écoulemant aux eaux de la pluie. Leurs vitres feront très-longues, come celes des Serres, mais moins larjes, fe recouvrant de même de 4 à 6 lignes en dehors, étant affujéties par les côtés fur des barres longitudinales, & avec le moins de traverfes qu'il fera poffible.

J'ai dit qu'il faloit 3 fortes de Serres dans ce païs-ci pour **Divifion** les Plantes des 3 climats plus chauds que le nôtre. Mais au **des Serres.** lieu de faire ces 3 Serres féparées, come cele de la fig. 6, il feroit avantajeux de n'en faire qu'une feule, (fig. 7,) divifée en 3 parties, chacune de 30 piés environ, & capable de contenir 1,000 pots, de forte que fa longeur totale d'environ 90 piés pourroit contenir autour de 3,000 Plantes: c'eſt à-peu-près tout ce que nous poſſédons de ces climats, environ 1,000 de la Zone torride, autant des païs hors des Tropikes, & autant de la Zone tempérée. Un cataloge des Plantes qui doivent entrer dans chacune de ces 3 Serres feroit une choſe utile, & pourroit faire la matiere d'un ouvraje intéreſſant. Leurs diviſions ne feront formées que par des cloiſons vitrées. La Serre de la Zone torride ocupera le milieu, & aura fon fol incliné de 1 pié vers le Sud fur toute ſa profondeur de 7 ½ à 8 piés; cele hors des tropikes, apelée la Serre du Cap-Bone-Eſpérance, ocupera l'extrémité occidentale qui fera plus chaude, étant expoſée aux vents de S-E, qui amenent de la chaleur; & cele tempérée ou l'Oranjerie, ocupera l'extrémité orientale expoſée aux vents de S-O. qui font plus froids. Ces 2 extrémités feront cintrées, come celes de la fig. 6. Cete grande Serre, ainſi diſtribuée, réunit des avantajes qui ne font pas à néglijer: ſi ele a moins de chaleur que la petite Serre iſolée, ele ſuprime une étendue de mur, la dépenſe & la conſommation d'un fourneau, & raproche davantaje le ſervice des Plantes.

Pour profiter de la chaleur du devant de la Serre, qui feroit perdue, on pouroit établir fur ce devant, & fur une couche enterrée de 4 à 5 piés, un chaſſis incliné, triangulaire, (fig. 10,) fans mur de face, qui feroit infiniment préférable à ceux qu'on fait, à l'imitation des Hollandois, murés fur toutes leurs faces, même fur le devant, pour les ananas qui n'ont, par cete pratique, ni aſſez d'air, ni tout le Soleil qu'on peut leur procurer, & dont le fruit perd par-là toute ſa qualité.

Enfin le pourtour de la Serre du côté du N. doit être environé d'une galerie ouverte ou fermée, (fig. 6 & 7,) de 3 à 4 piés de largeur pour rejeter les eaux de la pluie & écarter l'umidité du mur. Si cete galerie eſt ouverte, ele poura ſervir à metre fur des gradins, à l'abri du Soleil de la trop grande pluie & des gelées umides, les Plantes des montagnes même en les couvrant de neige qui les en garantiſſent, & à faire le magaſin des tourbes à brûler ou du bois à chaufer le fourneau. Si ele eſt fermée, ce qui feroit mieux, ele peut ſervir de grenier pour conferver les grènes, pour deſſécher les Plantes en Erbier, & même fournir un logement à celui qui a le foin du fourneau pendant les nuits d'Iver. Les portes de la Serre doivent être ouvertes dans cete galerie fermée, ou avoir un tambour en dehors, qui reçoive le fourneau, afin que l'air qui entre dans la Serre ne glace pas les Plantes.

Lorske la chaleur du Soleil n'est pas sufisante pour échaufer les Serres, on i suplée par 2 moiens, savoir le fumier & le feu.

2°.
Construction
des couches &
du fourneau.

Le moien des couches à fumier est le plus ancien, & sufit pour les chassis inclinés & triangulaires de 3 piés au plus de hauteur, sous lesquels on éleve des Plantes basses ou rampantes, teles que la plûpart des potajeres ; mais la chaleur la plus grande qu'eles peuvent procurer ne sufit pas pour échaufer des Serres d'une plus grande capacité & qui doit contenir des Plantes de 10 à 15 piés de hauteur ; d'ailleurs cete chaleur trop umide ne convient guère qu'aux Plantes potageres ; la plûpart des Arbres ou Arbrisseaux de la Zone torride, acoutumés à une atmosfère seche, veulent une chaleur seche ; & on peut la leur procurer par le secours du feu que l'on joint à celui des couches.

Couches à
fumier.

Les couches ordinaires que l'on dresse, au Printems, en plein air, à l'abri d'un grand mur ou dans un enfoncemant bien exposé au Midi, pour i semer & élever sous des chassis inclinés les Plantes des climats les plus chauds, sont toutes de fumier neuf, enfoncé de 2 à 3 piés en tere, élevées autant au-dessus, & recouvertes de 9 pouces de terreau fin dans lequel on entere les pots. On pouroit encore perfectioner à cet égard, en donant à ces couches un corps de Serre qui diféreroit de celui des fig. 6 & 10, en ce qu'il n'auroit pas de chassis droit, qui seroit remplacé par un chassis incliné à fond circulaire, & en ce qu'il formeroit une voute décrite par 3 ellipses ; (Voiez la fig 12 :) la couche seroit inclinée de même de 1 pié en face du Sud sur la profondeur du chassis incliné, qui ne doit pas passer 4 à 5 piés, & son fumier déborderoit de 2 piés tout autour du chassis, même du côté du mur, afin qu'on pût doner tous les mois, plus ou moins, selon le besoin, des réchauds de fumier, en renouvelant celui qui déborde. Le tan mêlé couches par couches avec le fumier, seroit peut-être préférable pour les Plantes étrangeres, parce qu'absorbant l'umidité superflue du fumier, il s'en éleveroit moins dans la capacité du chassis ; d'ailleurs étant plus compact que le fumier, il conserveroit plus long-tems sa chaleur.

Tan &c.

C'est sans doute pour ces divers avantajes qu'on fait les

couches des Serres diféramant de celles de plein.air, devang
refter 6 à 8 mois fans être renouvelées, & eles feroiẽt
d'autant plus chaudes & plus feches qu'on i emploieroit plus
de tan. La foffe à la tanée d'une petite Serre, tele que cele
de la Fig. 6, deftinée aux Plantes de la Zone torride, & dogt
le fol eft incliné de 1 pié vers le Sud fur toute fa profondeur de 7 $\frac{1}{2}$ à 8 piés, aura 4 piés de larje fur 5 à 6 de
profondeur : fon fond fera couvert d'une couche de plâtras
épaiffe de $\frac{1}{2}$ pié, au-deffus de laquele on étendra une femblable couche de faffines ou de gauletes pour laiffer égouter l'umidité de la couche de 2 piés à 2 $\frac{1}{2}$ piés de fumier
neuf, & autant de tanée, qu'on metra par-deffus & dans
laquele on enfoncera les pots. Le mur de la tanée fera de
brikes de 4 pouces d'épaiffeur qu'on doublera dans le voi-
finaje du fourneau.

On fera une efpèce de tanée femblable de 1 pié environ
dans le pourtour de la Serre, entre fon mur & les tuiaux
du fourneau.

Fourneau.   Avec une tanée ainfi établie, un feul fourneau fufira pour
bien échaufer la Serre dont il s'ajit de 32 piés de long.ou
environ, & dont le tuiau ne paffera guère 60 piés de longeur. Le bois chaufe plus proptemant que la tourbe, & il
eft très-utile dans les cas où il faut ranimer un fourneau
éteint au moment d'un redoublemant de froid ; mais la
tourbe, quoike fujete à répandre une odeur défagréable,
lorfque des tuiaux mal conftruits ou mal formés laiffent
échaper de la fumée done, une chaleur plus vive & plus
durable, au point qu'en Hollande on ne fert un fourneau
que tous les 4 jours en i entaffant la tourbe, fans être oblijé
d'i toucher, ce qui épargne le fervice ; d'ailleurs la tourbe
eft infinimant moins chere que le bois. Ces diverfes raifons doivent engajer à lui doner la préférance.

Un fourneau à tourbe, (fig. 11,) fera fufifant pour notre
Serre fi l'on done à fa voute de tuiles une forme émis-
férike de 1 pié de raion, & fi fon cendrier à 1 fois moins de
grandeur. Sa grille fera formée de barres de fer de 8 à 9
lig. de diametre fort raprochées & bien fcelées, dans le mur.
Un fénomene qui étonera fans doute les Fificiens, c'eft que
les bareaux de femblables dimenfions & fcellés de même
dans des fourneaux où l'on a brûlé de la tourbe pendant
plufieurs Ivers fe voutent en arc de près 6 pouces de raion.
La tourbe trop entaffée caufe encore d'autres ravajes dans
les Serres, lorsk'on n'a pas l'atention de modérer l'ouverture du cendrier ; alors le feu eft fi violant, qu'à 12 ou 15

piés il prend à la tanée, & brûle les Plantes qui l'avoisi-
nent : pour prévenir ces défordres, on double la foſſe au
tan avec une forte tole de fer & une bone couche de ſa-
ble ou bien avec un mur de brike qui mete 1 pié de diſ-
tance entre les Plantes & le tuiau le plus voiſin du
fourneau. Ce fourneau feroit mieux placé pour la diſtribution de la chaleur, ſi on le metoit au milieu de la face de
la Serre pour imiter la chaleur du Soleil, qui vient par-devant, en lui donant un tuiau à 2 branches qui auroient leur
fortie comune au milieu du mur du fond; mais pour la
comodité, il vaut mieux le placer au bout occidental de la
Serre, à côté de la porte.

Souvant un fourneau bien conſtruit fume ou ne tire
pas, c. à d. ne done pas de chaleur dans la Serre pour 3 raiſons.

1º Lorsk'il n'eſt pas aſſez au-deſſous des tuiaux, & que
ces tuiaux ſont trop paralleles à l'oriſon ou qu'ils s'inclinent & plonjent même au-deſſous, défaut que j'ai vu metre en pratique, quoike contraire à l'expérience fiſike qui
nous aprend que l'action du feu eſt plus grande quand la
chaleur monte verticalemant que quand ele ſe comunike
oriſontalemant, & que leur raport eſt come 3 à 4, c. à d.
que lorske la chaleur s'étend verticalemant à 4 piés, ele
ne parvient qu'à 3 latéralemant, il faut dans l'exécution
tâcher d'aprocher le plus que l'on peut de ce raport.

2º Lorske les tuiaux ſont trop amples ou trop longs,
come quand ils paſſent 60 piés.

3º Lorske les coudes du tuiau n'ont pas aſſez d'évaſemant & qu'étant trop d'ékère la fumée ſe réfléchit ſur ele-
même.

Sur ces principes & toujours pour la Serre propoſée de
la fig. 6, un tuiau de brikes qui auroit de capacité 3 pouces en larjeur ſur 1 pié de profondeur, feroit bien diſpoſé
ſi, en partant du fourneau placé à-peu-près au niveau du
fond de la foſſe au tan, c. à d. à 4 ou 5 piés au-deſſous
du haut de la tanée, il paſſoit pardevant ele poſé de chan
à 2 piés au-deſſous de ſa ſurface, & s'il retournoit par derriere, ele en remontant de 1 pié, come le fond de la Serre.
A chake coude, on pratikeroit une chambre ou tambour de
6 pouces en quaré qui ſeroit come un magaſin de fumée
& de chaleur; car la fumée s'en charje plus que l'air ſec dans
certains cas, & c'eſt pour cela que la tourbe qui done plus
de fumée que le bois, échaufe auſſi davantaje. Ce tuiau en ſe
retréciſſant par le bout, ſe termineroit à l'ordinaire en un
tuiau cilindrike de tole avec un diafragme à clé qu'on fer-

meroit pour conferver la chaleur, dès' que la tourbe entièremant embrafée comenceroit à ne plus fumer. Au lieu
d'un feul tuiau qui feroit le tour de la Serre, on pouroit
avec le même avantaje le divifer dès fon origine en 2 branches qui, après avoir pafié, l'une par-devant, l'autre par-
derière la Serre, à la même hauteur, comunikeroient dans un
feul tuiau comun de tole, auprès duquel un peu avant leur
réunion, ils auroient chacun un diafragme qui ferviroit de
modérateur pour diminuer l'ouverture de celui qui tireroit
le plus ou du côté dukel il feroit néceffaire de moins
échaufer. Ces tuiaux feroient diftans de la tanée de 1 pié
d'épaiffeur de maçonerie dans la longeur de 10 à 12 piés
du fourneau, & de 6 à 4 pouces dans le refte de leur longeur.

La portion (S. fig. 7) de la grande Serre deftinée à la
Zone torride, fera come la petite Serre 6, inclinée de 1 pié
en avant: il n'i aura de diférance qu'en ce que fon tuiau,
au lieu d'en faire le tour en entier, après avoir pafié de
chan fur le devant, paffera de même fur le devant de la
Serre T du Cap, où il fera couché orifontalemant à fa
furface, & recouvert de piere de liais, parce ke cete Serre
n'aiant point de tanée n'a befoin d'être échaufée que dans
fa capacité, où les Plantes feront ranjées fur des gradins.
On pouroit pratiker dans le même fourneau un 2^d tuiau
aveugle ou en cu-de-fac qui paffieroit par derière la tanée,
& i ferviroit de magafin de chaleur; & il feroit peut-être
égal de le faire comuniker come 2e branche dans l'autre peu
après fon entrée dans la Serre du Cap, en donant à chacune avant leur réunion un modérateur à clé, indépendamant
du diafragme qui feroit au bout du tuiau de tole où ils fe
perdroient, & qui fortiroient dans le mur entre la porte
occidentale & le chaffis.

Dans les climats plus froids que celui de Paris, come en
Suede, un 2e fourneau qui pafferoit du coin occidental de
la Serre de la Zone torride, pour faire le tour de la Serre
du Cap, feroit néceffaire.

Les Serres, les fourneaux & les couches ainfi conftruits,
il s'ajit d'i placer & gouverner les Plantes qui i font
deftinées.

1°.
Tems de fe-
mer.

Come il faut que les Plantes anueles des climats plus
chauds que le nôtre puiffent fleurir pendant le court efpace
de notre Eté, & que les vivaces puiffent pendant le même
tems prendre du corps & du bois pour réfifter plus facilemant aux langueurs caufées par la privation du Soleil pendant

dant l'Iver ; il eſt eſſentiel de les ſemer de bone heure, mais non pas trop tôt. Le tems le plus favorable eſt dans les 1ᵉ⁵ beaux jours de la fin de l'Iver, c. à d. vers le 12 Mars, où les nuits à la congélation comencent à ceſſer, anée comune, de ſorte que les couches doivent être élevées dès le mois de Février, afin qu'eles aient fait tout leur éfet & jeté leur 1ᵉʳᵉ chaleur, qui, come l'on ſait eſt trop vive pour les Plantes. Ces couches ſeront conſtruites & expoſées, come il a été dit ci-devant. M. Linnæus, (*Amœnit Acad.* vol. 4, p. 396 & 397,) fait ſemer ſur couche au tems de la feuillaiſon du Peuplier qui eſt auſſi le tems où l'on ſeme l'Orje à Upſal, c. à d. vers le 19 Avril ou 8 jours après le Melon, & 15 jours avant que l'on ſeme les Légumes en pleine tere dans les Jardins.

C'eſt une erreur que de croire come la plûpart de nos Cultivateurs, qu'il eſt avantajeux de ne rentrer que le plus tard qu'il eſt poſſible dans les Serres les Plantes de la Zone torride, que cela les acoutume à la température de nos climats. L'exemple de l'Oranjer qu'on cite come un Arbre qui s'i eſt ſi bien acoutumé, qu'il ſoufre quelkefois des froids qui aprochent fort du terme de la congélation, n'eſt pas concluant à cet égard, parce ke c'eſt un Arbre toujours verd, plein de ſucs réſineux ou uileux, qui font réſiſter les feuilles à de petites geſées lorsk'eles ne ſont que paſſajères, & que d'ailleurs il eſt toujours ſoufrant dans nos Ivers, pendant qu'au Sénégal il eſt charjé de fleurs & de fruits preske toute l'anée, & qu'il i prend plus de corps en 3 ans qu'il ne fait ici dans l'eſpace de 30 anées. Je n'ai guère vu d'anées où ce faux principe n'ait fait perdre la plûpart des feuilles aux Plantes de ce climat brûlant, qui dépériſſoient enſuite peu après s'être épuiſées à réparer leurs pertes par la production de nouveaux jets. Les végétaux n'ont pas les fibres ſouples & pliantes come les animaux ; le moindre froid les roidit, les ſeche & les brûle ; ſouvant même ce froid n'a pas beſoin de deſcendre à la température de 10 d. au-deſſus de la congélation de l'eau pour produire ces grands ravajes dont j'ai parlé au comencemant de cet Article, & qui précèdent ou ſuivent les nuits où le Termometre n'eſt pas plus haut que de 10 dég. Ce terme des nuits de 10 d. eſt donc à conſulter pour ſavoir ſûremant quand il faut rentrer ou ſortir, non-ſeulemant les Plantes de la Zone torride, mais même celes du Cap & celes de l'Oranjerie.

Comunémant on rentre à Paris dans les Serres les Plantes de la Zone torride, celes du Cap & de l'Oranjerie à-peu-

4. Tems de rentrer & ſortir les Plantes.

près en même-tems, tandis qu'on devroit rentrer celes de la Zone torride 15 jours avant celes du Cap & des Païs hors des Tropikes, & 1 mois avant celes d'Oranjerie. Il en eſt de même pour leur ſortie ; celes d'Oranjerie doivent devancer de 15 jours celes du Cap, & de 1 ½ mois celes de la Zone torride.

Ce que je dis du climat de Paris peut s'apliker égalemant à celui de la Provence & à celui de la Suede, en faiſant atention à la diférence qui eſt entr'eux. Quand je parle de la Provence, de Paris ou de la Suede, je n'entends ni les valons les plus chauds, ni les montagnes les plus froides de ces Païs, mais leur terein moien & le plus général qui établit la température moiene de chake climat ; car on ſait qu'il i a en Provence, come en Eſpagne de petits cantons ſi bien expoſés au midi, ſi bien couverts des vents froids de N. & de N-O. par des cordons de montagnes élevées & diſpoſées en portion de cercle come nos Serres, qu'on i éleve en pleine tere des Cannes à ſucre, des Bananiers, des Palmiers & quelkes autres Plantes de la Zone torride, qui, à la vérité, demandent moins de chaleur, parce qu'eles aiment à avoir le pié dans l'eau, mais qui périroient auſſi, ſi l'Iver n'étoit pas extrêmemant doux dans çes Païs ; on pouroit, ſans doute, en pratikant de ſemblables expoſitions artificièlemant, perfeſtioner nos vins. Les nuits de 10 dég. come l'on a vu à la Table 4 de l'Article 14, page 89, comencent à Paris, anée moiene, le 25 Mai, & finiſſent le 17 Septembre. En Provence, le climat eſt de 15 jours plus hâtif au Printems, & de 15 jours plus tardif en Autone que Paris, come celui de Paris eſt de 1 mois plus hâtif au Printems, & de 1 mois plus tardif en Autone que celui d'Upſal, à en jujer par les Obſervations publiées par M. Linnæus. (Amœnit. Acad. vol. 3, p. 363, & vol. 4, p. 387) M. Linnæus dit, (ibid. vol. 4, p. 393,) que Montpelier eſt de 31 jours plus hâtif au Printems, & plus tardif en Autone qu'Upſal ; que Londres l'eſt de même de 28 jours ; Falcopia de 6 jours, & qu'Upſal l'eſt de 8 jours plus que la Laponie ; ce qui établiroit une diférence de 39 jours, ſelon lui, & ſelon moi, de 53 jours, entre la Provence & la Laponie, qui ſont diſtans de 23 dég. en latitude. Le même Auteur ajoûte (ibid. p. 409 à 411 ; 224, 400,) que la fleur du Colchike d'Autone eſt une indication ſûre pour rentrer les Plantes de la Zone torride dans les Serres avant les nuits de fer qui arivent, anée moiene, le 25 Août à Upſal ; que la chute des feuilles du Frêne qui arive vers le 6 Octobre avertit de rentrer les Plantes d'Orangerie ; que la fleuraison du même Arbre vers le 8 Mai, anonce qu'on peut sortir ces mêmes Plantes vers le 8 Mai ; qu'enfin il suffit de couvrir de fumier ou de feuilles les Plantes vivaces d'Orient qui fleurissent rarement à Upsal, parce ke l'Eté i est de 2 mois plus court. De ces diverses Observations, je conclus qu'il seroit plus avantajeux en Suede & dans tous les climats plus N. de ne point sortir de la Serre les Plantes de la Zone torride, & de se borner, dès le tems moien des nuits de 10 d. d'enlever tous les chassis des Serres, de renouveler la tere au pié des Plantes, sans en trop découvrir les racines, pratique qui seroit aussi avantajeuse à Paris, mais seulement pour les Plantes grimpantes qui seroient adossées & conduites en espalier sur tout le mur du fond de la Serre.

En suivant, à cet égard, les résultats fournis par les Observations Météorologikes sur la diverse température de la Provence, de Paris & d'Upsal, & en consultant la température propre aux Plantes des Païs chauds, on pouroit dresser la Table suivante sur le tems moien le plus propre à les rentrer dans les Serres ou à les en sortir.

			Tems de sortir les Plantes.	Tems de les rentrer.
En Provence.	Plantes	d'Orangerie,	15 Avril.	15 Octobre.
		du Cap,	1 Mai.	1 Octobre.
		de la Zone torride.	1 Juin.	15 Septembre.
A Paris.	Pl.	d'Orangerie,	1 Mai.	1 Octobre.
		du Cap,	15 Mai.	15 Septembre.
		de la Zone torride.	15 Juin.	1 Septembre.
A Upsal.	Pl.	d'Orangerie,	1 Juin.	1 Septembre.
		du Cap,	15 Juin.	10 Août.
		de la Zone torride.	0	0

Quoike les nuits de 10 dég. m'aient servi de régle dans la construction de cete Table, je ne les ai pas suivies à 15 jours près pour m'arêter à celes de 13 à 15 où les Plantes de la Zone torride ne soufrent nullement.

Toutes les Plantes qui ont passé le tems de leur sève & porté fleurs & fruits, & dont les pousses sont arêtées, demandent naturelement à être taillées avant que d'être rentrées dans la Serre, à être renouvelées de tere, retranchées des racines superflues, & transvasées dans de plus grands pots. Mais on traite de même & l'on taille indiféramant celes qui sont en pleine sève; & coment veut-on que des Plantes ainsi traitées dans le tems de leur plus grande vigeur ne soufrent pas, & que leurs branches qui chancissent peu après n'entraînent leur dépérissemant total? Ne vaut-il pas mieux les rentrer avec toutes les pousses qui pouroient les déterminér à fleurir? enfin laisser la nature opérer la décurtátion quand ele leur est nécessaire, ce qu'ele entend mieux que nous?

La meilleure façon lorsk'on sort les Plantes de la Serre à la fin du Printems, est de les dépoter, & les metre aussi-tôt en pleine tere au pié d'un mur concave, sans voute, & bien exposé au midi, afin de les fortifier & de doner lieu de fleurir & de fructifier à celes qui ne fleuriroient pas sans cela.

Distribution des Plantes. La vigeur des Plantes dépend souvant autant de leur exposition, que de la chaleur qu'on leur done. En général les plus petites ou les rampantes doivent être placées sur le devant de la Serre, les plus grandes derrière, enfin celes qui sont grimpantes doivent être mises en pleine tere le long du mur du fond, où on les conduira par des cordons distribués égalemant sur toute sa surface. Par cete distribution, come le sol de la Serre est incliné sufisamant vers le Sud, eles se présenteront en amfitéâtre au Soleil & à la lumière dont eles jouiront toutes. (Voiez la fig. 5.)

Les pots quarés donant plus d'espace aux racines sont préférables pour les Plantes vivaces; mais pour les anueles & les petites, les ronds sont meilleurs, parce k'ocupant moins de place dans la tanée, ils en recevront plus de chaleur.

Cete distribution ne regarde que la Serre de la Zone torride qui est toute en tanée; mais pour celes du Cap & de l'Orangerie, où il n'i aura aucune espèce de couche, les Plantes seront rangées sur des tabletes en gradins dont l'inclinaison totale sera à-peu-près perpendiculaire à la hauteur du Soleil vers l'Ekinoxe qui est de 41 d. come le complémant de la latitude du Pole, ce gradin començant à la hauteur du mur de fond, qui est de 6 piés $\frac{1}{2}$ ou 7 pouces, & finissant à 1 $\frac{1}{2}$ pié du chassis, auroit 9 piés de longeur, qui doneroient 9 gradins chacun de 1 pié de larjeur & autant de hauteur, sur lesquels on pouroit placer 2 rangs de pots de 6 pouces, ce qui doneroit au moins 1,200 pots de 6 pouces, pour la capacité d'une Serre de 32 piés de long, sans compter les 2 bouts de cete Serre & le rang de pots qu'on pouroit placer le long du chassis & du tuiau de chaleur.

(Voïez la fig. 9). Come le deſſous des gradins ocuperoit un vuide qui diminueroit en pure perte la chaleur de cete Serre, il ſeroit à propos de la bâtir en mur plein ou même concave en dehors, de manière que cette cavité qui répondroit dans la galerie pouroit ſervir à placer un 2ᵈ fourneau dans un climat plus froid que Paris, tel qu'eſt celui de la Suede.

Les Plantes de la Zone torride qui auront fleuri & fructifié & qui paroîtront avoir beſoin de repos pourront être transférées dans la Serre du Cap.

Il faut diſtinger la chaleur de la tanée de cele de l'air qui remplit la Serre.

Pour jujer de celle qu'on peut doner à l'un & à l'autre, il ſera bon de ſavoir que la ſurface de la tere a ſouvant plus de 65 d. de chaleur au Sénégal, & 30 à 28 d. à 1 & 2 piés de profondeur, & que l'air en a quelkefois 34; ainſi il ne faudra pas paſſer ces dégrés. La chaleur ſera donc diſtribuée, come il a été dit, ſavoir;

6.
Adminiſtra-
tion de la cha-
leur & de la
lumière.

2 à 10 dégrés dans l'Oranjerie.
12 à 20 dans la Serre du Cap ou des Païs hors des Tropikes.
15 à 34 dans cele des Plantes de la Zone torride.

On ne chaufera le fourneau que 1 à 2 mois après la rentrée des Plantes, c. à d. lorske la tanée aura jeté tout ſon feu, vers la fin d'Octobre ou au comencemant de Novembre, un peu avant le tems des nuits de 0 dég. qui arivent, anée moiene, à Paris le 7 Novembre.

Il ſeroit tout-à-fait inutil, & même pernicieux pour les Plantes, de conduire des tuiaux de tole dans le mur de fond, come je l'ai vu pratiker quelkefois, pour i comuniker une chaleur qui ſe porte naturelemant à cet endroit, & toujours de bas en haut, de ſorte qu'il fait toujours plus chaud au fond & dans le haut de la Serre qu'en bas ou vers le chaſſis, c'eſt ce qu'on a éprouvé pluſieurs fois, en plaçant dans une Serre haute de 14 piés & bien fermée, 4 Termometres diſtans de 3 piés les uns au-deſſus des autres, de manière que le 1ᵉʳ ou le plus bas étant à 3 piés au-deſſus du ſol de la Serre, le 2ᵈ étoit à 6 piés au-deſſus, le 3ᵉ à 9 piés & le 4ᵉ à 12; un 5ᵉ Termometre étant expoſé à l'air extérieur, voici quels furent les réſultats d'une Obſervation faite pendant le mois de Juin;

Le Termometre expoſé hors de la Serre markoit 16 dég.
Le 1ᵉʳ le plus bas dans la Serre à 3 piés   23.
Le 2ᵈ à 6 piés   24.
Le 3ᵉ à 9 piés   27.
Le 4ᵉ à 12 piés   33.

La même Observation étant répétée en Juillet, donne les résultats suivants ;

Le Termometre hors de la Serre   18 $\frac{1}{3}$ dég.

Le 1er le plus bas de la Serre à 3 piés   18 $\frac{1}{3}$

Le 2d à 6 piés   21

Le 3e à 9 piés   26

Le 4e à 12 piés   32

D'où il suit qu'il faut placer de chan le tuiau de chaleur & le plus bas qu'il est possible à côté de la tanée, dans la Serre de la Zone torride, & couché à plat au niveau du sol dans la Serre du Cap, & dans les 2 Serres toujours plus près du chassis que du fond.

Pour distribuer cete chaleur à propos, il est nécessaire d'avoir dans chake Serre au moins 4 Termometres à esprit de vin & à mercure, posés chacun sur les 4 murs à la hauteur moiene des Plantes, & 2 dans la tanée, 1 à chake bout, & même un 7e à la hauteur des plus grandes Plantes qui indikera quand l'air d'en-haut aura besoin d'être renouvelé.

Afin de conserver la chaleur akise par le feu ou par la lumière du Soleil, il faut, pendant les nuits & même dans les tems trop froids de nèje & de brouillard épais & pénétant, lorsk'ils arivent même pendant le jour & qu'ils obscurcissent le Soleil, couvrir les chassis avec des rideaux de toile cirée, & avec des paillassons, s'il est nécessaire. Dans les tems couverts, mais secs & sans brouillards, on découvrira les chassis, pour laisser aux Plantes la jouissance de la lumière du jour, qui leur est presk'aussi essentiele que l'air. On traitera de même les chassis inclinés des couches, & on élevera abondamant de la paille tout au tour.

7.
Renouvele-
ment de l'air.

Il est extrêmemant rare que l'air d'une Serre ait besoin d'être renouvelé lorsk'il est froid ou tempéré, & cete température ne lui vient même souvant que de ce qu'on en ouvre frékamant les portes ; mais il arive souvant, par un tems umide & par un Soleil ardant, sur-tout en Mars & Avril, que cet air perd son élasticité ; alors les Plantes soufrent & languissent, & il faut promptemant le renouveler en ouvrant les 2 paneaux des extrémités d'en-bas, & 1 ou 2 d'en-haut vers les extrémités, ou même la porte. Si l'air est étoufé & sec, par un tems trop froid pour ouvrir les paneaux de la Serre, il sufira de répandre quelkes goutes d'eau en forme de pluie sur les murs & sur le sol même de la Serre.

En général, dès que le Soleil a un peu de force dans les
tems secs & dans les beaux jours, come en Mars & Avril,
il faut ouvrir quelkes paneaux des chassis, depuis 10 h. ou
même 9 h. du matin jusk'à 2 ou 3 h. du soir, selon l'indication des Termometres ; car souvant il ne faut qu'un jour
de ces Soleils brûlans après une nuit très-froide où l'on a
bien chaufé le fourneau, pour faire perdre toutes les richesses d'une Serre ; les Termometres exposés au Soleil au fond
de la Serre peuvent marker 60 dég. de chaleur, sans que
les Plantes en soufrent, si 2 ou 3 paneaux ouverts établissent un courant d'air assez sensible.

On poura ouvrir pendant tout le jour, mais non la nuit,
tous les paneaux & portes des chassis 1 mois avant que de
sortir les Plantes, c. à d. pendant tout le mois d'Avril dans
l'Oranjerie, depuis le 15 Avril jusqu'au 15 Mai dans la
Serre du Cap, & depuis le 15 Mai dans la Serre de la
Zone torride.

Un défaut ordinaire aux Serres trop profondes qui n'ont
pas assez de Soleil ou de chaleur du feu, c. à d. qui reçoivent plus de chaleur de la couche que du fourneau, où à
celes qui sont situées dans des lieux aquatikes, c'est qu'eles
élevent de leur couche des vapeurs umides qui coulent con-
tinuelemant le long des chassis, qui blanchissent, étiolent &
chansissent les Plantes. Il faut peu aroser dans les Serres
à tanée ou à couche qui sont dans ce cas ; & en général,
les meilleures Serres sont celes où la tanée & la chaleur
du feu sont distribuées & ménajées, de maniere qu'eles absor-
bent assez cete umidité, pour qu'on soit forcé d'aroser de
tems en tems.

Les Plantes posées sur des planches en gradins ou en tabletes en ont plus besoin que celes qui sont enfoncées dans la
tanée, mais il faut la ménajer aux Plantes grasses, teles
que la plûpart de celes du Cap, si l'on veut les conserver.

L'eau qu'on leur done doit être à-peu-près à la température de la Serre & à cet efet on poura placer ou pratiker
dans l'endroit le plus proche du fourneau un réservoir à
robinet, qui sufira pour les 3 Serres de la figure 4, si on
lui done 1½ pié de larjeur sur 2 à 3 de longeur & de profondeur. Ce lieu sera le plus convenable de toute la Serre pour le
placer, non-seulemant parce qu'on risqueroit trop de metre des
Plantes aussi près de la grande chaleur, mais encore parce
que l'eau ne se met pas à la température du lieu aussi
promptemant que l'air, d'autant plus que la chaleur, come
nous l'avons dit, tend toujours à monter ; car il est d'expé-

8.
Arosemans.

gg iv

346

riance, que, quand ele eft à la température de l'air à l'ombre, ce qui lui arive auffi à l'ombre dans tous les tems
où la chaleur ne difere pas fenfiblemant pendant plufieurs
jours, come dans notre Printems, & que l'air vient à paffer
fubitemant du chaud au froid, ele conferve fouvant 4 à 5 d.
de chaleur de plus que lui; & qu'au contraire, lorfqu'il paffe
du froid au chaud, ele marque 2 d. de froid de plus à 6 pouces
de profondeur. L'eau courante de fource & ombrajée, eft de
même de 2 dég. plus froide au Printems que cele qui
eft tranquile & à l'ombre. Cela vient de ce que l'eau a
plus de denfité que l'air; & c'eft par la même raifon que
le mercure des Termometres expofé à une vive chaleur ne
monte pas auffi promptemant que l'efprit de vin expofé à
la même chaleur, & qu'il n'i parvient même pas, fi cet
chaleur ne dure pas autant que fa lenteur furpaffe le tems
qu'il faut à l'efprit de vin pour fe metre à la température
du milieu qui l'environe, ce qui a fait croire à quelkes
Obfervateurs que la marche de l'efprit de vin eft irrégulière.
Mais cete marche n'eft irégulière qu'en aparance, & que
relativemant à la lenteur du mercure, à cele de l'eau, à cele
de l'huile ou de tout autre liquide, come le mercure paroî-
troit irrégulier à ces mêmes Obfervateurs, s'il exiftoit une
likeur plus denfe que lui, avec laquele on pût faire des
Termometres. Cete diférance entre la marche de 2 Termometres, l'un à l'efprit de vin, l'autre à mercure, conftruits
par la même main, fur les mêmes principes & fur la même
échele, ne vient que de la diférante denfité & dilatabilité de
ces 2 likeurs qui font dans le raport de 8 à 67, ce qui
rend le mercure 8 fois plus lent que l'efprit de vin, & le
fait fouvant refter 8 dég. de plus bas que lui, lorske la chaleur n'eft que paffajere, come feroit cele du Soleil qu'on
recevroit deffus pendant $\frac{1}{4}$ d'heure; & dans ce cas, on feroit
affez bien fondé à croire que la couleur blanche du mercure ajoûte encore à fa denfité un obftacle pour recevoir
la chaleur des raions du Soleil qu'ele réfléchit, tandis que
la couleur de l'efprit de vin imbibe, pour ainfi dire, cete
chaleur avec les raions : on rendroit, fans doute, au mercure un peu de fenfibilité en le noirciffant, s'il étoit poffible fans l'altérer, ou en noirciffant fon réfervoir; mais le
feul moien de rendre fa marche auffi prompte que cele de
l'efprit de vin & égale à ele, feroit de doner à fon réfervoir une furface 8 fois auffi grande que cele du réfervoir
de l'efprit de vin, c. à d. qui fût dans le raport de leurs
dilatabilités, en le faifant lenticulaire ou en cilindre roulé,

pendant que celui à efprit de vin feroit en boule fférike à
l'ordinaire ; j'en ai eu qui, par cete forme, avoient autant
& même plus de promptitude que les Termometres d'efprit de vin, à réfervoir en boule. On peut dire la même chofe
de la diférance de la marche de divers Termometres à
efprit de vin bien conftruits ; ele ne vient que de la diférance des groffeurs refpeftives de leurs refervoirs en boule,
de l'épaiffeur de leur verre, de la denfité ou couleur de la
planche fur laquele ils font aplikés, de la couleur plus ou
moins foncée de leur efprit de vin, ou peut-être même de
fa diférante dilatabilité ; toutes caufes qui n'établiffent
pas une irrégularité réele, mais feulemant une diférance entre
le tems plus ou moins court, où ils fe metent à la température du lieu, car on ne peut guère conteſter qu'ils ne
s'i metent tous, lorsk'on leur en donte le tems. Le moien
d'obferver exactemant eft donc d'avoir plufieurs Termometres expofés un tems fufifant à la chaleur qu'on veut examiner ; &, lorsk'on n'eft pas le maitre du tems, de doner
la préférance au Termometre qui marke le plus, parce k'ils
markent certainemant tous moins de chaleur qu'ils n'en pouroient recevoir, à caufe de la réflexion du verre, (à fa
denfité près, qui peut en conferver & l'augmenter de plus
en plus, ainfi que la maffe de fon réfervoir en boule & la
planche fur laquele on l'aplique ordinairemant) ; de forte
qu'il faudroit pour aprocher de la perfection fe fervir de
Termometres à réfervoir en tube lenticulaire ou cilindrique
bien calibré & roulé en fpirale, qu'on expoferoit fufpendus
par un aneau fans aucune efpèce de fuport, fur-tout dans
les expériances faites au Soleil. Je n'expofe ici dans tout
fon jour la principale raifon fifique de cete diférance aparante & momentanée, entre la marche de l'efprit de vin &
du mercure, & qui eft bien diférante de cete inégalité
réele, * quoique peu fenfible, qui eft entre leurs dilatabilités

* On me pardonera, en faveur de l'utilité de l'objet, de dire ici
que je crois avoir trouvé le moien de faire des Termometres entièremant femblables dans leur marche, avec toutes fortes de likeurs, come
mercure, efprit de vin, uile de lin, efprit de nitre, &c. Je m'ocu-
pai entièremant de cet objet, il i a 9 ans ; je paffai tout l'Iver de
1755 & celui de 1756 à faire toutes les expériances élémentaires qui
font la bafe d'un calcul fuivi, de Tables très-étendues, enfin d'un travail confidérable fur cete matière. On n'a confidéré jusk'ici dans la
conftruction de cet inftrumant que le raport de la capacité du réfervoir à celui de fon tube ; & c'eſt fur ce principe qu'on a fait de
Termometres à l'efprit de vin & à mercure qui avoient une march

à diverſes hauteurs ; que parce qu'il me paroit qu'on veut
jeter un louche , un doute même ſur la valeur de toutes les
Obſervations qui n'ont pas été faites avec le Termometre à
mercure qui n'a aucun des avantajes préſens de l'eſprit de
vin , come de ſe metre preſque ſur le champ à la température du lieu, d'imbiber, pour ainſi dire, de même toute la chaleur
qu'il fait , & dont tous les avantajes ſont d'un uſaje très-rare
& très-éloigné , tels que celui de ne pas ſe conjéler come lui au
34 dég. & de ne pas diminuer de volume au bout d'un
certain nombre d'anées.

20. Moiens de deſſécher les Fleurs & les Plantes en Erbier , & d'avoir leur empreinte.

En deſſéchant les Plantes ou en prenant leur empreinte , on
a pour objet d'en avoir l'imaje préſante aux ieux dans des
tems où la rigeur du climat nous empêche de les avoir
fraiches & vivantes.

Il i a 4 manières de faire de ces ſortes de Jardins ſecs,
ſavoir ;

1° En ſechant les Plantes en preſſe.
2° En les ſechant ſans les aplatir , & ſans les comprimer.
3° En en prenant l'empreinte.
4° Par le deſſein , la gravure , l'enluminure ou la peinture. Nous
ne parlerons point ici de cete dernière ; nous en avons dit ſuſi-
ſamant à cet égard à la paje clxxxiij.

Plus les Plantes ſe deſſéchent promptemant , ſoit naturelemant , ſoit partifice , plus eles conſervent de leurs couleurs
natureles ; c'eſt donc à les deſſécher le plus promptemant
qu'il eſt poſſible qu'il faut doner tous ſes ſoins , pour les

---

à la vérité comparable , aiant 2 termes à-peu près fixes ſemblables,
la congélation de l'eau & ſon ébulition , mais aſſes inégale , quoike la
capacité de leurs réſervóirs fut dans un ſemblable ráport. Il faloit
établir ce raport , non-ſeulemant entre le tube & le réſervoir pour
le mercure iſolémant , & pour l'eſprit de vin ſéparémant , mais encore entre la dilatabilité de l'une & de l'autre likeur qui diférent à.
peu près , come 8 à 1 , & rectifier en même-tems l'inégalité qui ſubſiſte entre les dilatabilités d'un nombre pareil de dégrés à diverſes
hauteurs , c. à d. à divers dégrés de chaleur , par ex. de 5 d. à 10,
de 10 à 15 d. &c. Deux petits Termometres qui m'ont réuſſi ſur la
combinaiſon de ces 2 principes n'ont pas peu contribué à me confir-
mer l'idée de cete découverte ; néanmoins j'aurois deſiré avant que
de la ſoumetre au jujemant du Public, l'apuier de toutes les preuves qu'exigent les diverſes likeurs ; il ne m'a manké juſk'ici que les
moiens de faire des expériances qui ſont aſſez coûteuſes.

conferver fuivant les 2 1ʳᵉˢ manières. Pour cela il faut avoir égar à la nature de chake Plante.

On en peut diftinger de 3 fortes, favoir;

1º Celes qui fe deffèchent preske fubitemant à la moindre chaleur, & qui ont comunémant peu de fucs, come la plùpart des Gramens, des Ombellifères, des Compofées, des Labiées des Légumineufes, des Ciftes, &c.

2º Celes qui exijent affez de chaleur & une efpace de 8 à 15 jours pour fe deffécher, come font les Brioues, quelkes Renoncules & autres Plantes akeufes.

3º Celes qui ne deffèchent que dificilemant & au bout de quelkes mois, come font plufieurs Liliacées, les Pourpiés, les Joubarbes, les Plantes marines, & autres Plantes apelées graffes ou charnues.

Il n'i a aucune Plante de ces 3 claffes qu'on ne puiffe deffécher & que je ne fois parvenu à deffécher, en emploiant 3 fortes de dégrés de chaleur, favoir;

Celui de la chaleur umaine, de 30 à 35 dég. environ, qu'on peut emploier pour les 1ᵉʳᵉˢ.

La chaleur du Soleil, entre 40 & 60 dég pour les 2ᵈᵉˢ.

Enfin cele du fer chaud ou du four, qui doit aller de 80 à 100 d. & qu'il ne faut guère prendre au-deffus pour les 3ᵉˢ qui font les plus charnues.

Les plantes qu'on veut deffécher de tele manière que ce foit, doivent être cueillies par un tems fec fans rofée 2 ou 3 heures après que le Soleil les a reffuiées de l'umidité de la nuit, & dans toute leur vigeur, auffi completes qu'il eft poffible, c. à d. avec leurs racines, feuilles, fleurs & fruits, en n'ôtant que les parties qui font gâtées ou ronjées ou dont la quantité cauferoit de la confufion.

Pour les deffécher, fuivant la 1ʳᵉ manière, il faut :

1ʳᵉ manière. En preffe.

1º Auffi-tôt qu'eles font cueillies, & avant qu'eles fe flétriffent, les étendre fans aucun pli, & diftinctemant, chacune dans une feuille de papier gris, pliée en 2 ; le moins colé eft le meilleur, parcek'il fe charje & décharje le plus facilemant de l'umidité.

2º Les metre léjèremant en preffe entre 2 mains de papier ; la meilleure de toutes les preffes eft cele du corps umain qui leur comunike une chaleur fufifante pour leur faire évaporer ou comuniker une partie de leur umidité aux 2 mains de papier.

3º Après 1 ou 2 heures de preffe, on les étend en ouvrant leur papier pour les reffuier de leur umidité ; 1 h. fufit pour cela ; enfuite on les remet à la preffe, & ainfi fucceffivemant. Par ce moien eles fe deffèchent parfaitemant, en confervant leur couleur, & cete efpèce de mucilaje ou d'uile qui les rend come incorruptibles & souples ; de manière qu'on peut les plier en tout sens sans les casser.

Celes qu'on est oblijé d'exposer au Soleil ne doivent pas à être exposées à nud, mais à l'ombre, serrées entre 2 presses de bois très-mince, & exposées alternativemant à l'air & au Soleil. Si on les presse trop, eles noircissent.

Le fer chaud ne doit être emploié qu'avec ménajemant, même pour les Plantes les plus grasses, en metant entre deux au moins 4 à 6 feuilles de papier pliées en 2, & 1 main au-dessous, & les exposant à l'air aussi-tôt qu'on les a pressées ; sans ces atentions, on les brûle, on chanje leur couleur, & eles sont cassantes.. Il est essentiel de dessécher plus promptemant que les autres celes qui quitent leurs feuilles, en écrasant leurs tijes afin qu'eles se desséchent aussi-tôt, sans quoi eles tombent, come il arive au Pourpié, à l'*Anakampseros*, à la Joubarbe & semblables. Celes dont les feuilles, quoike charnues, font corps avec la tije, come au *Mesembruon*, au *Krassula*, au *Gomara*, &c. peuvent se dessécher plus lentemant, sans crainte qu'eles tombent ; mais en général, on les dessèche avec plus de succès & plus promptemant, lorsqu'on écrase leur tije. Les Plantes charnues d'une autre nature se desséchent au four promptemant, ou au, Soleil à la longue ; dans ce dernier cas, lorsqu'eles sont trop cassantes ou recokillées, come les Plantes qu'on reçoit en botes des Païs étranjers, on les amolit en les faisant tremper 4 à 6 heures dans l'eau, puis on les ressuie, les met en presse, & fait sécher en moins de 2 jours.

4° Ainsi séchées, on les met chacune dans une feuille pliée en 2. Le papier blanc sans cole, ou à son défaut le gris, beau, bien uni, choisi sans cole, est le meilleur ; il ne faut pas qu'il ait servi à sécher les Plantes. Le papier blanc colé prend & retient trop l'umidité & cause du moisi aux plantes.

Quelkes-uns colent leurs Plantes ainsi séches, ou même toutes fraîches, & sans les sécher avant, avec de la gome arabike, ou de la cole de poisson dissoute dans l'esprit de vin, & mêlée de poudre de colokinte pour écarter les mites & autres insectes.

D'autres les atachent au papier avec des épingles qui tienent leurs tijes & leurs branches principales, ou bien ils les cousent.

Mais le mieux & le plus comode pour l'usage est de les laisser libres chacune dans leur papier volant, sans les coler ni atacher, & sans les relier en volume, tous moiens qui contribuënt à les faire casser : eles se soutiendront sans glisser, si on les chosit d'une grandeur qui remplisse la feuille de papier. Il i en a cependant qui sont si épaisses, si ramassées, qu'on est oblijé de les coudre, pour n'être pas exposé à les laisser tomber toutes les fois qu'on déplace leurs papiers.

5° L'usaje de cet Erbier sera le plus comode qu'il est possible, si l'on met ces papiers en pile les uns au-dessus des autres sur des tabletes, soit à découvert, soit dans des grands cartons, en les ranjant par familles, genres & espèces, & plaçant sur le milieu de leur dos les étiketes qui indikent leurs familles, à leur extrémité une bande qui porte le nom du genre, & dans chake feuille le nom de l'espèce qu'ele contient ; le tout sur des papiers volans, pour avoir la liberté de faire des changemans à volonté.

6° On peut conserver les Plantes ainsi desséchées pendant 60 ans, ou même davantaje, si on les place dans un lieu sec, frais & à l'ombre; si on les visite toutes les unes après les autres 2 fois l'an, savoir l'Eté & l'Iver, ou au moins pendant l'Iver, aiant atention de froter avec le doigt les endroits où l'on aperceyra des mites & de la moisissure, & de renouveler celes qui en seront trop infectées. Avec ces précautions, je n'en perds guère plus de 10, en 10 ans, sur plus de 10 mille qui composent mon Erbier.

On les conserveroit encore mieux & sans peine encadrées en tableaux. Une galerie ainsi ornée, présenteroit un spectacle aussi tiant que rare; & cet objet seroit bien digne du luxe des Grands qui joindroient aux richesses le goût de la Botanike.

Les Plantes qu'on desseche de la 2e maniere sans les aplatir & dans leur situation naturele, ne sont comunémant que celes dont les fleurs servent d'ornemant, ou dans les Eglises, ou sur les tables dans les desserts, ou sur la tête des femmes ; aussi, avant que de les sécher, l'art chanje souvant en des couleurs plus beles, ou varie celes qui en sont susceptibles avec les acides, sur-tout les blanches; les violetes & les bleues, sur ce principe que les acides, tels que l'esprit de nître, chanjent les blanches en un beau jaune citron, teles que celes du *Xérantemon*; les violetes du même *Xérantemon*, en un bel incarnat ; les bleues de l'Akonit apelé Kaske, du pié d'Alouete anuel ou vivace de Sibérie apelé Séronel, & diverses Gentianes, en un beau rouje cramoisi. L'eau forte ne leur causeroit aucun chanjemant, si eles étoient desséchées. On les panache simplemant, en passant dessus un pinceau

2e manière: Sans compression.

trempé dans l'eau forte, ou bien on les chanje totalement, en les plonjant en entier dans cet esprit, sans i enfoncer leur queue qu'il amoliroit & brûleroit; pour éviter cet accident, on les plonje renversées, & on les retire de même pour les suspendre & laisser égouter pendant quelques minutes, jusqu'à ce qu'eles aient pris assez de couleur; alors on les plonje dans de l'eau claire pour leur enlever toute l'eau forte, & on les suspend encore pour les sécher entièrement.

Mais toutes les fleurs ne se colorent pas de même; il i en a qui perdent à être ainsi trempées dans l'esprit de nitre & qui se ternissent; teles sont celes de l'Imortele citrée *Elichruson*, de la blanche, du Souci en Octobre & Novembre, car celes d'Eté se séchent dificilemant; celes du Bluet, de l'Œillet d'Inde *Tagetes*, de la Bruière, du *Leonurus du Cap*, de l'Amarante, de l'Amarantöïde *Kolupa*, des Renoncules, de la Ravenele *Cheiri*.

La plûpart de ces Plantes ainsi préparées se dessèchent naturelemant, & conservent par-là leur souplesse; il i en a même que l'umidité de l'air où de la tête qui les porte dans les cheveux fait épanouir, & que la sécheresse fait reserrer, come il arive à la Plante apelée Rose de Jeriko *Ierikontis*; cela se remarque particulièremant dans le *Xérantemon*, l'Imortele *Elichruson*, & dans le *Kolupa*, dont la substance est sèche, & come cartilagineuse. Mais toutes celes qui sont tant soit peu charnues, come l'Amarante, ou dont les fleurs sont sujetes à se friser & chifoner; come le bluet, l'Œillet d'Inde, les Renoncules, la Ravenele, ont besoin de passer au four, ce qui les rend souvent cassantes, lorsqu'on ne leur ménaje pas la chaleur par dégrés; & qu'on les i expose à nud; voici coment cela se pratique, soit pour des fleurs, soit pour des Plantes entières:

1° On met la Plante droite dans un bocal assez grand pour la contenir à l'aise, & qui la surpasse de 2 pouces, & on l'assujetit à son fond; une boete de fer-blanc avec une petite porte qui s'ouvriroit de haut en bas seroit plus comode.

2° On remplit ce vase du sablon le plus fin, bien séché au four, de manière que toute la Plante en soit couverte, sans déranjer ses feuilles ou fleurs de leur situation naturele.

3° On met ce vase dans un four chaud, d'environ 30 à 36 d. & on l'i laisse 3 ou 6 heures plus ou moins, selon que la Plante est plus ou moins facile à sécher, ce que l'on reconoît par un échantillon que l'on met au haut du vase,

4° En ouvrant la petite porte ; on fait couler le fablon affez doucemant pour ne pas caffer la Plante, fi ele eft trop defféchée, & on la conferve dans un lieu fec.

On deffeche de même au four , à nud & fans fablon l'Amarante qu'on i met auffi-tôt qu'on en a tiré le pain ; cete exficcation vive ternit fa couleur; mais on la fait revenir en la plonjant dans l'eau chaude, & la faifant fécher à l'air. On deffeche de même quelques fruits, come celui de l'Eglantier apelé Rofe cochonière. D'autres fruits confervent auffi long-tems leurs couleurs roujes fans fe fécher, ce qui fait qu'on les mêle parmi les bouquets de defferts ; tels font ceux du Fufain, & les capfules du Pione qui , en s'ouvrant, montrent des graines mûres d'un beau bleu, entre-mêlées d'autres graines avortées qui font du plus beau rouje écarlate.

Lorfqu'on veut doner un vernis à la Plante, on l'enduit fraîche d'une eau de gome épaiffe , puis on la met fécher au four: mais la gome prend la pouffière dans les tems umides ; il feroit mieux de fe fervir du vernis de blan-d'œuf, qui eft plus tranfparant que tout autre, lorfqu'on lui a doné la limpidité de l'eau, en le batant bien, & en i ajoûtant quelques goutes de lait de Figier ou de Titimale, qui font des gomes – réfines qui facilitent & augmentent fa limpidité.

Parmi les fleurs defféchées naturelemant ou par artifice, il i en a quelques-unes , fur-tout l'Imortele blanche, apelée Eternele ou Bouton blanc, qu'on trempe dans une eau de gome épaiffe, pour les poudrer enfuite de diverfes couleurs, teles que le Carmin, le Vermillon, la Laque Colòmbine pour le rouje ; pour le bleu, l'Azur, la Cendre bleue & le Tournefol qui fi aplique liquide ; pour le jaune la gome gute liquide ou la poudre d'or. Ainfi faupoudrées , on les feche au Soleil, enfuite on les retrempe dans l'eau de gome-arabique la plus blanche , ou dans le vernis de blanc-d'œuf.

Plufieurs Plantes qu'on deffèche à la preffe , laiffent fur le papier leur figure empreinte, foit par une gome qui couvre leur furface, come dans le Cifte Ladanifère , foit par une couleur que leur umidité i décharge, come dans la plûpart des Saules & des Peupliers, ce qui fait une efpèce d'impreffion que l'art a imitée, en gomant léjèremant celes de ces Plantes qui font akeufes, uilant celes qui ne prenent pas l'eau ou la gome, puis répandant deffus de la couleur en poudre, & les metant à la preffe fur un papier blan

5e Manière.
Par empreinte.

auquel s'atachoit cete couleur, en marquant davantaje les côtes & les nervures.

Mais l'art a trouvé une autre façon de prendre la figure des Plantes fans les aplatir; c'eſt en coulant dans ſon moule du métal fondu : voici coment cela ſe pratique,

1° On atache la Plante entière, droite & dans ſa fituation naturele, au fond d'un vaſe plus grand qu'ele.

2° On emplit d'eau ce vaſe au point qu'ele recouvre toute la Plante.

3° On i verſe enſuite peu-à-peu autant qu'il peut contenir de plâtre cuit & en poudre très-fine, & on laiſſe durcir cete maſſe de plâtre.

4° Lorſqu'ele eſt durcie en piere, on la retire du vaſe, on la fait cuire au four chaufé au point que la Plante s'i brûle & ſe réduiſe en cendre que l'on fait ſortir par le trou laiſſé en bas par la tije.

5° On fait enſuite recuire ce moule de plâtre; on le remplit de métal fondu, come argent, étain, plomb; on le laiſſe refroidir, puis on caſſe adroitemant le moule autour de la Plante métallique, qui repréſente la naturele auſſi parfaitemant qu'il eſt poſſible.

21. Manière d'analiſer les Plantes.

Tous les moiens conus d'analiſer les Plantes, pour en retirer les principes qu'eles contienent, & pour en ſavoir les qualités & vertus, ſe réduiſent à 3, ſavoir ;

1° Le feu.
2° L'infuſion.
3° L'expreſſion.

1. Au moien du feu.

On analiſe les Plantes, au moien du feu, de 4 manières diférantes :

Par la diſtilation dans des vaiſſeaux fermés.
Par la combuſtion.
Par ébulition.
Par digeſtion & macération.

Par diſtilation.

Les principes que l'on retire des Plantes par la diſtilation, ſont comunément au nombre de 10, & ils s'élèvent dans l'ordre ſuivant :

1° L'eſprit âcre monte le 1er.
2° Un flegme ou eau ſans couleur ni ſaveur, chargée de l'odeur de la Plante.
3° Une uile eſſentiele plus ou moins colorée.
4° Un eſprit ſulfuré.

5° Una

5o Une eau fimple ou acide, ou fulfurée.
6o Un efprit acide ou mixte, ou urineux.
7e Un fel volatil.
8o Une uile noire empyreumatike.
9e Un fel fixe.
10o Une tere.

Quoique toutes les Plantes analifées par le moien du feu rendent à-peu-près les mêmes principes, elles ne donent cependant pas toutes ces fubftances, ni en même quantité ni de même qualité, ni dans le même ordre; par exemple, il n'i a que très-peu de Plantes qui donent des efprits acres, teles font l'Ellebore noir, le Varère, le Safran & la Véronike, & ils s'élevent à la 1ere chaleur : l'Ellebore noir done encore avec les efprits acres une fécule blanche, qui ne fe voit dans l'analyfe d'aucune autre plante.

Il n'i a que les Aromatikes qui donent une uile effentiele ou mêlée avec l'eau, ou féparée.

Il i en a qui donent de l'eau exempte de toute faveur : dans la plûpart ele tient de l'acide ou du fulfuré oculte, c. à d. infenfible au goût; les racines, les tijes, les fleurs & fruits akeux en donent plus que les autres parties, même les fleurs de la Jonkille & du Lis qui paroiffent les plus fulfurées ; le fuc des feuilles done plus de fulfuré à proportion & moins d'acide, & le marc des mêmes feuilles au contraire ; les fruits akeux, come Poire, Pome, Prune, Pêche, ne donent presk'aucune likeur fulfurée. L'efprit fulfuré vient fouvent le 1er.

Quelques Plantes ne donent pas d'efprits mixtes, c. à d. mêlés d'acide & d'acre ou d'auftère. L'acide ou l'eau acide vient raremant au comencemant de la diftilation ; il paroît quelquefois avant le fulfuré, prefque toujours après, & raremant avec lui.

Ordinairemant plus les Plantes font jeunes, plus eles donent d'efprit urineux, & moins d'acide ; il i a néanmoins quelques exceptions : par ex. les feuilles de Laitue donent leurs likeurs plus fulfurées & plus promptemant qu'auparavant, quand la Plante eft en graine. Les Gramens & les Légumineufes donent beaucoup d'efprits urineux.

Plufieurs Plantes ne donent pas même l'odeur de fel volatil. Les feuilles de la plûpart font prefque les feules parties qui donent du fel volatil en corps; les racines & les tijes n'en donent pas, fi l'on en excepte quelques-unes, qui font extrêmemant tendres & erbafées, come celes du Narciffe qui en donent même peu.

Les fruits akeux donent très-peu d'uile ; les grains des Gramens & Légumineufes en rendent beaucoup.

Les mêmes donent très-peu de fel fixe & de cendre ; c. à d. de tere.

Par combuftion. L'analyfe par combuftion fe fait en brûlant à l'air libre, ou même dans des vafes fermés, des Plantes qu'on a fait auparavant fécher. On leffive ces cendres en i filtrant de l'eau qu'on fait évaporer & criftalifer. Le fel qu'on en tire, eft toujours alcalin ; le feu le rend tel. On fe fert de ce moien pour tirer un fel marin d'une efpèce de Palmier aux Indes, le fel alcali de la Soude en Europe, &c.

Par ébulition. L'eau dans laquele on fait bouillir les Plantes, foit fraiches & entières, foit feches & pulvérifées, en tire les fels, les gommes & teintures ; c'eft fur-tout le moien qu'on emploie pour tirer la teinture des racines de la garanfe, du bois d'Inde, du Fuftet, de la grène d'Avignon, de la Geneftrole, de la Sarete & des feuilles du Paftel, qui toutes ne donent pas de fécule.

Par digeftion. La digeftion eft une efpèce d'infufion de la Plante tenue 40 jours dans fon propre fuc ou dans l'eau, ou dans tout autre likide au bain-marie, c. à d. à une chaleur entre 40 & 50 dég. Lorfque la chaleur ne paffe pas 34 d. on l'apele ventre de cheval.

Par macération. La macération fe fait en laiffant la Plante fe pourir dans fon propre fuc, pendant une efpace de tems confidérable, come de 4 mois, à la température de 10 à 12 dég. dans un fouterain, tel qu'une cave.

Ces 2 moiens ne font que préparatoires à la diftilation, afin que leurs parties folides & actives étant plus détachées, on n'ait pas befoin de doner beaucoup de force au feu pour les élever. La plûpart des Plantes, ainfi digérées & macérées, tournent à l'aigre ; les aromatikes i confervent leur odeur, & les akeufes prenent une odeur putride ; quelques-unes prenent une odeur fulfurée.

Etant diftilées, eles rendent les 10 fubftances ordinaires ; mais aucune ne rend de l'eau même infipide ; toutes leurs likeurs ont des faveurs fenfibles, & quelques-unes même venues au 1er dégré de feu, ont, come celes qui s'élevent au dernier dégré de feu dans les Plantes diftilées crues, la propriété de faire ébulition avec l'efprit de fel. Cet éfet eft d'autant plus remarquable, qu'il arive dans des Plantes akeufes, qui même n'ont pas d'odeur, come la Morele, dont 6 livres étant analyfées crues, donent 4 1/2 liv. d'eau infipide ;

toutes épreuves. Nous n'avons aucun autre exemple de cet
éfet en d'autres Plantes, qui semblent plus pleines de ces
substances actives.

Toutes donent leurs likeurs acides & sulfurées plutôt
qu'étant distilées crues; & quelques-unes donent plus de
likeur acide & sulfurée, qu'eles n'en rendent sans cete pré-
paration.

Leurs likeurs se conservent plus long-tems que celes distilées crues.

Leurs likeurs rendent plus de sel volatil, & leur charbon
plus de sel fixe, que par la distilation crue.

Leurs sels fixes soufrent aussi des chanjemans; car les fleurs
du Chéiri distilées crues, donent du sel puremant salin, pendant que la digestion ou la macération avant la distilation
rendent ce sel lixiviel, sans doute, parcequ'eles facilitent au
feu cete conversion.

L'infusion à froid, ou l'infusion propremant dite, consiste
à metre la Plante entière si ele est fraîche, ou triturée si
ele est seche ou ligneuse, infuser d'abord dans l'eau pour en
tirer les parties salines, mucilagineuses, gomeuses, savoneu-
ses ou colorantes, ensuite dans les esprits ardans, tels que
l'esprit-de-vin, pour en retirer tout ce qu'ele peut contenir
de gome-résine ou de résine : on i laisse la Plante jusqu'à
ce qu'ele ne les teigne plus. Il est assez indiférant de comencer cete infusion par l'eau ou par l'esprit-de-vin, lorsqu'on ne sait pas si la Plante qu'on analyse contient de la
gome, un sel ou une résine; mais lorsqu'on sait qu'ele contient un sel ou une gome, il faut comencer l'infusion par
l'eau, & au contraire, par l'esprit-de-vin, lorsqu'on prévoit
que la Plante rendra de la résine.

Lorsqu'on a comencé l'infusion par l'eau, on la met évaporer, & pour lors ele dépose des cristaux, si ele contient
un sel; sinon ele dépose une fécule qu'on desseche après
avoir décanté ou survidé l'eau; c'est ainsi que se tire la
fécule de l'Indigo, après avoir bien batu l'eau où cete Plante
a sufisamant infusé. Cete fécule dessechée, s'apele Extrait,
que l'on met ensuite infuser dans l'esprit-de-vin, pour en
retirer la résine, s'il i en a.

Quand on comence l'infusion par l'esprit-de-vin, la fécule
ou l'extrait qu'il dépose après l'évaporation, s'apele *Magma*.
On verse sur ce *Magma* de l'eau qui, en se charjant des
parties gomeuses ou salines, laisse la résine à part, & rend
ele-même une fécule où extrait.

*2ᵉ Moïen.
L'infusion.*

hh ij

Lorſque le ſuc de la Plante coule facilemant, on la retire par l'inciſion, come dans l'Aloë, la Scamonée, le Titimale, le Pavot, &c. Mais s'il i eſt trop engajé, on le retire en exprimant la Plante fraîche, & c'eſt un moien d'en avoir davantaje.

Ce ſuc ſe charje de l'odeur de la Plante. On le filtre, on le met évaporer, & il rend ou un ſel, ou un extrait charjé de l'odeur de la Plante, ou l'un & l'autre.

Il i a de ces ſucs qui ne criſtaliſent jamais; & parmi ceux qui criſtaliſent, il i en a qui, avant l'évaporation néceſſaire pour leur faire dépoſer leur ſel ou pour rendre leur extrait, entrent en fermentation; pour lors on les filtre, on les clarifie avec le blanc d'œuf, puis on les évapore au bain-marie, pour en avoir le ſel ou l'extrait.

D'autres enfin ſont uileux, tels que ceux de la baie d'Olivier, des Amandes, des graines des Crucifères & autres ſemblables.

Réflexions
ſur ces trois
moiens.
1. Le feu al-
tere les prin-
cipes des
Plantes. Mais de ces 3 moiens d'analyſer les Plantes chacun a ſes défauts; & pour comencer par le feu,

Il altere conſidérablemant les principes des Plantes, & d'autant plus qu'il agit avec plus de force; de ſorte que ceux qu'on retire au 1er dégré de feu, ſont moins chanjés que les derniers qui montent à un feu augmenté par gradation juſqu'à la dernière violence: auſſi les diſtilations précédées de la digeſtion ou de la macération ſont-eles préférées à celes qui ſe font ſur les Plantes crues, parce que le feu a beſoin de moins de force pour les élever.

Malgré ces précautions, le feu évapore les principes les plus ſubtils, même dans les vaiſſeaux les mieux fermés; car le réſidu de la diſtilation i perd de ſon poids.

Il diviſe les uns, unit les autres ou ne les ſépare pas aſſez & produit de nouveaux Compoſés; car les acides i perdent leur acidité; les uiles ſans odeur i en prenent & devienent plus acres; il fixe les ſels volatils, & tous, quelque foible qu'il ſoit, s'y alkaliſent.

Enfin la même diſtilation répétée ſut la même eſpèce de Plante, à divers âjes, come dans ſa jeuneſſe, dans ſa plus grande vigeur entre la fleur & le fruit, ou dans ſa vieilleſſe après la maturation des graines, done des produits auſſi diférans entr'eux, que ceux de ces diférantes parties analyſées ſéparémant. Ces produits diférent encore ſelon l'état actuel de l'atmoſfère, dans le tems qu'on analyſe, ſelon le dégré de feu, & peut-être ſelon la qualité même de l'air tant du feu ; de sorte qu'il est essentiel, lorsqu'on rend compte d'une analyse, de dire quel étoit l'état de la Plante analysée & la force du feu qu'on i a emploié, pour pouvoir faire la comparaison des produits de diverses analyses.

Au milieu de tant d'incertitudes dans l'analyse opérée par le moien du feu, on a pensé avec raison que les 2 autres moiens apelés Menstrues, savoir l'infusion & l'expression, étoient les plus sûrs pour avoir les vrais principes des végétaux ; mais quoiqu'ils les altèrent moins, ils ont aussi leurs défauts, & ils n'en retirent pas tout ce qu'on en peut retirer ; car leur marc, leur extrait même, rendent d'autres produits lorsqu'on les analyse par le feu. D'où il faut conclure, 1° que ces 3 moiens d'analyse doivent être apliqués aux Plantes qui en ont besoin, en començant toujours par l'expression & l'infusion, & finissant par le feu qui n'est pas toujours nécessaire ; 2° qu'il est impossible de trouver dans les matières extraites les principes de toutes les vertus des Plantes ; par ex. ce qui fait qu'un poison est un poison, & qu'un purgatif est un purgatif ; mais seulemant les principes de quelques éfets plus ordinaires & moins compliqués.

2 & 3. L'Infusion & l'expression ne les tirent pas tous.

Les vertus médicinales de la plûpart des Plantes ont été découvertes sans le secours de l'analyse chymike ; & il est aisé de voir par ce qui vient d'être dit, qu'ele ne peut les décider, & que l'analogie Botanike est, come il a été dit, p. lxxv & ccxxxviij, le guide le plus sûr à cet égard, étant bien reconu que les Plantes d'une même famille ont toutes une même vertu plus générale & dominante qui ne difère dans les unes & les autres, que du plus au moins. Mais les Plantes qu'on veut analyser ou emploier en médecine ne doivent pas être cueillies indiféramant en tout tems, ni en toute sorte d'état. L'expérience aprend, par exemple, que nombre de Plantes qui ont beaucoup de vertu, étant fraîches, perdent cette vertu par l'exsiccation : c'est ainsi que la Gratiole fraîche est un émétike & un purgatif puissant, au lieu que seche ele est sans vertu ; la racine fraîche de l'Iris est diurétike ; les Crucifères fraîches sont anti-scorbutikes ; & seches, eles n'ont plus de vertu. La racine de Rubarbe, au contraire, est meilleure lorsqu'ele a été gardée 10 ans.

Choix des Plantes à analyser.

En général, les racines, les bois & écorces doivent être cueillis au Printems, avant la pousse des 1eres feuilles, & séchées à l'ombre, soit entières, soit coupées en rouëlles, ou fendues : la racine de Benoîte n'a son aromat, qu'au Printems ; cele de l'Angélike n'en a qu'en Iver.

h h iij

Les Erbes entières doivent être cueillies lorsk'eles sont dans leur plus grande vigeur , c. à d. lorsk'eles sont en pleine fleur , un peu avant la maturité des 1ᵉʳᵉˢ graines, & séchées suspendues à l'ombre. Celes qui Aromatikes , come la plûpart des Labiées doivent être closes dans des boëtes qui ferment exactemant , afin de conserver leur aromat.

Les fleurs doivent être cueillies au moment où eles s'épanouissent.

Les graines, lorsk'eles sont prêtes à tomber. Le suc du Prunelier, pour faire l'*Akakia nostras* , c. à d. pour être astrinjant, doit être exprimé des baies avant leur maturité ; après ce tems, il est purgatif & sert à falsifier le Tamarin ; il en est de même de beaucoup d'autres fruits.

F I N.

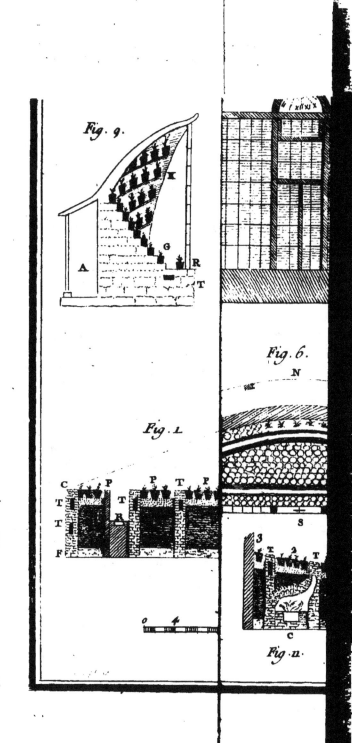

Fig. 9.

Fig. 6.

Fig. 1.

Fig. 11.

EXPLICATION

Des Figures relatives à la construction des Serres.

FIGURE I.

COnstruction d'une Serre triangulère, supofée pour la latitude du Pole Nord.

DE Sa hauteur de 7 ½ piés.

DC Sa profondeur de 16 ⅔ piés.

DF Sa couche haute de 6 piés.

T, T, &c. 7 tuiaux de chaleur, dont 6 pofés de chan ½. le 7ᵉ P eft couché orifontalemant.

R Eft un canal de paffaje, creufé de 3 piés de profondeur dans la couche, pour en faciliter le fervice dans le fond C.

P, P, Sont les pots des Plantes enfoncées dans la tanée de la couche.

FIGURE 2.

Principes Fifikes de la conftruction d'une Serre en Trapéfe, pour la latitude de 60 dégrés, come feroit Upfal en Suede.

R o 90, eft un quart de cercle fupofé de 16 piés de raion de R en o, fur l'arc duquel on marke, la moindre hauteur du Soleil au folftice d'Iver, le 20 Décembre, qui eft de 6 ½ dégrés; fa hauteur aux Ekinoxes, le 20 Mars & le 20 Septembre, qui eft de 30 dégrés; & la plus grande hauteur au folftice d'Eté, le 20 Juin, qui eft de 53 d. ½.

En abaiffant de cé point de la plus grande hauteur du Soleil le finus droit 53 9, & en le portant fur le finus total R o ou fur fon égal R 90, on voit que ce finus 53 9, a 12 piés ⅔, qui défigne la hauteur qu'il faut doner au mur de face de la Serre, dont la profondeur fera déterminée de 9 ⅔ de piés par le finus de complémant R 9.

R 3, eft la hauteur du mur de fond de la Serre, qui fera égal à la quantité dont le finus 53 9 furpaffe fon finus de complémant R 9, & qu'on trouvera en prolonjant d'autant le finus total jufqu'en F; car le raion folaire venant fe rendre en F, coupera le raion R 90 repréfentant le mur de fond de la Serre, en un point 3 qui déterminera fa hauteur de 3 piés ⅔.

h h iv

La ligne ponctuée R 53, désigne que le raion solaire du solstice d'Eté donera précisémant dans l'angle R du fond de la Serre.

FIGURE 3.

Principes Fisikes de la construction d'une Serre de figure trapézoide, pour la latitude de 49 dég. come seroit Paris, Vienne en Autriche, &c.

R o 90, est un quart de cercle, come dans la figure précédante, sur lequel 17 ½ dég. marque la moindre hauteur du Soleil au solstice d'Iver; 41 d. marque la hauteur aux Ekinoxes, & 62 d. sa hauteur le 25 Mai, tems auquel commencent les nuits de 10 dég. de chaleur.

Le sinus droit de cette hauteur choisie du Soleil abaissé sur le sinus total R o, suposé de 16 piés, fait voir que le mur de face de la Serre doit avoir 14 piés de hauteur; & son sinus de complémant R 7, fait voir que sa profondeur doit être de 7 ½ piés, pour que l'angle R de son fond ne soit éclairé que jusqu'au 25 Mai.

La diférence du sinus de complémant de 7 ½ piés, au sinus droit de 14 piés, done la hauteur du mur de fond de 6 piés ⅕.

FIGURE 4.

Proportions du Plan d'une Serre trapézoide de 32 piés de face, pour le climat de Paris.

Son mur de fond P D M doit avoir 11 piés ⅘.

FIGURE 5.

La plus grande amplitude méridionale du Soleil 32 36 étant donée pour une latitude quelconque, la profondeur D S d'une Serre étant égale au co-sinus, c. à d. au sinus de complémant de la hauteur du Soleil, & la longeur N 32 de la face de cete Serre étant égale au sinus total suposé de 16 piés; on se propose dans cete figure de trouver, par la diférance de la Tangente 32 T de cete amplitude au co-sinus de la hauteur du Soleil, la demi-longeur D M du mur de fond d'une Serre, à laquelle on veut doner la forme d'un Trapèze, & la longeur du raion R D nécessaire pour doner une forme concave à cete Serre trapézoïde.

FIGURE 6.

Plan d'une petite Serre de 32 piés de face, & à fond circulère ou concave, pour la latitude de Paris.

S A A. Face de la Serre regardant le Sud.

F. Fourneau dont l'ouverture eſt placée à l'Oueſt. Son tuiau ſe fourche en 2 branches qui, après avoir fait le tour de la tanée placée au centre de la Serre & couverte de pots, ſe réuniſſent pour laiſſer ſortir la fumée par le tuiau comun T. La branche F K du fond de la Serre pouroit être convertie en tuiau de chaleur, dont la ſortie s'ouvriroit au pié du mur vers C.

B K. Diafragmes de tole placés au bout de chaque branche de tuiau, pour échaufer l'une ou l'autre à volonté, en i laiſſant paſſer plus ou moins de fumée ou de chaleur.

D. Autre diafragme placé après la réunion des 2 branches du tuiau pour contenir la chaleur, lorſque la tourbe eſt aſſez embraſée pour ne plus doner de fumée. Il ſeroit bon d'avoir encore 2 autres diafragmes près du fourneau, vers P & M, pour modérer l'action du feu lorſqu'il eſt trop vif.

P. Porte de la Serre à côté du fourneau.

R. Réſervoir d'eau à côté du fourneau & de la porte.

Outre la tanée du centre de la Serre, il regne tout autour une petite tanée de 1 pié environ de diametre, dans laquele on peut metre 1 ou 2 rangs de pots, & même les Plantes grimpantes en pleine couche au pié du mur du fond de la Serre.

A E N. Angar de 3 à 4 piés de larjeur, ſur 6 à 7 de hauteur, qui regne tout autour de la Serre du du côté N. pour en écarter l'eau des pluies & la grande umidité. On peut doner au ſol de ce angar un talus ou une pente vers le Nord, & i placer ſur des gradins des Plantes du N. & des montagnes.

A E R. Tambour ou eſpèce d'anti-chambre pratiquée ſous le angar, pour empêcher l'air extérieur d'entrer trop froid dans la Serre, & pour conſerver la chaleur qui ſort de la geule du fourneau.

Le paſſaje dans toute la Serre, eſt, à l'ordinaire, ſur les tuiaux de chaleur.

FIGURE 7.

Plan d'une grande Serre de 84 piés de face de D en Z, pour la latitude de Paris.

Cete Serre eſt diviſée par des vitraux en 3 parties, qui

comunikent par des portes vitrées ; l'une de ces parties O est une Oranjerie pour les Plantes des climats situés entre la latitude de 36 à 45 dégrés ; T est une Serre tempérée pour celes des païs compris entre le 23 & le 36 dég. & S est destinée pour les Plantes de la Zone torride.

A E J N L I. Angar come dans la Figure 6.

A E J. L I. Tambours ou antichambres.

P P, I E. Portes.

F. Fourneau dont l'ouverture est au Nord.

M K D, &c. 5 diafragmes ou soupapes disposées, come dans la Fig. 6.

R. Réservoir d'eau proche le fourneau.

Il n'i a de couche & de tanée que dans la Serre du milieu.

Il seroit bon qu'il i eût une girouete G & un kadran K au-dessus du milieu de la face de la Serre, afin de doner lieu de faire des observations sur les heures où certains vents sont plus ou moins contraires à la végétation, & où ils oblijent de redoubler d'atention pour le service du feu dans les fourneaux.

FIGURE 8.

Élévation & façade de la grande Serre de la Fig. 7.

Ses 3 divisions sont assez marquées par les 4 piliers qui portent autant de pots à fleurs.

Les régitres ou paneaux au nombre de 13, sont placés le plus avantajeusemant qu'il est possible, pour renouveler assez promptemant l'air au besoin.

On n'a marké de porte dans les vitraux qu'à la Serre S de la Zone torride, parce que c'est cele qui en a le plus de besoin. On peut en pratiker de même dans les 2 autres divisions, où eles pourront être ouvertes dans les mois d'Avril, Mai, Septembre & Octobre.

A B. sont les 2 extrémités du angar, qui fait le tour de la Serre par derrière.

FIGURE 9.

Coupe de la portion tempérée T de la grande Serre, ou de son Oranjerie O, à l'exception qu'il ne doit point i avoir de tuiau T orisontal de chaleur dans l'Oranjerie.

G. 8 gradins chacun de 1 pié de hauteur & de profondeur, formés d'un massif de maçonnerie, remplissant le fond de la Serre, & incliné de 45 dég.

K. Tabletes posées sur des consoles aux extrémités des

à Serres & au-deſſus de leur porte, pour i placer des pots de Plantes, come ſur les gradins G.

R. Un ou 2 rangs de pots placés au pié des vitraux ſur le devant de la Serre, entre ces vitraux & le tuiau T de chaleur qui ſert de paſſaje & ſur lequel on marche.

A. Coupe du angar.

Coupe de la Serre Fig. 6, ou, ce qui eſt la même choſe, de la portion S de la grande Serre deſtinée aux Plantes de la Zone torride.

On voit les trois tanées 1, 2 & 3, dont cele de devant 1, & cele de derière 3, n'ont que 1 pié de larjeur, pour 1 à 2 rangs de pots, & cele du milieu 4 piés, pour 6 à 8 rangs de pots.

Les 2 tuiaux de chaleur T T, ont chacun près de 1 pié de larjeur en dehors, & rampent entre les 3 tanées, de manière que celui de devant ſoit un peu plus bas que celui de derière.

K. Autre couche ou tanée creuſée au-devant de la Serre, pour profiter de la chaleur de ſon tuiau de devant. On peut i conduire un tuiau de chaleur avec une ſoupape, qu'on n'ouvrira que lorske le fourneau donera trop de chaleur dans la Serre S.

Le fond de ces couches eſt recouvert de 6 pouces de plâtras, & autant de faſcines ou de gauletes par-deſſus, pour faciliter l'écoulemant & l'imbibition de l'humidité.

R R. Regîtres ou paneaux à charnière, qui s'ouvrent par des balanciers, & dont les guichets ſe ferment, en donant beaucoup de chaſſe au paneau qui ſe précipite par ſon propre poids.

Coupe du fourneau.
C. Cendrier.
T T. Tuiaux de fumée ou de chaleur paſſant entre les trois couches ou tanées 1, 2, 3.

Coupe d'une voute à 3 ellipſes, deſtinée à ſemer les Plantes ſur couches.

1, 3 V. Caiffe de chaffis incliné, qui a 1 pié de hauteur fur fon devant 1, & 3 à fon fond 3.

V. Vitraux inclinés au Sud.

K K. Couche qui déborde le chaffis de 2 piés tout au tour, pour permetre de donner des rechauds à la couche.

La Rofe de compas, qui eft placée au coin à droite du bas de la planche, fert feulemant à faire voir que toutes les coupes des Serres font orientées vers le Sud.

TABLE RAISONNÉE
DES MATIERES
Contenues dans cette premiere Partie.

DUR

que dans les tems chauds, Page 107
Moien de l'estimer dans les arbres,
par le nombre des couches ligneu-
ses,   ccxx
Celé de l'orme,   ccxxj
Système sur ele, par Gérard,   xiv
Mon système 4 sur ele.   ccxv
DURET; ses ouvrajes,   9
Sa métode istorike.   lxxxj

E & HE

hEBENSTREIT; ses dogmes Botanikes.
  cxliij
ECAILLES des fleurs; mon 29 système sur
eles.   cclxij
ECHAUFURE. V. Carie.
ECLUSE (l') Clusius; ses ouvrajes,   7
Sa métode.   ix
EXFOLIATION; maladie des arbres; sa
cause,   49
Moiens d'i rémédier.   ibid.
EGENOLF; ses ouvrajes,   4
Sa métode alfabétike.   lxxx
EXOSTOSE; maladie des arbres; sa cau-
se.   50
EXPRESSION; est une des meilleures ma-
nières d'analyser les Plantes.   158
EFEUILLAISON, ou chute des feuilles
a ses limites, come la feuillaison,   99
Son tems anée moiene à Paris.   100
EHRET; Peintre-Botaniste,   cxliij
Ses ouvrajes.   27
hEISTER; ses ouvrajes,   23
Sa métode,   lxiij
Ses dogmes Botanikes,   cxliij
S'est oposé avec avantaje aux chanje-
mans de noms anciens rejetés par
Linnæus.   cxxxiij
hELVING; ses ouvrajes,   22
Sa métode alfabétike.   lxxx
EMBRION; mon 60 système sur son enrou-
lement.   ccciij
hENKEL; ses ouvrajes.   23
ENSEMBLE, de tous les caractères est la
base d'une métode naturele,   cliv
Système sur l'ensemble des Plantes,
par Bok (Tragus),   vij
Id. de Dodoeus,   vij
Id. de l'Obel,   viij

Id. de l'Ecluse (Clusius), Page ix
Id. de Dalechamp,   x
Id. de Zaluzian,   xiij
Id. de C. Bauhin,   ibid.
Id. de Pierre Lauremberg,   xiv
Id. de J. Bauhin,   xv
Id. de Jonston,   xvij
Id. de Morison,   xviij
Id. de Rai,   xix
Id. de Boerave,   xxxij
Id. de h'Eister,   lxiij
Id. de Adanson dans ses familles des
Plantes.   clxxxviij
EPANOUISSEMANT journalier des fleurs;
la cause,   103
Arive plus tard en Suede qu'à Paris;
pourquoi?   104
Table des heures de cet épanouisse-
mant,   105
Ces heures varient come les climats.
  106
EPI; ce que c'est.   cclx
EPIDERME des Plantes.   33
EPINES ou Pikans; mon 25 système sur
leur situation.   cclvj
ERBES & arbres; leur 1ere distinction,
  cxxxiv
ERBIERS considérables de l'Europe, cxlix
Manières desseécher les Plantes & de
les conserver,   148
1° Eu presse,   149
2° Sans presse,   151
3° Par empreinte,   153
ERGOT; maladie des Plantes; sa cause.
  45
hERMANN; ses ouvrajes,   16
Sa métode,   xxvij
Nombre des Plantes nouveles qu'il a
découvert.   cxvj
hERNANDEZ; ses ouvrajes,   10
Sa métode,   xv
Son voiaje au Mexike,   cxlv
Nombre des Plantes qu'il a découvert.   cxvj
hERNANDEZ de Oviedo; ses ouvrajes 5.
ERNDTEL; sa métode alfabétike.   lxxx
hERRERA; ses ouvrajes.   6
ESIODE; id.   2
Sa métode istorike.   lxxx
ESPAGNE; favorise le voiaje d'Ernan-

ii iv

e

k k

Fin de la Table raisonnée des Matieres.

ERRATA.

Page v.   Ligne 17 ; *au lieu de* Moyfe, *lifez* la Bible facrée.

ix.   Ligne 34 ; *en marge*, *ajoutez* 1583 Céfalpin.

xl.   Ligne 25 ; conferva, *lifez* conferve.

lxv.   Ligne 21 ; *effacez*, Arbores.

cj.   Ligne 13 ; *les* 40, *lifez* les 65.

cxvj.   Ligne 40 ; *ajoutez*, 1690 Rumfe 774 d'Amboine.

cxxxvij.   Ligne 25 ; 1775, *lifez* 1755.

cxcvij.   Ligne 10 ; terres, *lifez* Serres.

ccij.   Ligne 31 ; *au lieu de* 64, *lifez* 65.

cxcix.   Ligne 36 ; *au lieu de* 199, *lifez* clxxxviij.

cccxviij.   Ligne 20 ; aiffeles des familles, *lifez* aiffeles des
             feuilles.